Eichstätter Geographische Arbeiten

Herausgeber

Klaus Gießner
Ingrid Hemmer
Hans Hopfinger

Schriftleitung

Marianne Rolshoven

Profil

Eichstätter Geographische Arbeiten

Band 16

Jürgen M. Amann

Mythos Interkulturalität?

Die besondere Problematik deutsch-syrischer Unternehmenskooperationen

Profil

Anschrift der Reihenherausgeber:
Katholische Universität Eichstätt-Ingolstadt
Fachgebiet Geographie
Ostenstraße 18
D-85072 Eichstätt

Anschrift des Autors:
Dr. Jürgen M. Amann
Katholische Universität Eichstätt-Ingolstadt
Lehrstuhl für Kulturgeographie
Ostenstraße 18
D-85072 Eichstätt

Inaugural-Dissertation zur Erlangung des Doktorgrades rer. nat. der Mathematisch-Geographischen Fakultät der Katholischen Universität Eichstätt-Ingolstadt

vorgelegt von
Jürgen Martin Amann, Unsernherrn

unter dem Titel
Institutionelle Defizite und die Rolle von ‚Interkulturalität'. Die besondere Problematik deutsch-arabischer Unternehmenskooperationen am Beispiel der Syrisch-Arabischen Republik

Tag der mündlichen Prüfung:
13. Juli 2006

Referent: Prof. Dr. Hans Hopfinger
Korreferenten: Prof. Dr. Udo Steinbach, Prof. Dr. Horst Kopp

Bibliografische Information Der Deutschen Bibliothek

Die Deutsche Bibliothek verzeichnet diese Publikation in der Deutschen Nationalbibliografie; detaillierte bibliografische Daten sind im Internet unter http://dnb.ddb.de abrufbar.

© 2007 Profil Verlag GmbH München/Wien
ISBN: 978-3-89019-622-0

Umschlaggestaltung: Michaela Brüssel, Erlangen; Alexandra Kaiser, Eichstätt
Umschlagfotos: Jürgen Amann

Druck und Herstellung: PBtisk s.r.o., Příbram/Czech Republic
Printed and bound in the E.U.

Dieses Werk ist urheberrechtlich geschützt. Jede Verwertung des Werkes – auch in Teilen – außerhalb der engen Grenzen des Urheberrechtsgesetzes ist ohne Zustimmung des Verlages unzulässig und strafbar. Dies gilt insbesondere für Vervielfältigungen, Übersetzungen, Mikroverfilmungen und die Einspeicherung und Verarbeitung in elektronischen Systemen.

Für
Metha, Sophie und Paul
und meine viel zu früh verstorbene
Großmutter Elisabeth.

Inhaltsverzeichnis

	Abbildungsverzeichnis	X
	Tabellenverzeichnis	XI
	Verzeichnis der Übersichten	XI
	Verzeichnis der Abkürzungen	XII
	Vorwort	XV
1	**Methodik und theoretischer Rahmen**	1
1.1	Über Fragen und Ziele – die Untersuchungsmodule	3
1.2	Über Institutionen, ihre Entwicklung und Bedeutung für wirtschaftliches Handeln	11
1.2.1	Vom ‚klassischen' Institutionalismus zur ‚Neuen Institutionenökonomik'	12
1.2.2	Die Arbeiten von Douglass C. North	15
1.3	Über den Zusammenhang von Institutionen, Kultur und Wirtschaft	21
1.3.1	Vom ‚Wirtschaftsgeist' zur ‚Embeddedness' ökonomischer Interaktion	21
1.3.2	Begriff und Konzept ‚Kultur': Was steckt dahinter?	24
1.3.3	Globalisierung, Kultur und Interkulturalität	27
1.3.3.1	Die wissenschaftliche Betrachtungsrichtung der ‚Interkulturellen Kommunikation'	29
1.3.3.2	Kultur, ‚Interkulturelle Kommunikation' und berechtigte(?) Kritik	32
1.3.3.3	‚Kulturelle Differenzen', deutsch-syrische Unternehmenskooperationen und unterschiedliche *Ways of Doing Business*	36
1.3.4	Die *Sentisizing Concepts* der vorliegenden Arbeit	43
1.4	Über die methodische Vorgehensweise und die Umsetzung des Forschungsprojekts	47
1.4.1	Aufbau der Arbeit	49
1.4.2	Methodik im engeren Sinn	50
1.4.2.1	Leitlinien und Grundsätze des Forschungsprozesses	51
1.4.2.2	Problemzentrierte Interviews mit deutschen und syrischen Gesprächspartnern	54
1.4.2.3	Ero-epische Gespräche	65
1.4.2.4	Teilnehmende unstrukturierte Beobachtung	67
1.4.3	Analyse der erhobenen Daten	69
1.5	Über kleine begriffliche Unschärfen	73

2	**Unternehmerische Tätigkeit und wirtschaftliche Entwicklung unter wechselnden Rahmenbedingungen**	75
2.1	**Leitlinien der institutionellen Entwicklung und daraus resultierende Besonderheiten für unternehmerisches Handeln in Syrien**	78
2.1.1	Die Logik des institutionellen Wandels in der Arabischen Republik Syrien	94
2.1.2	Auswirkungen auf die Arbeit syrischer Unternehmer	112
2.2	**Wirtschaftliche Entwicklung Syriens**	118
2.2.1	Binnenwirtschaft	118
2.2.2	Außenwirtschaft	126
3	**Interkulturelle Kooperation vor dem Hintergrund der bestehenden institutionellen Rahmenbedingungen**	133
3.1	**Deutsch-syrische Unternehmenskooperationen – eine erste Bestandsaufnahme**	135
3.1.1	Art und Ausprägung der Kooperation	136
3.1.2	Bilaterale Perspektiven auf die untersuchten Kooperationsbeziehungen	148
3.1.2.1	Die syrischen Kooperationsunternehmen	148
3.1.2.2	Die deutschen Kooperationsunternehmen	154
3.1.2.3	Auffällige Kooperationsasymmetrien	161
3.2	**Institutionell bedingte Problemfelder deutsch-syrischer Unternehmenskooperationen**	166
3.2.1	Die Schwierigkeiten unternehmerischen Handelns in Syrien und deren kooperationsrelevante Auswirkungen	171
3.2.1.1	Investitionsklima	171
3.2.1.2	Formale und informelle Handelsbarrieren	180
3.2.2	Strukturelle Mängel als Kooperationshemmnisse	190
3.2.2.1	Wirtschaftsverwaltung – Buch mit sieben Siegeln!	190
3.2.2.2	Informationsbeschaffung – Sisyphos lässt grüßen!	197
3.2.2.3	Struktur der syrischen Wirtschaft – ‚Pluralismus': Staatlich festgelegter Euphemismus für strukturelle Defizite?	201
3.2.3	Mangelhafte Märkte	209
3.2.3.1	Defizite syrischer Gütermärkte	209
3.2.3.2	Defizite syrischer Faktormärkte	226

3.3	Interkulturelle Phänomene und Konstrukte	248
3.3.1	Kulturalisierte Bilder von Unternehmern und Produkten	250
3.3.2	Kulturalisierung von Handlungsstilen: *German Way vs. Syrian Way*	258
3.3.2.1	Organisation vs. Chaos	265
3.3.2.2	Ziel- vs. Prozessorientierung	272
3.3.2.3	Institutionalisierung vs. Personalisierung	276
3.3.3	Die interkulturelle Problematik deutsch-syrischer Unternehmenskooperationen – Am Ende einfach Orient vs. Okzident?	279

4 Fazit – Ergebnisse und Antworten ... 289

4.1	Interkulturelle Kommunikation – ein Erfolgsfaktor?	291
4.2	Resümee zu Untersuchungsmodul 1: Institutionelles Umfeld und unternehmerische Tätigkeit	292
4.3	Resümee zu Untersuchungsmodul 2: Kooperationen und institutionelle Problemfelder	294
4.4	Resümee zu Untersuchungsmodul 3: Kulturelle Implikationen der Kooperationen	295

Literaturverzeichnis ... 301
Anhang: Interviewpartner und Interviewcodes ... 317

Abbildungsverzeichnis

Abb. 1:	Gemeinsamkeiten? Fehlanzeige! – Fremdheit im eigenen Land	43
Abb. 2:	Forschungsdesign	50
Abb. 3:	Interview-Leitfaden für die Gespräche mit deutschen Unternehmern und Managern	59
Abb. 4:	Beispielhafte Interviewsituationen	61
Abb. 5:	Interview-Leitfaden für die Gespräche mit syrischen Unternehmern und Managern	62
Abb. 6:	Als Wohnort akzeptiert! – Damaskus Mohajerin und Aleppiner Neustadt	63
Abb. 7:	Als Wohnort inakzeptabel! – Damaszener und Aleppiner Altstadt	64
Abb. 8:	Prozentualer Anteil der Investitionen am syrischen BIP (1995 – 2000)	86
Abb. 9:	Projektierte Investitionsvorhaben und -summen unter Gesetz Nr. 10/1991	124
Abb. 10:	Handelsbilanz Syrien	127
Abb. 11:	Zusammensetzung syrischer Ein- und Ausfuhren 2002	130
Abb. 12:	Entwicklung des deutsch-syrischen Außenhandels	141
Abb. 13:	Entwicklung deutscher Exporte nach Syrien 1985 – 2004	142
Abb. 14:	Deutsch-syrischer Außenhandel im Vergleich mit anderen Ländern der MENA-Region – Exporte	143
Abb. 15:	Deutsche Exportgüterpalette	145
Abb. 16:	Entwicklung deutscher Importe aus Syrien 1985 – 2004	146
Abb. 17:	Deutsche Importgüterpalette	147
Abb. 18:	Deutsch-syrischer Außenhandel im Vergleich mit anderen Ländern der MENA-Region – Importe	147
Abb. 19:	Sektorale Entstehung des syrischen BIP zu Marktpreisen	203
Abb. 20:	Die Marke mit dem Stern: Straßenszenen in Damaskus	211
Abb. 21:	Boss-Shirts, Puma-Sweater und DFB-Trikots – made and sold in Syria	213
Abb. 22:	Chinesische Textilmaschinen – nicht zu unterschätzende Konkurrenz	220
Abb. 23:	Maschinen ‚Made in Germany' – nach wie vor hoch geschätzt	222

Tabellenverzeichnis

Tab. 1:	Wichtigste deutsche Exportgüter nach Syrien 2001 – 2004	144
Tab. 2:	Wichtigste deutsche Importgüter aus Syrien 2001 – 2004	146
Tab. 3:	Branchenverteilung der interviewten syrischen Unternehmen	149
Tab. 4:	Kooperationsformen der interviewten syrischen Unternehmen	150
Tab. 5:	Beschäftigtenzahlen der befragten syrischen Unternehmen	151
Tab. 6:	Branchenverteilung der interviewten deutschen Unternehmen	155
Tab. 7:	Kooperationsformen der interviewten deutschen Unternehmen	155
Tab. 8:	Beschäftigtenzahlen der befragten deutschen Unternehmen	156
Tab. 9:	Jahrsumsatz aus Syriengeschäften	157
Tab. 10:	Anteil des Syriengeschäfts am Auslandsumsatz	157
Tab. 11:	Ausgewählte Außenhandelsreformen seit 2000	187
Tab. 12:	Ausgewählte Reformen im Bankensektor seit 2000	238
Tab. 13:	Ausgewählte Reformen im Devisen- und Wechselkurbereich seit 2000	246

Verzeichnis der Übersichten

Übersicht 1:	Modelle, Vorstellungen und Interpretationen	39
Übersicht 2:	Die Wirtschaftskrise der 1980er Jahre und ihre Ursachen	81
Übersicht 3:	Kurzfristige Stimulation privaten Kapitals vor dem Hintergrund fehlender öffentlicher Mittel – Das Gesetz Nr. 10/1986 für die Landwirtschaft	82
Übersicht 4:	Das Gesetz Nr. 10/1991 zur Förderung von Investitionen	83
Übersicht 5:	‚Reformstillstand‘ und mögliche Erklärungsansätze	87
Übersicht 6:	Vom Frühling und anderen Damaszener Jahreszeiten	92
Übersicht 7:	Reaktionen auf Gesetz Nr. 10/1991	123
Übersicht 8:	Markenpiraterie in Syrien und die Auswirkungen auf einen fränkischen Saitenhersteller	212
Übersicht 9:	Vom Plagiat zur ‚Parallelmarke‘	214
Übersicht 10:	Orientalismus, die Konstruktion des ‚Orients‘ und imaginative Geographien	248

Verzeichnis der Abkürzungen

BdEx	Bundesverband der deutschen Exportwirtschaft
bfai	Bundesagentur für Außenwirtschaft (früher: Bundesstelle für Außenhandelsinformation)
BIP	Bruttoinlandsprodukt
CboS	Commercial Bank of Syria
CBS	Central Bureau of Statistics
CIM	Centrum für internationale Migration und Entwicklung
CNN	Cable News Network
destatis	Statistisches Bundesamt Deutschland
EIB	Europäische Investitionsbank
EU	Europäische Union
FDI	Foreign Direct Investment
ForArea	Forschungsverbund Area Studies
GAFTA	Greater Arab Free Trade Area
GATT	General Agreement on Tariffs and Trade
German way	German way of doing business
Ghorfa	Arabisch-Deutsche Vereinigung für Handel und Industrie e.V.
Gtz	Gesellschaft für technische Zusammenarbeit
HCI	Higher Council of Investment
HJ	Halbjahr
HK	Handelskammer
IBRD	International Bank for Reconstruction and Development
IHK	Industrie- und Handelskammer
IK	Industriekammer
Inamo	Informationsprojekt Naher und Mittlerer Osten
ISIC	International Standard Industrial Classification (= Klassifizierungsschlüssel der UNO zur Gliederung von Wirtschaftsbereichen und Industriezweigen)
IWF	Internationaler Währungsfonds
KMU	klein- und mittelständische Unternehmen
Lira	Lira/al-lira as suriyya (= syrisches Pfund), Zahlungsmittel in Syrien
MSN	Microsoft Network
MTV	Music Television
NCR	Neighbouring Countries Rate
NPF	Nationale Progressive Front
NuMOV	Nah- und Mittelostverein
NZZ	Neue Zürcher Zeitung
OBG	Oxford Business Guide
rnpc	rate prevailing in neighbouring countries
SAR	Syrian-Arab Republic

SEBC	Syrian-European Business Centre
SYP	syrisches Pfund
Syrian way	Syrian way of doing business
UNCTAD	United Nations Conference on Trade and Development
UNIDO	United Nations Industrial Development Organization
USA	United States of America
USD	US-Dollar
VAR	Vereinigte Arabische Republik
WTO	World Trade Organization

Allgemeine Erläuterungen zur Systematik der Interviewcodierung sowie die Bedeutung der dabei verwendeten Abkürzungen finden sich zu Beginn der Interviewlisten im Anhang auf S. 317.

Vorwort

Zehn Jahre ist es nun fast auf den Tag genau her, dass ich das erste Mal Syrien bereiste. Als studentischer Mitarbeiter an einem Forschungsprojekt, welches sich mit den Auswirkungen von Gesetz Nr. 10/1991 zur Förderung von Investitionen auf die unternehmerische Tätigkeit im Land beschäftigte, hatte ich zwar bereits eine gewisse Vorstellung von Syrien, aber was ich sah, übertraf alle meine Erwartungen. Ich war sofort sehr angetan vom Land und seinen Menschen, von der syrischen Küche und den vielfältigen Sehenswürdigkeiten. Der Grundstein für meine Begeisterung war gelegt. Der Rest ist beinahe schon Geschichte. Die zurückliegenden Jahre konnte ich mich als wissenschaftlicher Mitarbeiter im Rahmen eines gemeinsam von der Deutschen Forschungsgemeinschaft (DFG) und des Bundesministeriums für wirtschaftliche Zusammenarbeit (BMZ) geförderten Forschungsprojekts am Lehrstuhl Kulturgeographie der Katholischen Universität Eichstätt-Ingolstadt hauptberuflich mit Syrien beschäftigen. Auf diese Weise habe ich bis heute insgesamt mehr als zwölf Monate in Syrien verbracht – während einer sehr bewegten Zeit, man denke nur an den Präsidentenwechsel, den Ausbruch der *Intifada al-Aksa* und die amerikanische Invasion im Irak.

Die vorliegende Arbeit wäre ohne die Unterstützung zahlreicher Menschen nicht zustande gekommen. Ihnen allen möchte ich an dieser Stelle meinen Dank aussprechen.

- An erster Stelle sei Herr Professor Dr. Hans Hopfinger erwähnt. Ich möchte ihm für das Vertrauen danken, mir die Stelle als Projektmitarbeiter anzubieten. Vielen Dank auch für die engagierte und umfassende Betreuung meiner Dissertation. Professor Hopfinger ließ mir große Freiheiten in meiner Arbeit und hatte dennoch stets ein ‚offenes Ohr' für Fragen und stand mir – wann immer notwendig – mit Rat und Tat zur Seite.

- Großer Dank gebührt Herrn Professor Dr. Udo Steinbach. Es ist eine große Ehre für mich, dass der Leiter des Deutschen Orient-Instituts und zugleich einer der einflussreichsten deutschen Nahostexperten sich bereit erklärt hat, als Korreferent zu fungieren.

- Meinen besonderen Dank möchte ich auch Herrn Professor Dr. Horst Kopp aussprechen. Bereits während meines Studiums an der FAU Erlangen gehörte er zu jenen Personen, die mein Interesse für sozioökonomische Aspekte der Länder des Nahen Ostens weckten und auf diese Art meinen weiteren Weg maßgeblich beeinflussten. Um so mehr freut es mich, dass Professor Kopp ebenfalls das Korreferat übernommen hat.

- Des Weiteren gebührt mein Dank den syrischen Projektpartnern, die durch ihr Engagement und ihren Einsatz die Untersuchung in der konzipierten Art und Weise erst möglich machten. Vor allem Dr. Maher Badawi war stets um die Belange des Projekts und meine Person bemüht. Dafür möchte ich ihm recht herzlich danken.

- Der Deutschen Forschungsgemeinschaft und dem Bundesministerium für wirtschaftliche Zusammenarbeit und Entwicklung möchte ich für die großzügige finanzielle Förderung des Forschungsvorhabens danken.

- Bei meiner Forschungsarbeit erfuhr ich von Vertretern verschiedener Organisationen wertvolle Unterstützung, für die ich mich ebenfalls sehr herzlich bedanken möchte: An erster Stelle soll Herr Franz Brackenhofer vom Mittelmeer-Projektbüro Lindau der Industrie- und Handelskammer Schwaben Erwähnung finden, mit dem ein permanenter Dialog über die Politik in Syrien sowie die Aktivitäten der deutschen Außenwirtschaftsförderung im Land installiert werden konnte. Herr Dr. Peter Göpfrich (Deutsch-Arabische Handelskammer), Frau Helene Rang (Nah- und Mittelostverein) und Herr Hans-Jürgen Müller (Bundesverband der deutschen Exportwirtschaft) ermöglichten mir die kostenlose Teilnahme an mehreren Delegationsreisen der deutschen Wirtschaft in Syrien. Frau Ortrud Sandmann, Frau Dr. Ingrid Harff und Herr Roland Seeger von der Deutschen Botschaft in Damaskus sowie die Herren Alf Monaghan und George Catinis vom Syrian-European Business Centre unterstützten meine Forschungsarbeit mit Daten und wertvollen Anregungen.

- Bedanken möchte ich mich auch bei der Eichstätter Universitätsstiftung, namentlich bei Domkapitular Herrn Leodegar Karg, für die großzügige Aufnahme meiner Person in das Stipendienprogramm. In diesem Zusammenhang möchte ich vor allem auch Herrn Dr. Rainer Tredt für seine Unterstützung bei der Antragstellung danken.

- Meinen Kollegen am Lehrstuhl Kulturgeographie, Dr. Marc Boeckler, für die zeitraubende Lektüre des Manuskripts und seine äußerst wertvollen Anregungen, Dr. Stefan Küblböck sowie Dr. Emad Hejazin ein herzliches Dankeschön.

- Ohne die tatkräftige Unterstützung durch wissenschaftliche Hilfskräfte wäre die Forschungsarbeit kaum möglich gewesen. Vielen Dank Maren Bittner, Melanie Brandmeier, Benjamin Kraus und Markus Pillmayer. Besonders bedanken möchte ich mich bei der Kartographin des Lehrstuhls, Frau Dipl. Ing. (FH) Alexandra Kaiser, für ihre kompetente Hilfe und kreative Unterstützung bei der Erstellung der Tabellen und Abbildungen und ihre Beratung in Fragen des Layouts, sowie bei Herrn Dipl.-Theol. Peter Moesgen M.A. für das hervorragende Lektorat.

Last but not least gebührt all jenen der Dank, die sich die Zeit genommen haben, in rund zweihundert Interviews und Gesprächen meinen Fragen Rede und Antwort zu stehen. Manager und Führungskräfte deutscher und syrischer Unternehmen sowie Experten und Vertreter aus Wirtschaft und Politik machten durch ihre Gesprächsbereitschaft die vorliegende Arbeit erst möglich.

Jürgen Martin Amann   Unsernherrn, im Dezember 2006

1 Methodik und theoretischer Rahmen

1.1 Über Fragen und Ziele – die Untersuchungsmodule

Die räumliche Ausdehnung von Märkten, verbunden mit einer sukzessiven Zunahme von internationalen Güter- und Kapitalströmen, ist seit einigen Jahren ein weltweit zu beobachtender Prozess. Diese zunehmende Vernetzung von Staaten und Ländern der Erde, zumeist unter dem Stichwort ‚Globalisierung' subsumiert, hat die Anforderungen an die Wirtschaft, an Unternehmen und Investoren, aber auch an Länder und deren Regierungen verändert. Selbstverständlich gab es, lange bevor der Ausdruck ‚Globalisierung' in Mode kam, vielfältige Formen wirtschaftlicher Zusammenarbeit über Ländergrenzen hinweg – mit Blick auf Syrien soll nur kurz an Aleppiner Kaufleute erinnert werden, die bereits vor Hunderten von Jahren ein engmaschiges Netz von Geschäftspartnern in Europa, Zentralasien, Indien und China knüpften und pflegten [vgl. GAUBE/WIRTH 1984]. Dennoch haben eine Reihe von Prozessen dazu geführt, dass die internationalen Verflechtungen in den letzten Jahrzehnten merklich intensiviert wurden, so dass heute von Globalisierung und Weltwirtschaft gesprochen werden muss.

1. Die internationale Arbeitsteilung hat in den letzten Jahrzehnten einen tiefgreifenden Wandel erfahren. Während in den Zentren der Weltwirtschaft seit geraumer Zeit eine verstärkte Tertiärisierung zu beobachten ist, verzeichnen gleichzeitig viele andere (vormals weniger entwickelte) Länder einen Ausbau ihres Industriesektors. Einst von importierten Kapital- und Konsumgütern gekennzeichnete Regionen werden zunehmend zu Standorten von Produktion und Weiterverarbeitung. Lange Zeit waren qualifizierte Arbeitskräfte und Produktqualität die entscheidenden Bestimmungsfaktoren für das Ausmaß der internationalen Arbeitsteilung zwischen standardisierter Massenproduktion und moderner, flexibler und qualitativ hochwertiger Weiterverarbeitung [vgl. HOPFINGER 1998, S. 118 f.]. Der Vorsprung der traditionell führenden westlichen Industrienationen schrumpft jedoch zusehends. Stattdessen erfolgt vor dem Hintergrund einer steigenden infrastrukturellen Entwicklung eine zunehmenden Verschiebung zugunsten der neu industrialisierten Staaten.

2. Seit Jahrzehnten erfolgt eine zunehmende, an neoliberalen wirtschaftspolitischen Prinzipien orientierte Deregulierung nationaler Märkte verbunden mit einem Abbau von Handelsschranken. Beides hat zu einer Intensivierung internationaler Handelsströme geführt. Das Allgemeine Zoll- und Handelsabkommen (GATT) sowie die World Trade Organization (WTO) sind Ausdruck des erfolgreichen Abbaus von Handelsbarrieren [vgl. KIRCHGÄSSNER 1998, S. 32 ff.]. Auch die forcierte Etablierung von supranationalen Handelszonen (EU, NAFTA, ASEAN, MERCOSUR etc.) hat zu der Entwicklung einer weitgehenden Beseitigung intraregionaler Beschränkungen des Warenverkehrs einen wichtigen Beitrag geleistet.

3. Wie der Strom an Waren und Dienstleistungen hat auch der internationale Kapitaltransfer stark zugenommen. Leichter noch als bei materiellen Gütern ist es innerhalb

kürzester Zeit problemlos möglich, Kapital von einer Region der Erde in eine andere zu transferieren. Resultat ist die enorme Intensivierung des Wettbewerbs um Kapital. Langfristige Gewinnaussichten und politische Stabilität sind bei der Kreierung eines positiven Investitionsklimas unerlässlich und nur ein solches hilft, Konkurrenzfähigkeit im internationalen Standortwettbewerb zu erwerben beziehungsweise zu wahren.

4. Einen weiteren Prozess stellt die mikroelektronische Revolution von Informations- und Kommunikationstechnologien dar. Ökonomische Interaktion ist heute in erheblich größerem Umfang, mit deutlich höherer Geschwindigkeit und über früher unüberbrückbar große räumliche Distanzen hinweg möglich. Dies trägt zu einer weiteren Verschärfung des Standortproblems bei: Es ist nahezu problemlos möglich, einzelne Prozesse betrieblicher Leistungserstellung nicht mehr nur entlang der Linie Produktion und Entwicklung beziehungsweise Fertigung und Verwaltung zu trennen. Beispielhaft sei nur an die selbstständigen Software-Entwicklungs- und Programmierungszentren amerikanischer Unternehmen im indischen Bangalore erinnert. Geringe Transport- und Kommunikationskosten fördern in Verbindung mit dem bereits angeführten Abbau von Kooperationsbarrieren die internationale Arbeitsteilung [UNCTAD 2005a, S. 136 f.]. Im Ergebnis zeigen Entscheidungen, die auf globaler Ebene getroffen werden, sehr schnell regionale Wirkung und entwickeln für die dortigen Menschen und Organisationen unter Umständen größere Wirkmächtigkeit als jene Beschlüsse, die unmittelbar auf regionaler Ebene getroffen werden.[1]

5. Als weiteres wichtiges Ereignis muss auch der Fall des ‚Eisernen Vorhangs' angeführt werden. Dieser hat in den 1990er Jahren des 20. Jahrhunderts dafür gesorgt, dass die lange in zwei völlig unterschiedliche Wirtschaftszonen unterteilte Welt tatsächlich zu einem globalen Ganzen wurde. Gleichzeitig mit der Auflösung des kommunistischen Blocks haben auch die Länder der südlichen Hemisphäre ihre Märkte geöffnet. Es gibt heute „globale Märkte" [KIRCHGÄSSNER 1998, S. 32]. Diese ermöglichen nicht nur den weltweiten Absatz von Gütern und Dienstleistungen, sondern auch die globale Organisation von Entwicklung und Produktion.

Die externen Bedingungen für wirtschaftliches Handeln haben sich in den zurückliegenden Jahrzehnten zunehmend verändert. Begleitet werden diese Veränderungen von einem Bedeutungszuwachs der Schwellen- und Entwicklungsländer. Die Umverteilung von wirtschaftlicher Macht ist in vollem Gange und manifestiert sich unter anderem in einer zunehmenden Integration von Entwicklungs- und Schwellenländern in die Weltwirtschaft. So hat sich seit 1970 deren Anteil am globalen Warenverkehr von 14 % auf rund 30 %

---

[1] Christian BERNDT [2004] belegt diese These eindrucksvoll am Beispiel ausgewählter Betriebe der Maquiladora-Industrie in der mexikanischen Grenzstadt Juarez/Chihuahua. Entscheidungen aus den weit entfernten Vorstandsetagen multinationaler Unternehmen üben in Juarez nicht selten mehr Einfluss auf das Leben der dortigen Menschen aus als (politische) Entscheidungen aus der – vergleichsweise nahen – mexikanischen Hauptstadt Mexiko City.

erhöht [UNCTAD 2005a, S. 132 ff.]. Im gleichen Zeitraum verzeichneten die entwickelten Industrieländer einen Rückgang ihres Anteils um rund 10%. Auch wenn bestimmte Phänomene, so zum Beispiel der *Triangular Trade* [vgl. UNCTAD 2005a, S. 138], die Statistik verzerren und zu einer erhöhten Wertbemessung des Anteils von Schwellen- und Entwicklungsländern führen, belegen diese Zahlen dennoch eine bemerkenswerte Entwicklung.

Ein Blick auf den Zufluss ausländischer Direktinvestitionen (FDI) verdeutlicht ebenfalls die beschriebene Tendenz einer weltwirtschaftlichen Bedeutungszunahme von Schwellen- und Entwicklungsländern: Vor dem Hintergrund einer rückläufigen Gesamtentwicklung im Zeitraum von 2001 bis 2004 von 818 Mrd. USD auf 612 Mrd. USD (rund 25%) müssen die Industrienationen einen Rückgang von mehr als 50% akzeptieren. Entwicklungsländer verbuchen zeitgleich entgegen dem Trend einen rund zehnprozentigen Zuwachs [UNCTAD 2005b, S. 54]. Trotz dieser zunehmenden Bedeutung zeigen sich jedoch teilweise starke regionale Schwankungen. Der intensivierte Standortwettbewerb generiert Gewinner und Verlierer: Während zum Beispiel China einen FDI-Anstieg um 25% auf 62 Mrd. USD zu verzeichnen hat und die Wachstumsraten Ostasiens bei rund 50% (166 Mrd. USD) beziehungsweise die Osteuropas bei mehr als 60% (36 Mrd. USD) liegen, verzeichnen andere Regionen, wie zum Beispiel Lateinamerika (-20%), teilweise kriseninduzierte Rückgänge oder stagnieren, wie Afrika, auf niedrigstem Niveau (20 Mrd. USD).

Auch in der Arabischen Republik Syrien (*al-Jumhuriya al-arabiya as-suriya*) scheint man die Zeichen der Zeit erkannt zu haben und versucht verstärkt Anschluss an diese Entwicklung zu halten: Ende der 1980er Jahre verliert das Land mit dem Niedergang der Sowjetunion und der Auflösung des kommunistischen Blocks nicht nur einen seiner wichtigsten außenpolitischen Partner und Finanzquellen, sondern auch den wichtigsten Abnehmer für Produkte ‚Made in SAR' [vgl. PERTHES 1992, S219f.]. Eine Neuorientierung nach Westen wird notwendig. Forciert wird diese durch die verstärkten Bemühungen zur Reintegration und Förderung privatwirtschaftlicher Elemente der syrischen Wirtschaft, die ihren vorläufigen Höhepunkt 1991 mit dem Gesetz Nr. 10/1991 zur Förderung von Investitionen findet. Weite Teile der zentralisierten, staatlichen Aktivitäten vorbehaltenen Wirtschaft werden für private Investitionen geöffnet. Einheimische und ausländische Investoren sollen zu einem verstärkten Engagement in Syrien ermuntert werden. Die Reaktionen sind zunächst überwältigend: Nicht nur die Zahl geplanter Projekte übertrifft alle Erwartungen, auch der Außenhandel erlebt, getragen von der massiv verstärkten Tätigkeit privater Unternehmer, einen Boom. Es scheint, als wolle die Regierung das über Jahrzehnte installierte verwaltungswirtschaftliche System in einem langfristigen Übergangsprozess gegen ein marktorientiertes System austauschen. Doch weitere, dringend notwendige Wirtschaftsreformen bleiben in der Folgezeit aus, die Euphorie der Anfangsjahre innerhalb der Unternehmerschaft, aber auch innerhalb der syrischen Bevölkerung, weicht ab Mitte der 1990er Jahre zunehmend der Resignation. Erst der Präsidentenwechsel im Jahr 2000 und die Machtübernahme durch Bashar al-Asad bringt eine Wiederbelebung des Reformprozesses und eine Reihe wichtiger, wenngleich auch längst nicht ausreichender, Schritte mit sich. Diesmal scheint es tatsächlich, als würde Syrien eine verstärkte Integration in die Weltwirtschaft anstreben. Der Blick auf erste bescheidene Erfolge kann als Beleg dienen: Der Zufluss ausländischer Direktinvestitionen, hat sich seit Beginn des neuen Jahrtausends um rund 30 % auf 1,2 Mrd. USD erhöht, der FDI-Bestand für 2004 beläuft sich damit auf rund 12,5 Mrd. USD [UNCTAD 2005c]; somit scheint es Anlass für vorsichtigen Optimismus zu geben.

Allein – trotz der jüngsten Reformen in Syrien und trotz der zunehmenden internationalen Vernetzung deutscher Unternehmen spielt das Land in deren Plänen nur eine untergeordnete Rolle: Das Volumen des deutsch-syrischen Handels betrug im vergangenen Jahr (2005) rund 1,5 Mrd. Euro. Dabei überstiegen die Einfuhren nach Deutschland mit fast 1 Mrd. Euro die Ausfuhren bei weitem. Syrien befindet sich im aktuellen Ranking deutscher Handelspartner auf dem 53. (Importe) respektive 73. Platz (Exporte) und damit unter ferner liefen. Der Gesamtbestand deutscher Investitionen beläuft sich für das Jahr 2005 Schätzungen zufolge auf rund 50 Mio. Euro und stellt damit das vorläufige Ergebnis eines ausgeprägten Negativtrends dar [siehe hierzu auch bfai 2005b, S. 7]. Woran kann es liegen, dass ein Land wie Syrien, ausgestattet mit einer großen Tradition im Handwerks- und Industriesektor, im politischen Herzen einer wirtschaftlich stetig an Bedeutung zunehmenden Region, als geographisches Bindeglied zwischen Europa und Asien gelegen, bei deutschen Unternehmen, aber vor allem bei deutschen Investoren, kaum Beachtung findet? Dieser Frage wird in der vorliegenden Untersuchung nachgegangen.

Zielsetzung und Leitfragen

Ziel der Forschungsarbeit ist es, ausgehend von den Ergebnissen einer *Status-quo*-Analyse, Chancen und Risiken sowie die Erfolgsfaktoren der Unternehmenskooperationen zwischen deutschen und syrischen Partnern zu untersuchen.

> Welche Probleme belasten deutsch-syrische Unternehmenskooperationen und inwieweit entwickeln kulturelle Differenzen eine kooperationsbelastende Wirkung? Oder anders formuliert: Inwieweit stellt ‚Interkulturelle Kommunikation' einen Erfolgsfaktor für die Zusammenarbeit zwischen deutschen und syrischen Unternehmen dar?

Die globalen Veränderungen der Wettbewerbsbedingungen haben die Situation deutscher Firmen in den letzten zwanzig Jahren nachhaltig verändert. Ihr Heimatmarkt Deutschland ist vermehrt Ziel ausländischer Wettbewerber. Zusätzlich treten auch auf etablierten Auslandsmärkten neue Konkurrenten auf und gefährden die Marktposition deutscher Unternehmen. Die Herausforderungen durch die Intensivierung der Konkurrenzsituation und durch zusammenwachsende nationale Märkte haben zu Entwicklung und Ausbau zahlreicher Formen des internationalen Engagements geführt. Schätzungen zufolge unterhalten weit mehr als 80 % der rund 3,2 Mio. deutschen Unternehmen internationale

Wirtschaftsbeziehungen in Form von Handelsbeziehungen, Auslandsniederlassungen, Lizenzverträgen, Kapitalbeteiligungen etc. [vgl. z. B. EDEN 1997]. Der Forschungsbereich der ‚Interkulturellen Kommunikation' gewinnt vor dem Hintergrund dieser weltwirtschaftlichen Veränderungen zunehmend an Bedeutung, wie nicht zuletzt die stetig wachsende Zahl interkultureller Untersuchungen und Arbeiten belegt.[2] Die Fähigkeit, landesspezifische Besonderheiten trotz eines eventuell defizitären institutionellen Rahmens zum eigenen ökonomischen Vorteil zu nutzen, ist ein langfristig für viele Kooperationen entscheidender Erfolgsfaktor. Die vorliegende Arbeit betritt insofern Neuland, als eine bewusste Verbindung der bereits erprobten und bewährten Fragestellungen der *Neuen Institutionenökonomik* mit Ansätzen der *Interkulturellen Kommunikation* als jüngerer Betrachtungsrichtung zu einem gemeinsamen Analyseinstrumentarium herbeigeführt und dies auf die deutsch-syrischen Unternehmenskooperationen angewandt wird.

Neben ökonomischen Rahmendaten und Fakten sind allem Anschein nach die institutionellen Rahmenbedingungen bestimmende Faktoren für internationale Unternehmenskooperationen. Gerade kleine und mittelständische Unternehmen beider Länder, die Hauptakteure deutsch-syrischer Kooperationen, sind den Schwächen der institutionellen Rahmenbedingungen oftmals ausgeliefert. Die Erkenntnis des Zusammenhangs von institutionellen Rahmenbedingungen einer Volkswirtschaft und deren Entwicklung ist keineswegs neu, sondern vielmehr seit Langem unumstritten. Zu Beginn des 20. Jahrhunderts in den Vereinigten Staaten begründet, stellt der Institutionalismus die Analyse gesellschaftlicher Institutionen, formaler und informeller Regeln, in den Blickpunkt des wirtschaftswissenschaftlichen Interesses. Sich den gesellschaftlichen und technischen Entwicklungen anpassend, beeinflussen diese Regeln maßgeblich das wirtschaftliche Handeln der Individuen. Nach Jahren, in denen der Institutionalismus beinahe in Vergessenheit geriet, erlebte er im letzten Drittel des 20. Jahrhunderts eine Renaissance: Autoren wie Oliver E. WILLIAMSON beschäftigen sich in ihren Arbeiten mit den Auswirkungen von Institutionen auf die Wirtschaft aus kostentheoretischen Überlegungen und prägen dabei den Begriff der ‚Transaktionskosten' [1985, 1991]. Unter diesem Begriff werden all jene Ressourcen subsumiert, die durch die Bereitstellung, Aufrechterhaltung, Umorganisation und Nutzung von Institutionen entstehen. Nach Ansicht von Williamson sind es gerade die Unternehmens- und Markttransaktionskosten, die über den ökonomischen Sinn und Unsinn von unternehmerischer Kooperation – auch und gerade über Grenzen territorialer Einheiten hinweg – entscheiden. In der jüngeren Vergangenheit gelangte die Institutionenökonomik, nicht zuletzt aufgrund der massiv zunehmenden weltwirtschaftlichen Verflechtungen und der damit immer evidenter werdenden Frage nach den optimalen Rahmenbedingungen für Wirtschaftstätigkeit, zurück in den Fokus wissenschaftlichen Interesses. Vor allem der spätere Nobelpreisträger Douglass C. NORTH [1988, 1992] avanciert zu einem der führenden Autoren der ‚Neuen Institutionenökonomik' und trägt nicht

---

2 An dieser Stelle sei nur auf den Bayerischen Forschungsverbund Area-Studies (ForArea) verwiesen, der sich seit 1995 aus interdisziplinärer Perspektive mit den vielfältigen Aspekten der Interkulturalität in einer zunehmend globalisierten Weltwirtschaft auseinandersetzt.

unwesentlich zu deren Aufstieg zu einem bedeutenden Theoriegebäude der Volkswirtschaftslehre bei (siehe hierzu auch Kapitel 1.2.2). Die Institutionenökonomik liefert das theoretische Fundament für die erste (Teil-)Hypothese der vorliegenden Arbeit.

Der Institutionenansatz ist in erster Linie ökonomisch ausgerichtet. Zahlreiche Untersuchungen der jüngeren Vergangenheit zeigen jedoch, dass nicht allein ökonomische Faktoren über Erfolg und Misserfolg internationaler Unternehmenskooperationen entscheiden. In nicht wenigen dieser Arbeiten befinden sich Erfolgsfaktoren im Mittelpunkt der Untersuchung, die nicht ökonomisch bedingt sind, sondern unter dem Gesichtspunkt kultureller Unterschiede subsumiert werden. Die Forschungsrichtung der ‚Interkulturellen Kommunikation' setzt sich dezidiert mit den Auswirkungen kultureller Differenzen auf die Kommunikation der Akteure und damit in einem weiteren Schritt den Auswirkungen auf (ökonomische) Interaktion auseinander. Die Betrachtungsrichtung der ‚Interkulturellen Kommunikation' übernimmt die Rolle als weiteres theoretisches Fundament für die zweite (Teil-)Hypothese der Untersuchung, die Gegenstand der folgenden Ausführungen sein wird. Demnach kann gelten: Die Fähigkeit der Akteure, Schwierigkeiten, die aus ihrer Sicht auf kulturelle Differenzen zurückgeführt werden, zu überwinden, könnte einen zusätzlichen Bestimmungsfaktor für Erfolg beziehungsweise Misserfolg internationaler Wirtschaftstätigkeit darstellen.

Bearbeitet wird die übergreifende Fragestellung in drei Untersuchungsmodulen, die sowohl eine theoriegeleitete Untersuchung des Problemkomplexes ermöglichen als auch eine dezidierte Anwendungsorientierung des Forschungsvorhabens implizieren:

> **Untersuchungsmodul 1: Institutionelles Umfeld und unternehmerische Tätigkeit**
>
> Wie hat sich das institutionelle Umfeld in Syrien in den letzten Jahren/Jahrzehnten verändert? Welchen Einfluss hatte die institutionelle Entwicklung auf die Tätigkeit syrischer Unternehmer? Welchen Einfluss auf das institutionelle Umfeld haben die veränderten geopolitischen Rahmenbedingungen?

Das Jahr 1991 stellt einen entscheidenden Wendepunkt in der wirtschaftspolitischen Entwicklung Syriens dar. Die Verabschiedung von Gesetz Nr. 10/1991 zur Förderung privater Investitionen löst nach Jahren der bewussten Benachteiligung privatwirtschaftlicher Aktivitäten eine Welle von Projektplanungen aus. Einheimische Unternehmer, in kleinerem Umfang auch ausländische Investoren, initiieren eine Vielzahl von Investitionsprojekten. Mitte der 1990er Jahre kommt jedoch die anfängliche Euphorie parallel zum stagnierenden Liberalisierungskurs weitgehend zum Erliegen. Erst der Präsidentschaftswechsel und die damit einhergehende Wiederaufnahme des ökonomischen Reformkurses in der zweiten Hälfte des Jahres 2000 bringt wieder neue Impulse für eine scheinbar ‚ausgehungerte' und auf ihre Chance wartende syrische Unternehmerschaft.

Die syrische Wirtschaft erlebt in Folge des Präsidentenwechsels und der initiierten Reformen zunächst einen Aufschwung, der auch und gerade die Außenwirtschaft beeinflusst.

Die Geschwindigkeit des Reformprozesses und die anfängliche Euphorie bei den Unternehmen schwächt sich jedoch mit Beginn der US-amerikanischen Invasion des Nachbarlands Irak im März 2003 mehr und mehr ab. Erschwerend hinzu kommen die Forderungen der Administration von George W. Bush nach weiteren politischen Reformen in der Region und speziell in Syrien. Wie verändert sich das institutionelle Umfeld unter dem Eindruck der neuen Situation? Erfährt die Wirtschaft unter dem Eindruck der Ereignisse eine weitere Liberalisierung? Finden die positiven Reformansätze zu Beginn der Präsidentschaft von Bashar al-Asad eine Fortsetzung?

Wie haben die Reaktionen privater Investitionen die wirtschaftliche Entwicklung Syriens in den zurückliegenden Jahren beeinflusst und welche Rolle spielen dabei Unternehmer aus dem In- und Ausland? Wie wird Syriens Situation im gegenwärtigen internationalen Standortwettbewerb von deutschen und syrischen Unternehmern selbst beurteilt? Werden existierende Potentiale unterschätzt oder bedarf es weiterer Modifikationen im institutionellen Umfeld, um das Land und seine Unternehmer für die Anforderungen der Zukunft zu wappnen?

Der institutionelle Wandel Syriens war und ist bereits seit Jahren Gegenstand der Arbeit einer Reihe von Wissenschaftlern. Die Annäherung an den syrischen Reformprozess erfolgt dabei gegenwärtig zumeist aus politikwissenschaftlicher Sicht. Hier kann vor allem auf die Arbeiten von PERTHES [u. a. div. 2002, 2001, 1998, 1997, 1990], POELLING [u. a. div. 1998, 1996, 1994], SUKKAR [u. a. 2003, 2001, 1996, 1994], HINNEBUSCH [2001, 1997, 1995, 1993] und ZOROB [2005] verwiesen werden. Aus dem Fachgebiet der (Wirtschafts-)Geographie kommen ebenfalls eine Reihe wichtiger und anregender Arbeiten über die ökonomischen Liberalisierungsmaßnahmen und die Entwicklungen der letzten Jahre. So stellen sicherlich HOPFINGER [2002, 1998, 1996, 1991] und BOECKLER [2005, 2004, div. 1998], BOECKLER und HOPFINGER [1996] sowie HOPFINGER/KHADOUR [div. 1998] einige der interessantesten und wichtigsten neueren Beiträge zur Verfügung. Diese setzen sich dezidiert mit der Darstellung der institutionellen Rahmenbedingungen, ihrer Entwicklung und den Auswirkungen auf die Binnen- und Außenwirtschaft – vielfach mit besonderem Augenmerk auf dem Investitionsgesetz Nr. 10/1991 – auseinander. Die Zahl der jüngeren, nach dem Präsidentenwechsel im Sommer 2000 verfassten Arbeiten, die sich bereits dezidiert mit den Auswirkungen der Reformpolitik von Bashar al-Asad beschäftigen, ist hingegen eher gering.[3]

---

3 An dieser Stelle sollen nur fünf interessante Veröffentlichungen Erwähnung finden: PERTHES, Volker (2001): Syrien nach dem Wechsel. Innere und äußere Faktoren der politischen Entwicklung. Berlin; AL-ATASI, M. Ali (2001): Syriens Intellektuelle und die Zivilgesellschaft. In: Inamo, Informationsprojekt Naher und Mittlerer Osten, Nr. 26, S. 30 – 34; GRESH, Alain (2001): Der Aufstieg des „Doktor Bashar". Syriens junger Präsident sichert seine Macht. In: Le Monde diplomatique vom 14. Juli 2001 (Internet Ausgabe vom 30. März 2001 unter http://www.monde-diplomatique.de); HOPFINGER, Hans (2002): Frontstaat Syrien nach dem Präsidentenwechsel. Kontinuität und Wandel in einem zentralen Staat der Levante. In: Geographische Rundschau 54 (2002), Heft 2. S. 4 – 10; BOECKLER, Marc (2005): Geographien kultureller Praxis. Syrische Unternehmer und die globale Moderne. Bielefeld.

> **Untersuchungsmodul 2: Kooperationen und institutionelle Problemfelder**
> Wie haben sich die deutsch-syrischen Wirtschaftsbeziehungen entwickelt? Welche problemgenerierenden Schwachstellen der institutionellen Rahmenbedingungen gibt es?

Basierend auf den Erkenntnissen aus dem ersten Problemkomplex werden in einem weiteren Schritt die Entwicklung der deutsch-syrischen Wirtschaftsbeziehungen und ihre bisherige Korrelation mit den Reformmaßnahmen analysiert. Ist es für kleine und mittlere Unternehmen aus Deutschland im Zuge der wirtschaftlichen Öffnung tatsächlich einfacher geworden, syrische Märkte zu erschließen und Kooperationen mit einheimischen Investoren zu implementieren? Wo existieren nach wie vor institutionelle Problemfelder und wie werden sie in ihrer Bedeutung von den Handlungsträgern auf deutscher und syrischer Seite eingeschätzt?

Die Auseinandersetzungen im Nachbarland Irak sind nicht spurlos an den deutsch-syrischen Unternehmenskooperationen vorbeigegangen. Welche Auswirkungen auf die Kooperation von deutschen und syrischen Unternehmen sind zu konstatieren? Haben die geopolitischen Veränderungen unmittelbare Auswirkungen auf die problemgenerierenden Schwachstellen der institutionellen Rahmenbedingungen? Nehmen kulturspezifische Divergenzen in ihrer Bedeutung zu?

Dieser Teil der Arbeit basiert zum einen auf dem Datenmaterial offizieller Stellen (SAR/Central Bureau of Statistics, Syrisches Investitionsbüro, Statistisches Bundesamt Deutschland, Bundesstelle für Außenhandelsinformation, Arabisch-Deutsche Vereinigung für Handel und Industrie e. V., Ghorfa etc.) sowie auf weiteren sekundärstatistischen Datenquellen, zum anderen auf eigenen empirischen Untersuchungen des Autors in Deutschland und Syrien (detailliertere Informationen hierzu können Kapitel 3 entnommen werden).

> **Untersuchungsmodul 3: Kulturelle Implikationen der Kooperationen**
> Welche Rolle spielen von den Akteuren wahrgenommene kulturspezifische Differenzen im Rahmen der wirtschaftlichen Zusammenarbeit? Worauf sind sie zurückzuführen und welche Bedeutung wird ihnen von den mittelständischen Unternehmen beigemessen? Auf welchen tradierten Bildern in den Köpfen der Beteiligten beruhen die beobachtbaren Kulturalisierungen?

Zahlreiche Interviewpartner berichten von kulturspezifischen Differenzen und schreiben diesen zum Teil kooperationshemmende Wirkung zu. Um welche Differenzen handelt es sich? Worauf sind sie zurückzuführen und wie genau gestalten sich die Auswirkungen in der Kooperationspraxis? Besteht ein Zusammenhang zwischen institutionellen und vermeintlich kulturell bedingten Problemfeldern?

Methodik und theoretischer Rahmen

Nach der Identifizierung der Kooperationshemmnisse wird in diesem Teil des Forschungsprojekts auch der Frage nachgegangen, welche Möglichkeiten bestehen, die Zusammenarbeit zwischen deutschen und syrischen Unternehmen zu stärken: Welche Potentiale existieren als Ansatzpunkt einer Entproblematisierung der deutsch-syrischen Zusammenarbeit auf wirtschaftlicher Ebene? Können in diesem Zusammenhang ‚klassische' Ansätze der Betrachtungsrichtung der ‚Interkulturellen Kommunikation' einen Beitrag leisten?

Die Erkenntnisse von Modul 3 sind nicht allein Ergebnis der akademischen Arbeit des Autors, sondern auch das Resultat der engen Kooperation mit maßgeblichen Stellen der Praxis: Zahlreiche Gespräche mit Vertretern von Wirtschaft und Verwaltung in Syrien (Handelskammern in Damaskus und Aleppo, Industrieministerium Damaskus, Syrian-European Business Centres in Damaskus und Aleppo) und Deutschland (Mittelmeer-Projektbüro Lindau der IHK Schwaben, Nah- und Mittelostverein, Bund der Deutschen Exportwirtschaft, Gesellschaft für Technische Zusammenarbeit) tragen zu einer weitreichenden Praxisorientierung bei.

Basierend auf dem einleitend dargelegten Projektrahmen und der eben skizzierten Untersuchungskomplexe lässt sich das Vorhaben zusammenfassend folgendermaßen beschreiben:

- Das Projekt ist auf *theoriegeleitete Grundlagenforschung* ausgerichtet: Ansätze aus dem Bereich der ‚Interkulturellen Kommunikation' und der ‚Neuen Institutionenökonomik' werden als gemeinsames Analyseinstrument auf die deutsch-syrischen Wirtschaftsbeziehungen auf mittelständischer Unternehmensebene angewendet.

- Institutionelle und interkulturelle Problemfelder werden identifiziert und in ihrer Rolle als Kooperationshemmnis untersucht. Aufbauend auf diesen Schritten sollen Ansätze aufgezeigt werden, die zur Überwindung der Kooperationsproblematik führen.

1.2 Über Institutionen, ihre Entwicklung und Bedeutung für wirtschaftliches Handeln

Institutionen, institutionelle Settings, erfreuen sich disziplinübergreifend großer Bedeutung und Beliebtheit als Gegenstand wissenschaftlicher Untersuchungen. Dabei weist der (wissenschaftliche) Sprachgebrauch dem Begriff der *Institution* eine Bedeutungsspanne zu, die von Institutionen als Grundlage der Bildung von Gesellschaft [GEHLEN, zit. nach SCHÜLEIN 1987, S. 90], Institutionen als elementare Bausteine von Kultur [MALINOWSKI 1975 (1949), S. 79] bis hin zu Institutionen als wesentliche Bestimmungsfaktoren wirtschaftlicher Leistungsfähigkeit [NORTH 1992, S. 84] reicht. Sowohl in der Soziologie, welche den Institutionenbegriff bereits relativ früh in ihren disziplinspezifischen Diskurs aufnahm, als auch in der Volkswirtschaftslehre, die sich häufig im Rahmen der Suche nach Ergänzungen beziehungsweise Alternativen zum klassischen/neoklassischen Modell mit Institutionen befasste, weisen alle Definitionsversuche, trotz unterschiedlicher disziplinspezifischer Perspektiven bei der Auseinandersetzung mit dem Begriff einen Kanon verbindender Determinanten auf: die geregelte Koordination von Menschen, die Reduktion von Komplexität sowie ihre handlungsleitende Funktion [LINDNER 1999a, S. 10]. Eine weitere, allen Ansätzen gemeine Charakteristik ist die Unsicherheit im Umgang mit dem Begriff ‚Institution' und der relativ vage Begriffsgebrauch [SCHÜLEIN 1987, S. 7].

1.2.1 Vom ‚klassischen' Institutionalismus zur ‚Neuen Institutionenökonomik'

Das wirtschaftswissenschaftliche Interesse an Institutionen als determinierende Rahmenbedingungen von Volkswirtschaften reicht ebenfalls geraume Zeit zurück. Die Erkenntnis, dass die wirtschaftliche Leistung einer Gesellschaft wesentlich von geschriebenen und ungeschriebenen Gesetzen innerhalb dieser Gesellschaft beeinflusst wird, ist keineswegs neu, sondern vielmehr seit Langem unumstritten. Anders als die Kollegen der Soziologie ging und geht es den Vertretern des ökonomischen Fachgebiets jedoch nicht um die Wirkung des Netzwerks formaler und informeller Regeln auf Art und Weise allgemeiner Interaktion der Individuen, sondern stets um Art und Umfang des Einflusses institutioneller Arrangements auf die Formen wirtschaftlicher Kooperation.

Von Thorstein B. Veblen (1857 – 1959), Wesley C. Mitchell (1874 – 1948) und John R. Commons (1861 – 1945) zu Beginn des 20. Jahrhunderts in den Vereinigten Staaten begründet, rückt der Institutionalismus erstmals die Analyse gesellschaftlicher Institutionen, formaler und informeller Regeln, in das Zentrum der wirtschaftswissenschaftlichen Betrachtungen. VEBLEN definiert Institutionen als „weitverbreitete Denkgewohnheiten" [REUTER 1996, S. 117], die es den Menschen ermöglichen, von einer sich ändernden Umwelt ausgehende Reize gewohnheitsmäßig zu verarbeiten. Zunächst erfährt also auch in den Wirtschaftswissenschaften der Funktionsaspekt der Komplexitätsreduktion eine Betonung. Dabei entstehen diese Denkgewohnheiten und die mit ihnen verbundenen Verhaltensmuster stets mit einer zeitlichen Verzögerung, einem *time-lag*, auf gesellschaftliche und technologische Modifikationen und können deshalb nie mit den Erfordernissen der Gegenwart übereinstimmen. Veblens Sichtweise lässt noch eine große Nähe zu soziologischen Konzepten erkennen. Mit seiner abschließenden Betonung der institutionenimmanenten Starrheit und Inflexibilität und der negativen gesellschaftlichen Wirkung ihres „Zwangscharakters" [LINDNER 1999a, S. 17] übt er sogar den Schulterschluss mit einer Reihe institutionskritischer Soziologen [VEBLEN 1981, S. 144 f.].

MITCHELL greift zunächst Veblens Sicht von der ‚Rückwärtsgerichtetheit' von Institutionen auf. Er betrachtet Institutionen als „merely a convenient term for the more important among the widely prevalent, highly standardized social habits" [1924, S. 373]. Sie entstehen durch die Verfestigung zweckrationaler Handlungsformen über die Zeit hinweg auf

Methodik und theoretischer Rahmen 13

Basis kollektiver Denkgewohnheiten. Diese finden in bestimmten Verhaltensmustern und Organisationsformen Ausdruck. Als große Gefahr empfindet Mitchell die Gewohnheit, welche das individuelle Verhalten dominiert und dadurch Mittel-Zweck-Überlegungen in den Hintergrund drängt. Nach Mitchell ist der Mensch also ein ‚Gewohnheitstier', dessen Handlungen in erster Linie von Routine – und eben Gewohnheit – geleitet werden. Die Zweckrationalität wird hingegen mehr und mehr in den Hintergrund gedrängt.

Die von Mitchell beschriebene Entwicklung mündet schließlich in einer Situation, in der eine Institution ihre handlungsleitende Funktion auch noch zu einem Zeitpunkt ausübt, zu dem dieses Handeln aufgrund veränderter Umweltbedingungen – insbesondere durch technischen Fortschritt – längst nicht mehr als zweckkonform gelten kann. Diese These verschafft auch Mitchell einen Platz in der Riege der Institutionskritiker und im Beraterteam des US-Präsidenten Franklin D. Roosevelt. Anders als Veblen schwächt er jedoch die negative Interpretation ab, indem er die Fähigkeit der Individuen, die institutionelle Matrix durch kollektive Anstrengungen trotz der immanenten Verfestigungstendenz zu verändern, nicht völlig außer Acht lässt. Er stimmt jedoch hinsichtlich der temporären Komponente wieder mit Veblen überein: Jede Veränderung kann nur mit *time-lag* vollzogen werden [REUTER 1996, S. 120 ff.].

Commons wählt bewusst einen alternativen Ansatzpunkt für seine Art der ökonomischen Analyse. Nicht die Makroebene, die Gesamtheit der wirtschaftlichen Handlungen, ist nach seiner Ansicht der geeignete Ansatzpunkt der Analyse; an deren Stelle rückt er den einzelnen Akt der Eigentumsübertragung, die Transaktion, ins Zentrum der Untersuchung. Im Gegensatz zur (neo-)klassischen Theorie, die von einer Interessensharmonie der Tauschpartner als wichtigem Kennzeichen ökonomischer Interaktion ausgeht, sieht er den Interessenkonflikt im Vordergrund [vgl. RICHTER/FURUBOTN 1999^2, S. 38 f.]. Deshalb kann Commons auch keineswegs eine Tendenz zur automatischen, endogen induzierten Stabilität des Marktes erkennen – eine der zentralen Thesen (neo-)klassischer Wirtschaftstheorie. Basierend auf seinen eigenen empirischen Beobachtungen leitet er die Notwendigkeit einer rechtlichen Reglementierung von Wirtschaft und Wettbewerb ab und fordert, bewusst in Widerspruch des zu seiner Zeit weithin propagierten Idealbildes des ‚Nachtwächterstaates', umfassende ordnungs- und wirtschaftspolitische Maßnahmen. Denn erst mit der Ausbildung von Regelwerken, die sich analog zu den Bedürfnissen sich wandelnder politischer und ökonomischer Systeme verändern, wird seiner Ansicht nach gesellschaftliche und ökonomische Entwicklung möglich. Zusammen mit anderen Institutionalisten der amerikanischen Schule erteilt er damit dem herrschenden Credo des *laissez faire – laissez passer* eine deutliche Absage und beeinflusst maßgeblich die US-amerikanische Wirtschaftspolitik des ‚New Deal', die Antwort von US-Präsident Franklin D. Roosevelt auf die große Depression der 1920er und 30er Jahre.

Auch in der deutschen Volkswirtschaftslehre besitzt die Auseinandersetzung mit Institutionen und deren Auswirkungen auf gesellschaftliche Interaktion und ökonomische Kooperation eine lange Tradition. Die Vertreter der Deutschen Historische Schule, allen voran

Gustav Schmoller (1838 – 1917), beschäftigten sich ebenfalls bereits um die Wende zum 20. Jahrhundert mit der Thematik. Nach dem Zweiten Weltkrieg verlor der Institutionalismus in Deutschland jedoch zunächst erheblich an Bedeutung. Erst in den letzten zehn bis 15 Jahren erlebt die Einbeziehung des institutionellen Rahmens in die ökonomische Analyse eine Renaissance. Es entwickelt sich ein „neuer Denkstil [...], der die neoklassische Lehre der vollständigen Konkurrenz und die ihres Widerparts, der unvollständigen Konkurrenz, abzulösen beziehungsweise zu ergänzen im Begriffe ist" [RICHTER 1994]. Der Auslöser für diese (neuerliche) Hinwendung zur institutionenorientierten Analyse liegt sicherlich in den beobachtbaren Entwicklungen der Weltwirtschaft begründet: dem realen Verschwinden des Systemgegensatzes Marktwirtschaft/Zentralverwaltungswirtschaft sowie dem Wirtschaftswunder einer Reihe asiatischer Staaten beziehungsweise der gleichzeitigen wirtschaftlichen Stagnation einer großen Zahl von Entwicklungsländern. Die Renaissance des Institutionalismus kann jedoch auch und nicht zuletzt als Indiz jener Krise gelten, in der sich die Volkswirtschaftslehre und ihr *Homo oeconomicus* befindet: Die angeführten Ereignisse und Entwicklungen warfen (und werfen) ein grelles Licht auf die Defizite der neoklassischen Theorie und machten den Bedarf an theoretisch fundierten Ergänzungen mehr als deutlich [LINDNER 1999a, S. 18].

Der häufig verwendete Terminus ‚moderne Institutionenökonomik' ist nach Ansicht Rudolf RICHTERs ein ‚Sammelbegriff' [1994]. Er umfasst unterschiedliche Ansätze, die „im Hinblick auf relevante Forschungsthemen und zentrale Erklärungskonzepte, aber auch in ihrer Nähe zur Neoklassik beziehungsweise zu soziologischen Institutionenkonzepten nicht unerheblich auseinander liegen" [LINDNER 1999a, S. 18]. RICHTER [u.a. 1994, 1999^2 mit FURUBOTN] selbst, aber auch COASE [u.a. 1995], NORTH [u.a. 1992, 1988], ALCHIAN [u.a. 1977, 1969 mit ALLEN] und WILLIAMSON [u.a. 1991, 1985] sind Vertreter der ‚Neuen Institutionenökonomik', deren Kerngedanken folgendermaßen umrissen werden können: „[...] die Begründung und Benutzung von Institutionen und Organisationen verursacht Kosten, Transaktionskosten, weshalb die Gestaltung der individuellen Verfügungsrechte auf das wirtschaftliche Gesamtergebnis nicht ohne Einfluß ist." NORTH' Arbeiten [u.a. 1988, 1992], die sich vor allem mit den dynamischen Aspekten, der Entwicklung und dem Wandel von Institutionen sowie der Wechselwirkung zwischen institutionellem Umfeld und wirtschaftlicher Leistung von Gesellschaften auseinandersetzen, gehen von eben jenem Grundgedanken aus. Die folgenden Ausführungen stützen sich schwerpunktmäßig auf seine Publikationen „Institutionen, institutioneller Wandel und Wirtschaftsleistung" [NORTH 1992] sowie „Theorie des institutionellen Wandels" [NORTH 1988]. Mit Blick auf den einleitend dargestellten Rahmen der vorliegenden Arbeit muss an dieser Stelle eine ausführliche Diskussion von Verfügungsrechten und relationalen Verträgen (Principal-Agent-Modell) ebenso unterbleiben wie eine Auseinandersetzung mit der *Neuen Politischen Ökonomik* (Public-Choice-Theorie) und der institutionen-orientierten Analyse von Rechtssystemen, so lohnend diese auch und gerade mit Blick auf Syrien und deutsch-syrische Unternehmenskooperationen sein könnten.

1.2.2 Die Arbeiten von Douglass C. North

NORTH zeigt die Erklärungsdefizite der neoklassischen Wirtschaftstheorie auf: Mit ihrer Hilfe können weder unterschiedliche Leistungsmerkmale verschiedener Volkswirtschaften noch langfristige wirtschaftliche Stagnation (oder gar Negativwachstum) erklärt werden. Darüber hinaus kann die neoklassische Theorie keinen Beitrag zur Analyse von Ordnungsformen der Wirtschaft liefern, die im Allgemeinen als wenig effizient eingestuft werden, wie zum Beispiel die mittelalterliche Gutswirtschaft, den arabischen Suq oder persischen Basar. Sie ist weder geeignet, die im Rahmen der genannten Ordnungsformen stattfindenden Tauschvorgänge zu beschreiben, noch liefert sie einen Erklärungsbeitrag zur Persistenz von ineffizienten Tauschformen. Auf einen Nenner gebracht: Der neoklassischen Wirtschaftstheorie mangelt es am „Verständnis des Wesens menschlicher Koordination und Kooperation" [1992, S. 14]. Der Schlüssel zur Analyse dieser von ihr stiefmütterlich behandelten Problemkreise liegt nach Ansicht North' in der Berücksichtigung der Entstehung und Wirkungsweise von Institutionen und Organisationen sowie deren Einbeziehung in die wissenschaftliche Analyse.

„Institutionen" sind entsprechend NORTH' Ausführungen „Spielregeln einer Gesellschaft oder, förmlicher ausgedrückt, die von Menschen erdachten Beschränkungen menschlicher Interaktion" [1992, S. 3]. Sie gestalten die Anreize im zwischenmenschlichen Tausch politischer, gesellschaftlicher und wirtschaftlicher Art [NORTH 1986, S. 231]. Sie können formgebunden schriftlich fixiert sein, wie zum Beispiel Verfassungen oder das Grundgesetz der Bundesrepublik Deutschland, aber auch formlos, wie zum Beispiel Verhaltenskodizes. Sie können explizit geschaffen werden, aber auch mit der Zeit von selbst entstehen; sie wirken als Richtlinien für die Ordnung menschlicher Interaktion und vermindern auf diese Weise die Unsicherheit über Handlungsfolgen. Und sie weisen regional unterschiedliche Ausprägungen auf. Auf das ‚Wie' und ‚Warum' wird später noch näher einzugehen sein.

Den Unterschied zwischen Institution und Organisation erläutert NORTH [1992, S. 5] in Analogie zum Sport: Institutionen sind die Spielregeln, Organisationen die Spieler. Als Gruppen von Einzelpersonen versuchen sie, das Spiel unter Beachtung und manchmal auch bewusster Missachtung der Regeln zu gewinnen, das heißt, ein gemeinsames Ziel zu realisieren. Unter den Begriff der Organisation fallen Verwaltungsbehörden und politische Parteien (= öffentliche Körperschaften) ebenso wie Unternehmen und Gewerkschaften (= Rechtspersonen des Wirtschaftslebens) oder (Hoch-)Schulen (= Anstalten des Bildungswesens).

Die grundlegende Verhaltensannahme der neoklassischen Wirtschaftstheorie, basierend auf der Theorie des Erwartungsnutzens, erweist sich im Hinblick auf die modellferne Realität als äußerst problematisch. Die in der Annahme eines stets nutzenmaximierend agierenden Individuums (*Homo oeconomicus*) immanente Schwierigkeit bleibt auch dann bestehen, wenn man einschränkend berücksichtigt, dass nicht jede einzelne Handlung diesem Prinzip entsprechen muss, sondern durch die selektive Wirkung des Wettbewerbs auf dem Markt diejenigen Akteure ‚überleben', die ihre Handlungen in der Mehrzahl entsprechend dieser Rationalitätskriterien gestaltet haben. Das menschliche Verhalten ist weitaus komplexer als es die neoklassische Theorie erfasst. Es gibt unzählige Beispiele für Handlungsmotivationen, die keineswegs auf Nutzen- beziehungsweise Gewinnmaximierung abzielen: Altruismus und selbst auferlegte Beschränkungen – zum Beispiel bedingt durch Ideologien – können im Extremfall sogar zu einer Nutzenminderung durch die Verursachung zusätzlicher Kosten für den Akteur führen. Eine unbekannte Person auf den eben aus der Tasche gefallenen 20-Euro-Schein hinzuweisen, anstatt ihn selbst aufzuheben und zu behalten, ist ökonomisch betrachtet wenig sinnvoll. Im Rahmen schlecht bezahlter parlamentarischer Arbeit Ungerechtigkeiten im Steuersystem aufzudecken und die weit verbreitete Korruption innerhalb des syrischen Verwaltungsapparats anzuprangern, wie dies der Unternehmer Riad Seif lange Zeit tat und sich damit selbst in das Blickfeld staatlicher Organe brachte und letztlich eine langjährige Haftstrafe einhandelte, ist aus individualökonomischer Sicht ebenfalls nur von begrenztem Wert. Unter Umständen wird jedoch durch das individuelle Gefühl, etwas Gutes und Notwendiges zu tun, der entgangene Wohlstandszuwachs beziehungsweise im Falle Seifs sogar eine enorme Wohlstandseinbuße überkompensiert.

Beschränktes Wissen und begrenzte Kapazitäten zur Informationsverarbeitung lassen die Akteure auf vorgefertigte Gedankenmodelle zurückgreifen. Die beschränkten Rechenkapazitäten des Einzelnen führen in Verbindung mit der Unsicherheit aufgrund der Komplexität von Entscheidungssituationen zur Entwicklung von vereinfachenden „Ordnungsprinzipien in Form von Institutionen" [LINDNER 1999a, S. 19; NORTH 1992, S. 23 ff.]. Das institutionelle Umfeld wiederum steht in Wechselwirkung zu den subjektiven Handlungsmotivationen. Um also die bestehende Lücke zwischen Theorie und Realität zu schließen, ist es notwendig, sowohl die individuellen Handlungsmotivationen als auch die Mechanismen zur Umweltwahrnehmung und Informationsverarbeitung in die analytische Betrachtung mit einzubeziehen.

Folgt man dabei NORTH' Vorgehensweise der Verbindung von Handlungsmotivationen und Wahrnehmungs- beziehungsweise Informationsverarbeitungsmustern mit der Betrachtung von Transaktionskosten, wird deutlich, weshalb Institutionen existieren und welche Rolle sie für die Funktionsfähigkeit von Gesellschaften spielen [1992, S. 32]. Ökonomischer Tausch von Waren und Dienstleistungen ist in all seinen Formen, zum Beispiel über den Markt oder innerhalb eines Unternehmens, kostspielig. Er verursacht Transaktionskosten, die sich zusammensetzen aus *(1)* den *Kosten der Informationsbeschaffung* über die Attribute des Tauschgegenstands und *(2)* den *Verhandlungs- und Entscheidungskosten* sowie *(3)* den *Kosten für Überwachung und Durchsetzung* der geschlossenen Vereinbarungen. Selbst beim Tausch einfachster Güter ist in den allermeisten Fällen ein Nutzenbündel Gegenstand der Tauschvereinbarung. Beim Erwerb einer deutschen Rundstrickmaschine ist für den syrischen Käufer nicht nur das Modell eines bestimmten Maschinentyps Gegenstand der Leistung, sondern deren Leistungsfähigkeit, Widerstandsfähigkeit und

Wartungsfreundlichkeit, die Fähigkeiten und das Benehmen der deutschen Monteure, eine reibungslose Ersatzteilversorgung etc. Diese nur ansatzweise den Umfang des Leistungskatalogs umreißende Darstellung verdeutlicht, dass es nahezu unmöglich ist, umfassende Informationen über jedes einzelne Attribut des Tauschgegenstands einzuholen und einhundertprozentige Vertragserfüllung zu garantieren. Ein Mehr an Information und damit ein Plus an Erfüllungssicherheit ist stets mit zunehmenden (Transaktions-)Kosten verbunden. Das Geflecht gesellschaftlicher Spielregeln (Institutionen) wirkt sich unmittelbar auf die Höhe der Transaktionskosten aus. Dabei steigen Einfluss und Bedeutung analog zur Ausprägung der vorherrschenden Tauschformen [NORTH 1986, S. 232 f. und 1992, S. 34 ff.; RICHTER/FURUBOTN 1996, S. 45 ff.]. Beim persönlichen, sich wiederholenden Tausch zwischen zwei Partnern, wie er für traditionelle Gesellschaften typisch ist, kann das Problem der Transaktionskosten weitgehend vernachlässigt werden. Mit zunehmender Spezialisierung und Arbeitsteilung, und damit zunehmend unpersönlicheren Tauschvorgängen, nimmt die Notwendigkeit der Absicherung durch Bürgschaften, Geiselstellungen (,tit-for-tat') und Geschäftssitten jedoch immer mehr zu. In modernen Volkswirtschaften ist ein mit Zwangsgewalt ausgestatteter Dritter (Staat), der Tauschvorgänge überwacht und verlässliche Standards gewährleistet, unerlässlich [NORTH 1992, S. 41 ff.; LINDNER 1999a, S. 20].

Grundsätzlich besteht das institutionelle Umfeld einer Gesellschaft aus formgebundenen und formlosen Beschränkungen, wobei es keine scharfe Trennlinie zwischen beiden Ausprägungen gibt. Auch in hoch entwickelten Industrie- beziehungsweise Dienstleistungsgesellschaften dominieren, trotz der Tendenz zur sukzessiven Fixierung von Regeln, formlose Beschränkungen. Diese können in verschiedenartiger Ausprägung auftreten:

1. als Erweiterungen, Ausarbeitungen und/oder Einschränkungen formgebundener Regeln,

2. als gesellschaftlich sanktionierte Verhaltensnormen,

3. als intern bindende Verhaltenskodizes.

Formlose Beschränkungen entstehen aus „Information, die in der Gesellschaft weitergegeben wird, und sind ein Teil jenes Erbes, das wir Kultur nennen" [NORTH 1992, S. 44]. Dabei arbeitet North mit dem Begriff von BOYD/RICHERSON und definiert Kultur als die „Übertragung von Wissen, Werten und anderen verhaltensrelevanten Faktoren vermittels Lehre und Nachahmung von einer Generation auf die nächste" [1985, S. 2 zit. nach NORTH 1992, S. 44]. Kultur wirkt sich auf die Erfassung und Verarbeitung von Informationen und – auf diese Weise – auf die Interaktion zwischen den Individuen aus. Als Teil kultureller Tradition gelangen formlose Beschränkungen zu großer Persistenz: Während das Geflecht formgebundener Regeln, zum Beispiel durch eine Revolution, praktisch ‚von heute auf morgen' einer plötzlichen, unvermuteten Änderung unterzogen werden kann, bleiben die formlosen Beschränkungen zunächst unverändert – wie viele Revolutionäre nach zunächst erfolgreich scheinenden Umstürzen auf bitterste Weise erfahren mussten.

So verfolgte die syrische Baath-Partei nach ihrer Machtübernahme im Jahr 1963 zunächst einen sozialistischen Wirtschaftskurs, der die Verstaatlichung vieler Unternehmen und aller Banken des Landes umfasste. Was jedoch trotz aller Anstrengungen nicht unterbunden werden konnte, war die auch weiterhin erfolgreiche wirtschaftliche Betätigung vieler Unternehmerfamilien. Bestehende Wissensvorsprünge wurden in anderen Wirtschaftsbereichen wieder in Wert gesetzt. Vormals erfolgreich tätige Industrielle wurden so zum Beispiel zu erfolgreichen Händlern. Das Ziel einer Einebnung gesellschaftlicher und vor allem materieller Unterschiede konnte zu keinem Zeitpunkt realisiert werden [vgl. WIRTH 1971]. Die Abschwächung des sozialistischen Kurses hatte rund 25 Jahre später die erneute Zunahme privatwirtschaftlichen Engagements zur Folge. Nicht wenige der ‚neuen' Akteure entstammten wieder den ‚traditionellen' Unternehmerfamilien. Nach einer Generation barg die Kombination von nach wie vor bestehenden Kontaktnetzwerken und Know-how-Vorteilen, individueller Flexibilität und Anpassungsfähigkeit die Chance, wieder erfolgreich unternehmerisch tätig zu werden. Persistente informelle Institutionen scheinen also trotz des gänzlich veränderten formalinstitutionellen Umfelds zu wirtschaftlichem Erfolg beizutragen. Wie dieses Beispiel andeutet, erklären Existenz und Persistenz formloser Beschränkungen, weshalb ein identisches Set formgebundener Institutionen in verschiedenen Gesellschaften zu völlig unterschiedlichen Ergebnissen führen kann.

Wie oben bereits angesprochen, werden mit zunehmender Entwicklung einer Gesellschaft mehr und mehr ehemals formlose Beschränkungen schriftlich fixiert und somit zu formgebundenen Beschränkungen. Derartige Beschränkungen umfassen [NORTH 1992, S. 56f.]:

1. politische (und judizielle) Regeln: Sie bestimmen die hierarchische Ordnung des Gemeinwesens und die Grundstruktur der Willensbildung.

2. wirtschaftliche Regeln: Sie definieren Eigentumsrechte, die Rechte der Nutzung von Eigentum und eines daraus zu erzielenden Einkommens sowie die Fähigkeit, einen Gegenstand des Finanz- oder Realvermögens zu veräußern.

3. Verträge: Sie enthalten die konkreten Bestimmungen für die jeweiligen Tauschvereinbarungen.

Formale Beschränkungen entstehen auf dem ‚politischen Markt' und wirken sich maßgeblich auf die ökonomische Sphäre aus. Dabei gibt es keine ‚Effizienzgarantie': Zum einen droht die Gefahr, dass mächtige gesellschaftliche Interessengruppen es schaffen, ihre individuellen Vorstellungen zum persönlichen Vorteil durchzusetzen. Zum anderen besteht auch die latente Gefahr des Machtmissbrauchs durch den Staat beziehungsweise durch einzelne staatliche Organe. Derlei Tendenzen tragen nicht zu einer Steigerung der Gesamtwohlfahrt bei, sondern führen vielmehr zu einem ineffizient ausgestalteten institutionellen Umfeld [LINDNER 1999a, S. 20]. Das heißt, die bloße Existenz eines institutionellen Umfelds garantiert noch keineswegs ökonomische Effizienz und Wohlstandssteigerung. Es kommt maßgeblich auf die Ausgestaltung an. Die gesetzgebenden Kräfte einer

Gesellschaft – NORTH nennt diese vereinfachend „Herrscher" [1992, S. 87 ff.] – verfügen also über eine Schlüsselstellung bei der Schaffung und Weiterentwicklung der formalen Institutionen. Dabei verfolgt die Regierung immer auch eigennützige Ziele. Dabei kann die Situation entstehen, dass die Interessen der Regierungsmitglieder von jenen weiter Teile der Bevölkerung in nicht unerheblichen Maße von einander abweichen, siehe das Beispiel Syrien. Resultat ist unter Umständen ein institutionelles Umfeld, welches wohl zur Maximierung der Interessen des Herrschers beziehungsweise der Regierungsmitglieder beiträgt, jedoch nicht zu einer gesteigerten Gesamtwohlfahrt. Aus volkswirtschaftlicher Sicht weist es damit Kennzeichen der Ineffizienz auf. Die Forschungsarbeiten in Syrien haben Hinweise darauf geliefert, dass zumindest ein Teil der zu konstatierenden institutionellen Defizite im formalinstitutionellen Umfeld aus individualökonomischem und machtpolitischem Kalkül der führenden Kräfte keineswegs als störend und verbesserungswürdig eingeschätzt, sondern vielmehr bewusst instrumentalisiert wird. Beispielhaft soll an dieser Stelle nur auf die immense Bürokratie und die Steuergesetzgebung verwiesen werden, die syrische Unternehmer nicht nur in ihrer Arbeit behindern, sondern in manchen Fällen auch regelrecht zu ‚semi-legalen' Praktiken zwingen – die in der Unternehmerschaft jedoch ihrerseits bereits schon wieder (informell) institutionalisiert sind. Auf diese Defizite, die Reaktionen der Unternehmer sowie die Auswirkungen auf die Kooperationen mit deutschen Partnern wird im weiteren Verlauf der Arbeit noch detaillierter einzugehen sein.

Formlose Beschränkungen weisen, wie oben angesprochen, eine gewisse Beharrungstendenz auf, da sie Teil des gewohnheitsmäßigen Verhaltens der Individuen geworden sind. Trotzdem unterliegt das institutionelle Umfeld einem steten Wandel. Ein Entwicklungsautomatismus in Richtung Effizienzsteigerung existiert dabei allerdings nicht, wie bereits die obigen Ausführungen induzieren. Die Schlüsselrolle im Prozess des institutionellen Wandels spielen Organisationen. Sie „widmen sich einer zweckgerichteten Tätigkeit und sind in dieser Rolle ursächlich und richtunggebend für den institutionellen Wandel" [NORTH 1992, S. 87]. Das heißt, geschaffen von ihren Gründern zum Zweck der individuellen Maximierung von Vermögen, Einkommen oder alternativen Zielgrößen agieren Organisationen zielgerichtet im gegebenen institutionellen Umfeld und nutzen jene Handlungsspielräume, welche ihnen dieser Rahmen vorgibt. Dabei entwickeln sie zieladäquate Fähigkeiten und Routinen. Das institutionelle Umfeld der süditalienischen Camorra wird unter diesen Prämissen zur Entwicklung anderer Fähigkeiten führen als jenes eines international agierenden Großunternehmens. Oder wieder mit Blick nach Syrien, ohne die Ergebnisse bereits vorwegzunehmen: Es ist zu vermuten, dass in einem stark defizitären Steuersystem die Kreativität zur Entwicklung von Strategien zur Steuervermeidung eine wesentlich höhere Blüte erreicht als in einem vergleichbar adäquaten und effizienten System.

Im Zuge des Versuchs, ihre Ziele zu realisieren, verändern Organisationen sukzessive die bestehende Institutionenordnung [NORTH 1992, S. 89]. Sie fragen ausgewähltes Wissen nach und schaffen selbst neues Wissen beziehungsweise induzieren durch ihre Nachfrage (staatliche und private) Aktivitäten zur Wissensgewinnung in für sie interessanten Bereichen. Dabei verwenden sie auch gezielt Mittel zur Veränderung institutioneller Rahmenbedingungen – im Bereich formaler Institutionen zum Beispiel über intermediäre (Lobby-)Verbände, die Einfluss auf den Gesetzgeber ausüben – beziehungsweise missachten hinderliche formlose Beschränkungen und schaffen auf diese Weise im Laufe der Zeit neue. Diese Ausführungen verdeutlichen, dass Organisationen, die im gegebenen institutionellen Umfeld agieren, sowohl die momentane Wohlfahrt einer Gesellschaft als auch die Entwicklungsrichtung des Institutionenwandels und damit die zukünftige Leistungsfähigkeit einer Volkswirtschaft maßgeblich beeinflussen [NORTH 1992, S. 87 ff.; LINDNER 1999a, S. 21].

Typischerweise verläuft institutioneller Wandel als kontinuierliche, marginale Anpassung der bestehenden Institutionenmatrix. Diskontinuierliche Veränderungen, wie zum Beispiel die bereits oben angesprochene Machtübernahme durch die Baath-Partei und der damit verbundene radikale Systemwechsel, bilden eher die Ausnahme. Auslöser für institutionellen Wandel sind nach NORTH [1992, S. 98 ff.] die Änderung der relativen Preise und/oder die Änderung von Geschmack oder Präferenzen. Die Ursachen von Veränderungen der relativen Preise können modellexogen sein, wie zum Beispiel zufällige Innovationen, die zu technischem Fortschritt führen; in den allermeisten Fällen werden sie jedoch endogen sein, letztlich also das Ergebnis der Arbeit ins System integrierter Organisationen. Zusätzlich wird der Wandel stark beeinflusst von Veränderungen individueller Präferenzen innerhalb der Gesellschaft; als Beispiel kann hier die zunehmende Ablehnung der Sklaverei in bestimmten Teilen der Bevölkerung im Amerika des 19. Jahrhunderts angeführt werden [NORTH 1992, S. 100 f.].

Das institutionelle Umfeld einer Gesellschaft weist eine große Stabilität auf. Dies gilt auch und in besonderem Maß für eigentlich ineffiziente Institutionensettings von Wirtschaften mit anhaltend schlechter Leistung. Die Ursache hierfür ist der institutionenimmanente Selbstverstärkungsmechanismus, den NORTH [1992, S. 109 ff.] beschreibt: Die Einrichtung von Institutionen verursacht zunächst hohe Fixkosten; Lerneffekte, die Produkte verbessern und zu sinkenden Kosten führen, gehen verloren; „internalisierte Denkmodelle" [LINDNER 1999a, S. 21] führen in der neuen institutionellen Umgebung zu falschen Schlüssen, infolge nimmt die relative Sicherheit zunächst ab. Ein einmal eingeschlagener Weg bewirkt im Laufe der Zeit steigende Erträge und steht, in Verbindung mit Informationsdefiziten, der Realisierung von (effizienteren) Alternativen im Weg [LINDNER 1999a, S. 21]. Als Ergebnis bewirkt dieser Mechanismus die relative Stabilität eines – unter Umständen auch suboptimalen – institutionellen Umfelds. NORTH bezeichnet diesen Sachverhalt als Verlaufsabhängigkeit des institutionellen Wandels. Diese Verlaufsabhängigkeit führt in ihrer Konsequenz dazu, dass eine bestehende Institutionenmatrix nur unter Berücksichtigung ihrer Entstehungsgeschichte in all ihren Facetten verstanden werden kann [1992, S. 119], da diese in mannigfaltiger Weise in die aktuellen Strukturen eingeflossen ist. Vor diesem Hintergrund wird klar, dass die Einführung des gleichen – an sich bewährten – Regelsystems in zwei verschiedenen Gesellschaften völlig unterschiedliche Ergebnisse erzeugen kann [1992, S. 119].

1.3 Über den Zusammenhang von Institutionen, Kultur und Wirtschaft

1.3.1 Vom ‚Wirtschaftsgeist' zur ‚Embeddedness' ökonomischer Interaktion

In einigen Teildisziplinen der Geographie wird bereits früh versucht, eine Verbindung von kollektiven Werthaltungen und Normen zu wirtschaftlichen Aktivitäten und ökonomischem Erfolg herzustellen [vgl. SCHAMP 2000, S. 16 f.]. Auch wenn der von Eugen WIRTH benutzte Begriff des „Wirtschaftsgeistes" [1956] aus heutiger Sicht ein wenig antiquiert anmutet, beschreibt er dennoch den bestehenden Zusammenhang zwischen traditionellen Haltungen (informellen Institutionen), dem Geflecht von Normen und Regeln, welche sich aus „historischen, sozialen, wirtschaftsgesetzlichen und religiösen Wurzeln heraus" erklären [WIRTH 1956, S. 32], und wirtschaftlichen Handlungen der Menschen. Kritisch anzumerken gilt es, dass Wirth, der versucht in seiner Arbeit ein älteres Konzept von Alfred RÜHL (1882 – 1935) [1925] wiederzubeleben, stark verallgemeinerte Schlüsse zieht und Urteile fällt, die wohl den ‚Geist' jener Zeit in Deutschland widerspiegeln und vor dem Hintergrund der herrschenden Aufbruchstimmung in den Jahren des Wirtschaftswunders durchaus zu verstehen sind, jedoch in der Gegenwart einer kritischen Überprüfung kaum mehr standhalten dürften.

Nicht mit ‚Mentalitäten', sondern mit historisch gewachsenen sozialen Regeln formaler und informeller Art setzen sich aktuelle Konzepte der ‚Kultur' und „kulturellen Nähe beziehungsweise Ferne" [GERTLER 1997a, 1997b], der „institutionellen Nähe/Distanz" [BERNDT 1995, 1996] beziehungsweise „institutionellen Dichte" [AMIN/THRIFT 1994] auseinander. Meric S. GERTLER [1997b] beschreibt am Beispiel deutscher Maschinen- und Anlagenbauer und ihrer kanadischen Kunden die Schwierigkeiten, die im Umgang mit deutschen Investitionsgütern auftauchen. Er führt eine Reihe dieser Probleme zum einen auf unterschiedliche Einstellungen und resultierende Verfahrensweisen in Bezug auf und im Umgang mit Technologie und technischen Systemen, zum anderen auf Unterschiede in der Ausbildung der Arbeiter und der Arbeitsorganisation zurück, nach GERTLER beides Indizien für *„cultural distance"* [1997b, S. 52, Hervorhebung im Original] und ‚materialisiert' in den Produkten. Die Aspekte dieser kulturellen Ferne sind im einzelnen Resultat historischer Entwicklungen, die zu unterschiedlichen Institutionen geführt haben; hier übernimmt Gertler die Ansichten Norths. Sie führen zum Beispiel in ihrer Konsequenz zu dem Resultat, dass die erfolgreiche Inbetriebnahme und Nutzung deutscher/europäischer Anlagen in Kanada/Nordamerika ungleich schwieriger ist als in Deutschland beziehungsweise Europa selbst [GERTLER 1997b, S. 57 ff.]. Für GERTLER spielt bezüglich Art und Intensität der zu erwartenden Probleme die geographische Distanz eine geringere Rolle als die Existenz von Gemeinsamkeiten, so zum Beispiel das gemeinsame Erbe der Nationalstaaten im angloamerikanischen Wirtschaftsraum [1997b, S. 58 f.].

Detaillierter auf die Unterschiede institutioneller Strukturen verschiedener räumlicher Einheiten geht BERNDT am Beispiel der Internationalisierung mittelständischer Unternehmen im Ruhrgebiet ein [1996]. Beziehungen und Handlungen von Unternehmen sind in sozio-organisatorische und politisch-ökonomische Strukturen eingebettet. Verbindendes Element beider Struktursysteme ist die Tatsache, „dass allgemeingültige Regeln, Gesetze, Normen und Werte als Produkt organisatorischer und individueller Interaktion verstanden werden müssen" [BERNDT 1996, S. 224]. Die organisierte Interaktion von Unternehmen, sei diese nun innerbetrieblicher oder zwischenbetrieblicher Art, führt zu einem Aufeinandertreffen festgefügter und etablierter Konventionen, Gewohnheiten und Handlungsroutinen, die, wie oben bereits ausgeführt, zwei Gesichter aufweisen: Einerseits stehen sie *neuen* Methoden zur Durchführung von Aufgaben im Weg (= Beschränkungscharakter), andererseits reduzieren sie durch den bereits bekannten Wirkungsmechanismus die notwendigen Kapazitäten zur Informationsverarbeitung und machen so Interaktion erst möglich (= Ermöglichungscharakter). Der notwendige Koordinationsaufwand für die Akteure erhöht sich in direkt proportionalem Verhältnis zum Ausmaß institutioneller Differenzen, was BERNDT mit dem Begriff „institutionelle Distanz" [1996, S. 225] bezeichnet. Diese institutionelle Distanz kann sich sowohl inner- als auch zwischenbetrieblich in Interessensgegensätzen und unterschiedlichen Beurteilungen einer Situation niederschlagen. In der Regel dürfte „eine gewisse Korrelation von institutioneller und geographischer Distanz zu erwarten sein" [1996, S. 225]. Dass jedoch auch in diesem Fall die Ausnahme einen Beitrag zur Bestätigung der Regel leistet, belegt BERNDT mit dem Beispiel der nicht unerheblichen Probleme westdeutscher Unternehmen im Handel mit Staatsunternehmen der früheren DDR [1996, 225 f.].

Mark GRANOVETTER [1985] beansprucht für sich, in bewusster Abkehr von bisherigen Ansätzen, eine alternative Perspektive: Er kritisiert die bis dato entstandenen Analysen wirtschaftlicher Kooperationen als über- beziehungsweise untersozialisiert und entwickelt alternativ zu ihnen das Konzept der *embeddedness*. Das Konzept beruht auf der Annahme, dass jegliche Arten von Handlungen in soziale Beziehungen und Strukturen (Netzwerke) eingebettet sind. Diese Strukturen beeinflussen seiner Ansicht nach das Handeln des Individuums finden aber in den herkömmlichen ökonomischen Analysen keine gebührende Beachtung. Soziale Beziehungen und Netzwerke tragen zur Vertrauensbildung bei und reduzieren auf diese Weise die Gefahr regelwidrigen Verhaltens des einzelnen Akteurs [1985, S. 483 ff.]. Trotz ihres Beitrags zur Vertrauensbildung können jedoch auch soziale Beziehungen regelwidriges Verhalten niemals völlig ausschließen, zumal vor dem Hintergrund von Vertrauen Betrug manchmal erst möglich wird und durch die Bildung von Koalitionen, ‚unheiligen Allianzen', Vertrauen zum einseitigen Vorteil missbraucht werden kann. Granovetters Kritik gilt im Detail zum einen den übersozialisierten Verfahrensweisen, ihrer Unterstellung, Individuen würden bedingungslos und quasi automatisch bestehende Sitten, Gewohnheiten und Normen befolgen, und nicht zuletzt auch den Vertretern der ‚Neuen Institutionenökonomik', die er der untersozialisierten Analyse ökonomischer Interaktionen bezichtigt [GRANOVETTER 1992, S. 5 f.]. Er lehnt vor allem deren weit verbreitete Annahme eines ausschließlich eigennützigen Verhaltens der Akteure ab. Sein Konzept der *embeddedness* ermöglicht in bewusstem Gegensatz dazu die Berücksichtigung kollektiver sozialer Ziele bei der Analyse konkreter gesellschaftlicher Verhältnisse. Trotz seiner Kritik an den Institutionalisten und der Vielzahl ungeklärter Fragen, die er in deren Arbeiten bemängelt [1992, S. 6 ff.], stimmt GRANOVETTER grundsätzlich der handlungsbeeinflussenden Wirkung von Institutionen zu, ohne jedoch institutionelle Automatismen zu erkennen. Seiner Ansicht nach vollzieht sich die Einbettung von (ökonomischen) Handlungen nicht notwendiger Weise und ausschließlich durch Kontakte zwischen Personen, sondern auch durch deren Bindung an gemeinsame Regeln und Konventionen, also Institutionen, die ihrerseits wiederum das Ergebnis sozialer Kontakte verkörpern [GRANOVETTER 1992, S. 6 ff.; SCHAMP 2000, S. 17].

SCHAMP/RENTMEISTER/LO greifen noch einmal die bereits früher geäußerte Kritik von Eike SCHAMP [2000, S. 17] am Konzept der *embeddedness* auf. Ihrer Ansicht nach bleibt es im Hinblick auf eine Reihe von Aspekten „vage und unscharf" [SCHAMP/RENTMEISTER/LO 2003, S. 6]. Beispielhaft führen sie die mangelnde Beachtung systemischer Formen der Vertrauensbildung, zum Beispiel durch Reputation, Empfehlung, Zertifizierung oder Rating, die in der Gegenwart für Unternehmen eine große Rolle spielen, ins Feld. Zudem wird ihrer Meinung nach die Bedeutung der geographischen Nähe für soziale Beziehungen überschätzt: Weit wichtiger als diese ist etwa die professionelle Nähe zwischen ‚Experten', die über eine gemeinsame Sicht der Dinge und eine gemeinsame Fachsprache, spezifische gemeinsame Institutionen, verfügen.

Trotz der berechtigten Kritik an Granovetter kann festgehalten werden, dass ökonomische Entscheidungen und Handlungen in soziale und institutionelle Strukturen eingebettet sind. Vor diesem Hintergrund gilt es also nicht allein die Institutionenmatrix, in der sich die Kooperationen von deutschen und syrischen Unternehmen bewegen, zu untersuchen: „Gerade der genaueren Erfassung des sozio-kulturellen Kontexts ökonomischer Handlungen kommt deshalb [große] Bedeutung zu" [BERNDT 1995, S. 579].

Wie oben bereits angedeutet, scheint ein Zusammenhang zwischen Institutionen und Kultur zu bestehen. Da es sich die vorliegende Arbeit zum Ziel gesetzt hat, die Bedeutung von kulturell bedingten Differenzen für den Erfolg der Kooperation zwischen deutschen und syrischen Unternehmen zu untersuchen, scheint es an dieser Stelle unerlässlich, neben dem Institutionen- auch auf den Kulturbegriff einzugehen. Dabei soll in aller gebotenen Kürze ein Überblick über die Entwicklung des Kulturbegriffs in den Kulturwissenschaften gegeben werden, bevor der Versuch einer Begriffssynthese unternommen wird. Welche ‚kulturellen' Aspekte sind es, die nach Ansicht der Interviewpartner aus Deutschland und Syrien die Kooperationen beeinflussen? Ist es möglich, mit traditionellen interkulturellen Ansätzen die Zusammenarbeit zu verbessern? Oder spielen vielmehr tradierte Bilder in den Köpfen der Kooperationspartner über das vermeintlich anderskulturelle Gegenüber eine Rolle und führen zur ‚Kulturalisierung' individueller und/oder institutionell bedingter Unterschiede in den Handlungsstrategien? Zur Klärung dieser Fragen wird neben einer Auseinandersetzung mit dem Kulturbegriff auch ein kurzer Überblick über die Betrachtungsrichtung der ‚Interkulturellen Kommunikation' und neuere Alternativkonzepte, allen voran das Konzept der Transkulturalität, geboten. Abschließend werden die beiden theoretischen Blöcke ‚Institutionen' und ‚Interkulturelle Kommunikation' zum Analyseinstrumentarium der deutsch-syrischen Unternehmenskooperationen zusammengefügt.

1.3.2 Begriff und Konzept ‚Kultur': Was steckt dahinter?

Die Zahl der Definitionsversuche des Kultur-Begriffs geht in die Hunderte. Einige Definitionen, genießen dennoch – trotz unterschiedlicher Basiskonzepte – weitgehende Anerkennung. Zu diesen gehört die bereits mehr als 100 Jahre alte Kulturdefinition von Edward B. Tylor (1832 – 1917), auf welcher die meisten anthropologisch-soziologischen Ansätze basieren [DÜLFER 1992^2, S. 189]: "Culture or Civilization, taken in its wide ethnographic sense, is that complex whole which includes knowledge, belief, art, morals, law, custom, and any other capabilities and habits acquired by man as a member of society" [TYLOR zit. nach STÜDLEIN 1997, S. 23].

Auch die Definition von KROEBER/KLUCKHOHN, praktisch die Quintessenz aus den bis 1952 entwickelten definitorischen Eingrenzungen, zählt zu dieser Kategorie. "Culture consists of patterns, explicit and implicit, of and for behavior acquired and transmitted by symbols, constituting the distinctive achievement of human groups, including their embodiment in artefacts; the essential core of culture consists of traditional (i.e. historically derived and selected) ideas and especially their attached values; culture systems may, on the one hand, be considered as products of action, on the other as conditioning elements of future action" [1967 [1952], S. 357].

Eine wichtige Rolle in der Diskussion des Kulturbegriffs, gerade auch im Bereich der ‚Interkulturellen Kommunikation', spielt Geert HOFSTEDE. In den 1970er Jahren kommt er, basierend auf der empirischen Untersuchung bei IBM-Niederlassungen in über 40 Ländern, zu dem Schluss, dass organisatorisches Handeln je nach nationaler Kultur von unterschiedlichen Wertorientierungen gesteuert wird [z. B. 1980]. Diese Unterschiede fasst er in vier Kategorien zusammen, von denen er die ersten beiden durch Antagonismen beschreibt: Individualismus vs. Kollektivismus, Maskulinität vs. Feminität, Machtdistanz und Unsicherheitsvermeidung. Hofstede geht bei seiner Konzeptualisierung des Kulturbegriffs davon aus, dass alle menschlichen Gemeinschaften vor den selben Grundproblem stehen, beispielhaft sei die ungleiche Verteilung von Macht (Einfluss, Geld, Wissen usw.) genannt; die verschiedenen Kulturen stellen dementsprechend verschiedene Antworten auf immer dieselben Herausforderungen dar. Die Individuen einer kulturellen Gemeinschaft haben diese kulturelle Grundeinstellung übernommen. Hofstede prägt hierfür in Anlehnung an die moderne Welt der EDV die Metapher der Kultur als „mentale Software": „Jeder Mensch trägt in seinem Inneren Muster des Denkens, Fühlens und potentiellen Handelns, die er ein Leben lang erlernt hat. Ein Großteil davon wurde in der frühen Kindheit erworben. [...] Unter Verwendung einer Analogie zur Art und Weise, wie

Computer programmiert sind, nennt dieses Buch solche Denk-, Fühl- und Handlungsmuster *mentale Programme*. Das bedeutet natürlich nicht, dass Menschen wie Computer programmiert sind. Das Verhalten eines Menschen ist nur zum Teil durch seine mentalen Programme vorbestimmt: […] Die mentale Software […] gibt lediglich an, welche Reaktionen angesichts der persönlichen Vergangenheit wahrscheinlich und verständlich sind. […] Ein gängiger Begriff für eine solche mentale Software ist Kultur. […] Kultur ist immer ein kollektives Phänomen, […] sie ist die kollektive Programmierung des Geistes, die die Mitglieder einer Gruppe oder Kategorie von Menschen von anderen unterscheidet. Dabei versteht man unter einer Gruppe eine Anzahl von Menschen, die Kontakt zueinander haben" [HOFSTEDE 1993, S. 18 f.].

Ausgehend von den oben angeführten Kulturbegriffsdefinitionen von Tylor, Kroeber/Kluckhohn und Hofstede und um den Kulturbegriff für wirtschaftswissenschaftliche Zwecke operationalisierbar zu machen, schlägt STÜDLEIN fünf Merkmale vor, die ihrer Ansicht nach ein umfassendes Verständnis des Kulturphänomens ermöglichen [1997, S. 24 ff.]:

1. Kultur beinhaltet als zentrales Merkmal verhaltensprägende Werte, Normen und Einstellungen. Den Kern jeder Kultur bildet das von einer Gruppe geteilte System gemeinsamer Werte. Dieses bildet nach Hofstede das konstitutive Element der Kultur.

2. Kultur ist erlernt (und nicht ererbt). Nach dieser Auffassung ist Kultur tradiert, das heißt sie wird durch die Prozesse der Enkulturation und Sozialisation von einer Generation zur nächsten weitergegeben. Bei der Erläuterung der Tradierung erfolgt in aller Regel ein Rückgriff auf die Begriffe der Sozialisation und Enkulturation. Diese umfassen „value transmission, acquisition and internalization" [SCHWARTZ (u.a.) zit. nach JAMMAL 2003, S. 14] und erklären, wie Werte Normen und Verhaltensweisen etc. internalisiert und reproduziert werden. Durch die Geburt erfolgt die Integration in kulturelle Kontexte, deren Erhalt „durch geplante und ungeplante Lerneffekte in sozialen Gebilden wie Familie, Schule etc. (soziales Lernen) angestrebt wird" [JAMMAL 2003, S. 13 f.].

3. Bei Kultur handelt es sich um ein überindividuelles, kollektives soziales Phänomen. Kultur ist entsprechend den obigen Ausführungen ein auf Gruppen basierendes Konzept. Es bezieht sich auf das System geteilter Annahmen, Werte und Normen einer sozialen Gruppe.

4. Kultur manifestiert sich in sichtbaren Artefakten. Sichtbare Aspekte des Verhaltens und soziale Interaktionen sowie Objekte werden als kulturelle Artefakte verstanden. Artefakte beinhalten alle menschlichen Lebensäußerungen und -formen sowie das beobachtbare Verhalten inklusive der Formen menschlicher Kommunikation. Kulturelle Artefakte stellen Symbole dar, die auf Werten und Normen basieren und als solche zwar in der Regel leicht zu erkennen sind, jedoch oft nicht oder nur schwer entziffert beziehungsweise dechiffriert werden können und deshalb der Interpretation bedürfen.

5. Kultur hat orientierende, sinngebende und identitätsstiftende Funktion. Kultur ermöglicht es den Mitgliedern einer sozialen Gruppe, die Anpassung an ihre Umwelt leicht und effizient zu realisieren. Sie stellt diesen Wissen und ein Set bewährter Methoden zur Befriedigung biologischer und sozialer Grundbedürfnisse sowie ein Set von Methoden zur Bewältigung täglicher Probleme zur Verfügung. Durch die Bereitstellung von Orientierungszielen des Verhaltens und Handelns erleichtert Kultur den Gruppenmitgliedern die Orientierung in komplexen sozialen Feldern. Auf diese Weise fördert Kultur eine reibungslose und effektive Interaktion, Kooperation und Kommunikation. Verhalten und Reaktionen anderer Gruppenmitglieder werden berechen- beziehungsweise vorhersehbar.

Elias JAMMAL fasst diese fünf Merkmale zu einer, seiner Ansicht nach im angelsächsischen Raum dominierenden Begriffsbestimmung zusammen: "Culture is a set of attitudes, behaviors, and symbols shared by a large group of people and usually communicated from one generation to the next" [2003, S. 13].

Versuch einer Begriffssynthese

Abschließend werden die übergreifenden Aspekte der bisherigen Definitionen und Abgrenzungsversuche in einer ‚Quasi-Synthese' zusammengefasst. Auf diese Weise entsteht ein Abbild jenes Kulturkonzeptes, das gegenwärtig auch von den Vertretern der Betrachtungsrichtung der ‚Interkulturellen Kommunikation' mehr oder weniger identisch verwendet wird. Dabei ist Kultur ein zumeist bewusst offenes Konzept, welches auf Hofstedes Metapher der „kollektiven Programmierung des Geistes" basiert [vgl. HOUBEN/HENKEL/RUPPERT 2003, S. 384 f.]. Kultur ist dynamisch: Sie ist offen für Einflüsse von außen und Gegenstand permanenter Veränderung. Kultur ist „zugleich Produkt und Prozess, d. h. Kultur beeinflusst menschliches Handeln und wird zugleich von menschlichen Handlungen hervorgebracht" [BERNDT (u. a.) 2002, S. 7]: „Der Einzelne ist in seinem Wahrnehmen, Denken [,Werten] und Handeln von der Kultur, in die er enkulturiert wurde, geprägt, und zugleich produziert und reproduziert er als kommunikativ handelndes Wesen Kultur" [MOOSMÜLLER 1997, S. 5]. Durch immanente Werkzeuge, Sozialbeziehungen, Symbole und Institutionen macht sich Kultur in Form eines personalen (Orientierungs-) Systems sowohl als limitierender als auch handlungsermöglichender Faktor geltend[4] und beeinflusst so die Ausgestaltung des spezifischen Handlungsfelds der sich einer Gruppe zugehörig fühlenden Individuen, denen es als Handlungsorientierung dient [vgl. BOESCH

---

4 Den Aspekt der Handlungslimitierung beziehungsweise -ermöglichung aufgreifend und explizit Institutionen als Bestandteil der Kultur berücksichtigend, definiert Ernst BOESCH Kultur als „Handlungsfeld, dessen Inhalte von Menschen geschaffenen oder genutzten Objekten bis zu Institutionen und Ideen oder ‚Mythen' reichen. Als Handlungsfeld bietet die Kultur Handlungsmöglichkeiten, stellt aber auch Handlungsbedingungen: Sie bietet Ziele an, die mit bestimmten Mitteln erreichbar sind, setzt zugleich aber auch Grenzen des Möglichen oder ‚richtigen' Handelns" [zit. nach THOMAS 1993b, S. 380].

1980, S. 20 ff.; MEYER 2000, S. 157; THOMAS 1993b, S. 380]. Des Weiteren soll Kultur als heterogen verstanden werden, was bedeutet, dass innerhalb eines Landes durchaus mehrere (regionale) Kulturen existieren können [HOUBEN/HENKEL/RUPPERT 2003, S. 384 f.].

1.3.3 Globalisierung, Kultur und Interkulturalität

Die beobachtbare Tatsache einer zunehmenden globalen Verflechtung von Staaten, Organisationen und Individuen wird landläufig mit dem Schlagwort der ‚Globalisierung' betitelt. Nicht selten wird dieser Prozess auf die weltwirtschaftlichen Strukturveränderungen, die zunehmend weltweite Vernetzung von Waren- und Kapitalströmen, die zunehmende Virtualisierung der Ökonomie, eine zunehmende zwischenbetriebliche Arbeitsteilung und die Errichtung supranationaler Freihandelsräume etc. reduziert [vgl. u. a. KUTSCHKER 1999b, BERNDT 1996]. Aus einer neoliberalen wirtschaftstheoretischen Warte heraus wird grenzüberschreitenden ökonomischen Prozessen dabei zumeist pauschal eine positiv konnotierte, sozial homogenisierend wirkende Dynamik unterstellt, die eine verstärkte Integration aller gesellschaftlich relevanten Bereiche in einen globalen Markt bewirkt. Eine Einbindung von Volkswirtschaften in globale Wirtschaftsströme führt in dieser Betrachtungsweise – an dieser Stelle sei beispielhaft nur auf die Theorie der komparativen Kostenvorteile verwiesen – zu einer Wohlstandssteigerung für alle Beteiligten.

Im Gegensatz zu den Wirtschaftswissenschaften dominiert in der sozialwissenschaftlichen Globalisierungsdebatte die Tendenz, die Ambivalenz des Globalisierungsprozesses anzuerkennen. Gerade die ökonomische Globalisierung wirkt als Zusammenspiel von integrierenden und fragmentierenden Prozessen [vgl. z. B. ALBROW 1998]. Globalisierung erzeugt in der Praxis *winners and loosers*: Während einige Gewinner (China, Osteuropa) von einer verstärkten Integration in die Weltwirtschaft profitieren, werden Verlierer (weite Teile Afrikas und Lateinamerikas) verstärkt ausgegrenzt, wie die in der Einleitung zu dieser Arbeit angeführten Zahlen eindeutig belegen. Obwohl ökonomisch und politisch motiviert und gesteuert, entfalten sich die Wirkungen der Globalisierung nicht allein auf politischer und wirtschaftlicher Ebene, sondern weisen zudem auch eine allgemeine gesellschaftliche und kulturelle Dimension auf.

Auf räumlicher Ebene präsentiert sich Globalisierung ebenfalls als ambivalentes Phänomen, als kontinuierliches Zusammenspiel globaler und lokaler Faktoren [vgl. z. B. MÜLLER-MAHN 2002, GERNDT 2002]. Lokale Strukturen hängen in vielerlei Hinsicht von überregionalen Strukturen ab und umgekehrt. So haben internationale Geschmackpräferenzen bezüglich der Einrichtung von Wohn- und Geschäftshäusern ganz konkrete Auswirkungen u. a. auf den Arbeitsmarkt im Landkreis Eichstätt. Das konnte anhand des Beispiels der japanischen Nachfrage nach Jurakalkplatten nachgewiesen werden. So muss auch bezüglich der räumlichen Auswirkungen eine ambivalente Wirkung konstatiert werden: Lokale Strukturen werden von überlokalen Strukturen beeinflusst und *vice versa*. Integration, im Sinne einer verstärkten Entgrenzung nationalstaatlicher Räume, geht mit einem

Rückbezug auf lokale beziehungsweise regionale Kontexte Hand in Hand. Dies induziert bereits den engen Zusammenhang zwischen Globalisierung und Regionalisierung, zweier Prozesse, die keineswegs, wie vielleicht zu vermuten wäre, konkurrierende Entwicklungen verkörpern. So bedeutet Globalisierung nicht automatisch den Bedeutungsverlust regionaler Strukturen und Elemente, sondern verläuft vielmehr parallel zum Prozess der Regionalisierung. Noch einmal kann an dieser Stelle auf supranationale Zusammenschlüsse zu Sonderwirtschafts- und Freihandelszonen verwiesen werden. Aber auch die Konzeption der Europäischen Union als Europa der Regionen trägt diesem Umstand Rechnung. Im Bereich der (Wirtschafts-) Geographie kann auf zahlreiche Untersuchungen zu regionalen Netzwerken spezialisierter Unternehmen im Zusammenhang mit flexiblen Produktionsregimen verwiesen werden [vgl. v. a. KRÄTKE 2002, 1995]. Aus einer kulturellen Perspektive kann zudem auch auf die parallel zur Ausbreitung westlicher Waren und Dienstleistungen verlaufenden Rückbesinnung auf regionale kulturelle Traditionen verwiesen werden – die launige Alliteration ‚Laptop und Lederhosen' des bayerischen Ministerpräsidenten Edmund Stoiber zielt als symbolische Beschreibung Bayerns exakt auf diesen Sachverhalt der parallel verlaufenden Prozesse Globalisierung und Regionalisierung ab. Auch eine zunehmende Zahl international tätiger Großkonzerne, wie zum Beispiel Volkswagen oder Audi, präsentieren sich als *global player with local roots* und bestätigen nicht zuletzt durch Projekte, wie ‚Autostadt Wolfsburg', den parallelen Verlauf beider Prozesse.

Das permanente Zusammenspiel globaler und lokaler Faktoren innerhalb der Meta-Entwicklung Globalisierung wird besonders im von Roland ROBERTSON [1998] geprägten Kunstbegriff der „Glokalisierung" deutlich, mit dem der Autor die gleichzeitig beobachtbaren Tendenzen von Homogenisierung und Heterogenisierung zu verbinden versucht. Auf der einen Seite ist eine verstärkte ökonomische Integration zu verzeichnen, auf der anderen Seite „sind wir Zeugen eines zunehmenden Fragmentierungsprozesses, einer Renaissance von staatlicher Zersplitterung und Ethnoprotektionismus sowie kultureller Exklusion und zivilisatorischer Regressionen, die Schlagworte wie Weltgesellschaft, Weltwirtschaft und Weltkultur doch deutlich zu konterkarieren scheinen", wie SCHERLE [2004, S. 20] unter Bezugnahme auf Ulrich MENZEL [1998] konstatiert. Darüber hinaus kommt es vielfach – allen gegenläufigen neoliberalen Theorien und Vorhersagen zum Trotz – sowohl auf globaler als auch auf lokaler Ebene zu einer zunehmenden Intensivierung sozialer Disparitäten.

Auf individueller Akteursebene ist die zunehmende Intensivierung der Kommunikation zwischen Angehörigen unterschiedlicher Staaten, unterschiedlicher ethnischer Gruppen und Gruppierungen, zwischen Menschen unterschiedlichen kulturellen Backgrounds ein wichtiges Resultat. So entwickeln und produzieren Großkonzerne wie Siemens und Daimler-Chrysler längst weltweit. *Global sourcing* und weltweite Absatzmärkte sind für viele Unternehmen und Produkte heute gängiger Standard. Diese Entwicklung hat aber auch auf der Mikroebene des einzelnen Arbeitnehmers zu vielschichtigen Veränderungen geführt: Menschen aus verschiedenen Herkunftsländern sitzen Schreibtisch an Schreibtisch und arbeiten in multinationalen Projektgruppen zusammen. Der Weg in die Führungsetage bei vielen Unternehmen, gerade jedoch bei transnationalen Konzernen und *global players*, verläuft in vielen Fällen über einen zumindest temporären Aufenthalt in einer der Auslandsniederlassungen. Viele Unternehmen sehen kulturelle Unterschiede in ihrer Belegschaft vielfach als positiv und potentiellen Wettbewerbsvorteil [MOOSMÜLLER 1997, S. 38]. Die erfolgreiche Erschließung und Bearbeitung von Auslandsmärkten beziehungsweise die Suche nach geeigneten Kooperationspartnern erfordert heute bei Unternehmen jeglicher Größenordnung von den mit dieser Aufgabe betrauten Mitarbeitern ein Mindestmaß an interkultureller Kompetenz und Fähigkeit zum Umgang mit Angehörigen anderer Kulturen. Doch gerade hier „hapert es nicht selten", wie es *K.*, der Vertriebsleiter eines im Rahmen der Forschungsarbeit befragten Unternehmens, mit unüberhörbarem bayerischen Unterton ausdrückt (Interview aB80dt).

Mit der Interaktion von Angehörigen verschiedener Kulturen beschäftigt sich die wissenschaftliche Betrachtungsrichtung der ‚Interkulturellen Kommunikation', die nachfolgend in ihren Grundzügen vorgestellt wird.

1.3.3.1 Die wissenschaftliche Betrachtungsrichtung der ‚Interkulturellen Kommunikation'

Was verbirgt sich hinter diesem Begriff, der in den letzten Jahren zunehmend kontrovers quer durch alle sozialwissenschaftlichen Disziplinen diskutiert wird? Die ‚Interkulturelle Kommunikation' als wissenschaftliche Betrachtungsrichtung hat ihre Ursprünge in den USA der 1950er Jahre. Als Begründer der Disziplin gilt der Kulturanthropologe Edward T. Hall [MOOSMÜLLER 2000, S. 1, CASMIR/ASCUNCION-LANDE 1989, S. 280 ff.]. In der Gegenwart ist die ‚Interkulturelle Kommunikation' jedoch keine ausschließlich der Anthropologie zuzurechnende Teildisziplin, sondern vielmehr die Synthese der Arbeit verschiedener Wissenschaftsdisziplinen. Klaus ROTH sieht die Erkenntnisse und Erfahrungen der Kulturanthropologie als konstitutive Elemente, die die kulturtheoretischen und methodologischen Grundlagen als Basisschatz bereit stellen [1996, S. 20 ff.]. Eine Fülle weiterer kulturwissenschaftlicher Disziplinen leistet darüber hinaus einen wichtigen Beitrag zum interdisziplinären Gesamtbild der ‚Interkulturellen Kommunikation'.

Für MALETZKE ist der Tatbestand der ‚Interkulturellen Kommunikation' oder Interaktion dann erfüllt, „wenn die Begegnungspartner verschiedenen Kulturen angehören und wenn sich die Partner der Tatsache bewusst sind, daß der jeweils andere ‚anders' ist, wenn man sich also wechselseitig als ‚fremd' erlebt" [1996, S. 37]. „The basic process begins with the perception of differences that suggest that the participants often do not share norms, beliefs, values, and even patterns of thinking and behavior" [CASMIR/ASCUNCION-LANDE 1989, S. 283].

Alle Beziehungen, bei denen die Beteiligten nicht ausschließlich auf eigene Kodizes, Konventionen, Einstellungen und Verhaltensformen zurückgreifen, sondern auch Erfahrungen mit anderen Konventionen und Verhaltensformen gemacht, wo also nach Peter Bruck „kulturelle Systemgrenzen" [zit. nach Maletzke 1996, S. 37] überschritten werden, können als interkulturell verstanden werden [Maletzke 1996, S. 37 f.]. Wie insbesondere der empirische Teil der Arbeit zeigen wird, scheint das individuelle Erleben der Fremdheit von formalen Institutionen und Konventionen, also informellen Institutionen, in der Zusammenarbeit von deutschen und syrischen Partnern nicht selten zu Problemen und Missverständnissen auf beiden Seiten zu führen.

In Anlehnung an Moosmüller wird ‚Interkulturelle Kommunikation' häufig folgendermaßen definiert: *inter* bezieht sich auf die face-to-face-Interaktion (andere Formen, zum Beispiel schriftliche Kommunikationsformen oder Massenkommunikation im Rahmen von Medien, sollen außen vor gelassen werden) und *kulturell* auf die subjektive Kultur, auf kollektive beziehungsweise kulturelle Prägungen von Wahrnehmung, Denken und Verhalten der Individuen [1996, S. 273 f.]. Dabei unterschiedet Moosmüller [2000, S. 26 ff.] zwei Arten von ‚Interkultureller Kommunikation' analog zum Handlungskontext, in dem sie stattfinden: *a)* ‚Interkulturelle Kommunikation' im *internationalen* Kontext; als Beispiele könnten die Auslandsentsendung von Mitarbeitern einer Organisation, die Kooperation in internationalen Arbeitsgruppen und -gremien oder eben auch die Kooperation zwischen Unternehmen aus Deutschland und Syrien angeführt werden; *b)* ‚Interkulturelle Kommunikation' im *multikulturellen* Kontext – letztere trifft vor allem auf die Situation innerhalb eines Nationalstaats zu. Als Begründung für die Unterteilung verwendet er dabei die jeweilgen Spezifika der Kommunikationssituation: Während im internationalen Kontext das Ansprechen und Aufdecken kultureller Differenzen eine Hilfe zur Überwindung von Schwierigkeiten und damit eine Effizienzsteigerung der Kommunikation bedeutet, besteht im multikulturellen Kontext die große Gefahr, dass durch diese Vorgehensweise lediglich bestehende Probleme, Missverständnisse und Aversionen verstärkt werden. Moosmüller plädiert nicht zuletzt aus diesem Grund für einen eingeschränkten Begriffsgebrauch, von ‚Interkultureller Kommunikation innerhalb bestimmter Handlungsrahmen' [2000, S. 29].

Roth formuliert im Vorwort des von ihm herausgegebenen Buches *Mit der Differenz leben. Europäische Ethnologie und Interkulturelle Kommunikation* die nicht allein aus seiner Sicht wichtigste Aufgabe der ‚Interkulturellen Kommunikation': Die Vermittlung von interkultureller Kompetenz. Er versteht darunter, die Fähigkeit zum angemessenen und möglichst konfliktfreien Umgang mit Menschen anderer Kultur [1996a, S. 7]: „Ein Firmenmitarbeiter, der in internationalen Kontexten erfolgreich handeln soll, geht zumeist davon aus, dass geschäftliche und technische Dinge überall ähnlich gehandhabt werden, was aber bekanntlich nicht der Fall ist [siehe auch nachfolgendes Beispiel]. Im internationalen Geschäft sind ethnozentristische Einstellungen allgemein verbreitet, jeder ist dabei aber der Meinung, gemäß ‚internationaler Standards' zu handeln" [Moosmüller 2000, S. 27], ohne es tatsächlich zu tun.

Methodik und theoretischer Rahmen

Im Rahmen eines Verkaufsgespräches für eine Rundstrickmaschine antwortet der deutsche Manager mit lauter Stimme und kurzen Statements auf Fragen seines potentiellen syrischen Kunden. Die Art der Antwort soll vermutlich dynamisch und überzeugend wirken, wird von *Said*, dem Geschäftsführer und Miteigentümer des syrischen Unternehmens, jedoch als Affront aufgefasst und bewirkt in der Konsequenz das Scheitern der Zusammenarbeit:

„I invited the sales manager to my house. […] The first time in my life, I made a mistake: 'Sir, can you compare to me the German machine to the Italian machine?' He [der Verkäufer; Anm. d. Verf.] began shouting in my house, in a way that my young boy was crying, because he didn't imagine that the guy shout. I, I'd really found it very strange, I tell you: 'O. K. forget business', so, I, I closed the file, 'don't talk with me in my house please, we just drink coffee and we go'. Look, when he went back to Germany, what did he send by fax? 'I humbly apologize that I lost my temper in presenting matters *(kurzes zögern)* very honestly. Don't ever, ever compare pears with peaches. Please stand behind what we have concluded. And the only fact is, we can export the dying machine' – wait a minute, please – now, again '*finally*, the Italian machine cannot be compared with our T-150. You try to compare apples with pears …' *(hört auf zu lesen)*. […] He can't shout, my boy was crying, because he is not used to it. O. k., o. k., but after little, he's a very *old*, a very good respectable guy, isn't he? But … he doesn't know how to offer to a customer. Then he apologized, for me, I felt it, very, very small of him: 'I humbly apologize that I lost my temper in presenting matters very honestly. It was surely not intended to hurt your or anyone's feelings'. Because, I told him, 'Please, don't shout in my house, never talk to me like this again, meeting is finished, we just drink coffee, and you go to your hotel then. Because, there's no need to shout.' […] As a response I told him: 'The meeting in my house, where you lost your temper which made me feel, as if I had made a great mistake by asking you to explain to me the difference between your machine which I have never seen, seen it in my life, and the other machine in the market, it's my right to ask it … I left you, and Mr. Hamadi not to interfere in your very hard nervous discussion which left me wondering about your long brotherhood with him.' *(zögern)* I'm not angry for him, that's his way, as if he's in a high *(arabisches Wort)* tower *(Übersetzerin verbessert: 'ivory tower')*, yes, yes ivory, and he's looking to the people, 'You have to buy from me'. He *was* before the only producer, but he's not anymore." (Said)

Interview A12-4sy

Der Aufbau interkultureller Kompetenz erfordert grundsätzlich zwei Komponenten: Zum einen persönliche Voraussetzungen, die sich im generellen Interesse gegenüber der anderen, fremden Kultur und dem Willen, sich mit eigenen und fremden Wahrnehmungs-, Denk-, Bewertungs- und Handlungsmustern auseinander zusetzen, widerspiegeln. Darüber hinaus ist interkulturelles Wissen, sozusagen als Ausgangsbasis, unbedingt erforderlich. Der Akteur wird in der Kommunikationssituation selbst entlastet und ist gleichzeitig auf mögliche Überraschungen nicht völlig unvorbereitet. Das Risiko von Missverständnissen wird reduziert. Zusätzlich ist Kompetenz verhaltensgebunden: Sie hängt ab von der Beziehung des Handelnden zum Kommunikationspartner und ist an die jeweilige Interaktionssituation gebunden. Vorerfahrungen des individuellen Akteurs spielen eine große

Rolle, da interkulturelle Kompetenz nach herrschender Meinung nicht unabhängig von der Praxis erlernbar ist [MOOSMÜLLER 1997, S. 59; THOMAS 1993b, S. 381 ff.].

Die Auswirkungen interkultureller Kompetenz sind beobachtbar und evident: Die Effektivität der ‚Interkulturellen Kommunikation' wird gesteigert, was sich in einem größeren ökonomischen Erfolg niederschlagen kann. Weitere wichtige, leider von Interkulturalisten häufig übersehene Einflussfaktoren, stellen jedoch auch die interpersonellen Aspekte dar. So beeinflusst neben der Vorerfahrung der Akteure auch eine gewisse interpersonale Homogenität die Interaktion positiv. Ähnliche Zielsetzung der Akteure, ähnliche Lebenserfahrungen, ähnliche Lebenssituationen etc. tragen zu einer erleichterten Interaktion und damit zu einer Effizienzsteigerung der Kooperation ebenfalls bei [THOMAS 1993b, S. 385]. Oder schlicht: Wenn die Chemie zwischen den Beteiligten stimmt, werden auftretende Schwierigkeiten in den allermeisten Fällen leichter gemeistert. Dies zeichnet sich bei den untersuchten deutsch-syrischen Kooperationen deutlich ab.

Zusammenfassend kann also festgehalten werden, dass die Globalisierung die Kontakte und wechselseitigen Einflüsse und Abhängigkeiten zwischen Angehörigen verschiedener kultureller Gruppen intensiviert. Transnationale Zonen wirtschaftlichen Handelns (EU, NAFTA, ASEAN) und ökonomische Strukturen entstehen. Auf diese Weise werden kulturelle Unterschiede scheinbar ‚neutralisiert'. Gleichzeitig fördert der Globalisierungsprozess jedoch gerade „durch den intensivierten Kontakt und Austausch zwischen den Kulturen, durch das Spiegeln im jeweils Anderen, eine schärfere Profilierung unterschiedlicher Kulturen" [BOSCH/REICHENBACH/SCHMIDT 2003, S. 1]. Der Erfolg interkultureller Kooperationen beruht nach dieser Argumentation wesentlich auf der interkulturellen Kompetenz der Akteure und, eng damit verbunden, auf deren Fähigkeit zu effizienter Kommunikation. Diese wird ermöglicht zum einen durch geeignete persönliche Voraussetzungen, Interesse, Lernwillen, Geschick im Umgang mit Angehörigen fremdkultureller Gruppen etc., zum anderen durch Wissen über spezifische handlungsleitende Aspekte. Unabdingbar ist auch das Bewusstsein für die Kulturbedingtheit des eigenen Handelns und ein Prozess der diesbezüglichen Selbstreflexion: „Erst wenn die auf kulturellen Traditionen gewachsenen und das eigene Agieren meistens unbewusst steuernden Normen und Werte offen gelegt und bewusst wahrgenommen werden, lassen sich Elemente der Übereinstimmung mit dem Geschäftspartner finden" [KOPP 2003b, S. VI] und, so möchte man anfügen, der ökonomische Erfolg steigern.

1.3.3.2 Kultur, ‚Interkulturelle Kommunikation' und berechtigte(?) Kritik

Trotz – oder gerade wegen – der bereits zu Beginn dieses Kapitels angesprochenen Internationalisierung vieler Bereiche des Lebens, der Zunahme von Fernreisen, wachsenden internationalen Verflechtungen von Volkswirtschaften und Unternehmen, kann keineswegs ein umfassender Trend zu einer übergreifenden Homogenisierung der Kulturen, die Entstehung einer gemeinsamen ‚globalen Kultur', beobachtet werden [STEINMETZ 2001,

S. 109 ff.]. Es gibt durchaus bestimmte Konzepte und Strukturen modernen westlichen Lebens, die im Rahmen des Globalisierungsprozesses weltweit Nachahmung und Verbreitung finden – an dieser Stelle seien nur die beiden Schlagwörter „McDonaldization" [RITZER 2004] und „McWorld" [BARBER 1996] angeführt. Zeitgleich nehmen jedoch auch kulturelle Spezifika durch die verstärkte Rückbesinnung auf lokale Lebensweisen in bewusster Abgrenzung zu globalen Strukturen zu und geraten ihrerseits in das Zentrum der Aufmerksamkeit (Schlagwort „Glokalisierung" [ROBERTSON 1998]). SCHERLE verweist in diesem Zusammenhang beispielhaft auf die aktuellen Diskussionen im Zusammenhang mit dem ‚Kopftuchstreit' oder ‚Dschihad' [2004, S. 57]. Das Globalisierungsphänomen gestaltet sich also aus kultureller Perspektive als durchaus vielschichtiger Prozess mit auf den ersten Blick antagonistischen Entwicklungstendenzen, die sich jedoch nicht gegenseitig ausschließen, sondern letztlich sogar bedingen: Homogenisierung und Ausdifferenzierung, Kulturkonflikt und Kulturmelange, Globalisierung und Regionalisierung gehören vor diesem Hintergrund untrennbar zusammen.

Wenig überraschend ist dementsprechend auch die Betrachtungsrichtung der Interkulturalität aufgrund ihres Rekurses auf das Konzept der ‚Kultur' alles andere als unumstritten: Aus Sicht einer neuen ‚Orient'-Geographie knüpft Marc BOECKLER seine harsche Kritik am klassischen relativistischen Kulturbegriff der Ethnologie, der bei Forschungen mit ‚orientalischen' Unternehmern seiner Ansicht nach am stärksten nachwirkt, an fünf Aspekte: *(1) Homogenisierung.* Der verwendete totalitätsorientierte, konfigurationale Kulturbegriff tendiert dazu, Verschiedenheiten innerhalb einer Gesellschaft (ökonomisch, sozial etc.) schlicht auszublenden. *(2) Essentialisierungsproblematik.* Eng mit der Praktik der Homogenisierung verbunden ist die „Reduktion ‚fremdkultureller' Zusammenhänge auf ewig und zeitlos wirkende Wesensmerkmale" [BOECKLER 2005, S. 35]. Er sieht dabei eine gewisse Nähe zu rassistischen Argumentationsmustern und verweist beispielhaft auf die derzeit stattfindende Reduktion des deutschen Islam auf wenige, sichtbare Merkmale (hier insbesondere auf das eben bereits genannte Kopftuch). *(3) Determinismus.* Das Konzept der Enkulturation, das dem Einzelnen unterstellt, in einem System ohne Wahl- und Handlungsfreiheit, entsprechend eines bereits bei der Geburt in die Wiege gelegten kulturellen Skripts, zu agieren, scheint aus heutiger Sicht einem überdeterminierten Verständnis sozialer Prozesse zu folgen. *(4) Machtrelationen.* Das klassische Kulturkonzept ignoriert sowohl die Machtbeziehungen, in denen die Produktion gesellschaftlicher Normen und Handlungsregeln stattfindet, als auch jene, die die wissenschaftliche Repräsentation solcher Prozesse maßgeblich beeinflussen. *(5) Territorialität.* Im nationalistischen Zeitalter war gerade die wechselseitige Bindung Kultur und Territorium eine „zweifelhaft erfolgreiche Strategie" [BOECKLER 2005, S. 35] beim Versuch, neu geschaffene Völker mit einer einheitlichen Identität auszustatten. Gerade die Territorialität von Gesellschaften ist jedoch im Zusammenhang mit den vielfältigen Prozessen der Globalisierung höchst fragwürdig geworden.

Die in den letzten Jahren wahrnehmbare verstärkte Ausrichtung von Forschungsaktivitäten auf kulturrelevante Fragen, BOECKLER spricht gar von einer „Konjunktur von Kultur"

[2005, S. 36], wird zumeist unter dem Terminus *cultural turn* subsumiert. Dabei gilt es festzuhalten, dass es sich bei diesem *turn* keineswegs um einen eindeutigen, homogenen und klar definierten Begriff handelt. SCHERLE verweist in diesem Zusammenhang auf Philip CRANG [1997], der konsequenterweise im Plural von *cultural turns* spricht [2004, S. 62]. Für SCHERLE [2004, S. 62 ff.] stellt der *cultural turn* mit LACKNER/WERNER [1998] und Hans-Heinrich BLOTEVOGEL [2003] eine interdisziplinäre Bewegung dar, die ausgehend von entsprechenden Entwicklungen im Wissenschaftsbereich der Ethnologie, verstärkt durch den dort stattfindenden Selbstbehauptungsdiskurs, ein beachtliches Spektrum unterschiedlicher Phänomene umfasst. Gerade den bereits angesprochenen fortschreitenden Globalisierungs- und Regionalisierungstendenzen kommt dabei die Bedeutung zu, eine zunehmende Sensibilisierung für kulturelle Unterschiede zu bewirken. Vielen Ansätzen des *cultural turn* gemein ist dabei eine gewisse Skepsis gegenüber strukturalistischen Erklärungsmodellen und ein häufig beobachtbarer Wandel des Methodenspektrums hin zu einem qualitativen beziehungsweise interpretativen Instrumentarium.

BOECKLER sieht im *cultural turn*, im Gegensatz zu vielen anderen Autoren [z. B. SCHERLE 2004], nicht die thematische *Hinwendung* zu Kultur, sondern, ganz im Gegenteil die bewusste *Abkehr* von einem in seinen Augen längst obsoleten (alten Kultur-)Konzept: Aus seiner Sicht beinhaltete das Konzept der ‚Kultur' stets den Versuch (vereinfachte) Ordnungen zu erzeugen. Die Wiederentdeckung des Begriffs im 18. Jahrhundert fand in einer Phase statt, in der sich die Landkarte des Abendlands durch die entstehenden Nationalstaaten ebenso veränderte, wie die europäischen Gesellschaften durch ein aufstrebendes Bürgertum – einer Phase, in der Industrialisierungsprozesse die ökonomische Alltagswelt der Menschen revolutionieren und Gott als alleinige Erklärung aller weltlichen Phänomene durch die menschliche Vernunft ersetzt wird: „Die Welt", so bringen es BERNDT/BOECKLER rückblickend auf einen Nenner, „war im Wanken und sollte mit Hilfe des Kulturbegriffs neu befestigt werden" [2002, S. 3]. Heute, im 21. Jahrhundert, scheint eine ähnlich komplexe Situation angesichts ‚globaler Unordnung' zu bestehen, die den neuerlichen Versuch und vielleicht auch den neuerlichen Bedarf nach einem Ordnungssystem generiert. Samuel P. HUNTINGTON und sein Kampf der Kulturen [1993, 2002], Francis FUKUYAMA [1995] mit einer ökonomische Wendung der Kulturkonfliktthese Huntingtons, die beiden Geographen Don MITCHELL [2000] und Michael CRANG [1998], die an einem geographischen Neuentwurf, einer *new cultural geography*, arbeiten, um nur einige Beispiele als Beleg für die Wiederentdeckung der Kultur anzuführen. Der *cultural turn* steht vor diesem Hintergrund für eine „theoretisch verfeinerte Sichtweise auf die soziale Realität" [BERNDT/BOECKLER 2002, S. 4]. Es geht ihm also gerade nicht um eine Betonung kultureller Differenzen, sondern, ganz im Gegenteil, darum, das klassische Kulturverständnis massiv in Frage zu stellen: „Dort wo die ‚Rede von Kultur' Sicherheiten platzieren möchte, bemüht sich der ‚cultural turn' um Verunsicherung. Dort, wo Kultur Ordnung schaffen soll, will der ‚cultural turn' verunordnen. Der ‚cultural turn' benötigt keinen Kulturbegriff, im Gegenteil, er wendet sich gegen Kultur sowie die Trennungen und Ausgrenzungen, die im Namen von Kultur durchgeführt werden" [2005, S. 36 f.].

Das Resultat des *cultural turns* sind nach BOECKLERS Ansicht drei „stillschweigende Übereinkünfte", die das ‚kulturelle Denken' fortan kennzeichnen (sollen): Reflexivität, Konstruktivismus und Relationalität. Im Zuge des *cultural turn* und seiner Kritik am ‚alten' Kulturkonzept entstehen neue Kulturen. Vor dem Hintergrund des Postkolonialismus bestimmen vor allem zwei Themen die Neuformulierungsdiskurse: Mobilität und Identität [2005, S. 40 f.]. Dabei wendet sich Mobilität explizit gegen den Territorialismus der alten Kulturkonzepte, Identität gegen die Kritikpunkte der Homogenisierung und Essentialisierung. Die neuen Kulturen sind hybrid, transkulturell oder diakritische Praxis.

Aufgrund seiner weitreichenden Akzeptanz innerhalb der neueren Literatur und nicht zuletzt aufgrund seiner Relevanz für das Untersuchungsfeld deutsch-syrischer Unternehmenskooperationen soll an dieser Stelle das Konzept der Transkulturalität, als bewusster Gegenentwurf zum klassischen Kulturkonzept, nicht unerwähnt bleiben. Der Begründer des Konzepts, Wolfgang Welsch, führt ebenfalls eine ganze Reihe von Argumenten gegen das seiner Ansicht nach überholte Kulturkonzept ins Feld. Als Resultat aktueller Entwicklungen, insbesondere der zunehmenden vielschichtigen globalen Interdependenzen, unterliegt jedes Individuum verschiedenartigsten kulturellen Einflüssen. Als Konsequenz dieser Tatsache ist die Existenz abgrenzbarer homogener Kultur(en) innerhalb von Gruppen abzulehnen. WELSCH bringt es thesenartig auf den Nenner: Der Aspekt der Abgrenzung verliert seine Bedeutung! Die Betonung von Unterschieden zwischen der eigenen und der fremden Kultur entfällt! Die Bedeutung von Nationalstaatlichkeit und Muttersprache für die kulturelle Formation schwindet [2002, S. 2; Ausrufezeichen von Welsch gesetzt]!

Als größte Bürde der Konzeptionen Multi- beziehungsweise Interkulturalität sieht Welsch die, trotz aller Weiterentwicklung, nach wie vor bestehende Verwendung des Kulturbegriffs im Sinne Herders.[5] Nach Ansicht WELSCHS tendiert dieses Kulturkonzept mit seiner immanenten Homogenisierung nach innen und Abgrenzung nach außen – Herder selbst prägt in diesem Zusammenhang die Metapher von Kulturen als Kugeln oder autonome Inseln – in seiner begrifflichen Konsequenz zu „kulturellem Rassismus" [1999, S. 48]. Moderne Gesellschaften sind hochgradig differenziert. Sie weisen eine Vielzahl unterschiedlicher Lebensweisen und Lebensformen auf. Die gleichzeitig bestehende horizontale und vertikale Differenzierung von Gesellschaften führt zu einer immensen Zahl von Kulturen. Letztlich können deshalb keine in sich homogenen Gruppen existieren. Zwei Individuen weisen kaum noch gemeinsame Merkmale auf, die es rechtfertigen würden, sie in einer Gruppe zusammenzufassen und dieser eine eigene, nach außen abgrenzbare Kultur zuzuschreiben.

---

5   Der Kulturbegriff von Johann Gottfried Herder ist – wie weiter oben im Text bereits kurz skizziert – in den Augen der Kritiker im Wesentlichen durch drei Punkte charakterisiert: durch ethnische Fundierung, soziale Homogenisierung nach innen sowie durch Abgrenzung nach außen. Die kugel- oder inselhaften Kulturen sollten jeweils dem territorialen Bereich und der sprachlichen Extension eines Volkes entsprechen [zit. nach WELSCH 2002, S. 1].

Folgt man WELSCHS Argumentation, so vermag das alte Kulturkonzept „dieser inneren Komplexität der modernen Kulturen nicht gerecht zu werden, sondern hat nur eine falsche Antwort darauf: die eines Homogenisierungsgebots" [1999, S. 48] oder, wie er es in einem früheren Aufsatz formulierte, der traditionelle Kulturbegriff scheitert also schon einmal an der komplexen Verfasstheit zeitgenössischer Kulturen [vgl. 1997, S. 2]. Das Konzept der Interkulturalität trägt nach Ansicht Welschs das Joch des traditionellen Kulturbegriffs mit sich herum. Die Unterstellung der Kugel- oder Inselhaftigkeit führt zu interkulturellen Konflikten, denen es durch interkulturellen Dialog zu begegnen gilt. Doch gerade durch den auffassungsimmanenten separatistischen Charakter der Kulturen sind die schwierige Koexistenz und strukturelle Kommunikationsunfähigkeit bereits in den Grundannahmen verankert, so WELSCH [1999, S. 50 f.]. ‚Interkulturelle Kommunikation' versucht also ein Problem zu lösen, welches bereits *ex ante* mit der Definition des Ausgangsbegriffs ‚Kultur' verbunden und somit *ex post* unlösbar ist.

Diese Kritik trifft nach seiner Ansicht gleichermaßen auf die Konzepte *Multikulturalität* und *Interkulturalität* zu, da sie trotz aller kosmetischen Korrekturen in der Verwendung des Kulturbegriffs auch weiterhin im Grunde auf das traditionelle homogenisierende Kulturverständnis rekurrieren. Mit Blick auf das Konzept der Multikulturalität bedeutet es zwar einen Fortschritt, dass die Annahme der Existenz einer einzigen homogenen Kultur innerhalb der Gesellschaft zugunsten vieler unterschiedlicher Kulturen aufgegeben wird, dennoch werden diese Einzelkulturen noch immer als homogen und wohlabgegrenzt verstanden. Dadurch besteht die große Gefahr, dass das Konzept zur Rechtfertigung und verstärkten Berufung auf Abgrenzung missbraucht wird. In Konsequenz führt das „Fortwirken des alten Kulturkonzepts mit seinen Geboten innerer Homogenisierung und äußerer Abgrenzung […] im Kontext des Multikulturalismus geradezu logisch zu Chauvinismus und kulturellem Separatismus" [WELSCH 1999, S. 50].

1.3.3.3 ‚Kulturelle Differenzen', deutsch-syrische Unternehmenskooperationen und unterschiedliche *Ways of Doing Business*

Vor dem Hintergrund der obigen Ausführungen muss hinterfragt werden, ob es überhaupt möglich ist, von einer allumfassenden gemeinsamen Kultur eines geographischen Bezugsraums zu sprechen. Sind nicht die interagierenden Individuen, die Akteure, individuell so unterschiedlich, dass eine Betrachtung in Gruppen fast zwangsläufig zu Missverständnissen und Fehlinterpretationen führt, ja führen muss? Die Antwort auf diese rhetorische Frage ist klar: Eine falsche Herangehensweise wird fast zwangsläufig zu Fehlurteilen führen. Im Folgenden kann und soll nicht über ‚die' syrische beziehungsweise ‚die' deutsche Kultur gesprochen werden. Zumal es ‚den' syrischen Unternehmer beziehungsweise ‚den' deutschen Manager im Sinne einer „kollektiven Individualität" [KRAMER 1999, S. 19] nicht gibt. Personen allein sind es, die handeln und zustimmen, verweigern und abwehren [vgl. GIRTLER 2001[4], S. 46 ff.]. Zu verschieden sind individuelle Biographie, Familie, ethnische Zugehörigkeit, Religion, Auslandsaufenthalte, Ausbildung, als dass alle homogenisiert und das *Gesamtspektrum* ihrer täglichen Handlungen übergreifend kategorisiert oder zusammengefasst werden könnte.

Wenn aber interkulturelle Kontakte vor dem Hintergrund einer zunehmenden Globalisierung im Allgemeinen und einem steigenden Internationalisierungsgrad von Unternehmensaktivitäten im Speziellen heutzutage etwas so vermeintlich völlig Selbstverständliches sind, worin liegt dann ihre ganz besondere Problematik? Wird hier nicht etwas konstruiert, was in Wirklichkeit nicht – oder besser, nicht mehr – existiert?

In den weit mehr als 200 Interviews, Gesprächen und Telefonbefragungen, die im Rahmen der Arbeit mit syrischen und deutschen Managern und Unternehmern geführt wurden, hat sich gezeigt, dass die Gesprächspartner bezüglich der Art und Weise unternehmerischen Handelns selbst die Zugehörigkeit zu verschiedenen Kulturen feststellen. So sehen sich die syrischen Gesprächspartner im Gesprächskontext als Teil der Gruppe syrischer Unternehmer und treffen eine strikte Abgrenzung gegenüber anderen Unternehmergruppen: erwartungsgemäß in erster Linie gegenüber der Gruppe der deutschen Kooperationspartner, jedoch auch zu Unternehmern aus anderen arabischen Ländern.

> *Amr* hat in den USA studiert. Seine Firma ist im Bereich Schreibwaren tätig. Er vertreibt die Produkte mehrerer europäischer Unternehmen auf dem syrischen Markt, einige davon exklusiv. Nach seiner persönlichen Einschätzung der Rolle von Kultur in internationalen Unternehmenskooperationen befragt, antwortet *Amr*:
>
> „No, if you are comparing among the Europeans it is more or less the same. But if you are comparing with the Far East, I mean definitely the Germans, it is easier to be with, because of this cultural gap between each other is much smaller than to the people from the Far East. O. k.? Take food, take language, take the look of things ... we [the Europeans and the Syrians/Arabs] have a common sense. All right? So the cultural difference is not that big and it doesn't affect the business that much. Or, I mean, it is easier than others. But, I mean, European – let's say – Dutch or an Italian ... more or less they are close to us and we are close to them. Especially in our days." (Amr)
>
> *Interview B1-2sy*

Im Hinblick auf einen *bestimmten Ausschnitt* ihrer Handlungen weisen syrische Unternehmer eine verbindende Gemeinsamkeit auf: Räumliches Zentrum ihrer wirtschaftlichen Aktivitäten – und um die geht es in der vorliegenden Arbeit – ist der Nationalstaat Syrien. Ein Großteil ihrer täglichen ökonomischen Handlungen findet in Syrien statt und wird (zumindest offiziell) durch dieselbe formalinstitutionelle Matrix in nicht unerheblichen Maß beeinflusst. Ein Teil der wirtschaftlichen Handlungskodizes ist, wenn nicht für alle syrischen (Privat-)Unternehmer, so zumindest für die meisten, zunächst einmal verbindlich. Die Erkenntnisse aus den Forschungsarbeiten lassen den Schluss zu, dass syrische Unternehmer in einem Arrangement formaler (Wirtschafts-)Institutionen agieren, welches nach westlich modernen Maßstäben als wenig effizient charakterisiert werden muss.

Vor diesem Hintergrund lässt sich nun die Vermutung rechtfertigen, dass syrische Unternehmer, ungeachtet ihres ethnischen Backgrounds, ihrer Bildung, der Branche, in der sie tätig sind, spezielle Handlungsweisen beziehungsweise -strategien, Werte und Normen entwickelt haben (z. B. Steuervermeidungspraktiken, aber auch unternehmerische Flexibilität). Der Außenstehende wird – wenn man so will – mit einem Arbeitsstil, *way of doing business* (siehe auch Kapitel 3.3.2), konfrontiert, der für ihn durchaus Gemeinsamkeiten aufzuweisen scheint, vom eigenen abgrenzbar wirkt und als andere Kultur interpretierbar wird. Dabei werden individuell differierende persönliche Aspekte unter syrischen Unternehmern durch die Rahmenbedingungen, die deren tägliche Arbeit determinieren, diese charakterisieren und reglementieren, häufig in den Hintergrund gedrängt.

> „I'm very happy that you are here, to ask ... because, first, ***I respect, do respect very much the German way of doing business***, which is very famous worldwide. It's a very honest way, and very clear and straight way in doing business." (Said)
>
> *Interview A12-4sy*

> "I met also many Syrian businessmen outside Syria who were really, really willing to do business with other people without caring about religion because they want to do business. They don't care about anything except their businesses. So, this might have some negative aspects but in the end, we all just want to do business. Don't care about religion, about ... and so on. ***So, I think, Syrians have a special way to do business.***" (Kanaan)
>
> *Interview A7-3sy*

Auch auf deutscher Seite tritt dieses Phänomen zutage. Selbst Mitarbeiter deutscher Unternehmen, die einen anderskulturellen Hintergrund aufweisen, sehen sich als Angehörige der Gruppe deutscher Unternehmer und ziehen hinsichtlich wirtschaftlicher Werte, Normen und Verhaltensweisen eine strikte Grenze zu syrischen Unternehmern und Führungskräften.

Dennoch oder gerade deswegen stellt sich sicherlich auch die Frage, ob nicht die Existenz falscher *Modelle und Vorstellungen* über die ‚Kultur' des Gegenübers für Schwierigkeiten in der Zusammenarbeit verantwortlich ist: Werden in vielen Fällen nicht einfach nur soziale, politische oder ökonomische Differenzen vom jeweiligen Betrachter kulturalisiert? Werden durch spezifische Rahmenbedingungen beeinflusste Verhaltensweisen nicht vorschnell einer imaginären, den eigenen Vorstellungen entsprechenden syrischen/arabischen beziehungsweise, aus syrischer Sicht, deutschen Kultur zugeordnet, während positive Aspekte der interkulturellen Interaktion individualisiert werden?[6] Der exzessive Gebrauch des Meta-Begriffs ‚Mentalität' auf deutscher Seite und seine zumeist negative Konnotation

---

6 Über das Phänomen der Kulturalisierung negativer Aspekte respektive der Individualisierung positiver Aspekte interkultureller Interaktion berichtet u. a. auch die Projektgruppe Fo1 des Forschungsverbundes Area Studies bei ihrer Forschungsarbeit mit deutschen Unternehmern und Firmenentsandten, die ebenfalls auf einen größeren diesbezüglichen Erfahrungsschatz verweisen kann [siehe BERNDT (u. a.) 2002, S. 7].

wären hierfür ein Indiz: Egal ob individuelle Unzuverlässigkeiten des syrischen Partners, abweichende Modetrends auf dem syrischen Markt oder vermeintliche Zahlungsmoraldefizite syrischer Unternehmer, all das wird in den Augen nicht weniger deutscher Interviewpartner zu einer Sache der syrischen oder häufig auch arabischen ‚Mentalität'. Die vorliegende Arbeit liefert deutliche Hinweise auf derartige Kulturalisierungen und auch auf die Bedeutung existierender ‚Orientbilder' in den Köpfen deutscher Kooperationsakteure.

Übersicht 1: Modelle, Vorstellungen und Interpretationen

Auf deutscher Seite scheinen sich drei Prozesse abzuzeichnen: *(1)* Die Tendenz zu fundamentalen Attributionsfehlern: Institutionell bedingte Probleme scheinen dabei der Person des Gegenübers zugeschrieben zu werden. Der syrische Partner wird für alle Probleme persönlich verantwortlich gemacht.

S., Verkaufsleiter eines Unternehmens der Glasindustrie, ist im Großen und Ganzen mit der Geschäftsentwicklung auf dem syrischen Markt zufrieden. Einzig die Zahlungsmoral seines Damaszener Partners bietet aus seiner Sicht Anlass zu Kritik:

„Der hat eigentlich immer 45 Tage Zeit, die Rechnung zu zahlen. Aber, ich weiß auch nicht … Das letzte Mal hat er wieder erst nach 90 Tagen gezahlt! Das ist doch immer das Gleiche …" (S.)

Interview aB12dt

Ein zweites Phänomen *(2)* scheint zu sein, schlechte Erfahrungen pauschal zu verallgemeinern, wie ein weiteres Zitat aus dem Gespräch mit *S.* illustriert. Gerade wenn andere Erklärungsansätze fehlen beziehungsweise nicht erkennbar sind, erfolgt in einem weiteren Schritt ein Rückgriff auf vermeintliche Kultur- beziehungsweise Mentalitätsunterschiede:

„Das mit der schlechten Zahlungsmoral der Syrer … das ist irgendwie eine Mentalitätssache: Ein Araber, der pünktlich bezahlt, muss erst gefunden werden!" (S.)

Interview aB12dt

Eng damit verwoben ist gerade vor dem Hintergrund der oben angesprochenen pauschalen Diskriminierungen *(3)* die strikte Unterscheidung zwischen dem eigenen Partner, der so überhaupt nicht syrisch beziehungsweise arabisch zu sein scheint, und allen anderen syrischen Unternehmern, mit denen einfach nicht kooperiert werden kann, wie *R.* erläutert:

„Wir wickeln unsere Syriengeschäfte alle über unseren Importeur in Damaskus ab. Das funktioniert alles problemlos, der ist ein echter Gentleman. Wir kennen uns schon sehr lange. Angefangen hat das mal auf einer Messe. Da wurde er uns von einem gemeinsamen Geschäftspartner vorgestellt. […] Und er macht auch gute Arbeit. Seit damals nehmen die Abschlüsse eigentlich stetig an Wert zu. Man könnte sagen, in der Zwischenzeit haben wir wirklich eine sehr gute, fast freundschaftliche Beziehung zu ihm. Wir behandeln den

> eigentlich wie einen Bekannten, nicht wie einen Kunden [...] Es gibt einfach eine tiefe Kluft zwischen der westlichen und der arabischen Mentalität, die ist auch nicht einfach zu überbrücken. Geschäfte nach ihren [deutschen; Anm. d. Verf.] Vorstellungen können sie eigentlich nur mit Arabern machen, die eine westliche Ausbildung haben." (R.)
>
> *Interview aB51dt*
>
> Häufig scheinen fehlende Informationen über die Schwierigkeiten, denen syrische Unternehmer durch das defizitäre institutionelle Umfeld ausgesetzt sind, beziehungsweise negative Erfahrungen, entsprechend negativen Kulturalisierungen zugrunde zu liegen. Nicht selten beruht eine schlechte Vorabmeinung deutscher Manager und Unternehmer dabei allein auf den wenig erfreulichen Erfahrungen Dritter, die allein aus Erzählungen und Berichten bekannt sind. Traditionelle, orientalistisch geprägte Bilder und Einstellungen spielen ebenfalls eine nicht unbedeutende Rolle bei der Einschätzung von Kooperationspartnern und -ereignissen, wie im Verlauf der Arbeit noch zu zeigen sein wird.

Die obigen Ausführungen geben einen kleinen Einblick in die Problematik der häufig in interkulturellen Kommunikationssituationen zu beobachtenden Tendenz zur Komplexitätsreduktion bei der Wahrnehmung von Fremdem: Reduzierte, stereotype Bilder bezüglich der Kultur des Gegenübers werden als vermeintliches Abbild der Realität entwickelt und tradiert – wie auch die Ausführungen in Kapitel 3.3 der Arbeit noch belegen werden. Zusätzlich zu den beobachtbaren Unterschieden bei Werthaltungen und Normen geraten damit zwangsläufig auch Wahrnehmungsgewohnheiten und Deutungsmuster sowie Stereotypisierungen und der Umgang mit eben diesen Stereotypen in den Fokus der ‚Interkulturellen Kommunikation' [ROTH 1996, S. 21]. Dies impliziert für die vorliegende Arbeit, dass kein *Vergleich* zwischen den Kulturen – deutscher und syrischer Manager und Unternehmer – vorgenommen werden soll. Vielmehr steht die Analyse der *Interaktionen* zwischen den in ihrer jeweils eigenen Sichtweise als kulturell verschieden wahrgenommenen Partnern im Mittelpunkt. Dabei liegt der Fokus insbesondere auf den Auswirkungen vorgefertigter, tradierter Bilder und Vorstellungen auf die Kooperation.

Eine denkbar ungünstige Ausgangsposition und die größte Gefahr der fehlerhaften Komplexitätsreduktion bei der Fremdwahrnehmung stellt sicher eine ausgeprägt ethnozentristische Grundhaltung der Individuen dar, wenn die Akteure ihre eigenen Werte, Normen und den darauf basierenden Handlungsstil als ‚allein selig machend' betrachten, wie MALETZKE [1996, S. 23] beschreibt. Ethnozentrismus spielt bei interkulturellen Begegnungen eine außerordentlich wichtige Rolle. Maletzke versteht darunter die nicht bewusste Tendenz, andere Gruppen und deren Angehörige aus der Sicht der eigenen Gruppe zu betrachten. Dabei werden die eigenen Werte, Normen und Handlungsweisen zum Standard der Beurteilung. Christian GIORDANO geht noch einen Schritt weiter. Für ihn sind kollektive Denkvorstellungen stets durch deutlichen Ethnozentrismus geprägt. Dieser äußert sich unter anderem darin, dass Selbstbilder durchgehend positiv konnotiert werden, während Fremdbilder fast ausnahmslos eine „Stigmatisierung des ‚Anderen'" beinhalten

[1996, S. 32]. Ergänzend anfügen könnte man noch jene Formen des ‚tradierten Ethnozentrismus', wie er beispielsweise in orientalistischen Konzepten zum Ausdruck kommt. Edward SAID und andere haben überzeugend aufgezeigt, wie das Konzept des ‚Orients' durch die „Power-Knowledge-Geographie" des Kolonialismus als Repräsentationsordnung von abendländischen Wissenschaftlern in bewusster Abgrenzung zum Okzident geschaffen werden konnte [1995].

Was bedeutet dies wiederum für die dieser Untersuchung zugrunde liegende empirische Forschungsarbeit? Wenn die Beteiligten selbst aller Wahrscheinlichkeit nach kaum in der Lage sind, bestehende ethnozentristische Schranken zu überwinden, wie soll dann der ‚von außen beobachtende' Forscher diese Leistung vollbringen? Vor diesem Hintergrund gewinnt die enge Zusammenarbeit mit syrischen Wissenschaftlern der Universitäten Damaskus und Aleppo eine enorme Bedeutung. Da das Gros der Interviews gemeinsam durchgeführt wurde, bestand auch immer die Möglichkeit, Aussagen im Anschluss an das Gespräch zu diskutieren. Dadurch konnte es zumindest gelingen, die Barrieren eurozentristischer Sichtweisen zu erkennen, wenngleich auch der Ehrlichkeit halber angemerkt werden muss, dass eine Überwindung ethnozentristischer Schranken sicherlich nicht immer möglich war.

Es lässt sich jedoch durchaus konstatieren, dass die Aussagen deutscher und syrischer Unternehmer und Manager, die für die Zwecke der vorliegenden Arbeit interviewt wurden, vielfach von ethnozentristischen Sichtweisen beeinflusst scheinen. Dies äußert sich beispielsweise auf deutscher Seite im Unverständnis über (vermeintliche) syrische Besonderheiten ohne vergleichbare Gegenstücke auf deutscher Seite als solche zu erkennen. So sind zwar die Weihnachtsfeiertage als Zeit von Familie und Erholung akzeptierte Selbstverständlichkeit und stehen außerhalb jeder kritischen Diskussion, gleichzeitig werden jedoch Feiertage, wie zum Beispiel Id al-Fitr[7], ausschließlich als Ursache für Produktivitätsverluste und damit als potentielles Kooperationsproblem gewertet. Für MALETZKE sind denn auch die „Selbstverständlichkeiten", welche die eigene Kultur kennzeichnen, und das häufig damit verbundene „Überlegenheitsbewusstsein" bezüglich der eigenen Kultur, zwei untrennbare Komponenten des Ethnozentrismus [1996, S. 23 ff.].

In den allermeisten Fällen ist den Akteuren einer Kooperation die Relativität ihres Bezugs- und Interpretationssystems nicht in ausreichendem Maß bewusst, zumal ein dieser Erkenntnis zwangsläufig vorausgehender Prozess der Selbsterforschung ein schmerzhafter sein kann, der „Mut, manchmal auch Masochismus" erfordert, wie Michael LÜDERS polemisch, aber im Kern nicht unzutreffend, feststellt [2004, 189]. Werte, Normen, Verhaltensweisen etc., eben die bereits erwähnten „Selbstverständlichkeiten", werden schlichtweg nicht hinterfragt, sie werden als „naturgegeben" oder „gottgewollt", jedenfalls als unproblematisch, akzeptiert [MALETZKE 1996, S. 24]. Im Alltagsleben hat die beschriebe-

---

7 Id al-Fitr ist ein dreitägiges Fest am Ende des Fastenmonats Ramadan.

ne Verfahrensweise eine wichtige Entlastungsfunktion, indem sie den Akteur von der Notwendigkeit befreit, unentwegt Grundsatzfragen zu klären. ‚Automatisierte Prozesse' treten an die Stelle komplexer Verarbeitungsvorgänge. Damit erfüllen kulturelle Selbstverständlichkeiten, wie Maletzke sie beschreibt, eine ganz ähnliche Funktion und bergen dieselbe Problematik wie Institutionen: Treffen Angehörige verschiedener Gruppen aufeinander, bedeutet dies in den allermeisten Fällen auch das Aufeinandertreffen von einander mehr oder weniger stark abweichenden Sets. Das fehlende Bewusstsein über die Verschiedenartigkeit sowie die darauf beruhenden beobachtbaren, aus Sicht des individuellen Akteurs jedoch nicht erklärbaren Unterschiede im Handeln, führen vielfach zu Missverständnissen und Fehlschlüssen. Diese Gefahr wird noch verstärkt, wenn bestehender Ethnozentrismus zu einem falschen Gefühl kultureller Überlegenheit beiträgt und alle Abweichungen von den eigenen Normen, Sitten, Werten, Gewohnheiten und Verhaltensweisen per se als minderwertig abqualifiziert. Dabei können fehlerhafte Vorurteile entstehen, die eine Eigendynamik annehmen, tradiert und nicht selten auch auf die Angehörigen der fremden Gruppe übertragen werden.

> Ein Beispiel für tradierten Ethnozentrismus und eine damit verbundenen Abwertung des Fremden liefert der Baedeker Reiseführer *Syrien und Palästina*, der 1910 bereits in siebter Auflage verkauft wurde:
>
> „Die Moral des Islâm ist dem Charakter des Arabers angepasst. Von allgemein menschlichen Pflichten werden Mildtätigkeit und Gastfreundschaft gepriesen. Ein Hauptvorzug des Arabers ist ferner die Genügsamkeit, so tief ihm auch die Geldgier im Blute sitzt. Die Schuldgesetze sind sehr gelinde; Zins zu nehmen ist eigentlich verboten, was indes nicht hindert, daß heute der gewöhnliche Zinssatz 12 % beträgt. Das Verbot, unreine Tiere, zum Beispiel Schweine zu essen, beruht auf alter Sitte. Ob Muhammed den Genuß alkoholischer Getränke bloß deswegen untersagte, weil, wie wir aus vorislamischen Dichtern wissen, vielfach maßlos getrunken wurde, ist nicht zu entscheiden. Heutzutage werden sie von den höheren Klassen, namentlich bei den Türken, durchaus nicht verschmäht."
>
> [BAEDEKER 1910[7], S. LXVI]

Abschließend zu diesem Kapitel soll noch ein Sachverhalt Betonung finden, der bislang nicht explizit angesprochen wurde: der räumliche Aspekt. Der Begriff der „Fremdheit" bezieht sich auf andere, fremde Gruppen. Diese müssen sich nicht zwangsläufig in großer räumlicher Distanz zur eigenen Gruppe befinden. Der Manager eines Textilunternehmens oder ein Universitätsprofessor in Damaskus weisen in aller Regeln nur wenige Gemeinsamkeiten mit einem Fellachen der *ghouta* oder einem Beduinen in der Nähe von Palmyra auf, auch wenn ihre Wohnorte unter Umständen gerade einmal fünf Kilometer auseinander liegen. Frank MEYER [2000, S. 160] bringt es auf den Punkt: „Fremdheit existiert auch im eigenen Land."

Methodik und theoretischer Rahmen   43

Abb. 1:   Gemeinsamkeiten? Fehlanzeige! – Fremdheit im eigenen Land

Fotos: Jürgen Amann

1.3.4 Die *Sentisizing Concepts* der vorliegenden Arbeit[8]

Institutionen sind Normen, die die Handlungen der Individuen, darunter eben auch die wirtschaftlichen Handlungen auf der Mikro- aber auch auf der Makroebene, beeinflussen und leiten. Dabei teilt sich das institutionelle Umfeld in ein Set formaler Institutionen, welches von den Machthabern installiert und dessen Befolgung mehr oder weniger strikt überwacht wird, und einen Block informeller Institutionen, der im Wesentlichen auf Normen und Werten beruht, über den in der Gesellschaft weitgehender Konsens herrscht und der von den Individuen verinnerlicht und tradiert wird.

Formale Institutionen sind, nicht zuletzt aufgrund ihrer Formalisierung und der damit in den allermeisten Fällen verbundenen schriftlichen Fixierung, leichter für Außenstehende (Nicht-Gruppenmitglieder) zu erkennen und nachzuvollziehen. Schwieriger gestaltet sich dies schon bei Werten, ungeschriebenen Verhaltensnormen und darauf basierenden Handlungsstilen: Identifikation von und Umgang mit informellen Institutionen erfordern bereits wesentlich mehr Wissen über die Rahmenbedingungen der Interaktionspartner. Das Erkennen der zugrunde liegenden Werte verlangt bereits nach Expertenwissen, dessen Erwerb in der wirtschaftlichen Praxis aufgrund eingeschränkter Ressourcen schwierig oder unter Umständen ökonomisch wenig rational sein kann.

---

8   Udo KELLE und Susann KLUGE [1999, S. 25] prägen den Begriff der „Sentisizing Concepts", die den Forschungsprozess leiten, ohne jedoch in jene logische Struktur von Hypothesen und Hypothesensystemen zu münden, die kennzeichnend für quantitative Forschung sind. Die „concepts" oder „Linsen", wie sie in Analogie zur visuellen Welt an anderer Stelle genannt werden, schärfen den Blick des Forschers auf bestimmte Ausschnitte des Forschungsfelds. Für nähere Informationen zur methodischen Realisierung des Forschungsprojekts sei an dieser Stelle auf das Kapitel 1.4 verwiesen.

Zur Verdeutlichung soll noch einmal die Analogie zum Sport dienen, derer sich auch NORTH immer wieder bedient [z. B. 1992, S. 4 ff.]: Die formalen Institutionen sind die Spielregeln, die im Regelbuch für jedermann nachlesbar fixiert sind. Verletzungen dieser Regeln ziehen ,entsprechend der Schwere des Vergehens, Sanktionen durch den Schiedsrichter nach sich. Ergänzt werden die formalen durch informelle Institutionen, zum Beispiel durch den Kodex der Fairness. Diese ungeschriebenen Regeln sind Teil der (Spiel-)Kultur. Herrscht in einer Gesellschaft der Konsens, dass Gewinnen mit allen Mitteln oberstes Ziel des Spiels ist, so werden derartige Ehrenkodizes, die nicht unmittelbar dem Erreichen dieses Ziels dienen, von selbst in den Hintergrund treten. Ist jedoch das Gebot der Fairness sehr stark ausgeprägt, werden Spieler, wird eine Mannschaft, um ihrer Einhaltung willen unter Umständen sogar Nachteile beziehungsweise eine Niederlage in Kauf nehmen.

Bereits die Kooperation von Akteuren, die im Rahmen derselben institutionellen Matrix agieren, ist mit Unsicherheiten behaftet. Wer kann schon behaupten, alle für einen bestimmten wirtschaftlichen Tauschvorgang relevanten Gesetze, Verordnungen und Erlasse der Bundesrepublik Deutschland und ihrer föderalen Organe zu kennen? Ganz zu schweigen von jenen, jeglichen Interaktionen immanenten, Unsicherheiten, die (u. a.) North beschreibt und die oben angeführt werden. Es ist leicht einsehbar, wie schwierig die Zusammenarbeit wird, wenn die Akteure verschiedenen institutionellen Umfeldern entstammen. Erst recht, wenn das formale Regelwerk, wie im Beispiel Syrien, allem Anschein nach große Lücken und Defizite aufweist, und die syrischen Akteure dadurch zwingt, informellen und damit für Außenstehende wesentlich schwieriger erkenn- und durchschaubaren Regeln zu folgen. Das Verhalten des Gegenübers, zumal wenn es vom erwarteten Verhalten abweicht und/oder angesichts des eigenen institutionellen Umfelds als inadäquat beurteilt wird, kann leicht zu Missverständnissen beziehungsweise Fehlinterpretationen führen.

Wie lässt sich diese Erkenntnis auf die Situation deutsch-syrischer Unternehmenskooperationen übertragen? Im Verlauf der Forschungsarbeiten in Syrien haben sich vielschichtige Hinweise darauf ergeben, dass das formalinstitutionelle Umfeld, in welchem syrische Unternehmen agieren, aufgrund diverser Ursachen stark defizitär ist und nicht den Anforderungen modernen Wirtschaftens und moderner Volkswirtschaften entspricht. Es scheint, als haben sich zum Augleich der Defizite vielfach informelle Institutionen im Kreise syrischer Unternehmer ausgebildet, die zum Teil die Ausprägung spezifischer Handlungseigenheiten bis in die Gegenwart begünstigen. Dies birgt für Außenstehende Schwierigkeiten und scheint in der Praxis gerade vor dem Hintergrund der Abweichungen vom bestehenden Set an Vorstellungen über eine angemessene (westlich-moderne) Vorgehensweise nicht selten Auslöser von Problemen zu sein. Dabei kann die Wirkungskette folgendermaßen skizziert werden: Defizite des formalinstitutionellen Regelwerks sind auch für Außenstehende bei entsprechendem Wissen relativ einfach nachzuvollziehen. Sie sind beispielsweise Gegenstand zahlreicher Abhandlungen und Broschüren, verfasst von wissenschaftlichen Autoren, aber auch von verschiedenen Institutionen der Wirtschaftsförderung (z. B. NuMOV, bfai). Ungleich schwieriger zu identifizieren sind jedoch die informellen Institutionen. Diese weisen aber aufgrund der oben angeführten Ursachen in Syrien einen wesentlich höheren Bedeutungsgrad auf als zum Beispiel in Deutschland. Erschwerend kommt die Tatsache hinzu, dass informelle Institutionen in keinem, wie auch immer gearteten, ‚Regelbuch' erläutert werden. Sie beeinflussen jedoch die Handlungs- und Verfahrensweisen syrischer Unternehmer wesentlich. In den Augen deutscher Unternehmer präsentiert sich dieser ‚*way of doing business*' als spezifisch syrisch beziehungsweise arabisch und avanciert nicht selten aufgrund seines Abweichens von gewohnten westlich-modernen Handlungs- und Verfahrensschemata zu einem kooperationsbelastenden Element.

Es kann nicht von einer inneren Homogenität der Gruppe syrischer Unternehmer und Manager ausgegangen werden.[9] Vielmehr existieren innerhalb der Gruppe sowohl Ähnlichkeiten als auch Unterschiede zwischen den Individuen. Interessant ist nun, dass die Kooperationspartner wechselseitig die Parallelen innerhalb der gegenüberstehenden Gruppe betonen, gleichzeitig jedoch, beim Vergleich zwischen jener und der eigenen Gruppe, den Differenzen besondere Bedeutung zumessen. Worauf dieses Phänomen beruht und wie es sich auf die Zusammenarbeit auswirkt, ist im Folgenden Gegenstand des empirischen Teils der Arbeit. Allem Anschein nach werden jedoch bei nicht wenigen Kooperationsakteuren vorhandene Meinungen, Ansichten und Bilder, das jeweilige Gegenüber betreffend, aktiviert und führen zu pauschalen Kulturalisierungen, die sich durchaus auf Verlauf und Erfolg der Zusammenarbeit auswirken.

> "I'm very happy that you are here, to ask ... because, first, I respect, *do* respect very much the German way of doing business, which is very famous worldwide. It's a very honest way, and very clear and straight way in doing business." (Said)
>
> *Interview A12-4sy*

> "There is a difference in the business culture between the typical Syrian business culture, which is really old fashioned, outdated now and what's expected abroad. Sometimes you get different reaction, that's probably why we [Najis Unternehmen; Anm. d. Verf.] are successful where others aren't. So our relationship is successful because I do come from an European-American background, you know, I grew up in Europe and in England, then I went to the States. So we understand each other, we have the same expectations as far as business behavior and dealings from each other." (Naji)
>
> *Interview A2-2sy*

Übersehen wird bei diesen pauschalen Verallgemeinerungen nun häufig, dass Institutionen nur den Handlungsrahmen für die Individuen bieten und Handlungs- und Verfahrensweisen individuell stark von einander abweichen können. Die durch ‚kollektive'

---

9 „Rather, it [the Syrian business community] is a hybrid and heterogeneous group, whose various components have been formed during three decades of sometimes brutal and radical changes in economic policies, and in the context of a frequently unclear relationship between the public and private sectors." [BAHOUT 1994, S. 72]

Werte und Normen installierten Handlungsrichtlinien, werden individuell abweichend ausgefüllt. In der Konsequenz bedeutet dies, dass das Handeln des Gegenübers nie mit Sicherheit vorhergesehen werden kann. So muss BERNDT selbstverständlich beigepflichtet werden, wenn er die von Interkulturalisten in der Wirtschaftswelt verbreiteten „nationalen kulturellen Beipackzettel" à la ‚Erfolgreich Geschäfte abschließen in Arabien' als nur bedingt hilfreich „bei der Bewältigung der kulturellen Gratwanderung auf der Unternehmensebene" bezeichnet [2002, S. 185].

„Sentisizing Concepts" der vorliegenden Arbeit

Erkenntnisleitendes Interesse der vorliegenden Arbeit ist es, die Fragestellungen der erst in jüngerer Zeit häufiger diskutierten, aber zumeist auf Großunternehmen bezogenen Betrachtungsrichtung der ‚Interkulturellen Kommunikation' mit den Fragestellungen der ‚Neuen Institutionenökonomik' zu verbinden und als analytisches Instrument auf die deutsch-syrischen Wirtschaftsbeziehungen – konkret auf die Zusammenarbeit von deutschen und syrischen Unternehmen – anzuwenden. Ziel ist es, den gegenwärtigen Stand der Zusammenarbeit zwischen den Unternehmen aufzuzeigen, Problemkreise und Schwierigkeiten im kulturellen beziehungsweise institutionellen Bereich zu identifizieren und der Frage nachzugehen, inwieweit klassische interkulturelle Ansätze einen Beitrag zu einer Intensivierung der Zusammenarbeit leisten können. Im Folgenden sollen noch einmal in aller Kürze die *Sentisizing Concepts* der vorliegenden Arbeit dargestellt werden. Sie bilden die Quintessenz der bisherigen Ausführungen und das theoretische Fundament der Arbeit:

1. Individuelle Handlungen, menschliche Interaktionen, und damit auch die komplexen Formen wirtschaftlicher Kooperation, finden in einem Rahmen aus formalen und informellen Institutionen statt. Dieser schafft Sicherheit, senkt Transaktionskosten und erleichtert die ökonomische Interaktion. Kultur und Institutionen besitzen gleichzeitig sowohl Beschränkungs- als auch Ermöglichungscharakter, wirken handlungsleitend bzw. -ermöglichend.

   Der formalinstitutionelle Rahmen Syriens scheint mit Mängeln versehen – trotz oder gerade wegen der Modifikationen der jüngeren Vergangenheit und des beschrittenen Wegs einer vorsichtigen Konversion vom Plan zum Markt. Die Handlungen syrischer Unternehmer sind stark von diesen Defiziten betroffen. In Reaktion darauf haben sich informelle Institutionen entwickelt, mit deren Hilfe es mehr oder weniger gelingt, die negativen Auswirkungen zu reduzieren. Während die defizitären formalen Institutionen bei entsprechendem Aufwand für Außenstehende durchaus zu erkennen sind, werden die informellen Institutionen als Teil einer eigenen ‚Unternehmenskultur' wahrgenommen, deren immanente Normen, Werte sich im spezifischen ‚*way of doing business*' widerspiegeln. Dieser stellt nach Ansicht der Befragten ein wichtiges Unterscheidungskriterium zwischen syrischen Unternehmern und ihren deutschen

Pendants dar. Wechselseitig wahrgenommene Unterschiede in den Handlungsstilen scheinen ein Problem für die untersuchten Kooperationen darzustellen.

2. Formale und besonders informelle Institutionen sind wichtige Bestandteile des kulturell bedingten Werte- und Normensystems einer Gruppe und beeinflussen maßgeblich die Handlungen der Interaktionspartner. Bei gruppenüberschreitenden Aktionen scheint vor dem Hintergrund der zunehmenden globalen Vernetzung der Weltwirtschaft und der steigenden Zwänge globaler Wettbewerbsfähigkeit die individuelle Fähigkeit, mit institutionellen Differenzen und wahrgenommenen interkulturellen Differenzen umzugehen, einen wichtigen Faktor für eine erfolgreiche internationale Unternehmenskooperation im fremdkulturellen Umfeld zu verkörpern. Dabei stellt sich die Frage, inwieweit Kulturalisierungen, ausgehend von bestehenden eigenkulturspezifischen Einstellungen und Bildern, Differenzen nicht erst konstruieren und ob die zumeist konstruktimmanenten (Be-)Wertungen in ihrer Bedeutung und Wirkung auf die Zusammenarbeit nicht wichtiger sind als tatsächlich existierende Unterschiede.

1.4 Über die methodische Vorgehensweise und die Umsetzung des Forschungsprojekts

Welche Formen deutsch-syrischer Unternehmenskooperationen bestehen? Wie haben sich diese in den letzten Jahren vor dem Hintergrund des stattfindenden institutionellen Wandels entwickelt? Wo liegen die Schwächen dieser Kooperationen? Welche Rolle spielen institutionelle Defizite auf syrischer Seite und wie wirken sich kulturelle oder als kulturell bedingt empfundene Differenzen zwischen deutschen und syrischen Managern und Unternehmern im Kooperationsalltag aus? Das sind die Kernfragen der vorliegenden Forschungsarbeit. Das folgende Kapitel bietet eine kurze Darstellung des Forschungsprozesses. Dabei soll zunächst in aller Kürze der Aufbau der Arbeit dargelegt (Kapitel 1.4.1) werden, bevor auf die Methodik, die zum Einsatz gelangten methodischen Instrumente (Kapitel 1.4.2) und die Analysepraxis (Kapitel 1.4.3) eingegangen wird.

Bevor jedoch jener kleine Schritt unternommen wird, der nach Laotse am Anfang jedes auch noch so weiten Wegs steht, sei noch eine Anmerkung erlaubt: Die Vorgehensweise bei der Realisierung eines Forschungsprojekts sowie die zur Anwendung kommenden methodischen Instrumente bilden ohne Zweifel elementare Bestandteile der Konzeption eines Forschungsvorhabens. Als Leser kann man den entsprechenden Kapiteln verschiedener Arbeiten dabei nur zu oft entnehmen, wie problemlos und ergiebig sich die empirische Arbeit dank der bereits im Vorfeld der eigentlichen Forschungsarbeit ausgewählten methodischen Instrumente gestaltete. Auch der Autor der vorliegenden Arbeit war zunächst der Meinung, alle angestrebten Instrumente entsprechend seines am Schreibtisch entwickelten „Forschungsdesigns" [FLICK 2002[6]] in vollem Umfang und unter Erzielung eines maximalen Erkenntnisgewinns zum Einsatz bringen zu können (zum Forschungsdesign siehe auch Abbildung 2). Die Realität der konkreten Arbeit im Feld beendete diese Illusion jedoch rasch. An ihre Stelle trat sehr schnell die Erkenntnis, dass auch bei noch so sorgfältiger Vorbereitung niemals alle Unabwägbarkeiten vorhergesehen, nicht alle Eventualitäten bereits im Vorfeld antizipiert werden können. Das hat zur Konsequenz, dass während des gesamten Forschungsprozesses vor allem das Prinzip der Flexibilität [LAMNEK 1993a, S. 27 ff.] in Form von Improvisation die führende Rolle einnahm: ‚Offizielle' problemzentrierte Interviews erwiesen sich so manches Mal als wenig ergiebig. Einige wurden erdrückt von der gespannten Atmosphäre des aufzeichnenden Tonbands, andere litten merklich unter der mangelnden Kooperationsbereitschaft des Gesprächspartners. Unverfängliche *statements*, die auch den staatlich kontrollierten Zeitungen in Syrien hätten entnommen werden können, nahmen die Stelle subjektiver Schilderungen von Erlebnissen und Ansichten ein, an denen dem Autor so viel gelegen gewesen wäre. In nicht wenigen Fällen begann das interessante Gespräch erst nach dem Ende der Aufzeichnungen, also im Anschluss an das ‚eigentliche' Interview. Bei einem Glas Tee oder einer Tasse Kaffee wurden dann im zwanglosen Gespräch jene Informationen preisgegeben, die so dringend benötigt wurden.

Ähnlich verhielt es sich auch bei den zahlreichen Gesprächen mit Vertretern deutscher Unternehmen, deren Bekanntschaft der Autor im Verlauf zweier Delegationsreisen machen konnte. Mit freundlicher Unterstützung des Bundesverbandes der deutschen Exportwirtschaft (BdEx), des Nah- und Mittelostvereins (NuMOV) sowie der Deutsch-Arabischen Handelskammer Kairo konnten zu zwei verschiedenen Phasen der Forschungsarbeit, gleich zu Beginn im Jahr 2000 sowie zwei Jahre später inmitten der Feldarbeit zwei Delegationen der deutschen Wirtschaft in Syrien begleitet werden. Gerade die mehr oder weniger ‚zufälligen' Gespräche am Ende des Tages in einem Restaurant oder an der Bar in den Lobbys diverser Hotels erwiesen sich als äußerst interessant und gewinnbringend. Alle Beteiligten waren aufgrund der informellen, entspannten Situation lockerer und hielten mit offenen Worten, Erfahrungen und Anekdoten nicht hinter dem Berg. Auch dies ist ein Beispiel für das Prinzip der Flexibilität, welches für einen großen Teil der Forschungsarbeit kennzeichnend war: Anfangs nur zufällig geführt, wurde das Instrument des „ero-epischen Gesprächs" [GIRTLER 2001^4] in den Kanon der methodischen Instrumente aufgenommen und kam ab diesem Zeitpunkt auch gezielt zum Einsatz.

Als sehr hilfreich in Bezug auf den Umgang mit Vertretern syrischer Organisationen der Wirtschaftsförderung und syrischen Unternehmern erwiesen sich jene Erfahrungen, die der Autor noch vor Beginn des Forschungsprojekts im Rahmen eines mehrmonatigen Auslandspraktikums beim Syrian-European Business Centre in Damaskus sammeln konnte. Im Verlauf dieses Praktikums konnte sich der Autor nicht nur einen Eindruck von den Behinderungen und Beschränkungen formaler und informeller Art verschaffen, denen syrische Privatunternehmen tagtäglich ausgesetzt sind, es gelang auch, erste praktische Erfahrungen in der Akquise von Gesprächspartnern zu gewinnen sowie eigenständig Lösungsstrategien für auftretende syrienspezifische Probleme, wie etwa die Ungenauigkeit offiziellen Adressmaterials und offizieller Statistiken, zu entwickeln. Erfahrungen, die aus jetziger Sicht, nach erfolgreichem Abschluss der Forschungsarbeiten, für die Realisierung des Projekts als unabdingbar eingeschätzt werden können.

Bei den empirischen Arbeiten auf deutscher Seite hatte der Autor ebenfalls die Gelegenheit auf konkrete Vorerfahrungen zurückgreifen zu können, die er als Mitarbeiter eines Forschungsprojekts des Bayerischen Forschungsverbundes Area Studies (ForArea) unter der Leitung von Professor Dr. Hans Hopfinger sammeln konnte. Auch hier ergab sich die Gelegenheit, bereits im Vorfeld mit Arbeitstechniken vertraut zu werden und Problemlösungen zu entwickeln, die später im Verlauf der Forschungsarbeiten mit deutschen Managern und Unternehmern immer wieder in Wert gesetzt werden konnten.

1.4.1 Aufbau der Arbeit

Vor dem Hintergrund des syrischen Liberalisierungs- und Privatisierungsprozesses und dem damit verbundenen institutionellen Wandel, den das Land in der jüngsten Vergangenheit erfährt, werden die deutsch-syrischen Wirtschaftsbeziehungen einer eingehenden Analyse unterzogen. Die Untersuchung des *Status quo* privatwirtschaftlicher Unternehmenskooperation auf mittelständischer Ebene führt in einem weiteren Schritt zur Identifikation der Schwachstellen in der Zusammenarbeit und zur Antwort auf die Frage, inwieweit ‚Interkulturelle Kommunikation' einen Erfolgsfaktor für deutsch-syrische Unternehmenskooperationen darstellt.

Nachdem im *ersten Kapitel* der Arbeit der Aufbau und die Methodik dargelegt sowie das theoretische Grundgerüst vorgestellt wurden, wird im *zweiten Kapitel* kurz auf die Besonderheiten der institutionellen Entwicklung Syriens einzugehen sein. Die institutionelle Entwicklung, vor allem aber die im Laufe der Zeit entstandenen Defizite, wirkten und wirken sich auf die unternehmerische Tätigkeit im Land aus. Welche Besonderheiten ergeben sich auf der Mikroebene für die individuelle unternehmerische Tätigkeit und wie hat sich dies wiederum in der makroökonomischen Entwicklung der syrischen Volkswirtschaft niedergeschlagen? Das nachfolgende *dritte Kapitel* weist eine dreigliedrige Struktur auf. Zunächst (3.1) wird eine allgemeine Bestandsaufnahme deutsch-syrischer Unternehmenskooperationen erfolgen, bevor speziell auf die interviewten Unternehmen auf beiden Seiten eingegangen wird. Basierend auf den Feldarbeiten werden im nächsten Schritt (3.2) die wichtigsten institutionellen beziehungsweise institutionell bedingten Problemfelder deutsch-syrischer Zusammenarbeit herausgearbeitet. Teil drei des Kapitels (3.3) beschäftigt sich mit den interkulturellen Phänomenen und Konstrukten und ihren Auswirkungen auf die bilaterale Zusammenarbeit. ***Kapitel vier*** verfolgt abschließend eine Synthese der vorangegangenen Ausführungen und wird die Frage beantworten, welche Bedeutung interkulturelle Kommunikation und Kompetenz für den Erfolg der deutsch-syrischen Unternehmenskooperationen besitzen.

1.4.2 Methodik im engeren Sinn

Entsprechend der weit gefassten Zielsetzung, die Kooperation von deutschen und syrischen Unternehmen und deren Entwicklung zunächst quantitativ auf der Makroebene zu erfassen und davon ausgehend Fragen der institutionellen und sozialen Einbettung des kooperationsspezifischen unternehmerischen Handelns in den Mittelpunkt des Interesses zu stellen, fand neben der intensiven Auseinandersetzung mit quantitativen Daten auch die bereits angesprochene Durchführung eigener Erhebungen statt. Das methodische Vorgehen im engeren Sinn beruht also zum einen auf der intensiven Auseinandersetzung mit vorhandener Literatur beziehungsweise der Auswertung von primär- und sekundärstatistischen Materialien, zum weiteren hauptsächlich und in erster Linie auf den Aussagen und Schilderungen der Akteure in den Kooperationsunternehmen selbst und damit auf der konkreten Darstellung der Verhältnisse in der Praxis. Dabei stützt sich das Projekt im Hinblick auf die methodische Umsetzung der zentralen Fragestellung auf Instrumentarien der qualitativen Sozialforschung: Im Zentrum stehen problemzentrierte Interviews mit den Handlungsträgern in deutschen und syrischen Unternehmen sowie Experten aus verschiedenen Bereichen. Ergänzend kommen, wo immer möglich, teilnehmende Beobachtung sowie das „ero-epische Gespräch" [vgl. GIRTLER 2001[4]] zum Einsatz. Die mit diesen Instrumentarien verbundenen methodologischen Prinzipien von Offenheit beziehungsweise Flexibilität, von Kommunikativität und Prozessualität, von Explikation und Reflexivität [LAMNEK 1993a, S. 21 ff.] werden genutzt, um eine kultursensible, auf möglichst ganzheitliche Erfassung ausgerichtete Problemanalyse durchführen zu können. Zu diesem Zweck eignet sich als epistemologische Basis insbesondere die Hermeneutik [vgl. u. a. SCHLEIERMACHER 1974].

Abb. 2: Forschungsdesign

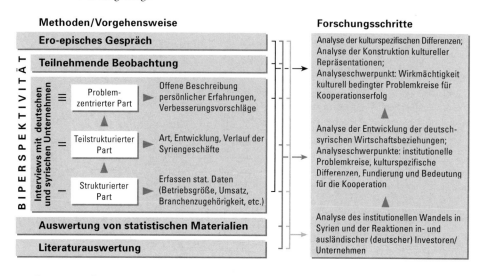

Quelle: Entwurf Jürgen Amann/ Graphische Darstellung Alexandra Kaiser.

Wirtschaftliche Kooperation stellt ein Bündel von Handlungen dar, die in einem handlungsleitenden Rahmen aus sozial gebilligten Regeln stattfinden, die das tägliche Zusammenleben in einem Umfeld institutioneller und kultureller Werte und Normen bestimmen. Die Handlungen der Akteure orientieren sich dabei am jeweiligen Handlungsrahmen, ohne jedoch jede Regel in jedem Fall sklavisch zu beherzigen oder zu befolgen. Menschliches Handeln ist auf diese Weise niemals völlig vorhersehbar, der Handelnde ist stets selbst Herr seiner Handlungen – eben kein „Depp", um es mit GIRTLER in dessen unnachahmlicher Art auf den Punkt zu bringen [2001^4, S. 46]. Gerade vor diesem Hintergrund scheint der Einsatz des Instruments der teilnehmenden Beobachtung insofern sinnvoll, als dem Akteur das vorhandene Set institutioneller und kultureller Normen, in das er eingebunden ist, nicht in vollem Umfang bewusst ist und damit auch nicht Gegenstand eines problemzentrierten Interviews sein kann.

Ansatzpunkte der vorliegenden Arbeit sind also die Fragen: Wie wirken sich die handlungsleitenden Regelwerke auf die individuellen Handlungen der Akteure und damit letztlich auf die Kooperation zwischen den Unternehmen aus? Welche Wechselwirkungen bestehen? Welches sind die entscheidenden institutionellen und kulturellen (oder als kulturell bedingt betrachteten) Unterschiede in den Handlungsstilen auf beiden Seiten und wie werden sie vom Interaktionspartner wahrgenommen? Worauf sind die Unterschiede zurückzuführen? Welche Bedeutung haben sie für den Kooperationsverlauf und -erfolg? Und schließlich: Wie kann die Zusammenarbeit zwischen Partnern aus Syrien und Deutschland trotz eventuell vorhandener Problembereiche optimiert werden?

1.4.2.1 Leitlinien und Grundsätze des Forschungsprozesses

Fragestellung

„Die Fragestellung einer qualitativen Untersuchung ist einer der entscheidenden Faktoren für ihren Erfolg" – oder eben ihr Scheitern, möchte man mit Uwe FLICK anfügen [2003, S. 258]. Die Fragestellung ist der maßgebliche Einflussfaktor auf das Forschungsdesign. Obwohl die Forderung nach ihrer möglichst frühen sowie klaren und eindeutigen Formulierung besteht und dieser wohl auch in den allermeisten Fällen entsprochen wird, sieht man einmal von den wenigen Untersuchungen ab, die gemäß den Forderungen der *grounded theory* realisiert werden, unterliegen Fragestellungen im Verlauf eines Projekts einer großen Zahl von Konkretisierungs- und Fokussierungsprozessen. Der Forschungsgegenstand wird eingegrenzt, die Eingrenzung wiederum revidiert, die Revidierung unterliegt weiterhin vielen Veränderungen [vgl. FLICK 2003, S. 258]. Auch die Fragestellung der vorliegenden Arbeit ist Ergebnis derartiger Prozesse und Verfahrensweisen. Die ursprünglich formulierte Fragestellung unterlag vielfältigen Modifikationen: Neue Aspekte, die erst im Verlauf der empirischen Arbeiten auftauchten, fanden nachträglich Eingang in das Forschungsprogramm und damit in die Arbeit. So wurde, ohne dies wissentlich zu verfolgen, der Forderung von Atkinson J. MAXWELL [zit. nach FLICK 2003, S. 258] Rechnung getragen: Die nun vorliegende Fragestellung stellt weniger den Ausgangspunkt als vielmehr das Ergebnis der konzeptionellen Arbeit am Forschungsdesign dar.

Der eingesetzte „Methodenmix"[10]

Auf der Suche nach Antworten auf die zentralen Fragenkomplexe der vorliegenden Untersuchung kamen verschiedene methodische Instrumente der qualitativen Sozialforschung zum Einsatz, die in den folgenden Kapiteln eine ausführliche Darstellung erfahren. LAMNEK propagiert die Verwendung eines Methodenverbundes, also die Kombination verschiedener Einzeltechniken der Datengewinnung. Dabei verweist er explizit auf den Widerspruch zwischen dem Einsatz einer isolierten Einzelmethode und dem Selbstverständnis qualitativer Sozialforschung [1993b, S. 2]. Aber auch aus schlicht forschungspragmatischen Gesichtspunkten heraus kann die Kombination verschiedener Arbeitsweisen begründet werden: Sie bietet mehrere Zugänge zur Untersuchung und damit eine Vereinfachung der komplexen Realität [KÜBLBÖCK 2005, S. 114 ff.]. Schwächen einer Methode können unter Zuhilfenahme einer anderen im Idealfall ausgeglichen werden. Für die vorliegende Arbeit setzt sich der „Methodenmix" [LAMNEK 1993b, S. 2] zusammen aus dem problemzentrierten Interview, der teilnehmenden Beobachtung (sowohl in der aktiven als auch der passiven Variante [GIRTLER 2001[4], S. 64 ff.]) und dem ero-epischen Gespräch, welches an den Forscher hinsichtlich seines Willens und seiner Fähigkeit, sich auch als Person in seine Untersuchung einzubringen, ganz besondere Anforderungen stellt.

Um eine größtmögliche Zuverlässigkeit und Aussagekraft des Datenmaterials zu gewährleisten, wurden Unternehmen und Experten in Deutschland und Syrien befragt. Dabei wurden in Syrien aus pragmatischen Gründen vornehmlich Unternehmen mit Sitz in den beiden ökonomischen Zentren des Landes, Damaskus und Aleppo, ausgewählt. Es haben sich im Verlauf der Arbeiten Hinweise darauf ergeben, dass Damaszener Unternehmen aufgrund der räumlichen Nähe zu Regierung und politischen Entscheidungsträgern in der Vergangenheit zum Teil leicht abweichende Verfahrensweisen und Handlungsstrategien gegenüber Behörden und Administration entwickelt haben, als die im eigentlichen Zentrum der syrischen Industrie ansässigen Aleppiner Unternehmen. Stärker unterscheiden sich die Unternehmer beider Städte darüber hinaus hinsichtlich ihrer Sozialstruktur: Während viele Aleppiner Unternehmer alten eingesessenen Unternehmerfamilien entstammen, handelt es sich bei den Damaszenern häufig um relative Newcomer beziehungsweise Personen mit Kontakten zur politischen und administrativen Nomenklatura.

---

10 LAMNEK verwendet im Vorwort des zweiten Bandes seines Einführungswerkes in die qualitative Sozialforschung den Begriff des „Methodenmix", der an dieser Stelle in seinem Sinn Verwendung finden soll [1993b, S. 2].

Die 32 befragten Experten hatten ihren Dienstsitz in Deutschland (7) beziehungsweise ebenfalls in einer der beiden syrischen Ballungsräume Damaskus (14) oder Aleppo (11). Bei den Experten wurde strikt darauf geachtet, dass Vertreter von Organisationen und Verbänden der Wirtschaftsförderung, die in beiden Städten Niederlassungen unterhalten (Syrian-European Business Centre, GTZ) beziehungsweise einer administrativen Trennung unterliegen (Handelskammern, Industriekammern) in beiden Städten aufgesucht wurden.

Die deutschen Unternehmen, die im Rahmen der Telefonbefragungen kontaktiert wurden, hatten ihren Sitz ausschließlich in Bayern. Dies kann mit einem Verweis auf die große Zahl deutscher Unternehmen, die mit syrischen Kooperationspartnern in Verbindung stehen, begründet werden. Deutsche Teilnehmer bei den Delegationsreisen wurden, sofern sie Interesse und Kooperationsbereitschaft zeigten, in jedem Fall interviewt, ungeachtet des Firmensitzes. Die Vertreter von Organisationen der Wirtschaftsförderung, die den syrischen Markt betreuen, kamen sowohl aus Bayern (Mittelmeer-Projektbüro Lindau der IHK Schwaben) als auch aus anderen Teilen der Bundesrepublik (Ghorfa, BdEx, Nu-MOV). Die räumliche Streuung schien von Beginn an auf deutscher, im Gegensatz zur syrischen Seite, durchaus vernachlässigbar zu sein, da keine projektrelevanten spezifischen räumlichen Unterschiede in der Unternehmensstruktur zu unterstellen waren. Diese Vorannahme bestätigte sich im Verlauf der empirischen Arbeit.

Ergänzend, aber bei weitem nicht unwichtig, wurden auch das ero-epische Gespräch sowie die teilnehmende unstrukturierte Beobachtung eingesetzt (siehe Kapitel 1.4.2.3 beziehungsweise 1.4.2.4). Erwartungsgemäß konnten diese Instrumente hinsichtlich ihrer Quantität nicht den Status der problemzentrierten Interviews erreichen, da ihr Einsatz in nicht wenigen Fällen von Faktoren abhing, die sich den Einflussmöglichkeiten des Forschers entzogen.

Wie bereits angesprochen, ist der qualitativ arbeitende Sozialforscher prinzipiell selbst Teil seiner Forschungen. Selbstverständlich spiegelt sich in seiner Arbeit stets das bestehende Vorverständnis vom Untersuchungsgegenstand wider. Auch er kann sich nicht frei machen von seiner Herkunft, seiner Ausbildung und nicht zuletzt auch von seiner ‚akademischen Sozialisation', wie die oben verwendete Metapher des Messgeräts illustrieren sollte. Die Veränderung des Wissensstandes im Verlauf des Forschungsprozesses führt häufig zu veränderten subjektiven Sichtweisen. So ändert sich nicht nur die konkrete Forschungsarbeit im Laufe der Zeit, werden Vorgehensweisen verfeinert und Fragestellungen verändert, sondern möglicherweise verändert sich auch das Verständnis der Daten und deren Interpretation. Wie BOECKLER [2004, S. 11 f.] und FLICK [2000^5, S. 240] richtig andeuten, sind soziale Prozesse, die die Basis der zugrunde liegenden Interviewprotokolle und Beobachtungsnotizen bilden, nicht zuletzt auch zeitabhängig. Es ist durchaus denkbar, dass Daten und Erkenntnisse, die in absehbarer Zukunft auf ähnliche Weise gewonnen werden, von jenen der vorliegenden Arbeit abweichen können.

1.4.2.2 Problemzentrierte Interviews mit deutschen und syrischen Gesprächspartnern

Die Theorie: Das problemzentrierte Interview

Das (u. a.) von Andreas WITZEL vorgeschlagene „problemzentrierte Interview" [1985] ist eine der bedeutendsten Methoden der qualitativen Sozialforschung und bildet auch in der vorliegenden Arbeit die wichtigste Säule im Gebäude des Methodenmix'. Das problemzentrierte Interview ist durch drei elementare Kriterien gekennzeichnet [WITZEL 1985; FLICK 2000[5]]: *Problemzentrierung*, der Forscher orientiert sich an einer relevanten gesellschaftlichen Problemstellung; *Gegenstandsorientierung*, das heißt, die Methoden werden am Gegenstand orientiert entwickelt beziehungsweise modifiziert; *Prozessorientierung* im Forschungsprozess und Gegenstandsverständnis.

Bestehende Vorkenntnisse über deutsch-syrische Wirtschaftszusammenarbeit, Institutionalismus und ‚Interkulturelle Kommunikation' beeinflussten zum Zeitpunkt des Zugangs zum Feld das theoretisch-wissenschaftliche Vorverständnis, welches als Basis für ein erstes, relativ offenes theoretisches Konzept diente. Das unterlag im Verlauf der Arbeit immer wieder Modifikationen [LAMNEK 1993b; WITZEL 1985]. Herbert BLUMER [zit. nach WITZEL 1985, S. 231 ff.] verwendet den Begriff der *Sensitizing Concepts*: Ein Problemfeld, welches die Wahrnehmung des Forschers sensibilisiert, wird vorläufig formuliert. Dabei muss das Vorwissen gegenüber der Empirie offen gehalten werden. Im Verlauf des Forschungsprozesses wird wiederum erneutes, jetzt fundierteres Wissen konstituiert, das im weiteren empirischen Prozess wiederum den Rang von Vorwissen einnimmt. In diesem Zusammenhang müssen auch die beiden oben näher ausgeführten Ausgangshypothesen gesehen werden: Sie bilden das Vorverständnis des Autors ab und unterlagen im Zuge der Forschungs- und Auswertungsarbeiten ständiger Reflexion und Modifikation. In dieser verkürzten Darstellung werden bereits Parallelen zum hermeneutischen Zirkel beziehungsweise der „hermeneutischen Spirale" [LAMNEK 1993a, S. 76] sichtbar.

WITZELS Konzeption des qualitativen (problemzentrierten) Interviews umfasst vier „Instrumente" [1985, S. 235 ff.]: einen Kurzfragebogen, den Interviewleitfaden, die Tonbandaufzeichnung und das Postskriptum. Alle genannten vier Komponenten kamen in den Gesprächen mit deutschen und syrischen Unternehmern und Managern – in leicht modifizierter Form – zum Einsatz. So wurde der Kurzfragebogen graphisch nicht als eigenständiger Fragebogen gestaltet, der den Gesprächspartnern ausgehändigt wurde. Die Daten zu Unternehmen (Größe, Produkte, Historie und Entwicklung) und Gesprächspartnern (Ausbildung, persönlicher Werdegang) wurden vielmehr im Verlauf der Gespräche vom Interviewer selbst in vorbereitete Textboxen auf den Interviewunterlagen eingetragen. Tonbandaufzeichnungen waren aus pragmatischen Gründen in den allermeisten Fällen sehr hilfreich. Nur wenige Gesprächspartner beschieden die diesbezügliche Anfrage des Interviewers negativ. In diesen Ausnahmefällen bildeten stichpunktartige Gesprächsnotizen die Grundlage für die nachträglich erstellten Interviewprotokolle. Im Anschluss an jedes Gespräch wurde ein Postskriptum angefertigt, welches Angaben zur Gesprächsatmosphäre, Eindrücke über die Kommunikation, die Person des Interviewpartners, äußere Einflüsse und die Interviewräumlichkeiten, aber auch über interviewspezifische Befindlichkeiten des Interviewers, eigene Beobachtungen und Situationseinschätzungen umfasste. Auf diese Weise wurden schlicht all jene „Kontextinformationen" [FLICK 2000[5], S. 108] fixiert, die zu einem späteren Zeitpunkt aus den Interviewprotokollen allein nicht mehr oder nur in unzureichendem Umfang deutlich geworden wären, aber im Rahmen der analytischen Interpretation durchaus Bedeutung erlangen können [vgl. FLICK 2000[5], S. 107 f.]. Das Postskriptum erwies sich vor allem in jenen Fällen als hilfreich, in denen zwischen dem Gespräch selbst und der abschließenden Auswertung längere Zeit verstrichen war.

Eine besondere Rolle spielt der Interview-Leitfaden: Er dient in erster Linie als Orientierungsrahmen und Gedächtnisstütze für den Interviewer. Der Problembereich wird in thematische Felder gegliedert; deren Inhalte werden stichpunktartig festgehalten. Dabei stellt der Leitfaden keineswegs ein „Skelett" [WITZEL 1985, S. 236] für die strukturierte Befragung dar. Vom Interviewer ist vielmehr Empathie gefordert. Seine Aufgabe ist es, auf das Gesagte einzugehen. Fragen werden nicht vorformuliert, die Reihenfolge ist nicht unumstößlich festgelegt [LAMNEK 1993b, S. 40]. Auf diese Weise variieren Leitfaden und Gesprächsführung, durchaus erwünscht, von Interview zu Interview, von Gesprächspartner zu Gesprächspartner, was im Idealfall zu einer sukzessiven Optimierung des Leitfadens führt: Neue interessante, in vorherigen Gesprächen ‚entdeckte' Themenaspekte finden Eingang, unklare Fragen werden neu formuliert, gegebenenfalls aus dem Leitfaden gestrichen, haben sie sich als missverständlich oder gar störend entpuppt. Die der beschriebenen Verfahrensweise immanente Flexibilität führt zu einer zunehmenden Annäherung an den Forschungsgegenstand im Verlauf des Forschungsprozesses. Zusätzlich wird durch die Möglichkeit zur offenen und freien Gestaltung der Gesprächssituation die vorhandene Asymmetrie zwischen Fragendem und Befragtem abgemildert [LAMNEK 1993b, S. 40]. In den Gesprächen, vor allem mit Unternehmern und Managern aus Syrien konnte derselbe Effekt des Öfteren durch das ausführliche Beantworten von Fragen seitens der Interviewpartner erreicht werden (siehe hierzu die unten stehende Textpassage ‚Die Praxis III').

Wichtiger als viele theoretische Kenntnisse war für den Verlauf der Gespräche mit deutschen und syrischen Unternehmern in der Praxis oftmals die Fähigkeit des Interviewers, sein inhaltliches Anliegen zu verdeutlichen, Interesse für den Untersuchungsgegenstand zu wecken und eine gute Gesprächsatmosphäre herzustellen beziehungsweise aufrechtzuerhalten [vgl. FLICK 2000[5], S. 106]. Dabei kommt dies aus dem Blickwinkel des Interviewers nicht selten einem Balanceakt gleich. Diesen gilt es zu meistern, wie Stefan KÜBLBÖCK [2005, S. 116 f.] völlig richtig bemerkt: So soll dem Gesprächspartner zwar grundsätzlich die Möglichkeit zur Setzung eigener Gesprächsschwerpunkte eingeräumt werden, andererseits unterliegt das Interview jedoch dem Zweck, Antworten auf die Forschungsfragen zu erhalten. BOECKLER beschreibt diesen Spagat sehr treffend mit dem Wortspiel „Gespräche führen und von Gesprächen geführt werden" [2004, S. 27].

Die Praxis I: Auswahlstrategien und Zugang zum Feld

Die Feldarbeiten in Syrien fanden im Rahmen von insgesamt sieben Einzelaufenthalten mit einer Dauer zwischen zwei und zehn Wochen im Zeitraum von August 2000 bis Oktober 2005 statt. Insgesamt verbrachte der Autor rund ein Jahr in Syrien. In den beschriebenen Zeitraum fallen nicht nur gravierende innenpolitische Veränderungen, verbunden mit dem im Sommer 2000 erfolgten Präsidentenwechsel in Syrien und dem für kurze Zeit aufblühenden Damaszener Frühling, sondern auch einschneidende Ereignisse in der Region Naher Osten; es seien an dieser Stelle nur kurz der Ausbruch der *Intifada al-Aksa* in Israel 2000, der Dritte Golfkrieg im Nachbarland Irak 2003, die fortgesetzten US-amerikanischen Drohungen gegen die syrische Regierung 2003/4 und die Ermordung des früheren libanesischen Ministerpräsidenten Rafiq Hariri 2005, verbunden mit dem daraufhin erzwungenen Abzug syrischer Truppen aus dem Libanon, erwähnt. Die angeführten Ereignisse hatten in unterschiedlichem Ausmaß Auswirkungen sowohl auf Syrien als auch auf die deutsch-syrischen Unternehmenskooperationen. Die Feldarbeiten auf deutscher Seite bestanden im Wesentlichen aus zwei Säulen: Zunächst aus einer telefonischen Befragung von rund 150 Unternehmen im Zeitraum von 1998 bis 2002, von denen schließlich 87 in die Auswertung einbezogen wurden (siehe Tabelle 14 im Anhang). Die zweite Säule beinhaltete die Teilnahme an zwei Delegationsreisen (Herbst 2000 und Frühjahr 2002) sowie mehreren Veranstaltungen in Deutschland (2000 bis 2005), in deren Verlauf Gespräche mit Vertretern von rund 30 deutschen Unternehmen sowie einer Reihe von Experten geführt werden konnten.

Der Zugang zum Feld, im Sinne von FLICKs Zugang zu Entscheidungsträgern in Verwaltungen und Unternehmen [2002, S. 86 ff.], erwies sich als vielschichtiger Prozess. Auf deutscher Seite konnte auf Organisationen der Wirtschaftsförderung, zum Beispiel Industrie- und Handelskammern, Bundesverband des deutschen Exporthandels (BdEx), Nah- und Mittelostverein etc. zurückgegriffen werden. Die angeführten Vereinigungen stellten Adressmaterial von deutschen Unternehmen zur Verfügung, die mit syrischen Partnern kooperieren oder in jüngerer Vergangenheit kooperiert haben.

Als schwieriger und zeitintensiver als zunächst gedacht erwies sich die Identifikation potentieller Interviewunternehmen auf syrischer Seite (für Details zu den interviewten Unternehmen siehe die entsprechende Tabelle im Anhang) und die Zusammenstellung eines den Projektanforderungen entsprechenden Branchenmixes. Anders als in Deutschland verfügen offizielle syrische Stellen, Handels- und Industriekammern, Industrieministerium etc. keineswegs über detaillierte Statistiken und Adressmaterial. Hohe Fehlerquoten, die die empirische Feldarbeit verlängerten und damit auch verzögerten, machten die Suche nach Informationsalternativen notwendig. Zunächst erwies sich dabei der Rückgriff auf persönliche Kontakte von Professor Dr. Hopfinger, dem Betreuer der Forschungsarbeit, als ‚goldrichtig'. In einem weiteren Schritt stellten sich Adressmaterial und Unterstützung der Syrian-European Business Centres in Damaskus und Aleppo als sehr hilfreich heraus. Auch eigene, vom Autor im Verlauf des Forschungsprozesses aufgebaute Kontakte wuchsen mit der Zeit zu tragfähigen Netzwerken heran, die nicht nur für die Generierung von Firmenadressen in Aleppo und Damaskus genutzt wurden, sondern auch die Möglichkeit zum Verweis auf gemeinsame Bezugspersonen lieferten.

Gerade im Zusammenhang mit dem Zugang zu syrischen Unternehmern und Managern spielte die Vermittlung durch gemeinsame Bekannte eine besondere Rolle: In nicht wenigen Fällen gelang es, bei Interviewpartnern Interesse am Forschungsprojekt sowie persönliche Sympathie zu wecken, was sich im Angebot der Weitervermittlung an ebenfalls mit deutschen Partnern kooperierende Bekannte äußerte. Es soll offen bleiben, ob es sich um das Prinzip *wasta* handelt, eine tribale Form der „Mediation zwischen zwei gleichberechtigten Parteien ein fortlebendes Muster der Kommunikationsaufnahme" im urbanen Damaszener und Aleppiner Kontext des 21. Jahrhunderts darstellt. BOECKLER [2004, S. 24] bezweifelt das. Es zeigte sich jedoch, dass gemeinsame Bekannte in einer Art Schneeballsystem die Funktion eines ‚Türöffners' übernehmen und so die empirische Arbeit wesentlich erleichterten. Generell muss darauf verwiesen werden, dass auch in jenen Fällen, in denen die Kontaktaufnahme unmittelbar stattfand, ablehnende Reaktionen eher die Ausnahme darstellten – nur rund 20 % der direkt kontaktierten Unternehmen lehnten ein Gespräch ab. Der Unterschied lag vielmehr in der erhöhten Gesprächsbereitschaft und einer größeren Offenheit, durch die sich die über Vermittler initiierten Gespräche mit Managern und Unternehmern auszeichneten: Die Gespräche wiesen nicht selten einen größeren Erkenntniswert auf, so dass vielleicht die Wirkung der Vermittlung am ehesten mit ‚qualitativen' Aspekten charakterisiert werden kann. Mit zunehmender Aufenthaltsdauer in Damaskus und Aleppo gelang es auch, mit Verweis auf bereits interviewte, im Kreise der Damaszener beziehungsweise Aleppiner Unternehmerschaft weithin bekannte Personen, Vertrauen zu erzeugen. Diese Art des *name dropping* hatte eine ähnliche, jedoch nicht ganz so ausgeprägte Wirkung wie eine aktive Vermittlung.

Die Interviews wurden bis auf wenige Ausnahmen in englischer Sprache geführt. Hatte der Interviewpartner in Deutschland studiert beziehungsweise verfügte er über deutsche Sprachkenntnisse verlief das Interview entsprechend auf Deutsch. Ausnahmen stellten lediglich jene Unternehmer beziehungsweise Manager dar, die keine entsprechenden Fremdsprachenkenntnisse besaßen. In diesen Fällen fungierten die Kooperationspartner der Universitäten Damaskus und Aleppo, sehr häufig Begleiter bei den Interviews, als Übersetzer. Während die Übersetzung zum Teil Schwierigkeiten verursachte, da durch sie Form und Verlauf des Gesprächs mitbestimmt beziehungsweise Fragen und Antworten durch die Art der Übersetzung verändert wurden, stellte die Verwendung der gemeinsamen Fremdsprache Englisch in den allermeisten Fällen kein größeres Problem dar, da sie für viele Unternehmer im Geschäftsleben den Charakter einer *lingua franca* besitzt und nahezu täglich gebraucht wird. Darüber hinaus hat ein nicht geringer Teil der syrischen Unternehmerschicht eine Universität im angelsächsischen Raum besucht, so dass Englisch für sie so etwas wie eine zweite Muttersprache darstellt.

Neben Gesprächen mit Unternehmern und Managern waren auch und gerade die Gespräche mit Vertretern der syrischen Administration (z. B. Industrieministerium) sowie der Industrie- und Handelskammern (Damaskus, Homs und Aleppo) eine wertvolle Quelle für Informationen. Auch Experten ausländischer beziehungsweise transnationaler Organisationen (Syrian-European Business Centres in Damaskus und Aleppo, Delegation of the European Commission, GTZ, CIM) stellten einen interessanten Zugang zu Informationen über Syrien dar. In Deutschland wurden insgesamt sieben Experten und Expertinnen u. a. des Mittelmeer-Projektbüros der IHK Schwaben/Lindau, der Ghorfa, des Bundesverbandes des deutschen Exporthandels (BdEx) und des Nah- und Mittelostvereins in die Untersuchung einbezogen. Sie lieferten ebenso wie ihre syrischen Pendants viele interessante Einsichten in die bilateralen Beziehungen zwischen Deutschland und Syrien. Insgesamt wurden 25 Expertinnen und Experten in Damaskus (14) und Aleppo (11) befragt (für umfassende Informationen zu Personen, Organisationen und Gesprächsschwerpunkten siehe die entsprechende Tabelle im Anhang).

Die Praxis II: Problemzentrierte Interviews mit deutschen Unternehmen

Um es gleich vorweg zu nehmen: Die Erfahrungen mit deutschen Unternehmen waren nicht so positiv wie jene mit syrischen Unternehmen. Der ursprüngliche Plan, ausgewählte Unternehmer und Manager nach einer ersten telefonischen Kontaktaufnahme auch in einem persönlichen Gespräch zu interviewen, wurde aufgrund der stark eingeschränkten Gesprächsbereitschaft auf deutscher Seite bald fallengelassen. Von deutscher Seite wurden in den meisten Fällen mangelndes Interesse am syrischen Markt, Terminprobleme oder einschränkende Richtlinien der Unternehmenskommunikation als Begründung für die eher begrenzte Auskunftsfreude angeführt. Vor diesem Hintergrund und dem damit zu erwartenden geringen Erkenntnisgewinn sowie den begrenzten zeitlichen und finanziellen Ressourcen des Projekts wurde vom ursprünglichen Plan persönlicher Interviews abgesehen. Qualitative Sozialforschung stellt an den Forscher hinsichtlich der Flexibilität des Forschungsprozesses hohe Anforderungen; diese theoretische Weisheit wurde dem Autor auf diese Weise auch praktisch vor Augen geführt.

An die Stelle persönlicher Interviews traten Telefongespräche. Diese waren weit weniger an feste Termine gebunden und konnten auch kurzfristig realisiert werden. Anders als bei den problemzentrierten Interviews in Syrien musste der Fokus einer tiefgründigen Analyse dementsprechend angepasst werden und wich der Intention einer möglichst breiten Erfassung des Feldes [vgl. FLICK 2002[6], S. 111 f.]. Um zumindest quantitativ die avisierte Breite zu erzielen, wurden zusätzlich studentische Hilfskräfte eingesetzt. Auf diese Weise gelang es, 152 Unternehmen mit Firmensitz im Bundesland Bayern zu befragen. 87 von

Methodik und theoretischer Rahmen

ihnen unterhielten zum Zeitpunkt der Befragung Kooperationsbeziehungen mit Partnern in Syrien. 55 konnten zwar über Erfahrungen mit syrischen Partnern aus Kooperationsbeziehungen berichten, die jedoch zum Teil schon Jahrzehnte zurücklagen, so dass von einer Einbeziehung dieser Interviews in die Analysen Abstand genommen wurde. Zehn Unternehmen waren zu keiner Stellungnahme bereit beziehungsweise konnten aus anderen Gründen nicht befragt werden. Die Dauer der Telefoninterviews bewegte sich zwischen zehn und dreißig Minuten, je nach Auskunftsbereitschaft des Gesprächspartners. Die Gesprächsinhalte wurden stichpunktartig festgehalten und im Anschluss an das Gespräch zu einem Gesprächsprotokoll ausgearbeitet.

Abb. 3: Interview-Leitfaden für die Gespräche mit deutschen Unternehmern und Managern

Unternehmen und Entscheidungsträger	**Kooperationen**
• hergestellte Produkte, Produktionsbeginn	• Art der Kooperation
• Entwicklung, Größe	• Historie der Kooperationen
• Auslandsaufenthalte	• vertragliche Gestaltung und Verlauf
• Sprachkenntnisse	• Problemkreise
Persönliche Erfahrungen	**Ansätze zur Intensivierung der Kooperation**
• Beschreibung der Kooperation aus subjektiver Sicht	• subjektive Ansatzpunkte
• persönliche Erfahrungen	• Reformen
• institutionelle Problemkreise	• Möglichkeiten zur Abschwächung kultureller beziehungsweise als kulturell bedingt empfundener Differenzen
• kulturelle beziehungsweise als kulturell bedingt empfundene Differenzen	
• Auswirkungen dieser Differenzen	

Die Erkenntnisse aus den Telefonaten mit deutschen Unternehmern und Managern bildeten die Ausgangsbasis für die Formulierung erster Arbeitshypothesen, die bei der weiteren Feldarbeit in Syrien zum Einsatz kamen und weitergehend modifiziert wurden. Bereits in diesem frühen Stadium der Forschungsarbeit ergaben sich wichtige Hinweise auf die Bedeutung institutioneller Rahmenbedingungen sowie als kulturell bedingt wahrgenommener Differenzen und deren Auswirkungen auf die bilateralen Unternehmenskooperationen.

Nachträglich ergänzt wurden die Befragungen deutscher Unternehmen u. a. mit den Ergebnissen der Interviews und ero-epischen Gespräche, die im Verlauf der Delegationsreisen deutscher Unternehmen nach Syrien geführt werden konnten. In entspannter Atmosphäre waren die Gesprächspartner eher dazu bereit, sozusagen aus dem ‚Nähkästchen' über ihre Erfahrungen zu plaudern. Hier soll ein Verweis auf das nachfolgende Kapitel 1.4.2.3 genügen.

Die Praxis III: **Problemzentrierte Interviews mit syrischen Unternehmen**

Die erste Kontaktaufnahme mit syrischen Kooperationsunternehmen fand im Regelfall telefonisch statt. Beim ersten ‚Sondierungsgespräch', das stets mit dem für das Management der Kooperation Verantwortlichen geführt wurde, erfolgte zunächst eine kurze Vorstellung von Forscher und Forschungsprojekt. Hinweise auf die Praxisrelevanz des Forschungsvorhabens, die Klärung von Fragen seitens des potentiellen Interviewpartners, auch persönlicher Art, waren Gegenstand der Gespräche. Die telefonische Kontaktaufnahme entpuppte sich aus weiteren Gründen als äußerst wichtig: Zunächst erwiesen sie sich als guter Filter. Desinteressierte Adressaten hatten bereits an dieser Stelle die Möglichkeit, eine Teilnahme am Interview zu verweigern. Der zeitliche und finanzielle Aufwand konnte auf diese Weise optimiert werden. Darüber hinaus bestand die Möglichkeit, bereits vor dem eigentlichen Beginn des Interviews für die Problematik zu sensibilisieren und auf das Gespräch entsprechend vorzubereiten. Nicht zuletzt gelang es dadurch auch, Sinn und Zweck der empirischen Arbeit zu erläutern und so viele Vorurteile und Befürchtungen im Vorfeld zu zerstreuen. In diesem Zusammenhang darf nicht vergessen werden, dass privatwirtschaftliche Unternehmer in Syrien lange Zeit einer pauschalen Diskreditierung ausgesetzt waren und ihr Handeln teils starken Restriktionen unterlag. Zudem sind Befragungen als Teil akademischer Arbeit in Syrien weitgehend unbekannt. Es galt also zunächst, Vertrauen aufzubauen und Vorurteile, welche Vorgehensweise und Person des Autors betrafen, abzuschwächen. Dieses Ziel wurde unter anderem durch Verweise auf gemeinsame Bekannte unterstützt. In jenen Fällen, in denen auf gemeinsame Bekannte rekurriert werden konnte, beschieden über 90 % (!) der kontaktierten Unternehmer und Manager die Interviewanfrage positiv.

Um der Forderung nach weitgehender Übereinstimmung von Interviewsituation und „natürlicher Feldsituation" [LAMNEK 1993b, S. 103] zu entsprechen, wurden die Interviews in den Büros der Akteure beziehungsweise in den Besprechungsräumen der jeweiligen Unternehmen geführt; also in jenen Räumlichkeiten, in denen sich auch ein großer Teil der Kooperationsinteraktion mit deutschen Partnern in den Unternehmen abspielt.

Im zeitlichen Verlauf der Feldarbeiten machten sich auch der Präsidentenwechsel und die verabschiedeten Liberalisierungsmaßnahmen bemerkbar: Verursachte die Telekommunikation noch bis Ende der 1990er Jahre Probleme, war es nach der Machtübernahme durch Bashar al-Asad und der Installierung eines Mobilfunknetzes sowie einer Forcierung der Internetnutzung kein Problem mehr, potentielle Gesprächspartner zu kontaktieren. Neben den Modifikationen der technischen Infrastruktur hatte sicherlich auch der aufkommende Optimismus in den Monaten nach dem Präsidentenwechsel einen Anteil an der großen Teilnahmebereitschaft. Als weiteres Indiz für die positive Resonanz kann auch die Gesprächsdauer, die sich von rund 50 Minuten bis zu vier Stunden erstreckte und im Schnitt rund zwei Stunden betrug, herangezogen werden. Dabei umfassen die angegebenen Zeiträume allein das Interview. Hinzu kamen oft noch ‚inoffizielle' Gespräche und Plaudereien, nicht selten bei einer gemeinsamen Tasse Tee, sowie Betriebsführungen, welche in einigen Fällen die Möglichkeit zur teilnehmenden Beobachtung boten.

Methodik und theoretischer Rahmen

Abb. 4:   Beispielhafte Interviewsituationen

Fotos: Jürgen Amann

Die Interviewsituation selbst begann stets mit lockeren Plaudereien und Smalltalk, nicht unähnlich dem unten geschilderten ero-epischen Gespräch. Der jeweilige Interviewpartner hatte in dieser Anfangsphase die Gelegenheit, Fragen zur Thematik des Projekts und zur Person des Interviewers zu stellen. Weiteres Ziel dieses ersten Gesprächsteils war es, neben dem Aufbau einer angenehmen Gesprächsatmosphäre, für die Thematik des eigentlichen Interviews zu sensibilisieren. Die Frage nach Chancen und Risiken internationaler Kooperationen für syrische Unternehmen wurde häufig von den Gesprächspartnern genutzt, um bereits auf Defizite im institutionellen Umfeld syrischer Unternehmen aufmerksam zu machen. Das Projekt und die Befragungen selbst stießen bei den allermeisten syrischen Unternehmen auf großes Interesse, zumal deutsche Geschäftspartner im Allgemeinen hohes Ansehen genießen und die praktische Relevanz des Projekts bereits bei der ersten telefonischen Kontaktaufnahme deutlich hervorgehoben wurde. Die große Resonanz manifestierte sich vielfach auch in der Zusammensetzung der ‚Gesprächsrunde': Neben jenen Akteuren, die unmittelbar in Kontakt mit dem jeweiligen deutschen Counterpart stehen (z. B. Manager der Abteilungen Marketing und Sales beziehungsweise Einkauf), nahmen in vielen Fällen auch Vertreter der Geschäftsleitung an den Interviews teil beziehungsweise fungierten selbst bei entsprechender Aufgabenverteilung als Interviewpartner.

Abbildung 5 beinhaltet die wesentlichen Inhaltspunkte der Interviews. Dabei ist der Begriff ‚Leitfaden' im oben geschilderten theoretischen Sinn leicht missverständlich: Weder die Reihenfolge der Themenblöcke, noch die exakte Ausformulierung der Fragen waren vorab streng festgelegt. Die Gespräche unterlagen keiner strikten Vorabstrukturierung und wiesen häufig – und durchaus gewünscht – auch Passagen mit narrativem Charakter auf. Tauchten für die Forschungsfragestellung interessante Aspekte auf, so wurde der betreffende Themenblock detaillierter behandelt und es wurde genauer nachgefragt. Zeigte ein Gesprächsteilnehmer Scheu vor Fragen zur politischen Situation oder zum institutionellen Umfeld, so wurde dies respektiert, weitere Fragen zum betreffenden Themenbereich dementsprechend ausgeklammert. An deren Stelle rückten andere, zum Beispiel kulturelle Aspekte der Kooperationen mehr ins Interviewzentrum. Die im Leitfaden angeführten

Themenbereiche wurden also unterschiedlich stark berührt, ihnen wurde nicht in allen Gesprächen die gleiche Aufmerksamkeit zuteil. Hatte der Interviewpartner Erfahrungen mit der syrischen Bürokratie gesammelt, die dem Erfolg einer Kooperation entgegenstanden, so war der Autor an diesen besonders interessiert und vernachlässigte zu deren Gunsten gegebenenfalls andere Themenblöcke. Hatte wiederum ein Gesprächspartner ausgeprägte Erfahrungen mit seiner Ansicht nach kulturell bedingten Differenzen, wurde versucht, das Gespräch an dieser Stelle festzuhalten und zu vertiefen. In jenen Fällen, in denen ein zweites oder gar drittes Gespräch geführt werden konnte, orientierten sich die Fragen an bestehenden Lücken. Ein wie auch immer gestalteter Leitfaden kam dann nicht mehr zum Einsatz.

Abb. 5: Interview-Leitfaden für die Gespräche mit syrischen Unternehmern und Managern

Unternehmen und Entscheidungsträger	**Kooperationen**
• hergestellte Produkte, Produktionsbeginn • Entwicklung, Größe • Gründungshistorie • Ausbildung der Entscheidungsträger • Auslandsaufenthalte • Sprachkenntnisse	• Kooperationen mit deutschen Partnern • Historie, Entwicklung der Kooperation • Erwartungen an Kooperationspartner • Management der Kooperationen (Personen, Ausbildung, Erfahrungen etc.) • Bewertung der Kooperation • positive und negative Erfahrungen • Problemlösungsstrategien
Institutioneller Rahmen	**Institutionelle Einbettung der Kooperationen**
• Bewertung der wirtschaftspolitischen Rahmenbedingungen • Blick auf die jüngsten Liberalisierungsmaßnahmen • Auswirkungen auf Unternehmenskooperationen • Schwierigkeiten und Problembereiche der Kooperationen • notwendige Verbesserungen des institutionellen Umfelds • Bedeutung informeller Institutionen	• Kommunikationskanäle • Kooperationsgestaltung • Vor-/Nachteile verschiedener Gestaltungsformen • institutionelle Problembereiche (Bürokratie, Korruption, Gesetzeslage, Import, Zölle, Steuern, Finanzinfrastruktur)
Außenbeziehungen	**Kulturelle Einbettung der Kooperationen**
• Chancen und Risiken internationaler Kooperationen für syrische Unternehmen • Kontakte zu syrischen Unternehmen und Organisationen • Kontakte zu internationalen Organisationen • Syrien und zunehmender internationaler Wettbewerb	• Erwartungen an deutsche Kooperationspartner • Kultur und Wirtschaft • Unterschiede in Kooperation mit Partnern aus unterschiedlichen Ländern

Methodik und theoretischer Rahmen 63

Um den unweigerlich einfließenden Eurozentrismus zumindest partiell abzuschwächen und eine gewisse ‚Biperspektivität' zu erreichen, wurden in die empirische Arbeit auch syrische Wissenschaftler der Universitäten Aleppo (Dr. Maher Badawi) und Damaskus (Dr. Issam Khoury) so umfassend wie möglich eingebunden. Ihre aktive Teilnahme an den Gesprächen mit syrischen Experten und Unternehmern eröffnete die Möglichkeit, die Aussagen der Gesprächspartner nach dem Ende des Interviews zu diskutieren, unklare Punkte gemeinsam herauszuarbeiten und zu erörtern und damit letztlich den Erkenntnisgewinn zu steigern. Darüber hinaus gaben diese Diskussionen nicht selten den Anstoß für eine verstärkte Selbstreflexion, die zum Teil in der Revidierung vorschneller Ergebnisse mündete, aber auch zur Abschwächung stereotyper, orientalistisch geprägter Vorstellungen beitrug.

Abb. 6:   Als Wohnort akzeptiert! – Damaskus Mohajerin und Aleppiner Neustadt

Fotos: Jürgen Amann

Auch der Forscher selbst war in den Interviews durchaus Gegenstand des Interesses: Neben projektbezogenen Aspekten, wie Zielsetzung und Arbeitsprogramm, standen auch persönliche Belange, zum Beispiel Motivation des Forschers, Familienstand, Wohnort etc. im Zentrum interessierter, teils neugieriger Fragen. Häufiges Thema von Unterhaltungen war auch der persönliche Eindruck des Forschers von Syrien, von syrischen Städten und vom gewählten Wohnort. Dabei bildete das ausgewählte Hotel beziehungsweise das ausgewählte Stadtviertel durchaus einen wichtigen Baustein im Mosaik der Einschätzung durch die häufig sehr standesbewussten syrischen Manager und Unternehmer: Die für die ersten beiden (längeren) Aufenthalte in Damaskus angemietete Wohnung im Stadtteil Mohajerin entpuppte sich diesbezüglich als sehr gute Wahl, zumal das traditionelle Wohnviertel der oberen Mittelschicht, welches unmittelbar an die von reichen Damaszenern bevorzugten Wohngegenden Malki und Abu Rumaneh angrenzt, große Akzeptanz genießt und in den Augen der Gesprächspartner einen adäquaten Wohnort für einen deutschen Wissenschaftler darstellt. Ähnlich verhielt es sich mit dem bei späteren Aufenthalten gewählten Zwei-Sterne-Hotel in der Neustadt in unmittelbarer Nähe zum Stadtzentrum.

Die positive Einschätzung manifestierte sich vor allem in freundlichem Nicken oder sonstigen Gesten des Wohlwollens und durch den anschließenden Wechsel des Gesprächs zu anderen Themenfeldern. Goutiert wurde durchweg auch das an den Tag gelegte Wissen um Geschichte und Sozialstruktur der jeweiligen Stadtteile. Es wurde als deutliches Indiz für die intensive Auseinandersetzung mit dem Forschungsgegenstand und die Ernsthaftigkeit der Arbeit des Forschers gewertet.

Eine diametral andere Erfahrung musste dagegen mit einer im Viertel Bab Antakye, in der traditionellen Altstadt von Aleppo gelegenen Unterkunft gemacht werden. Die Nennung der Adresse und des unbekannten Hotelnamens führten stets zu Diskussionen, in der die genauen Gründe für die Auswahl ausgerechnet jenes kleinen, in den Augen der Gesprächspartner unkomfortablen und absolut unangemessenen Hotels, dargelegt werden mussten. Um diesem Rechtfertigungsdruck und einem eventuellen Leumund als mittelloser Sonderling zu entgehen, einem Ruf, der sich auf den Erfolg der empirischen Arbeit in Aleppo absolut kontraproduktiv ausgewirkt hätte, wurde für den nächsten Aufenthalt ein in der Neustadt gelegenes, mit drei Sternen bewertetes Hotel ausgewählt. Dies entsprach, nach geglückter Modernisierung, mutmaßlich eher dem Gusto der Aleppiner Unternehmerschaft und stellte in ihren Augen ein angemessenes Domizil dar.

Abb. 7:   Als Wohnort inakzeptabel! – Damaszener und Aleppiner Altstadt

Fotos: Jürgen Amann

Ein nicht zu unterschätzender Nebeneffekt: Durch den Wechsel der Unterkünfte kam der Autor auch mit vielen verschiedenen Bevölkerungsschichten und sozialen Rahmenbedingungen in Kontakt – der konsumorientierten Welt der jungen Mittel- und Oberschicht in den Damaszener Vierteln Mohajerin, Malki und Abu Rumaneh mit ihren westlich orientierten Verhaltensmustern; dem geschäftigen Treiben der Damaszener Neustadt geprägt durch die Nähe zu Busbahnhof und Suq Hammidye, durch Menschen aus dem Umland und schiitische Pilger; dem Gegensatz, der sehr traditionellen Welt der Aleppiner Altstadt, in der die Zeit auf den ersten Blick fast stehen geblieben zu sein scheint, auf den zweiten

Blick jedoch auch permanentem sozialen Wandel unterliegt; und zu guter Letzt die Neustadt von Aleppo mit ihren Geschäften und Restaurants, Einkaufs- und Flaniermeile der Aleppiner Mittelschicht. Das genaue Maß des Einflusses der häufigen Unterkunftswechsel auf die Forschungsarbeit kann nur schwer umrissen werden. Als wichtigstes Ergebnis muss aber festgehalten werden, dass es so gelang, ein Gefühl für die Verschiedenartigkeit der syrischen Gesellschaft und ihrer Lebensumstände zu entwickeln. Dies trug dazu bei, Erfahrungen zu sammeln und die soziale Sensibilität zu erhöhen, wie es STRAUSS/CORBIN als zwingende Voraussetzungen für erfolgreiches qualitatives Forschen postulieren [1996, S. 4]. Einen nicht unwesentlichen Nebeneffekt stellte darüber hinaus die auf diese Weise gewonnene Ortskenntnis dar. In den Augen vieler Interviewpartner war derartiges Detailwissen ebenfalls ein Kriterium fachlicher Legitimation und nicht zu unterschätzender Kompetenzfaktor. Darüber hinaus bildete der zwanglose Smalltalk über die jeweilige Stadt, ihre Sehenswürdigkeiten, verschiedene Wohnviertel und deren ethnische und soziale Zusammensetzung eine beliebten Hinführung zum eigentlichen Interview beziehungsweise einen guten Einstieg für ero-epische Gespräche.

1.4.2.3 Ero-epische Gespräche

Beim ero-epischen Gespräch handelt es sich um ein nicht ganz alltägliches Instrument qualitativer Sozialforschung, das besondere Anforderungen in puncto Offenheit an den Forscher stellt. Obwohl es eigentlich eine nahe liegende Möglichkeit bietet, an interessante Informationen zu gelangen, die alternativen, weitreichender strukturierten Instrumenten oftmals nicht zugänglich sind, findet es nur selten Eingang in das Forschungsdesign und den Methodenkanon qualitativer Studien. Das ero-epische Gespräch orientiert sich sehr nah am normalen Alltagsgespräch. Dabei wird die strikte Trennung von Fragesteller und Befragtem so weit wie möglich aufgehoben. Beide bringen sich gleichberechtigt in das Gespräch ein. Beide sind sozusagen „Lernende" [GIRTLER 2001[4], S. 147].

Ein ero-episches Gespräch beginnt entsprechend nicht mit einer Frage, sondern häufig mit einer Erzählung des Forschers über seine Arbeitsweise und seine Interessen. Ziel ist es, beim Gegenüber Interesse zu wecken und ihn zu eigenen Erzählungen zu ermuntern. Fragebogen und Gesprächs-Leitfaden werden nicht eingesetzt, vielmehr nimmt das Gespräch seinen ‚natürlichen' Gang. Das bedeutet nicht, dass Fragen des Forschers nicht zugelassen sind; Nachfragen ist durchaus erlaubt; der Forscher muss sich aber der Situation aussetzen, auch selbst Gegenstand von Fragen zu werden, was ein gewisses Maß an Offenheit verlangt. Die Gegenseitigkeit, das Aufheben der strikten Rollenverteilung von Befrager und Befragtem, von Interviewer und Interviewtem, ist das charakteristische Merkmal des ero-epischen Gesprächs. Der Forscher bringt sich auch selbst ein und setzt den Gesprächspartner nicht allein durch Fragen in „Zugzwang" [GIRTLER 2001[4], S. 147].

Im Idealfall wird der Gesprächspartner in einer angenehmen Gesprächssituation, in der eine gewisse Symmetrie zwischen den Beteiligten gegeben ist, eher bereit sein, Erzählungen und Geschichten zum Besten zu geben, die auch Informationen umfassen, welche im Rahmen der strukturierten Gesprächsführung eines Interviews beziehungsweise eines Fragebogens nicht ans Licht kommen würden. Das bedeutet jedoch nicht, dass der Forscher sein wissenschaftliches Interesse an einer Fragestellung verheimlicht oder gar verleugnet. Es manifestiert sich nur eben nicht in Form gesprächsleitender Fragen. Diese Ausführungen zeigen deutlich, dass Intensität und damit auch Gelingen dieser Gespräche wesentlich von einem Faktor abhängen: Der Fähigkeit des Forschers, Sympathie und Interesse zu erzeugen.

In der Forschungspraxis des vorliegenden Projekts fanden ero-epische Gespräche häufig im Anschluss an das eigentliche Interview, also nach Beendigung der ‚offiziellen' Gesprächssituation statt. Bei einem gemeinsamen Glas Tee wurden Anekdoten und Erlebnisse, aber auch Meinungen und Ansichten geschildert, die über die Informationen, die zuvor gegeben wurden, im Einzelfall deutlich hinausgingen. Hier konnte sogar in manchen Fällen das Tonbandgerät im Einsatz bleiben, ohne die Gesprächsatmosphäre zu stören. Mit einem Verweis auf die Erfahrungen des Autors kann jedoch GIRTLERS pauschaler Forderung nach der Verwendung eines Aufzeichnungsgeräts [2001^4, S. 162 ff.] nicht widerspruchslos zugestimmt werden. Als Beispiel können die Gespräche mit deutschen Managern im Rahmen der Delegationsreisen in Syrien angeführt werden: Hier wurden die Unterhaltungen am Ende der langen Tage der Delegationsreise im Restaurant oder an der Theke der Hotelbar geführt. Gerade die Informalität der Situation, der gemeinsame Konsum von Speisen und Getränken, aber eben vor allem die Abwesenheit von Indizien der Forschungsarbeit (Aufzeichnungsgerät, Notizblock, Leitfaden etc.) führte zu einer lockeren, ungezwungenen Atmosphäre und bildete den idealen Rahmen für interessante, informative Gespräche und auch so manche verbale Offenbarung unterschwelliger Einstellungen und Ressentiments.

Die Auswertung der Gespräche erfolgte im Regelfall dem klassischen Schema: Die Unterhaltungen wurden nach ihrem Ende stichpunktartig festgehalten, in einigen Fällen auch entpersonalisiert, wenn es sich um Aussagen in Gesprächsrunden handelte, die im Nachhinein nicht mehr eindeutig einem Teilnehmer zuzuordnen waren. Im Verlauf der Unterhaltung wurde im Regelfall bewusst auf Notizen verzichtet, um die Gesprächsatmosphäre nicht zu belasten beziehungsweise den Gesprächsinhalt durch die Ablenkung der Aufmerksamkeit zu verändern. In jenen Fällen, in denen das Aufzeichnungsgerät zum Einsatz kam beziehungsweise im Einsatz bleiben konnte, wurde wie bei einem Interview verfahren (Transkription und Postskriptum). Die Informationen, die so gewonnen wurden, leisteten zum einen einen wertvollen Beitrag zur Reflexion der Interviewergebnisse, zum anderen beinhalteten sie auch Informationen aus der unternehmerischen Praxis, die, in derartiger Offenheit, auf anderem Wege wohl kaum zu erlangen gewesen wären.[11]

---

11 So schilderte eine Gesprächspartnerin, tätig im Vertrieb eines mittelständischen deutschen Handelsunternehmens, die Zahlung von Bestechungsgeldern als durchaus gängige Praxis bei der Bewerbung um öffentliche Aufträge im Ausland. Auch die Abwicklung des Zahlungsverkehrs über libanesische Banken (vor allem unter Verwendung dort deponierter Devisenbestände) wurde dem Autor von einigen syrischen Managern erst nach dem Ende des ‚offiziellen' Interviews, nach Abschalten des Aufzeichnungsgeräts erläutert.

1.4.2.4 Teilnehmende unstrukturierte Beobachtung

Die teilnehmende Beobachtung ist eine „Feldstrategie, die gleichzeitig Dokumentenanalyse, Interviews mit Interviewpartnern und Informanten, direkte Teilnahme und Beobachtung sowie Introspektion kombiniert" [DENZIN zit. nach FLICK 2002[6], S. 206]. Wesentliche Kennzeichen sind das Eintauchen des Forschers in das zu untersuchende Feld und seine Beobachtung aus der Perspektive des Teilnehmers. Zu beachten ist dabei stets die gegenseitige Wechselbeziehung zwischen dem Beobachter und dem Beobachteten. Dieser Effekt wurde dem Forscher bei Betriebsbesichtigungen manchmal mehr als deutlich vor Augen geführt: Gespräche der Arbeiter verstummten, vorher noch in rasender Geschwindigkeit ausgeführte Handgriffe bei der Bedienung von Maschinen wurden so verlangsamt, dass der Beobachter die Gelegenheit hatte, auch wirklich jedes Detail im Bewegungsablauf zu erkennen; der Beobachter selbst wurde zum Beobachtungsobjekt; sein Auftreten, seine Kleidung Gegenstand von Unterhaltungen der Arbeiterinnen an den Nähmaschinen.

Die mit Hilfe des Instruments der teilnehmenden Beobachtung gewonnenen Erkenntnisse haben einen großen Beitrag dazu geleistet, Strukturen und Abläufe in syrischen Unternehmen kennen zu lernen und damit auch Hintergrundwissen und Rahmenkenntnisse zu erwerben. Die teilnehmende Beobachtung bietet als einziges methodisches Instrument einen originären Zugang zu den Handlungsweisen der Akteure – auch wenn Bewegungsabläufe in einigen Fällen verlangsamt wurden, so umfassten sie im Prinzip dennoch die selben Handgriffe – und darf deshalb keinesfalls als nachrangig betrachtet werden. Nur die Beobachtung ermöglicht es, herauszufinden, „wie etwas *tatsächlich* funktioniert oder abläuft" [vgl. FLICK 2002[6], S. 152, Hervorhebung im Originaltext]. Interviews und Erzählungen beinhalten stets nur Darstellungen von Handlungsweisen. Sie bilden eine noch zu trennende Mixtur dessen, wie etwas ist und wie es – aus Sicht des Befragten idealisiert – sein sollte [vgl. FLICK 2002[6]; ders. 2000[5]].

In der Literatur wird darüber diskutiert, wie und ab welchem Zeitpunkt ein Forscher zum ‚teilnehmenden Beobachter' wird. Diese Diskussion ist jedoch rein theoretischer Natur, da ein genauer Trennstrich in der Praxis wohl kaum zu ziehen ist, wie GIRTLER [2001[4]] durch seine flexible Verwendung des Begriffs deutlich macht. Für ihn konstituiert sich die ‚Teilnahme' durch den Zugang zur Gruppe über ein Gruppenmitglied sowie die Möglichkeit zur Beobachtung des Handelns der Individuen und der verbalen Kontaktaufnahme. Diese Kriterien wurden im vorliegenden Fall durchweg gewahrt.

Zum einen boten die bereits angesprochenen Unternehmensführungen eine gute Möglichkeit zur Beobachtung syrischer Unternehmenspraxis – sieht man von den oben bereits angesprochenen Einschränkungen ab. Zum anderen ergaben sich im Laufe der Forschungsarbeit auch Gelegenheiten zur Teilnahme an ausgewählten Kooperationsverhandlungen. Sieht man von den wenigen Fällen ab, in denen der Zufall zu Hilfe kam und zum vereinbarten Interviewtermin auch zeitgleich Vertreter deutscher Partnerunternehmen im Unternehmen zugegen waren, boten vor allem die im Rahmen der beiden Delegationsreisen veranstalteten Kooperationsbörsen eine sehr gute Gelegenheit zur teilnehmenden Beobachtung von Kooperationsgesprächen zwischen deutschen und syrischen Unternehmen. Kooperationsbörsen sind häufig ein fester Bestandteil der Reisen von Wirtschaftsdelegationen. Interessierte syrische Unternehmen erhalten so die Möglichkeit, sich vorab ausgewählten deutschen Teilnehmern als potentielle Partner zu präsentieren. Viele Firmenvertreter hatten keine Einwände gegen eine beobachtende Teilnahme des Autors an den Kontaktgesprächen. Selbstverständlich ist davon auszugehen, dass besonders knifflige Fragen ausgeklammert und auf spätere Termine verschoben wurden, so dass er ‚nur' Zeuge der als weniger problematisch betrachteten Gesprächsteile wurde. Dennoch boten auch diese Anlässe die Gelegenheit, zumindest einen Eindruck davon zu gewinnen, wie die Praxis internationaler Geschäftsverhandlungen tatsächlich abläuft.

Dabei ließ sich nicht in jedem Fall eine klare Trennlinie zwischen aktiver und passiver Teilnahme ziehen. Während in einigen Fällen der Forscher allein die Rolle des Betrachters inne hatte und die Einflussnahme auf die Situation eher gering war, erfolgte andererseits auch die Einbeziehung des Beobachters in die Handlungsszenerie. Dies war zum Beispiel dann der Fall, wenn ihm von einem Akteur die Aufgabe eines Übersetzers zugeteilt wurde oder Forscher sowie Forschungsarbeit zum Gegenstand situationsauflockernder Smalltalks avancierten. Auch die Instrumentalisierung zu einem Lieferanten aktueller Informationen über institutionelle Problemfelder beziehungsweise zu einem Experten, der Thesen und Ansichten belegen sollte, leisteten einen Beitrag zur ‚Aktivierung' des Autors. In diesen Fällen wurde der Forscher zum „aktiven" Beobachter [GIRTLER 2001[4], S. 64 f.] und ‚Quasi-Gruppenzugehörigen' oder – im Sinne FLICKS – zum ‚echten' Teilnehmer [2000[5], S. 152].

Die Problematik des Zugangs zur beobachteten Gruppe [vgl. GIRTLER 2001[4]] wurde im Fall der syrischen Unternehmer durch die bereits oben erläuterte Kontaktaufnahme beziehungsweise durch Bezugnahme auf gemeinsame Bekannte entschärft. Im Fall der Delegationsreisen wurden der Autor und das Projekt von der Reiseleitung den Teilnehmern bereits im Vorfeld vorgestellt. Im Verlauf der Reise gelang es dann, zu einzelnen Teilnehmern und Teilnehmerinnen engere, persönlichere Kontakte aufzubauen. Diese persönlichen Kontakte und die gegebenenfalls erzeugte Sympathie ermöglichten dann die Beobachtung der Aktionen sowie die ero-epischen Gespräche in Restaurants und Hotels.

Die Beobachtungen erfolgten stets in natürlichen Situationen. In den jeweiligen Büros und Besprechungszimmern syrischer Unternehmen beziehungsweise den Räumlichkeiten, die die Industrie- und Handelskammern für die Kooperationsbörsen ausgewählt und entsprechend vorbereitet hatten. Die Beobachtung in abgegrenzten Räumlichkeiten mit einer überschaubaren Zahl von Personen impliziert gleichzeitig die Offenheit der Beobachtung, da der Beobachter praktisch unübersehbar anwesend war. Verhaltens- beziehungsweise Beobachtungsprotokolle im eigentlichen Sinne wurden nicht angefertigt, stattdessen wurden für die Forschungsfragestellung relevante Beobachtungen beziehungsweise Besonderheiten in Form von Feldnotizen festgehalten [zu dieser Vorgehensweise siehe auch GIRTLER

2001[4], S. 64 ff.]. Eine Ausnahme stellten hier jene Beobachtungen dar, die vor dem Beginn des eigentlichen Interviews mit syrischen Gesprächspartnern beziehungsweise nach Interviewende durchgeführt wurden. Deren Ergebnisse bildeten einen eigenen Abschnitt des jeweiligen Interview-Postskriptums und konnten auf diese Weise bei den analytischen Arbeiten stets mit den Interviewaussagen kontrastiert beziehungsweise verglichen werden.

1.4.3 Analyse der erhobenen Daten

Die Theorie: Datenanalyse, die Problematik des Vorverständnisses und der hermeneutische Zirkel

Den metatheoretischen Hintergrund für die qualitative Erforschung der deutsch-syrischen Wirtschaftsbeziehungen auf der Ebene der individuellen Akteure soll im vorliegenden Fall die Hermeneutik liefern: Dauerhaft fixierte menschliche Lebensäußerungen werden mit dem Ziel interpretiert, Antworten auf die Fragen nach Auslösern und Motiven einer Person sowie auf zugrunde liegende Gesetzmäßigkeiten menschlicher Handlungen zu erhalten [vgl. SCHLEIERMACHER 1974; LAMNEK 1993a]. Aufgabe des folgenden Kapitels ist es nicht, die grundsätzlichen Implikationen dieser wissenschaftstheoretischen Basis für den Erkenntnishorizont (sozial-)wissenschaftlicher Arbeiten darzustellen. An dieser Stelle sei auf LINDNER verwiesen, der feststellt, dass sich die entsprechenden Kapitel in qualifizierenden Forschungsarbeiten häufig fast auf das Wort gleichen [1999a, S. 44]. Stattdessen wird eine verkürzte Herstellung konkreter Bezüge zur vorliegenden Arbeit im Sinne einer erklärenden Darstellung des Forschungsprozesses geboten.

Im Unterschied zu den Naturwissenschaften sind die Daten des Sozialwissenschaftlers vorinterpretiert. Es handelt sich bei Interview-, aber auch bei Beobachtungsprotokollen, um die Beschreibungen und Analysen von Konstruktionen, auf die sich Planen und Handeln von Gesellschaftsmitgliedern beziehen. Das bedeutet, dass der Sozialwissenschaftler „Konstruktionen von Konstruktionen" [SOEFFNER 2003, S. 167], eben Konstruktionen zweiter Ordnung, produziert. Diese Ausführungen lassen bereits die große Bedeutung des Vorverständnisses erahnen. In der Regel wird Vorverständnis als eine vom Forscher und seinen Gesprächspartnern gemeinsam geteilte intersubjektive Wirklichkeit definiert [LAMNEK 1993a; LINDNER 1999a]. Es bildet die Voraussetzung für Kommunikation und Interaktion im Forschungsprozess. Das Vorverständnis des Autors in vorliegender Arbeit ruht im Wesentlichen auf drei Säulen, von denen zwei bereits in früheren Kapiteln erläutert wurden: Die handlungsleitende Funktion institutioneller Rahmenbedingungen (‚Neue Institutionenökonomik') sowie die Bedeutung kultureller Werte, Normen und Verhaltensweisen für die wirtschaftliche Kooperation zweier fremdkultureller Interaktionspartner (Betrachtungsrichtung der ‚Interkulturellen Kommunikation'). Die dritte Säule besteht aus dem Vorwissen über arabische, speziell die syrische, Gesellschaft(en), ihre

Geschichte, die Mechanismen ihrer nicht zuletzt durch Orientalismus beeinflusste Reproduktion in der westlichen Wissenschaft sowie den institutionellen Wandel Syriens.

Das Vorverständnis manifestiert sich bereits vor den eigentlichen Analysearbeiten im Forschungsdesign. Beispielhaft kann hier auf den Interviewleitfaden verwiesen werden, der, in seiner Ursprungsform, vor dem Beginn der Arbeiten im Feld zu einem großen Teil auf theoretisch fundiertem Vorverständnis beruhte. Das birgt selbstverständlich ein gewisses Risiko, wie BOECKLER zutreffend feststellt, wenn er daran erinnert, dass Stereotypen und Bilder eines abgeschwächten Orientalismus aus mannigfaltigen Gründen nach wie vor (omni-)präsent sind [2004, S. 11 f.]. Ein objektives Verstehen syrischer Unternehmer, politischer Reformen und wirtschaftlicher Liberalisierungsbestrebungen außerhalb dieses Kontexts scheint nicht möglich. Dem entgegnend kann nur auf den praktisch permanenten Reflexionsprozess verwiesen werden, dem Forschungsfragen und -design, aber auch Ansichten und Interpretationen in der vorliegenden Arbeit unterlagen. Befördert wurde dieser Prozess auch durch den häufigen Kontakt zu syrischen Freunden, Bekannten und Wissenschaftlern, der in Verbindung mit der empirischen Arbeit mit Unternehmern und Managern einen wichtigen Anteil daran hatte, das ursprüngliche Vorwissen weiterzuentwickeln. Der permanente Kontakt führte in seiner Konsequenz nicht selten auch zur Loslösung von so manchen Stereotypen und vielleicht auch ‚lieb gewonnenen' Vorurteilen.

Die obigen Ausführungen beschreiben letztlich nichts anderes als die pragmatische Realisierung des ‚hermeneutischen Zirkels' („hermeneutische Spirale" [LAMNEK 1993a, S. 76]). Das Vorverständnis bildet die ursprüngliche Basis für den Forschungsprozess und das Verstehen des Untersuchungsgegenstands, der in Form von Interviewprotokollen, also schriftlich, vorliegt. Dennoch darf es die Interpretation nicht völlig determinieren. Durch das Verstehen des Textes wird das ursprüngliche Vorverständnis erweitert und korrigiert. Das dergestalt modifizierte Vorverständnis führt wiederum zu einem besseren Textverständnis. Das ursprüngliche Textverständnis wird erweitert. Letztlich führt diese spiralförmige Entwicklung in ihrer Konsequenz dazu, dass „der Text schließlich so verstanden wird, wie dies von seinem Produzenten beabsichtigt wurde" [LAMNEK 1993a, S. 75].

LINDNER leitet aus der hermeneutischen Zirkularbewegung zwei Anforderungen an den methodisch-technischen Prozess der Interviewauswertung ab, deren uneingeschränkte Umsetzung er jedoch gleichzeitig als kaum realistisch einstuft [1999a, S. 45 f.]:

1. Der Auswertungsprozess muss durch größtmögliche Offenheit gekennzeichnet sein, so dass eine Modifikation des Vorverständnisses zu jedem Zeitpunkt noch möglich wird. Konkret bedeutet das den spielerischen und explorativen Umgang mit inhaltlichen und sinnbezogenen Zuordnungen von Interviewsequenzen, den ständigen Versuch, Aussagen in den Kontext verschiedener Interviewpassagen zu stellen und die Interpretierbarkeit im Rahmen der jeweiligen Kontexte zu überprüfen.

2. Die Auswertung soll in eine konkretere, detailliertere und facettenreichere [LINDNER 1999a, S. 45] Beschreibung des Untersuchungsgegenstands münden. Dies wird erreicht durch Berücksichtigung des zweiten hermeneutischen Zirkels, der die Beziehung von Einzelelementen und Gesamtheit beschreibt: den Sachverhalt, dass Teilaspekte vom Ganzen her verstanden, korrigiert oder erweitert werden, das Ganze wiederum durch die Teilaspekte [vgl. auch LAMNEK 1993a, S. 76 f.].

Die Praxis: Arbeitsschritte der Analyse

Wie aus den bisherigen Ausführungen hervorgeht, ist es sehr schwierig, exakte Trennlinien zwischen den einzelnen methodischen Instrumenten zu ziehen. Problemzentrierte Interviews wurden zu ero-epischen Gesprächen, die dann aber wiederum unter Umständen in wenigen Minuten mehr Informationen lieferten als das einstündige Interview zuvor. Interviews wurden unterbrochen oder mündeten in eine teilnehmende Beobachtung. Oftmals gingen die eingesetzten Techniken nahtlos ineinander über. Ähnlich verhielt es sich auch mit der Analyse der erhobenen Daten: Einzelne Schritte gingen ineinander über oder beeinflussten sich gegenseitig, waren jedenfalls nicht exakt voneinander abzugrenzen. Wenn nun trotzdem eine derartige Abgrenzung erfolgt, dann allein aus Gründen der Übersichtlichkeit für den Leser.

Die Handlungen der Akteure bilden den Ausgangspunkt für die Untersuchung, welche Einflussfaktoren institutioneller und kultureller Art Auswirkungen auf die Kooperation zwischen deutschen und syrischen Unternehmen haben. Nach einer eingehenden Auseinandersetzung mit Literatur und Statistiken bestand der erste Schritt der Feldarbeit in der telefonischen Befragung deutscher Unternehmen. Bereits an dieser Stelle wurde deutlich, welch hohen Stellenwert das Prinzip der Flexibilität in der qualitativen Sozialforschung besitzt: Aus den ursprünglich intendierten persönlichen Interviews wurden unter dem Druck der Praxis und den bereits oben erläuterten Gründen telefonische Befragungen. Diese Änderung führte zwangsläufig zu einem Strategiewechsel. Die ursprünglich avisierte Tiefe der Befragungen wich einer akzeptablen Breite [FLICK 2002^6, 111]. Um die avisierte Zahl telefonischer Interviews zu realisieren, wurden zusätzlich studentische Hilfskräfte eingesetzt.

Die Auswertung der Telefoninterviews ist als beinahe ‚klassisch' zu bezeichnen: Die handschriftlichen Notizen, angefertigt während des Telefonats, wurden unmittelbar nach Beendigung des Gesprächs zu einem Protokoll ausgearbeitet. Die Protokolle wiederum wurden in einzelne Themenbereiche (strukturelle Informationen zum Unternehmen und zur Kooperation, persönliche Erfahrungen, institutionelle Rahmenbedingungen etc.) untergliedert. Hinweise auf den Einfluss von Institutionen und kulturelle oder als kulturell empfundene Differenzen auf die Kooperation bildeten die Ausgangsbasis für die spätere Formulierung von Arbeitshypothesen.

Ausgehend von den Erkenntnissen aus den Telefoninterviews wurde mit der Feldarbeit in Syrien begonnen. Die Auswertungspraxis unterschied sich dort jedoch deutlich von der oben geschilderten: Zunächst wurden in einem ersten Schritt die Tonbandaufzeichnungen transkribiert. In jenen Fällen, wo nur auf Gesprächsnotizen zurückgegriffen werden konnte, bildeten diese die Grundlage für ein im Anschluss an das jeweilige Interview angefertigtes Gedächtnisprotokoll. In einem weiteren Schritt erfolgte die thematische Untergliederung der Interviewprotokolle, in diesem Fall jedoch bereits akzentuierter mit Blick auf die Problemkreise institutioneller Rahmenbedingungen und kultureller Differenzen.

Wenn man so will, kann man mit BOECKLER die Praxis der Auswertung retrospektiv mit Blick auf den jeweiligen Zeitraum, in dem sie stattfanden, in zwei Phasen unterteilen [2004]: Eine Phase parallel zur jeweiligen Interviewserie verlaufender Auswertungen und eine anschließende Phase der eigentlichen Interpretation nach dem Abschluss aller Interviews.

Die Transkription bei einigen ‚Schlüsselinterviews' sowie deren erste kritische Durchsicht fand noch vor Ort während der Forschungsarbeit statt. Die weitaus größere Zahl der Interviews wurde erst nach Abschluss des jeweiligen Feldaufenthalts ausgewertet, jedoch im Regelfall noch vor Beginn der nächsten Feldphase in Syrien. Die erhaltenen ersten Ergebnisse flossen wiederum in die Arbeiten der folgenden Interviews ein und strukturierten an diesem Punkt die späteren Auswertungskategorien vor, so dass sich ganz im Sinne der hermeneutischen Spirale [LAMNEK 1993a] das jeweilige Vorverständnis im Laufe der Forschungsarbeit ständig weiterentwickelte. Eng damit verbunden entwickelte sich parallel dazu selbstverständlich auch die Praxis der Forschungsarbeit im Feld weiter. Beide Entwicklungsprozesse führten zu einer zunehmenden Annäherung an den eigentlichen Forschungsgegenstand.

Das Ende der empirischen Arbeiten in Syrien bildete gleichzeitig den Auftakt für die zweite Phase der Auswertungsarbeiten, die Interpretation. Alle Interviews lagen nun in protokollierter Form in mehrere hundert Seiten starken Ordnern vor, wurden gelesen und mit Anmerkungen versehen. Letztere wurden im Verbund mit den spezifischen theoretischen Interessen zu Auswertungskategorien verdichtet. Die Interviews wurden analog zu den Auswertungskategorien in Themenblöcke zusammengefasst, ohne sie jedoch aus dem Gesamtkontext des Interviews herauszulösen. Besonders auffällige Aussagen des Gesprächspartners wurden den jeweiligen Zusammenfassungen im Wortlaut zur Seite gestellt. Selbstverständlich wurden auch die Auswertungskategorien permanent modifiziert. In einem weiteren Schritt wurden die Destillate der einzelnen Themenblöcke erst jetzt aus dem Interviewkontext gelöst und ihrerseits interviewübergreifend mit jenen anderer Interviews kontrastiert. Die vorher beibehaltenen Aussagen wurden nun zu Belegstellen, versehen mit einem Code, der die nachträgliche Zuordnung zum Originalinterview jederzeit erlaubt.

In einem letzten Schritt erfolgte die abschließenden Interpretation des thematisch geordneten und zusammengefassten Materials. Das erforderte nicht selten noch einmal den Rückgriff auf die Originaltexte und das jeweilige Postskriptum. Retrospektiv lässt sich festhalten, dass die Arbeiten der Auswertung und Interpretation den Zeitumfang der Vorbereitung und Realisierung der Interviews weit überschritten. In die Interpretation flossen nun auch die Ergebnisse der teilnehmenden Beobachtung sowie der ero-epischen Gespräche mit ein.

1.5   Über kleine begriffliche Unschärfen

Am Ende der theoretischen Hinführung zum Sujet, soll abschließend kurz auf einige eher unscharf gebrauchte Begriffe hingewiesen werden:

Unternehmer. In der folgenden Arbeit wird häufig von deutschen und syrischen *Unternehmern* die Rede sein. Dabei werden viele Unterschiede, wie Branche, die Einbindung in familiäre Kontexte, Betriebsgrößen, ob es sich um den Begründer des Betriebs oder ein Mitglied des Managements handelt etc., nicht weiter beachtet. Analytisch eventuell ein wenig unsauber, gilt das Interesse der vorliegenden Arbeit den Akteuren der Kooperationen und den von ihnen angeführten Problemkreisen. Vor diesem Hintergrund scheint diese Unschärfe entschuldbar.

Kooperationen. Ebenso häufig wie der Begriff ‚Unternehmer' wird von ‚Kooperationen' die Rede sein. Dabei wird der Begriff bewusst sehr weit gefasst: In Anlehnung an den u. a. von ForArea verwendeten Kooperationsbegriff werden mit ihm folgende Aspekte assoziiert [vgl. auch SCHERLE 2004, PERLITZ 2002, KÖHLER 1998 und SELL 1994]:

- eine zwischenbetriebliche Zusammenarbeit

- Freiwilligkeit der Zusammenarbeit vor dem Hintergrund einer weitgehenden wirtschaftlichen und rechtlichen Selbstständigkeit der Kooperationspartner

- explizite Vereinbarung der Kooperation

- ex-ante Koordination im Sinne einer wechselseitigen Abstimmung und Anpassung der gemeinsamen Aktivitäten

- eine zumindest kurzfristig konzipierte Zusammenarbeit

Der Aspekt einer gemeinsamen Zielsetzung, weiterer Bestandteil der Begriffskonzeption von ForArea, wurde bewusst ausgeklammert, da asymmetrische Zielsetzungen bereits einen Problemkreis der Zusammenarbeit zwischen deutschen und syrischen Untenehmen darstellen (vgl. Kapitel 3.1.2) und somit Teil des Erkenntnisinteresses der Arbeit sind.

Bei der Zusammenarbeit von deutschen und syrischen Unternehmen handelt es sich um grenzüberschreitende Kooperationen, die in der Literatur als internationale Kooperationen und häufig auch als interkulturelle oder bilaterale Kooperationen bezeichnet werden. Die Internationalität der Kooperationen liegt zum einen in den unterschiedlichen Standorten der Partner begründet, von denen aus operiert wird, zum anderen dass die Produkte in verschiedenen nationalen beziehungsweise internationalen Märkten abgesetzt werden [vgl. HEMM/DIESCH 1992]. Die Formen der Kooperation sind in der Theorie äußerst vielfältig. Mit Blick auf die Ausprägung der deutsch-syrischen Zusammenarbeit verkleinert sich jedoch das Spektrum schlagartig: Die dominierende Form stellen Handelsbeziehungen dar. Produktionslizenzen, Auftragsproduktionen, sind wie Joint Ventures oder die gemeinsame Gründung/Nutzung von Produktionsstätten eher selten anzutreffende Formen der Kooperation. Eine betriebswirtschaftlich enge Begriffsdefinition würde zwar Handelsbeziehungen unter Umständen nicht unter Kooperationsformen einordnen, dennoch sollen sie im Rahmen der vorliegenden Arbeit als wichtigste Form deutsch-syrischer Wirtschaftskontakte Berücksichtigung erfahren.

Verallgemeinerungen. Die vorliegende Studie nähert sich den deutsch-syrischen Unternehmenskooperationen auf der Ebene der individuellen Akteure. Dabei kommt das Instrumentarium der qualitativen Sozialforschung (Leitfaden-Interviews, Expertengespräche, ero-epische Gespräche, Beobachtungen) zum Einsatz. Daraus resultiert in einigen Bereichen eine begrenzte Reichweite beziehungsweise Übertragbarkeit der Ergebnisse. Während die institutionellen Defizite wohl alle deutsch-syrischen Unternehmenskooperationen, wenngleich auch in unterschiedlichem Maß, betreffen, bilden die dargestellten, als kulturell bedingt betrachteten Problembereiche jene Konflikte ab, die von den befragten Unternehmen (auf deutscher Seite 87, auf syrischer 63) genannt wurden. Es gab innerhalb der jeweiligen Unternehmerschaft teils starke Abweichungen in der Relevanz der genannten Hemmnisse, so dass bei einer Ausweitung der betrachteten Kooperationsmenge wohl auch von einer Verbreiterung des Relevanzspektrums ausgegangen werden kann. Wenn auch die genaue Einschätzung der ‚Problemwirkung' stark individuell gestaltet ist und von Akteur zu Akteur abweicht, so kann aber aufgrund der Häufigkeit der Nennungen in den Interviews trotzdem von einer grundsätzlich vorhandenen Grundbedeutung aller genannten Aspekte ausgegangen werden. Von der Verallgemeinerung von Aussagen und deren Übertragung auf alle deutschen beziehungsweise syrischen Unternehmen muss dennoch abgeraten werden. So wurden in den Interviews von deutscher Seite häufig die Langwierigkeit und empfundene Unstrukturiertheit der Verhandlungsführung (potentieller) syrischer Geschäftspartner als Kooperationsproblem angeführt. „Und dann wollen die ja immer über private Dinge reden", war eine des Öfteren angeführte Klage. Man sollte sich davor hüten, dies auf alle syrischen Unternehmer zu übertragen. Zu breit ist das Spektrum, zu individuell sind die Charaktere, als dass sich eine derartige Aussage mit den Ergebnissen der vorliegenden Arbeit begründen ließe.

2 Unternehmerische Tätigkeit und wirtschaftliche Entwicklung unter wechselnden Rahmenbedingungen

Institutioneller Wandel, insbesondere der Wandel informeller Institutionen, ist ein Prozess, der keinen Anfang und kein Ende aufweist. Er kann nicht bei Null beginnen, sondern wirkt stets ausgehend von einem bereits existierenden Institutionenbestand. Dieser Bestand stellt den Handlungsrahmen für die Individuen dar und wirkt auf diese Weise auf den weiteren Verlauf des institutionellen Wandels, die institutionelle Entwicklung, zurück. NORTH bezeichnet dies als „Verlaufsabhängigkeit" des institutionellen Wandels [1992, S. 87 ff.] und betont in diesem Zusammenhang vor allem auch die Rolle informeller Institutionen – jener Kodizes, Werte- und Normensysteme, die zwar nicht formal fixiert sind, aber dennoch eine sehr hohe Persistenz aufweisen, wie er anhand einiger Beispiele eindrucksvoll nachweist [vgl. NORTH 1992, S. 43 ff.].

Vor dem Hintergrund dieser Ausführungen wird Zweierlei offensichtlich:

1. Das institutionelle Umfeld der Vergangenheit bildet einen immanenten Bestandteil des institutionellen Rahmens der Gegenwart. Die prägenden Leitlinien der institutionellen Entwicklung der Vergangenheit sind zum einen direkt im institutionellen Setting der Gegenwart erkennbar, zum anderen wird auch stets der künftige Entwicklungsprozess durch die in der Vergangenheit eingeschlagene Entwicklungsrichtung mitbeeinflusst. Das bedeutet im Klartext: Für eine institutionenorientierte Analyse deutsch-syrischer Unternehmenskooperationen und der Rolle interkultureller Differenzen sind die Charakteristika der institutionellen Entwicklung vergangener Jahrzehnte interessant und wichtig.

2. Institutioneller Wandel kann niemals völlig diskontinuierlich verlaufen. Es ist zwar möglich, formale Institutionen praktisch von heute auf morgen auszutauschen. Dies geschah in Syrien zum Beispiel im Zuge der Machtübernahme durch die Baath-Partei 1963. Aber aufgrund der Persistenz informeller Institutionen bleibt immer auch ein Teil des ‚alten' institutionellen Umfelds erhalten. Eine wichtige, nicht zu unterschätzende Rolle spielt jedoch die Signalwirkung, die von plötzlichen, einschneidenden formalinstitutionellen Veränderungen ausgeht.

Ziel des *ersten Teils* des folgenden Kapitels 2.1 ist es, die prägenden Motive hinter dem verfolgten Institutionenwandel als übergreifende Leitlinien, sozusagen als ‚Logik' der institutionellen Entwicklung, herauszuarbeiten. Diese Logik mündet in den gegenwärtigen wirtschaftlichen Rahmenbedingungen. Vor dem Hintergrund des im theoretischen Teil der Arbeit angeführten Postulats der handlungsleitenden Funktion des institutionellen Rahmens ist anzunehmen, dass sich die Leitlinien der Entwicklung letztlich auch in den Handlungen und Vorgehensweisen wirtschaftlicher Akteure widerspiegeln. Im *zweiten Teil* des Kapitels werden die konkreten Auswirkungen dieser formalinstitutionellen Entwicklungslogik für die unternehmerische Tätigkeit im Land aufgezeigt. Syrische Unternehmer waren in den vergangenen Jahrzehnten nicht nur häufig gezwungen, ihre Aktivitäten den sich ändernden Rahmenbedingungen anzupassen, sie haben dies auch vielfach erfolgreich praktiziert. Wie sehen diese Anpassungen aus und welche Besonderheiten in den Handlungsweisen haben syrische Unternehmen dabei entwickelt?

Kapitel 2.2 bietet anschließend einen kurzen Überblick über die wirtschaftliche Entwicklung Syriens in den vergangenen Jahrzehnten und bildet damit die Ouvertüre für Teil 3 der Arbeit, der sich intensiv mit deutsch-syrischen Unternehmenskooperationen und den bestehenden Problemkreisen auseinandersetzt.

2.1 Leitlinien der institutionellen Entwicklung und daraus resultierende Besonderheiten für unternehmerisches Handeln in Syrien

Die letzten französischen Truppen verlassen Syrien am 17. April 1946. Das Land erreicht endgültig die Unabhängigkeit von der Mandatsmacht Frankreich. Das noch von der französischen Mandatsregierung eingesetzte demokratische System erweist sich jedoch bereits in den ersten Jahren als innenpolitisch wenig stabil. Militärische Machthaber und Zivilregierungen wechseln sich bis 1963 beständig ab. Trotz aller innenpolitischen Instabilitäten agieren syrische Händler und Unternehmer in den 1950er Jahren innerhalb des institutionellen Rahmens des verfolgten Laissez-faire-Kapitalismus äußerst effizient und erfolgreich. Eine Schlüsselrolle besitzt der Agrarsektor: Die Weltmarktpreise für Getreide sind hoch und führen zu hohen Gewinnen für syrische Kaufleute und Unternehmer. Die Gewinne wiederum werden zum Teil in die landwirtschaftliche Erschließung der nordöstlichen Steppengebiete, also im Agrarsektor, reinvestiert. Zu einem guten Teil fließen sie jedoch auch in den Aufbau von Industriebetrieben, nicht selten in den Bereich der Nahrungsmittelverarbeitung. Die Ausweitung der landwirtschaftlichen Produktion und die beschriebenen Ansätze einer nationalen Industrialisierung bescheren der syrischen Wirtschaft enorme Wachstumsraten [KOSZINOWSKI 1987, S. 389 f.]. Entgegen späterer Diskreditierung verdankt das Land diesen Aufschwung in aller erster Linie der Risikofreude und dem unternehmerischen Talent innerhalb der syrischen Gesellschaft – oder wie WIRTH es beschreibt: „der *Privatinitiative* und dem *Unternehmungsgeist einheimischer Staatsbürger und einheimischen Kapitals*". [1971, S. 11; Hervorhebungen im Original].

Doch das syrische „Wirtschaftswunder" [WIRTH 1971, S. 11] hat auch Schattenseiten: Die sozialen Disparitäten innerhalb der syrischen Gesellschaft verstärken sich mehr und mehr; die Schere zwischen Arm und Reich öffnet sich. Die zunehmende Mechanisierung der Landwirtschaft führt zu einer Konzentration des Grundbesitzes und trägt zu einer Verschärfung der Konfliktsituation zwischen absentistischen Großgrundbesitzern und ländlichen Pachtbauern bei. Viele Klein- und Kleinstbauern werden faktisch enteignet und zusammen mit Anteilspächtern *peu à peu* zu Tagelöhnern und lohnabhängigen Beschäftigten [HINNEBUSCH 2001, S. 27; BOECKLER 2004, S. 163]. Die zunehmenden sozialen Gegensätze in den Städten führen nicht mehr ‚nur' zu regelmäßigen Streiks, sondern zu handfesten Auseinandersetzungen [PERTHES 1990, S. 53].

Die instabile Situation stellt rückblickend einen der mitverantwortlichen Faktoren für die 1958 durch den Zusammenschluss mit Ägypten ins Leben gerufene ‚Vereinigte Arabische Republik' (VAR) dar. Die folgenden Jahre und der populär-sozialistische Kurs unter der Ägide von Gamal Abdel-Nasser bedeuten eine tiefe Zäsur in der institutionellen Entwicklung Syriens. Der abrupte Wandel führt in seiner Konsequenz zu ersten massiven Einschränkungen des Handlungsspielraums syrischer Unternehmer seit der Unabhängigkeit. Beispielhaft kann an dieser Stelle auf die 1958 initiierte Agrarreform verwiesen werden. WIRTH sieht den Auftakt einer „Periode politischer und wirtschaftlicher Instabilität" [1971, S. 13] gekommen.

1961, drei Jahre später, beendet die Trennung beider Staaten das missglückte Experiment VAR. Politische Krisen und kleinere Revolutionen, oder besser Putsche und Putschversuche, lösen einander in den nächsten Jahren ab. Jeder dieser Militärputsche oder der zeitweise Wechsel zu Zivilregierungen bringt eine Änderung der offiziellen Wirtschaftspolitik und ein Mehr an staatlichem Interventionismus mit sich. Charakterisierte man die institutionelle Entwicklung der Jahre 1958 bis 1963 mit wenigen Worten, so wären Sprunghaftigkeit und Konzeptlosigkeit wohl die am häufigsten gebrauchten Attribute: Die Kontinuität im Wandel des formalinstitutionellen Umfelds geht weitgehend verloren, wie am oben angeführten Beispiel der Agrarreform leicht nachvollzogen werden kann. Trotzdem schaffen es syrische Unternehmer noch längere Zeit, den Widrigkeiten zum Trotz relativ effektiv und erfolgreich zu agieren [WIRTH 1971, S. 14]. Die Bedeutung informeller Institutionen für individuellen ökonomischen Erfolg nimmt kontinuierlich zu. Im selben Ausmaß wachsen auch die Diskrepanzen zwischen formalen und informellen Institutionen in der Folgezeit beständig.

1963 erobert die Baath-Partei in einem unblutigen Putsch mit Unterstützung des Militärs die Schaltzentralen der syrischen Macht. Die ideologische Neuausrichtung, die unter dem Banner von Einheit, Freiheit und Sozialismus (Baathismus) zur Nationalisierung von Banken, Versicherungen und Industriebetrieben führt, beendet endgültig die Phase des Wirtschaftsliberalismus. Die „revolution from above" [HINNEBUSCH 2001] betreibt neben dem radikalen Wechsel von Wirtschaftsordnung und Wirtschaftsstruktur des Landes auch die bewusste Auswechslung der politischen Eliten. Bis zur Machtübernahme der Baath-Partei liegt die politische Macht in Händen der „nationalen Bourgeoisie", bestehend aus Angehörigen der städtischen sunnitischen Oberschicht, die sich im Wesentlichen aus Großgrundbesitzern, Händlern und Handwerkern sowie Unternehmern zusammensetzt [PERTHES 1992, S. 207]. An ihre Stelle treten nun vor allem Mitglieder ländlicher Bevölkerungsgruppen sowie die Angehörigen der in den 1950er Jahren entstandenen Mittelschicht. Trotz aller Bestrebungen wird es auch in den Folgejahren nach 1963 nicht gelingen, für innenpolitische Stabilität zu sorgen. Flügelkämpfe zwischen rivalisierenden Machtzirkeln innerhalb der Partei sorgen immer wieder für Unruhe.

Erst Hafez al-Asad schafft es, im Zuge seiner Machtübernahme 1970 und der initiierten „Korrekturbewegung" (*infitah*), der Partei ein enges, auf seine Person zugeschnittenes Machtkorsett anzulegen. Dies wird nicht nur für innenpolitische Stabilität sorgen, sondern die folgenden dreißig Jahre seiner Regierungszeit und über seinen Tod hinaus Bestand haben.

Rückblickend stellt die 1970 initiierte *infitah* eine (erste) Phase der ökonomischen (Wieder-)Beteiligung der Privatwirtschaft in der Ära Asad dar. Privatwirtschaftlichen Akteuren wird – allerdings zum Preis einer rigiden Kontrolle aller Aktivitäten – die (Wieder-)Beteiligung am Wirtschaftsprozess ermöglicht. Die Kontrolle äußert sich in erster Linie in der selektiven Definition von Aktionsräumen. Privates Kapital soll in den Sektoren Handel, Dienstleistungen, Baugewerbe und Leichtindustrie konzentriert werden [BOECKLER 2004, S. 171 f.; BOECKLER/HOPFINGER 1996, S. 298 f.]. Parallel zur Öffnung der Wirtschaft für den Privatsektor werden auch die bestehenden Importrestriktionen gelockert. Ausgewählte lizenzierte Importeure erhalten die Möglichkeit, entsprechend eines Quotensystems zuvor verbotene Güter zu importieren. Der partielle Charakter der Zugeständnisse und auch die bewusste Reduktion und Konzentration auf als wenig produktiv eingeschätzte Wirtschaftsbereiche machen deutlich, dass der private Sektor vonseiten der Machthaber als nachrangig betrachtet wird. Ihm fällt lediglich die Rolle des ergänzenden Elements zu. Die Führungsrolle im ökonomischen Entwicklungskonzept ist den Unternehmen des staatlichen (öffentlichen) Sektors zugedacht.

Neben der Stimulation der einheimischen Unternehmerschaft sind auch und gerade Auslandssyrer und Investoren aus den Nachbarländern Ziel des Maßnahmenkatalogs der *infitah*. Mit Hilfe von gelockerten Devisenbestimmungen, einer schrittweisen Öffnung des Grundstücksmarktes sowie einer Reihe von Investitionsincentives soll ausländisches, in erster Linie arabisches, Kapital ins Land geholt werden. Flankierende Maßnahmen, wie zum Beispiel der Beitritt Syriens zur Arabischen Investment Versicherungs-Organisation und die Ratifizierung des Arabischen Abkommens zur Förderung und zum Schutz inter-arabischer Kapitalinvestments, sollen ebenfalls dazu beitragen, die Attraktivität des Landes als Investitionsstandort zu steigern. Doch trotz der vordergründigen Bemühungen um ausländisches Kapital erstellt die syrische Regierung einen Kriterienkatalog, den jedes potentielle Investitionsprojekt erfüllen muss. In Verbindung mit dem finalen Entscheidungsrecht über jedes einzelne Investitionsprojekt, dies behält sich das Regime vor, wird schnell klar: Das Augenmerk liegt auf der Realisierung handverlesener, als opportun eingeschätzter Projekte. Ausländische Privatinvestitionen auf breiter Front sind hingegen nicht wirklich intendiert [PERTHES 1994, S. 45 f.].

Infolge der *infitah* boomt die syrische Wirtschaft in den 1970er Jahren. Doch der fast zehn Jahre lang anhaltende Wachstumsprozess, kommt zu Beginn der 1980er Jahre sukzessive zum Erliegen. 1986 schließlich erreicht die Krise ihren Kulminationspunkt: Die syrische Wirtschaft muss erstmals in der Ära Asad ein Negativwachstum verzeichnen. Das Bruttosozialprodukt schrumpft um 5 %, während zeitgleich die Währungsreserven Syriens einen „alarmierenden Tiefstand" – BOECKLER/HOPFINGER sprechen von nur mehr 357 Mio. USD – erreichen [1996, S. 299].

> **Übersicht 2: Die Wirtschaftskrise der 1980er Jahre und ihre Ursachen**
>
> Auf dem Höhepunkt der Krise (1986) beauftragt die syrische Regierung eine Gruppe internationaler Consultants unter der Leitung von Nabil SUKKAR mit der Analyse der Krisenursachen. Die Beratergruppe identifiziert sieben maßgebliche Fehlentwicklungen [1994, S. 28 ff.]:
>
> - Die Entwicklungsstrategie der Importsubstitution hat eine starke Nachfrage nach Kapital und Rohstoffimporten generiert, so dass die im Land erwirtschafteten Devisen gerade noch für 50 % der Einfuhren ausreichen.
>
> - Staatliche Einnahmen decken die staatlichen Ausgaben nur zu knapp zwei Dritteln. Der Rest wird mit Hilfe ausländischer Quellen und Krediten der Zentralbank (über das ‚Anwerfen der Notenpresse') finanziert.
>
> - Öffentliche Schulden und Geldmenge wachsen schneller als das BIP.
>
> - Rund 90 % des BIP werden vom Staat und den privaten Haushalten verkonsumiert. Finanziert wird der überbordende Konsum durch das überbewertete syrische Pfund und staatlich fixierte Preise.
>
> - Betriebe des öffentlichen Sektors weisen eklatante Effizienzdefizite auf (siehe hierzu auch die Ausführungen zum *public sector problem* in Kapitel 3.2.2.3): Sie sind schlichtweg nicht in der Lage, die für Investitionen notwendigen Mittel selbst zu erwirtschaften und hängen so am Tropf staatlicher Kassen. Ursächlich für die wirtschaftliche Ineffizienz sind der strikte Zentralismus, dem sie unterliegen, das nicht selten überforderte Management, die geringe Produktivität und der zunehmende Kostendruck. Erschwerend kommt eine staatliche Politik hinzu, die den Betrieben des öffentlichen Sektors auch soziale Aufgaben zuschreibt: Langfristige Preisfestsetzungen und aufoktroyierte Beschäftigungspolitik stehen dem wirtschaftlichem Erfolg geradezu diametral entgegen.
>
> - Banken und fiskalische Institutionen finanzieren Defizite anstatt Druck in Richtung einer Sanierung maroder Betriebe auszuüben.
>
> - Das System staatlicher Preisfestsetzung liefert sowohl für die Wirtschaftssubjekte als auch die Märkte falsche Signale: Durch die Fixierung ihrer Koordinationsfunktion zwischen Angebot und Nachfrage beraubt, führen die staatlich festgesetzten Preise zur ineffizienten Fehlallokation von Ressourcen.

Als Masterplan zur Bekämpfung der Krise wird ein Regierungsprogramm entworfen, welches auf drei Säulen [SUKKAR 1996, S. 147 ff.] fußt: So soll eine neuerliche *(1)* (kurzfristige) *Stimulation privaten Kapitals* erfolgen. Um die Investitionsunfähigkeit des öffentlichen

Sektors zu kompensieren werden private Investoren motiviert ihre Investitionstätigkeiten zu intensivieren. Das in Übersicht 3 beschriebene Gesetz Nr. 10/1986 für die Landwirtschaft kann in diesem Kontext als Beispiel angeführt werden. Zur Unterstützung dieses Zwischenziels erfolgt *(2)* auch die *Verbesserung der makroökonomischen Rahmenbedingungen*. Hier bilden staatliche Austerität zum Ausgleich des wachsenden Budgetdefizits und Devisengenerierung die Leitlinien der diesbezüglichen Reformen. Zu guter Letzt erkennt man auf Regierungsseite an, dass eine *(3) Abkehr von der Entwicklungsleitlinie ‚Importsubstitution'* dringend geboten ist, zumal das Scheitern dieser Strategie zum desaströsen *Status quo* beigetragen hatte. Trotz der Initiierung partiell ansetzender institutioneller Reformen bleiben wesentliche Punkte im Maßnahmenkatalog des Kriseninterventionsteams um Sukkar [vgl. 1994, 1996] unbeachtet: Die Forderung nach einer Aufgabe der zentralen Planung bleibt unbeachtet, ebenso wie jene nach einer Förderung des Wettbewerbs zwischen öffentlichem und privatem Sektor. Umfangreiche Restrukturierungen der Wirtschaft bleiben aus.

Übersicht 3: Kurzfristige Stimulation privaten Kapitals vor dem Hintergrund fehlender öffentlicher Mittel – Das Gesetz Nr. 10/1986 für die Landwirtschaft

In den Kontext einer kurzfristigen Aktivierung privaten Kapitals vor dem Hintergrund knapper öffentlicher Mittel kann auch die Verabschiedung von Gesetz Nr. 10 für die Landwirtschaft im Jahr 1986 eingeordnet werden: Bis Ende der 1970er Jahre hat sich der Agrarsektor vor allem Dank der verbesserten Anbaumethoden und großer Investitionen in Bewässerungsprojekte (z. B. Euphratstaudamm) sehr prosperierend entwickelt. Anfang der 1980er Jahre beginnt jedoch eine Phase der Stagnation, die sich zwischen 1982 und 1985 zu einem bedrohlichen Produktionsrückgang ausweitet. Die Hauptursachen hierfür: sinkende staatliche Investitionen in die Landwirtschaft, da ab Mitte der 1970er Jahre die Industrie absolute Priorität genießt; die hinter den Erwartungen zurückbleibende Ausweitung der landwirtschaftlichen Nutzfläche im Rahmen des Euphratprojekts; die weitgehende Ablehnung der staatlichen Anbauplanung und Vertriebsorganisation durch die Bauern sowie die suboptimale Effizienz der Staatsfarmen [vgl. BOECKLER/HOPFINGER 1996, S. 300 f.]. Da sich die syrische Regierung angesichts der gespannten Haushaltslage außerstande sieht, die notwendigen Investitionen in die Agrarwirtschaft zu tätigen, wird der Spielraum für privates Kapital erweitert. Die Resonanz ist jedoch längst nicht so positiv, wie erhofft: Der ökonomische Erfolg der aktiven Agro-Unternehmen des gemischten Sektors ist zwar vordergründig gigantisch, er beruht jedoch in den meisten Fällen auf der großen unternehmerischen Kreativität syrischer Investoren: Ausländische Landmaschinen werden importiert und im Land weitervertrieben – das Gesetz sieht ausschließlich die Eigennutzung dieser Maschinen vor; landwirtschaftliche Erzeugnisse anderer Produzenten werden aufgekauft und als Eigenproduktion deklariert ins Ausland exportiert – es ist ausschließlich der Export der Eigenproduktion vorgesehen. Lizenzen, die die Einfuhr von Maschinen und Anlagen erlauben, werden selbst Gegenstand von Handel und Spekulation. Ein Teil des vorher deklarierten Grundkapitals wird nicht in den Betrieb investiert, sondern in ausländische Geldanlagen

> [BOECKLER/HOPFINGER 1996, S. 300 f.]. Infolge sind innovative agrarwirtschaftliche Strategien eher selten anzutreffen und die wenigen, die es tatsächlich mit Landwirtschaft versuchen, scheitern häufig bereits kurz nach ihrer Startphase [vgl. HOPFINGER 1996, S. 170 ff.]. Die ursprünglich intendierte Modernisierung der Landwirtschaft mit Hilfe privaten Kapitals findet somit – wenn überhaupt – nur partiell statt. Die Handlungen der Akteure konzentrieren sich vielfach mehr auf die Identifizierung und Ausnutzung von Lücken in den Vorschriften beziehungsweise die sukzessive individuelle Ausweitung entstehender formal-institutioneller Grauzonen. Beides wird erst durch die strikten institutionellen Einschränkungen möglich, denen die anderen Agrarbetriebe nach wie vor unterliegen.

Trotz der zum Teil widersprüchlichen und von Reversibilität gekennzeichneten institutionellen Reformen nimmt der Beitrag des privaten Sektors zum BIP infolge des Maßnahmenkatalogs bis 1990 auf 55 % zu. Syrische Unternehmer finden und schaffen ihre Lücken im defizitären Wirtschaftsumfeld. Sie stellen ihren Mut zu unternehmerischem Risiko eindrucksvoll unter Beweis.

1991 verabschiedet die syrische Regierung das Gesetz Nr. 10/1991 zur Förderung von Investitionen. Dieses Gesetz stellt bis heute einen Meilenstein im institutionellen Entwicklungsprozess Syriens dar. BOECKLER sieht mit der Gesetzesnovelle eine neue dritte Phase der Liberalisierung [2004, S. 174] initiiert. Volker PERTHES spricht von einem „qualitative change", den die syrische Wirtschaftspolitik mit diesem Gesetz erlebt [1994, S. 60]. Ziel des Gesetzes ist es, die syrischen Exporte zu steigern und über Kapital und Technologieakkumulation ein möglichst hohes Wirtschafts- und Beschäftigungswachstum zu erreichen [BOECKLER/HOPFINGER 1996, S. 306 f.].

> **Übersicht 4: Das Gesetz Nr. 10/1991 zur Förderung von Investitionen**
>
> In- und ausländische Investoren, die bereit sind, mindestens 10 Mio. SYP (rund 240.000 USD nach offiziellem Kurs) zu investieren, können entsprechend dem Gesetz Nr. 10/1991 zur Förderung von Investitionen, eine Reihe von Privilegien für ihr Projekt in Anspruch nehmen [BOECKLER/HOPFINGER 1996, S. 305 f.]:
>
> - *Steuerbefreiungen:* Fünf Jahre lang sind Gewinne, Dividenden und Betriebsgrundstücke von Steuern befreit. Handelt es sich bei dem Unternehmen um ein Joint Venture mit staatlicher Beteiligung oder werden mehr als 50 % der Produktion exportiert, verlängert sich die Steuerbefreiung um weitere zwei auf sieben Jahre.
>
> - *Importerleichterungen:* Unternehmen, die im Rahmen der Vorschriften von Gesetz Nr. 10 gegründet werden, können notwendige Produktionsmittel ohne Beschränkungen ins Land importieren. Hierunter fallen Kapitalgüter, wie Maschinen, sonstige technische Ausstattungen und Transportfahrzeuge; Umlaufkapital, wie Rohstoffe und sonstiges

Produktionszubehör sowie Personenkraftwagen. Man hat aus den Fehlern des fünf Jahre älteren Gesetz Nr. 10/1986 also nichts gelernt: Gerade im zuletzt angeführten Bereich des Imports von Personenkraftwagen wird später das Kerngeschäft von nicht wenigen der Neugründungen liegen.

- *Kapitalverkehr:* Bestehende Beschränkungen für den Devisenverkehr finden für die unter dem Investitionsgesetz Nr. 10 gegründeten Unternehmen nicht oder nur in abgeschwächter Form Anwendung. Damit erfährt der Kapitaltransfer für ‚Nr. 10/1991-Investoren' verglichen mit dem bis dato herrschenden *Status quo* eine wesentliche Erleichterung. Gleichzeitig gilt es aus Sicht der syrischen Regierung jedoch, möglichen Missbrauch auszuschließen. Ausländischen Investoren ist es erlaubt, sowohl das eingesetzte Kapital als auch die erzielten Gewinne zu retransferieren.

- *Produktionsbedingungen:* Die neu gegründeten Unternehmen unterliegen keiner Produktionsplanung. Ihre Preisgestaltung ist frei, sie hat sich lediglich „im Rahmen des Üblichen zu bewegen" [BOECKLER/ HOPFINGER 1996, S. 306].

Jedes geplante Nr. 10/1991-Investitionsprojekt unterliegt zunächst einer Genehmigungspflicht. Ein eigens aus Fachministern zusammengesetzter *Higher Council of Investment (HCI)* unter Vorsitz des Premierministers entscheidet über die Erteilung der Genehmigung. Die Entscheidung fußt dabei auf einer Reihe von Aspekten, wie beispielsweise den zu erwartenden Beiträgen zu Volkseinkommen und Export, der Arbeitsmarktwirksamkeit und der zum Einsatz kommenden Technologie [PERTHES 1994, S. 60 f.].

Als ausführendes Organ ist dem Investitionsrat ein zentrales Investitionsbüro unterstellt, welches jeden Projektantrag individuell überprüft, zur Vorlage beim HCI vorbereitet und schließlich gegebenenfalls den Implementierungsprozess kontrollierend begleitet. Neben den oben ausgeführten Entscheidungsfaktoren besitzt die jeweilige Wirtschaftlichkeits- und Machbarkeitsstudie, die jeder Investor für sein Projekt beim zuständigen Fachministerium einzureichen hat, eine Schlüsselrolle. Um die zeitliche Dauer des Genehmigungsverfahrens auf ein vertretbares Maß zu begrenzen, ist jedes Fachministerium aufgefordert, innerhalb einer Frist von dreißig Tagen dem Investitionsbüro eine Stellungnahme vorzulegen. Das Investitionsbüro leitet die Stellungnahme an den HCI weiter, der wiederum seinerseits angewiesen ist, innerhalb von dreißig Tagen über das Projekt zu entscheiden. Erhält der Investor für seine Pläne grünes Licht vom HCI, können alle weiteren Maßnahmen auf der regionalen Ebene über die Provinzdirektorate der jeweiligen Ministerien abgewickelt werden. So sieht es der Gesetzesentwurf jedenfalls theoretisch vor. Indes treten in der Praxis des Hindernislaufs durch die bürokratischen Instanzen häufig Schwierigkeiten auf: Lokale Behörden können und wollen entgegen ihrer diesbezüglich geltenden gesetzlichen Verpflichtung notwendige Versorgungsleistungen nicht erbringen. Für Investoren sind deshalb in den meisten Fällen weitere Fahrten nach Damaskus „an der Tagesordnung", wie BOECKLER/HOPFINGER feststellen. [1996, S. 306].

Das eigentliche Novum, das dieses Gesetz zum Ausdruck bringt, liegt sicherlich weniger in Art und Ausprägung der Investitionsanreize selbst (Steuerbefreiungen, Importerleichterungen und weitreichende Freiheiten im Kapitalverkehr; zusätzlich unterliegen Nr. 10/1991-Unternehmen nicht der ansonsten gültigen Produktionsplanung), diese hatte es in vergleichbarer Weise bereits bei früheren Gesetzen (z. B. Gesetz Nr. 10/1986 für die Landwirtschaft) gegeben, sondern vielmehr im Weg der Irreversibilität, den die syrische Regierung mit Verabschiedung dieses Gesetzes betritt und in der Zielgruppendefinition dieser Neuregelung. Gesetz Nr. 10 richtet sich in seiner Anfangsphase zunächst an ausländische, vor allem arabische Investoren und die kapitalkräftige Gemeinschaft der Auslandssyrer. Erst nach massiven regimeinternen Diskussionen wird der Gültigkeitsbereich des Gesetzes auch auf Inlandssyrer ausgedehnt, ohne jedoch den ursprünglichen Gedanken der Akquise ausländischer Direktinvestitionen aufzugeben [BOECKLER 1996, S. 33]. Das Gesetz soll, als Schritt in die Zukunft, den Grundstein für die Schaffung eines Investitionsklimas bilden, welches auch im internationalen Standortwettbewerb bestehen kann. Dies wird noch deutlicher, bezieht man die nahezu zeitgleich verabschiedeten flankierenden Maßnahmen in die Betrachtung mit ein: Diesmal ist im Gegensatz zu früheren Maßnahmen keine Koinzidenz von Öffnung und forcierter Kontrolle festzustellen [BOECKLER 2004, S. 174]. Stattdessen erfolgen weitere formalinstitutionelle Reformmaßnahmen, die als längst überfällig eingestuft werden müssen. So wird als wichtigstes Beispiel ein neues Steuergesetz installiert, welches den Spitzensatz für die Besteuerung von Unternehmensgewinnen auf rund 60 % senkt. Nach der vorher gültigen Gesetzeslage konnten Unternehmensgewinne mit Sätzen von mehr als 90 % besteuert werden [PERTHES 1994, S. 60]. Kritisch anzumerken ist aus heutiger Sicht, dass auch durch Gesetz Nr. 10/1991 und die flankierenden Modifikationen der bestehende institutionelle Rahmen lediglich ergänzt wird. Eine tatsächliche Entwicklung im Sinne einer Revision und effizienzsteigernden Neugestaltung findet nicht statt.

Mitte der 1990er Jahre ist die Krise überwunden: Die Geschäfte sind gefüllt, es gibt keinen Mangel an Waren des Grundbedarfs – anders als noch knapp zehn Jahre zuvor. Hochwertige Konsumgüter werden nicht ausschließlich in ausgewählten Geschäften der Hauptstadt Damaskus verkauft, sondern sind vielfach auch in anderen Städten des Landes zu erhalten. Eine Stimmung der Euphorie und des wirtschaftlichen Aufbruchs scheint Syrien erfasst zu haben. Diese schlägt sich auch im Bild der großen Städte nieder, wie BOECKLER eindrucksvoll beschreibt: „[…] keine Ausfallstraße aus Aleppo oder Damaskus, entlang der nicht neue Industriekomplexe hochgezogen werden" [1996, S. 31 f.]. Die syrische Unternehmerschaft scheint stärker als je zuvor von Geschäftigkeit und Dynamik ergriffen zu sein, was sich auch in konkreten Zahlen manifestiert: So belaufen sich die privaten Investitionen gemessen als Beitrag zum syrischen BIP 1995 auf mehr als 27 % [SUKKAR 2001, S. 1].

Für die syrischen Unternehmer und Investoren scheint die Fortsetzung des *infitah*-Prozesses bereits beschlossene Sache und man philosophiert allenthalben über vermeintlich weitere, konkrete Pläne, die sich bereits in den Schubläden des Regimes befinden sollen [siehe z. B. SUKKAR 1994, PERTHES 1994]: So stehen, glaubt man der Gerüchteküche dieser Tage, unter anderem die Eröffnung einer Börse und die freie Konvertierbarkeit des syrischen Pfunds unmittelbar bevor. Zusätzlich gilt Gesetz Nr. 24/1986, welches nach wie vor illegale Devisentransaktionen mit drakonischen Strafen bedroht, in den Augen vieler als so gut wie aufgehoben. Letzteres schwebt, obwohl vonseiten der Behörden schon seit längerer Zeit nicht mehr strikt umgesetzt, nach wie vor einem Damoklesschwert gleich über den Köpfen privatwirtschaftlicher Akteure. Der Bankensektor gerät überdies ebenfalls immer wieder ins Zentrum der Spekulationen. Die Eröffnung privater Banken scheint in dieser Zeit bestenfalls noch eine Frage von Monaten [PERTHES 1994, S. 63]. In der Tat werden all diese Themen in syrischen Regierungskreisen intensiv diskutiert und es erfolgt wohl in einigen Fällen auch tatsächlich bereits die Formulierung konkreter Gesetzesentwürfe. Trotzdem: Bis zum Jahr 2000 folgen mit Ausnahme einiger ‚kosmetischer Korrekturen'[12] – entgegen der weit verbreiteten hohen Erwartungen – keine wirklichen Reformschritte mehr [BOECKLER 2004, S. 175].

Abb. 8: Prozentualer Anteil der Investitionen am syrischen BIP (1995 – 2000)

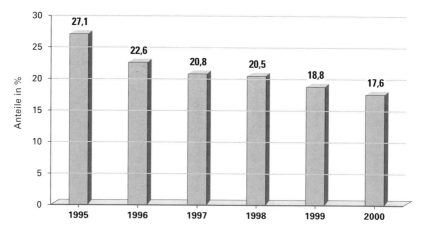

Quelle: Entwurf Jürgen Amann nach SUKKAR [2001]/ Graphische Darstellung Alexandra Kaiser.

---

12 Unter die Rubrik ‚kosmetischer Korrekturen' fallen zum Beispiel weitere Abwertungen des syrischen Pfunds, Kürzungen bei Subventionen und Transferleistungen sowie Erleichterungen im Umgang mit Devisen. Diese Maßnahmen zielen zwar in die richtige Richtung, induzieren also, dass die syrische Regierung die Probleme der Wirtschaft durchaus kennt, sind jedoch in ihrer Intensität längst nicht ausreichend, um die bestehenden Probleme tatsächlich zu beseitigen. Hinzu kommt auch eine halbherzige Vorgehensweise, wie beispielsweise die Reduktion staatlicher Transferleistungen deutlich macht: Zwar werden diese reduziert, im gleichen Zug werden jedoch die Löhne und Gehälter im öffentlichen Sektor angehoben. Unter sozialen und politischen Gesichtspunkten ist dieser Schritt durchaus verständlich. Aus wirtschaftlicher Sicht entpuppen sich derartige Maßnahmenkombinationen jedoch als höchst zweifelhaft: Ohne zugrunde liegenden Produktivitätszuwachs zehren die induzierten Preissteigerungen das Mehreinkommen innerhalb kürzester Zeit wieder auf. Darüber hinaus wird die intendierte Entlastung des Staatsbudgets nicht erreicht. Es erfolgt lediglich eine Änderung der Auszahlungszuständigkeit.

Das Gesetz Nr. 10/1991, von vielen als Beginn einer tiefgreifenden Transformation der syrischen Wirtschaft betrachtet, scheint nun plötzlich den vorläufigen Schlusspunkt einer kurzen Reformperiode zu markieren. Sukkar bezeichnet später die 1990er Jahre als „verlorenes Jahrzehnt für Syriens Reform" [2001, S. 5]. Auch Perthes sieht sich gezwungen, seine frühere Einschätzung zu revidieren. Anders als Sukkar sieht er jedoch die Ursachen des Stillstands weniger in internen Faktoren oder der verbesserten Devisenversorgung begründet, sondern zieht vielmehr externe Ursachen in Betracht: „Es ist auffallend, dass das Jahr 1991, in dem der Reformprozess zum Stillstand kam, gleichzeitig den Beginn des Friedensprozesses von Madrid markierte" [2001, S. 11]. Der Einfluss, den die außenpolitische Dauerkrise mit Israel, Kriegszustand und israelische Besetzung syrischen Territoriums auf die Arbeit des syrischen Regimes und die Entwicklung der syrischen Gesellschaft ausübte und noch ausübt, ist sicherlich nicht zu unterschätzen oder gar abzustreiten. Aber als alleinige Erklärung für die Stagnation des Reformprozesses kann dieser Erklärungsansatz – ebenso sicher – nicht herhalten, wie auch Perthes im weiteren Verlauf seiner Arbeit selbst einräumt [2001, S. 11 ff.].

Die zusätzlichen, dringend notwendigen institutionellen Modifikationen bleiben also aus. Sukkar stellt eine Verbindung zwischen wirtschaftlichem Druck und Reformmaßnahmen der Regierung her. Er geht von einem Zusammenhang zwischen ökonomischer Krise und institutionellem Wandel aus. Im Umkehrschluss kann damit für Syrien der sinkende ökonomische Druck und damit auch der abnehmende Druck auf die Machthaber in Damaskus als Ursache für den Reformstillstand angenommen werden. Durch den Export hochwertigen Erdöls aus den neu in Betrieb genommenen Ölfeldern bei Deir ez-Zor können verstärkt Devisen generiert werden, die für die „Wiederbelebung" des öffentlichen Sektors Verwendung finden [2001, S. 2]. Neben der Abschwächung des Drucks verleitet die neue Situation dazu, die Dringlichkeit weiterer Reformen zu verkennen. Syrische Unternehmer werden aus ihrer Euphorie gerissen und auf den harten Boden der Tatsachen zurückgeholt. Als Reaktion sinkt der Anteil von Investitionen gemessen am BIP bis 2000 kontinuierlich auf 17,6 % ab (vgl. Abbildung 8) [Sukkar 2001, S. 1].

> **Übersicht 5: ‚Reformstillstand' und mögliche Erklärungsansätze**
>
> Boeckler diskutiert in seiner Arbeit verschiedene weitere Ansätze, die als Erklärung für das Ausbleiben von Reformen dienen könnten [2004, S. 176 ff.]. Dabei greift er auch die oben angeführte Argumentation von Sukkar auf, in dem er aus einer „neoliberal konfigurierten rententheoretischen Perspektive" die Verbesserung der ökonomischen Situation infolge wieder zunehmender Rentenzuflüsse in den 1990er Jahren als für den Reformstillstand verantwortlich in Betracht zieht. Die eigentlichen Ursachen der Krise werden durch die Abschwächung der Symptome kaschiert. Dieser Ansatz kann durchaus als Erklärung für den Reformstillstand bis Mitte der 1990er Jahre dienen, da sich bis dato die makroökonomische Situation weitgehend entspannt hatte. Jedoch hätte dieser Logik zufolge spätestens in der zweiten Hälfte der 1990er Jahre der Reformkurs wieder aufgenommen werden müssen, da sich zu diesem Zeitpunkt bereits die Anzeichen für eine neuerliche Wirtschaftskrise mehrten, wie auch Boeckler selbst erkennt [2004, S. 177 ff.].

Eine weitere, vor allem aus institutionenorientierter Perspektive äußerst plausible Begründung für den Reformstillstand bieten die bereits erwähnten Boeckler, Perthes sowie Heydemann: Sie verweisen auf die „Kooptation der Privatwirtschaft" [z. B. BOECKLER 2004, S. 180], die private Akteure davon abhält, mitgestaltend auf den Entwicklungsprozess des formalinstitutionellen Umfelds einzuwirken. Dem Asad-Regime ist in diesem Zusammenhang durchaus eine äußerst geschickte Vorgehensweise zu konstatieren. Es gelingt dem ‚Fuchs von Damaskus' im Verlauf seiner Herrschaftszeit, Teile der Unternehmerschaft direkt durch staatlich garantierte „Quasi-Monopole" [BOECKLER 2004, S. 181] in das System Asad einzubinden. Protegiert durch staatliche Vorschriften, die Wettbewerb verhindern oder zumindest abschwächen (wie z. B. in der Bekleidungsindustrie), ausgestattet mit Importmonopolen, Agenturlizenzen oder ähnlichem zeigen viele Unternehmer wenig Interesse an einer Veränderung des *Status quo*.

Neben jenen Unternehmern, die direkt vom Regime profitieren, wird lange Zeit auch jener Teil der Unternehmerschaft, der durchaus an institutionellen Veränderungen interessiert ist, an der Geltendmachung seiner Einflussmöglichkeiten gehindert. So haben Unternehmer zwar beschränkte Artikulationsmöglichkeiten, zum Beispiel durch gewählte Repräsentanten im Parlament. Gleichzeitig verstehen es die syrischen Machthaber, Interessensvertretungen in das System zu integrieren, wie das nachfolgende Beispiel exemplarisch zeigt, und auf diese Weise ebenfalls eine tatsächliche Einflussnahme auf die institutionelle Entwicklung zu verhindern. Organisationen im Sinne wirtschaftsnaher Lobbygruppen können auf diese Weise nicht die ihnen zukommende eminent wichtige Rolle im institutionellen Entwicklungsprozess [vgl. NORTH 1988, 1992] ausüben. Es kann festgehalten werden, dass von weiten Teilen der syrischen business community kein weitreichender Reformdruck ausgeht [BOECKLER 2004, S. 180 f.].

„We tried to have a pharmaceutical manufacturers association here, which is just normal, I mean there are fifty companies here. So it seems like we definitely should have a lobby here, like all associations in fact it should influence internal regulations and it is again an example of the problem here: We were not allowed to have one – you know – by the government and at the end they gave us a sort of a picture of one, which is like a department of the Ministry of Health, which is supposed to be the party against. You know they are on the one side and we are one the other but they made us part of the Ministry of Health and it is called Scientific Council or something *(auflachen)*. You know, I mean, why can't we have our own association, so that we can exchange ideas, exchange the common data, do some self regulation – you know – where useful. So there isn't any – well I don't know – a big lack of institutions of any sort private or government." (Naji)

Interview A2-2sy

Einzelne Industrielle und Geschäftsleute bilden eine Ausnahme. Sie kritisieren offen die bestehenden infrastrukturellen und wirtschaftspolitischen Restriktionen. Doch auch sie lehnen eine weitergehende Liberalisierung, die in ihrer Konsequenz auch dazu führen würde, die syrische Industrie der Konkurrenzsituation des Weltmarktes auszusetzen, ab. Unter ihnen hat sich die Ansicht durchgesetzt, dass der Reformprozess vorsichtig und Schritt für Schritt weitergeführt werden sollte. In den Interviews wird als Beispiel für die Ablehnung rascher und weitreichender Reformmaßnahmen zumeist Russland und die dort zu beobachtenden negativen Begleiterscheinungen eines abrupten Systemwandels ins Feld geführt.

Hicham, der Eigentümer und Geschäftsführer eines Unternehmens aus dem Pharmabereich antwortet auf die Frage, welche Maßnahmen die syrische Regierung ergreifen sollte, um für eine spürbare Verbesserung der Rahmenbedingungen für den privaten Sektor zu sorgen.

„I don't know exactly, but I think more opening of the markets. It could be that this is the new direction or the new aim of the economic policy, to open more and more. You see, I think they are doing it right, step-by-step, because they are afraid: If they open the country completely, some difficulties, some troubles might occur, look at the former Soviet Union. And therefore they would like to make it step-by-step …" (Hicham)

Interview O1-2sy

Walid hat in Stuttgart studiert und vertritt heute einen deutschen Hersteller für Hydraulikkomponenten in Syrien. Sein für Damaszener Verhältnisse äußerst nüchtern eingerichtetes Büro unweit der Victoria-Brücke im Zentrum von Damaskus weist als einzigen erkennbaren Dekorationsgegenstand den an der Wand hinter seinem Schreibtisch hängenden Kalender eines Zuffenhausener Sportwagenherstellers auf. Aus seiner Verbundenheit zu Deutschland macht er während des Gesprächs keinen Hehl. Mit breitem schwäbischen Akzent verteidigt er die langsame Geschwindigkeit des Reformkurses:

„[…] und ein bissle diese freie Marktwirtschaft. Ein kleines bissle. Wir wollen nicht wie in Russland einfach die Tür aufmachen und dann geht alles bergrunter. Wir machen ein Stückerle die Tür auf, aber wir könnten dieses Stückerle ein bissle breiter machen, nur ein kleines bissle breiter." (Walid)

Interview B2-2sy

Auch bei *Atieh*, syrischer Vertreter der Produkte aus der Life-Science-Division eines deutschen Großkonzerns, sieht den Weg langsamer Reformen als notwendig zur Vermeidung von Anpassungshärten. Angesprochen auf die schleppende Umsetzung der bereits vor Jahren beschlossenen Pläne zur Wiedereröffnung einer Damaszener Wertpapierbörse meint er:

„A stock exchange is also very necessary and they will do it, but it needs some time, you know, because the people here, they lived for forty years under a socialist system. Before that, Syria was very active and well known for commerce and trade, but during the last forty years the people depend on the government. This is the point! So now, it will come back to the private sector … and a stock exchange … it needs some time, we cannot jump! Take a look what happened in the former Soviet Union, the crises."

> JMA: "So you think reform-measures always should be implemented step-by-step."
>
> "Yes ... safe for the Syrian economy." (Atieh)
>
> Interview N1-2sy

Ein Teil der Unternehmerschaft wäre also durchaus an einer Fortsetzung des Reformkurses interessiert, ist aber – nicht zuletzt aufgrund der diesbezüglich mangelhaften Effektivität ihrer Organisationen – nicht in der Lage, Einfluss auf den institutionellen Entwicklungsprozess auszuüben und eigene Vorstellungen innerhalb des Regimes durchsetzen zu können [BOECKLER 2004, S. 180 f.].

Eine weitere mögliche Erklärung für den Reformstillstand bietet eine gesellschaftspolitische Betrachtung, wie sie zum Beispiel Raymond HINNEBUSCH durchführt. Er sieht die Wirtschaftspolitik der 1990er Jahre als Resultat einer Auseinandersetzung zwischen „bourgeoise" und „bureaucracy" [1997, S. 249], also als Ergebnis eines regimeinternen Klassenkampfes zwischen den kapitalistisch orientierten Vertretern einer privatwirtschaftlichen Oberschicht und einer etatistischen Staatsklasse, Repräsentanten der Landbevölkerung und der urbanen Mittelschicht [BOECKLER 2004, S. 181]. Die Ansicht eines regimeinternen Richtungsstreits teilt auch PERTHES. Weniger begriffsdogmatisch und mehr die tatsächlichen Verhältnisse in Syrien aufgreifend, erkennt er eine Auseinandersetzung zwischen „Reformern" und „Korrektionisten", wie er die Vertreter der ‚reinen Lehre' in Anlehnung an Asads Korrekturbewegung bezeichnet [2002, S. 210 ff.].

Aus einem stärker wirtschaftswissenschaftlich akzentuierten Verständnis heraus kann die beschriebene Auseinandersetzung als Konflikt zwischen potentiellen Gewinnern und Verlierern eines fortgesetzten Reformprozesses interpretiert werden. So setzt sich die Gruppe der Reformer aus jenen zusammen, die auch unter den veränderten institutionellen Rahmenbedingungen einer privatwirtschaftlichen Ökonomie einen sicheren Platz behalten werden, da sie entweder bereits eigene Standbeine im privaten Sektor aufgebaut haben oder über Kompetenzen verfügen, die auch unter veränderten Rahmenbedingungen ein Leben in Wohlstand ermöglichen. Unter dem Banner der „Korrektionisten" hingegen sammeln sich all jene, die eine relative Verschlechterung ihrer persönlichen Situation befürchten müssen. Ihre soziale Basis findet sich im öffentlichen Sektor, in der Regierungsbürokratie, bei der Partei und im Sicherheitsapparat, aber auch bei der „intellektuellen Bürokratie", Schriftstellern, Journalisten und Professoren, deren exponierte gesellschaftliche Stellung in nicht unwesentlichem Maße auf das Regime zurückgeführt werden kann [PERTHES 2002b, S. 211]. Diese Gruppe meldete sich bereits bei der Verabschiedung von Gesetz Nr. 10/1991 erstmals kritisch zu Wort und verlieh ihren Befürchtungen von einer Abkehr des Staates von seinen festgelegten (sozialistischen) Grundsätzen öffentlichen Ausdruck [HEYDEMANN 1992, S. 21].

Vor dem Hintergrund der unterstellten regimeinternen Auseinandersetzung gewinnt die ökonomische Situation des Landes eine Schlüsselrolle bei der Erklärung des Reformstillstands: So ist anzunehmen, dass vor dem Hintergrund wirtschaftlicher Zwänge im Rahmen

> einer Rezession sich eher die „Reformer" durchsetzen können, was im umgekehrten Fall eines Wirtschaftsbooms wohl für die Gruppe der „Korrektionisten" gelten dürfte. Basierend auf dieser Erklärungslogik kann das Ausbleiben weiterer Reformen als Patt-Situation zwischen beiden Lagern vor dem Hintergrund einer als indifferent wahrgenommenen wirtschaftlichen Situation erklärt werden, die von keiner der beiden Gruppen als Möglichkeit zur Ausweitung des eigenen Einflusses genutzt werden kann [BOECKLER 2004, S. 182].
>
> Abschließend bietet BOECKLER noch einen weiteren, äußerst interessanten Erklärungsansatz, in dessen Mittelpunkt die Person Hafez al-Asad selbst steht [2004, S. 182 f.]. Zum einen beansprucht sicherlich der fortschreitende Friedensprozess zu Beginn der 1990er Jahre die Kapazitäten des Präsidenten [vgl. PERTHES 2001, S. 11 ff.]. Darüber hinaus ist es jedoch auch äußerst wahrscheinlich, dass sich – wie BOECKLER schreibt – Hafez al-Asad „seiner eigenen Endlichkeit zunehmend bewusst" wird [2004, S. 183]. Die Regelung seiner Nachfolge, damit in erster Linie die Sicherung der Regierungsübernahme durch seinen jüngeren Sohn Bashar, erfordert zunehmend seine volle Aufmerksamkeit. Ein weiteres Aufbrechen des klientelistischen *Status quo* oder gar eine „weitreichende Reorganisation der Gesellschaft", die eine Stärkung der Privatwirtschaft zulasten der alten Basis des Regimes bedeutet hätte, wird so schlichtweg aus polittaktischen Gründen unmöglich. Wie auch immer die Fakten interpretiert werden, es ist von beiden Standpunkten aus nicht die Zeit für weitreichende Liberalisierungen [vgl. BOECKLER 2004, S. 183].

Erst der Präsidentenwechsel im Jahr 2000 bringt neue Impulse und eine Wiederbelebung des Reformkurses mit sich. Der neue Präsident Bashar al-Asad scheint die Zeichen der Zeit erkannt zu haben. Er antizipiert die zunehmende Einbindung Syriens in eine offenere regionale Arbeitsteilung. Neben dem ‚Barcelona-Prozess' spielt in seinen Überlegungen auch Israel eine wichtige Rolle: Ein mittelfristig notwendiger Friedensschluss mit Israel wird nicht allein die militärische Situation verändern, „sondern mit der Herausbildung neuer regionaler Wettbewerbsstrukturen einhergehen" [PERTHES 2002b, S. 199]. Um in diesem Wettbewerb bestehen zu können, braucht Syrien dringend eine Reform seiner institutionellen und wirtschaftlichen Basis [PERTHES 2002b, S. 199 ff.]. Wachstum und Arbeitsplätze können dauerhaft nur durch die Fortsetzung des institutionellen Reformkurses und eine noch stärkere Förderung des privaten Sektors geschaffen werden. Vor dem Hintergrund dieser Erkenntnisse erlebt der formalinstitutionelle Rahmen der syrischen Wirtschaft nach Jahren des Stillstands und der Stagnation einen Entwicklungsschub. Der Handlungsspielraum für syrische Unternehmer wird erweitert und ausgewählte institutionelle Problembereiche rücken ins Zentrum der Aktivitäten. Nach vierzig Jahren werden erstmals wieder private Banken zugelassen. Das Investitionsgesetz Nr. 10/1991 erfährt Nachbesserungen, das Wechselkurssystem wird vereinfacht und die Kommunikationsstruktur ausgebaut; weitere konkrete Reformen des formalinstitutionellen Umfelds beinhalten die Vereinfachung der Außenhandelsbestimmungen (z. B. für den Import von Personenkraftwagen), den Abbau von Zöllen und die Vereinfachung von Zollbestimmungen. Darüber hinaus wird damit begonnen, die immensen bürokratischen Hürden für potentielle Investoren abzubauen. So erfolgt beispielsweise die Legalisierung von Devisenbesitz und die Öffnung von bislang allein staatlichen Aktivitäten vorbehaltenen Wirtschaftsbereichen (z. B. Bergbau).

Zusätzlich wird die Miet- und Pachtgesetzgebung im Immobilienbereich einer Reform unterzogen. Im Bildungsbereich bemerkenswert ist die Zulassung privater Schulen und Universitäten, das Bildungsmonopol der Baath-Partei wird damit aufgegeben [BANK/BECKER 2004, S. 6 f.; HOPFINGER 2002, S. 8]. Der staatliche Sektor selbst steht indes allen ökonomischen Fakten zum Trotz nicht zur Disposition. Wohl kreisen die Diskussionen um die Privatisierung staatlicher Betriebe; diese steht aber nach wie vor aus politischen Erwägungen nicht auf der Agenda des Präsidenten [BANK/BECKER 2004, S. 6 f.]. Bei der Bevölkerung finden vor allem die Einführung von Mobilfunk sowie die Zulassung und Förderung des Internets starken Anklang. Derartige Ansätze untermauern den Bashar al-Asad vorauseilenden Ruf des Modernisierers [siehe u. a. AMANN 2000].

Übersicht 6: Vom Frühling und anderen Damaszener Jahreszeiten

Trotz der „quasi-dynastischen Nachfolge" [BANK/BECKER 2004, S. 4] und der damit verbundenen Konstanz des Asad-Clans an der Führungsspitze bedeutet der Machtwechsel eine Zäsur für Syrien. In seiner Antrittsrede erklärt Bashar seine Absicht, das Land auf allen Ebenen zu reformieren, spricht vom Respekt gegenüber der Meinung des anderen und von demokratischen Reformen. Die Intellektuellen des Landes sowie einige Angehörige der Unternehmerschaft fühlen sich ermutigt, aktiv an der Gestaltung der Zukunft mitzuwirken und kommen der vermeintlichen Aufforderung nur zu gern nach [BECKER 2004, S. 10]. Innerhalb der Bevölkerung keimt große Hoffnung im Hinblick auf die beschleunigte Fortsetzung der wirtschaftlichen Reformen, aber auch und gerade im Hinblick auf politische Liberalisierungen. Überall im Land entstehen nach „langen Jahren des erzwungenen Schweigens" [HOPFINGER 2002, S. 6] so genannte *diwaniyias*, politische Salons, in denen die institutionellen, politischen und sozialen Problembereiche des Landes offen diskutiert werden [NZZ 2004]. Wenige Jahre zuvor unter der Ägide von Hafez al-Asad wären derartige Diskussionszirkel noch völlig undenkbar gewesen [BOECKLER 2004, S. 160].

In der syrischen Hauptstadt scheint der „Damaszener Frühling" [vgl. BECKER 2004, S. 10 ff.; CAHEN 2002; PERTHES 2002b, S. 203 ff.] angebrochen. Doch die Hoffnungen auf eine tiefgreifende politische Liberalisierung finden ein schnelles Ende, der „Frühling von Damaskus" [GERLACH 2003] währt nur kurz: Bereits ein Jahr später, 2001, wird das Forum eines oppositionellen Parlamentsabgeordneten verboten, zehn Verfechter demokratischer Reformen werden verhaftet und 2002 zu Haftstrafen zwischen zwei und zehn Jahren verurteilt [CAHEN 2002]. Der Frühling war aber keineswegs überraschend in einen „kalten Herbst" [PERTHES 2002b, S. 210] umgeschlagen. Bereits Anfang 2001 wird mehr und mehr klar, dass sich Teile der Regierungsführung gegen den Öffnungskurs stellen. Bashar fühlt sich von den Forderungen nach raschen und umgreifenden politischen Reformen in seinen eigenen Plänen für die weitere Entwicklung Syriens gestört. Zudem gerät er zunehmend unter den Druck eines Teils der Geheimdienste und der militärischen Führung. Bashar macht deut-

> lich, dass auch unter seiner Ägide nach wie vor Tabus (,red tape') existieren, an denen nicht
> gerüttelt werden darf [PERTHES 2002b, S. 210 ff.]. Die Alleinherrschaft der Baath-Partei ist
> ebenso wie die Vormachtstellung der Asad-Familie und ihrer Vertrauten unantastbar. Es
> bietet sich also bereits nach kurzer Zeit ein sehr zwiespältiges Bild: Die Bevölkerung und
> auch große Teile der syrischen Unternehmerschaft setzen große Hoffnungen auf den neuen
> Präsidenten und es gibt zunächst auch durchaus Signale, die diese Hoffnungen nähren.
> Beispielhaft kann hier die Entlassung politischer Gefangener aus den Gefängnissen sowie
> die Einschränkung von Übergriffen staatlicher Machtorgane angeführt werden. Gleichzeitig
> existieren jedoch nach wie vor Unterdrückung, Folter sowie Ausnahmerecht; ,echte' institu-
> tionelle Reformen lassen weiter auf sich warten [vgl. HOPFINGER 2002, S. 6].

Im Sommer 2003 werden die drakonischen Strafen für den Devisenschwarzmarkt vom syrischen Präsidenten außer Kraft gesetzt. Weitere Reformen zeichnen sich zwar ab, eine Welle von Liberalisierungen scheint „anzurollen" [NZZ 2004], wie die Neue Zürcher Zeitung optimistisch konstatiert, konkrete Maßnahmen werden jedoch zunächst nicht ergriffen.

Stattdessen bedeuten der Einmarsch der alliierten Truppen im Irak und die unverhohlenen Drohungen der USA an die Adresse von Präsident Bashar und seine Regierung für die Wirtschaftsbeziehungen zwischen Syrien und seinem östlichen Nachbarn, aber auch für den institutionellen Reformprozess im Land selbst, das vorläufige Ende. Verstärkt wird die Drohkulisse durch einen von den USA geduldeten Militärschlag der israelischen Luftwaffe gegen eine vermeintliche Militärbasis nahe Damaskus und die Verabschiedung amerikanischer Wirtschaftssanktionen gegen Syrien.

Das Regime in Damaskus scheint unter diesem Druck zunächst „wie gelähmt" [NZZ 2004]. Der Zustand der ‚Angststarre' hält jedoch nicht lange an. So werden im November 2003 lange erwartete Steuerreformen durchgeführt, die die Spitzensätze bei der Besteuerung von Unternehmen und deren Gewinnen, aber auch individueller Einkommen deutlich nach unten korrigieren. Darüber hinaus wird das Assoziierungsabkommen mit der Europäischen Union fertig gestellt und ratifiziert. Zwei der drei privaten Kreditinstitute nehmen das operative Geschäft auf und stehen syrischen Kunden zur Verfügung – allerdings nur mit einem stark eingeschränkten Angebot an Dienstleistungen, was ein führender Vertreter der Banque BEMO Saudi-Fransi gegenüber der *Syria Times* mit einem Verweis auf dringend notwendige weitere Reformen begründet [Syria Times vom 14. Januar 2004]. Vier Jahre sind zwischen der Verabschiedung der Gesetze zur Zulassung privater Banken und deren tatsächlicher Eröffnung 2004 vergangen. Ähnlich verhält es sich auch mit der Wiedereröffnung der Wertpapierbörse in Damaskus. Nach wie vor gibt es weder einen konkreten Zeitplan noch den notwendigen institutionellen Rahmen für einen Wertpapierhandelsplatz.

Zweifellos gibt es eine ganze Reihe positiver und längst überfälliger Liberalisierungsschritte. Doch trotz der guten Ansätze scheint Bashars Regierung die letzte Entschlossenheit, wahrscheinlich aber auch der Wille, zu grundlegenden Systemänderungen und wirklich tiefgreifenden politischen und wirtschaftlichen Reformen zu fehlen. An zwei der größten Hindernisse auf dem Weg wirtschaftlicher Entwicklung traut sich der syrische Präsident scheinbar nicht heran: Den aufgeblähten Bürokratieapparat und den verkrusteten öffentlichen Sektor mit seinen „bis in die Spitzen des Staates reichenden mafiösen Strukturen" [HOPFINGER 2002, S. 10]. Die Korruption, zu Beginn der politischen Karriere von Bashar ein Kernthema, ist nach wie vor eines der dringlichsten Probleme.[13] Doch es scheint, als fehle auch im System Bashar letztlich der Wille zur Beseitigung von Patronage und Klientelismus, der Machtapparat bleibt in seinen Grundzügen unangetastet [HADDAD 2005]. Die herrschende Clique wird in ihrem Handeln nach wie vor von der Angst des Macht- und Privilegienverlusts bestimmt. Dementsprechend zurückhaltend muss eine vorläufige Bilanz der Regierungszeit Bashar zum jetzigen Zeitpunkt ausfallen.

2.1.1 Die Logik des institutionellen Wandels in der Arabischen Republik Syrien

Der institutionelle Wandel Syriens seit der Unabhängigkeit, aber insbesondere seit der Machtübernahme durch die Baath-Partei, weist eine hierarchische Entwicklungssystematik auf. Auf der ersten Ebene, so zu sagen als Systematik erster Ordnung, lässt sich das Bestreben nach Machterhalt mittels Patronage beziehungsweise Klientelismus nachweisen. Auf der zweiten nachgelagerten Ebene, als Charakteristika der ‚operativen Institutionenentwicklung', sind u. a. Diskontinuitäten, Selektivität (sektoral und personal), Reversibilität, die pauschale Diskreditierung von Unternehmertum, Widersprüchlichkeit, die Erzeugung von Grauzonen, Reagibilität, Kontrolle und Zentralismus zu erkennen. Diese Charakteristika des Entwicklungsprozesses haben zu einem institutionellen Umfeld geführt, welches unternehmerische Tätigkeit in Syrien seit Jahrzehnten prägt und häufig negativ beeinflusst.

Machterhalt, Patronage und Klientelismus als übergeordnete Leitprinzipien der institutionellen Entwicklung

Die Logik der institutionellen Entwicklung Syriens in den zurückliegenden Jahrzehnten war immer auch eine Logik von Machtsicherung und Machterhalt oder anders ausgedrückt: Die institutionelle Entwicklung spiegelte das primäre Machtinteresse des Regimes wider und gab stets „einer politischen Logik der Machtakkumulation gegenüber der ökonomischen Logik der Kapitalakkumulation den Vorrang" [BOECKLER 2004, S. 166].

---

13 Entsprechend des jüngst von der international tätigen Organisation *Transparency International* veröffentlichten weltweiten Corruption Perceptions Index 2005 rangiert Syrien zwischen Peru und Laos, zusammen mit Burkina Faso und dem afrikanischen Königreich Lesotho, auf dem 70. Rang. Zum Vergleich: Die Vereinigten Arabischen Emirate befinden sich auf Platz 30, das Nachbarland Jordanien auf 37 [Transparency International 2005].

Resultat ist die Optimierung des institutionellen Umfelds Syriens im Hinblick auf Regimestabilität, nicht jedoch im Hinblick auf volkswirtschaftliche Effizienz [Hinnebusch 1997, S. 262]. Bis in die Gegenwart scheint es sich dabei um den roten Faden der institutionellen Entwicklung zu handeln, wie jüngste Beispiele zeigen. So wurde nach dem Amtsantritt von Bashar zwar der Außenhandel erleichtert, gleichzeitig wird aber nach wie vor an staatlichen Kontrollinstrumenten in Form von Genehmigungs- und Lizenzierungsverfahren festgehalten.

Die ersten Jahre der Baath-Herrschaft sind geprägt von innenpolitischer Instabilität. Erst mit der Machtübernahme durch Hafez al-Asad 1970 und der von ihm betriebenen Installierung eines patrimonialen Herrschaftssystems erfolgt eine Stabilisierung. Asad setzt sich an die Spitze eines weit verzweigten informellen Klientelnetzes, welches alle wichtigen Säulen des Machtapparats (Bürokratie, Baath-Partei, Militär und Sicherheitsdienste) durchzieht. Der Präsident lenkt das Netzwerk über die selektive Zuteilung von Patronagemöglichkeiten an die einzelnen Mitglieder [Bank/Becker 2004, S. 4]. Dabei unterliegt der Zugang zum inneren Machtzirkel strengen Kriterien: Zum einen erleichtert alawitische Abstammung den Zugang zum Machtzirkel. Zum anderen rekrutiert Asad seine engsten Führungsmitglieder unter persönlichen Freunden und Kameraden aus seiner Studien- und Militärzeit [Fürtig 1994, S. 225]. Während im ersten Fall gemeinsame Herkunft und Religionszugehörigkeit als Quelle des Vertrauens dienen, sind es im zweiten Fall biographische Gemeinsamkeiten und die genaue Kenntnis der individuellen Persönlichkeit. Im Gegenzug bergen die Zugehörigkeit zum Machtzirkel und die Loyalität zu Asad vielschichtige Privilegien. Das Bewusstsein der Mitglieder, dass ein Ende des Asad-Regimes höchstwahrscheinlich mit einem Verlust der eigenen exponierten Position und der damit verbundenen Vorrechte verbunden ist, wirkt disziplinierend auf möglicherweise aufkeimende eigene Machtambitionen und erscheint somit loyalitätssichernd.

Dieses Prinzip institutionalisierter gegenseitiger Abhängigkeiten bildet das Rückgrat des Patronage-Netzwerks und zieht sich durch alle Ebenen der syrischen Gesellschaft. Besonders deutlich jedoch treten die klientelistischen Strukturen erwartungsgemäß im hierarchischen Aufbau der zentralen Säulen des Machtapparats (Bürokratie, Administration, Partei, Organe der inneren und äußeren Sicherheit) hervor [Perthes 1997, S. 141 ff.; Boeckler 2004, S. 164]. Ein wichtiger Aspekt und gleichzeitig wichtiges Kriterium für die Funktionsfähigkeit des Systems ist die Tatsache, dass der Präsident nicht alle Positionen im Staat selbst vergibt, sondern die Möglichkeit zur Installierung eigener (Teil-) Netzwerke ein wichtiges Privileg für Mitglieder der syrischen Führung darstellt. Der Präsident selbst beschränkt sich auf die Besetzung der Schlüsselpositionen mit loyalen Vertrauten. Die hochrangigen Mitglieder des Machtzirkels haben nun die Möglichkeit, selbst Personen in untergeordnete Führungspositionen zu berufen und sich auf diese Weise ein eigenes Netzwerk aufzubauen. Selbstverständlich behält sich der Präsident bezüglich der ausgewählten Personen ein Vetorecht vor, von dem er je nach der Bedeutung der Position durchaus Gebrauch macht. Als Resultat entsteht ein komplexes Gebilde aus verschiedenen (Sub-) Netzwerken, die über Schlüsselpositionen direkt mit dem Präsidenten verknüpft sind.

Aus einer kulturalistischen Sichtweise heraus drängt sich an dieser Stelle schnell ein Rückgriff auf die syrische Geschichte und ein Vergleich mit historischen Herrschaftsmustern, zum Beispiel der osmanischen oder französischen Vergangenheit, auf. Kulturalistische Erklärungsansätze zielen vor allem auf den vermeintlichen Gegensatz zwischen individualisierten westlichen Industrienationen und orientalischen Staaten: Während sich im ersten Fall Seilschaften entlang von Kompetenzen, rational nachvollziehbaren Kriterien, konstituieren bilden in letzteren prämoderne Bezugspunkte, wie zum Beispiel Familienzugehörigkeit, Religion, Stammeszugehörigkeit oder Ethnie, Schlüsselkriterien, die über den Zugang zu klientelistischen Beziehungsnetzwerken und damit zu Ressourcen entscheiden [z. B. KRATOCHWIL 2005, S. 27]. Doch es gilt zu beachten, dass die Sicherstellung von Loyalität durch die selektive Zuteilung von Privilegien und die gleichermaßen selektive Gewährung des Zugangs zu Ressourcen, Patronage als ‚mitlaufenden' Effekt generiert. Die gemeinsame Zugehörigkeit zu einer wie auch immer definierten Gruppe bildet nicht den Kern des Patronage-Systems [BOECKLER 2004, S. 165].

Das Machtsystem Asad hat über den Tod von Hafez al-Asad hinaus Bestand. Grund für den reibungslosen Machtübergang ist die Tatsache, dass die Nachfolge noch von Hafez generalstabsmäßig geplant und vorbereitet wird. Auch nach dem Präsidentenwechsel stellt das System aus Klientelismus und Patronage die aus Sicht des Machtzirkels einzige Möglichkeit zur Machtsicherung dar und steht nicht zur Disposition. Allein Bashars Positionierung ist umstritten: Arbeitet er selbst mit allen Mitteln für den Machterhalt oder ist er tatsächlich der Modernisierer und Erneuerer, der sich dem Einfluss des ihn umgebenden Machtzirkels (noch) nicht entziehen kann? Die Ansichten hierzu sind gespalten. Eine Reihe von Autoren jedenfalls spricht von einer Pluralisierung der Machtzentren innerhalb des syrischen Regimes [z. B. WIELAND 2004, S. 94 ff. und 108 f.], zumindest in der ersten Phase nach der Machtübernahme [PERTHES zit. nach BANK/BECKER 2004, S. 5]. Als Beispiel dient zumeist Bashars zwiespältiger Umgang mit Oppositionellen und Kritikern des Regimes. Die Argumentation beruht jedoch allein auf Indizien, es fehlen konkrete Beweise für die Pluralisierungsthese. Fakt ist, dass Entscheidungsfindungsprozesse innerhalb des Regimes Bashar ebenso intransparent ablaufen, wie innerhalb des Regimes seines Vaters. Es lassen sich zudem viele Beispiele für die Persistenz altbekannter Praktiken finden: Auch Bashar hat innerhalb kürzester Zeit damit begonnen, umfassende Personalwechsel im Machtapparat vorzunehmen. Diese können durchaus als Bestrebungen Bashars interpretiert werden, ein eigenes Patronage-Netzwerk zu installieren. Wie bereits sein Vater, besetzte er wichtige Positionen im Sicherheitsapparat mit Personen aus dem Familien- und Vertrautenkreis. Jüngstes Beispiel ist Assef Schaukat, ein Schwager des Präsidenten, der im Februar 2005 zum Chef des militärischen Geheimdienstes ernannt wird [Spiegel Online vom 18. Februar 2005]. Trotz aller Gemeinsamkeiten gibt es jedoch einen wichtigen Unterschied zur Vorgehensweise seines Vaters: Neben der notwendigen persönlichen Nähe und Loyalität zum Präsidenten, dem nach wie vor wohl wichtigsten Zugangskriterium bei der Vergabe politisch einflussreicher Positionen, lässt sich bei Bashar die zunehmende Bedeutung einer – oftmals im Ausland erworbenen – weiterführenden Ausbildung vor allem in den Disziplinen Wirtschaft, Ingenieurswissenschaften und Informatik nicht von der Hand weisen [BANK/BECKER 2004, S. 6]. Im Hinblick auf das gezielte Networking über die selektive Zuteilung von Patronagemöglichkeiten erweist sich Bashar als gelehriger Schüler seines Vaters und Vorgängers Der These einer dauerhaften Pluralisierung der Machtzentren, wie sie einige Beobachter zu erkennen glauben [z. B. WIELAND 2004, S. 108], könnte jene eines Network-Wandels entgegengesetzt werden: Das *old-boys-network* des Vaters Hafez scheint sich schrittweise in ein *young-boys-network* seines Sohnes Bashar zu wandeln (siehe hierzu auch HELBERG/KOELBL 2005).

Charakteristika der ‚operativen Institutionenentwicklung'

Auch vor der Regierungszeit von Hafez al-Asad hatten die verschiedenen Regierungen stets versucht, ihre Machtbasis auszuweiten, um ihren zumeist schwach legitimierten Herrschaftsanspruch zu festigen. Jedoch erst Hafez al-Asad gelingt dies, wie oben erläutert, mit Hilfe eines allumfassenden Patronage-Netzwerks. Weite Teile des unter ihm entstandenen formalinstitutionellen Umfelds sind auch heute noch in Kraft und stellen wesentliche konstitutive Merkmale des Handlungsrahmens syrischer Unternehmer dar.

Die Logik des Machterhalts unter Asad, basierend auf Patronage und Klientelismus, oben als institutionelle Entwicklungssystematik erster Ordnung bezeichnet, dominiert die ökonomische Logik der Kapitalakkumulation. Infolge führt die vom Regime aktiv betriebene Entwicklung der formalen Institutionen lange Zeit eben nicht zu einer größeren Effizienz als handlungsleitender Rahmen für ökonomische Interaktion.

Diskontinuität. Der institutionellen Entwicklung Syriens fehlt jene langfristige Kontinuität, die Berechenbarkeit und damit die notwendige Sicherheit für ökonomische Aktivitäten erzeugt. Sie ist vielmehr durchzogen von teilweise sehr gravierenden Einschnitten und rapiden Wechseln: 1958 beendet der Zusammenschluss mit Ägypten zur Vereinigten Arabischen Republik die Zeit des Laissez-faire-Kapitalismus und bedeutet damit das Ende einer Ära wirtschaftlichen Wachstums, die auf der weitgehend uneingeschränkten Handlungsfreiheit privater Akteure basierte.

Die Machtübernahme durch die Baath-Partei 1963 bildet den Auftakt zu einer bewussten Kehrtwende hin zur Wirtschaftsordnung einer Zentralverwaltungswirtschaft. Politisch begründet wird der formalinstitutionelle Wandel mit der Hinwendung zu einem sozialistischen Gesellschaftsmodell. Dieses Gesellschaftsmodell wird jedoch nur kurzzeitig tatsächlich auch dogmatisch verfolgt. Vielmehr unterliegt die formalinstitutionelle Entwicklung dieser Tage zunächst dem Primat der Machtsicherung, zweifellos vorhandene ideologische Ideale [vgl. PERTHES 1992, S. 208] der neuen Machthaber treten dahinter zurück. Vordergründiges Ziel ist es, die alten Strukturen zu zerschlagen und eine eigene Machtbasis zu errichten. Dieses Ziel vor Augen, rücken sowohl die Großgrundbesitzer, als potentielle Oppositionsgruppe auf dem Land, als auch die sunnitischen Unternehmer, potentielle städtische Opposition, ins Fadenkreuz institutioneller Reformen, die in erster

Linie auf die Eingrenzung der Spielräume und Kontrolle abzielen. Gleichzeitig eröffnet die Verstaatlichung von Banken und Unternehmen sowie der Ausbau von Verwaltung und Bürokratie die Möglichkeit, in einem Umfang klientelistisch zu agieren, wie es vorher nicht möglich gewesen war. Die neu geschaffenen Schlüsselpositionen werden mit Parteimitgliedern und Sympathisanten besetzt, was maßgeblich zur Verfestigung der neuen Machtstrukturen beiträgt.

Besonders wichtig für das institutionelle Umfeld der Gegenwart ist die Ära von Hafez al-Asad. Er steuert nicht nur drei Jahrzehnte lang Syrien erfolgreich durch den Ozean der Weltpolitik, sondern installiert auch ein neues Herrschaftssystem auf dem von seinen Vorgängern gelegten Fundament, welchem er durch die geschickte Entwicklung des institutionellen Umfelds weitere Stabilität verleiht. Gesichtspunkte ökonomischer Effizienz treten hinter politischen Aspekten (Machtsicherung) zurück. Institutionelle Reformen dienen der selektiven Stabilisierung, zumeist in Reaktion auf politische und ökonomische Krisenerscheinungen, deren Auswirkungen den Machtapparat zu erschüttern drohen.

Die *erste Phase* institutioneller Reformen mit konkreter Verbindung zu privatwirtschaftlichen Akteuren erfolgt vor dem Hintergrund politischer Zwänge [BOECKLER 2004, S. 171 f.]. Asad wird nach dem verlorenen Sechs-Tage-Krieg (5. bis 11. Juni 1967) klar, dass eine erfolgreiche Konfrontation mit Israel eine breite wirtschaftliche und soziale Basis voraussetzt. Daher versucht er nach seiner Machtübernahme im Rahmen der ersten *infitah*, die Beteiligung des Privatsektors am Wirtschaftsprozess zunächst *peu à peu*, nach dem Oktoberkrieg 1973 dann verstärkt, auszuweiten [PERTHES 1994, S. 53 ff.]. Dies gelingt auch mit zunehmendem Erfolg. Trotzdem werden gegen Ende der 1970er Jahre eine Reihe der institutionellen Reformen wieder zurückgenommen und der privatwirtschaftliche Handlungsspielraum wieder sukzessive eingeschränkt.

Nachdem sich die Krise der syrischen Wirtschaft in den 1980ern immer mehr zuspitzt und sich das Land 1986 am Rande der Zahlungsunfähigkeit befindet, sind es einmal mehr private Unternehmer, die zur Bekämpfung der Krisensymptome mobilisiert werden sollen. Die *zweite Reformphase* zielt vor allem auf Devisenbewirtschaftung und Haushaltskonsolidierung ab. Das soll durch die Ausweitung privatwirtschaftlichen Handlungsspielraums und weitreichende Austeritätsmaßnahmen erreicht werden.

BOECKLER und andere Autoren unterscheiden mit Blick auf die Beteiligung der Privatwirtschaft zwischen den beiden Öffnungsphasen. Während der ersten Phase hatte die Stärkung des privaten Sektors die Stabilisierung des Regimes zum Ziel, wohingegen sie die Öffnung und Erweiterung privatwirtschaftlicher Handlungsspielräume während der zweiten Phase als „nicht-intendierte Nebenfolge" [2004, S. 174] des Krisenmanagements betrachten und an die Ähnlichkeiten zwischen syrischen Maßnahmen und Strukturanpassungsprogrammen von Weltbank und IWF erinnern [z. B. BOECKLER 2004, S. 174]. Ungeachtet Boecklers Analyse darf nicht vergessen werden, dass die Auswirkungen der ökonomischen Krise dieser Tage für die syrische Bevölkerung sehr hart sind [vgl. z. B. HOPFINGER 1991,

S. 18 ff.], der Unmut zunimmt und auf diese Weise die Frage der Krisenbekämpfung nicht zuletzt auch zu einer Frage der Systemstabilität zu werden droht, wie das nachfolgende Zitat aus einem Expertengespräch mit *Samir* Glauben macht.

> *Samir*, heute erfolgreicher Anwalt für Wirtschaftsrecht mit eigener Kanzlei in Aleppo, erzählt während eines Gesprächs in einem Ausflugsrestaurant nahe Aleppo über die Zeit der Devisenkrise 1986:
>
> „I was working at the court in Damascus at that time. I was receiving a practical training in judicial work there, while I was studying law at the university. I remember we had at least one case each week concerning a murder. People were crazy. They were arguing and fighting for bread at these days. Sometimes they were killing each other, fighting for bread. People these days were really crazy." (Samir)
>
> *Expertengespräch Ex18sy*

Die *dritte Phase* beginnt Anfang der 1990er Jahre mit einem Paukenschlag: Der Verabschiedung des Investitionsgesetzes Nr. 10/1991. Dieses Gesetz öffnet, vorher noch undenkbar, mit einem Schlag weite Teile der Wirtschaft für syrische und ausländische Investoren. In der Literatur ist man sich weitgehend einig, dass Gesetz Nr. 10/1991 in zweifacher Hinsicht deutliche Signalwirkung hat: Zum einen hat die Regierung erkannt, dass sie nicht mehr auf privatwirtschaftliches Engagement verzichten kann und dass die Wirtschaft des Landes bereits weitgehend vom privaten Sektor abhängt [z. B. HEYDEMANN 1992, S. 30 f.]. Zum anderen wird mit diesem Gesetz ein neues Stadium der Irreversibilität in der Entwicklung der formalinstitutionellen Rahmenbedingungen erreicht. In logischer Konsequenz erwarten viele Unternehmer und Beobachter eine forcierte Fortsetzung der Liberalisierung [z. B. PERTHES 1994, S. 62 ff.; SUKKAR 1994, S. 39 f.].

Doch die Erwartungen werden enttäuscht: Statt weiterer institutioneller Reformen – angeblich existieren bereits konkrete Gesetzesentwürfe, zum Beispiel für die Zulassung privater Banken und die Eröffnung einer Börse [BOECKLER 2004, S. 175] – kommt der institutionelle Reformprozess weitgehend zum Erliegen. SUKKAR wird später rückblickend sogar von einer „lost decade for Syria's reform" sprechen [2001; 2003, S. 37].

Der Nachfolger von Hafez al-Asad, sein Sohn Bashar, bringt den Reformprozess nach der Machtübernahme wieder in Gang und verabschiedet eine Reihe von Liberalisierungsmaßnahmen. Zunächst scheint es, als würde der Vertrauensvorschuss, den der neue Präsident bei weiten Teilen der syrischen Bevölkerung genießt, nicht enttäuscht. Doch nach einem zunächst positiven Beginn bleiben wiederum weitere Reformen nach Ausbruch des Krieges im Nachbarland Irak aus. Erst 2004 bildet die Eröffnung mehrerer Filialen von privaten Banken in der Hauptstadt Damaskus den Auftakt zu weiteren Reformmaßnahmen.

Fatal an diesen Diskontinuitäten sind die Signale, die von den plötzlichen Brüchen ausgehen: Einmal heißt es ‚hüh', ein andermal ‚hott'. Die Unternehmerschaft wird vor wech-

selnde, aber stets vollendete Tatsachen gestellt. Privaten Akteuren wird auf diese Weise klar, wie wenig Einfluss sie auf die Gestaltung des formalinstitutionellen Umfelds nehmen können. Dies kostet nicht nur Vertrauen und verstärkt die Unsicherheit, unter der unternehmerische Entscheidungen getroffen werden müssen, sondern steht Investitionen im eigenen Land behindernd entgegen. Syrische Unternehmer beginnen mit der Entwicklung eigener Strategien, um mit dieser erhöhten Unsicherheit umzugehen. Diese reichen von einer sektoralen und räumlichen Reorganisation ihrer Aktivitäten, zum Beispiel Kapitalanlage im Ausland, Investition in Immobilien, bis hin zur bewussten Suche nach Partnern, die ins Regime integriert sind. Vorher legale Aktivitäten (z. B. Import) werden in den Grauzonen weiterbetrieben (Schmuggel), entstehende Schwierigkeiten informell beseitigt (Bestechung, Schutzgelder). Unternehmerische Planungshorizonte verkürzen sich, die Frage nach der Amortisationsdauer einer Investition wird zu einer bedeutenden Schlüsselfrage.

Selektivität: Rückblickend auf die Reformen der Regierungszeit von Hafez al-Asad stellt Selektivität nicht nur ein wichtiges Merkmal der institutionellen Entwicklung [z. B. HEYDEMANN 1992, S. 18 f.], sondern vielmehr einen grundlegenden Wesenszug des klientelistischen Patronagesystems dar. Institutionelle Reformen bleiben in den ersten beiden Öffnungsphasen sowohl in sektoraler als auch personaler Hinsicht sehr selektiv. Mit Verabschiedung von Gesetz Nr. 10/1991 erfährt die Selektivität eine Abschwächung, ohne jedoch völlig zu verschwinden.

Sektorale Selektivität. Nach der radikal-sozialistischen Politik der Jahre 1963 bis 1970 beginnt Asad nach seiner Machtübernahme, den Privatsektor wieder stärker am Wirtschaftsprozess zu beteiligen. Syrische Unternehmer sollen allein in ausgewählten Bereichen (in Handel und Dienstleistungen, im Baugewerbe und in der Leichtindustrie) tätig werden. Zu diesem Zweck werden allein die notwendigen flankierenden institutionellen Reformen durchgeführt, so zum Beispiel betreffende Importrestriktionen gelockert [PERTHES 1994, S. 45 ff.]. Alle Maßnahmen beschränken sich auf ausgewählte Sektoren der Wirtschaft. Die Öffnungsmaßnahmen sind nicht mit einer langfristig angelegten, zielbewussten Förderung des privaten Sektors verbunden.

Ein herausragendes Beispiel für sektorale Selektivität stellt die 1977 eröffnete Möglichkeit zur Gründung von Kapitalgesellschaften dar. Diese, als Joint Ventures unter staatlicher Beteiligung konzipierten, Aktiengesellschaften können zunächst ausschließlich im Tourismussektor aktiv werden. 1986 wird neben dem Tourismus- zusätzlich der Agrarsektor für privatwirtschaftliche Investitionen geöffnet. Die Handlungsspielräume privater Investoren bleiben insgesamt sektoral beschränkt.

Personale Selektivität. Die zweite Ausprägung der Selektivität stellt die personale Selektivität dar, die als direktes Resultat des klientelistischen Patronagesystems betrachtet werden muss. Nähe zum Regime und Regimetreue bergen wirtschaftliches Potential, welches in Wert gesetzt werden kann. Als prominentes Beispiel für die hochgradige personale Selektivität weitreichender Liberalisierungsschritte wird in aller Regel die Zulassung von staatlich-privaten Joint Ventures im Tourismussektor in den Jahren 1977 beziehungsweise 1978 angeführt [POELLING 1994, S. 17]: Per Gesetz erlaubt die syrische Regierung die Gründung von Kapitalgesellschaften im Tourismussektor. 75 % des Grundkapitals werden dabei von privaten Investoren eingebracht, die auch für das Management verantwortlich sind; 25 % hält der Staat als stiller Teilhaber. Der maximale Anteil einer einzelnen Person ist auf 5 % des Grundkapitals begrenzt. Diese Vorschrift kann jedoch problemlos durch die Aufteilung eines größeren Anteils auf verschiedene Familienmitglieder umgangen werden [POELLING 1994, S. 15]. Per Gesetz sind diese Joint Ventures von existierenden Devisenbestimmungen ausgenommen. Darüber hinaus ist es den Unternehmen erlaubt, Devisenkonten bei der *Commercial Bank of Syria (CBoS)* zu eröffnen. Das ist für andere Privatunternehmen strikt tabu. Zusätzlich wird ihnen für die Dauer von fünf bis sieben Jahren, in Ausnahmen auch darüber hinaus, eine Bandbreite von Incentives gewährt, die von Steuerbefreiungen für Gewinne bis hin zur Ausnahme von Einfuhrzöllen reicht [POELLING 1994, S. 15].

Im Zuge dieser Neuregelung werden die beiden Unternehmen *Arab Syrian Company for Touristic Establishments*, aus diesem Joint Venture wird später die Kette *Cham Palace Hotels* hervorgehen, und das Unternehmen *Transtour* in Zusammenarbeit mit Uthmann Aidi und Saeb Nahas, zwei „highly successful Syrian entrepreneurs close to the regime" [POELLING 1994, S. 17], gegründet. Nur kurze Zeit später erhalten die beiden Unternehmen eine quasi-monopolistische Stellung in ihrem Aktionsbereich [PERTHES 1994, S. 48; POELLING 1994, S. 17]: Ein Gesetz wird verabschiedet, welches die maximale Zahl derartiger Joint Ventures im Tourismussektor auf zwei begrenzt. Zwei dem Regime nahe stehende Personen werden auf diese Weise durch das formalinstitutionelle Umfeld bei ihren ökonomischen Aktivitäten protegiert.

Das wohl herausragendste jüngere Beispiel für personale Selektivität stellt sicherlich die Vergabe der Mobilfunklizenzen für den syrischen Markt dar. Zwei Unternehmen bilden gegenwärtig ein Angebotsoligopol und teilen sich den lukrativen syrischen Markt für mobile Telekommunikation. Beide gingen als Gewinner einer Ausschreibung hervor, die sowohl von einheimischen als auch ausländischen Beobachtern euphemistisch als ‚auffällig' charakterisiert wird. Von ursprünglich 45 Interessenten, die sich den Ausschreibungskatalog zukommen ließen, gaben nach offiziellen Angaben nur sechs ein konkretes Angebot ab [OBG 2002, S. 112 f.]. Aus dem völlig intransparenten Entscheidungsprozess gingen schließlich die Unternehmen *Syriatel* und *Investcom* als Sieger hervor. Im Nachhinein betrachtet scheinen vor allem zwei Aspekte des Vergabeprozesses als fragwürdig: So wurden die Lizenzen zum einen weit unter ihrem eigentlichen Wert verkauft, betrachtet man die enormen Geschäftschancen die sich den Ausschreibungsgewinnern eröffneten. Wie der mittlerweile in einem Damaszener Gefängnis inhaftierte Parlamentsabgeordnete und Industrielle Riad Seif bemerkte, brachte der Verkauf der Mobilfunklizenzen, anders als in den meisten anderen Ländern, kaum Geld in die staatlichen Kassen; dass darüber hinaus beide Betreibergesellschaften aus unerklärlichen Gründen von der Gewerbesteuerpflicht befreit sind [CAHEN 2002], scheint ebenfalls zumindest erklärungsbedürftig. Zum anderen gehört die Firma *Syriatel* zur Hälfte Rami Mahkluf, einem Unternehmer, der im zweifelhaften Ruf steht, seinen ökonomischen Erfolg weniger seinem unternehmerischen Geschick als vielmehr seinen guten Verbindungen zum Regime – er ist ein Cousin von Präsident Bashar – zu verdanken [Meria 2005; KOELBL 2005; PERTHES 2002, S. 209]. Die enge Verwicklung von Politik und Business ist also nach wie vor intakt, wie BOECKLER mit Blick auf das Beispiel süffisant feststellt [2004, S. 160]. *Syriatel* und *Investcom* verfügen indes, dank ihrer geschützten Marktposition und dem enormen Marktpotential, über eine ‚Lizenz zum Gelddrucken'.

Reversibilität. Ähnlich wie die gerade beschriebene Selektivität ist die Reversibilität getroffener Entscheidungen beziehungsweise Entwicklungsrichtungen ein weiteres Charakteristikum des institutionellen Wandels. Als Beispiel kann hierzu das in Grundzügen bis heute bestehende System der Importlizenzierung dienen: Lizenzierte Importeure erhalten nach entsprechendem Antrag die Genehmigung, entsprechend festgelegter staatlicher Quoten, ausgewählte Güter nach Syrien einzuführen. Der Prozess der Lizenzierung verläuft weitgehend intransparent, ohne Gewähr und Sicherheit. Jener Importeur, der in einem Jahr eine Lizenz zur Einfuhr bestimmter Güter erhalten hat, kann sich nicht darauf verlassen, diesem Geschäft auch im nächsten Jahr noch legal nachgehen zu können. Die Importlizenzen haben eine Laufzeit von zwölf Monaten. Danach kann die angesprochene Reversibilität zwei Formen annehmen: *(1)* Das betreffende Produkt könnte aus der Gruppe privatwirtschaftlich importierbarer Waren ausgeschlossen beziehungsweise die entsprechenden Quoten gesenkt werden; *(2)* eine Verlängerung beziehungsweise Wiedererteilung der Lizenz könnte dem betreffenden bisherigen Lizenzinhaber verwehrt bleiben. So oder so: Die Persistenz getroffener Entscheidungen ist unsicher [BOECKLER/HOPFINGER 1996, S. 298 ff.], was in der Konsequenz dazu führt, dass Investitionen, zum Beispiel in Distribution und Logistik, unter erhöhtem Risiko getätigt werden müssen oder aber entsprechend unterbleiben.

Das Instrument der Reversibilität kann zudem in Verbindung mit Selektivität seitens der Machthaber bewusst als Druckmittel bei vorhandener oder zu befürchtender Illoyalität gegen Mitglieder der syrischen Unternehmerschaft eingesetzt werden. Als weiteres Beispiel dient die Öffnung wirtschaftlicher Aktionsfelder im Zuge der Krisenbekämpfung 1986. Eine Reihe von Industriebereichen werden für private Investoren zugänglich gemacht. Jedoch bleibt auch hier die Reversibilität der Öffnungen stets evident. Die Öffnung von Industriesektoren gilt per Dekret jeweils für ein Jahr. In nicht wenigen Fällen erhalten jedoch Betriebe bereits im darauf folgenden Jahr keine Lizenz mehr für die entsprechende Branche [BOECKLER 2004, S. 173 f.]. Anders als noch im Beispiel der Importlizenzen wird mit dieser Reversion aber nicht allein eine Zerstörung der materiellen Erwerbsgrundlage betrieben – im Gegensatz zum Import von Waren setzt industrielle Tätigkeit zwingend Investitionen voraus. So ergeben sich für die betroffenen Investoren zwei Handlungsalternativen: Getätigte Investitionen werden gegebenenfalls abgeschrieben, Verluste realisiert, oder aber die Aktivitäten werden illegal weiterbetrieben, mit den damit verbundenen Konsequenzen (Steigerung der Kosten durch zusätzlich anfallende Schmiergelder und Schutzzahlungen, Gefahr staatlicher Sanktion im Entdeckungsfall). Privatwirtschaftliche Aktivitäten werden auf diese Weise staatlicher Willkür ausgesetzt. Die Verabschiedung von Gesetz Nr. 10/1991 schwächt die Reversibilität zwar ab, beseitigt sie jedoch nicht wirklich, wie folgendes Beispiel zeigt:

> „Auch den Investoren von fünf Betrieben zur Produktion von Fruchtsäften hatten die Behörden Hilfen nach dem ‚Gesetz Nummer 10/1991 zur Förderung von Investitionen' zugesagt. Ihre Fabrikhallen waren immerhin betriebsbereit, da setzten die Gewerkschaften ein Importverbot für Pulverkonzentrat durch. Daraufhin standen die Maschinen zwei Jahre still. 1996 erhielten die Investoren die Genehmigung, Konzentrate von Früchten einzuführen, die in Syrien nicht angebaut werden. Doch auch diese Zusage ist in diesem Frühjahr wiederaufgehoben worden."
>
> Frankfurter Allgemeine Zeitung vom 28. April 1997, S. 14.

Folge der Reversibilität ist mangelnde Verlässlichkeit, die sich in einer subjektiven Erhöhung der Unsicherheit bei strategischen betriebswirtschaftlichen Entscheidungen im Rahmen unternehmerischer Aktivitäten niederschlägt und dadurch die Kosten für Investitionen erhöht. In Konsequenz werden umfangreiche, kapitalintensive Investitionsprojekte mit mehrjähriger Amortisationsdauer nur realisiert werden können, wenn durch informelle Institutionen, über Beziehungsgeflechte zum Regime, gewährleistet ist, dass der entsprechende Wirtschaftszweig auch längerfristig für den privaten Sektor geöffnet bleibt. Persönliche Kontakte stellen bis heute das wichtigste informelle Instrument zur diesbezüglichen Absicherung unternehmerischer Tätigkeit dar.

Diskreditierung privaten Unternehmertums. Nach der Machtübernahme durch die Baath-Partei (1963) erfolgt die bereits beschriebene Umgestaltung der Wirtschafts- und Gesellschaftsordnung nach sowjetischem Vorbild. Im Zuge der Einführung einer sozialistischen Planwirtschaft wird versucht, die vorhandene „age old entrepreneurial tradition" [HINNEBUSCH 1993, S. 178] durch gezielte institutionelle Reformen zu brechen. Die betriebene Kampagne ist sicherlich beeinflusst von sozialistisch-ideologischen Motiven, ideologisch verbrämt sieht man den privaten Wirtschaftssektor als inadäquates Mittel zur Überwindung der Rückständigkeit, wird aber wohl in erster Linie aus pragmatisch-machtpolitischem Kalkül betrieben. Die frühere Wirtschaftselite des Landes, Angehörige des privaten Sektors, Großgrundbesitzer und Angehörige der sunnitisch-städtischen Oberschicht, werden als potentielle Oppositionskräfte eingestuft. Anders als die meisten Sympathisanten der Baath-Partei gehören sie vielfach zu den Gewinnern der vorangegangenen Phase wirtschaftlicher Liberalität und lehnen demzufolge die institutionelle Umgestaltung nach sozialistischem Vorbild mehrheitlich ab. Vor diesem Hintergrund ist es Ziel der Baath-Partei, Unternehmer als Teil der nationalen Bourgeoisie pauschal zu diskreditieren [PERTHES, 1992, S. 208]: Jegliche Wirtschaftsleistung, die privatwirtschaftliche Aktivitäten seit der Unabhängigkeit generiert hatten [vgl. WIRTH 1971, S. 9 ff.], wird unterschlagen. Gleichzeitig werden die „Ausbeutungspraktiken" und die Rolle der Unternehmer bei der „Zementierung sozialer Unterschiede" hervorgehoben [FÜRTIG 1994, S. 218]. In Konsequenz zu dieser Sichtweise erhalten privatwirtschaftliche Akteure nur selektive Handlungsräume außerhalb der Industrie. Politisch durchaus opportun, ökonomisch jedoch äußerst kontraproduktiv wird die Unternehmerschaft durch die entsprechende Neugestaltung des institutionellen Umfelds ihrer ökonomischen Basis beraubt und vielfach ‚mundtot' gemacht.

Hafez al-Asad korrigiert die extremsten sozialistischen Auswüchse aus der Einsicht heraus, dass eine Einbindung der alten kommerziellen Bourgeoisie des Landes in die soziale Basis seines Regimes für die Konfrontation mit Israel unabdingbar ist [BOECKLER 2004, S. 172]. Doch auch er beäugt die syrische Unternehmerschaft mit Argwohn. Jede Einbeziehung des Privatsektors in den Wirtschaftsprozess bleibt stets strikt kontrolliert. Darüber hinaus wird die Führungsrolle des staatlichen Sektors festgeschrieben. Privates Unternehmertum wird lange Zeit allein als Mittel zur Bekämpfung von Krisensymptomen, nicht jedoch als Notwendigkeit zur Entwicklung der syrischen Volkswirtschaft betrachtet.

Auch mit Blick auf die Wertschätzung privatwirtschaftlicher Aktivitäten stellt erst das Gesetz Nr. 10/1991 einen Wendepunkt dar. Unternehmerischer Arbeit und damit verbunden der Person des Unternehmers wird erstmals nach Jahrzehnten wieder eine gesellschaftliche Wertschätzung zugesprochen. Die ökonomische und sozio-politische Rolle privater Unternehmer wird neu definiert und wandelt sich von der des ‚Notnagels', mit lediglich partiellen Aktionsmöglichkeiten, zu jener des ‚Stützpfeilers der Volkswirtschaft'. Dies äußert sich unter anderem in einer veränderten Diktion in den staatlichen Medien Syriens: Mit den Planungen zu Gesetz Nr. 10/1991 Ende der 1980er Jahre beginnt die syrische Presse in einem neutralen bis positiven Ton von Unternehmern und Industriellen zu sprechen. Zu Beginn der 1990er Jahre wird die syrische Unternehmerschaft – vorher noch undenkbar – von Ökonomen und Experten im Rahmen von Fernsehdiskussionen über die zukünftige Wirtschaftspolitik sogar ganz unverblümt zu einem verstärkten Engagement und einer Ausweitung ihrer Investitionen aufgefordert [BOECKLER 2004, S. 225].

Das von Regierungsseite aufgebaute Spannungsfeld zwischen Diskreditierung als kapitalistische Ausbeuter und Duldung beziehungsweise sogar Aktivierung vor dem Hintergrund volkswirtschaftlicher Notwendigkeit, in dem private Unternehmer lange Zeit tätig sind, trägt sicherlich zur in Teilen der syrischen Gesellschaft vorhandenen Skepsis gegenüber unternehmerischer Tätigkeit und Unternehmern bei. Darüber hinaus leistet es lange Zeit gute Dienste beim gelungenen Versuch, die Unternehmerschaft politisch zu marginalisieren. Die Folgen pauschaler Diskreditierung bleiben für die Unternehmer in nicht wenigen Teilbereichen des institutionellen Rahmens, zum Beispiel in der Steuergesetzgebung, bis in die Gegenwart spürbar [BOECKLER/HOPFINGER 1996, S. 298; BOECKLER 1998b, S. 204].[14]

---

14 So erfolgt beispielsweise erst zum Jahreswechsel 2004/2005 eine Änderung des Einkommens- und Körperschaftssteuergesetzes. Das Gesetz Nr. 24/2003 senkt die Höchststeuersätze für Körperschaften von 63% auf 37% und stellt damit eine Angleichung an die Verhältnisse in den Nachbarländern her [ZOROB 2005, S. 97].

Reagibilität. Als problematisch erweist sich lange Zeit die Reagibilität der institutionellen Entwicklung. Ein konkreter Plan, der sich mit den Anforderungen an ein modernes, wirtschaftlichen Ansprüchen entsprechendes, formalinstitutionelles Umfeld beschäftigt und als Basis einer diesbezüglichen Entwicklung dienen kann, fehlt lange Zeit völlig. Reformen und Modifikationen bleiben im Gegenteil stets reaktiv [Zorob 2005, S. 98 ff.; Perthes 2002, S. 199]. Sie finden als Antwort auf akute Krisenphänomene statt und es scheint rückblickend so, als wären sie nur konzipiert worden, um eben in Phasen ökonomischer Krisen „kurzfristig privates Kapital zu stimulieren" [Boeckler 1998a, S. 30]. Eine strategische Vision der institutionellen Entwicklung mit Blick auf die Bedürfnisse der syrischen Wirtschaft fehlt dem Regime Hafez al-Asad [Perthes 2002, S. 199] beziehungsweise tritt eben hinter der angestrebten machtpolitischen Effizienz ins zweite Glied zurück.

Einen ersten Schritt in eine neue Richtung bildet auch in diesem Fall das Gesetz Nr. 10/1991. Es stellt in gewisser Weise nicht nur ein Bekenntnis zum privaten Sektor und seiner Bedeutung für die syrische Wirtschaft, sondern auch eine Stärkung marktwirtschaftlicher Elemente dar. Wiewohl die syrische Regierung auch die Verabschiedung des Gesetzes Nr. 10/1991 nicht mit einer konkreten Zielformulierung des Entwicklungsprozesses verbindet, wie Perthes feststellt [1997, S. 228 f.]. Wenngleich weitere Reformen auch in der unmittelbaren Folgezeit ausbleiben, so drückt Gesetz Nr. 10/1991 doch einen „new sense of irreversibility" [Sukkar 1994, S. 39] aus und bedeutet das Ende einer Phase allein reaktiver Institutionenentwicklung.

Nach dem Wechsel von Hafez zu Bashar al-Asad im Jahr 2000 entsteht in Syrien eine Debatte über notwendige weitere wirtschaftspolitische Reformschritte, an der sich auch ausgewählte Vertreter aus der Wirtschaft beteiligen. In der Folgezeit wird auch eine Reihe von Maßnahmen verabschiedet, die den Handlungsrahmen der Unternehmer erweitern. Doch nach wie vor scheint ein Gesamtkonzept für eine institutionelle Reorganisation zu fehlen. So illustrieren auch die zweifelsohne positiven Ansätze unter Bashar und die Realisierung punktueller Reformmaßnahmen letztlich nur, dass eine Folgephase auf breiter Basis angelegter, geplanter institutioneller Reformen bislang noch nicht angebrochen ist.

Implementierung institutioneller Veränderungen. Ein weiteres Charakteristikum des institutionellen Wandels, dessen negative Auswirkungen bis in die Gegenwart wirken, ist die Implementierung institutioneller Veränderungen. Auffallend ist dabei, dass formalinstitutionelle Veränderungen häufig in Form additiver Regelungen vorgenommen werden. Es findet keine evolutorische Entwicklung bestehender Regeln statt. Als ein erstes Beispiel kann Gesetz Nr. 10/1986 für die Landwirtschaft angeführt werden. Nach dem Vorbild der Joint Ventures im Tourismussektor wird nun, neun Jahre später, auch die Gründung derartiger Kapitalgesellschaften im Agrarsektor erlaubt. Wie auch im Tourismussektor ist eine staatliche Mindestbeteiligung in Höhe von 25 % vorgesehen, die in Form von Anbauflächen in die Gesellschaft eingebracht wird. Einzelpersonen dürfen maximal 5 % des Grundkapitals halten. Ist die Gründung formell vom syrischen Präsidenten genehmigt und hat sich eine ausreichende Zahl von Investoren gefunden, werden die Aktien über die syrische Staatsbank oder das Unternehmen selbst verkauft [Boeckler/Hopfinger 1996,

S. 301]. Bemerkenswert ist in diesem Zusammenhang, dass die institutionellen Rahmenbedingungen der Landwirtschaft (Anbauplanung, mangelhafte Marktpreisbildung und staatliche Kontrolle), die letztlich für die Produktivitätsverluste verantwortlich zeichnen, zunächst nicht angetastet, sondern lediglich durch Novellen ausgebaut werden. BOECKLER/ HOPFINGER bringen die eigentliche Zwiespältigkeit der Maßnahme auf den Punkt:

> „Dienten bislang die Staatsfarmen des öffentlichen Sektors als ‚leuchtendes Vorbild' auf dem Weg zum Sozialismus, so erhofft man sich nun von den zu gründenden Unternehmen durch Einführung neuer Produktionsmethoden kräftige Impulse auf die Entwicklung der gesamten Agrarwirtschaft, ohne jedoch die bestehenden Rahmenbedingungen für die Betriebe des privaten oder öffentlichen Sektors zu verändern".
>
> [BOECKLER/HOPFINGER 1996, S. 300]

Einmal mehr wird den unter diesem Gesetz gegründeten Unternehmen ein ‚Füllhorn' verschiedener Incentives angeboten, die lediglich Ausnahmerechte darstellen, anstelle einer tatsächlichen Reformierung der Rahmenbedingungen. Eine Zweiklassengesellschaft landwirtschaftlicher Betriebe wird geschaffen, mit einer Reihe von Exklusivrechten[15] für die Nr. 10/1986-Joint Ventures [vgl. u. a. HOPFINGER 1996, S. 165 ff.], die die gebotenen institutionellen Vorteile in der bereits in Übersicht 3 beschriebenen Art und Weise ausnutzen. Resultat der Gesetzesnovelle ist letztlich eine klassische Fehlleitung volkswirtschaftlicher Ressourcen; im unternehmerischen Einzelfall zwar durchaus rational und ökonomisch erfolgreich, *summa summarum* jedoch zu einer ineffizienten Faktorallokation beitragend.

Mit dem Präsidentschaftswechsel verknüpfen viele Unternehmer rund 25 Jahre später die Hoffnung auf ein durchdachtes Gesamtkonzept für eine umfassende Reform der institutionellen Rahmenbedingungen. Bashar erkennt zwar durchaus die Notwendigkeit für Reformen, aber anstelle einer umfassenden Reformierung kommt auch er über partielle Modifikationen nicht hinaus [WIELAND 2004, S. 102].

> Nach seinem Amtsantritt im Jahr 2000 werden die Vorschriften für die Einfuhr von privaten Kraftfahrzeugen überarbeitet, mit dem Ziel, den Import zu erleichtern. Im Gespräch beschreiben *Salem*, der Geschäftsführer des Generalimporteurs einer deutschen Automobilmarke, und *Khaled*, der Eigentümer der Unternehmensgruppe, zu der der Automobilimporteur gehört, die in der Praxis spürbaren Veränderungen:
>
> JMA: "I read in German newspapers about the importation of cars. It is now possible without any problem. Very easy, isn't it?"

---

15 Diese Exklusivrechte beinhalten unter anderem: die völlige Entscheidungsfreiheit in Produktionsangelegenheiten und Fragen von Vermarktung und Vertrieb; den Zoll- und abgabenfreien Import von notwendigen Produktionsmitteln; die Erlaubnis zum (begrenzten) Handel mit importierten Produktionsfaktoren (mit Unternehmen des öffentlichen Sektors); freien Kapitalverkehr und vergünstigten Devisentausch; Steuerbefreiungen auf Kapital und Erträge bis sieben Jahre nach dem ersten Gewinn. Zudem finden bestehende Vorschriften bezüglich Löhne und Gehälter keine Anwendung.

"It is the most complicated practice ever!" (Khaled)

"You know, the car business in Syria was closed for more than thirty years. Completely closed. There was only a very … small number entering Syria, according to very special cases. And the car dealers were using these very small, very limited possibilities. […] Now last year in August they permitted the import but they made many restrictions. […] We have to pay very high custom duties. Anyhow, in general, the car business now in Syria is easier a little bit than before, but still the taxes are high and the procedures to have a car are still difficult." (Salem)

JMA: "I heard something about 200 % taxes and duties …"

"The percentage is according to two categories: Previously it was according to the weight of the car: 1,000 kg and less or 1,000kg and above. They used to pay 200 % and 150 % for more respectively less than 1,000kg. But this is not all. 200 … they will add some other taxes. So 200 % comes to 260 % and the smaller category 150 % to almost 195 %. This has not changed. But they charged the weight. Now, there is no more weighing, they consider now the engine. 1.6 and less or 1.6 and up. And recently about a few months ago, they permitted the replacement of old cars. Private cars, the 1960ies models, are allowed to be replaced by a new car. The advantage is that you pay only 50 % customs duties for a replacement-car, but the rest is still the same. In general now the prices of the cars … compared to the price before is now about from 15 to 25 % less. But compared with any other neighbouring country or Europe, they are still very expensive." (Salem)

JMA: "Did your sales increase in the last twelve months since the new president took power?"

"No, I can say not in the last twelve months. Because they issued this one in August 2000 but eight months were closed, completely dead! Zero! Because these regulations change every ten days. So the people wait, they don't know what to do. They are waiting until the final instructions are issued and then they start to think." (Salem)

Interview K3-2sy

Widersprüchlichkeit. Institutionelle Widersprüchlichkeiten sind ein weiteres Charakteristikum institutioneller Entwicklung der zurückliegenden Jahrzehnte. Auf der Makroebene institutioneller Gesamtentwicklung lässt sich zum Beispiel die zeitliche Koinzidenz zwischen verstärkter Kontrolle der Privatwirtschaft und gleichzeitiger selektiver Liberalisierung sowohl gegen Ende der ersten *infitah* in den Jahren 1977/78 als auch im Krisenjahr 1986, beobachten [u. a. BOECKLER 2004, S. 172]. Die Widersprüche im genannten Zeitraum sieht PERTHES im Wesentlichen als den Ausdruck „konfligierender Interessen und konkurrierender wirtschafts- und gesellschaftspolitischer Vorstellungen" [1988, S. 279].

In ihrer beeinträchtigenden Wirkung für unternehmerisches Handeln wiegen die Widersprüchlichkeiten auf der Mikroebene individueller Reglementierungen schwerer. Diese entstehen in den meisten Fällen durch die an den Tag gelegte Vorgehensweise bei der Realisierung institutioneller Modifikationen in Form additiver Ausnahmeregelungen. Anstatt bestehende Regelungen zu verändern, werden seitens des Regimes einfach neue Bestimmungen hinzugefügt, ohne jedoch die betreffenden bestehenden Beschränkungen außer Kraft zu setzen oder entsprechend abzuändern.

Die Verfahrensweise der Schaffung institutioneller Widersprüche wird auch durch die Verabschiedung von Gesetz Nr. 10/1991 nicht grundlegend verändert. Auch hier bleiben die herrschenden Rahmenbedingungen unangetastet. Einziges Instrument zur Investitionsgenerierung ist die Installierung von Ausnahme- beziehungsweise Neuregelungen parallel zum bestehenden formalinstitutionellen Regelwerk. Infolge erscheint das neue Gesetzeswerk dem bestehenden System „übergestülpt" [BOECKLER/HOPFINGER 1996, S. 311], mit wenig Bezug zu den tatsächlichen Problemen der Wirtschaft des Landes und zum Teil in bewusstem Widerspruch zu bestehenden, nach wie vor gültigen Vorschriften und Regeln, wie der Nachsatz zu Artikel 11 des Gesetzes exemplarisch am Beispiel der gewährten Importerleichterungen illustriert:

> „The import processes mentioned in the previous paragraphs are carried out *irrespective of the rules* prohibiting and restricting imports and irrespective of the rules of importing directly from the country of origin and the rules of hard currency regulations."
> [Gesetzestext Nr. 10/1991 auf http://www.syrecon.org am 10. Februar 2005; Hervorhebung durch den Autor]

Aus ökonomischer Sicht präsentiert sich das institutionelle Umfeld vor diesem Hintergrund als suboptimal beziehungsweise als weit weniger effizient als theoretisch möglich. Dennoch lassen sich Belege für die These finden, dass nicht wenige der Widersprüche durchaus politisch opportun sind und den Eindruck erzeugen, als wären sie bewusst durch das Regime geschaffen, um bei Bedarf als Instrument der Disziplinierung gegen private Unternehmer eingesetzt werden zu können. Es darf nicht vergessen werden, dass in den entstehenden Grauzonen die Entscheidung über die letztlich zur Anwendung kommenden Regelung nicht selten im Ermessen von Bürokratie und Administration, also in Händen des Machtapparats, liegt. Durch diese Verfahrensweise entsteht nicht zuletzt die Möglichkeit, Pfründe zu schaffen, die wiederum als Mittel zur ‚Belohnung' verdienter Systemmitglieder oder Mittel zur Loyalitätssicherung beziehungsweise Integration ins Patronagenetzwerk in Wert gesetzt werden können. Trotz der gerade erläuterten Rationalität institutioneller Widersprüche aus Sicht des Regimes darf jedoch nicht außer Acht gelassen werden, dass die übereilte Reaktion auf ökonomische Krisenerscheinungen vor dem Hintergrund eines fehlenden Gesamtkonzepts für die institutionelle Entwicklung eben auch zu handwerklichen Fehlern führt. Nicht *jeder* Widerspruch ist tatsächlich vorab geplant.

Kontrolle. Die Kontrolle des privaten Sektors und privatwirtschaftlicher Aktivitäten stellt ein weiteres Kennzeichen der institutionellen Entwicklung in den letzten Jahrzehnten dar. Ein gutes Beispiel, das diese Aussage eindrucksvoll untermauert, ist die zeitliche Koinzidenz von ökonomischer Krise, selektiver Förderung der Privatwirtschaft und verstärkter

Kontrolle der Unternehmer in den Rezessionsjahren 1977/78 und später noch einmal 1986. Zwar wird in beiden Fällen eine stärkere Einbeziehung des Privatsektors in den Wirtschaftsprozess angestrebt, doch dies geschieht weniger aus der Einsicht in dessen größere Effizienz und seine darauf basierende Notwendigkeit für die wirtschaftliche Entwicklung des Landes, sondern vielmehr, um die entsprechenden Krisensymptome abzuschwächen, also vor dem Hintergrund konkreter ökonomischer Zwänge. Zudem spielt gegen Ende der 1970er Jahre auch die politische Einsicht, dass für eine erfolgreiche Konfrontation mit Israel der Einbezug der alten kommerziellen Oberschicht zwingend erforderlich ist, eine nicht unbedeutende Rolle [vgl. Boeckler 2004, S. 172]. Jegliche Beteiligung des Privatsektors erfolgt strikt kontrolliert. Importlizenzen, Devisenbestimmungen und die komplexe Wechselkurssystematik bilden stets eine untrennbare Melange aus konkreten wirtschaftlichen Zielen und machtpolitischem Kalkül. Dem staatlichen Kontrollblick sollen eventuell aufkeimende politische Ansprüche der Unternehmerschaft nicht entgehen.

Weder Gesetz Nr. 10/1991 noch der Präsidentenwechsel bringen bezüglich der staatlichen Kontrolle grundlegende Veränderungen mit sich. Das bereits seit der sozialistischen Umgestaltung des Landes bestehende umfassende System der Genehmigungspflicht wirtschaftlicher Aktivitäten durch staatliche Behörden bleibt weitestgehend erhalten. Zwar ist die weitere Stärkung des Privatsektors explizit geäußertes Ziel von Präsident Bashar, so erfährt u. a. der Außenhandel durch die Entflechtung von Zollvorschriften und die Senkung der Zölle eine Erleichterung, trotzdem bleibt über die weiterhin bestehenden Lizenzierungs- und Genehmigungsverfahren beziehungsweise Import- und Exportlisten die staatliche Kontrolle an Schlüsselstellen erhalten [Bank/Becker 2004, S. 7].

Neben konkreten wirtschaftspolitischen Zielen (z. B. Protektion einheimischer Produzenten), besitzt das Instrument der Kontrolle darüber hinaus ebenfalls ein immanentes Patronagepotential. Die Vergabe von Import- und Produktionslizenzen bietet für die beteiligten Stellen in Administration und Bürokratie eine gute Möglichkeit zur Generierung von offiziellen und inoffiziellen Einnahmen. Zusätzlich entstehen innerhalb der durch Kontrolle geschlossenen Wirtschaftsräume weitere Ertragschancen durch bewusste Verstöße und deren bewusste Tolerierung [vgl. Bank/Becker 2004, S. 7]. So wird zum Beispiel Warenschmuggel erst durch die Begrenzung der legalen Einfuhr lukrativ. Neben den direkten Profiten für die Schmuggler selbst, entsteht für die entsprechenden Behörden durch korrupte Tolerierung die Möglichkeit zur Teilhabe. Zwingende Voraussetzung für diese Arten der Profiterzielung sind restriktive Begrenzung und strikte Kontrolle der entsprechenden wirtschaftlichen Aktivitäten.

Zentralismus. Mit Hafez al-Asad beginnt der Aufbau des umfassenden Machtsystems zentralisierter Herrschaft. Die wichtigsten Säulen der Macht sind die Baath-Partei, der Bürokratieapparat, die syrische Armee sowie die Sicherheitsdienste [Hinnebusch 2001, S. 80 ff.; Hopfinger 2002, S. 4]. Über das klientelistische Patronagesystem, welches sich durch alle Ebenen dieser Säulen zieht, laufen die Fäden politischer Entscheidungen, damit auch die Entscheidungen über institutionelle Reformen, letztlich in der Hand des

Präsidenten zusammen. PERTHES führt als Beispiel die Planung einer Gesetzesreform den Bankensektor betreffend vor einigen Jahren an. Eigentlich fallen derartige Aufgaben in den Zuständigkeitsbereich des bis 2002 amtierenden Wirtschaftsministers Mohammed al-Imady. Imady kann jedoch lediglich einen Vor-Entwurf für die Gesetzesinitiative konzipieren. Das letzte Wort hat in derartigen Fällen der Präsidenten und dieser verweigert schlicht die Genehmigung. In seiner Konsequenz ist der Zentralismus nicht zuletzt mitverantwortlich für die schleppende Realisierung jeglicher Reformen: Zieht man beispielsweise den Friedensprozess mit Israel, der im Zeitraum des Beispiels im Gange ist, in Betracht und legt ein begrenztes Arbeitszeitbudget zugrunde, wird schnell klar, dass die Kapazitäten für Konzeption und Realisierung tiefgreifender institutioneller Reformen beim Präsidenten schlicht fehlen [BOECKLER 2004, S. 183].

Der Zentralisierung der Macht in der Person Asads entspricht im räumlichen System des Landes die „zunehmend dominante Stellung der Kapitale Damaskus" [HOPFINGER 2002, S. 4]. Wenn auch in wirtschaftlicher Hinsicht Aleppo, die zweitgrößte Stadt des Landes mit einer Jahrhunderte alten Tradition als Handels- und Industriezentrum [GAUBE/WIRTH 1984], durchaus noch konkurrenzfähig ist, werden dennoch alle für Syrien wichtigen Entscheidungen in Damaskus gefällt. Alle wichtigen administrativen Einheiten und Behörden haben ihren Sitz in der Hauptstadt. Ein gutes Beispiel für die Auswirkungen auf unternehmerische Tätigkeit ist hier die organisatorische Abwicklung von Investitionsprojekten im Rahmen des Gesetzes Nr. 10/1991. Die Einreichung des entsprechenden Investitionsprojekts muss über das zentrale Investitionsbüro beim *Higher Council of Investment* in Damaskus erfolgen. Theoretisch können alle nachfolgenden Schritte und Maßnahmen dann auf regionaler Ebene abgewickelt werden. Tatsächlich treten jedoch häufig Probleme mit unfähigen und unwilligen lokalen Behörden auf, die ein Gespräch mit den eigentlichen Entscheidungsträgern erfordern. Auf diese Weise sind eben Fahrten nach Damaskus für viele Investoren eher die Regel denn die Ausnahme [BOECKLER/HOPFINGER 1996, S. 306]. Die unmittelbare räumliche Nähe zu Entscheidungsträgern des Machtapparats und die dadurch entstehende Möglichkeit zum Aufbau entsprechender Netzwerke stellt deshalb für Unternehmer in Damaskus, im Gegensatz zu jenen aus Aleppo oder dem Rest des Landes, einen nicht zu unterschätzenden komparativen Vorteil dar. Aus wissenschaftlichem Blickwinkel kann angemerkt werden, dass sich die dominante Stellung von Damaskus auch in einem „Damaskus-Bias" [BOECKLER 2004, S. 143] der meisten (vor allem politikwissenschaftlichen) Studien und Arbeiten über Syrien manifestiert.

Resümee: Ergebnis der institutionellen Entwicklung

Übergreifend können mit Blick auf die Beeinflussung unternehmerischer Aktivitäten die drei auffallendsten Kennzeichen des gegenwärtigen institutionellen Umfelds in Syrien zusammengefasst werden. Es handelt sich hierbei um die Möglichkeit der Erzielung von außerordentlichen Erträgen aus institutionellen Defiziten (siehe ‚selektive Grenzüberschreitungsrechte' unten), die mangelnde Sicherheit, die syrische Institutionen für die Arbeit von Unternehmern bieten, und die weitgehend fehlende Beteiligung der Unternehmer am formalinstitutionellen Wandel.

Das institutionelle Umfeld bietet in unzureichenden Maß Anreize für volkswirtschaftlich effiziente unternehmerische Aktivitäten. Die Defizite des institutionellen Umfelds ermöglichen *außerordentliche Erträge*[16], die nicht selten zu einer ineffizienten Allokation von Mitteln führen. So haben sich in der Vergangenheit häufig Aktionsfelder entwickelt, in denen die Renditechancen trotz volkswirtschaftlicher Ineffizienz der Aktivitäten wesentlich höher waren, und zum Teil bis heute sind, als in ‚normaler' unternehmerischer Tätigkeit. Schmuggel, Spekulation (vor allem im Immobiliensektor) sowie die Generierung und Nutzung „selektiver Grenzüberschreitungsrechte" [BOECKLER 2004, S. 184 ff.] gestalten sich häufig individualökonomisch sinnvoller als produktive Investitionen in einzelnen Wirtschaftssektoren, was nach Ansicht von NORTH zu einer Umorientierung unternehmerischer Tätigkeit und letztlich zu einer ‚falschen Richtung' institutioneller Entwicklung führen kann [1992, S. 109 ff.].

Das größte Problem für unternehmerische Tätigkeit ist sicherlich die *Unsicherheit*. Unternehmerische Entscheidungen sind in allen Phasen der wirtschaftspolitischen Entwicklung in nahezu allen ihren Aspekten mit Unsicherheiten behaftet. Alle Teilaspekte der betriebswirtschaftlichen Organisation unternehmerischer Tätigkeit, Produktpolitik, Marketingmix, Personalpolitik etc. bergen das Risiko von Fehleinschätzungen und wirtschaftlichem Misserfolg. Dieses Risiko wird gemeinhin als unternehmerisches Risiko bezeichnet und ist selbstverständlich in keiner Weise auf Syrien und dort tätige Unternehmen beschränkt. Mit Hilfe entsprechender institutionalisierter betriebswirtschaftlicher Ansätze lässt sich dieses Risiko reduzieren, aber auch in hoch entwickelten Volkswirtschaften niemals völlig ausschalten. In Syrien bestehen jedoch über diesen Problemkreis der unternehmerischen Entscheidung unter Risiko hinaus mit Blick auf die institutionellen Defizite weitere Risiken: Selektivität und Reversibilität von formalen Beschränkungen sowie die Diskontinuitäten generieren zusätzliche Unsicherheit, die mit teilweise hohen Aufwendungen (z. B. intensive Kontaktpflege zu politischen Entscheidungsträgern, Schmiergeldern) abgeschwächt werden muss. Auf diese Weise sind die Erfolgschancen syrischer Unternehmer in einem nicht zu unterschätzendem Maß nicht-ökonomischen Bedingungen unterworfen. Häufig entscheiden nicht allein Geschäftsidee und unternehmerisches Talent, Fleiß und Glück über Erfolg und Misserfolg eines Unternehmens, sondern eben auch die individuellen Möglichkeiten, die Unsicherheiten des institutionellen Umfelds abzuschwächen.

---

16 Der Begriff ‚außerordentlicher Ertrag' soll an dieser Stelle – ökonomisch nicht einhundertprozentig korrekt – jenen Ertrag beschreiben, der sich aus der Nutzung institutioneller Defizite *ceteris paribus*, bei Konstanz aller anderen Einflussfaktoren auf die betriebliche Tätigkeit ergibt. Ein Beispiel: Investoren, die ihren Betrieb unter Gesetz Nr. 10/1991 errichten, können Maschinen zur Nutzung im Unternehmern ohne Schwierigkeiten importieren (laut Gesetz). Werden diese Maschinen unter Ausnutzung möglicher individueller Handlungsspielräume stattdessen mit Gewinn weiterverkauft, so handelt es sich beim entstehenden Ertrag um einen außerordentlichen Ertrag im obigen Sinn.

In die gleiche Richtung zielt auch der dritte Problemkreis: Eine Kraft, die im Sinne NORTH'scher Organisationen einen Anstoß zur institutionellen *Entwicklung in Richtung einer größeren volkswirtschaftlichen Effizienz* [1992, 1988] geben könnte, fehlt.

> *Naji*, Geschäftsführer und Eigentümer eines syrischen Life-science-Unternehmens, beschreibt das Problem anhand einer ursprünglich von syrischen Pharma Unternehmen geplanten Interessensvertretung:
>
> „We tried to have a pharmaceutical manufacturers association here, which is just normal, I mean there are fifty companies here. So it seems like we definitely should have a lobby here, like all associations in fact it should influence internal regulations and it is again an example of the problem here: We were not allowed to have one – you know – by the government and at the end they gave us a sort of a picture of one, which is like a department of the Ministry of Health, which is supposed to be the party against. You know they are on the one side and we are one the other but they made us part of the Ministry of Health and it is called Scientific Council or something. *(auflachen).* You know, I mean, why can't we have our own association, so that we can exchange ideas, exchange the common data, do some self regulation – you know – where useful. So there isn't any – well I don't know – a big lack of institutions of any sort private or government." (Naji)
>
> *Interview A2-2sy*

Eine Effizienzsteigerung des institutionellen Umfelds, die als nicht-intendierten *side effect* zur Stärkung der politischen Position bestimmter Bevölkerungsgruppen (Unternehmer) führt, konfligiert mit den Machterhaltungsbestrebungen des Asad-Regimes und eben auch mit den Interessen ökonomisch privilegierter, weil dem Regime nahe stehender, Gruppen. So ist es in der Vergangenheit gelungen, einen großen Teil wirtschaftlich erfolgreicher Unternehmer in irgendeiner Form an das Regime zu binden beziehungsweise deren Möglichkeiten zu politischer Artikulation eng zu begrenzen.

2.1.2 Auswirkungen auf die Arbeit syrischer Unternehmer

Vielfach wird in der Literatur bis in die Gegenwart die vermeintliche Rentiermentalität ‚des orientalischen Unternehmers' als (charakteristischer) Bestandteil einer orientalischen Unternehmenskultur beschrieben [BEBLAWI/LUCIANI 1987; BOBEK 1974]. Der volkswirtschaftlich wenig effiziente Einsatz der Produktionsfaktoren, insbesondere von Kapital, beziehungsweise die Verwendung von Gewinnen für konsumtive Zwecke, werden häufig als vermeintlich zu beobachtende Merkmale ins Feld geführt. Kontrastiert mit dem abendländischen Ideal des kreativ-zerstörerischen Schumpeter-Unternehmers findet die defizitäre und unterentwickelte ‚orientalische Unternehmenskultur' Verwendung zur Erklärung von Entwicklungsdefiziten orientalischer Staaten und Volkswirtschaften. WIRTH greift das beschriebene Konzept von der ‚Rentiermentalität' als wesentliches Merkmal der

Unternehmenskultur ebenfalls auf, belegt aber bereits 1971 die Widersprüchlichkeiten des Konzepts durch die Fakten der syrischen Realität.

> „Entgegen den traditionellen Regeln des orientalischen Wirtschaftsgeistes wurden nun diese Gelder nicht gehortet oder ins Ausland transferiert, nicht zu Wucherzinsen ausgeliehen oder für ein üppiges Leben und zur Anschaffung westlicher Konsumgüter verwendet, sondern produktiv wieder im Land investiert. Dies trieb in einem dynamischen Prozeß der Selbstverstärkung die wirtschaftliche Entwicklung rasch voran.
>
> Nach glaubwürdigen Schätzungen wurden in den Jahren vor 1958 alljährlich etwa 250 Mill. DM Privatkapital gegenüber nur etwa 50 bis 60 Mill. DM öffentlicher Mittel produktiv investiert. Die jährliche Netto-Investitionsrate kam mit vermutlich 13 bis 18 % des Volkseinkommens der Rate moderner westlicher Industriestaaten (USA, Frankreich, Deutschland) gleich. Das Volkseinkommen (in konstanten Preisen) dürfte sich im Zeitraum 1946 bis 1957 nach überschlägigen Schätzungen von 1000 Millionen auf 2500 Millionen syr. Pfunde erhöht haben. Dies ergibt eine jährliche reale Steigerungsrate des Volkseinkommens pro Kopf der Bevölkerung von 7 % – ein stolzer Wert, der sogar den Vergleich mit den Steigerungsraten dynamischer westlicher Industriestaaten aushält."
>
> [WIRTH 1971, S. 12]

Betrachtet man das institutionelle Umfeld in Syrien als Rahmen für unternehmerisches Handeln, so liegt der Schluss nahe, dass die oben geschilderten Charakteristika der institutionellen Entwicklung in Verbindung mit der immanenten Verlaufsabhängigkeit institutionellen Wandels [NORTH 1988, 1992] zu Defiziten geführt haben, die unternehmerisches Handeln maßgeblich behindern. In der Theorie als effizient einzustufende und im Sinne einer modernen Volkswirtschaft als ökonomisch rational zu bezeichnende Handlungsweisen werden im weiteren Verlauf der institutionellen Entwicklung in Syrien nicht unbedingt gefördert und führen auch nicht automatisch zum Erfolg.

Spezifische Aspekte individueller Handlungsstrategien als Charakteristika unternehmerischer Tätigkeit in Syrien

Im Verlauf der empirischen Arbeiten kam eine Reihe von übergreifenden Aspekten unternehmerischer Tätigkeit in Syrien zur Sprache. Sie können als Resultat des defizitären Umfelds und Merkmale individueller Handlungsstrategien syrischer Unternehmer betrachtet werden. Sie kommen bei Erschließung und Nutzung individueller ökonomischer Aktionsräume in wechselnder Kombination und in unterschiedlichem Umfang zum Einsatz. Auffällig ist, dass formalinstitutionelle Defizite häufig durch informelle Institutionen abgeschwächt werden. Die angesprochenen informellen Institutionen nehmen in Syrien dementsprechend eine weitaus wichtigere Rolle im Kontext unternehmerischer Tätigkeit ein, als zum Beispiel in Deutschland.

> *Beispiel A: Aufbau persönlicher Kontakte*
> "On the other hand you can rely on your personal contacts and relations with officials to make smooth business. If the officials are co-operating and you have good business and you have a good relationship, personal relationship, with him, he can give you more facilities than others." (Sami)
>
> *Interview H1-6sy*

Der *Aufbau persönlicher Kontakte* im Sinne strategischer Beziehungen zu hochrangigen Entscheidungsträgern im Machtnetzwerk ist für erfolgreiche unternehmerische Tätigkeit in Syrien häufig von großer Bedeutung. Nicht selten werden hochrangige Entscheidungsträger aus Administration und Bürokratie am Geschäftserfolg beteiligt. Dies kann offen geschehen durch deren Einbeziehung als Teilhaber oder verdeckt durch die Zahlung von Schmiergeldern. Derartige Beziehungen sind im Einzelfall nicht nur bei der Erschließung konkreter Geschäftsfelder hilfreich, sondern ermöglichen überdies auch den Verzicht auf Sicherheit generierende Maßnahmen, wie zum Beispiel die starke Diversifikation der Aktivitäten und/oder den Rückgriff auf familieninterne Ressourcen.

> *Beispiel B: Tendenziell verkürzte Planungshorizonte*
> "In general here the approach is opportunistic rather than strategic and that would seem logical given all by the huge uncertainty you are operating under, the huge risk factor: political risk, economic risk, financial risk all kinds of things. So it seems that from that point of view, yeah, maybe it should be short term thinking […] instead of the long term approach, of investing all time. […] The conditions in the economy encourage short term planning and thinking which again is always the worst for any country trying to develop its economy. They should encourage long term thinking and investment." (Naji)
>
> *Interview A2-2sy*

Die Unsicherheit des institutionellen Umfelds führt vielfach zu *tendenziell verkürzten Planungshorizonten*. Hieraus jedoch eine generelle Präferenz und Konzentration allein auf kurzfristige Gewinne abzuleiten, ist ein häufig anzutreffendes Fehlurteil. BOECKLER stellt beispielsweise im Rahmen seiner Arbeit mit Aleppiner Unternehmern fest, dass sich viele von ihnen dieser häufig unterstellten Logik schneller Gewinne entziehen und durchaus Bereitschaft an den Tag legen, Kapital langfristig – ungeachtet des unsicheren Umfelds – in produktive Sektoren zu investieren [2004, S. 224]. Er belegt dies mit zahlreichen Beispielen. Es könnte sich also bei der zugeschriebenen Konzentration auf schnelle Gewinne auch um tradierte Bilder über orientalische Unternehmer handeln. Dies bestätigen auch die Erfahrungen, die der Autor im Verlauf der empirischen Arbeiten zur vorliegenden Studie sammeln konnte: Viele der syrischen Interviewpartner verfolgen langfristig angelegte Geschäftsmodelle und haben darüber hinaus für ortsübliche Verhältnisse teilweise sehr große Summen in Produktionsanlagen investiert. In Anpassung an die Rahmenbedingungen im Land ist jedoch eine in der Regel verkürzte Amortisationsdauer zu konstatieren. Dies entspricht unter betriebswirtschaftlichen Gesichtspunkten einer ökonomischen Rationalität und trägt somit keineswegs dem Bild einer Überordnung kurzfristiger über langfristig erfolgreiche Unternehmensstrategien, also letztlich irrationalem unternehmerischem Handeln, Rechnung.

> *Beispiel C: Präventive Vermeidungspraktiken*
> "It's not a secret if I tell you that we usually ask our suppliers to supply a reduced-price invoice! I buy this product for 10 USD but you send me an invoice at 5 USD. Not to that extent. Maybe 7, 8. […] Yes, [for] tax reasons … and customs! We pay much less to the customs!" (Sami)
>
> *Interview H1-6sy*

Nicht selten scheinen die individuellen Handlungsstrategien syrischer Unternehmer *präventive Vermeidungspraktiken* zu umfassen. Vor dem Hintergrund einer ausgeprägten Überregulierung werden sich bietende Schlupflöcher genutzt, um staatliche Auflagen zu umgehen beziehungsweise notwendige Finanzleistungen zu minimieren. In diese Kategorie entfallen beispielsweise die häufige anzutreffende Form der doppelten Buchführung im übertragenen Wortsinn: Hier werden die geschäftlichen Vorgänge in zwei getrennten ‚Büchern' erfasst. Eines zur Vorlage bei offiziellen Stellen, Ämtern und Behörden, ein zweites, in dem die tatsächlichen Geschäftsverläufe festgehalten werden und das als eigentliches Protokoll der unternehmerischen Tätigkeit angesehen werden muss. Ein weiteres Beispiel ist die eben im Beispiel beschriebene Praktik der Unterfakturierung, bei der, um Zölle und sonstige Abgaben zu senken, der Preis einer Ware stark vermindert auf der Rechnung erscheint.

> *Beispiel D: Sektorale und räumliche Diversifikation*
> „Our family is an industrial family in Syria. My father was the first man, he established the first five flour mills in Aleppo. Five flour mills! Separated plants. But all of them got nationalized in the 1960ties. […] Today we produce polypropylene bags in Aleppo, and we have another factory like this in Beirut. We have a flour mill in Lebanon and we are in the textile sector, we are producing polyester yarns. […] For the future we are planning to open another flour mill in Lebanon." (Abdul)
>
> *Interview C4-5sy*

Aufgrund der Erfahrungen in der Vergangenheit und des resultierenden Misstrauens gegenüber dem Staat und staatlichen Organen war in der Vergangenheit (und ist es bis heute, wie das Beispiel oben zeigt) eine *starke sektorale und räumliche Diversifikation* individueller unternehmerischer Tätigkeit in Syrien ab einem bestimmten Geschäftsvolumen häufig zu beobachten. Die Möglichkeit und Bereitschaft, Öffentlichkeit auf sich zu ziehen, sei es durch eine starke Ausweitung der Geschäftstätigkeit verbunden mit einer betrieblichen Expansion oder auch die Übernahme von Ämtern in Interessensvertretungen und Organisationen, ist häufig nicht zuletzt von der persönlichen Vernetzung mit Elementen des staatlichen Machtapparats abhängig. Fehlen tragfähige Verbindungen zum Machtsystem, wird die unter den bestehenden Umständen sicherheitsgenerierende Diversifizierung der Aktivitäten, gegebenenfalls auch entgegen betriebswirtschaftlicher Rationalität, vorgezogen. Zum einen ist auf diese Weise die auf den ersten Blick verwirrende Struktur nicht weniger syrischer Unternehmen (siehe Beispiel D), die weder betriebswirtschaftliche Vorteile noch Synergien birgt, zu erklären. Zum anderen kann die betriebene Diversifikationsstrategie auch zur Begründung von Abflüssen syrischen Kapitals in den einheimischen Immobilienmarkt, Miet- und Kaufpreise sind in jüngster Vergangenheit um mehr als 40 % gestiegen [OBG 2005, S. 110], beziehungsweise in ausländische Geldanlagen dienen. Hier sei noch einmal auf Beispiel D verwiesen und angemerkt, dass zum umfangreichen Unternehmensgeflecht von *Abduls* Familie auch ein Hotel gehört, welches er an anderer Stelle im Gespräch *en passant* erwähnt.

Beispiel E: Konzentration auf familieninterne Ressourcen
„Our father was the founder of our company. He started in 1966 with a printing machine, but for paper. We switched to metal, to cans for packing. […] Our father died, today the company belongs to us. We are four brothers. A few years ago, we started with the production. So, we are not only printing cans, we produce them, too. […] Every brother is responsible for his own part of the business. My oldest brother, Ahmad, is the general manager. I am the technical manager, responsible for the production. My younger brother for accounting and the youngest sales and marketing, he visits our customers. […] You know, we can trust each other 100 %, because we are from the same family. No problem with communication and cheating. We all here have the same blood." (Nizar)

Interview A1-1sy

Bestimmte Aspekte der Handlungsstrategien, die sich auf unterschiedlichen Ebenen äußern, können als mehr oder weniger stark ausgeprägte *Konzentration auf familieninterne Ressourcen* interpretiert werden. So ist zum einen feststellbar, dass häufig traditionell von der Familie betriebene Branchen bei der Wahl des Tätigkeitsbereichs den Vorzug erhalten, was mit Know-how-Vorsprüngen begründet werden könnte. Zum anderen schlägt sich die Familienorientierung auch in der Betriebsorganisation beziehungsweise im Management nieder. Vielfach finden sich in betrieblichen Schlüsselpositionen enge Vertraute der/des Unternehmer(s). Erfolgt die Besetzung von Managementpositionen aus der Überlegung heraus, familienfremden Personen den Einblick in die Geschäftspraktiken zu verwehren, enthält auch die Familienorientierung eine Vermeidungskomponente.

Beispiel F: Große Bedeutung von Reputation
„Und außerdem kann man nachfragen [bei Dritten Erkundigungen einholen; Anm. d. Verf.]. […] Sie fragen mich, was halten sie von X? Ich sage ihnen: sehr gute Firma. Sie fragen: XY? Ich sage Ihnen, eine sehr gute Firma. Sie fragen nach einer anderen Firma, ich sage Ihnen, ich weiß nicht oder gebe Ihnen eine Antwort unter Vorbehalt. Verstehen Sie? […] man kann Erkundigungen einholen …" (Mamdouh)

Interview M2-2sy

Einen weiteren Aspekt stellt wohl die *große Bedeutung eines guten Rufs*, also eine positive Reputation, dar. Ein guter Ruf trägt wesentlich zum Erfolg unternehmerischer Arbeit bei, wenn auf diese Weise die potentiell negativen Auswirkung formalinstitutioneller Defizite abgeschwächt werden können. So ist es beispielsweise bis heute für private Unternehmer relativ schwierig, Fremdkapital in Syrien auf ‚offiziellem Weg' zu erschließen. Die Kreditpolitik der staatlichen Banken ist bis heute sehr restriktiv. Gegenwärtig existieren zwar Filialen ausländischer Privatbanken in Damaskus, ihr Leistungsportfolio steht jedoch noch nicht in vollem Umfang zur Verfügung [ZOROB 2005, S. 100]. In Ermangelung eines transparenten Kapitalmarktes ist ein guter Leumund unabdingbar, um auf privater Basis Fremdkapital zur Realisierung von Investitionsprojekten einzuwerben.

‚Selektive Grenzüberschreitungsrechte' als Quelle wirtschaftlichen Erfolgs

Ein wichtiges Kriterium bei aller Innovativität und unternehmerischer Risikobereitschaft, die syrische Unternehmer in ihrer Mehrzahl aufweisen, ist zweifellos die Frage nach den individuellen Möglichkeiten zur Ausnutzung institutioneller Lücken beziehungsweise zur ungestraften Übertretung formaler Regeln. BOECKLER betrachtet gerade diese „selektiven Grenzüberschreitungsrechte" [2004, S. 184] in nicht wenigen Fällen als konstitutiv für unternehmerisches Handeln in Syrien. Er interpretiert dabei institutionelle Entwicklung in Syrien nicht im Sinne eines Abbaus von Beschränkungen für privatwirtschaftliche Aktivitäten, sondern vielmehr als Phasen der Umverteilung von Grenzüberschreitungsrechten [2004, S. 184 ff.]. Ungeschriebene, informelle Institutionen, die aus Verfahren der Praxis entstehen, regeln dabei das Übertreten formaler Vorschriften. Gerade diese selektiv zuteilbaren Grenzüberschreitungsrechte bilden den Kern des klientelistischen Patronagesystems, auf das sich der syrische Machtapparat seit Regierungsübernahme von Hafez al-Asad stützt. Je näher der Kontakt zu den Machthabern, desto eher kann gegen formalinstitutionelle Regeln verstoßen werden. Ein populäres Beispiel hierfür stellt Rifa'at al-Asad dar. Der Bruder von Hafez al-Asad und Onkel des jetzigen Präsidenten Bashar konnte jahrelang in großem Stil Schmuggelgüter ungehindert von seinem durch paramilitärische Privatmilizen gesicherten Privathafen in der Nähe von Lattakia aus ins Land schleusen [vgl. BOECKLER 2004, S. 185] und auf diese Weise ein beträchtliches Vermögen erwirtschaften.

Verallgemeinernd kann festgehalten werden, dass das Resultat einer derartigen Grenzüberschreitung bei gleichzeitiger Aufrechterhaltung der Beschränkung für alle anderen Marktteilnehmer eine ‚win-win-win-Situation' erzeugt: Die Personen, die ungestraft die bestehenden Beschränkungen übertreten können, erhalten die Möglichkeit, in weitgehend konkurrenzlosen Aktionsräumen (enorme) Gewinne zu realisieren. Jene administrativen Stellen, die die bestehenden Beschränkungen gegenüber den anderen Marktteilnehmern aufrechterhalten, erhalten die Möglichkeit zur Partizipation an diesen Gewinnen [vgl. BANK/BECKER 2004, S. 7]. Der Staat entwickelt durch die Definition und die stillschweigende – in manchen Fällen auch offene – Tolerierung der grenzüberschreitenden Akteure und der Verfahrensweise der Administration ein Instrument, das je nach Bedarf für Zwecke der Entlohnung, der Disziplinierung beziehungsweise Repression sowie der Sanktion eingesetzt werden kann. Wie aus diesen Ausführungen hervorgeht, gibt es im Kreise syrischer Unternehmer durchaus Interessensgruppen, die am Fortbestand von umfangreichen Regulierungen und Beschränkungen interessiert sind. Die immensen volkswirtschaftlichen Kosten dieser Verfahrensweise trägt die syrische Gesellschaft in Form eines verminderten Wohlstands.

2.2 Wirtschaftliche Entwicklung Syriens

Die institutionelle Entwicklung hat die individuellen Aktionsräume syrischer Unternehmer und damit auch die gesamtwirtschaftliche Entwicklung des Landes in den letzten Jahrzehnten maßgeblich beeinflusst. Auffälligstes Ergebnis ist wohl die sektorale Dreiteilung der syrischen Wirtschaft in einen staatlichen (öffentlichen), privaten und gemischten Sektor. Daneben weist auch die räumliche Struktur Besonderheiten auf, die, ebenso wie die Entwicklung der Außenwirtschaft, im folgenden Kapitel kurz skizziert werden sollen.

2.2.1 Binnenwirtschaft

Es scheint fast, als wären die syrischen Unternehmer in den Jahren nach der Unabhängigkeit des Landes angetreten, um all jene Lügen zu strafen, die eine wie auch immer ausgestaltete Rentiermentalität als charakteristischen Bestandteil orientalischer Unternehmenskultur betrachten [vgl. BEBLAWI/LUCIANI 1987; BOBEK 1974]. Vielmehr betreiben sie, durch die Einnahmen aus dem Agrarsektor dazu imstande, die Industrialisierung des Landes. WIRTH beziffert die Wachstumsraten des Pro-Kopf-Einkommens in den Anfangsjahren der Syrisch-Arabischen Republik auf rund 7 % [1971, S. 317 f.]. Unternehmertum und Unternehmenskultur erreichen vor dem Hintergrund der wirtschaftsfreundlichen Politik eine regelrechte Blüte. Doch nicht alle Bevölkerungsteile partizipieren in gleichem Maß am Zuwachs des Wohlstands; der Rückgang der Getreidepreise und eine einsetzende mehrjährige Dürre bedeuten zusammen mit dem Politikwechsel durch die Regierung Nasser infolge der Gründung der VAR 1958 das Ende der ersten Boomphase der syrischen Wirtschaft.

1963 beginnt im Zuge des Machtwechsels durch die Baath-Partei die Phase der Nationalisierungen: In einer ersten Welle werden syrische Banken und Versicherungen verstaatlicht. Wenig später geraten auch Industriebetriebe in den Fokus staatlicher Maßnahmen. Zunächst sind es die großen und mittleren Betriebe, die die Aufmerksamkeit des Regimes auf sich ziehen. Unternehmen mit mehr als 500 Beschäftigten werden vollständig enteignet, bei jenen mit 50 bis 100 Beschäftigten 75 % des Kapitals unter staatliche Kontrolle gestellt [FÜRTIG 1994, S. 218]. Insgesamt werden bis Ende 1965 261 Unternehmen nationalisiert, wobei Aleppo den räumlichen Schwerpunkt darstellt. Hier allein werden 109 Unternehmen entschädigungslos enteignet. 33.000 Beschäftigte sind praktisch über Nacht Angestellte des syrischen Staats [CORNAND 1994, S. 32]. Sektoral spiegelt die Nationalisierung die syrische Industriestruktur dieser Zeit wider und findet schwerpunktmäßig in der Textil- und Bekleidungsindustrie (65) statt. Darüber hinaus treffen die Verstaatlichungen u. a. auch Getreidemühlen (40), Baumwollentkörnungsanlagen (57) sowie Zementfabriken und Elektrizitätswerke [BOECKLER 2004, S. 208]. Der Handel, traditionell ein wichtiges ökonomisches Aktionsfeld syrischen Privatkapitals, wird in zwei Schritten monopolisiert und in staatliche Hand überführt: Zunächst erfolgt die Verstaatlichung des Außenhandels mit Agrarprodukten, dem *peu à peu* die bereits oben angesprochene Verstaatlichung des Binnenhandels mit Agrarprodukten folgt. Von 1968 an ist auch der Handel mit Industrie-, Gewerbe- und Handwerksprodukten monopolisiert und in staatlicher Hand. Darüber hinaus wird auch die Devisenwirtschaft vollständig unter staatliche Kontrolle gestellt [BOECKLER/HOPFINGER 1996, S. 298].

Neben ideologisch-sozialistischen Zielen verknüpft die Baath-Partei mit diesen Maßnahmen auch handfeste pragmatisch-machtpolitische Absichten. So werden die Profiteure des vorherigen ‚Wirtschaftsliberalismus' und damit Angehörige einer potentiellen Opposition gezielt ihrer ökonomischen Basis beraubt und auf diese Weise als Machtfaktor geschwächt. Aus ideologischer Sicht gilt die staatlich kontrollierte Industrialisierung als „Zaubermittel" [FÜRTIG 1994, S. 218] zur Überwindung der Unterentwicklung. Vor diesem Hintergrund werden in den folgenden Jahren bis 1969 auch kleine und mittlere Betriebe dem staatlichen Sektor einverleibt. Parallel hierzu werden im administrativen Bereich eine Reihe von Planungsinstanzen geschaffen, mit deren Hilfe die avisierte Zentralverwaltungswirtschaft umgesetzt werden soll [PERTHES 1990, S. 50 ff.].

Eine Bilanz der Maßnahmen fällt differenziert aus: Zunächst gelingt es der Regierung durchaus, die drückenden und rückständigen Verhältnisse auf dem Land zu verbessern. Mit der Initiierung einer Bildungsoffensive kann das Bildungsniveau auf breiter Front angehoben werden. In Verbindung mit dem Ausbau des staatlichen Sektors erwächst eine breite lohnabhängige Mittelschicht [FÜRTIG 1994, S. 217 f.]. Zudem wird der ‚Grundstein' für die etatistische Staatsklasse [BOECKLER 2004, S. 181] gelegt, die im weiteren Verlauf der institutionellen Entwicklung stark an Einfluss gewinnt. Als weitere mittelbare Folge der staatlichen Politik sieht sich die Arbeiterschaft aufgrund der Möglichkeiten zur massiven politischen Einflussnahme in der Lage, Lohnsteigerungen und verbesserte Sozialleistungen durchzusetzen, jedoch unter Missachtung der Produktivität.

Trotz dieser positiven Resultate erzielt der umfangreiche Maßnahmenkatalog nicht in *jedem* Fall das gewünschte Ergebnis, wie PERTHES feststellt [1993, S. 496 ff.]. Mit anderen Worten: Die Erfolge sind teuer erkauft. WIRTH belegt die negativen Auswirkungen der Politik anhand der von ihm ermittelten Zahlen: Das Volkseinkommen in Syrien 1965/66 ist niedriger als noch vor der Vereinigung mit Ägypten sieben Jahre zuvor [1971, S. 14]. In Reaktion auf die investitionsfeindliche Politik werden riesige Teile des bisher im Lande investierten Kapitals ins Ausland transferiert. Die Kapitalflucht, die bereits 1958 einsetzt, erreicht 1963 ihren Höhepunkt. WIRTH beziffert das Gesamtvolumen des Kapitalabflusses im genannten Zeitraum unter Berufung auf „gut unterrichtete Kreise" auf 500 Mio. Euro. Nach dem Machtwechsel 1963 gehen der syrischen Volkswirtschaft innerhalb eines Monats noch einmal 100 Mio. Euro verloren [1971, S.14]. Dieser immense Abfluss finanzieller Mittel hätte nach damaligen Kostenvoranschlägen ausgereicht, um den Euphratstaudamm voll zu finanzieren. Trotz dieser dramatischen Entwicklung, der schlechten Rahmenbedingungen und der grassierenden Kapitalflucht kommen die unternehmerischen Aktivitäten im Land nicht vollends zum Erliegen. Produktion und Volkseinkommen sinken nicht in dem Umfang ab, in dem es eigentlich zu erwarten gewesen wäre [WIRTH 1971, S. 14].

Ab 1968 entspannt sich die wirtschaftliche Lage mehr und mehr. Die Talsohle scheint durchschritten und die Produktion ist wieder im Ansteigen begriffen. Getragen wird diese Entwicklung vor allem von Handwerk und Gewerbe, die heimische Rohstoffe für den Binnenmarkt weiterverarbeiten [WIRTH 1971, S. 319].

All jene, die sich von Hafez al-Asads Machtübernahme und Korrekturpolitik (*infitah*) eine wirtschaftliche Trendwende erhoffen, werden nicht enttäuscht: Die 1970er Jahre werden zu Boomjahren für die syrische Wirtschaft. Das reale Wirtschaftswachstum in dieser Zeit beläuft sich auf durchschnittlich 10% per anno [u. a. BOECKLER 2004, S. 172; SUKKAR 1994, S. 27]. Neben den Reformen im formalinstitutionellen Regelwerk, die wieder – wenn auch begrenzten – Raum für privatwirtschaftliche Aktivitäten schaffen, ist es vor allem das staatliche Investitionsprogramm, welches zu diesen enormen Wachstumsraten führt. Nach Angaben von PERTHES versechsfachen sich die öffentlichen Ausgaben zwischen 1970 und 1975 und verdoppeln sich in den Jahren bis 1980 noch einmal [1994, S. 47]. Unter dem Schlagwort ‚Importsubstitution' folgt auch Syrien einer Entwicklungsstrategie, die in dieser Phase von nicht wenigen Entwicklungs- und Schwellenländern verfolgt wird. Staatliche Gelder fließen in erster Linie in Infrastrukturprojekte, den Energiesektor (hier ist vor allem der Bau des Euphratstaudammes anzuführen) und das Verkehrswesen, sowie den Erwerb von großen, modernen, schlüsselfertigen Anlagen der Grundstoff- (Eisen- und Stahlproduktion, Chemie, Petrochemie, Zement), aber auch der Konsumgüterindustrie (Bekleidung, Lebensmittel, Haushaltsartikel). Privatwirtschaftlichen Akteuren werden eng begrenzte Spielräume in ausgewählten (Nischen-)Bereichen eingeräumt. Die Zeichen der wirtschaftlichen Entwicklung stehen dennoch zunächst auf Erfolg: Das BIP verdoppelt sich im Zeitraum zwischen 1970 und 1980; die syrischen Exporte wachsen um 400%; das alles geschieht unter steigender Beteiligung des privaten Wirtschaftssektors, der den ihm gebotenen Raum nutzt und für mehr als ein Drittel der Gesamtinvestitionen im angegebenen Zeitraum verantwortlich zeichnet [PERTHES 1990, S. 97].

Finanziert wird das „gewaltige Wachstums- und Investitionsprogramm" [PERTHES 1993, S. 496] durch hohe externen Kapitalzuflüsse. Diese setzen sich zusammen aus der offiziellen Kapitalhilfe der Sowjetunion und den Hilfsleistungen der arabischen ‚Bruderstaaten' nach dem Oktoberkrieg 1973. Darüber hinaus sind die Heimat-Überweisungen syrischer

Gastarbeiter im Ausland eine wichtige Devisenquelle [PERTHES 1994, S. 46 f.]. SUKKAR gibt die Höhe der kumulierten Nettokapitalzuflüsse in den Jahren 1973 bis 1976 mit 2,1 Milliarden USD, in den Jahren 1977 bis 1981 sogar mit 7 Mrd. USD an. Dies entspricht einem durchschnittlichen jährlichen Beitrag zum syrischen Bruttosozialprodukt von etwa 12,5 % [1996, S. 147].

Ein Nebeneffekt: Im Zeitraum von 1970 bis 1980 wächst die im Staatsdienst beschäftigte Mittelschicht von einem Anteil in Höhe von 10 % auf über 17 % der Gesamtbevölkerung an. Die Mitglieder dieser ‚Staatsklasse', aber auch andere Teile der Bevölkerung, verbuchen einen kontinuierlichen Anstieg ihres Lebensstandards [PERTHES 1994, S. 48]. Der sozio-ökonomische Wandel schlägt sich in erhöhten Einfuhren nieder: Veränderte Konsummuster, nicht zuletzt durch Kaufkraftsteigerungen bei weiten Teilen der Haushalte erst ermöglicht, führen zu einer vermehrten Nachfrage nach ausländischen Waren. Höherwertige (Konsum-)Artikel werden in Syrien selbst praktisch nicht produziert. Güter, die vorher noch einer zahlenmäßig kleinen Oberschicht vorbehalten waren, halten nun auch Einzug ins Nachfrageportfolio der neuen und alten Mittelschicht, was zum immensen Importwachstum beiträgt. Die Entwicklung der Exporte kann indes nicht mit den Einfuhrzuwächsen Schritt halten, das Zahlungsbilanzdefizit nimmt sukzessive zu, der Devisenbedarf Syriens steigt [PERTHES 1988, S. 264 f.].

Anfang der 1980er Jahre mehren sich die Anzeichen für eine ernsthafte Rezession der syrischen Wirtschaft. Strukturelle Defizite der syrischen Wirtschaft infolge der Entwicklungen der 1970er Jahre bilden den Nährboden der Krise. Als auslösendes Element fungieren aber äußere Faktoren, in erster Linie der Rückgang externer Kapitalzuflüsse. Für diesen verantwortlich zeichnen zum einen der Preisverfall für Erdöl und Erdölprodukte verbunden mit einer rückläufigen Exportquote infolge der immensen Zunahme des syrischen Eigenverbrauchs [PERTHES 1988, S. 266 ff.], zum anderen die syrische Unterstützung für den Iran in der kriegerischen Auseinandersetzung mit dem Irak (Erster Golfkrieg) die zu einer Reduktion arabischer Transferleistungen um rund zwei Drittel auf ‚nur mehr' 500 Mio. USD führt [BOECKLER 2004, S. 172]. Verstärkt wird die rückläufige Tendenz darüber hinaus durch die ebenfalls rückläufigen Heimatüberweisungen syrischer Gastarbeiter in den Golfstaaten als indirekte Folge des Ölpreisverfalls, wie Günter MEYER darlegt. Als drittes problematisches Ereignis kommt eine dreijährige Dürreperiode hinzu, die enorme Ernteeinbußen für den ‚Obst- und Gemüsegarten' der Arabischen Halbinsel bedeutet [1987, S. 41 f.]. Der ausbleibende Niederschlag und die damit verbundene Wasserarmut bereiten auch dem syrischen Energiesektor große Probleme. Die zu einem großen Teil auf Wasserkraft abgestellte Stromerzeugung kann den Bedarf nicht mehr befriedigen. Auf der Ausgabenseite entwickelt sich die syrische Militärpräsenz im Libanon angesichts rückläufiger Einnahmen zu einer immer größeren finanziellen und politischen Bürde. Die Militärausgaben steigen von 1,5 Mrd. USD auf knapp 3 Mrd. USD [KANOVSKY 1986, S. 285]. Alle genannten Faktoren münden 1980 in einem Zahlungsbilanzdefizit, welches in den Folgejahren eine massive Ausweitung erfährt.

Ein erstes Symptom der Krise ist der rapide Rückgang des Wirtschaftswachstums: Zwischen 1982 und 1985 wächst die syrische Ökonomie gerade noch um rund 1 %, während ein Bevölkerungswachstum von 3,4 %, eine der weltweit höchsten Zuwachsraten, dafür sorgt, dass im selben Zeitraum Tausende junger Arbeitskräfte ohne Aussicht auf Beschäftigung auf den Arbeitsmarkt drängen. 1986 schließlich erreicht die Krise ihren Höhepunkt: Die syrische Wirtschaft erlebt erstmals in der Ära Hafez al-Asad ein Negativwachstum. Das Bruttosozialprodukt schrumpft um 5 %, während zeitgleich die Währungsreserven Syriens einen „alarmierenden Tiefstand" – BOECKLER/HOPFINGER sprechen von nur mehr 357 Mio. USD – erreichen [1996, S. 299]. „Syrien befindet sich am Rande des Staatsbankrotts", wie BOECKLER zutreffend feststellt [2004, S. 173].

Auch für die Nachfrageseite, die privaten Haushalte, hat die Krise handfeste Folgeerscheinungen. So beläuft sich die Teuerungsrate für Güter des täglichen Verbrauchs und sonstiger Konsumartikel 1986 auf *offiziell 36 %*, ein Jahr später sogar auf 60 %. SUKKAR schätzt die *tatsächliche* Inflationsrate für beide Jahre jedoch auf über *100 %* [1994, S. 28]. Der rapide Rückgang des Realeinkommens trifft vor allem die ‚neue' Mittelschicht, Industriearbeiter des öffentlichen Sektors und Angestellte des öffentlichen Dienstes sowie Kleinbauern und Landarbeiter. Die entstehenden Knappheiten bei wichtigen Verbrauchsgütern münden im massiven Wachstum des Waren- und Devisenschwarzmarktes. ‚Privater Import' ist größtenteils ein Euphemismus für Schmuggel. PERTHES schätzt den Anteil illegaler Importe am Gesamtaufkommen der Wareneinfuhren unter Bezugnahme auf namentlich nicht genannte syrische Ökonomen auf bis zu 90 % [1988, S. 268]. Die Palette der illegal ins Land geschmuggelten Waren reicht dabei von Nahrungs- und Arzneimitteln, über Benzin und Heizöl bis hin zu Personenkraftwagen. Syrien befindet sich zweifellos in der schwersten wirtschaftlichen Krise seit Erlangung der Unabhängigkeit [PERTHES 1988, S. 268].

HOPFINGER, zum Zeitpunkt der Krise zu Forschungszwecken selbst im Land, beschreibt eindrücklich die am eigenen Leib miterlebten Auswirkungen der Krise auf die syrische Bevölkerung:

„Bis zu zwölf Stunden am Tag wurde über viele Wochen hinweg der Strom abgeschaltet, die Wasserversorgung tageweise eingestellt. Dieseltreibstoff war an Tankstellen mehrere Monate lang nicht vorhanden, Benzin knapp. Staatliche Stellen gaben Heizöl nur in Kleinmengen von wenigen Litern an die frierende Bevölkerung ab. Höherwertige Konsumgüter wurden nicht einmal mehr auf dem Schwarzmarkt angeboten; selbst gängige Medikamente mussten im benachbarten Ausland besorgt werden. [...] Politische und wirtschaftliche Krisen hatte es in Syrien auch schon in der Vergangenheit gegeben. [...] Während der jüngsten Rezession wurde es der syrischen Bevölkerung aber sehr schwer gemacht, denn diesmal war auch die Landwirtschaft in besonderer Weise von den Krisenerscheinungen betroffen. Über mehrere Monate hinweg war die Versorgung mit Grundnahrungsmitteln wie Brot, Milch, Butter, Zucker, Öl, Reis, Gemüse und Fleisch allgemein, für diejenigen Teile der Bevölkerung je-

doch aufs äußerste gefährdet, die aufgrund mangelnder finanzieller Reserven die in der
Krise explodierenden Nahrungsmittelpreise nicht mehr bezahlen konnten."

[Hopfinger 1991, S. 18 f.]

Nach den fabelhaften Wachstumsraten der 1970er Jahre von 7 % bis 10 % pro Jahr und
dem Rückgang in der zweiten Hälfte der 1980er kehrt die syrische Wirtschaft in der
ersten Hälfte der 1990er Jahre – nicht zuletzt aufgrund der ergriffenen Maßnahmen zur
Krisenbekämpfung – wieder auf den Wachstumspfad zurück [Sukkar 2003, S. 36]. Dabei findet die sukzessive Abkehr von der Planwirtschaft hin zu einer stärkeren Betonung
marktwirtschaftlicher Elemente ihren vorläufigen Höhepunkt in der Inkraftsetzung von
Investitionsgesetz Nr. 10 im Jahr 1991. In den darauf folgenden Jahren bis 1994 weist das
Bruttoinlandsprodukt jährliche Wachstumsraten zwischen 6,7 % und 10,6 % auf [Frankfurter Allgemeine Zeitung vom 28. April 1997, S. 14], bei einer gleichzeitig für syrische
Verhältnisse als durchaus moderat einzustufenden Inflationsrate von 12 % [Fürtig 1994,
S. 237]. Die alleinige Zuschreibung des Wirtschaftswachstums an den Reformkurs würde
allerdings zu kurz greifen. Vielmehr trägt die Ausweitung der Erdölproduktion aus neuen,
schwefelarmen und hochwertigen Vorkommen und die damit verbundene Möglichkeit
zur Exportsteigerung einen großen Anteil an der positiven Entwicklung. Während die
Ölproduktion in der Mitte des vorangegangenen Jahrzehnts noch weniger als 200.000
Barrel pro Tag beträgt, weitet sie sich bis 1995 auf etwa das Dreifache aus und ermöglicht
Exporte im Wert von 2,5 Mrd. US-Dollar [Zorob 2005, S. 86 f.]. Die gestiegenen Erdöleinnahmen, die positive Entwicklung der landwirtschaftlichen Produktion und die im
Zuge des zweiten Golfkriegs wieder üppiger fließenden internationalen Hilfszahlungen
ermöglichen eine Wiederbelebung des öffentlichen Sektors.

> **Übersicht 7: Reaktionen auf Gesetz Nr. 10/1991**
>
> Die Entwicklungen nach der Verabschiedung von Gesetz Nr. 10/1991 belegen Perthes
> Worte auf eindrucksvolle Weise: Bis Mitte 1996 erhalten über 1.400 private Investitionsvorhaben die erforderliche Genehmigung vom *Higher Council of Investment*. Die genehmigten
> Projekte mit einem Gesamtvolumen von rund 7,9 Mrd. USD sollen 101.918 neue Arbeitsplätze schaffen [Hopfinger 1998, S. 125]. Das gigantische Volumen der geplanten Investitionen beläuft sich auf mehr als 50 % des syrischen Staatshaushalts im gleichen Zeitraum.
> Auffallend ist bei der sektoralen Verteilung der Investitionsvorhaben (siehe Abbildung 9)
> vor allem die geringe Zahl von Investitionen im Agrarsektor. Hier stehen Widersprüchlichkeiten zwischen bestehenden Regelungen und den Bedürfnissen der Investoren vielversprechenden Projekten entgegen. Die Anforderungen einer modernen mechanisierten
> Landwirtschaft konfligieren mit den Besitzgrößenbeschränkungen, Relikten der früheren
> Bodenreformen [Boeckler 1998b, S. 174 f.].
>
> Das Gros der Projektplanungen (828) konzentriert sich zwar im weitesten Sinn auf den
> unproduktiven Transportsektor und bringt damit keine wirkliche Entwicklung für die

Industriestruktur des Landes, aber mittelbare Auswirkungen auf die volkswirtschaftliche Entwicklung sind dennoch nicht von der Hand zu weisen.[17] Immerhin 614 Projektplanungen sind im Industriesektor angesiedelt. Das geplante Investitionsvolumen von 222,2 Mrd. SYP übersteigt die Aufwendungen im öffentlichen Sektor für denselben Zeitraum um ein Vielfaches [HOPFINGER 1998, S. 126]. Es scheint, als würde der syrischen Wirtschaft ein gewaltiger „take off" [BOECKLER/HOPFINGER 1996, S. 307] bevorstehen. Doch die Realität relativiert schnell die optimistischen Zahlen: 1996, immerhin fünf Jahre später, sind gerade 124 Projektplanungen tatsächlich realisiert. Das bis dato investierte Kapital von 11,5 Mrd. SYP entspricht gerade einmal 6% der anvisierten Gesamtsumme HOPFINGER 1998, S. 126]. Bis zum Jahr 2000 werden insgesamt 1.600 Projekte das Genehmigungsverfahren erfolgreich absolvieren, von denen jedoch letztlich nicht einmal jedes Fünfte tatsächlich realisiert wird [vgl. HOPFINGER 2002; OBG 2005, S. 26].

Abb. 9: Projektierte Investitionsvorhaben und -summen unter Gesetz Nr. 10/1991 (in absoluten Zahlen und Mrd. SYP; Stand August 1996)

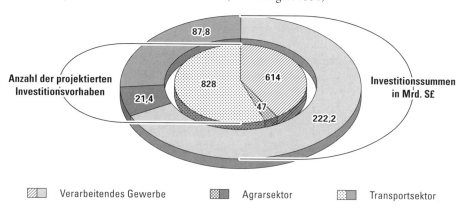

Quelle: Entwurf Jürgen Amann nach HOPFINGER [1998, S. 126]/ Graphische Darstellung Alexandra Kaiser.

Der staatliche Wirtschaftssektor hat im Konzept Asad ungeachtet der neuen Aktionsräume für Privatinvestoren die unumstrittene Führungsrolle. Durch die zunehmende Teilhabe privater Akteure an der wirtschaftlichen Entwicklung entsteht eine neue kommerzielle Oberschicht in den Bereichen Außenhandel (Export/Import), im Bau- und Immobili-

---

17 Vor allem durch jene Unternehmen des Transportsektors, die Gesetz Nr. 10/1991 nicht allein dazu nutzen, sich und Familienangehörige beziehungsweise Bekannte mit einem Pkw zu versorgen, sondern tatsächlich einen Beitrag zur Verbesserung der Infrastruktur des Landes leisten. Darüber hinaus darf auch nicht vergessen werden, dass neben einer größeren Zahl von Chauffeuren auch im Wartungsbereich Arbeitsplätze für Mechaniker, Lackierer, Kfz-Elektriker, Hilfskräfte etc. entstehen.

ensektor sowie im Tourismus. Ab 1995 stagniert die wirtschaftliche Entwicklung: Die durchschnittlichen jährlichen Wachstumsraten gehen auf 3% bis 5% zurück und erreichen in den Folgejahren von 1996 bis 2000 durchschnittlich 3,2% pro Jahr, wobei 1999 zwischenzeitlich sogar ein Schrumpfen der Wirtschaft zu konstatieren ist [OBG 2003, S. 28]. Fallende Ölpreise und Missernten infolge einer anhaltenden Dürreperiode zeichnen für die Negativentwicklung verantwortlich. Hinzu kommt, dass die Investitionsanreize von Gesetz Nr. 10/1991 aufgrund ausbleibender komplementärer Maßnahmen zur Verbesserung des Investitionsklimas mehr und mehr verblassen. Die Investitionsquote, die sich auf dem Höhepunkt der Euphorie des privaten Sektors 1994 auf rund 30% beläuft, sinkt in den Folgejahren bis 2000 kontinuierlich auf unter 18% [SUKKAR 2001, ZOROB 2005, S. 90].

Trotz der großen Diskrepanz zwischen geplanten und tatsächlich realisierten Projekten haben die Unternehmen des privaten Sektors in den letzten Jahren ihre Rolle in der Industrie zunehmend ausgebaut. Bemerkenswert bei vielen Projekten der jüngeren Vergangenheit ist zum einen, dass sie in Bereichen entstehen, die lange Zeit allein staatlichen Aktivitäten vorbehalten waren, so also als Ausdruck einer fortgesetzten wirtschaftlichen Öffnung interpretiert werden können. Zum anderen ist gerade bei den realisierten Großprojekten die häufige Beteiligung ausländischer Kapitalgeber auffällig. Dieser Sachverhalt wiederum kann als Indikator für ein verbessertes Investitionsklima im Land mit der Zurückhaltung deutscher Investoren kontrastiert werden. In erster Linie rekrutieren sich die ausländischen Investoren aus dem Nachbarland Türkei, aus dem Iran und den Golfstaaten. In diesen Ländern scheint man langsam auch wirtschaftliches Interesse an Syrien zu entwickeln [siehe OBG 2005, S. 25 ff.].

Ab 2001 scheint sich die neuerliche Wiederaufnahme des Reformkurses unter dem neuen Präsidenten Bashar al-Asad auch in den wirtschaftlichen Kennzahlen des Landes widerzuspiegeln: Vor dem Hintergrund des beinahe auf das Doppelte angestiegenen Ölpreises, Rekordernten infolge ausreichender Niederschläge und eines starken Anstiegs der Touristenzahlen – vor allem Staatsangehörige der arabischen Länder am Persisch-Arabischen Golf verbringen in Folge des Terroranschlags vom 11. September 2001 den Sommer entgegen der sonstigen Gewohnheiten nicht in Europa oder den USA, sondern in den Ländern der Levante – erhöht sich das BIP Syriens 2002 auf 19,5 Mrd. US-Dollar. Bis 2004 wächst die Wirtschaft mit Raten zwischen 2,5% und 3,6% [bfai 2004a, S. 1].

Der Ölsektor bildet sicherlich das Rückgrat dieser positiven Entwicklung. Private und staatliche Betriebe des verarbeitenden Gewerbes leisten derzeit einen Beitrag zum BIP von rund 7% [bfai 2004a, S. 2] und beschäftigen etwa 15% aller Erwerbstätigen [OBG 2003, S. 118]. Nahrungsmittelverarbeitung mit einem Anteil von 25% und dicht dahinter die Textilindustrie mit 24% sind als wichtigste Branchen zusammen für rund die Hälfte der syrischen Industrieproduktion verantwortlich. Einen Beitrag von rund 10% leisten die Betriebe der chemischen Industrie (ohne Kohlenwasserstoffe).

2.2.2 Außenwirtschaft[18]

Die Außenwirtschaft ist in den vergangenen Jahrzehnten ebenfalls sehr stark von der institutionellen Entwicklung beeinflusst. Die großen Schwankungen sind dabei u. a. bedingt durch die Höhe der jeweiligen Budgets, die für Investitionen in den öffentlichen Sektor zur Verfügung stehen. Aufseiten der Privatwirtschaft wirken sich formale und informelle Beschränkungen direkt, zum Beispiel durch die Vergabe von Importlizenzen, aus. Aber auch die mit der institutionellen Erweiterung beziehungsweise Begrenzung unternehmerischer Spielräume verbundenen Schwankungen der Investitionstätigkeit beeinflussen die internationale Tätigkeit syrischer Unternehmen.

Im Detail betrachtet ist bis 1970 ein langsames Wachstum von Ein- und Ausfuhren zu konstatieren. Die Steigerungsraten der Importe betragen in den beiden Jahrzehnten von 1950 bis 1970 durchschnittlich rund 6 % per anno. Die Handelsbilanz ist dabei nahezu ausgeglichen, die Einfuhren übersteigen die Ausfuhren nur knapp. Dies ändert sich zu Beginn der 1970er Jahre rapide: Das massive staatliche Investitionsprogramm und die *infitah*, sowie die notwendig gewordene Beseitigung der Zerstörungen des Oktoberkriegs 1973 führen zu einem sprunghaften Anstieg der Importe. Bis 1977 verzehnfacht sich der Wert der Einfuhren. Die Exportsituation kann mit dieser Entwicklung nicht Schritt halten, das Handelsbilanzdefizit nimmt sukzessive zu. Die notwendigen Mittel zum Ausgleich des Defizits stammen aus der Arabischen Welt und der Sowjetunion, die stattliche Transferleistungen an Syrien überweisen. Die zunehmenden Exporterlöse aus dem Erdölsektor stellen ab Mitte der 1970er Jahre eine weitere wichtige Einnahmequelle dar.

Zunächst wird die Importgüterpalette dieser Jahre erwartungsgemäß dominiert von Baumaterialien, Investitionsgütern (Maschinen und Anlagen, sonstige Ausrüstungsgegenstände etc.), Rohstoffen und Vorprodukten. Die neu errichteten Industriebetriebe müssen die notwendigen Waren und Dienstleistungen mangels Alternativen fast vollständig aus dem Ausland beziehen. Dabei entfallen zunächst rund 70 % der Importaktivitäten auf Unternehmen des staatlichen Sektors. Mit fortschreitendem Verlauf der *infitah* nehmen jedoch auch die Einfuhren des privaten Sektors, wenngleich auch von einem niedrigen Ausgangsniveau, beständig zu [Nyrop 1979[3], S. 134 f; Meyer 1987, S. 57 ff.]. Die investitionsfördernden Maßnahmen und die Erweiterung privatwirtschaftlicher Aktionsräume zeigen Wirkung: Private Unternehmen erobern mehr und mehr den Handel, die leicht-

---

18 Die folgenden Ausführungen beschränken sich auf offizielle Warenimporte und -exporte. Die beiden Positionen ‚Schmuggel' und ‚Rüstungsimporte' bleiben unbeachtet, wenngleich es Anlass zu Vermutungen gibt, dass beide von ihrem Wertumfang her lange Zeit alles andere als eine *quantité négligeable* darstellen. Es ist nicht möglich, Schmuggel oder den Bereich der Rüstungsgüter in irgendeiner Weise monetär zu quantifizieren. Es kursieren zwar unterschiedliche Zahlen, jedoch keine konkreten und nachvollziehbaren Daten, die an dieser Stelle zitiert werden könnten. Da beide Fälle für die Gruppe der untersuchten syrischen und deutschen Unternehmen und deren Kooperationsbeziehungen nur von untergeordneter Bedeutung sind, scheint es vertretbar, an dieser Stelle nur auf die Nichtberücksichtigung beider Positionen in den nachfolgenden Ausführungen hinzuweisen.

industrielle Produktion und das Baugewerbe. Die boomende Wirtschaft führt zu einem wachsenden Wohlstand für weite Teile der Bevölkerung, der sich wiederum in quantitativen und qualitativen Änderungen der individuellen Konsumpräferenzen niederschlägt. Auf diese Weise steigt zum einen der Bedarf an Zucker, Getreide und anderen Grundnahrungsmitteln, zum anderen steigt jedoch auch die Nachfrage nach teureren westlichen Konsumgütern.

Die syrische Exportgüterpalette unterliegt in den 1970er Jahren ebenfalls massiven Umstrukturierungen: Die 1970 noch mit einem Anteil von rund 70 % dominierenden Agrargüter (allein Rohbaumwolle erreicht in diesem Jahr einen Anteil von 43 %) werden in den nächsten Jahren von Erdöl und Erdölprodukten als führender Exportgütergruppe abgelöst. Eine erste gewaltige Steigerung der Erlöse ist mit der ersten Ölkrise 1973/74 und der damit verbundenen Explosion der Ölpreise – innerhalb von nur 15 Monaten vervierfacht sich der Preis pro Barrel von drei auf zwölf US-Dollar – zu verzeichnen. Durch die stetige Ausweitung der Fördermenge infolge der Entdeckung und Inbetriebnahme neuer Förderfelder nehmen die Erlöse aus dem Export von Erdöl und dessen Derivaten in den Jahren zwischen 1970 und 1976 von 129 Mio. SYP auf 2,7 Mrd. SYP zu. Vor diesem Hintergrund verwundert es nur wenig, dass bereits 1980, gerade einmal zehn Jahre später, mehr als 75 % aller syrischen Exporterlöse im Erdölsektor generiert werden. Der Anteil von landwirtschaftlichen Erzeugnissen erreicht im selben Jahr nur noch 20 %, Industrieprodukte gerade einmal 5 %, davon entfallen allein 4 % auf Textilien und Bekleidung.

Abb. 10: Handelsbilanz Syrien (in Mrd. USD)

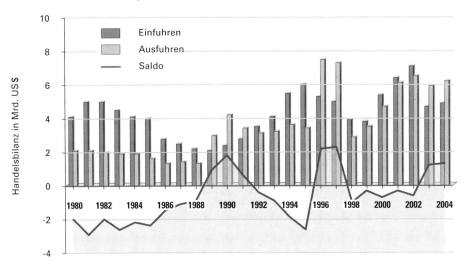

Quelle: Entwurf Jürgen Amann nach Zahlen der bfai [1997, S. 2; 2004a, S. 2] und des Statistischen Bundesamts Deutschland [1996, S. 64]/ Graphische Darstellung Alexandra Kaiser.
* Die Werte der Jahre 2003 und 2004 entsprechen den Schätzungen des OBG 2005 [S. 44].

Der gestiegene Weltmarktpreis für Erdöl entpuppt sich für Syrien jedoch als zweischneidiges Schwert: Das schwere, qualitativ minderwertige syrische Öl muss vor der Weiterverarbeitung in heimischen Raffinerien mit hochwertigem Import-Brent versetzt werden [siehe auch MEYER 1987, S. 58 f.]. So ergibt sich 1979 erstmals die an sich schizophrene Situation, dass Erdöl sowohl im Ranking der Import- als auch im Ranking der Exportgüter den ersten Platz belegt. Trotz steigender Exporterlöse öffnet sich deshalb die Schere zwischen den Einnahmen aus dem Warenexport und den Ausgaben für die notwendigen Einfuhren weiterhin. 1981 schließlich erreicht das Handelsbilanzdefizit alarmierende Ausmaße. Die infolge der zunehmenden Krisensymptome ausgesprochenen Importrestriktionen verkleinern zwar das Einfuhrvolumen kurzzeitig, die strukturell bedingte Auslandsabhängigkeit der syrischen Industrien bewirkt jedoch, dass bereits 1984/85 das alte Defizit wieder nahezu erreicht ist.

In einer sich selbst verstärkenden Entwicklung gehen die Exporterlöse in der Folgezeit noch weiter zurück: Die Qualität syrischer Ölprodukte, und damit auch deren Preis, sinkt sukzessive aufgrund des abnehmenden Anteils höherwertigen Importöls. Die Einfuhr von Öl wird zu diesem Zeitpunkt aufgrund der zunehmende Devisenknappheit immer schwieriger. Gleichzeitig verhindert die zunehmende Binnennachfrage eine Ausweitung der Ausfuhr. In Ermangelung von Alternativen gewinnt in dieser Situation die Ausfuhr von Rohbaumwolle wieder an Bedeutung. Obwohl auch der Exportanteil von Textilien und industriellen Produkten deutlich zunimmt [MEYER 1987, S. 59], sind diese allein nicht in der Lage, den Einnahmerückgang zu kompensieren und die drohende Devisenverknappung abzuwenden. Infolge der Devisenkrise werden in den Jahren 1986 bis 1988 die Importe auf ein Minimum reduziert (siehe Abbildung 10).

Als Achillesferse der syrischen Wirtschaft entpuppt sich nun die hohe Importabhängigkeit der syrischen Industrie sowohl des staatlichen aber auch, wenngleich in niedrigerem Maße, des privaten Sektors. Als unerwünschte Nebenfolge des raschen Wachstums der 1970er Jahre ist ein Großteil der Industriebetriebe von ausländischem Know-how, von Rohstoffen und Vorerzeugnissen abhängig (siehe hierzu das nachfolgende Zitat, in dem Perthes den Grad der Auslandsabhängigkeit der syrischen Industrie kurz umreißt), die gegen Devisen ins Land eingeführt werden müssen. Da hierzu die vorhandenen Reserven nicht mehr ausreichen, legen weite Teile der öffentlichen Betriebe nun gezwungenermaßen ihre Produktion still [BOECKLER/HOPFINGER 1996, S. 299].

> „Zu den unerwünschten Folgen des zweifellos raschen Wachstums der syrischen Wirtschaft in den siebziger Jahren [...] gehört vor allem die zunehmende Auslandsabhängigkeit der syrischen Ökonomie. Dies liegt, was die Industrie betrifft, zum einen daran, dass Maschinen und Ausrüstungen fast ausschließlich ausländischen Ursprungs sind, und dass, zumindest anfänglich, syrische Fachkräfte zum Betrieb, zur Pflege und zur Reparatur der schlüsselfertig gelieferten Anlagen fehlen, zum anderen daran, dass der Betrieb vieler der neuen Projekte von der Lieferung ausländischer Rohstoffe und Halbfertigprodukte abhängig blieb. So ma-

chen nach einer syrischen Berechnung diese importierten Rohstoffe und Zwischenprodukte 90 % des Werts der Produktion der syrischen Chemieindustrie, 88 % bei der Hütten-, 71 % bei der Holz- und 66 % bei der Papierindustrie aus."

[PERTHES 1988, S. 264]

Aufgrund der in Kraft gesetzten Importrestriktionen für den privaten Sektor und der gleichzeitig verfolgten Austeritätspolitik gelingt es in den Jahren 1989 und 1990 tatsächlich, Ausfuhrüberschüsse zu erzielen. Doch die einsetzende Umorientierung der staatlichen Politik und die damit verbundene Förderung privatwirtschaftlichen Engagements (v. a. Gesetz Nr. 10/1991) sorgen für einen erneuten Anstieg der Einfuhren. Der Außenhandel, lange Zeit dominiert vom staatlichen Sektor, ist nun jedoch deutlich gekennzeichnet von der Ausweitung privater Importe.

Zu Beginn der 1970er Jahre bilden die kommunistischen Staaten des Ostblocks die Hauptlieferanten der nachgefragten Produkte. Ab 1975 gewinnen die Länder der Europäischen Union, darunter vor allem Deutschland, Italien, Frankreich und England zunehmend an Bedeutung. Der Anteil der arabischen Nachbarn am Gesamteinfuhrvolumen beläuft sich zu dieser Zeit auf 10 % bis 15 % [NYROP 1979, S. 135]. Trotz der Bedeutungszunahme der EU-Länder erreicht der Anteil osteuropäischer Staaten, allen voran der UdSSR, am syrischen Außenhandel in den 1980er Jahren weiterhin zwischen 30 % und 40 %. Ab Mitte der 1980er Jahre, aber vor allem nach dem Zusammenbruch des Ostblocks Ende des Jahrzehnts werden sie von den Ländern der Europäischen Union vollends abgelöst. Mehr als die Hälfte aller syrischen Ausfuhren sind zu diesem Zeitpunkt an Abnehmer innerhalb der EU adressiert, rund ein Viertel geht an die angrenzenden arabischen Nachbarn. Dominiert werden die syrischen Exporte von qualitativ höherwertigem Erdöl und Erdölprodukten, die seit Ende der 1980er Jahre aus neu erschlossenen Quellen bei Deir ez-Zor gefördert werden. Dagegen sind Agrargüter Anfang der 1990er Jahre endgültig nahezu bedeutungslos [JÄCKEL 1998, S. 40 ff.].

In der ersten Hälfte der 1990er Jahre steigt das Außenhandelsvolumen kontinuierlich an. Die syrische Wirtschaft erholt sich langsam von der Krise des vorangegangenen Jahrzehnts. In den Jahren 1996 und 1997 erreichen die Exporte mit einem Volumen von rund 7,4 Mrd. US-Dollar Rekordhöhen. Die Handelsbilanz weist für beide Jahre einen Überschuss von jeweils rund zwei Mrd. US-Dollar auf. Hier macht sich die massive Ausweitung der Ölexporte als Folge des vorangegangenen Ausbaus der Erdölförderung bemerkbar. Mit Verlangsamung des Wirtschaftswachstums in den Jahren 1996 – 2000 dreht sich auch die Handelsbilanz ab 1998 ins Minus. Gegen Ende des Jahrzehnts befindet sich die Außenwirtschaft wieder auf dem gleichen Niveau wie zu Beginn der 1990er Jahre.

Die Wiederaufnahme des Reformprozesses nach der Amtsübernahme von Bashar al-Asad bringt eine Reihe von Veränderungen, die auch die Außenwirtschaft betreffen, darunter u. a. den Abschluss einer Reihe von bi- und multilateralen Außenhandelsabkommen und den damit verbundenen umfangreichen Abbau von Zöllen und tarifären Handelsschranken.[19] In der Folgezeit wachsen die Wareneinfuhren zunächst schneller als die -ausfuhren, was zu einem neuerlichen Bilanzdefizit führt. Schätzungen des OBG [2005, S. 44] zufolge weist die Bilanz in den beiden Jahren 2003 und 2004 einen Überschuss von jeweils rund 1 Mrd. US-Dollar auf. Dies ist vor allem durch zwei Faktoren bedingt: Die starke Importreduktion, verglichen mit dem wirtschaftlich sehr guten 2002, und den kontinuierlich ansteigenden Ölpreis, der für konstant hohe Exporterlöse verantwortlich ist.

Bei der Zusammensetzung der Ein- und Ausfuhren (siehe Abbildung 11) hat sich einiges getan: Hatten lange Zeit Maschinen den größten Anteil an der Palette syrischer Importe, werden sie 2002 von Ernährungsgütern auf Rang zwei verdrängt. Metall und Metallwaren, chemische Erzeugnisse, Transportmittel und Textilien sind weitere wichtige Einfuhrgüter. Die mit Abstand wichtigste Gruppe der Exportprodukte sind Rohöl und Erdölprodukte, die zusammen – trotz rückläufiger Tendenz – nach wie vor rund zwei Drittel der syrischen Ausfuhren bilden. Nahrungsmittel, vor allem Obst und Gemüse, lebende Tiere und Fleisch sowie Textilien folgen mit weitem Abstand auf den Plätzen. Rohbaumwolle, in den 1960er Jahren führender Exportartikel Syriens, ist mit einem Anteil von rund 3 % heute weitgehend bedeutungslos. Der wichtigste Handelspartner des Landes ist Deutschland. Auf den Plätzen folgen Italien, Frankreich und das Nachbarland Türkei [bfai 2005a, S. 2 f.].

Abb. 11:   Zusammensetzung syrischer Ein- und Ausfuhren 2002

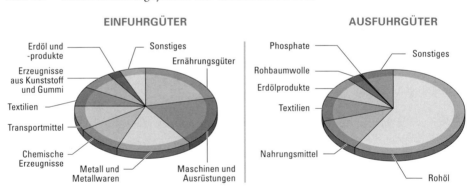

Quelle: Entwurf Jürgen Amann nach Zahlen der bfai (2005a, S. 2]/ Graphische Darstellung
          Alexandra Kaiser.

---

19 Einen wichtigen Meilenstein stellt hierbei sicherlich die Teilnahme an der Großen Arabischen Freihandelszone (GAFTA) dar. Das Durchführungsprogramm zur GAFTA-Errichtung wird 1997 von 18 Mitgliedsländern der Arabischen Liga unterzeichnet, die damit die jährliche Senkung der Zölle um 10 % besiegeln. Gleichzeitig sollen nicht-tarifäre Handelshemmnisse weitgehend beseitigt werden [für detailliertere Informationen siehe ZOROB 2005, S. 90 f.; OBG 2003, S. 46 ff.].

Aus außenwirtschaftlicher Sicht ist die von Bashar al-Asad seit der Machtübernahme betriebene Annäherung Syriens an seine Nachbarländer auffällig. Insbesondere Irak und die oben gerade angesprochene Türkei, aber auch Iran avancieren nach Jahren relativer ‚Funkstille' zu wichtigen Wirtschaftspartnern, was sich neben der zunehmenden Zahl bilateraler Abkommen auch in einer tatsächlichen Intensivierung der Geschäftsverbindungen manifestiert [ZISSER 2005]. Bis März 2003 ist Syrien in der Lage, unter Umgehung des Oil-for-Food-Programms der UN, Erdöl aus dem Irak zu beziehen. Über viele Monate hinweg wird irakisches Erdöl über die angeblich stillgelegte Pipeline Kirkuk-Baniyas nach Syrien transportiert und gelangt von dort aus auf den syrischen Binnenmarkt. Durch die auf diese Weise frei gewordenen Kapazitäten können pro Tag 450.000 Barrel syrischen Erdöls, dies entspricht rund 90 % der syrischen Tagesproduktion, ins Ausland exportiert werden (siehe zum Vergleich die Entwicklung der Ausfuhren seit 2000 in Abbildung 10). Zu Beginn des Jahres 2004 wird allein das Volumen des Ölhandels mit dem Irak auf 3 bis 5 Mrd. US-Dollar [NZZ 2004] geschätzt. Im Gegenzug stellt der Irak einen aufnahmebereiten Markt für syrische Agrar- und vor allem Industrieprodukte dar.

Die (wieder-)erstarkte Rolle des Irak als Handelspartner für syrische Firmen beschreibt *Sami*, der für Einkauf und Vertrieb zuständige Referent des nach eigenen Angaben größten syrischen Großhändlers für pharmazeutische Rohstoffe, im Verlauf eines 2003 geführten Gesprächs. Auch wenn über die genaue Größenordnung syrischer Exporte in den Irak keine verlässlichen Daten erhältlich sind (ein Großteil des bilateralen Handels mit Irak verstößt wie erwähnt gegen das Oil-for-Food-Programm und findet deshalb aus gutem Grund keinen Eingang in offizielle Statistiken), es sich bei Samis Angabe also um eine rein persönliche Schätzung handelt, so gibt es doch kaum Zweifel daran, dass zum Zeitpunkt der amerikanischen Invasion der irakische Markt einen großen Teil der Auslandsnachfrage nach syrischen Erzeugnissen repräsentiert.

> JMA: "One question: What about the development of your companies' business during the last years? Is it developing or stagnating …?"
>
> "Well, it was expected to be increasing. And although it is not decreasing yet, but it is staying at the same level! Some other sectors, maybe pharmaceutical business and the industry have their own … characteristics that are not comparable to other sectors, but I've heard … I am hearing a lot of business owners saying that in the recent few years their output is decreasing and … business is not going well! You know, the crisis and the conflicts and the wars in the region have a big effect on this. For instance: Syria depends to a great extent on the exports to Iraq. Sometime past the trade with Iraq accounted for let's say … about 50 %! Of the general trade of Syria! Now things are getting changed …" (Sami)
>
> *Interview H1-6sy*

Eyal ZISSER schätzt den Schaden für die syrische Wirtschaft durch den Wegfall des syrisch-irakischen Handels, inklusive des umfangreichen Erdölschmuggels, unter Berufung auf die staatlichen syrischen Tageszeitungen al-Baath, al-Safir und al-Thawra, auf rund 3 Mrd. USD für das Jahr 2002 [2005].

Weitere Negativfaktoren für die syrische Außenwirtschaft waren in jüngster Vergangenheit die Verabschiedung des *Syria-Accountability-Acts* im Jahr 2003 durch die US-Regierung und die damit verbundenen Beschränkungen der bilateralen Wirtschaftsbeziehungen zwischen den Vereinigten Staaten und Syrien. Das Gesetz umfasst neben einem bestimmte Warengruppen (u. a. militärische Güter und *dual-use-items*) umfassenden Handelsembargo auch weitere Beschränkungen, wie zum Beispiel ein Landeverbot für syrische Flugzeuge auf US-amerikanischen Flughäfen. Die tatsächlichen wirtschaftlichen Auswirkungen sind eher gering, da die Handelsbeziehungen mit den USA – das Importvolumen beläuft sich 2003 auf rund 210 Mio. US-Dollar, verglichen mit Einfuhren in Höhe von rund 7,2 Mrd. aus der Europäischen Union – ohnehin auf eher niedrigem Niveau verlaufen [OBG 2005, S. 32]. Auch der Flugverkehr ist von den Sanktionen kaum betroffen, da der nationale syrische *carrier* Syrianair ohnehin keine Destinationen in den USA ansteuerte.

Weit wichtiger als die wirtschaftlichen Auswirkungen ist die politische Signalwirkung an das Regime in Damaskus, die durch einige weitere Aspekte des *acts* durchaus unterstrichen wird. Hierzu zählt sicherlich die Sperrung der Guthaben ausgewählter syrischer Staatsbürger bei US-Banken sowie die vorläufige Unterbindung aller Geschäftsverbindungen zwischen amerikanischen Geschäftsbanken und der *CBoS*. Noch deutlicher wird die angestrebte Signalwirkung in Verbindung mit den US-amerikanischen Forderungen nach einem sofortigen Abzug syrischer Truppen aus dem Libanon nach dem Anschlag auf den früheren libanesischen Premierminister Rafiq Hariri im Februar 2005. Es scheint, als ginge es der Bush-Administration darum, Druck auf die Regierung in Damaskus auszuüben und Syrien zur Aufgabe der Unterstützung verschiedener, von den USA als terroristisch eingestufter Organisationen (u. a. Hisbollah, Islamischer Dschihad) zu zwingen.

Der 2005 auf Druck der USA hin realisierte Abzug der syrischen Truppen aus dem Libanon bedeutete einen weiteren schweren Schlag für die syrische Wirtschaft. Schätzungen zufolge verdingten sich 2004 rund 400.000 Syrer zumeist im Niedriglohnsektor des levantinischen Nachbarn als Gastarbeiter. Ihre Rücküberweisungen hatten einen nicht unwesentlichen Anteil an den Zahlungsbilanzzugängen des Landes.[20] Durch Übergriffe im Zuge anti-syrischer Proteste verließen in der Zwischenzeit viele der syrischen Gastarbeiter das Land, so dass die genaue Zahl der verbliebenen Syrer im Libanon derzeit nicht bekannt ist. Doch bereits jetzt ist klar, dass die Summe der Rücküberweisungen für das Jahr 2005 deutlich niedriger ausfällt, mit bislang noch unklaren Folgen für die syrische Wirtschaft.

---

20 Die bfai schätzt die Höhe der jährlichen Überweisungen aus Libanon für die zurückliegenden Jahre ohne Nennung von Quellen auf ca. 500 Mio. US-Dollar [2004b, S. 9].

3 Interkulturelle Kooperation vor dem Hintergrund der bestehenden institutionellen Rahmenbedingungen

3.1 Deutsch-syrische Unternehmenskooperationen – eine erste Bestandsaufnahme

Syrien ist unter den Staaten des Nahen Ostens traditionell mit einer großen politischen Bedeutung ausgestattet. Diese beruht nicht zuletzt auf der Tatsache, dass das Land mit seinen rund 20 Mio. Einwohnern zu den bevölkerungsreicheren Staaten der Region zählt und so auf den ersten Blick ein gewisses Marktpotential repräsentiert. Die Bedürfnisse der rasch wachsenden Bevölkerung, Syrien weist im Zeitraum von 1991 bis 2001 mit einem durchschnittlichen jährlichen Wachstum von 2,7 % eine der weltweit höchsten Wachstumsraten auf, sind zum großen Teil nicht aus einheimischer Produktion zu befriedigen. Der Bedarf an qualitativ hochwertigen Investitionsgütern muss in Ermangelung einheimischer Investitionsgüterproduzenten praktisch vollständig aus ausländischen Quellen gedeckt werden. Diese Prämissen und der Blick auf die Planungen zur Etablierung der MENA-Zone, einem wirtschaftlichen Zusammenschluss der Länder des Nahen Ostens und Nordafrikas, die mittelfristig der EU assoziiert werden wird, sollten Syrien zu einem aussichtsreichen Partner für deutsche Unternehmen machen, zumal Syrien überdies lange Zeit auch ein Schwerpunktland für die deutsche Entwicklungshilfe darstellte. Allein ein Blick auf die aktuellen Zahlen offenbart ein ambivalenteres Bild: Das zweifellos vorhandene Potential für eine Intensivierung der deutsch-syrischen Zusammenarbeit wird bis heute nicht im möglichen Umfang genutzt.

Verantwortlich ist hierfür zunächst sicherlich die angespannte politische Lage zwischen Syrien und Deutschland in den 1990er Jahren. Ursache sind in dieser Zeit Unstimmigkeiten über bestehende Schulden Syriens bei der ehemaligen DDR. Pragmatisch war man auf syrischer Seite davon ausgegangen, dass diese Verbindlichkeiten zusammen mit Verschwinden der Deutschen Demokratischen Republik ebenfalls untergegangen wären. Die Bundesrepublik besteht als Rechtsnachfolger der DDR jedoch auf der Begleichung der offenen Rechnungen, zumal auch den bestehenden Lieferverpflichtungen nachgekommen worden war. Erst im Jahr 2000 kann ein Besuch des damaligen Bundeskanzlers Gerhard Schröder einen wichtigen Beitrag zur Lösung der Altschuldenfrage leisten. Die seit 1992 ausgesetzten Mittel der finanziellen Zusammenarbeit werden daraufhin freigegeben, die Entwicklungszusammenarbeit wieder aufgenommen. Zusätzlich übernimmt die Exportkreditversicherung Hermes nach rund einem Jahrzehnt wieder die Deckung für Risiken aus Syriengeschäften.

Die zwischenstaatlichen Reibungspunkte scheinen also geglättet. Umso mehr drängt sich angesichts der Wiederaufnahme des Liberalisierungskurses und neu entstehender Chancen in der Region die Frage auf, weshalb sich die deutsch-syrischen Unternehmenskooperationen nicht so positiv entwickeln, wie dies vielleicht erwartet werden könnte. Die Ausführungen der vorangegangenen Kapitel haben bereits gezeigt, dass die institutionellen Rahmenbedingungen für unternehmerische Tätigkeit in Syrien suboptimal ausgestaltet sind. Welche Schwierigkeiten in der alltäglichen Kooperationspraxis von deutschen und syrischen Partnern auftauchen und inwieweit sich als ‚kulturell' betrachtete Aspekte negativ auf die Zusammenarbeit auswirken, diesen Fragen soll im nun folgenden Teil der Arbeit nachgegangen werden. Doch zunächst ein Blick auf den *Status quo* der Wirtschaftsbeziehungen und die untersuchten Kooperationsunternehmen auf deutscher und syrischer Seite.

3.1.1 Art und Ausprägung der Kooperation

Den inhaltlichen Ausführungen vorangestellt, soll an dieser Stelle noch einmal in aller gebotenen Kürze auf den Gebrauch des Begriffs der ‚Kooperation' eingegangen werden (siehe hierzu auch den entsprechenden Abschnitt im Kapitel 1.5): Im Unterschied zu den meisten Autoren im Fachgebiet der Betriebswirtschaftslehre, die sich mit speziellen Formen unternehmerischer Zusammenarbeit beschäftigen und deshalb verständlicherweise eine strikte Unterscheidung der verschiedenen Kooperationsformen (strategische Allianz, Kapitalverflechtung etc.) treffen (müssen), geht es in der vorliegenden Arbeit um alle Formen der Zusammenarbeit von deutschen und syrischen Unternehmen. Dies geschieht aus einem einzigen Grund: ‚Echte' deutsch-syrische Unternehmenskooperationen, in Abgrenzung zu Handel und Kauf bzw. Gründung von binationalen Tochterunternehmen, existieren in Syrien praktisch kaum, wie die folgenden Ausführungen zeigen werden. Schon deshalb macht eine enge Begriffsdefinition keinen Sinn. Wenn also im Folgenden von *Kooperation* und *Kooperationen* die Rede ist, so impliziert dies keine Beschränkung auf bestimmte Formen unternehmerischer Zusammenarbeit.

Direktinvestitionen in Syrien

Im Zeichen einer zunehmenden Internationalisierung der Wirtschaftstätigkeit nimmt die Bedeutung ausländischer Repräsentanzen und Produktionsanlagen stetig zu. 2004 betrug die Neuanlage deutscher Unternehmen im Ausland trotz rückläufiger Tendenz rund 42 Mrd. Euro [Deutsche Bundesbank 2005a, S. 48]. Neben strategischen Unternehmenszielen, wie der Erschließung neuer Märkte und der Nutzung länderspezifischer (Kosten-)Vorteile, treten die spezifischen Investitionsbedingungen der verschiedenen Länder in den Mittelpunkt der Betrachtung potentieller Investoren und werden zu einem Schlüsselkriterium bei der Investitionsentscheidung.

Für Syrien gilt es, sich im globalen Standortwettbewerb zu positionieren. Nicht zuletzt aufgrund des massiven wirtschaftlichen und sozialen Drucks, dem sich das Land durch sein enormes Bevölkerungswachstum und die damit verbundene stetig wachsende Zahl von Arbeitssuchenden ausgesetzt sieht, scheint eine wirtschaftliche Modernisierung dringend notwendig. Dabei reicht die Investitionskraft des Landes alleine nicht aus, wie die vergangenen Jahre eindeutig belegt haben. Die verstärkte Anziehung von Kapital und Know-how aus dem Ausland ist zur Bewältigung der anstehenden Aufgaben unerlässlich

[JÄCKEL 1998, S. 37]. Die Bereitschaft ausländischer Anleger wiederum, das belegen zahllose Beispiele aus der Vergangenheit, korrespondiert in hohem Maße mit Verbesserungen des politischen, wirtschaftlichen und rechtlichen Umfelds.

Diese Zusammenhänge sind keineswegs neu. Bereits 1996 fordert der Internationale Währungsfonds anlässlich der *Article IV Consultations* mit Syrien weitreichende Liberalisierungsmaßnahmen. Der IWF sieht einen umfassenden Abbau von bestehenden Überregulierungen und strukturellen Defiziten der syrischen Wirtschaft dringend geboten und verweist dabei auf erste, bereits erzielte Erfolge, die der syrischen Regierung attestiert werden. Unter anderem werden die positiven Reaktionen von Privatinvestoren und erzielte Wachstumseffekte auf bis dato realisierte Verbesserungen der wirtschaftlichen Rahmenbedingungen hervorgehoben. Der erarbeitete Empfehlungskatalog für Sofortmaßnahmen umfasst unter anderem folgende konkrete Forderungen [JÄCKEL 1998, S. 39 f.]:

- Vereinfachung der Wechselkurssystematik und Schaffung eines einheitlichen, marktorientierten Wechselkurses;

- eine restriktive, auf Reduzierung der Budgetdefizite zielende Fiskalpolitik;

- Verbreiterung der Steuerbasis, bei gleichzeitiger Kürzung der Haushaltsausgaben, insbesondere von Subventionen;

- größere Unabhängigkeit für die Betriebe des staatlichen Sektors;

- Reformierung der Finanzinfrastruktur; Stärkung der Unabhängigkeit der Zentralbank im Hinblick auf ihre Kontrollfunktion von Handel und Finanzsektor;

- Abbau bestehender Beschränkungen der Aktivitäten der Handelsbank mit dem Ziel einer Erhöhung der Sparquote.

Doch die Appelle verhallen zunächst weitgehend ungehört. Die Jahre 1996 bis 1999 sind erst einmal durch weitgehenden Stillstand gekennzeichnet. Bestenfalls einige ‚kosmetische' Korrekturen am institutionellen Rahmen werden in dieser Zeit vorgenommen (mögliche Begründungen für diesen Reformstillstand werden ausführlich in Übersicht 5 erläutert). Erst das neue Jahrtausend bringt kurz vor dem Tod von Hafez al-Asad eine Reihe tatsächlicher Reformen mit sich. Sie umfassen neben dem Bereich des Außenhandels auch jenen der staatlichen Devisenbewirtschaftung. Unter anderem erfolgt der Abbau von Steuern auf den Export von Agrarprodukten und die Senkung der Zölle auf Güterexporte aus arabischen Nachbarländern. Zwei Maßnahmen des Frühjahrs 2000 verdienen mit Blick auf eine intendierte Attraktivitätssteigerung des Landes für Investitionen besondere Beachtung: Zum einen die Aufhebung des Dekrets Nr. 24/1986, was *de facto* die Legalisierung von vorher noch illegalem Devisenbesitz nach sich zieht, zum anderen das Gesetz Nr. 7/2000, die seit Jahren diskutierte Erweiterung des Investitionsgesetzes Nr. 10/1991.

Die neuen Bestimmungen ermöglichen ausländischen Investoren unter anderem den Erwerb von Immobilien im Land und umfassen den gesetzlich garantierten Schutz ihres Eigentums in Syrien. Zusätzlich werden gewährte Steuer- und Abgabenbefreiungen für Nr. 10/1991-Unternehmen unter bestimmten Voraussetzungen auf 13 Jahre ausgeweitet [ZOROB 2005, S. 94 f.].

Nach dem Präsidentenwechsel gewinnt der wieder aufgenommene Reformprozess zunehmend an Fahrt. Auch der Bankensektor gerät nun ins Visier der Reformer. Wie bereits angesprochen erfolgt 2001 die Zulassung privater Geschäftsbanken. Dennoch werden die ersten Banken das operative Geschäft erst Jahre später, 2004, aufnehmen. Und auch dann nur mit einem deutlich reduzierten Angebotsportfolio. Eine weitere wichtige Neuerung, den Bereich der Fiskalpolitik betreffend, stellt die Reform des Einkommens- und Körperschaftssteuergesetzes im Jahr 2003 dar. Die Spitzensteuersätze für Körperschaften werden auf 35 % gesenkt und damit dem herrschenden Niveau in den Nachbarländern angepasst. Gleichzeitig sagt die Regierung der weit verbreiteten Praxis der Steuervermeidung den Kampf an [ZOROB 2005, S. 97]. In Anlehnung an die Theorie des US-amerikanischen Ökonomen Arthur Laffer erhofft sich die syrische Regierung durch diese Maßnahmen jedoch nicht allein die Verbesserung des Investitionsklimas, sondern in erster Linie eine Ausweitung der Steuereinkünfte.

Die jüngsten Reformbestrebungen scheinen mit Blick auf die Steigerung der Attraktivität des Landes für ausländische Investoren erste Früchte zu tragen: Im Jahr 2000 flossen 270 Mio. USD in syrische Investitionsprojekte. Nach deutlich niedrigeren Anlagesummen in den Jahren 2001 und 2002 (205 beziehungsweise 225 Mio. USD [bfai 2005a, S. 3]) erreichten die ausländischen Direktinvestitionen 2004 die Rekordhöhe von 420 Mio. Euro [bfai 2005b, S. 7]. Einschränkend muss jedoch darauf hingewiesen werden, dass in Syrien keine zuverlässigen Statistiken über Auslandsinvestitionen existieren, diese Zahl also lediglich auf Schätzungen internationaler Organisationen beruht. Die Aufgabe des Bankenmonopols und die vielen Gesetzesnovellen und -initiativen im Rahmen der Reformbemühungen sind von ausländischen Investoren als wichtiger Schritt in die richtige Richtung erkannt worden. Die jüngsten Erfolge dürfen dennoch nicht darüber hinwegtäuschen, dass die Zahl syrisch-ausländischer Joint Ventures nach wie vor eine überschaubare Größe darstellt.

Zudem haben sich ausländische Unternehmen bislang fast ausschließlich auf den Erdölsektor konzentriert. Neben den günstigen Gewinnaussichten sind hierfür nicht zuletzt die in diesem Bereich geltenden Konditionen für die Repatriierung von Gewinnen ausschlaggebend. Bis Mitte der 1990er Jahre investieren die französische Unternehmensgruppe Total Fina Elf 450 Mio. USD, die irische Firma Tullow 40 Mio. USD. Royal Dutch Shell (Niederlande, Großbritannien), die US-amerikanische Pecten und die deutsche Deminex (später Veba Oil & Gas) gründen zusammen mit der Syrian Petroleum Co. die Al-Furat Petroleum Co. und investieren mehr als 2 Mrd. USD in die Erschließung und Förderung syrischer Erdölvorkommen [HERMANN 1998, S. 84]. Dieses Projekt stellt bis heute gleichzeitig das einzige größere deutsche Investitionsprojekt in Syrien dar. In der Zwischenzeit wurden die Anteile von Veba jedoch bereits an Petro-Canada verkauft [bfai 2004b, S. 9], so dass gegenwärtig unter Berufung auf die bfai lediglich auf zwei deutsch syrische Projekte verwiesen werden kann: Ein 2003 genehmigtes kleineres deutsch-syrisches Joint Venture im Telekommunikationsbereich, welches jedoch bis heute das operative Geschäft nicht aufgenommen hat (Stand Dezember 2006), und ein Joint Venture im Chemiesektor mit Fabriken in Damaskus und Aleppo [bfai 2005b, S. 7]. Erfolgreich in Syrien aktiv ist bereits seit mehreren Jahren der Schweizer Nestlé-Konzern. Zusammen mit einer Gruppe einheimischer Kapitalgeber haben die Eidgenossen unter Gesetz Nr. 10/1991 eine Aktiengesellschaft gegründet, die den syrischen Markt mit Produkten des Nahrungsmittelsektors versorgt. Darüber hinaus betreiben private Investoren aus den Golfländern mit lokalen Partnern einige Gemeinschaftsprojekte, die schwerpunktmäßig im Tourismussektor angesiedelt sind. Schließlich bilden die privaten Geschäftsbanken, die in Kooperation mit Kapitalgebern aus dem arabischen Raum 2004 ihre Pforten geöffnet haben, das jüngste Positivbeispiel für erfolgversprechende Projekte [bfai 2005b, S. 7].

Erste Versuche einer Förderung der deutsch-syrischen Wirtschaftsbeziehungen reichen in die zweite Hälfte der 1970er Jahre zurück. 1977 wird das deutsch-syrische Abkommen zur Förderung und zum Schutz von Investitionen beschlossen. Drei Jahre später ratifiziert, schafft es die Voraussetzungen für die Übernahme von Kreditbürgschaften durch die Bundesregierung. Im September 1996 bestehen sieben wirksame Bürgschaftsverträge, die sich auf die Deckung von rund 200 Mio. Euro erstrecken [JÄCKEL 1998, S. 39]. Alle diese Garantien stammen noch aus den 1980er Jahren und beschränken sich ausschließlich auf Erdgas- und Ölprojekte. In den Jahren nach dem Präsidentenwechsel in Syrien setzt die Bundesregierung das politische Instrumentarium der Wirtschaftsförderung verstärkt ein. Im Jahr 2000 besucht Bundeskanzler Schröder im Rahmen seiner Nahostreise Damaskus. Dabei legt er den Grundstein zur Beseitigung des Altschuldenproblems aus den Zeiten der DDR, welches lange die Zusammenarbeit beider Länder belastet und einer Intensivierung der Wirtschaftsbeziehungen im Wege gestanden hatte. Als Ergebnis des Besuchs wird in den folgenden Jahren die Altschuldenfrage einvernehmlich gelöst und die Hermes Kreditversicherung übernimmt nach langer Zeit wieder die Deckung von Risiken aus Syriengeschäften. In den Jahren nach 2000 folgen weitere Minister- und Delegationsreisen nach Syrien; zuletzt besucht im Jahr 2005 eine Delegation von Vertretern der bayerischen Wirtschaft unter der Leitung von Staatssekretär Hans Spitzner das Land. Zum gegenwärtigen Zeitpunkt müssen die ergriffenen Maßnahmen, trotz vielversprechender Ansätze und immer wieder aufkeimendem Optimismus auf deutscher und syrischer Seite, in ihrer Gesamtheit als relativ wenig wirksam eingestuft werden: 1991 beläuft sich der Gesamtbestand deutscher Direktinvestitionen auf 200 Mio. Euro. In den Folgejahren überwiegen die Mittelabflüsse, so dass der Bestand 1994 auf 105 Mio. Euro [bfai 1997, S. 4] sinkt und 1998 nur mehr 86 Mio. Euro [bfai 2004, S. 4] beträgt. Die jüngsten außenpolitischen Ereignisse in der Region Nahost (Intifada al-Aksa, Dritter Golfkrieg) und die negativen

Nettotransfers[21] haben dafür gesorgt, dass dieser Trend in den letzten Jahren keine Umkehr erfahren hat: Für 2005 schätzt man nach inoffiziellen Angaben den Bestand an Direktinvestitionen auf rund 50 Mio. Euro [siehe hierzu auch bfai 2005b, S. 7 ff.].

Abschließend kann konstatiert werden, dass ausländische Investoren auf die jüngsten Reformbemühungen der syrischen Regierung durchaus positiv reagiert haben. Hierbei dürfte auch der Blick auf das Nachbarland Irak, die sich dort bietenden Potentiale bei gleichzeitig herrschenden unsicheren Verhältnissen im Land selbst, für eine Reihe ausländischer Unternehmen den Ausschlag für Syrien als Investitionsstandort und ‚Operationsbasis' zur Erschließung irakischer Märkte gegeben haben. Allein deutsche Unternehmen verhalten sich nach wie vor sehr zurückhaltend. Neben den genannten beiden Joint Ventures, von denen ohnehin derzeit nur die syrische Tochter des deutschen Chemieriesen operativ tätig ist, hat es keine weiteren deutschen Direktinvestitionen in Syrien gegeben. Dies kann ein Stück weit auch als Resultat der negativen Einschätzung des Investitionsklimas Syriens durch deutsche Unternehmen interpretiert werden. Erschwerend hinzu kommen außenpolitische Ereignisse, jüngstes Beispiel ist nun das US-amerikanische Drohszenario gegenüber Syrien, welches sich nach dem Anschlag den libanesischen Ex-Premier Hariri im Februar 2005 noch weiter verschärft hat. All das trägt in den Augen ausländischer (deutscher) Investoren nicht unbedingt zu einer Steigerung der Attraktivität Syriens als Investitionsstandort bei.

Derzeit haben Ägypten, die Vereinigten Arabischen Emirate, allen voran Dubai, aber auch die nahöstlichen Nachbarn Israel sowie Saudi-Arabien die Nase im Kampf um die Gunst deutscher Investoren vorn [vgl. Deutsche Bundesbank 2005b, S. 18 ff.].[22] Diese Länder locken mit einer vorteilhaften Infrastruktur, unter anderem einem gut funktionierenden und hoch entwickelten Bankensystem. Vielleicht noch wichtiger: Gerade der Wirtschaftsstandort Dubai ist derzeit in aller Munde und verfügt über ein herausragendes Image innerhalb der deutschen Unternehmerschaft. Als vermeintlich wichtiges Indiz für die Unzulänglichkeiten des Investitionsklimas in Syrien wird hingegen stets auf das immense Auslandskapital syrischer Staatsbürger verwiesen. Und in der Tat wirken die 80 bis 100 Mrd. USD, die syrische Staatsbürger Schätzungen zufolge auf Konten bei Banken im Ausland deponiert haben [bfai 2004b, S. 8], nicht unbedingt vertrauensfördernd. Dieser deutlich sichtbare Vertrauensmangel der eigenen Bevölkerung in den wirtschaftspolitischen Kurs und bestehende Investitionschancen erzeugt beziehungsweise verstärkt bei nicht wenigen potentiellen Investoren Vorbehalte gegen ein finanzielles Engagement in Syrien. Zu guter Letzt spielt auch die Möglichkeit sich mit Hilfe einer Wertpapierbörse

---

21 Die Nettotransfers deutscher Direktinvestitionen beliefen sich laut bfai 2001, also sogar noch vor dem Golfkrieg, auf −21 Mio. Euro. Im darauf folgenden Jahr 2002 kehrte sich die Tendenz leicht ins Positive (+2 Mio. Euro), um bereits 2003 wieder das Vorzeichen zu wechseln (−13 Mio. Euro) [2004, S. 4].
22 Der Bestand deutscher Direktinvestitionen: Ägypten 358 Mio. Euro; Vereinigte Arabische Emirate 244 Mio. Euro; Israel 93 Mio. Euro; Saudi-Arabien 90 Mio. Euro.

relativ problemlos bei gleichzeitig hoher Transparenz an einem bereits bestehenden Unternehmen des entsprechenden Landes zu beteiligen eine nicht von der Hand zu weisende Rolle. Diese Möglichkeit ist bei allen genannten Ländern mit Ausnahme Syriens gegeben.

Der bilaterale Warenverkehr zwischen Deutschland und Syrien

In der ersten Hälfte der 1980er Jahren wird die bilaterale Handelsbilanz von deutschen Exporten dominiert. Das Handelsvolumen bewegt sich dabei zwischen rund 500 Mio. Euro und 850 Mio. Euro, wie Abbildung 12 illustriert. Die syrische Wirtschaftskrise Mitte der 1980er Jahre spiegelt sich auch in der Statistik wider: Das Handelsvolumen bricht bis auf 250 Mio. Euro ein. Erst zu Beginn der 1990er Jahre kann an die Zeit vor 1986 angeknüpft und das frühere Volumen wieder erreicht werden. Nun jedoch hat sich das Bild gewandelt: Der Wert der nach Deutschland eingeführten syrischen Waren übersteigt jenen der Exporte deutlich.

Abb. 12: Entwicklung des deutsch-syrischen Außenhandels (in Mio. EUR)
(bis einschließlich 1990 früheres Bundesgebiet; 2004 vorläufige Ergebnisse)

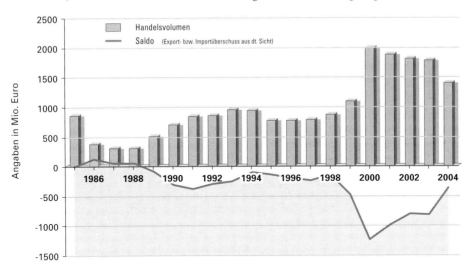

Quelle: Entwurf Jürgen Amann nach Zahlen der bfai [2005, S. 4] und des Statistischen Bundesamts Deutschland [1996, S. 71]/ Graphische Darstellung Alexandra Kaiser.

Bis Mitte der 1990er Jahre steigt das Handelsvolumen kontinuierlich an. Nach einem leichten Rückgang in den Jahren 1995/96 erfolgt 1998/99 die erneute Trendwende, verbunden mit einer Zunahme bis auf 1,1 Mrd. Euro. Im Jahr 2000 schließlich schlagen sich die massiv ausgeweiteten Erdölexporte auch in der Statistik nieder: Das Handelsvolumen nimmt um mehr als 80% auf rund 2 Mrd. Euro zu. Im selben Jahr erreicht der Importüberschuss einen Rekordstand von 1,2 Mrd. Euro. Von 2001 bis einschließlich 2003 verharren die bilateralen Beziehungen auf konstant hohem Niveau bei rund 1,8 Mrd. Euro. Im Jahr 2004 schließlich macht sich der Golfkrieg negativ in der Statistik bemerkbar: Die USA schieben den illegalen Erdöllieferungen aus dem Irak einen Riegel vor. Die irakischen Quellen versiegen und damit auch die Möglichkeit zum Export des Großteils der eigenen Produktion. Das Handelsvolumen bricht daraufhin um rund ein Viertel auf 1,4 Mrd. Euro ein. Es steht zu befürchten, dass dieser Negativtrend (etwas abgeschwächt) anhalten wird.

Deutsche Exporte. Der verstärkte Ausbau des staatlichen Sektors und die damit verbundene zunehmende Nachfrage nach ausländischen Investitionsgütern führen 1981 zu einem ersten Maximum der deutsch-syrischen Handelsbeziehungen. Die Entwicklungsstrategie der syrischen Regierung sowie die zu verstärktem Engagement animierten Unternehmer lassen die deutschen Exporte nach Syrien zu Beginn der 1980er Jahre auf rund 500 Mio. Euro ansteigen. In der Folgezeit sinkt der Wert deutscher Ausfuhren nach Syrien und erreicht in den Krisenjahren 1987/88 ein Minimum von etwas mehr als 100 Mio. Euro. In der ersten Hälfte der 1990er Jahre gelingt es deutschen Unternehmen, ihre Warenverkäufe nach Syrien wieder auszubauen. Hierfür verantwortlich sind in erster Linie Gesetz Nr. 10/1991 und die mit ihm verbundenen Importerleichterungen für private Investoren. 1994 beläuft sich der Wert der nach Syrien exportierten Waren auf 400 Mio. Euro und kann damit an die guten Jahre vor der Devisenkrise anknüpfen.

Abb. 13:   Entwicklung deutscher Exporte nach Syrien 1985–2004 (in Mio. EUR)
(bis einschließlich 1990 früheres Bundesgebiet; 2004 vorläufige Ergebnisse)

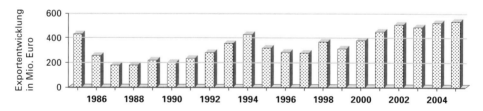

Quelle: Entwurf Jürgen Amann nach Zahlen der bfai [2005, S. 4] und des Statistischen Bundesamts Deutschland [1996, S. 71]/ Graphische Darstellung Alexandra Kaiser.

Die aufkommenden Hoffnungen währen jedoch nicht lange: In der zweiten Hälfte der 1990er Jahre sackt der Absatz wieder auf rund 300 Mio. Euro 1995 und in den Jahren 1996/97 sogar auf 280 Mio. Euro ab. Erst nach dem mit vielen Erwartungen auf weitere Liberalisierungsschritte verbundenen Präsidentschaftswechsel und der Wiederaufnahme des Reformkurses erfolgt eine neuerliche Trendwende, die bis 2004 anhält und den Wert deutscher Exporte wieder auf über 500 Mio. Euro ansteigen lässt. Derzeit stellt sich allein die Frage, wie sich die jüngsten außenpolitischen Ereignisse auf die Nachfrage nach deutschen Produkten und Dienstleistungen ausgewirkt haben. Es steht dabei zu befürchten, dass eine neuerliche Trendumkehr verbunden mit einem Exportrückgang initiiert worden ist.

Abb. 14: Deutsch-syrischer Außenhandel im Vergleich mit anderen Ländern der MENA-Region – Exporte (Stand 2004, in Mio. EUR)

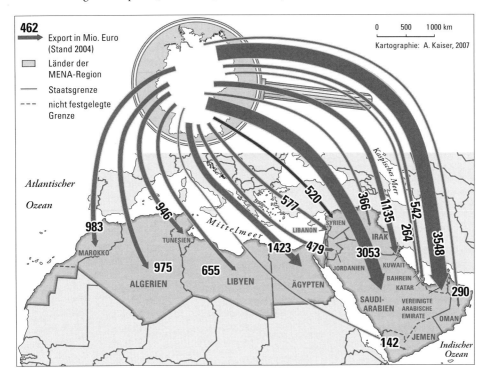

Quelle: Entwurf Jürgen Amann nach Zahlen des Statistischen Bundesamts Deutschland [2005]/ Graphische Darstellung Alexandra Kaiser.

Während für den Anstieg der syrischen Importe zu Beginn der 1980er Jahre noch zum Großteil Staatsunternehmen verantwortlich sind und private Investoren eine nur untergeordnete Rolle spielen, so wendet sich das Blatt in den 1990er Jahren. Der private Sektor der syrischen Wirtschaft baut seine wirtschaftliche Tätigkeit Schritt für Schritt aus. Ab 1995 wandelt sich das wirtschaftliche Klima jedoch: Die Aufbruchstimmung schwächt sich mehr und mehr ab. Sie weicht der Enttäuschung über das Ausbleiben weiterer Reformen und der wirtschaftspolitischen Stagnation. Die privaten Investitionen entwickeln sich in der zweiten Hälfte der 1990er Jahre rückläufig und mit ihnen auch die privaten Importe [ZOROB 2005, S. 90]. Die gleichzeitig zunehmenden öffentlichen Investitionen können den Rückgang aufseiten der privaten Unternehmen nicht kompensieren.

Erst die im Jahr 2000 auf den Weg gebrachten Reformen und der von vielen Hoffnungen begleitete Regierungsantritt von Bashar al-Asad sorgen zum einen für eine Belebung der privaten Investitionen, die sich aufgrund der Lockerung von Importbestimmungen auch in der Statistik syrischer Einfuhren aus Deutschland niederschlägt. Zum anderen stützen auch die wieder vermehrt fließenden Subventionen für Staatsbetriebe das Einfuhrwachstum.

In der deutschen Außenhandelsstatistik rangiert Syrien in der Reihenfolge der Zielländer für deutsche Exporte seit 2000 zwischen Position 69 und 73, wobei Rang 73 der gegenwärtigen Position entspricht (2005). Betrachtet man allein die arabischen Handelspartner (siehe Abbildung 14), so findet sich die Arabische Republik Syrien auf einem wenig spektakulären elften Platz, zum Teil hinter weit bevölkerungsärmeren Ländern wie Kuwait, Tunesien, Libyen, Libanon und Katar [destatis 2005].

Tab. 1: Wichtigste deutsche Exportgüter nach Syrien 2001 – 2004 (in Mio. EUR)

Warengruppe	2001		2002		2003		2004	
Maschinen	113	25,2%	156	31,0%	107	22,0%	110	21,2%
chemische Erzeugnisse	77	17,2%	83	16,5%	80	16,4%	77	14,9%
elektrotechnische Erzeugnisse	77	17,2%	33	10,2%	77	15,8%	68	13,1%
Kraftwagen und -teile	49	11,0%	63	12,5%	84	17,2%	106	20,4%
Metall und -erzeugnisse	40	8,8%	37	7,3%	35	7,2%	32	6,1%
medizin-, mess- und regeltechnische Erzeugnisse	18	4,0%	22	4,4%	26	5,3%	37	7,1%
Papier	15	3,4%	23	4,5%	18	3,8%	17	3,3%
Nahrungs- und Genussmittelerzeugnisse	14	3,1%	11	2,3%	11	2,2%	11	2,0%
sonstige	46	10,1%	77	11,3%	48	10,1%	52	11,9%
Gesamtvolumen	**449**	**100,0%**	**505**	**100,0%**	**486**	**100,0%**	**520**	**100,0%**

Quelle: Statistisches Bundesamt Deutschland [2005].

Die Palette deutscher Exportgüter präsentiert sich sehr heterogen. Maschinen bilden im Zeitraum von 2001 bis 2004 mit nahezu unverändertem Volumen kontinuierlich den größten Einzelposten. Ins Auge sticht dem aufmerksamen Betrachter die massive Zunahme von Kraftwagen und Kraftwagenteilen, deren Wert sich im genannten Zeitraum mehr als verdoppelt hat. Sie bilden gegenwärtig mit einem Anteil von über 20% den zweitstärksten Posten und haben die Warengruppe der chemischen Erzeugnisse auf den dritten Rang verwiesen. Ebenfalls stark an Wert zugenommen haben die Exporte von medizin-, mess- und regeltechnischen Erzeugnissen. Mit einem Volumen von derzeit 37 Mio. Euro nehmen sie Rang fünf der wichtigsten Exportgüter ein. Abbildung 15 verdeutlicht noch einmal die Zusammensetzung der deutschen Exporte für das Jahr 2004.

Abb. 15:   Deutsche Exportgüterpalette (Stand 2004)

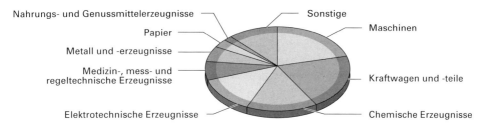

Quelle: Entwurf Jürgen Amann nach Zahlen des Statistischen Bundesamts Deutschland [2005]/ Graphische Darstellung Alexandra Kaiser.

Deutsche Importe. Zu Beginn der 1980er Jahre belaufen sich die deutschen Importe mit einem Volumen zwischen 115 und 150 Mio. Euro auf durchschnittlich gerade einmal 30 % des Exportwerts. In den beiden Vorkrisenjahren 1984 und 1985 verdreifacht sich der Wert der Importe schlagartig und sorgt auf diese Weise erstmals für eine aus deutscher Sicht negative Handelsbilanz. Bis in die Gegenwart übersteigt der Wert der Importe jenen der Exporte, weist die Handelsbilanz aus deutscher Sicht einen negativen Saldo (Einfuhrüberschuss) auf. Besonders bemerkenswert ist der steile Anstieg im Jahr 2000, in dem auch erstmals deutlich die Grenze von einer Mrd. Euro überschritten wird. Hierfür verantwortlich ist, wie bereits oben angesprochen, der syrisch-irakische Ölhandel, der Syrien in die Lage versetzt, die Exportquote heimischen Erdöls drastisch zu erhöhen. Die Beendigung der irakisch-syrischen Ölgeschäfte schlägt sich 2003/04 auch in der Statistik bundesdeutscher Importe aus Syrien nieder: Gezwungenermaßen muss Syrien die Exportquote für heimische Kohlenwasserstoffprodukte wieder reduzieren, der syrische Lieferanteil an deutschen Erdölimporten, 6,3 % (im 1. Halbjahr 2003) machen das Land zum fünftwichtigsten Ölversorger Deutschlands [bfai 2004b, S. 10], sinkt daraufhin auf 3,5 % (1. Halbjahr 2004) [bfai 2005b, S. 9]. Der Gesamtwert aller aus Syrien importierter Waren geht im Vergleich zum Vorjahr um 30 % zurück und beläuft sich nur noch auf 884 Mio. Euro.

Die Importgüterpalette präsentiert sich seit Jahren sehr homogen: Kennzeichen ist eine ausgeprägte Dominanz von Erdöl und -gas. Der Anteil dieser Produktgruppe erreicht 2002 mit 94 % einen Spitzenwert. Nach leicht rückläufiger Tendenz beläuft er sich für das Jahr 2004 immerhin noch auf rund 90 %. Dabei muss berücksichtigt werden, dass die im selben Zeitraum massiv gestiegenen Ölpreise wohl einen Teil des (Volumen-)Rückgangs kompensieren, der Umfang der Ölimporte also deutlich stärker gesunken ist, als es die Zahlen auf den ersten Blick erkennen lassen. Ein weiteres Absinken des Anteils bei konsolidierenden Ölpreisen steht aus syrischer Sicht zu befürchten.

Abb. 16: Entwicklung deutscher Importe aus Syrien 1985 – 2004 (in Mio. EUR)
(bis einschließlich 1990 früheres Bundesgebiet; 2004 vorläufige Ergebnisse)

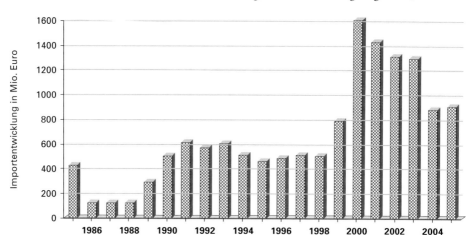

Quelle: Entwurf Jürgen Amann nach Zahlen der bfai [2005, S. 4] und des Statistischen Bundesamts Deutschland [1996, S. 71]/ Graphische Darstellung Alexandra Kaiser.

Die Homogenität der Struktur deutscher Einfuhren aus Syrien unterstreicht Abbildung 17: Der Anteil von Nahrungs- und Genussmitteln weist im Zeitraum 2001 bis 2004 zwar eine steigende Tendenz auf. Der absolute Wert dieser Warengruppen bleibt jedoch im genannten Zeitraum nahezu unverändert und spielt auch in der Gesamtbetrachtung nur eine marginale Rolle. Rohbaumwolle, bis in die 1970er Jahre hinein wichtigstes syrisches Exportprodukt, ist in der Gegenwart für den deutsch-syrischen Handel gänzlich unbedeutend.

Tab. 2: Wichtigste deutsche Importgüter aus Syrien 2001 – 2004 (in Mio. EUR)

Warengruppe	2001		2002		2003		2004*	
Erdöl und Erdgas	1.351	94,3%	1.229	93,9%	1.212	93,6%	800	90,5%
Textilien und Bekleidung	43	3,0%	43	3,2%	47	3,6%	43	4,9%
Nahrungs- und Genussmittelerzeugnisse	29	2,0%	31	2,4%	30	2,3%	29	3,3%
sonstige	9	0,7%	6	0,5%	6	0,5%	12	1,3%
Gesamtvolumen	**1.432**	**100%**	**1.309**	**100%**	**1.295**	**100%**	**884**	**100%**

Quelle: Statistisches Bundesamt Deutschland [2005].
  * 2004 vorläufig

Abb. 17:   Deutsche Importgüterpalette (Stand 2004)

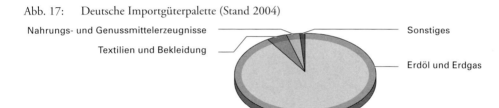

Quelle: Entwurf Jürgen Amann nach Zahlen des Statistischen Bundesamts Deutschland [2005]/
Graphische Darstellung Alexandra Kaiser.

Wirft man einen Blick auf die Rangliste der Lieferländer Deutschlands für das Jahr 2005, so findet sich Syrien an dritter Stelle aller arabischen Länder hinter Libyen und Saudi Arabien. Relativiert wird diese Platzierung jedoch bei einem Blick auf das globale Ranking, hier rangiert Syrien mit Rang 53 nur mehr im Mittelfeld.

Abb. 18:   Deutsch-syrischer Außenhandel im Vergleich mit anderen Ländern der MENA-Region – Importe (Stand 2004, in Mio. EUR)

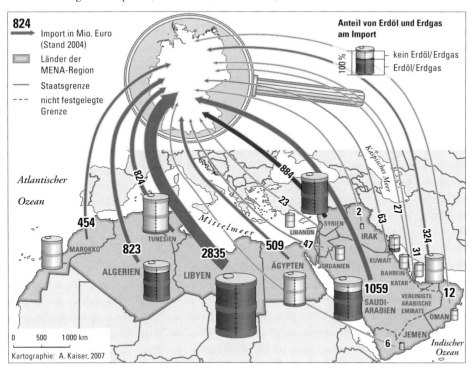

Quelle: Entwurf Jürgen Amann nach Zahlen des Statistischen Bundesamts Deutschland [2005]/
Graphische Darstellung Alexandra Kaiser.

Wie die vorangegangenen Ausführungen andeuten, besteht Grund zu der Annahme, dass die Möglichkeiten und Potentiale des bilateralen Warenaustauschs noch nicht ausgeschöpft sind. Doch Handelshemmnisse und informelle Barrieren, aber auch die Einschätzung des Landes durch deutsche Unternehmer, die Syrien vielfach als ‚problematischen Markt' charakterisieren, stehen Expansionsbestrebungen entgegen. Die syrische Regierung hat in der jüngeren Vergangenheit eine Reihe von Außenhandelserleichterungen in Kraft gesetzt und damit zweifellos einen wichtigen Schritt in die richtige Richtung getan, wie das zunehmende Volumen der deutschen Exporte nach Syrien andeutet. Doch dies ist nur eine Seite der Medaille. Aufseiten syrischer Ausfuhren nach Deutschland ist von einer positiven Tendenz nichts zu spüren. Beschränkt man sich in der Betrachtung allein auf die Nicht-Öl-Exporte des Landes, so ist im Zeitraum zwischen 2001 und 2004 eine Stagnation auf rund 80 Mio. Euro zu konstatieren. Dies könnte, auch hier wieder mit einem Blick, zum Beispiel auf Ägypten (469 Mio. Euro), die Vereinigten Arabischen Emirate (324 Mio. Euro) oder Saudi-Arabien (240 Mio. Euro) (siehe hierzu auch Abbildung 18), durchaus als Indiz für strukturelle Mängel der syrischen Wirtschaft und eine nicht ausreichende internationale Konkurrenzfähigkeit syrischer Waren und Dienstleistungen interpretiert werden.

3.1.2 Bilaterale Perspektiven auf die untersuchten Kooperationsbeziehungen

Im Verlauf der empirischen Untersuchungen wurden auf syrischer Seite rund 70 Unternehmen besucht. 63 Interviews gingen schließlich in die Auswertung ein. In allen Fällen handelte es sich bei den Unternehmen um Angehörige des privaten Sektors. Auf deutscher Seite wurden telefonische Befragungen mit insgesamt rund 150 Unternehmen durchgeführt, von denen schließlich 87 in die Auswertung mit einflossen. Bei allen deutschen Unternehmen handelt es sich um zum Zeitpunkt der Befragung aktive Kooperationsunternehmen. Weitere 55 deutsche Firmen gaben an, zu einem früheren Zeitpunkt Beziehungen zu syrischen Partnern unterhalten zu haben. Da diese jedoch zum Teil schon einen erheblichen Zeitraum zurück lagen, wird von einer Einbeziehung in die Untersuchung Abstand genommen. Das folgende Kapitel bietet einen kurzen Überblick über die wichtigsten Strukturdaten der Unternehmen und Kooperationen.

3.1.2.1　Die syrischen Kooperationsunternehmen

Die syrischen Unternehmen wurden strikt danach ausgewählt, ob sie zum Zeitpunkt der Befragung oder in einem absehbaren Zeitraum (maximal fünf Jahre) zuvor Kooperationsbeziehungen mit deutschen Unternehmen unterhalten hatten. Wie Tabelle 3 zeigt, birgt die Branchenverteilung der syrischen Unternehmen nur wenig Überraschungen:

Tab. 3: Branchenverteilung der interviewten syrischen Unternehmen

Branche*	Anzahl der Unternehmen					
	Gesamt**		Produktion		Handel	
Bekleidungsgewerbe	13	21%	12	19%	1	2%
chemische Industrie, Pharmaindustrie, Life Sciences	11	17%	7	11%	4	6%
Maschinenbau	10	16%	3	5%	7	11%
Textilgewerbe	7	11%	6	10%	1	2%
Gummi- und Kunststoffwaren	4	6%	4	6%	-	-
Kraftfahrzeuge und -teile	3	5%	-	-	3	5%
Ernährungsgewerbe	2	3%	1	2%	1	2%
medizin-, mess- und regeltechnische Erzeugnisse, Optik	2	3%	-	-	2	3%
Metallerzeugnisse	2	3%	1	2%	1	2%
Datenverarbeitungsgeräte	1	2%	1	2%	-	-
Geräte der Elektrizitätserzeugung und -verteilung	1	2%	1	2%	-	-
Papiergewerbe	1	2%	-	-	1	2%
Rundfunk-, Fernseh- und Nachrichtentechnik	1	2%	-	-	1	2%
Verlags- und Druckgewerbe	1	2%	1	2%	-	-
Gesamt	59	~94%	37	~59%	22	~35%
sonstige Dienstleistungen	4	6%				
Gesamt	63 (= 100%)					

Quelle: Eigene Erhebungen im Rahmen des DFG-Forschungsprojekts.
* In Anlehnung an die ISIC3-Klassifizierung.
** Bei Prozentangaben sind Rundungsfehler möglich.

Tabelle 4 unterstreicht die Dominanz der Handelsbeziehungen (40). Den Löwenanteil bilden dabei deutsche Warenlieferungen an syrische Abnehmer. Eine überraschend große Zahl der Unternehmen (16) arbeitet als Vertreter deutscher Unternehmen auf dem syrischen Markt. Zwei Branchengruppen sind dabei auffallend stark repräsentiert: Maschinenbauer und Produzenten der chemischen Industrie. Im Regelfall erstreckt sich die Vertretungskompetenz der syrischen Agenten allein auf den syrischen Markt. In Einzelfällen beinhaltet die Vertragsgrundlage, die nicht selten allein aus Jahre zurückliegenden mündlichen Vereinbarungen besteht, auch die angrenzenden Nachbarländer Libanon und Jordanien. Im Auftrag deutscher Partner produzierten bislang 14 der befragten Unternehmen Waren für den deutschen Markt (ausnahmslos aus den Sektoren Textil und Bekleidung), über Erfahrungen mit der Herstellung von Produkten unter Lizenz eines deutschen Produzenten konnten sieben Unternehmen berichten. Als einziges operativ tätiges deutsch-syrisches Joint Venture wurde die Waschmittelfabrik eines deutschen DAX-Unternehmens in Aleppo besucht.

Häufig zu beobachten sind Überschneidungen in den Kooperationsformen: Unternehmen des Bekleidungssektors exportieren nach Deutschland (Handelsbeziehung) und produzieren gleichzeitig auch im Auftrag eines deutschen Partners (Auftragsproduktion/Lohnveredelung) beziehungsweise unter dessen Lizenz. Mit zuvor in Deutschland erworbenen Maschinen und Anlagen wird in Auftrag eines deutschen Partners produziert, beziehungsweise für Exportware werden hochwertige Rohstoffe und Vorprodukte aus Deutschland bezogen. Viele der interviewten Unternehmen haben also vielfältige Erfahrungen mit unterschiedlichen Arten der Kooperation. Eine allzu strikte Differenzierung der Kooperationsformen ist vor diesem Hintergrund weder sinnvoll noch möglich und letztlich erklärt dies auch die hohe Zahl der Kooperationsformen (78), die jene der befragten Unternehmen (63) um mehr als 20 % übersteigt.

Tab. 4: Kooperationsformen der interviewten syrischen Unternehmen

Formen der Kooperation*	Anzahl der Unternehmen	
Handelsbeziehungen	40	51 %
Vertretung des/der deutschen Partner/s	16	21 %
Auftragsproduktion/Lohnveredelung	14	18 %
Produktion unter deutscher Lizenz	7	9 %
Joint Venture	1	1 %
Gesamt	**78**	**100 %**

Quelle: Eigene Erhebungen im Rahmen des DFG-Forschungsprojekts.
  * Mehrfachnennungen möglich

Die Dominanz der Handelsbeziehungen stellt aus zwei Gründen keine wirkliche Überraschung dar. So trägt Deutschland bereits seit Jahren den inoffiziellen Titel des ‚Exportweltmeisters', was bereits auf die starke Präsenz deutscher Unternehmen auf ausländischen Märkten schließen lässt; zum anderen war das Investitionsklima Syriens lange Zeit nicht in der Lage, deutsche Unternehmen zu Direktinvestitionen zu bewegen (und ist es scheinbar bis heute nicht): Unter den 78 Formen der Kooperation, bei 63 untersuchten syrischen Unternehmen, findet sich gerade ein deutsch-syrisches Joint Venture.

Der mittelständischen Struktur der syrischen Wirtschaft entsprechend bilden kleine und mittlere Firmen mit einer Mitarbeiterzahl zwischen 11 und 500[23] rund zwei Drittel aller interviewten Unternehmen (45). 10 % der untersuchten syrischen Kooperationsunternehmen (6) beschäftigen mehr als 500 Mitarbeitern und sind für syrische Verhältnisse bereits der Gruppe der Großunternehmen zuzurechnen. 16 % (10) entfallen auf Kleinstunternehmen mit weniger als zehn Mitarbeitern.

---

23 Zur Größenklassifikation mittelständischer Unternehmen siehe u. a. EDEN [1997, S. 43].

Tab. 5: Beschäftigtenzahlen der befragten syrischen Unternehmen

Mitarbeiter	Anzahl der Unternehmen	
1 – 10	10	16%
11 – 50	19	30%
51 – 100	9	14%
101 – 150	6	10%
151 – 200	4	6%
201 – 250	0	0%

Mitarbeiter	Anzahl der Unternehmen	
251 – 300	1	2%
301 – 500	4	6%
501 – 1000	6	10%
keine Angabe	4	6%
Gesamt	**63**	**100%**

Quelle: Eigene Erhebungen im Rahmen des DFG-Forschungsprojekts.

Kooperationsgeschichten aus syrischer Perspektive

Als Fallbeispiele wurden vier Unternehmen ausgewählt, die stellvertretend für jeweils eine Form der Kooperation mit einem deutschen Partner stehen. Entsprechend der Bandbreite unterschiedlicher Kooperationsformen werden im Folgenden eine Handelsbeziehung (Import und Vertrieb von deutschen Produkten), die Produktion in deutschem Auftrag, Produktion unter deutscher Lizenz und schließlich das bereits oben angesprochene Joint Venture im Chemiesektor vorgestellt.

Flexibilität und hohe Leistungsqualität – Die Aleppiner Chemiegroßhändler

„Ja, wir beziehen viele unserer Produkte seit unserer Firmengründung aus Deutschland. Das war 1989. Seit dieser Zeit sind wir im Pharmabereich tätig. Wir beliefern die Arzneimittelhersteller hier in Syrien mit Rohstoffen." *Sami* ist bereits seit mehreren Jahren für das Kooperationsmanagement verantwortlich. Das Unternehmen, für das Sami arbeitet, handelt seit mehr als 15 Jahren mit Arzneimittelrohstoffen und beansprucht mittlerweile die Marktführerschaft. Man ist den Aussagen zufolge tatsächlich scheinbar gut im Geschäft und verfolgt ehrgeizige Expansionsbestrebungen: Die Arbeiten zur Eröffnung einer eigenen Fabrik in Aleppo sind bereits weit fortgeschritten. Das Fabrikgebäude steht, die Maschinen sind bestellt – „wir hätten gerne deutsche oder amerikanische Maschinen gehabt. Vor allem deutsche. Aber die Preise sind einfach zu hoch ... verglichen mit Maschinen aus Indien oder China." Leider schwächte die US-amerikanische Invasion im Irak die allgemein positive Geschäftsentwicklung ab. Mit dem Irak entfiel ein wichtiger Markt sowohl für die belieferten syrischen Arzneimittelproduzenten als auch für Samis Firma selbst. Dennoch scheinen die Expansionspläne zum Zeitpunkt des Interviews nicht gefährdet.

Auf deutscher Seite finden sich unter den Kooperationspartnern sowohl Rohstoffhersteller als auch Großhändler. Allen Kooperationen gemein ist die Tatsache, dass die Basis der Kooperation lediglich aus einem verbalen *gentlemen's agreement* besteht. Wie auch immer geartete schriftliche Verträge existieren nicht. Auf Samis Seite ist man mit dem Verlauf der

Zusammenarbeit hoch zufrieden. Besonders die Flexibilität und Genauigkeit in Bezug auf Warensendungen und Lieferpapiere wird im Großen und Ganzen sehr geschätzt – wenngleich hier auch massive Unterschiede zwischen den einzelnen deutschen Partnern zutage treten: „Die Firma X, die schafft es eigentlich immer irgendwie. Die Leute dort kennen die Vorschriften in Deutschland und finden immer irgendein Schlupfloch. Die gestalten die Lieferpapiere so, wie wir sie brauchen. Wir bitten unsere Lieferanten immer, die Rechnung ein wenig niedriger auszustellen. Wenn wir ein Produkt zum Beispiel für zehn US-Dollar kaufen, dann bitten wir um eine Rechnung über sieben oder acht Dollar. [...] Viele sagen da: ‚Das können wir nicht machen!', aber für X ist das kein Problem."

Interview H1-6sy

Profitieren von hohen Anforderungen – Die Damaszener Auftragsproduzenten

Mit mehr als 400 Mitarbeitern gehört das alteingesessene Bekleidungsunternehmen zu den größeren seiner Branche in Damaskus. „Wir haben 1948 begonnen. Mein Vater hat das Unternehmen gegründet. 1991 sind wir dann hier in die neue Fabrik umgezogen. Wir haben uns die neueste Technik und Berater aus Europa geholt. [...] Wir sind eines von zwei Unternehmen, die eine computergesteuerte *cutting*-Maschine benutzen." Der Einsatz von modernster Elektronik hat sich für **Riad** und seine Firma voll gelohnt: Der Umsatz wuchs in den letzten Jahren um durchschnittlich mehr als 5 % per anno. Zum Zeitpunkt des Interviews wird mehr als die Hälfte der Produktion exportiert. Ein großer Teil davon nach Europa. Aus Deutschland erhält man seit zehn Jahren immer wieder Aufträge von zwei Handelshäusern. Die Produkte werden u.a. in den Läden eines großen deutschen Kaffeerösters verkauft. „Normalerweise kommen interessierte Unternehmen zu uns. Wir haben uns in den zurückliegenden Jahren einen hohen Bekanntheitsgrad erarbeitet. Wir machen Werbung, nehmen an Messen teil und profitieren auch von guter Mund-zu-Mund-Propaganda durch unsere Lieferanten und Geschäftspartner." Hat ein Unternehmen Gefallen an den Damaszenern gefunden, so werden in aller Regel zunächst Muster übergeben. Diese sollen kopiert und mit entsprechenden Angeboten wieder zurückgesandt werden. Aus dem Kreis potentieller Partner wird dann üblicherweise jenes ausgewählt, welches den Vorgaben am ehesten entspricht. „Wir tun unser Bestes, um die Vorgaben und die Preisvorstellungen zu erreichen. Wenn wir das aber nicht können, dann entschuldigen wir uns: ‚Es gibt leider keine Möglichkeit.'" Riad arbeitet gerne für deutsche Auftraggeber. Verglichen mit anderen Kunden aus Europa sind diese seiner Ansicht nach zwar anspruchsvoller, auf der anderen Seite profitiert sein Unternehmen aber gerade deshalb von der Zusammenarbeit: „Die Deutschen sind an kleinsten Details interessiert. Die besprechen mit dir, wie die Rechnung auszusehen hat, auf welchen Namen sie ausgestellt werden muss, an wen sie geschickt werden muss, wie die Packliste auszusehen hat und und und ... die mischen sich in jede Kleinigkeit ein. [...] Aber ich bin auch froh darüber. Auf diese Weise lernen wir auch Dinge, die wir vielleicht bisher nicht wussten. Manchmal denkt man sich: ‚Das ist doch klar!' Aber oft ist es eben nicht klar, da steckt schon was dahinter."

Interview A11-3sy

Langfristige Unternehmens- und Kooperationsstrategie im ‚Wilden Westen' – Die anglo-syrischen Lizenznehmer

Die Firma, die *Naji* seit 1993 führt und die bis heute seiner Familie gehört, wurde in den 1970er Jahren von seinem Vater als Handelsgesellschaft für Veterinärarzneimittel gegründet. In den 1980er Jahren begann man, zunächst illegal, da dieser Sektor exklusiv dem staatlichen Sektor vorbehalten war, zusätzlich auch mit der Produktion. 1988 beginnt die Kooperation mit einem deutschen *global player* aus dem Chemie- und Pharmabereich. Die Damaszener produzieren unter deren Lizenz veterinär- und humanmedizinische Produkte sowie Insektizide. Zum Zeitpunkt des Interviews ist man nach Najis Angaben syrischer Marktführer in den genannten Bereichen und beliefert in erster Linie Betriebe des öffentlichen Sektors, das Landwirtschaftsministerium und das Militär. „Mein Vater starb 1990 und drei Jahre später kehrte ich zurück nach Syrien. Ich habe die längste Zeit meines Lebens in den Vereinigten Staaten gelebt und hatte dort einen guten Job. 1993 wollte ich nach dem Tod meines Vaters etwas für unser Unternehmen tun und kam wieder hierher. […] In den frühen 1990er Jahren herrschte großer Optimismus. Viel stärker noch als jetzt! Da herrschte ein regelrechter Boom." Die Geschäfte des Unternehmens liefen in den letzten Jahren sehr gut, auch entgegen vorherrschender wirtschaftlicher Trends wurden die Krisenjahre Mitte der 1990er gut überstanden. Zusätzlich zur Produktion unter Lizenz handelt man auch mit den Produkte des deutschen Partners. Trotz der guten Marktposition fällt Najis Resümee zweigeteilt aus: „Ein Geschäft zu entwickeln, braucht in Syrien manchmal viel Zeit und die lassen wir uns auch. Gut ist, dass nicht jeder im Wettbewerb mithalten kann. Das ist auch der Grund, warum man hier im Wilden Westen arbeitet: nicht jeder hat dafür die Nerven und davon kann man profitieren. […] Der Markt ist nicht so umkämpft wie zum Beispiel in Libanon oder Jordanien. Es gibt nicht so viele Mitbewerber! […] Wenn man es richtig anstellt, beide Partner an einem Strang ziehen und man macht, was zu tun ist, dann kann man in einigen Bereichen zum Beispiel bei bestimmten Impfstoffen, einen Marktanteil von 100 % erreichen. Sieben oder acht Millionen Ampullen pro Jahr, das entspricht drei oder vier Millionen Dollar! Eine einzige Lieferung – das ist es!" Naji hat in der Vergangenheit großes unternehmerisches Geschick bewiesen und die Weichen für die Zukunft scheinbar richtig gestellt, dennoch blickt er nur mit verhaltenem Optimismus nach vorn: „Wir haben in den letzten Jahren unsere Produktpalette mehr und mehr diversifiziert und haben großen Erfolg gehabt. Aber gegenwärtig haben wir alle Expansionsplanungen erst einmal zurückgestellt. Wir wollen abwarten, wie sich die Dinge weiter entwickeln. […] Aus meiner Sicht präsentiert sich die Lage gegenwärtig nicht wirklich stabil. Deshalb warten wir jetzt erst einmal ab."

Interview A2-2sy

Anfangs schwierig, mittlerweile eine ‚porentief reine Zusammenarbeit' – Die Aleppiner Waschmittelproduzenten

Bei dem Aleppiner Betrieb des Chemiesektors handelt es sich um eine von zwei Fabriken, die in Kooperation mit einem deutschen *global player* Wasch- und Reinigungsmittel für den syrischen und libanesischen Markt produzieren. **Mario**, der geschäftsführende Manager ist Libanese und führt das Unternehmen seit einem halben Jahr. „Unsere Firma wurde 1999 gegründet. Seit 2003 läuft hier das Joint Venture mit der X-AG. Den alten Namen haben wir aber behalten." Die hergestellten Produkte tragen internationale Markennamen, die Verpackungen sind aus Deutschland bekannt. Der gesamte Einkauf läuft über die Einkaufsabteilung der deutschen Firmenzentrale. Sowohl der Produktionsprozess als auch die Produktqualität unterliegen der ständigen Kontrolle aus Deutschland. Im Management des Aleppiner Joint Ventures finden sich auffallend viele Libanesen. Anfängliche Probleme mit der abweichenden Arbeitsweise des deutschen Partners und dessen Anforderungen haben sich mittlerweile gelegt: „Am Anfang hatte wir eine Menge zu verstehen und zu lernen bezüglich *deadlines*, dem Berichtswesen, Controlling etc. [...]. Anstatt deine Arbeit in der Produktion zu tun, antwortest du auf Mail-Anfragen, schreibst Berichte und analysierst ihre Anfragen. [...] Im Prinzip war das alles nicht schwer, also nicht in dem Sinn, dass es mehr Verstand erfordern würde. Es war einfach nur neu und ungewohnt. Mittlerweile haben wir uns daran gewöhnt."

Interview S4-7sy

3.1.2.2 Die deutschen Kooperationsunternehmen

Ein Vergleich von Tabelle 6 (Branchenverteilung der interviewten deutschen Unternehmen) und Tabelle 1 (Wichtigste deutsche Exportgüter nach Syrien 2001 – 2004) macht deutlich, dass die Gruppe der Unternehmen, ohne dass dies explizit intendiert wurde, relativ exakt die Zusammensetzung der deutschen Exportgüterpalette nach Syrien widerspiegelt. Es gilt jedoch zu beachten, dass beiden Statistiken eine unterschiedliche Klassifikation zugrunde liegt, was Abweichungen, zum Beispiel bei der Gruppe metallverarbeitender Unternehmen, erklärt. Tatsächlich unterrepräsentiert ist die Gruppe der Produzenten elektrotechnischer Erzeugnisse. Dies ist jedoch mit einem Blick auf die Branchenstruktur bayerischer Firmen, auf die sich die Befragung aus forschungspraktischen Aspekten konzentrierte, zu erklären und übt keinen Einfluss auf die Ergebnisse der empirischen Arbeiten aus.

Betrachtet man die Formen der Kooperation, so wird aus Tabelle 7 ersichtlich, dass das Spektrum sehr stark auf Handelsbeziehungen ausgerichtet ist, wesentlich stärker noch als bei den syrischen Unternehmen. Über 85 % der anzutreffenden Kooperationen entfallen auf den Handel und dabei zumeist auf deutsche Exporte nach Syrien. In den wenigen Fällen (3), in denen deutsche Unternehmen Waren aus Syrien importierten, nimmt die Kooperation stets die Form einer vertraglichen Zusammenarbeit an, die deutschen Abnehmer treten in diesen Fällen als Auftraggeber in Erscheinung. Auch auf deutscher Seite fand sich ein Joint Venture, welches allerdings in der Zwischenzeit aus verschiedenen, nicht allein wirtschaftlichen Gründen, das operative Geschäft aufgeben musste und sich in keiner offiziellen Statistik mehr findet (siehe hierzu auch das entsprechende Fallbeispiel).

Tab. 6: Branchenverteilung der interviewten deutschen Unternehmen

Branche*	Anzahl der Unternehmen					
	Gesamt**		Produktion		Handel	
Maschinenbau	18	21 %	18	21 %	-	-
Metallerzeugnisse	13	15 %	12	14 %	1	1 %
medizin-, mess- und regeltechnische Erzeugnisse, Optik	12	14 %	8	9 %	4	5 %
chemische Industrie, Pharmaindustrie, Life Sciences	8	9 %	6	7 %	2	2 %
Kraftfahrzeuge und -teile	7	8 %	4	5 %	3	3 %
Textilgewerbe	6	7 %	2	2 %	4	2 %
Papiergewerbe	4	5 %	4	5 %	-	-
Metallerzeugung und -bearbeitung	3	3 %	3	3 %	-	-
Bekleidungsgewerbe	2	2 %	1	1 %	1	1 %
Rundfunk-, Fernseh- und Nachrichtentechnik	2	2 %	2	2 %	-	-
Ernährungsgewerbe	2	2 %	2	2 %	-	-
Geräte der Elektrizitätserzeugung und -verteilung	1	1 %	1	1 %	-	-
Verlags- und Druckgewerbe	1	1 %	1	1 %	-	-
sonstiger Fahrzeugbau	1	1 %	1	1 %	-	-
Herstellung und Verarbeitung von Glas	1	1 %	1	1 %	-	-
sonstige Branchen (Produktion)	3	3 %	3	-	-	-
Gesamt	84	~ 97 %	69	~ 79 %	15	~ 17 %
sonstige Dienstleistungen	3	3 %				
Gesamt	87 (= 100 %)					

Quelle: Eigene Erhebungen im Rahmen des DFG-Forschungsprojekts.
   * In Anlehnung an die ISIC3-Klassifizierung.
  ** Bei Prozentangaben sind Rundungsfehler möglich.

Tab. 7: Kooperationsformen der interviewten deutschen Unternehmen

Formen der Kooperation*	Anzahl der Unternehmen	
Handelsbeziehungen	82	86 %
Vertragliche Kooperation	6	6 %
Projektrealisierung	2	2 %
Joint Venture	1	1 %
Finanzdienstleistungen	1	1 %
sonstige Dienstleistungen	3	3 %
Gesamt	95	100 %

Quelle: Eigene Erhebungen im Rahmen des DFG-Forschungsprojekts.
   * Mehrfachnennungen möglich

Die Struktur der deutschen Betriebe mit Syrienverbindungen ist hinsichtlich der Beschäftigtenzahlen heterogen: 49 Betriebe (rund 60 %) beschäftigen weniger als 250 Mitarbeiter, wobei 21 (rund 25 %) sogar weniger als 50 Mitarbeiter aufweisen. 7der befragten Unternehmen sind hinsichtlich ihrer Größe (mehr als 5.000 Mitarbeiter) zur ersten Liga deutscher Industrieunternehmen zu zählen, darunter *global player*, wie Siemens, BMW, MAN Nutzfahrzeuge, um nur einige Namen zu nennen.

Tab. 8: Beschäftigtenzahlen der befragten deutschen Unternehmen

Mitarbeiter	Anzahl der Unternehmen		Mitarbeiter	Anzahl der Unternehmen	
1 – 10	8	9 %	501 – 1.000	6	7 %
11 – 50	13	15 %	1.001 – 2.500	10	12 %
51 – 100	13	15 %	2.501 – 5.000	4	5 %
101 – 150	7	8 %	5.001 – 10.000	2	2 %
151 – 200	6	7 %	> 10.000	5	6 %
201 – 250	2	2 %	keine Angabe	1	1 %
251 – 300	4	5 %	**Gesamt**	**87**	**100 %**
301 – 500	6	7 %			

Quelle: Eigene Erhebungen im Rahmen des DFG-Forschungsprojekts.

Bezüglich des Beginns der Geschäftsbeziehungen zu Partnern in Syrien lassen sich keine allgemein verbindlichen Aussagen treffen. In einigen Fällen unterhalten befragte Unternehmen bereits seit den 1950er Jahren Geschäftskontakte nach Syrien. Die 1970er Jahre scheinen jedoch häufiger den zeitlichen Rahmen für die Aufnahme der Unternehmenskooperationen zu bilden. Dieser korrespondiert zeitlich mit der ersten *infitah* unmittelbar nach Machtübernahme von Hafez al-Asad und dem erfolgten ersten massiven Ausbau des staatlichen Wirtschaftssektors. Zu Beginn der 1980er Jahre ist ein erster Boom zu beobachten. Die Devisenkrise Mitte der 1980er Jahre schlägt sich auch auf die deutsch-syrischen Wirtschaftsbeziehungen nieder: 1987/88 geht die Zahl der Geschäftsabschlüsse aufgrund der bereits beschriebenen Ursachen stark zurück. Die Euphorie und Aufbruchstimmung in der ersten Hälfte der 1990er Jahre, im Anschluss an die Verabschiedung von Gesetz Nr. 10/1991, spiegelt sich auch in den Syrienaktivitäten der untersuchten Unternehmen wider: Ab 1992 sind wieder vermehrt Einsteiger ins Syriengeschäft zu verzeichnen und eine große Zahl ‚ruhender' Beziehungen erlebt in dieser Zeit eine Renaissance. 1995 wird ein neuerlicher Höhepunkt erreicht, in der zweiten Hälfte der 1990er Jahre sind die Umsätze, nach Auskunft der Befragten, bereits wieder im Rückgang begriffen. Dieser Trend hält bis zum Ende der 1990er Jahre an. Erst der Präsidentschaftswechsel und die damit verbundenen Reformen, die eine neuerliche Hochstimmung unter der syrischen Unternehmerschaft auslösen, führen zu einer Trendwende.

Einen nicht unwesentlichen Beitrag an der zunächst positiven Entwicklung, die mittlerweile jedoch bereits wieder stagniert, haben sicherlich auch die zahlreichen Delegationsreisen, die seither von verschiedensten Organisationen der Wirtschaftsförderung, teilweise unter hochrangiger politischer Beteiligung durchgeführt wurden. Die Wiederaufnahme der Hermes-Deckung wirkt sich nach Auskunft der befragten deutschen Unternehmen, ebenfalls positiv auf die Geschäftsbeziehungen aus. Der Verlauf der Beziehungen in den befragten Unternehmen geht, von kleineren Abweichungen abgesehen, mit dem im vorangegangenen Kapitel 3.1.1 beschriebenen Verlauf des gesamten deutsch-syrischen Handels konform.

Tab. 9: Jahrsumsatz aus Syriengeschäften

Umsatzhöhe	Anzahl der Unternehmen	
0 – 5.000 EUR	6	7 %
5.001 – 25.000 EUR	10	11 %
25.001 – 50.000 EUR	7	8 %
50.001 – 125.000 EUR	11	13 %
125.001 – 250.000 EUR	3	3 %
250.001 – 500.000 EUR	6	7 %
> 500.000 EUR	5	6 %
keine Angabe	39	45 %
Gesamt	**87**	**100 %**

Quelle: Eigene Erhebungen im Rahmen des DFG-Forschungsprojekts.

Zum Zeitpunkt der Befragung erreichte das Gros der Geschäftsbeziehungen mit syrischen Partnern ein durchschnittliches jährliches Volumen von weniger als 125.000 Euro. Problematisch ist jedoch die große Zurückhaltung der Gesprächspartner bei dieser Frage. Viele Interviewpartner gaben keine Auskunft über die Höhe der Umsätze. Vor diesem Hintergrund steht auch zu befürchten, dass nicht in jedem Fall korrekte Angaben zum jährlichen Geschäftsvolumen gemacht wurden. Als weniger problematisch und deshalb tendenziell wohl auch aussagekräftiger entpuppt sich hier die Frage nach dem Anteil der Syriengeschäfte am gesamten Auslandsumsatz des jeweiligen Unternehmens (Tabelle 10).

Tab. 10: Anteil des Syriengeschäfts am Auslandsumsatz

Umsatzhöhe	Anzahl der Unternehmen	
< 0,5 %	31	36 %
> 0,5 % – 1,0 %	16	18 %
> 1,0 % – 2,0 %	9	10 %
> 2,0 % – 5,0 %	9	10 %
> 5,0 % – 10,0 %	7	8 %
> 10,0 %	1	1 %
keine Angabe	14	12 %
Gesamt	**87**	**100 %**

Quelle: Eigene Erhebungen im Rahmen des DFG-Forschungsprojekts.

Bei mehr als der Hälfte der befragten deutschen Unternehmen tragen Syriengeschäfte weniger als 1% zum gesamten Auslandsumsatz bei. Dies ist aus zweierlei Gründen bemerkenswert: Zum einen bietet dieser Sachverhalt einen Erklärungsansatz für die relativ geringe Bedeutung, die syrischen Unternehmen von vielen befragten deutschen Counterparts als Kooperationspartner zugebilligt wird, und dient damit auch indirekt als Begründung der Defizite im Wissensstand über den syrischen Markt sowie das häufige Fehlen von mittel- beziehungsweise langfristigen Kooperationszielen und Marktstrategien. Zum anderen zeigt sich im Vergleich mit den syrischen Kooperationsunternehmen auch eine deutliche Asymmetrie: Der Beitrag der deutsch-syrischen Kooperationen zum Geschäftserfolg ist für die syrische Seite in den allermeisten Fällen wesentlich höher, weshalb auch dem deutschen Partner im Regelfall eine wesentlich höhere Aufmerksamkeit von syrischer Seite zuteil wird als umgekehrt.

Überraschenderweise bildet bei rund 10% der deutschen Kooperationsunternehmen der Umsatz aus Syriengeschäften mit mehr als 5% einen erheblichen Beitrag zum Auslandsumsatz. In diesem Zusammenhang muss noch darauf hingewiesen werden, dass ein Unternehmen interviewt wurde, welches zum Zeitpunkt der Befragung ausschließlich auf dem syrischen Markt aktiv war und somit 100% seines Gesamtumsatzes durch die Kooperation mit syrischen Partnern generierte. In einigen wenigen Fällen realisieren befragte Unternehmen Projekte in Syrien, so dass die Umsätze zwischen dreistelligen Millionenbeträgen und null schwanken.

Kooperationsgeschichten aus deutscher Perspektive

Stellvertretend (jedoch nicht repräsentativ) für die Vielzahl der untersuchten Kooperationen auf deutscher Seite werden nun in aller Kürze zwei Unternehmen vorgestellt, die für die häufigste Kooperationsform ‚Handelsbeziehung' (Export und Import) stehen sollen. Darüber hinaus wird ein weiteres Unternehmen zu Wort kommen, welches auf dem Gebiet der Projektrealisierung über große Erfahrung verfügt sowie das auf deutscher Seite einzige Joint Venture:

> **Unsichere politische Lage, starker Euro und chinesische ‚Billigheimer' - Die Nürnberger Werkzeugbauer**
>
> „Wir könnten schon den syrischen Zwischenhandel umgehen. Das würde sicher was bringen ... Vielleicht ein Umsatzanstieg auf ... sagen wir mal 125.000 Euro. Aber schon im nächsten Jahr wäre wieder alles beim Alten. Die ganze Arbeit lohnt sich doch gar nicht!" *K.* arbeitet für einen mittelfränkischen Werkzeugbauer. Die Kooperationsbeziehung zwischen den Franken und ihrem syrischen Partner kann in vieler Hinsicht stellvertretend für die meisten auf deutscher Seite untersuchten Kooperationen stehen. Produkte aus Deutschland werden nach Syrien exportiert. Dort übernimmt ein langjähriger Partner in Aleppo den Vertrieb. Den Status eines Agenten hat man dem Aleppiner Händler auch nach 30 Jahren nicht

zugebilligt. Immerhin hat man in der Vergangenheit stets Wort gehalten und auch ohne vertragliche Kooperationsbasis ausschließlich ihn beliefert. Allem Anschein nach macht der Syrer gute Arbeit: „1993/94 war unser bislang bestes Jahr! Da haben wir Werkzeuge für insgesamt mehr als 500.000 Mark geliefert. Das waren damals fast 2 % von unserem gesamten Auslandsumsatz!" Im langjährigen Mittel sind die Geschäftsvolumina jedoch weitaus geringer. „50.000 Euro", schätzt K. An die Anfangsphase der Kooperation kann er sich noch gut erinnern: „Die Zusammenarbeit kam in den 1970ern zustande. Das genaue Jahr weiß ich zwar nicht mehr, aber es war auf der Eisenwarenmesse damals, in Köln." Wie man den Negativtrend der letzten Jahre aufhalten könnte, weiß K. nicht. Der Aufbau eigener Vertriebswege ist jedoch aus seiner Sicht keine Lösung, da die positiven Effekte innerhalb kürzester Zeit verpuffen würden. Als Ursachen für die schwierige Entwicklung hat K. drei Erklärungen: „Die unsichere politische Lage in der Region führt doch dazu, dass kaum jemand in Syrien investiert. Man weiß ja nicht, was morgen ist. […] Der Eurokurs ist auch viel zu hoch. Unsere Werkzeuge sind ja ohnehin schon teuer und durch den Eurokurs werden die noch zusätzlich verteuert. […] Das Schlimmste sind aber die ganzen Billigprodukte aus China und aus Indien. In Syrien greifen die Leute halt eher zu dem billigeren Zeug und nicht zu den qualitativ besseren Produkten."

Interview aB80dt

Warum nicht mal Syrien? – Die schwäbischen Bekleidungshändler

„Das Preis-Leistungs-Verhältnis erschien uns echt günstig. Da haben wir uns gedacht, warum denn nicht mal eine Lieferung in Syrien in Auftrag geben?" Die Nähe zwischen dem Firmensitz und der Hauptstadt des bayerischen Regierungsbezirks Schwaben ist *M.*s Stimme deutlich anzuhören. Der Geschäftsführer einer kleinen Textilhandelsgesellschaft ist zwar in Deutschland geboren, als Sohn türkischer Gastarbeiter besitzt er aber türkische Staatsbürgerschaft. „Vor fast zwei Jahren hat uns der Vertreter eines Bekleidungsherstellers aus Aleppo besucht. Der hat uns die Angebotspalette vorgestellt und auch ein paar Muster gezeigt. Wie der auf uns aufmerksam geworden ist, das weiß ich gar nicht mehr." Aufgrund des günstigen Preis-Leistungs-Verhältnisses gab man zunächst einmal Kinderwäsche im Wert von rund 50.000 Euro – als eine Art ‚Versuchsballon' – in Auftrag. Es blieb bis heute bei diesem einmaligen Kleinauftrag.

Interview aB40dt

Hochspannung bei der Zusammenarbeit mit dem öffentlichen Sektor – Die mittelfränkischen global player

„Die ganze Bürokratie und Schwerfälligkeit der Behörden in Syrien … das ist wirklich alles sehr problematisch!" *W.* hatte es damals geschafft, den Auftrag nach Mittelfranken zu holen. Nachdem man bereits Mitte der 1980er Jahre Großaufträge aus Syrien erhalten und dort Kraftwerke und Städte mit Hochspannungsleitungen verbunden hat, bekommt man auch Mitte der 1990er Jahre den Zuschlag für ein weiteres Großprojekt im Bereich der Energieübertragung und -verteilung. Dabei arbeitete man allein mit dem öffentlichen

Sektor zusammen. Die bisherigen Projekte erhielt man dementsprechend, wie international üblich, als Sieger der entsprechenden Ausschreibungsverfahren. Bei der Gestaltung des zuletzt erfolgreichen Angebots leistet W. einen wichtigen Beitrag. Besonders stolz ist W. aber auf seine Rolle bei der Kontaktherstellung und Vermittlung, die kurz vor dem Interview zur Vergabe eines weiteren Auftrags an eine andere Sparte des Unternehmens geführt hat. W. ist bezüglich des Bewerbungs- und Auswahlverfahrens für Ausschreibungen des öffentlichen Sektors in Syrien sehr gut informiert. Er kennt die kleinen Tricks und versteht es, sein Wissen für sein Unternehmen in Wert zu setzen.

Interview aB49dt

Wachstumsmarkt und Investitionsstandort – Die Münchener Partner

„Für uns ist Syrien einer der wichtigsten Wachstumsmärkte weltweit!" Das Münchener Unternehmen hat nach Angaben von *R.*, dem Geschäftsführer und Firmengründer, den syrischen Markt für Tierimpfstoffe erschlossen. Es handelt sich hierbei um Arzneimittel für landwirtschaftliche Nutztiere, in erster Linie Geflügel. „In den zurückliegenden Jahren haben wir in Damaskus eine Niederlassung eröffnet und ein flächendeckendes Distributionsnetz geschaffen. Der gesamte Vertrieb wird über die Niederlassung in Damaskus gesteuert." R. selbst hat zu Beginn der 1990er Jahre ein Auslandsjahr an der Universität Damaskus absolviert. In diese Zeit fallen auch seine ersten unternehmerischen Gehversuche. Die erste Hälfte der 1990er Jahre war vor dem Hintergrund der ökonomischen Liberalisierung von einem enormen Aufschwung des Geschäfts begleitet. R. nutzt diese Phase konsequent zur Festigung und zum Ausbau seiner Marktposition. Bei der Damaszener Niederlassung handelt es sich um ein Joint Venture mit einem syrischen Partner. „Sie müssen bei allem, was Sie in Syrien anfangen, immer einen lokalen Partner im Boot haben, der über gute Kontakte verfügt. Der muss dann die Verbindung zu den einflussreichen Entscheidungsträgern in Ministerien und Behörden herstellen. Ohne einen solchen Partner ist es fast unmöglich …" Zum Zeitpunkt des Interviews laufen die Vorbereitungen für ein weiteres Joint Venture im Bereich der Nahrungsmittelproduktion gerade auf Hochtouren. Die Zukunft präsentiert sich zu dieser Zeit mehr als positiv. Umso überraschender berichtet R. während eines weiteren Gesprächs fast zwei Jahre später vom finanziellen Ruin seiner Firma und dem Scheitern des Joint Ventures. Die Gründe sind dabei vielschichtig und sowohl auf den deutschen Lieferanten als auch das institutionelle Umfeld Syriens zurückzuführen: Um Pharmaprodukte nach Syrien einzuführen, bedarf es spezieller Papiere und Bescheinigungen. Namensänderungen von Produkten machen auch die Überarbeitung der entsprechenden Papiere notwendig. Zunächst hatte eine Namensänderung der von ihm vertriebenen Produkte durch den Hersteller in Deutschland zur Notwendigkeit neuer Dokumente geführt. Diese konnte der Hersteller jedoch lange Zeit nicht zur Verfügung stellen was dazu führte, dass auch lange Zeit keine Importe nach Syrien mehr möglich waren. Große Marktanteile gingen auf diese Weise verloren. Als dann die neuen Papiere nach monatelanger Wartezeit schließlich fertig waren, hatte man auf syrischer Seite ein Einfuhrverbot gegen diese Produkte verhängt, da sie mittlerweile im Land selbst produziert wurden. Mit einem Schlag war der Tätigkeit der Münchener ein Riegel vorgeschoben. Ihrer wirtschaftlichen Grundlage beraubt, musste die

Firma schließlich Insolvenz anmelden und seine syrische Niederlassung schließen, was auch das Ende für die ehrgeizigen Joint-Venture-Pläne bedeutete. Derzeit befindet sich R. im Rechtsstreit mit seinem früheren Lieferanten.

Interview aB31dt

3.1.2.3 Auffällige Kooperationsasymmetrien

Beitrag der deutsch-syrischen Kooperation zum Geschäftserfolg. Ein vergleichender Blick auf den Beitrag der deutsch-syrischen Unternehmenskooperation zum jeweiligen Geschäftserfolg offenbart bereits eine erste deutliche Asymmetrie: Während bei mehr als der Hälfte der deutschen Unternehmen der Umsatzbeitrag von Erlösen aus Syriengeschäften unter 1 % des Auslandsumsatzes liegt, ist der Beitrag bei den syrischen Partnerunternehmen in fast allen Fällen weitaus höher. Bei drei der syrischen Unternehmen bildet die deutsch-syrische Kooperation sogar den Kern der Geschäftstätigkeit: Der Beitrag liegt dementsprechend bei 100 %. Es handelt sich dabei um den Damaszener Lizenznehmer eines großen M-DAX-gelisteten Sportartikel- und Bekleidungsherstellers, eine Handelsagentur, die ausschließlich mit deutschen Kunden zusammenarbeitet, sowie ein syrisches Ingenieurbüro, welches sich auf die Realisierung von Infrastrukturgroßprojekten (z. B. Krankenhäuser) spezialisiert hat. Doch auch neben diesen Extrema überrascht die große Zahl (15) syrischer Unternehmen, bei denen Deutschlandgeschäfte einen Anteil von mehr als 40 % am Gesamtumsatz darstellen.

Bewertung des Kooperationsverlaufs. 40 syrische Befragte (= rund zwei Drittel) beurteilen den Kooperationsverlauf mit deutschen Partnern ‚positiv' oder sogar ‚sehr positiv'. Dies kann als Indiz für die große Wertschätzung deutscher Unternehmen als Kooperationspartner interpretiert werden. Gleichzeitig offenbart diese Bewertung eine weitere Diskrepanz im Vergleich mit den deutschen Gesprächspartnern, von denen lediglich ein Viertel den Verlauf der Kooperation mit ihrem syrischen Counterpart als positiv empfindet. Verantwortlich für diese Einschätzung durch deutsche Unternehmen sind wohl der relativ große, mit Syriengeschäften verbundene, Arbeitsaufwand bei gleichzeitig relativ geringen Geschäftsvolumina, die eben vielfach, wie oben beschrieben, einen kaum nennenswerten Beitrag zum Geschäftserfolg des deutschen Kooperationspartners leisten.

Kooperationszielsetzung/Marktstrategien. Interessanter und dem strategischen Kern internationaler Unternehmensbeziehungen näher bringend ist die Auseinandersetzung mit der von syrischen und deutschen Unternehmen mit der Kooperation verfolgten Zielsetzung. Obwohl viele der deutsch-syrischen Unternehmensbeziehungen teilweise bereits mehrere Jahrzehnte zurückreichen, scheint man auf deutscher Seite nur in wenigen Fällen aktiv mittel- beziehungsweise langfristige Strategien für den syrischen Markt zu verfolgen. Vonseiten deutscher Unternehmen werden als Ursache hierfür in den allermeisten Fällen die gegenwärtig wenig Anlass zu Optimismus rechtfertigende Geschäftsvolumina und der mangelnde Glauben an künftige Chancen angeführt. Auffallend ist, dass gegebenenfalls sogar über vielversprechende Entwicklungstendenzen hinweggesehen wird. Sie werden nicht zur Kenntnis genommen beziehungsweise in ihrer Aussagekraft angezweifelt:

> „Ach, das mit Syrien ist doch nur ein billiger Abverkauf. Wir liefern eben jedes Jahr ein paar billige Modelle und unsere Restposten an unseren Importeur in Damaskus. Der hat in England studiert. Mit dem können sie Geschäfte machen, der ist ein richtiger Gentleman!"
>
> JMA: „Sie haben vorher erwähnt, die Umsätze weisen eine steigende Tendenz auf. Worauf führen Sie dies zurück?"
>
> „Unsere Produkte haben eben eine gute Qualität! Und unsere Beziehungen zu unserem Partner sind sehr gut, ja eigentlich mehr freundschaftlich als geschäftlich. (…) Aber trotz allem glaube ich nicht, dass Syrien für uns interessant ist." (E.)
>
> *Interview aB51dt*

*E.*s Aussage kann als Beispiel für eine Mischung aus unzureichender Information und mangelhafter Strategie dienen. Nach Aussage der Vertriebsreferentin Nahost eines schwäbischen Unternehmens aus der Branche medizin-, mess- und regeltechnische Erzeugnisse, Optik, nehmen die Geschäftsvolumina der Schwaben in den letzten Jahren nach eigenen Angaben, wenngleich auch von niedrigem Niveau ausgehend, beständig zu (zweistellige jährliche Zuwachsraten). Eine Erklärung (aller Wahrscheinlichkeit nach die erleichterten Einfuhrbestimmungen in Verbindung mit der guten Arbeit des syrischen Kooperationspartners – beides wird an anderer Stelle des Interviews deutlich) hat E. nicht. Eine mittel- beziehungsweise langfristige Geschäftsstrategie, verbunden mit der aktiven Unterstützung des syrischen Partners, verfolgt sie jedenfalls nicht.

Größere Anstrengungen oder gar Investitionen werden zumeist gescheut, wie auch das Beispiel *K.* zeigt. Eine strategische Zielsetzung oder sogar Vision in Bezug auf Syrien scheinen auf deutscher Seite tendenziell eher die Ausnahme. Nur wenige der deutschen Interviewpartner sprachen davon, sich künftig stärker mit Syrien auseinandersetzen zu wollen; diese Pläne standen jedoch ausnahmslos mit dem Nachbarland Irak in Verbindung.

> „Ja, letztes Jahr haben wir deutlich weniger verkauft als im Vorjahr. Ich habe mich mal erkundigt, woran das liegt, und bin auf zahlreiche neue Konkurrenten aus China und Indien gestoßen, die viel billiger anbieten als wir."
>
> JMA: „Könnte man für dieses Jahr nicht durch Marketinginstrumente zumindest Teile des Rückgangs ausgleichen?"
>
> „Das wäre bestimmt möglich. Wir könnten schon den syrischen Zwischenhandel umgehen. Das würde sicher was bringen … Vielleicht ein Umsatzanstieg auf … sagen wir mal 125.000

> Euro. Aber schon im nächsten Jahr wäre wieder alles beim Alten. Die ganze Arbeit lohnt sich doch gar nicht!" (K.)
>
> *Interview aB80dt*

Ganz anders hingegen die syrischen Befragten: Dort dominiert bei den interviewten Unternehmen das Interesse am kontinuierlichen Aufbau einer lang anhaltenden Zusammenarbeit. Es ist also bei der Gruppe der befragten syrischen Unternehmen die Dominanz eines mittel- beziehungsweise langfristigen Zielhorizonts zu konstatieren. Dies steht im krassen Gegenzug zur vielfach doch gerade syrischen Unternehmern unterstellten Präferenz schneller, kurzfristiger Gewinne. Es scheint sich bei dieser Zuschreibung also, zumindest mit Blick auf die untersuchten Unternehmen und deren Kooperationsziele, um Vorstellungen mit zumindest zweifelhafter empirischer Verankerung zu handeln.

Die Vorgehensweise deutscher Unternehmen lässt sich in Anlehnung an die amerikanische Sportart Baseball in nicht wenigen Fällen als ‚hit-and-run' charakterisieren. Es scheint, als stehe die Wahrnehmung aller sich bietenden Geschäftsmöglichkeiten im Vordergrund, auch wenn dies – wie in einigen untersuchten Fällen – einen Bruch bestehender Vereinbarungen mit Partnerunternehmen bedeutet. *Hit-and-run* und die darin zum Ausdruck gebrachte Asymmetrie in den Zielhorizonten scheinen sich erwartungsgemäß eher negativ auf die mittel- beziehungsweise langfristigen Kooperationschancen auszuwirken: Zum einen bedeutet der Bruch von Vereinbarungen, selbst wenn diese nicht schriftlich fixiert, sondern allein mündlicher Art sind, einen Imageverlust für den deutschen Part, da derartige Vorfälle in der eng vernetzten syrischen *business community* schnell kommuniziert werden, so zu sagen ‚die Runde machen'. Zum anderen wird der (eigentliche) Firmenvertreter der Möglichkeit, Investitionen in Vertriebsnetze und zur Gewinnung neuer Kunden, beides erst mittelfristig wirksame Absatzinstrumente, zu tätigen, beraubt.

Die angesprochene Vorgehensweise und die möglichen Konsequenzen (Vertrauensverlust, Imageverlust, geschäftliche Nachteile etc.) sollen aus der Perspektive zweier nicht miteinander kooperierender Unternehmen genauer betrachtet werden: Zunächst *C.*, Mitarbeiter eines niederbayerischen Maschinenbauers, der, an kurzfristiger Gewinnmaximierung interessiert, jede sich bietende Möglichkeit für ein Geschäft ergreift.

> „Unser Export läuft über einen Vertreter in Damaskus. Der kauft die Waren auf eigene Rechnung und verkauft sie dann auf dem syrischen Markt weiter. Aber wir haben in der Vergangenheit auch schon mal zwei, drei Kunden, die mehr bestellen wollten, direkt beliefert. Das hat sich ja für uns besser rentiert. Allerdings ist seit einiger Zeit ein ziemlicher Rückgang bei den Aufträgen zu verzeichnen. Ja, wenn ich mir den Umsatz in jüngster Zeit anschaue, muss ich schon sagen: Syrien ist ziemlich tot!" (C.)
>
> *Interview aB28dt*

Amr hat in der Vergangenheit bereits größere Investitionen getätigt, die in der Gegenwart in Form erhöhter Fixkosten zu Buche schlagen. Auf Basis eines seit vielen Jahren bestehenden *gentlemen agreements* wähnte er sich lange Zeit in der Rolle eines Exklusivvertreters und investierte davon ausgehend in die Installierung integrierter *points of sale* von denen er u. a. die Produkte aus Deutschland direkt an syrische Verbraucher vertreibt. Doch anstatt auf den kontinuierlichen Ausbau der Geschäftsbeziehungen hinzuarbeiten, setzt die deutsche Seite auch in diesem Fall auf kurzfristige Gewinnmaximierung: Amr hat bemerkt, dass der deutsche Büroartikelhersteller geschäftliche Anfragen aus Syrien nicht an ihn weiterleitet, sondern stattdessen hinter Amrs Rücken direkt mit den entsprechenden Personen abwickelt. Seine Verärgerung über diese Vorgehensweise und auch sein Unverständnis über den Mangel einer langfristigen Strategie ist ihm während des gesamten Gesprächs deutlich anzumerken.

„We have more or less a gentlemen's agreement, but they – look I mean – anybody asking them, will receive a response. They will not tell us! The market here is not like this, but they just want to sell, you know … If a small guy actually, if he says: 'I will buy from you 1,000 pieces', this means he is not in the market. This means if he did a market research, he would know, that he only can sell 100 pieces … at the most! But they will say: 'O. K., o. k.' And then they will go on! They sell the 1,000 pieces and forget all you have done the last five or six years. And all they get is actually a gradual increase without any future prospect. […] All you've invested in establishing a distribution network … they don't see it. This is our experience in our days. They do not have a vision, unfortunately, maybe only for Syria, I don't know. You see this market is not that easy! It's tremendous if you have the right partner and if you have the understanding of the market, then you will be successful in the long run, and that's what we all want! Let's say the first year, you will make 50,000 USD, the next year 60,000 USD, the next year 70,000 USD and then 90, 100 etc. … This is what you aim! This is a common goal! But you don't have to be opportunist, and they are! I mean, whenever they see a selling opportunity … Uh, Yeah! Regardless of what consequences, regardless of their agreements, regardless of … for very small companies or for stupid things! I tell you for instance that – I don't know if I should tell this or not – you have an agreement with them and for the last two or three years, I mean, an increase. All right? Last month I have heard that they have send to Syria eight shredders. Eight shredders! … a small part! But they have send them to Syria because someone has send a requirement and they thought: 'Wow, that's an opportunity to sell and … *(pfeift)*'. They think I will not recognize it, but this is a small market. I sent them a letter, I wanted to know what's happening! This is my business, this is my living *(schreit)*! This is my living! Why didn't they give him our name? And they ignored it, they didn't respond." (Amr)

Interview B1-2sy

Interesse an einer Ausweitung der Kooperation. Eine weitere Asymmetrie offenbart sich hinsichtlich des Interesses an einer Intensivierung der Kooperation mit deutschen respektive syrischen Partnern: Die überwältigende Mehrheit syrischer Unternehmen ist an einer Ausweitung der Kooperationsbeziehungen mit deutschen Partnern (zum Teil sehr) interessiert. Nur fünf der Befragten zeigten eine diesbezüglich ablehnende Haltung. Auf deutscher Seite hingegen ist die Skepsis deutlich größer: Weit weniger als die Hälfte der befragten deutschen Manager und Mitarbeiter plant zum Zeitpunkt der Interviews, aktiv an einer Intensivierung der Zusammenarbeit mit syrischen Partnern zu arbeiten. Häufig wird zur Begründung der negativen Antwort auch hier auf das Missverhältnis zwischen notwendigem Aufwand und zu erwartenden Erträgen Bezug genommen.

> „Ja, letztes Jahr haben wir deutlich weniger verkauft als im Vorjahr. Ich habe mich mal erkundigt, woran das liegt und bin auf zahlreiche neue Konkurrenten aus China und Indien gestoßen, die viel billiger anbieten als wir."
>
> JMA: „Könnte man für dieses Jahr nicht durch Marketinginstrumente zumindest Teile des Rückgangs ausgleichen?"
>
> „Das wäre bestimmt möglich. Wir könnten schon den syrischen Zwischenhandel umgehen. Das würde sicher was bringen … Vielleicht ein Umsatzanstieg auf … sagen wir mal 125.000 Euro. Aber schon im nächsten Jahr wäre wieder alles beim Alten. Die ganze Arbeit lohnt sich doch gar nicht!" (K.)
>
> *Interview aB80dt*

Im Mittelpunkt der Forschungsarbeit steht nicht die Erhebung quantitativer Daten, sondern vielmehr die subjektiven Einschätzungen und Beschreibungen der Problemfelder durch deutsche und syrische Beteiligte. Die Kernfrage lautet also: Wo sehen praxiserfahrene Unternehmer, Manager und Mitarbeiter deutscher und syrischer Unternehmen die entscheidenden Defizite und Problembereiche der wirtschaftlichen Zusammenarbeit? Trotz der gewählten Untersuchungsmethodik und dem überwiegendem Einsatz qualitativer Instrumente kann aufgrund der relativ großen Zahl doch von einer gewissen Repräsentativität der Ergebnisse ausgegangen werden.

Die Antworten auf die Kernfrage sind vielschichtig. Trotz dieser starken Diversifizierung lassen sich die Aussagen zwei unterschiedlichen Problemkreisen zuordnen:

1. Der *erste Problemkreis* (Kapitel 3.2) umfasst die mangelhaften institutionellen Rahmenbedingungen, in denen die Kooperationshandlungen stattfinden. Dabei können die Schwierigkeiten wiederum unterteilt werden, in jene, die

    a) die deutsch-syrische Zusammenarbeit direkt betreffen, wie zum Beispiel Korruption und der große bürokratische Aufwand von Syrienexporten;

    b) jene Probleme, die auf syrischer Seite wirksam werden und dort unternehmerische Tätigkeit behindern. Sie stehen den zweifellos vorhandenen Expansionsbemühungen des privaten Sektors der syrischen Wirtschaft entgegen und behindern auf diese Weise die Intensivierung deutsch-syrischer Unternehmenskooperationen indirekt.

Wenig überraschend sind an vielen Stellen Überschneidungen zwischen *a)* und *b)* zu konstatieren, so dass die gemachte Unterscheidung mehr aus Gründen einer größeren Übersichtlichkeit, also mit Blick auf den Leser, als aus inhaltlichen Erwägungen erfolgt.

2. Der *zweite Problemkreis* (Kapitel 3.3) umfasst jene Schwierigkeiten, die auf vermeintlich kulturell bedingte Differenzen zurückgeführt werden, jedoch – wie die Ausführungen zeigen – vielmehr Resultat der Wahrnehmung des Gegenübers sind. Sie werden letztlich von existierenden Bildern in den Köpfen der Befragten beeinflusst. Es stellt sich die Frage, ob Kultur, ob vermeintlich kulturell bedingte Differenzen, tatsächlich die ihnen häufig zugeschriebene Rolle als Kooperationshemmnis spielen. Kann interkulturelle Kompetenz im klassischen Sinn einen Beitrag zu einem Ausbau der Wirtschaftsbeziehungen leisten?

3.2 Institutionell bedingte Problemfelder deutsch-syrischer Unternehmenskooperationen

Grundvoraussetzung für weitgehend reibungslos verlaufende Unternehmenskooperationen ist ein adäquates Umfeld aus formalen Institutionen. Aufgabe des Regelwerks ist die Senkung der Transaktionskosten durch die Schaffung größtmöglicher (Rechts-)Sicherheit. Zusätzlich sollten Transparenz und Berechenbarkeit generierende Konstanz weitere Charakteristika darstellen. Vor diesem Hintergrund ist klar, dass Novellen und Reformen in das bestehende Regelwerk eingepasst werden beziehungsweise mit diesem harmonieren müssen. Es gilt, institutionelle Widersprüche zu vermeiden und eine klare Linie des Regelwerks und der zugrunde liegenden Politik sichtbar zu machen. Erwartungsgemäß gelingt es nicht, allen Ansprüchen zu genügen und ein ideales, von Fehlern und Widersprüchen völlig freies, Umfeld zu installieren [NORTH 1992, S. 3 ff.]. Dennoch sollten die genannten Grundsätze zumindest nicht bewusst missachtet werden, wie es in Syrien zum Teil geschieht.

Die nachfolgenden Beispiele mit den bereits bekannten Kooperationsunternehmen auf syrischer und deutscher Seite geben einen Eindruck von den institutionellen Defiziten und Schwierigkeiten, die die Zusammenarbeit von deutschen und syrischen Partnern beeinträchtigen.

Vorauskasse trotz eigentlich guter Partnerschaft – Die Nürnberger Werkzeugbauer

„Wir haben mal angedacht, von Syrien aus unsere Produkte auch in die Nachbarländer zu liefern. Das haben wir dann aber sein gelassen. Da gibt es so viele Handelsrestriktionen und Vorschriften, die beachtet werden müssen. Das können Sie glatt vergessen. Es scheint wirklich, als hätte jedes Land in der Region Angst, der Nachbar könnte ihm die Butter vom

Brot nehmen. Jeder schaut da nur auf seinen eigenen Vorteil. [...] So eine Art EU, eine Freihandelszone, wie die NAFTA, das wäre gerade in diesem Punkt von großem Vorteil." Mit Syrien selbst haben die Nürnberger laut Aussage von *K.* kaum Probleme. Treten Schwierigkeiten auf, beseitigt diese der Aleppiner Kooperationspartner. Trotz der langjährigen Beziehungen zu dem syrischen Geschäftsmann und dessen ansonsten tadelloser Arbeit erfolgen Warenlieferungen allein gegen Vorauskasse oder Akkreditiv. Eine Lieferung der Werkzeuge gegen Rechnung schließt K. kategorisch aus und begründet dies mit vermeintlich kulturellen Eigenheiten arabischer Länder: „Rechnungen stellen in arabischen Ländern eine Holschuld dar, die vom Gläubiger vor Ort eingefordert werden muss. Deshalb haben Sie auch keine Möglichkeit, gegen säumige Schuldner adäquat [auf dem Rechtsweg; Anm. d. Verf.] vorzugehen!" Schwierigkeiten mit Behörden und/oder dem Bürokratieapparat sind K. nicht bekannt. Die Beseitigung derartiger Hemmnisse fällt zwar in den Zuständigkeitsbereich des syrischen Partners, dennoch wird bei der Preisgestaltung stets die Möglichkeit des Auftretens von Schwierigkeiten und deren Beseitigung berücksichtigt: Schmiergelder werden in den Warenpreis bereits einkalkuliert.

Interview aB80dt

Termin- und Qualitätsprobleme – Die schwäbischen Bekleidungshändler

M. schildert das Syriengeschäft rückblickend als sehr problematisch: „Die konnten die vereinbarten Termine nicht einhalten. Dann habe ich angerufen, was das soll, und die haben mir dann erzählt, der ganze Papierkram und so, das dauert eben so lang. Sie können nichts dafür, die Ware kommt bald. Ich habe nur gesagt, dass ich das Zeug brauche, ich habe hier schließlich auch meine Verpflichtungen. Was soll ich denn sagen? Meine Kunden warten auch auf die Ware. Schließlich haben die wohl alle Papiere zusammengehabt und haben mir die Teile geschickt. Jetzt hat die Qualität nicht gepasst! Die Farben waren nicht hundertprozentig gleich und auch die Verarbeitung ... War eben nicht so, wie ich mir das vorgestellt habe." Für M. sind die Rechtfertigungen des syrischen Unternehmens und die Verweise auf bürokratische Probleme bloße Ausrede. Er selbst sieht die damaligen Probleme eher in der Arbeit des syrischen Betriebs begründet. Grundsätzlich glaubt M. vor dem Hintergrund der in Syrien vorhandenen billigen Arbeitskräfte und die seiner Ansicht nach im Großen und Ganzen guten Produkte durchaus Potential für deutsch-syrische Kooperationen zu erkennen. Er selbst schließt eine neuerliche Zusammenarbeit – diesmal jedoch mit einem anderen Partner – nicht aus.

Interview aB40dt

Umständliches und korruptes Ausschreibungsverfahren – Die mittelfränkischen global player

„Die Ausschreibungen sind äußerst abschreckend! Zum einen müssen Sie im Rahmen jeder Ausschreibung sehr sehr viele syrische Stellen kontaktieren, was echt mit einem großen Aufwand verbunden ist. Zum andern muss auch eine ganze Reihe von Personen bestochen werden." Trotz neugieriger Rückfragen wollte *W.*, der gerade noch freimütig über aus seiner Sicht gängige Verfahrensweisen berichtet hatte, dann doch nicht näher auf den letzten Punkt seiner Ausführungen eingehen. Neben dem Ausschreibungsverfahren, seiner Ansicht nach der größte Problemkreis, sieht W. weitere Schwierigkeiten im defizitären Bankensystem begründet: „Der Zahlungsverkehr dort funktioniert nur sehr langsam und schwerfällig. Wir arbeiten nur noch für Kunden, die ein Akkreditiv vorweisen können, das von einer europäischen Bank bestätigt wurde." Ursächlich verantwortlich für alle Probleme sind nach Ansicht von W. letztlich allein die politischen Entscheidungsträger und das System, dem sie entstammen: „Sehen Sie doch die ganzen Reformen. Die greifen doch immer nur partiell. Das ist richtiges Stückwerk. Um wirkliche Verbesserungen für die Wirtschaft dort zu erreichen, wäre eine grundlegende politische Reform notwendig!"

Interview aB49dt

Bürokratie, mangelnde Serviceorientierung und die Notwendigkeit persönlicher Kontakte – Die Aleppiner Chemiegroßhändler

„Nein, der Import unserer Produkte nach Syrien ist eigentlich nicht schwierig ... aber auch nicht leicht." Mit den deutschen Partnern gab es bislang nach Aussage von *Sami* keine nennenswerten Probleme. Wesentlich arbeitsintensiver als die eigentliche Zusammenarbeit ist da schon der immense bürokratische Aufwand, der damit verbunden entsteht: „Ach wissen Sie, die ganze Prozedur ... Routineprozedur. Ein Haufen Schreibkram und dumme Regulierungen. Die ganze Bürokratie eben." In dieselbe Richtung zielt auch Samis Kritik am Bankensystem, welches seiner Ansicht nach wesentlich effizienter und serviceorientierter arbeiten müsste. Die staatlichen syrischen Banken und ihre Mitarbeiter besitzen kein großes Interesse an ihren Kunden. Diese haben zum Zeitpunkt des Interviews auch keine legalen Ausweichmöglichkeit innerhalb Syriens. Sie sind gezwungen, für internationale Finanztransaktionen auf die *CBoS* und ihre Filialen zurückzugreifen oder eben alternative Strategien zu entwickeln. Samis Firma weicht auf die Banken des Nachbarlandes Libanon aus und wickelt von dort aus Bankgeschäfte mit Deutschland ab. Vor dem Hintergrund der Expansionsbestrebungen des Unternehmens sieht Sami einen weiteren Problemkreis in der mangelnden Verfügbarkeit verlässlicher Informationen und Wirtschaftsdaten begründet: „Wenn Sie ein Investment in der Industrie planen und dafür einen deutschen Partner suchen, dann will der eine Marktstudie. Die machen wir natürlich vorher. Dazu benötigen Sie Daten über die Marktgröße, die Konkurrenzsituation, die Höhe der Nachfrage etc. ... All diese Sachen wollen deutsche Partner ganz genau wissen. Genaue Daten kriegen Sie hier aber nicht! [...] Der ganze Verwaltungsapparat ... die Arbeit, die die machen, ist irgendwie altmodisch, die haben sich noch lange nicht an die modernen Methoden angepasst. [...] Auf der anderen Seite können Sie sich aber auch auf gute persönliche Beziehungen und Verbindungen verlassen."

Interview H1-6sy

Regulierungswut, hohe Zölle und mangelhafte Ausbildung – Die Damaszener Auftragsproduzenten

„In Syrien finden sich viele aktive Leute. Sehr aktive Leute ... Aber das Problem sind die Regulierungen hier in Syrien. Die gesetzlichen Rahmenbedingungen." Auftretende Kooperationsprobleme sieht **Riad** in erster Linie auf syrischer Seite begründet. Die Struktur der syrischen Wirtschaft, die unzureichende Qualität syrischer Zulieferbetriebe führt dazu, dass das Unternehmen alle Rohstoffe für Aufträge aus Europa auch aus den Ländern der EU beziehen muss. Vor diesem Hintergrund verringern die hohen Einfuhrzölle auf importierte Rohstoffe und Vorprodukte die internationale Konkurrenzfähigkeit der Damaszener: „Wenn die Zölle niedriger wären und die Regierung sich dazu durchringen könnte die syrische Industrie [den privaten Sektor; Anm. d. Verf.] entsprechend zu unterstützen ... wir könnten viel mehr exportieren!", ist sich Riad sicher. Ein Problem beim Versuch, eine dauerhaft hohe Qualität sicherzustellen, ist die hohe Fluktuation der Arbeitskräfte bei einem gleichzeitig schwierigen Arbeitsmarkt, der durch das Fehlen eines umfassenden staatlichen Berufsausbildungssystems gekennzeichnet ist. „Wenn wir fünfzig Arbeiter brauchen, dann müssen wir uns die selber ausbilden. Wir nehmen Schulabsolventen und andere und bilden die in unserer firmeneigenen Schule aus. Wir bringen denen alles bei: Das beginnt beim Anschalten der Maschine und reicht bis zur Erklärung der Funktionsweise einzelner Maschinen. Und wir bringen ihnen unsere Firmenphilosophie bei, die Art, wie wir arbeiten. Das alles dauert gut drei Monate. Wenn sie dann für uns arbeiten und ein wenig Erfahrung gesammelt haben, dann kommen unsere Konkurrenten und werben sie für einen etwas höheren Lohn ab. Und wir können wieder von vorne anfangen. Bei 400 Leuten, die für uns arbeiten, können Sie sich vorstellen, dass jeden Tag Leute kommen und gehen." Das umfangreiche Regulierungsdickicht, die hohen Zölle und der Arbeitsmarkt sollten nach Riads Ansicht auch Ansatzpunkte weiterer Reformmaßnahmen der Regierung sein. Die bisherigen Maßnahmen brachten aus seiner Sicht jedenfalls bislang kaum nennenswerte Effekte für die Privatwirtschaft.

Interview A11-3sy

Strukturschwächen, defizitäre Infrastruktur und Selbstzweifel – Die anglo-syrischen Lizenznehmer

„Schwierigkeiten bei unserer Kooperation ... Wissen Sie, wir sind überhaupt nicht auf die Integration in eine globalisierte Wirtschaft vorbereitet. Die Schritte, die jetzt unternommen wurden, gehen zwar in die richtige Richtung, aber die Wirtschaftsstruktur hier, auch die ganze Infrastruktur ... alles weist große Defizite auf. Die gesetzlichen Rahmenbedingungen, die Finanzinfrastruktur, Steuerrecht ... Ein großes Problem ist das Ausbildungssystem. [...] Dazu kommt noch, dass viele Syrer mit guter Ausbildung, erfolgversprechende Leute, das Land in der Vergangenheit wegen der politischen Umstände verlassen haben. Die größten Talente sitzen jetzt zum Beispiel in Deutschland ... *(lacht)*. Viele syrische Ärzte arbeiten in Deutschland. Und hier gibt es nichts, was die zur Rückkehr bewegen könnte." Besonders hart ins Gericht geht **Naji** mit den jüngsten Reformbestrebungen, die er im Großen und Ganzen als zu zaghaft empfindet: „Bislang können wir nichts von den Reformen spüren. Aber es sagt dir auch keiner, wo's lang gehen soll und das ist ein Teil des Problems: Es gibt keinen öffentlichen Diskurs, die Unternehmer sind überhaupt nicht in die Planungen einbezogen. Ich weiß nicht einmal, ob die überhaupt eine langfristige Strategie haben *(lacht)*." Naji hat zwar in der Vergangenheit gelernt, sich mit den Gegebenheiten zu arrangieren.

Akzeptiert hat er sie deswegen jedoch längst nicht. Ein großer Teil seiner Arbeit besteht aus der Kontaktpflege zu Entscheidungsträgern in Behörden und Ministerien. Diese Arbeit kostet Zeit und Geld, aber sie ist auch mitverantwortlich für den geschäftlichen Erfolg der Kooperation: „Deine Stärke beruht darauf zu wissen, wie die Organisation funktioniert … die richtigen Leute zu kennen, die *do's* und *don'ts*, die Fallen … einige der Behörden und staatlichen Organisationen funktionieren wie eigene kleine Staaten. […] Das ist ein korruptes System hier, unübersehbar, und deshalb ist persönliches Vertrauen auch so wichtig." Obwohl die Geschäfte gut laufen und beide Seiten mit der Zusammenarbeit zufrieden sind, ist sich Naji bezüglich der von ihm gewählten langfristigen Unternehmensstrategie nicht sicher: „Nein ehrlich, ich frage mich selber oft, ob unsere Strategie richtig ist oder nicht. […] Häufig ist der Ansatz hier eher opportunistisch als strategisch und das ist ja auch logisch wenn man die Unsicherheit betrachtet, unter der man hier arbeitet, die ganzen Risikofaktoren: politische Risiken, wirtschaftliche Risiken, finanzielle Risiken … Aus diesem Blickwinkel sollte man vielleicht mehr kurzfristig agieren, einfach opportunistisch … *Grab what you can and run! (lacht)*"

Interview A2-2sy

Ungewohnte Arbeitsweisen, hohe Zölle und libanesische Banken – Die Aleppiner Waschmittelproduzenten

„Manchmal kostet das Schreiben von Berichten, das Einhalten irgendwelcher *deadlines* und die Beantwortung von Fragen so viel Zeit … Zeit, die ich dringend brauche für Management, Controlling oder um nach dem Rechten zu sehen …" Gerade in der Anfangsphase der Zusammenarbeit gestalteten sich viele von deutscher Seite geforderten Arbeitsabläufe, in den Augen von **Mario** als in erster Linie zeitraubend. Nach und nach hat man sich an viele der Verfahrensweisen gewöhnt und auch die damit verbundenen Ergebnisse erkannt. Die Qualität des Produkts ist marktführend, die Produktions- und Absatzzahlen liegen im Plan. Die Vorstellungen beider Partner werden zum Zeitpunkt des Interviews erfüllt. Wesentlich schwieriger für die Zusammenarbeit gestalten sich institutionelle Mängel, so beispielsweise die unverhältnismäßig hohen Zölle auf notwendige Rohstoffe sowie Fehler in der Zollsystematik, wie Mario erklärt: „Die Zölle auf viele unserer Rohstoffe sind sehr hoch. Zum Beispiel Parfüm. Die Zölle auf Parfüm sind sehr hoch. Normalerweise ist das ja auch ein Luxusprodukt für die Konsumenten, aber für uns ist es ein Rohstoff. Wir arbeiten jetzt daran, mit Hilfe von Lobbyarbeit eine andere Klassifikation zu erreichen. Wir versuchen, die Bezugskosten auf diese Weise zu senken." Ein weiteres Problem, welches die Zusammenarbeit innerhalb des Joint Ventures behindert, stellt der mangelhafte Bankensektor dar. Die staatlichen Banken und auch die neu eröffneten privaten Banken entsprechen längst nicht den Anforderungen des Unternehmens, so dass dieses auch weiterhin die bestehenden Bankenverbindungen im benachbarten Libanon nutzt. Als letztes Defizit spricht Mario die schwierige Informationsbeschaffung an, die in erster Linie ausländische Investoren trifft: „Für viele Investoren ist Syrien ein relativ unbeschriebenes Blatt. Sie haben nicht die entsprechenden Informationskanäle … sie wissen nicht, an wen sie sich wenden können, mit wem sie sprechen sollen. Ich würde europäischen, deutschen Unternehmen davon abraten, nach Syrien zu kommen, ohne Kontakte, ohne Partner ... ohne verlässliche Kontakte, auf die sie sich verlassen und mit denen sie arbeiten können."

Interview S4-7sy

3.2.1 Die Schwierigkeiten unternehmerischen Handelns in Syrien und deren kooperationsrelevante Auswirkungen

Die oben angeführten Fallbeispiele geben die Vielzahl institutioneller Hemmnisse und deren Wirkungsweise(n) wieder. Im Folgenden soll den geschilderten Problemkreisen auf den Grund gegangen werden. Am Anfang steht dabei die Analyse jener Defizite, die unternehmerisches Handeln in Syrien behindern und auf diese Weise indirekte Wirkung auf deutsch-syrische Unternehmenskooperationen ausüben.

3.2.1.1 Investitionsklima

Investitionsgesetzgebung

Wie bereits Kapitel 2 gezeigt hat, findet eine Investitionspolitik, im Sinne einer Förderung privaten Unternehmertums, in Syrien lange Zeit nicht statt. Eine Wende in dieser Politik deutet sich erst mit der Verabschiedung von Gesetz Nr. 10/1991 an. Die Anreize des Investitionsgesetzes „verpuffen" jedoch in der zweiten Hälfte der 1990er Jahre, da komplementäre Maßnahmen zur Verbesserung des Investitionsklimas ausbleiben [ZOROB 2005, S. 90]. Dies spiegelt sich sehr deutlich wider in der Entwicklung der privaten Investitionen: Hatten diese 1994 in der Hochphase der Euphorie noch 30 % des BIP erreicht, sinken sie bis zum Jahr 2000 um fast die Hälfte auf weniger als 18 %.

Erst kurz vor dem Präsidentenwechsel im Jahr 2000 erfährt der Liberalisierungskurs eine Wiederbelebung. Die wichtigste Maßnahme stellt im Mai 2000 die Verabschiedung von Gesetz Nr. 7/2000, eine Ergänzung zu Gesetz Nr. 10/1991, dar. Der Wirkungsansatz von Gesetz Nr. 10/1991, die Mobilisierung privater Investitionen mittels gewährter Incentives, bleibt im Prinzip unangetastet. Die Anpassungen finden sich im Detail. So erfährt der Zeitraum der Befreiung von Steuern und Abgaben eine Ausweitung auf maximal 13 Jahre. Ausländischen Investoren wird der Immobilienerwerb in Syrien ermöglicht. Darüber hinaus umfasst Gesetz Nr. 7/2000 eine gesetzliche Garantie gegen Konfiskation und Enteignung [OBG 2005, S157, ZOROB 2005, S. 94 f.]. Privatindustriellen Investitionsprojekten, die nicht die Zulassungskriterien für eine Gründung unter Gesetz Nr. 10/1991 erfüllen oder aus anderen Gründen vom Investitionsrat abgelehnt werden, bleibt nach wie vor als einzige Alternative die Gründung entsprechend des aus dem Jahr 1952 stammenden Dekrets Nr. 103. Dieses immerhin schon über 50 Jahre alte Dekret bietet weitaus schlechtere Konditionen in Bezug auf Steuerbefreiungen, die Einfuhr von Betriebsvermögen sowie notwendige Roh-, Hilfs- und Betriebsstoffe. Darüber hinaus erlaubt Dekret Nr. 103/1952 weder den Retransfer von Gewinnen, ein wichtiges Argument für ausländische Investoren, noch die Eröffnung von Devisenkonten [OBG 2005, S. 158].

Gesetz Nr. 10/1991 und Gesetz Nr. 7/2000 stellen zweifellos zwei Schritte in die richtige Richtung dar. Sie reichen jedoch längst nicht aus, um in großem Umfang private Investitionen zu mobilisieren. Die Gründe hierfür liegen nicht zuletzt im mangelnden Vertrauen syrischer Unternehmer in den institutionellen Rahmen Syriens, wie das folgende Zitat von *Riad* nochmals verdeutlicht:

> „The Syrian people, they are very active. And they can ... they are very active. The only problem we do have comes from the Syrian government. From the regulations in Syria, from the laws in Syria!" (Riad)
>
> *Interview A11-3sy*

Aus Sicht deutscher Investoren sind die Möglichkeiten zu Gewinnexport und Repatriierung eingesetzten Kapitals wichtige Argumente, die gegen ein Engagement in Syrien sprechen könnten. Gemäß Gesetz Nr. 10/1991 und Dekret Nr. 7/2000 ist die Genehmigung zu beidem reine Formsache [vgl. OBG 2005, S. 158], doch auch hier gibt es in den Regelwerken einschränkende Klauseln, die die Befürchtung rechtfertigen, dass zwischen gesetzlicher Zusicherung und gängiger Praxis durchaus Widersprüche zutage treten könnten. Von den untersuchten Unternehmen auf deutscher Seite hatte zum Zeitpunkt der Befragung nur eine Firma aus München Erfahrungen mit Investitionen in Syrien. Im beschriebenen Fall handelte es sich jedoch nicht um die Errichtung einer Produktionsstätte, sondern ‚lediglich' um den Aufbau eines landesweiten Distributionsnetzes beziehungsweise einer gemeinsamen Firmenniederlassung mit integriertem Warenlager. Die Höhe der Investitionen für die Installierung eigener *points-of-sale* für aus Deutschland eingeführte Produkte und damit auch das Risiko für das Unternehmen bewegten sich auf vergleichsweise niedrigem Niveau. In der Zwischenzeit mussten die Münchener jedoch ihre Geschäftstätigkeit in Syrien einstellen (siehe auch ‚Kooperationsgeschichten aus deutscher Perspektive: Wachstumsmarkt und Investitionsstandort – Die Münchener Partner' in Kapitel 3.1.2.2). Mit dem Gedanken möglicher Syrieninvestitionen hatten sich darüber hinaus, wie oben bereits erwähnt, zwei weitere Unternehmen[24] beschäftigt, nach der genaueren Auseinandersetzung mit Gesetzen, Vorschriften und intensiver Analyse der makroökonomischen Rahmenbedingungen wurden die Pläne jedoch wieder verworfen. Auf syrischer Seite bilden die beiden angesprochenen Produktionsstätten des deutschen DAX-Unternehmens in Damaskus und Aleppo die einzigen Beispiele für operativ tätige Joint-Venture-Betriebe (siehe ‚Kooperationsgeschichten aus syrischer Perspektive: Anfangs schwierig, mittlerweile eine ‚porentief reine Zusammenarbeit' – Die Aleppiner Waschmittelproduzenten' in Kapitel 3.1.2.1). Beide Fabriken wurden entsprechend Gesetz

---

24 Es handelt sich hierbei um ein Unternehmen der Textilindustrie (Interview aB52dt) sowie einen sehr bekannten mittelfränkischen Hersteller von Schreibwaren und Büroartikeln (Interview aB48dt).

Nr. 10/1991 gegründet und arbeiten nach Auskunft des Aleppiner *plant managers* sehr erfolgreich. Zusammenfassend kann festgehalten werden, dass das Investitionsklima des Landes in jüngster Vergangenheit an Attraktivität zu gewinnen scheint. Auslandssyrer und ausländische Investoren werten die vorhandenen Ansätze also durchaus positiv, wie nicht zuletzt die vermehrt aus der Taufe gehobenen Joint Ventures mit internationalen Partnern induzieren. Deutsche Investoren verhalten sich jedoch weitgehend passiv – sieht man von den erwähnten Ausnahmen ab. Weitere Reformen sind notwendig, will man das Volumen ausländischer Direktinvestitionen weiter erhöhen. Es scheint zweifelhaft, ob die bisherige Strategie der Gewährung von Incentives allein ausreicht, um dieses Ziel zu realisieren. Vor diesem Hintergrund hat auch Rainer HERMANNS nun bereits einige Jahre zurückliegender Ausspruch seine Gültigkeit nicht verloren:

„The investment climate is like a package: all the elements have to suit each other. Just making cosmetic changes to the existing system will not create this harmonious whole."
[HERMANN 1998, S. 97]

Nachfolgend werden die drei am häufigsten genannten Defizite des Investitionsklimas näher unter die Lupe genommen: das syrische Steuerrecht, die mangelhafte Rechtssicherheit sowie der Reformprozess und seine Besonderheiten.

Steuerrecht

Das syrische Unternehmenssteuerrecht verkörpert lange Zeit eines der auffälligsten Symbole der staatlichen Marginalisierung der Privatwirtschaft [SCHNEIDER-SICKERT/JEFFREYS 1995, S. 79 ff.]. Bis zur (partiellen) Revision der Steuergesetzgebung durch das Gesetz Nr. 10/1991, welches mehrjährige Steuerbefreiungen beinhaltet, müssen ökonomisch erfolgreiche Industrieunternehmen 80 bis 90 % ihres Gewinns an die Staatskasse abführen [BOECKLER 1998, S. 204]. Das Steuersystem stellt auf diese Weise ein ernsthaftes Investitionshemmnis dar. Zudem erweist sich die Bemessung der Steuerbasis als durchaus diskussionswürdig. So basiert beispielsweise die Bemessung der Besteuerung von Unternehmensgewinnen nicht etwa auf tatsächlich erzielten Einkünften, sondern auf staatlichen Schätzungen der zukünftig erwartbaren Geschäftsentwicklung. Das Ausmaß aktueller Profite oder Verluste spielt eine nur untergeordnete Rolle. Es ist offensichtlich, dass Unternehmer dadurch weitestgehend der Willkür der schätzenden Personen ausgeliefert sind. Mitte der 1990er Jahre setzt sich die jährliche Gesamtsteuerlast der Unternehmen aus folgenden Komponenten zusammen: Der Besteuerung des Kapitalstocks (mit 1,5 %), von Kapitalerhöhungen (mit 3,12 %) und des Werts von Maschinen und Anlagen (mit 8 %) [SCHNEIDER-SICKERT/JEFFREYS 1995, S. 77 ff.]. Mittelständische Unternehmen müssen zudem 60 % ihrer (geschätzten) Gewinne an die syrischen Finanzbehörden abführen. Diese Aufstellung zeigt bereits, dass das Betriebsvermögen von Unternehmen systematischen Doppelbesteuerungen unterliegt. Zusätzlich fallen noch informelle, in vielen Bereichen aber obligatorische, Zuwendungen und Schmiergelder an. Exporteure müssen des Weiteren noch eine Ausfuhrsteuer in Höhe von 2 bis 3 % des Warenwerts entrichten und leisten durch den Ankauf gegebenenfalls notwendig werdender Devisen zu einem überbewerteten Kurs weitere Transferzahlungen an den Staat.[25] Im Dezember 1996 beweist der bereits an früherer Stelle der Arbeit zitierte Industrielle und Abgeordnete, Riad Seif, mit Hilfe einer Beispielrechnung im syrischen Parlament, dass die Einhaltung aller existierenden Steuergesetze unabänderlich zu Verlusten führt. Ökonomisch rationale unternehmerische Tätigkeit ist unter Beachtung aller formalen Steuervorschriften schlichtweg unmöglich [HERMANN 1998, S. 91 f.].

Als pragmatische Reaktion vieler Unternehmer auf derartige Unabwägbarkeiten kommen bis heute die bereits angesprochenen präventiven ‚Vermeidungspraktiken' zum Einsatz, mit deren Hilfe es gelingt, die potentielle Steuerlast ungeachtet gesetzlicher Regelungen zu reduzieren: So beschreibt zum Beispiel BOECKLER die Praxis der doppelten Buchführung syrischer Unternehmer als ‚doppelt' im übertragenen Wortsinn: Neben den offiziellen Bilanzen für die Steuerbehörden existiert noch ein zweites Geschäftsbuch, in dem die tatsächlichen Aktivitäten festgehalten werden [1998, S. 204]. Darüber hinaus spielen die Unterdeklarierung von Investitionssummen sowie Beschäftigtenzahlen, ebenso wie die Unterfakturierung von Warengeschäften eine große Rolle (siehe hierzu auch den Abschnitt ‚formale und informelle Handelsbarrieren').

Im November 2003 erfolgt mit der Verabschiedung von Gesetz Nr. 24/2003 eine tatsächliche Reform des Einkommens- und Körperschaftssteuerrechts. Anders als die Gesetze Nr. 10/1991 und Nr. 7/2000, die lediglich mit Ausnahmen vom ansonsten gültigen Regelwerk arbeiten, packt dieses Gesetz endlich ‚das Übel am Schopf'. Die Absenkung des Höchstsatzes der Körperschaftsteuer von 63 % auf 37 % stellt ebenso, wie die Festsetzung des Höchststeuersatzes für private Einkommen auf 20 % bei gleichzeitiger Freistellung von Einkommen unter 5.000 SYP, eine Angleichung an die Verhältnisse in den Nachbarstaaten der Region dar. Die zu entrichtende Steuersumme bemisst sich nun nach der Rechtsform der Unternehmung sowie dem tatsächlich erzielten Gewinn. Zudem besteht in weitaus größerem Umfang als bisher die Möglichkeit, betriebliche Aufwendungen abzuschreiben, eine im Vergleich zur vorherigen Situation immense Verbesserung. Dennoch ist das syrische Steuerrecht nach wie vor komplex und von einer Vielzahl von Ausnahmeregelungen gekennzeichnet [für Details zur aktuellen Steuersystematik siehe auch OBG 2005, S. 159 f.], was die investitionsfördernde Wirkung der Reformen abschwächt.

---

25 Wenn ein syrischer Unternehmer 100.000 USD Gewinn erwirtschaftet, so bezahlt er zunächst mehr als 60.000 USD Steuern – sofern sein Gewinn von der zuständigen Steuerbehörde nicht überschätzt wurde. Reinvestiert er die verbleibenden 40.000 USD in eine neue Maschine oder Fertigungsstraße, so wird diese Kapitalerhöhung im darauffolgenden Jahr mit 1.250 USD, die Ausweitung des Anlagenvermögens mit 3.200 USD sowie die Erhöhung des Kapitalstocks noch einmal mit 600 USD besteuert. Berücksichtigt man die vielfältigen institutionell bedingten (offiziellen und inoffiziellen) Bezugskosten, so verbleibt letztlich schätzungsweise eine Investitionssumme von 25.000 USD.

Ebenfalls unklar ist, wie sich diese Maßnahmen auf die Steuervermeidungspraktiken syrischer Unternehmer auswirken. Obwohl der Steuerhinterziehung mit dem ebenfalls im November 2003 verabschiedeten Gesetz Nr. 25/2003 offiziell der Kampf angesagt wurde, kommen sie nach wie vor zum Einsatz. Ein Grund hierfür sind sicherlich die negativen Erfahrungen der Vergangenheit: So wurden steuerliche Regelungen früher bereits des Öfteren von Regierungsseite plötzlich und unerwartet revidiert, was bei der Privatwirtschaft nachhaltiges Misstrauen erzeugt und zur Beibehaltung dieser Praktiken beigetragen hat – trotz Steuerreform und Ausweitung der Steuerbefreiungen für Nr. 10/1991-Unternehmen. Als Beispiel muss an dieser Stelle nur an Gesetz Nr. 20/1991 erinnert werden: Mit Inkrafttreten dieser Verordnung hatte die syrische Regierung aus fiskalischen Überlegungen heraus die zunächst gewährte Steuerbefreiung für Exporte in ausgewählte Länder *rückwirkend* zurückgenommen. Doch damit nicht genug, hatte man von Regierungsseite zur ursprünglichen Steuerlast zusätzlich auch noch Verzugszinsen addiert. Resultat dieser außerordentlichen finanziellen Belastung, für die seitens der Unternehmen keinerlei Rückstellungen vorgenommen worden waren, war eine Welle von Konkursen [HERMANN 1998, S. 91 f.]. Es ist also mehr als wahrscheinlich, dass sich, solange das Vertrauen in die Konstanz der diesbezüglich getroffenen Regierungsentscheidungen nicht zunimmt, an diesen unternehmerischen Handlungs- und Verfahrensweisen auch bei verschärfter Strafandrohung in absehbarer Zeit kaum etwas ändern dürfte.

Argumentiert man mit North aus einem institutionalistischen Blickwinkel, so lässt sich eine weitere Begründung für die Beibehaltung der Hinterziehungspraktiken finden: In der Vergangenheit sind Praktiken zur Steuervermeidung in weiten Teilen der syrischen Unternehmerschaft nicht nur perfektioniert, sondern geradezu institutionalisiert worden. Sie haben also nicht nur ein hohes Maß an Perfektion erreicht, sondern sind längst fester Bestandteil des unternehmerischen Handlungsrepertoires. Bei einer entsprechend geringen Gefahr, entdeckt zu werden, steht also zu befürchten, dass Praktiken der Steuerhinterziehung erst dann aufgegeben werden, wenn dies aus unternehmerischer Sicht sinnvoll ist, die zu entrichtende Steuerlast die Kosten der Hinterziehung unter Berücksichtigung der Risiken nicht mehr signifikant überschreitet. Dies ist zum jetzigen Zeitpunkt (noch) nicht der Fall.

Problem Rechtssicherheit

Die Wirtschaftsgesetzgebung Syriens präsentiert sich aus Sicht vieler befragter Unternehmen als überregulierend und intransparent. Viele jener, die Privatwirtschaft betreffenden Gesetze, sind bereits mehrere Jahrzehnte alt und völlig überholt. Die Übertretung dieser Vorschriften ist in der unternehmerischen Praxis nahezu täglich an der Tagesordnung. Widersprüchliche Regulierungen konstituieren Grauzonen, in denen ein übermächtiger Bürokratieapparat auf Kosten der Rechtssicherheit nach eigenen, mehr oder weniger willkürlich gehandhabten Regelungen verfahren kann. Als Beispiel hierfür kann die Liberalisierung der Devisenbestimmungen ins Feld geführt werden: Seit Herbst 1996 ist es syrischen Staatsangehörigen möglich, Devisenkonten in ihrer Heimat zu eröffnen, ohne die Herkunft des Geldes zu deklarieren. Gleichzeitig stellte jedoch Gesetz Nr. 24/1986 den unautorisierten Besitz von Devisen lange Zeit unter Strafe. Obwohl das Gesetz bereits seit Längerem nicht mehr strikt angewandt wurde hing es bis 2003 einem Damoklesschwert gleich über den Köpfen syrischer Unternehmer [HERMANN 1998, S. 87]. Im März 2000 erfolgt mit dem Dekret 6/2000 eine erste Abschwächung dieser Vorschrift. Es dauert jedoch noch einmal drei Jahre, bis im Juli 2003 das Gesetz Nr. 24/1986 tatsächlich außer Kraft gesetzt wird. Erst ab diesem Zeitpunkt ist der Besitz von Devisen und Edelmetallen legalisiert und werden die Strafen für illegalen Devisenhandel auf maximal drei Jahre Haft reduziert [ZOROB 2005, S. 94 ff.].

Die Komplexität der Regelungen erfordert einen hohen zeitlichen Einarbeitungsaufwand. Zudem treten die zugrunde liegenden Strukturen nicht immer klar hervor. Der institutionelle Rahmen fördert keine Entwicklung unternehmerischen Handelns nach Vorbild moderner Industrieländer, sondern vielmehr das bereits oben beschriebene ‚durchmogeln' mit Hilfe von eigens entwickelten Handlungsstrategien. Dabei werden durch widersprüchliche Regelungen entstehende Grauzonen ausgenutzt beziehungsweise versucht, durch finanzielle Zuwendungen, persönliche Kontakte und Verhandlungsgeschick die Entscheidungsfindung der zuständigen Beamten zu beeinflussen. Nicht zuletzt weil sich Gesetze und Verwaltungsprozeduren von westlichen Industrieländern unterscheiden, wird Flexibilität in der Orientierung durch den Dschungel intransparenter Vorschriften zu einer Schlüsselqualifikation für wirtschaftlichen Erfolg. Dieser Fakt macht Syrien nicht gerade attraktiv für ausländische Investoren, die im Regelfall weder über die notwendigen persönlichen Verbindungen noch über ausreichendes Insiderwissen verfügen, um trotz der Defizite des Regelwerks erfolgreich tätig werden zu können.

Verschärft wird die Situation durch das Fehlen einer unabhängigen Justiz. Selbst für Experten syrischen Rechts sind mitunter auftretende Streitfälle vor dem Hintergrund des institutionellen Regelwerks unlösbar. Die syrische Jurisprudenz wird von den befragten Unternehmen in ihrer überwiegenden Mehrheit als korrupt und abhängig charakterisiert. Die externe Einflussnahme auf Prozesse und Urteilsfindung ist nach Ansicht vieler eher die Regel denn die Ausnahme. Der Wahrheitsgehalt dieser Behauptung kann für einen Außenstehenden nur schwer verifiziert werden. Fakt ist jedoch, dass diese Haltung gegenüber dem Justizapparat die unternehmerische Arbeit beeinflusst. Die Mehrzahl der befragten Unternehmen lehnt den Rechtsweg als *Ultima Ratio* der Konfliktlösung schlichtweg ab. Als Ursachen hierfür werden die Unverhältnismäßigkeit der entstehenden Wartezeiten und Kosten sowie die völlige Unberechenbarkeit einer Urteilssprechung, bei der nicht selten persönliche Beziehungen und die individuellen Möglichkeiten zur Beeinflussung der Richter als entscheidende Faktoren eingeschätzt werden, angeführt.

Stellvertretend für viele syrische Unternehmer soll hier **Mamdouh** zu Wort kommen. Er ist Eigentümer und Geschäftsführer einer kleinen Firma, die im Bereich chemischer Industrie mit der Herstellung von Verpackungsmaterialien beschäftigt ist. Er steht dem

Justizapparat kritisch gegenüber und schildert aus seiner Sicht die Auswirkungen der bestehenden Rechtsunsicherheit auf seine unternehmerische Tätigkeit:

> JMA: „Was denken Sie, sind Gerichtsverfahren ein adäquates Mittel um ein Problem beizulegen?"
>
> „Nein, nein, nein ... würde ich nicht mal tun, wenn ich Recht habe. [...] Sehen Sie, das dauert lange und kostet zu viel."
>
> JMA: „Sie vertrauen also auf so eine Art ‚Geschäftsehre' Ihres Geschäftspartners?"
>
> „Ja, wissen Sie, das ist so. Wenn Sie in Deutschland Schwierigkeiten haben, gehen Sie zum Gericht. Und dort wird das Problem schnell gelöst. Bei uns dauert es zehn Jahre, bis das gelöst ist, oder gar zwanzig Jahre. Deshalb hat auch Vertrauen eine so große Bedeutung. *(lacht)* Verstehen Sie? Und außerdem: Es kostet viel Geld! Der Rechtsanwalt ist ja auch noch am Gewinn beteiligt! *(lacht)* [...] Und am Ende: Kompensation. Sagen wir: Sie müssen fifty-fifty akzeptieren" (Mamdouh)
>
> *Interview M2-2sy*

Wie der Interviewausschnitt zeigt, ist fehlende Rechtssicherheit eine wichtige Begründung für die große Bedeutung einer zumindest in Ansätzen vorhandenen persönlichen Beziehung als Basis geschäftlicher Zusammenarbeit (siehe hierzu insbesondere Kapitel 3.3.3). Ein Unternehmer, der bereits in der Vergangenheit des Öfteren bewiesen hat, zu seinem Wort zu stehen und vertragliche Vereinbarungen einzuhalten, wird als vertrauenswürdiger eingestuft als ein relativer Newcomer. Dabei können auch Empfehlungen gemeinsamer Bekannter durchaus ein Beziehungsäquivalent begründen. Die Lücken des defizitären formalinstitutionellen Rahmens müssen durch informelle Institutionen und erhöhte Informationskosten geschlossen werden. Dies geschieht über den Aufbau eines Vertrauensverhältnisses im Rahmen einer persönlichen Beziehung. Dennoch ist das Risiko ungleich höher als bei einem funktionierenden Justizapparat, der die Möglichkeit bietet, Ansprüche gegebenenfalls per Gerichtsentscheid durchzusetzen. Da Syrien keine internationalen Schiedsgerichte anerkennt, bleibt deutschen Unternehmen im Fall von Unstimmigkeiten nur die Klage vor einem syrischen Gericht. Ist für syrische Unternehmer bei Konflikten mit syrischen Partnern der Rechtsweg bereits mit massiver Unsicherheit behaftet, so ist eine erfolgreiche gerichtliche Konfliktlösung für eine deutsche Firma vor einem syrischen Gericht nahezu aussichtslos.

Reformprozess

Die Kritik der befragten Manager und Unternehmer am Reformkurs der jüngsten Vergangenheit lässt sich im Wesentlichen in drei Hauptkritikpunkten zusammenfassen:

- *Langsamkeit.* Für viele der Befragten sind gegenwärtig noch zu wenig Ergebnisse konkret sichtbar. Sie wünschen sich eine Beschleunigung der Reformen und die raschere Beseitigung defizitärer Institutionen und Regelungen sowie die Beseitigung der bestehenden formalinstitutionellen Widersprüche. Stellvertretend für all jene syrischen Unternehmer, die befürchten, dass die institutionelle Entwicklung nicht mit den Anforderungen des internationalen Wettbewerbs Schritt halten kann, stehen *Riad* und *Maan*, beide in leitender Funktion bei zwei syrischen Bekleidungsproduzenten:

JMA: "Since the new president came into power, he released a lot of new laws and regulations, do you think theses laws improved the situation of the private sector of the Syrian economy so far?"

"Yes, It improved it but it's very very little."

JMA: "Are you disappointed about the extent? Did you expect more?"

"Yes we expect more because now we are ... we are not longer in the 19th century! The technology develops very fast, so we have to follow." (Riad)

Interview A11-3sy

„It continues, but slowly! Too slowly! In fact, the president is trying all the time to make something new. Something change. But you know the old army, the old guards! As you know, it takes time! We understand this point. Because we don't want destroy everything! We need Syria to change ... a new Syria, but without destroying everything!" (Maan)

Interview H2-7sy

- *Umsetzung der Reformen.* Zweithäufigster Kritikpunkt sind die vermeintlich falschen Ansatzpunkte des Reformprozesses. So werden der herrschenden Meinung innerhalb der Gruppe syrischer Unternehmer nach die eigentlichen Problempunkte des institutionellen Rahmens (Rechtsunsicherheit, Administration, Bürokratie etc.) nicht oder nur partiell von den Maßnahmen berührt. Dabei werden die Erklärungsansätze häufig gleich mitgeliefert: Verbindender Kern ist stets die vermeintliche Existenz divergierender Interessen innerhalb des Machtapparats. Während der Präsident in den Augen vieler für eine weiterreichende Liberalisierung der Wirtschaft steht, gibt es dieser Theorien entsprechend andere opponierende Machtzirkel innerhalb von Regime und Administration, die sich aus verschiedenen Gründen, zum Beispiel Angst vor Kontrollverlust, abweichende individuelle Interessen etc., dagegen verwehren. Beispielhaft für die Kritik an der Umsetzung der Reformmaßnahmen steht *Naji*, der bereits an früherer Stelle zitierte Eigentümer und Geschäftsführer eines syrischen Life-Science-Unternehmens:

„They are concentrating more and the laws are coming out faster and piecemeal ... instead of having a comprehensive reform of the system ... so fast that the system can not absorb them and work with them and too fast to be coordinated together." (Naji)

Interview A2-2sy

Die Diskrepanz zwischen der Gesetzesvorlage und der letztlich erfolgenden Umsetzung der Maßnahme durch eine an Reformen nur wenig interessierte Administration beschreibt *Karem*, geschäftsführender Teilhaber eines syrischen Dienstleistungsunternehmens:

„Well, the thing is, he [the president; Anm. d. Verf.] issues many regulations as you said, but the legal way, the bureaucracy and the administration ... let's say the legal procedure in Syria from issuing the legislation, then you have to wait for the real regulation issue, the main things, let's say the decree, then we should see the instructions how we should work. Now sometimes what happens, you hear the regulation is really nice, and then when you see it's specifications ... before that, it was positive but after all the outcome is negative." (Karem)

Interview N2-3sy

- *Zielausrichtung und -kommunikation.* Ein probates Mittel, um ein gewisses Maß an Planungssicherheit herzustellen, wäre sicherlich die eindeutige Kommunikation der mittel- beziehungsweise langfristigen Entwicklungsziele – unterstellt man die Existenz selbiger – durch die syrische Regierung. In großen Kreisen der syrischen Unternehmerschaft herrscht weitgehende Unsicherheit darüber, wo genau ‚die Reise hingehen soll'. Die Visionen und Ziele der Regierung sind allein Gegenstand der Spekulation. Darüber hinaus könnte eine öffentliche Diskussion des weiteren Liberalisierungskurses durchaus positive Impulse für eine Effizienzsteigerung institutioneller Reformen bringen, da die Einbeziehung der Unternehmerschaft bislang nicht in ausreichendem Maße erfolgt, wie die Aussage von *Naji* belegt.

„And of course nobody tells you what's happening and what's the plan behind it. I hope *(lacht)* there is a good plan somewhere. And that's really part of the problem: We [the members of the private sector; Anm. d. Verf.] don't participate in the discussion, there is no open planning, no public forum for a real meaningful sort of discussion where things get through the public opinion. So I imagine somebody is doing some planning, I don't know what it is, so whatever I'm saying is guessing." (Naji)

Interview A2-2sy

Für viele der interviewten Manager und Unternehmer hatten sich zum Zeitpunkt der Befragung keine positiven Veränderungen für ihre unternehmerischen Handlungen ergeben. *Naji* verleiht seiner Enttäuschung über ausbleibende Positiveffekte auf der ihm eigenen sarkastischen Weise Ausdruck:

JMA: "Did these liberalization efforts improve your situation, the situation of the private sector of the Syrian economy so far?"

"I think in this period they are designed to, but frankly: No! Until now they really just added more complications sometimes. Well, everybody – whether they liked it or not the old system – everybody had everything against it, but at least it was - something miserable - working *(lacht)*. It was corrupt and everything not ideal and they liked it to change and now, like I said, it has changed too fast and it is very off-balanced, not comprehensive [...] and generally they made things more complicated and of course there is a big recession so that they have to look for the jobs of their owns. Generally they haven't had the impact [...] and in fact in many cases they just refused matters and slowed things down." (Naji)

Interview A2-2sy

3.2.1.2 Formale und informelle Handelsbarrieren

Die strikte Regulierung des Außenhandels ist seit langem ein schwerwiegendes Problemfeld. 1995, auf dem Höhepunkt der von Gesetz Nr. 10/1991 ausgelösten Euphoriewelle, charakterisiert der OBG ungeachtet aller Importerleichterungen und Investitionsincentives die Handelsbeziehungen zu dem arabischen Staat als undurchsichtig und schwierig:

„Sales to Syria continue to be complicated by a number of formal and informal trade barriers"

[SCHNEIDER-SICKERT/JEFFREYS 1995, S. 47]

Die der umfangreichen Regulierung von Im- und Exporten zugrunde liegenden Leitgedanken sind bis heute erkennbar: Die Aufrechterhaltung der staatlichen Kontrolle über die Außenwirtschaft und die Gewährung von Protektion für einheimische Produzenten ungeachtet der Liberalisierung der Binnenwirtschaft. Aus diesem Grund wurde und wird bis heute die Einfuhr von Produkten, die im Land selbst ebenfalls hergestellt werden, erschwert [vgl. bfai 1995, S. 16 f.]. Ebenso, wie ein Großteil des unternehmerischen Handelns, hängt auch die Möglichkeit, Protektion zu erwirken, nicht unwesentlich vom jeweiligen Unternehmer und dessen individuellen Verbindungen zum Machtapparat ab. Ein dritter wesentlicher Aspekt, der lange Zeit vor allem mit den den Zahlungsverkehr betreffenden Vorschriften verfolgt wurde, ist die Kontrolle des Devisenflusses.

Bis in die Gegenwart hinein entpuppen sich jedoch nicht-intendierte Nebenfolgen der strikten Reglementierung als negativ für die ökonomische Entwicklung des Landes. So kam es im Zuge des Protektionismusgedankens in der Vergangenheit durchaus vor, dass die Einfuhr fertiger Produkte mit geringeren Zöllen belegt war als der Import von Rohstoffen und Vorprodukten. Die konkurrenzfähige Produktion für den Binnenmarkt wurde einheimischen Herstellern auf diese Weise erschwert, internationale Wettbewerbsfähigkeit verhindert, wie das Beispiel von **Omar** zeigt.

> „Aus China, zum Beispiel, kaufen Sie hier, sagen wir mal, einen Lüfter. Wenn Sie mal bedenken, was uns das Rohmaterial kostet … dann ist der billiger als unsere Rohmaterialien. Wenn wir Rohmaterial kaufen, dann müssen wir es zunächst verzollen. Die Importlizenz, dann die Kommunikation und das alles, der Zoll usw., bis das hier ist, mit all den Komplikationen, bis das fertig ist, das dauert vielleicht … mindestens, mindestens, wenn Sie es clever anstellen, einen halben Monat! Und die Kosten sind hoch! Sehr hoch! Nur für die Einfuhr! Wie können Sie da konkurrieren?" (Omar)
>
> *Interview W1-2sy*

Zusätzlich erschwerend wirken auch an dieser Stelle auftretende handwerkliche Fehler im Regelwerk, wie zum Beispiel falsche Klassifikationen von Produktgruppen. Diese wirken ebenfalls kostensteigernd und machen unter Umständen die Herstellung der betreffenden Güter ökonomisch unrentabel. *Mario*, Betriebsleiter des deutsch-syrischen Chemie-Joint-Ventures, berichtet von den Versuchen seines Unternehmens, die Falschklassifikation der für die Herstellung von Waschmittel verwendeten Parfüm- und Duftstoffe bei den zuständigen Behörden zu korrigieren:

> „There are high duties on many products we use. For example perfume, the duties are very high … very high. Because fragrance normally is a luxury product for consumers. But this kind of perfume, it is a raw material for us. It was classified very high. It was in the wrong class because of the consistence. And now we tried to make the lobby work with the government to have this changed. So slowly but surely we are tackling some of these extra cost." (Mario)
>
> *Interview S4-7sy*

Die entsprechende Fachliteratur fasst unter dem Oberbegriff ‚formale Handelsbarrieren' mit Blick auf Syrien üblicherweise folgende Aspekte zusammen [bfai 1995, S. 17]: die Kategorisierung der Importgüter; die Lizenzierungspflicht von Importen und die Notwendigkeit von Ursprungserklärungen sowie das Zollprozedere.

Alle Einfuhren in die Arabische Republik Syrien, die einen bestimmten, relativ niedrig angesetzten Wert überschreiten, unterliegen bis heute der staatlichen Lizenzierungspflicht. Im Zentrum des Verfahrens steht dabei eine unregelmäßig vom syrischen Ministerium für Wirtschaft und Außenhandel aktualisierte *list of items eligible for import*, die alle Güter entsprechend ihrer Importierbarkeit fünf Kategorien zuordnet [bfai 1995, S. 18]:

- Güter, deren Import vollständig verboten ist;

- Güter, die lediglich von Regierungsstellen und staatlichen Organisationen importiert werden dürfen;

- Güter, die nur dann eingeführt werden dürfen, wenn der Lieferant eine Kreditlinie von 180 Tagen bereitstellt;

- Güter, die nur gegen ein Akkreditiv oder gegen Dokumente importiert werden dürfen;

- Güter, die im Zusammenhang mit einer Exportlizenz eingeführt werden dürfen.

In Ausnahmefällen können Betriebe des privaten Sektors auch ohne gültige Lizenz Waren ins Land einführen: So zum Beispiel, wenn es sich beim Importeur um ein Unternehmen, welches unter dem Gesetz Nr. 10/1991 gegründet wurde, und bei den besagten Waren um notwendiges Betriebs- und Anlagevermögen oder Rohstoffe beziehungsweise Vorprodukte handelt [OBG 2005, S. 157]. Weitere Ausnahmen stellen Luxushotels dar, die ebenfalls ohne Lizenz und ansonsten obligate Zollabgaben alle Produkte einführen können, die zum Betrieb des Hotels unerlässlich sind. Staatlichen Handelsorganisationen ist es darüber hinaus ebenfalls erlaubt, Güter ins Land zu holen, die nicht auf der Liste stehen. Im Regelfall nehmen diese jedoch davon Abstand, Produkte zu importieren, die auch in Syrien selbst produziert werden.

Ist es dem syrischen Geschäftspartner schließlich gelungen, trotz des umfangreichen Bürokratieapparats, ungeachtet institutioneller Defizite und nach einer Wartezeit von drei Wochen bis zu einem Vierteljahr sowie der Entrichtung von „nützlichen Aufwendungen" – Euphemismus für Schmiergelder – in durchschnittlicher Höhe von rund 2 % des Warenwerts, eine Lizenz zu erhalten, dann kann er damit innerhalb eines Jahres [vgl. bfai 1995, S. 19]: Ein festgelegtes Gut einer bestimmten ausländischen Firma, aus einem bestimmten Land, für einen genau identifizierten Abnehmer in Syrien, zu einem festgelegten Preis importieren.

Der Importlizenz liegt eine „Proformarechnung"[26] [bfai 1995, S. 20] für das betreffende Gut zugrunde. Diese muss nun zunächst von der zuständigen deutschen Industrie- und Handelskammer (IHK), dann von der syrischen Botschaft in Berlin beglaubigt werden. Die Einreichung der Unterlagen bei der Berliner Landesvertretung Syriens erfolgt in den allermeisten Fällen über die Arabisch-Deutsche Vereinigung für Handel und Industrie e. V. (Ghorfa). Sobald die Importlizenz in Damaskus vorliegt, kann auf deutscher Seite der Warenversand initiiert werden. Jetzt kann der Lieferant eine Handelsrechnung ausstellen und sie zusammen mit dem Ursprungszeugnis[27] – beides wiederum von der zuständigen IHK beglaubigt – der syrischen Botschaft zur so genannten Legalisierung einreichen. Auch hier wählen wieder viele deutschen Unternehmen den Weg über die Ghorfa.

Syrien hält als letzter arabischer Staat nach wie vor an der dreistufigen Boykottpolitik gegen Israel fest. Dies hat zur Folge, dass eine (weitere) Erklärung des deutschen Geschäfts-

---

26 An die „Proformarechnung" werden strenge inhaltliche Ansprüche gestellt. So muss sie zwingend Angaben enthalten über: den Konsignatar, die Transportmethode, das Ursprungsland, das Exportland, die Beschreibung des Guts, dessen durchschnittliches Bruttogewicht, dessen Höchstwert und die Zahlungsweise [vgl. bfai 1995, S. 20].

27 Details und Erläuterungen zu den erforderlichen Dokumenten in: bfai [1995, S. 16 ff.]; SCHNEIDER-SICKERT/JEFFREYS [1995, S. 47 ff.].

partners notwendig ist, in der bestätigt wird, dass keine Wirtschaftsbeziehungen zu Israel bestehen, keine Geschäftsbeziehungen zu Unternehmen existieren, die ihrerseits Israelbeziehungen unterhalten – also auf einer *blacklist* geführt werden – sowie mit Unternehmen, die mit Firmen auf der *blacklist* kooperieren. Nachdem diese Erklärung vielfach kaum noch verlangt wurde, erlebte sie mit dem Beginn der *Intifada al-Aksa* eine Renaissance. In aller Regel kann die Erklärung als so genannte ‚Positiverklärung' abgefasst werden, die garantiert, dass die gelieferten Produkte aus Deutschland stammen und keine Komponenten israelischen Ursprungs beinhalten. Während viele staatliche Betriebe nach wie vor großen Wert auf diese Erklärung legen, hat sie bei Geschäften mit privaten Unternehmen lediglich eine untergeordnete Bedeutung. Bei deutschen Unternehmen entfalten derartige Anforderungen Unverständnis und eine eher Image schädigende Wirkung, da sie bei nicht wenigen Unternehmern bestehende Negativbilder zu bestätigen scheinen.

Neben diesen für jeden lizenzierungspflichtigen Warenimport notwendigen Unterlagen, gibt es noch zahlreiche weitere, branchenspezifische Dokumente und Qualitätszeugnisse. Alles in allem kann sich die Zahl benötigter Dokumente für ein größeres Projekt ohne weiteres auf 50 bis 100 belaufen [vgl. HOPFINGER 1998, S. 130]. Doch nicht allein die Quantität der zu erbringenden Papiere und Bestätigungen gibt Anlass zu Kritik. Aktuelle Informationen über geänderte Vorschriften sind schwer erhältlich. Durch häufige Revisionen und Änderungen der Vorschriften wird der Arbeitsaufwand auch bei periodischen Geschäftsabschlüssen mit demselben syrischen Partner nicht geringer, da alle Unterlagen stets aufs Neue zu erstellen sind.

B. arbeitet für eine Handelsgesellschaft, die für einen großen deutschen Nutzfahrzeughersteller mit Sitz in München den Export von Kraftfahrzeugen in die Länder des Nahen Ostens abwickelt. Seine Erfahrungen mit Syrien waren in der Vergangenheit zumeist negativ, wie er freimütig einräumt. Im Verlauf des Interviews beschreibt er aus seiner Sicht die Syriengeschäften immanente Vorschriftenproblematik, wobei er so in Rage gerät, dass er schließlich über das Ziel hinausschießt:

„Unser Firmengründer, der war viel im Nahen Osten unterwegs. Am besten lief der Handel mit Syrien in den siebziger Jahren. Mittlerweile geht nicht mehr so viel und die Probleme werden auch immer mehr! Die größten Probleme sind die ganzen Vorschriften und Garantien. Unser Kunde muss durch 1.000 Ministerien rennen und erst, wenn die da alle unterschrieben haben, kann der bestellen. Die Bürokratie muss vereinfacht werden. Stattdessen wird das aber immer mehr! Das sind solche Tintenpisser, man bekommt manchmal den Eindruck, dass es denen [den zuständigen Behörden; Anm. d. Verf.] nur um den Papierkram und nicht um Autos geht!" (B.)

Interview aB73dt

Darüber hinaus sind umfangreiche Zollformalitäten zu beachten. Die Einfuhrzölle sind relativ hoch: Je nach Art der Güter zwischen 1 und 200 % [SCHNEIDER-SICKERT/JEFFREYS 1995, S. 50]. Hinzu kommt ein Gebührenzuschlag in Höhe von 2 % sowie eine Abwicklungsgebühr, die sich nach dem Auftragsvolumen bemisst. Die Dienstleistungen der deutschen Industrie- und Handelskammern sowie der Ghorfa und der Botschaft müssen ebenfalls bezahlt werden. Da alle diese Kosten letztlich in die Kalkulation des Produktpreises einfließen, wird rasch klar, dass auf syrischer Seite Versuche unternommen werden, die Gesamtkosten so niedrig wie möglich zu halten. Die beiden gängigsten Strategien, um die entstehenden Kosten zu reduzieren, sind das Ausstellen einer falschen Rechnung, die einen niedrigeren Kaufpreis ausweist (Unterfakturierung), sowie das ‚Beipacken', bei dem einer offiziellen Lieferung weitere, volumenmäßig kleinere Waren, zum Beispiel Ersatz- oder Zubehörteile, ohne entsprechende Deklarierung beigefügt werden.

> *Sami*, der für Vertrieb und Einkauf des größten syrischen Pharmazulieferers verantwortlich ist, vergleicht zwei seiner deutschen Partner und deren Flexibilität bezüglich geäußerter Wünsche. Dabei wählt er als Vergleichskriterium deren Verfahrensweise bei der Ausstellung von Rechnungen und der dabei erfolgenden Deklaration des Warenwerts.
>
> „But this company, X, they manage to do it! And at the same time they have good knowledge of the German regulations and they know sometimes how to offer us documents that other companies cannot! It's not a secret if I tell you that we usually ask our suppliers to supply a reduced-price invoice! I buy this product for 10 USD but you send me an invoice at 5 USD. Not to that extent. Maybe 7, 8."
>
> JMA: "For tax reasons?"
>
> "Yes, tax reasons. And customs! We pay much less to the customs! So, at the same time we will request you to have this invoice certified by your Chamber of Commerce! Some other companies, let's say XY, they would not do that! They say: 'We must declare this invoice before the authorities. And we are getting a certain amount by return which must be equivalent to the amount mentioned in the invoice. And …' *(hustet)* very difficult! But for a company like X, no problem, they would manage!" (Sami)
>
> *Interview H1-6sy*

> *A.* ist verantwortlich für den Vertrieb eines mittelständischen fränkischen Maschinenbauers. Im Schnitt werden pro Jahr Zubehörteile, in den meisten Fällen industrielle Absauggeräte, im Wert von 75.000 Euro für die syrische Textilindustrie geliefert. Da das Volumen der Geräte und Komponenten in ihrer Mehrzahl relativ klein ist, kommt hier auf Verlangen syrischer Kunden häufiger die oben angesprochene Methode des ‚Beipackens' zum Einsatz:
>
> „Unsere Kontakte nach Syrien entstanden auf der Internationalen Textilmesse. Da werden auch jetzt noch nicht selten die Geschäfte gleich bar abgewickelt. Da kommt eben ein Syrer, kauft einen oder mehrere Sauger und legt das Geld gleich auf den Tisch. Einfach so. Die wollen dann, dass wir die Sauger eben gleich zusammen mit Maschinen, die sie auch gekauft haben, verschicken. Ich glaube, das ist für die günstiger, weil sie dann eben keinen

Zoll dafür zahlen müssen. Wenn der Kunde das so wünscht, machen wir das auch schon mal." (A.)

Interview aB50dt

Beide Strategien sind bei Auslandsgeschäften syrischer Unternehmer relativ weit verbreitet und werden teilweise als Aspekt der Servicequalität vom deutschen Partner erwartet. Die Bereitschaft zu derartigen Verhaltensweisen spielt dabei zum einen bei der individuellen Beurteilung der Leistungsqualität durch den syrischen Kunden eine große Rolle und fließt letztlich auch in die Beurteilung des Kooperationserfolgs ein. Auf der anderen Seite versprechen Kenntnis und Anwendung derartiger Methoden Bonuspunkte beim syrischen Partner.

Auf deutscher Seite hingegen erzeugen derartige Anforderungen an das Kooperationsmanagement nicht in allen Fällen ein vergleichbar nonchalantes Verständnis, wie im Beispiel von *A.* oben. Gerade bei mangelnder Kenntnis der Rahmenbedingungen, können diesbezügliche Anfragen rasch zu Missverständnissen führen und gegebenenfalls Misstrauen gegenüber dem Geschäftspartner erzeugen. Nur allzu schnell wird daraus verallgemeinernd ein vermeintlicher Kulturunterschied konstruiert. Darüber hinaus handelt es sich bei der Unterfakturierung von Warenexporten beziehungsweise dem ‚Beipacken' auch aus deutscher Sicht um unter Umständen ‚semilegale' Praktiken, die Konsequenzen seitens der deutschen Behörden nach sich ziehen können.

V. ist Geschäftsführer eines Handelsunternehmens. Er verkauft medizintechnische Gerätschaften und Anlagen an Ärzte und Krankenhäuser in aller Herren Länder. Im Rahmen eines ero-epischen Gesprächs an der Bar des Cham Palace Hotels in Damaskus erzählt er, begleitet von Akkordeon- und Geigenklängen eines ukrainischen Duos, aus seiner Sicht von der Praxis der Unterfakturierung bei Syriengeschäften:

„Da verhandelst du schon ewige Zeiten. Klärst die ganzen Vertragspunkte. Stückzahlen und Produkte sind ja noch kein Problem. Aber dann wird ewig um den Preis gefeilscht. Und wenn du dann endlich eine Einigung gefunden hast und denkst, jetzt passt`s, dann wollen die eine andere Rechnung von dir. Wie stellen die sich das eigentlich vor? Ich muss in Deutschland den ganzen Papierkram erledigen, der ohnehin schon einen Haufen Zeit frisst, und dann muss ich noch jedem erklären, dass aber die Rechnung nicht dem tatsächlichen Auftragswert entspricht. Die denken dann womöglich, ich mache was schwarz, am Finanzamt vorbei. Da musst du echt aufpassen, dass du in Deutschland keine Probleme bekommst. […] Na ja, aber du willst ja schließlich Geschäfte machen, also musst du auch eine Lösung für das Problem finden. Auch wenn du Bauchweh dabei hast, machst du's schließlich." (V.)

EeG-1dt

Das oben angeführte Beispiel der Unterfakturierung kann bereits überleiten zu den informellen Handelsbarrieren. Sie entstehen häufig, jedoch nicht ausschließlich, durch die

Defizite des formalen Regelwerks. Gleichsam wie ein roter Faden ziehen sich endemisch verbreitete Korruption und mangelnde Verlässlichkeit durch das gesamte zeitraubende Verfahren, von der Gewährung der Importlizenzen bis zur Lieferung der Ware. So erfolgt die Erteilung einer Importlizenz für Güter, deren Import grundsätzlich erlaubt ist, keineswegs automatisch. Bestimmte Waren werden speziellen Gruppen von Unternehmen vorbehalten und die Zusammensetzung der *list of items egligible for import* unterliegt häufigen Änderungen [vgl. SCHNEIDER-SICKERT/JEFFREYS 1995, S. 47 ff.]. Wenn auch die Selektivität des institutionellen Rahmenwerks in den letzten Jahren eine deutliche Abschwächung erlebt hat, so ist jedoch nach wie vor die weitgehende Intransparenz des Lizenzierungsverfahrens zu konstatieren. Zudem ist die Beschaffung aktueller Informationen in Syrien mit Aufwand verbunden und von Deutschland aus, ohne entsprechende Kontaktpersonen vor Ort, für viele Unternehmen nahezu unmöglich. Resultat des Verfahrens ist eine bereits im Vorfeld stattfindende Einschränkung des Kreises potentieller syrischer Geschäftspartner.

Auf deutscher Seite muss zunächst der große bürokratische Aufwand zur Erstellung aller notwendigen Dokumente angeführt werden, der für die beteiligten Unternehmen in erster Linie einen Kostenfaktor darstellt. Die Dienstleistungen von Mittlerorganisationen, konkret der Ghorfa, werden zwar in Anspruch genommen und bewirken eine Vereinfachung der Formalitäten, doch trotz hoher Servicequalität lassen sich Wartezeiten nicht immer vermeiden. Zudem fallen Gebühren in nicht unerheblicher Höhe an. Viele Interviewpartner auf deutscher Seite betonten, dass der hohe Arbeitsaufwand angesichts relativ niedriger Auftragsvolumina vielfach ökonomisch kaum zu rechtfertigen ist. Alle anfallenden finanziellen Aufwendungen fließen letztlich in den Produktpreis mit ein, so dass die syrischen Geschäftspartner die Kosten institutioneller Mängel über erhöhte Preise selbst tragen müssen, was sich wiederum negativ auf den Kreis potentieller Interessenten auswirkt. ‚Sonstige Gebühren' tragen ebenfalls einen Teil zur Steigerung der Preise bei. Um die Verwaltungsarbeit der zuständigen Behörden und die Abwicklung der Zollangelegenheiten zu beschleunigen, bewirken inoffizielle Pekuniärleistungen an die entsprechenden Stellen sehr häufig entscheidende Verbesserungen. Als ein Beispiel kann die zu entrichtende Profitsteuer angeführt werden. Bei der Auslösung der Warenlieferung bei den Zollbehörden hat der Importeur eine Steuer zu entrichten, die auf dem geschätzten (!) Gewinn des importierten Produkts basiert [vgl. bfai 1995, S. 25]. Die Schätzung und damit die zu entrichtende Steuerlast obliegt allein dem zuständigen Beamten. Durch den formalen Rahmen wird also eine ‚Grauzone' geschaffen. Im Gespräch, persönlich oder unter Einbeziehung gemeinsam bekannter Dritter, wird nun die genaue Höhe der abzuführenden Steuerlast festgelegt. Es wird sehr schnell klar, dass der Korruption hier nicht nur Tür und Tor geöffnet, sondern vor dem Hintergrund der sehr niedrigen Löhne staatlicher Angestellter sogar Vorschub geleistet wird. Nicht wenige deutsche Unternehmen kennen derartige offene Geheimnisse, wie die Ergebnisse der Interviews zeigen, und haben sich an diese Praxis gewöhnt beziehungsweise wenden selbst derartige Praktiken an. Derartige Wege der Handelserleichterung sind jedoch nicht dazu angetan, das Image Syriens zu verbessern. Sie wirken vor allem auf potentielle Investoren aus Deutschland eher abschreckend. Ein anderer Teil deutscher Unternehmen kennt die genauen Verfahrensweisen nicht und schreibt entstehende Verzögerungen pauschal der Person des Gegenübers und dessen Arbeitsqualität zu. Vielfach erfolgt in einem zweiten Schritt dann eine Verallgemeinerung der vermeintlich mangelhaften Arbeit auf alle potentiellen syrischen Geschäftspartner.

> „Foreign Trade is extremely important in Syria's economic life. It is the source of many agricultural and industrial inputs as well as the market for many of our products. Gradual liberalization of trade is a key element in boosting economic activities."
>
> [AL-IMADY 1997, S. 7]

Bereits im März 1997 äußert der damalige Wirtschaftsminister Mohammed al-Imady auf einem Symposium zur Investitionspolitik der Arabischen Republik Syrien die aus seiner Sicht bestehende Notwendigkeit zur weiteren Deregulierung des Außenhandels. Die folgenden Jahre sind dennoch gekennzeichnet von weitgehender Passivität der syrischen Regierung und entlarven seine Worte als bloßes Lippenbekenntnis. Erst der Präsidentenwechsel bringt eine Reihe den Außenhandel betreffende Reformen mit sich (siehe auch Tabelle 11): So werden zum Beispiel im Mai 2001 die Importzölle für Rohmaterialien zur Weiterverarbeitung in der syrischen Industrie von 6 bis 20 % des jeweiligen Warenwertes auf 1 % gesenkt, was die Kostensituation syrischer Produzenten und deren Wettbewerbsfähigkeit nachhaltig verbessern dürfte. Produkte deren Einfuhr vorher noch einem Verbot unterlag, sind nun – mit mehr oder weniger großen Problemen – von privaten Geschäftsleuten importierbar, wie zum Beispiel Personenkraftwagen.

Tab. 11: Ausgewählte Außenhandelsreformen seit 2000

Datum	Reform
07/2000	Aufhebung des Verbots für private Importe von Pkw
05/2001	Reduzierung der Importzölle für Rohmaterialien zur industriellen Weiterverarbeitung in Syrien von 6-20 % auf 1 %
07/2001	Exportsteuerbefreiung für Agrarprodukte
08/2001	Pflichtumtausch von 25 % der Exportdevisenerlöse erfolgt nun zum ‚nicht-kommerziellen Nachbarstaatenkurs'
2002	Abschaffung der Exportlizenzierung
05/2002	Ausweitung der Frist für Repatriierung und Umtauschpflicht der Exportdevisenerlöse auf einheitlich ein Jahr
09/2002	Anteil des Pflichtumtausches von Exportdevisenerlösen wird von 25 % auf 10 % abgesenkt Abschaffung des Monopols der Importagenten
12/2002	Rohmaterialien für die Exportproduktion können nun mit Krediten der **Commercial Bank** durchgeführt werden (Höchstgrenze pro Antragsteller 600.000 USD)
07/2003	Aufgabe der Exportbindung; Abschaffung der Umtauschpflicht für 10 % der Exportdevisenerlöse; Möglichkeit zum Verkauf von Exportdevisen an die **Commercial Bank** (zum nicht-kommerziellen Nachbarstaatenkurs)
2001 – 2003	Abschaffung der Zölle und nicht-tarifären Handelsschranken für Güter und Dienstleistungen aus ausgewählten arabischen Staaten im Rahmen bilateraler Freihandelsabkommen

Quelle: ZOROB [2005, S. 92].

Doch auch die syrischen Exporteure profitieren von den Neuregelungen: So wird nicht nur die Exportlizenzierung abgeschafft, sondern schrittweise auch der Pflichtumtausch von Ausfuhrdevisen. Lange Zeit waren Exporteure verpflichtet, wechselnde Anteile ihrer Exporterlöse zu festgesetzten Wechselkursen, die jedoch stets unter dem jeweiligen Marktwert lagen, bei der *Commercial Bank of Syria* in einheimische Währung zu tauschen. Bis August 2001 beispielsweise mussten 25 % der Erlöse zur *rate prevailing in neighbouring countries* an die *CBoS* verkauft werden. Für die darüber hinaus reichenden 75 % bot die Bank einen besseren, für die Unternehmer günstigeren Wechselkurs (den ‚nicht-kommerziellen Nachbarstaatenkurs'). Die Akzeptanz dieses Angebots hielt sich jedoch in Grenzen. Angesichts der Tatsache, dass auch der nicht-kommerzielle Nachbarstaatenkurs unterhalb des Marktpreises liegt, wenig überraschend. Die Reaktion der syrischer Unternehmerschaft war die Installierung eines informellen Devisenmarktes (vgl. Kapitel 3.2.3.2, Abschnitt ‚Dualer Devisenmarkt und wirre Wechselkurssystematik'). 2002 wird die Exportlizenzierung abgeschafft. Bis dato unterlagen Ausfuhren, obwohl aus wirtschaftsstrategischer Sicht erwünscht, ähnlich wie Einfuhren einer Genehmigungspflicht. Wenig später wird auch der umzutauschende Devisenanteil auf 10 % gesenkt, bevor die Umtauschpflicht 2003 im Zuge einer weiteren Reform vollständig aufgehoben wird [ZOROB 2005, S. 92]. Jene Unternehmen, die unter dem Gesetz Nr. 10/1991 gegründet wurden, können bei Nachweis eines hohen Exportanteils ihrer Produktion sogar eine Ausweitung der ihnen per Gesetz gewährten Vergünstigungen erhalten (Gesetz Nr. 7/2000). Trotz allen Maßnahmen bestehen bei einer Reihe von so genannten ‚strategischen Gütern' nach wie vor staatliche Exportmonopole: zu dieser Gütergruppe zählen unter anderem Öl und Erdölprodukte sowie Baum- und Schafwolle.

Klammert man Erdöl und dessen Derivate bei der Betrachtung der syrischen Ausfuhrstatistiken aus, dann wird deutlich, dass die Exporte nach Deutschland in den letzten Jahren auf rund 80 Mio. Euro stagnieren (vgl. auch Kapitel 3.1.1, Abschnitt ‚Deutsche Importe'). In erster Linie sind hierfür strukturelle Mängel der syrischen Wirtschaft verantwortlich, auf die in den folgenden Kapiteln näher eingegangen wird. Einer Ausweitung syrischer Exporte nach Deutschland stehen nicht zuletzt die syrische Produktpalette und das relativ niedrige durchschnittliche Qualitätsniveau syrischer Waren entgegen. Nicht in jedem Fall reicht die Produkt- und Leistungsqualität syrischer Unternehmen für die hohen Anforderungen des deutschen Marktes aus.

> *M.*, dessen Eltern als eine der ersten türkischen Gastarbeiter nach Deutschland ausgewandert sind, betreibt eine Textilhandelsgesellschaft. Er hatte die Saison vor dem Interview Kinderunterwäsche aus Syrien bezogen, die in Deutschland verkauft werden sollte. Alles in allem verlief das Geschäft nicht so, wie *M.* sich das vorgestellt hatte:
>
> „Vor zirka zwei Jahren hat uns ein Vertreter besucht. Der hat uns einen Katalog gezeigt mit dem Angebot der syrischen Firma. Er hatte auch einige Muster dabei. Wir haben ein wenig geredet und uns mal mit der Firma in Syrien in Verbindung gesetzt, weil uns die Muster gefallen haben. Und so nach einem Jahr vielleicht hat's mal gepasst. Das Preis-Leistungs-

Deutsch-syrische Unternehmenskooperationen – Institutionelle Problemfelder 189

Verhältnis schien uns auch ganz gut, na lass es uns mal ausprobieren. Wir haben dann eine kleine Bestellung gemacht, für zirka 50.000 Euro. [...] Aber dann ging das ganze Problem erst los! Die konnten die vereinbarten Termine nicht einhalten. Dann habe ich angerufen, was das soll, und die haben mir dann erzählt, der ganze Papierkram und so, das dauert eben so lang. Sie können nichts dafür, die Ware kommt bald. Ich habe nur gesagt, dass ich das Zeug brauche, ich habe hier schließlich auch meine Verpflichtungen. Was soll ich denn sagen? Meine Kunden warten auch auf die Ware. Schließlich haben die wohl alle Papiere zusammengehabt und haben mir die Teile geschickt. Jetzt hat die Qualität nicht gepasst! Die Farben waren nicht hundertprozentig gleich und auch die Verarbeitung ... War eben nicht so, wie ich mir das vorgestellt habe. Vielleicht machen wir ja mal wieder was mit Syrien, die waren ja schon günstig und so, aber die ganze Bürokratie und so ... ne, also das müssen die schon erst mal in den Griff kriegen!" (M.)

Interview aB40dt

Es gibt deutliche Hinweise darauf, dass die Potentiale und Möglichkeiten des bilateralen Handels derzeit nicht in vollem Umfang ausgeschöpft werden. Formale und informelle Handelsschranken, aber auch strukturelle Defizite stehen einer Intensivierung der Beziehungen entgegen. Zölle für Maschinen und Vorprodukte sowie die langen Wartezeiten besitzen kostensteigernde Wirkung. Die daraus resultierenden hohen Preise deutscher Produkte für syrischer Käufer sind wiederum ein häufiges Negativkriterium bei deren Kaufentscheidung. Gesamtwirtschaftlich betrachtet verschlechtern die kostenintensiven Handelsbarrieren die internationale Konkurrenzfähigkeit syrischer Unternehmen.

Die ergriffenen Liberalisierungsmaßnahmen, Importerleichterungen im Gesetz Nr. 10/1991, deren zeitliche Ausdehnung durch Gesetz Nr. 7/2000 sowie die Exporterleichterungen der jüngsten Vergangenheit bedeuten wichtige Schritte in die richtige Richtung. Auch die Maßnahmen im Hinblick auf die Planungen zu einer der EU assoziierten arabischen Freihandelszone sind in ihrer Bedeutung nicht zu unterschätzen. Dennoch bleibt auch weiterhin die Notwendigkeit für weitere deregulierende Maßnahmen bestehen. Ganz oben auf der ‚Wunschliste' der befragten syrischen Unternehmen stehen dabei die Rodung des undurchschaubaren Vorschriftendschungels, insbesondere die Abschaffung bestehender ‚Grauzonen' sowie die Entmachtung des Bürokratieapparats. Die offizielle Aufgabe des Israelboykotts ist hingegen eine häufig geäußerte Forderungen deutscher Interviewpartner und für die Zukunft wohl auch unerlässlich.

Gegenwärtig scheint es, als wolle die syrische Regierung nach wie vor an der Kontrolle des Außenhandels und der Protektion heimischer Produzenten festhalten. Lediglich von der strikten allumfassenden Devisenbewirtschaftung ist man abgerückt, doch wohl weniger aufgrund der Einsicht in ihre Kontraproduktivität, sondern eher aufgrund der normativen Kraft des Faktischen: Der Devisenhandel zwischen den Unternehmen konnte schlichtweg nicht mehr unterbunden werden. Die bestehende Überregulierung stellt für Teile der syrischen Unternehmerschaft eine hohe Hürde auf dem Weg zu einer verstärkten internationalen Zusammenarbeit dar.

3.2.2 Strukturelle Mängel als Kooperationshemmnisse

Die in Kapitel 2.1 beschriebene Entwicklung des institutionellen Umfelds in Syrien hat zu einer Reihe von strukturellen Besonderheiten der syrischen Wirtschaft geführt. Im Folgenden werden diese strukturellen Merkmale einer detaillierten Analyse mit Blick auf ihre Bedeutung für die Kooperation von deutschen und syrischen Unternehmen unterzogen. Den Anfang macht zunächst der Verwaltungsapparat, der von Bürokratie und Korruption gezeichnet, anstelle unternehmerische Tätigkeit zu fördern, massive Probleme verursacht. Dabei soll die mangelhafte Arbeit syrischer Industrie- und Handelskammern als stellvertretendes Beispiel für administrative Mängel betrachtet werden. Die Schwierigkeiten bei der Beschaffung von Daten und statistischem Material zu wirtschaftsrelevanten Themenbereichen sind nicht zuletzt auch ein Resultat der mangelhaften Arbeit der syrischen Wirtschaftsadministration.

3.2.2.1 Wirtschaftsverwaltung – Buch mit sieben Siegeln!

Die Defizite des institutionellen Rahmens wirken in zweifacher Hinsicht hemmend auf die ökonomische Entwicklung Syriens. Die Defizite des Regelwerks selbst sind verantwortlich für jene Sachverhalte, die bereits oben näher ausgeführt worden sind und in ihrer Mehrzahl die Unsicherheit individueller Transaktionen zwischen den Wirtschaftssubjekten erhöhen. Auf der anderen Seite hat das institutionelle Umfeld auch die Ausgestaltung der bestehenden Wirtschaftsverwaltung maßgeblich mitbeeinflusst: Die syrische Wirtschaftsadministration, Ministerien, Ämter und Behörden, Industrie- und Handelskammern sowie der Bürokratieapparat spiegeln eben ähnlich wie das Regelwerk selbst, die Leitlinien der betriebenen institutionellen Einwicklung in den vergangenen Jahrzehnten wider. Resultat ist ein künstlich aufgeblähter Verwaltungsapparat, der nach heutigen Maßstäben schlicht ineffizient arbeitet und den Anforderungen moderner Industriegesellschaften nicht genügt. Damit stellt er aus wirtschaftlicher Sicht ein Entwicklungshemmnis und selbstverständlich nicht zuletzt auch ein Problem für die deutsch-syrische Zusammenarbeit dar.

Auch an dieser Stelle werden von nicht wenigen Autoren, Experten und Befragten vermeintlich beobachtbare tradierte Handlungsmuster, allen voran Patronage und Korruption, als kulturell bedingt und ursächlich verantwortlich für die defizitäre Gestaltung des Verwaltungsapparats angeführt. Man glaubt, Relikte der osmanischen Verwaltung wiederzuerkennen, häufig wird auch der französische Verwaltungsapparat der Mandatszeit als Begründung des *Status quo* herangezogen. Derartige Erklärungsansätze greifen jedoch schlicht zu kurz und verstellen den Blick auf die tatsächlichen Wurzeln des Übels: Der heutige Verwaltungsapparat geht in seiner Ausprägung zurück auf die Baathistische Machtübernahme und in noch stärkerem Maße auf die Ära von Hafez al-Asad. Dass man bei dessen Ausgestaltung bis heute auf Instrumente zurückgreift, die bereits in früheren Epochen zum Einsatz gekommen sind, ist nicht von der Hand zu weisen – der Versuch

Deutsch-syrische Unternehmenskooperationen – Institutionelle Problemfelder   191

durch die Gewährung von Lehen und Pfründen die Gunst der Anhängerschaft zu sichern, ist alles andere als neu. Verwaltungsapparat und Bürokratie der Gegenwart sind letztlich Resultat einer auf politischer Strategie beruhenden institutionellen Entwicklung und können nicht mit einer, wie auch immer gearteten, syrischen oder gar arabischen Kulturtradition begründet werden.

Aus unternehmerischer Sicht wirkt die endemische Korruption – allen bisherigen staatlichen Kampagnen zum Trotz – vielfach als Hemmnis für unternehmerische Tätigkeit. Sie kann in unterschiedlicher Form zu Tage treten. So zum Beispiel in Gestalt pekuniärer Zwangsleistungen oder auch in Form von Günstlingswirtschaft. Schenkt man den übereinstimmenden Aussagen deutscher und syrischer Befragter Glauben, so ist Korruption für einen großen Teil der Interaktionen zwischen in- und ausländischen Unternehmen und Verwaltung/Bürokratie ein ständiger Begleiter. Die bestehenden administrativen Defizite sowie ihre direkte und indirekte Einflussnahme auf die untersuchten deutsch-syrischen Unternehmenskooperationen sind Gegenstand der folgenden Abschnitte.

Administration, Bürokratieapparat und allgegenwärtige Korruption

Gesetzliche Regelungen sind vielfach äußerst kompliziert und undurchsichtig: Häufige Änderungen in der Vergangenheit führten dazu, dass selbst die syrische Bürokratie oftmals keinen Überblick mehr über den aktuellen Stand einzelner Bestimmungen hat. Jeglicher Kontakt mit der Bürokratie gestaltet sich für Unternehmer arbeits- und zeitaufwändig. Ebenfalls häufig in den Interviews als charakteristische Ärgernisse genannt wurden Ineffizienz, anachronistische Organisation und strikte hierarchische Ordnung innerhalb der Verwaltungsorgane. Diese Mischung führt zu Intransparenz und einer extremen Schwerfälligkeit des Verwaltungsapparats.

Unternehmerisches Handeln in Syrien bedeutet häufig zunächst mannigfaltige Kontaktaufnahme zu Mitgliedern der Administration. Es gilt, eine unverhältnismäßig große Zahl von Genehmigungen einzuholen und Formalitäten abzuwickeln. Dabei bleibt stets ein unberechenbares Restrisiko, wie der folgende Interviewausschnitt belegt:

Samir, syrischer Rechtsanwalt, spezialisiert auf Wirtschaftsfragen, charakterisiert die syrische Administration als schwerfällig und ineffizient. Aus seiner Sicht hemmt sie die Entwicklung der syrischen Wirtschaft. Er versucht, seine Ansicht durch ein kleines Beispiel aus dem syrischen Alltag zu belegen:

„If you want to open, let's say a butcher's shop or a bakery. You have to sign so many applications, you need so many permissions. [...] If you know somebody important or anyone working for the authorities to follow up, it is o. k. If not, you have to wait maybe three years to get all the permissions. If you send your applications by mail, you will never get an answer. You have to go there personally."

> JMA: "You have to wait three years for the permissions to open a butcher's shop?"
>
> "If you are lucky! There is no guarantee to receive the permission!" (Samir)
>
> *Expertengespräch Ex18sy*

Angestellte der unteren Verwaltungsebenen verfügen kaum über Entscheidungskompetenz, so dass der Weg selbst bei relativ einfachen Verwaltungsgängen nicht selten über die Leitungsebene der jeweiligen Behörde führt. Dies erfordert einen hohen Zeitaufwand und verursacht Kosten. **Karem** gibt aus der Praxis seiner täglichen Arbeit ein Beispiel für die resultierende Überzentralisierung der Verwaltung. Ein Extrembeispiel – aber dennoch keineswegs ein Einzelfall:

> „I mean, imagine a ministry like the foreign ministry, I mean, that's you say they are very huge and they are getting 60 – 70 % of the Syrian budget, and like myself as exhibition management company we need them for small things let's say to get their logo on a brochure about whatsoever. You know who is the decision maker for such a thing?"
>
> JMA: "Let me guess … the minister himself?"
>
> "His excellency, the minister himself!" (Karem)
>
> *Interview N2-3sy*

Die gegenwärtig anzutreffende Gestalt der Verwaltungsorgane der syrischen Wirtschaft, Ministerien, Behörden, Ämter und Organisationen, ist nicht zuletzt Ergebnis einer lange Jahre bewusst durchgeführten künstlichen Aufblähung und ein Resultat der betriebenen institutionellen Entwicklung [vgl. NORTH 1992, S. 87 ff.]. Vonseiten des Regimes scheint die Unüberschaubarkeit von Bürokratie und Verwaltungsapparat durchaus sinnvoll: Zum einen können auf diese Weise die Mitglieder des Verwaltungsapparats willkommene – und angesichts der niedrigen Gehälter überlebenswichtige – Nebeneinkünfte erschließen. Dies eröffnet im Gegenzug dem Regime die Möglichkeit, Personenkreise über Positionen im Verwaltungsapparat in das Patronagesystem einzubinden. Die ökonomische Ineffizienz dient so letztlich der Realisierung politischer Ziele, wirkt also systemstabilisierend. Auf der anderen Seite sind die Handlungen syrischer Unternehmer vielfach abhängig von der Gunst beziehungsweise der Regelauslegung durch einzelne Mitglieder der Verwaltung. Durch die jederzeit mögliche Einflussnahme auf den administrativen Apparat besitzt die syrische Regierung also darüber hinaus ein durchaus wirksames Instrument, um auf unbequeme, weil politisch aktive, Mitglieder der syrischen Unternehmerschaft gegebenenfalls Druck auszuüben (siehe das Beispiel Raid Seif, der offiziell aufgrund von Steuernachforderungen der Finanzbehörden sowohl seinen Betrieb als auch sein Parlamentsmandat abgeben musste). Der Bürokratieapparat kann also in Verbindung mit dem Widersprüchlichkeiten schaffenden institutionellen Regelwerk als bewusst installiertes Kontrollinstrument und – bei Bedarf gegebenenfalls zum Einsatz kommendes – Druckmittel interpretiert werden. Zu guter Letzt darf nicht vergessen werden, dass der Verwaltungsapparat, wie auch die staatseigenen Unternehmen, eine *job machine* darstellt, die vor dem Hintergrund der hohen Arbeitslosigkeit im Land als Instrument syrischer Beschäftigungspolitik gesehen werden muss. Der personalintensive Bürokratieapparat dient damit letztlich also auch sozialen Zwecken.

Die Akteure, sowohl Beamte als auch Unternehmer, haben Strategien entwickelt, um formale Vorschriften zu umgehen beziehungsweise die Grauzonen möglichst zum eigenen Vorteil zu nutzen. So besteht zum Beispiel ein direkter Zusammenhang zwischen der Intensität der bestehenden persönlichen Bindung zwischen Unternehmer und staatlichem Entscheider und der Effizienz der administrativen Arbeit, wie **Sami** anführt:

> „The administration of economics. The methods being followed in these establishments are somehow old-fashioned. They don't apply to … let's say … a modern trajectory to … a satisfying extent. And this results in some difficulties that businessmen usually face. When they do their business. On the other hand you can rely on your personal contacts and relations with officials to make smooth business. If the officials are co-operating and you have good business and you have a good relationship, personal relationship, with him, he can give you more facilities than others." (Sami)
>
> *Interview H1-6sy*

Handlungsträger beider Lager haben bis heute einen großen Teil ihrer Energie dafür aufgewandt, die formalen Beschränkungen sukzessive aufzuweichen und durch informelle Übereinkommen zu erweitern: die Mitglieder des Verwaltungsapparats mit Blick auf individuelle Machtpositionen und ökonomische Vorteile in Form von Schmiergeldzahlungen; die Mitglieder der Unternehmerschaft auf der Suche nach ökonomisch erfolgversprechenden Handlungsräumen. Wenig überraschend stoßen dementsprechend Pläne und Bestrebungen zum Abbau der Bürokratie, wie sie Präsident Bashar immer wieder äußert, im Verwaltungsapparat selbst auf wenig Gegenliebe. Nicht selten werden verabschiedete Reformen nicht entsprechend umgesetzt und tragen auf diese Weise einen Beitrag zur Steigerung der bestehenden Intransparenz, die wiederum die unternehmerische Arbeit – entgegen der ursprünglichen Intention – behindert. Hier entpuppt sich ein scheinbar kaum lösbares Problem: Eine tiefgreifende Reform und effizienzsteigernde Restrukturierungen würden praktisch über Nacht einen nicht unerhebliche Teile der Beamtenschaft seines Arbeitsplatzes berauben. Vor dem Hintergrund der fehlenden Möglichkeiten, in der freien Wirtschaft einen adäquaten, mit vergleichbaren Einkommens- und Machtmöglichkeiten ausgestatteten, Job zu finden, wird schnell klar, dass gerade die mittlere Führungsebene der syrischen Administration nur wenig Interesse an einer tatsächlich Bürokratie reduzierenden und Effizienz steigernden Reform des Verwaltungsapparats haben kann. Im Gegensatz zur oberen Führungsriege, die über ein Netzwerk guter Kontakte verfügt und darüber hinaus auch vielfach ausreichende Kompetenzen für Jobalternativen besitzt, und unteren Chargen der Verwaltung, die kaum Einfluss ausüben können, kann dies der mittleren Managementebene der syrischen Verwaltung durchaus als Motiv unterstellt werden, Reformen durch unzureichende Umsetzung in gewissem Maß zu blockieren.

> „Today ours, who were doing in import business and therefore need licences … The one who was preparing the licence necessary for us wants to force us not to do it this way. But we do it this way, because this has changed!" (Roy)
>
> *Interview A8-3sy*

Überraschenderweise stehen aber auch Teile der syrischen Unternehmerschaft Änderungen nicht uneingeschränkt offen gegenüber. Viele haben schlicht gelernt, mit den Widrigkeiten umzugehen und verfügen über die entsprechenden Kontakte, so dass jegliche Art der Veränderung die Gefahr birgt, diesbezügliche ‚Know-How-' oder ‚Netzwerkvorteile' einzubüßen. Langjährig bewährte und funktionierende Abläufe und Verfahrensweisen würden damit ein jähes Ende finden, wie auch *Naji* unten andeutet. Obwohl objektiv den Kriterien der modernen Wirtschaftswissenschaften widersprechend, muss eine Einschätzung der Effizienz der syrischen Administration stets individuell mit Blick auf die persönlichen Möglichkeiten des jeweiligen Unternehmers erfolgen.

> „I mean the anti-corruption campaign should contribute to a wiping out of corruption but it seems the corruption is still increasing *(lacht)* certain aspects of it and where it doesn't work it just slows things down. People are afraid to act, to take decisions and to give the necessary permissions to make every days business. This reflects back on our work with X or X's business here. Certain import regulations things like that. Sometimes it has made things a little bit easier but in general we really until now face a lot of confusion which is slowing things down." (Naji)
>
> *Interview A2-2sy*

Für deutsche Unternehmen besteht das Problem in erster Linie in der Identifikation und der Kontaktaufnahme zu den tatsächlichen Entscheidungsträgern des Verwaltungsapparats. Troubleshooting ist häufig nur auf höchster Ebene möglich und dort wiederum ausschließlich im Dialog mit den jeweiligen Entscheidungsträgern. Wie also Kontakt aufnehmen zu nicht selten unbekannten Personen? Eine Reihe deutscher Firmen behilft sich hier mit privaten Vermittlern. Nicht selten handelt es sich dabei um private Unternehmer, die als *trading*- und *contracting*-Dienstleister agieren, und eigene Kontakte gegen Bezahlung im Sinne ihrer Auftraggeber aktivieren [vgl. bfai 1995, S. 7].

Für die syrische Wirtschaft bleiben als Resultat der überbordenden Bürokratie und des Verwaltungsapparats die Behinderung unternehmerischer Tätigkeit, negative Kosten- und Wettbewerbseffekte, die Bindung finanzieller und unternehmerischer Ressourcen für den Aufbau notwendiger Kontaktnetzwerke sowie eine erhebliche Behinderung des Liberalisierungsprozesses. Mittelfristig wird Syrien mit Blick auf die für die wirtschaftliche Entwicklung des Landes unerlässliche Aktivierung und Förderung seines unternehmerischen Potentials um eine tiefgreifende Verwaltungsreform nicht herumkommen.

Industrie- und Handelskammern – mangelnde Unterstützung für Mitglieder

Ein weiteres strukturelles Defizit stellt die oft mangelhafte Arbeit der syrischen Industrie- und Handelskammern dar. Im Unterschied zu deutschen Kammern sind Industriekammer (IK) und Handelskammer (HK) von einander getrennt. Jedes syrische *wilayat* (Verwaltungseinheit, Provinz) hat demzufolge sowohl eine IK als auch eine HK aufzuweisen, die je nach personeller Besetzung, Motivation und Zielsetzung der Führungsgremien deutliche Qualitätsunterschiede in ihrer Arbeit aufweisen. Aus Gründen der Fairness muss einschränkend angeführt werden, dass sich die folgenden Ausführungen allein auf die jeweiligen Industriekammern und Handelskammern in Damaskus und Aleppo beschränken. Da es sich in diesen Fällen jedoch um die ältesten und renommiertesten Kammern handelt, kann davon ausgegangen werden, dass in anderen Städten die Erfahrungen tendenziell gleich, keinesfalls jedoch besser sein dürften.

Ähnlich wie in Deutschland sind syrische Unternehmen verpflichtet, entsprechend ihres Tätigkeitsspektrums Mitglied der IK oder der HK ihres Heimat*wilayats* zu werden, können also über eine Mitgliedschaft nicht frei entscheiden. Ein Unterschied zu Deutschland stellt indes der enorm große politische Einfluss der großen Damaszener und Aleppiner Kammern, deren Präsidenten nicht selten auch Abgeordnete des Parlaments sind und in weiteren Verbänden Führungspositionen besetzen, dar.[28]

Die am häufigsten genannten Kritikpunkte bezogen sich auf die ineffiziente Arbeit im Bereich der Wirtschaftsförderung sowie die immer wieder auftretenden Fälle von Korruption.

> JMA: „You are cooperating with the Damascene Chamber of Commerce and the Chamber of Industry. Do you have any aims due to the work with them? Or do you say it's just my duty?"
>
> "Sometimes we try to get something out … sometimes we succeed, sometimes we don't succeed."
>
> JMA: "If you're looking for information about markets in Europe or something, can they help you?"
>
> "They can help but they don't help … this is the problem. […] Because they are overloaded. There are a lot companies registered in their offices and they don't have the technology,

---

28 Als Musterbeispiel kann in diesem Fall der langjährige Präsident der Damaszener Handelskammer, Rateb Shallah, angeführt werden. Der Spross einer berühmten Damaszener Kaufmannsfamilie ist neben seiner Funktion in der HK auch Vorsitzender der *Federation of Syrian Chambers of Commerce*. Seit geraumer Zeit sitzt er überdies im Parlament und in diversen (Partei-)Gremien. Shallah war lange Zeit als aussichtsreicher Kandidat für die Nachfolge von Mustafa Miro als Ministerpräsident der Arabischen Republik Syrien gehandelt worden, hatte dann jedoch gegenüber Naji Otri das Nachsehen.

> the required technology to maintain all the services. For example I changed my telephone number and fax number two years ago, till now they still don't have my new fax number in their sheet. It is rotted institute … very old … system they have, they have old people … unfortunately their qualifications are not good." (Naji)
>
> *Interview A2-2sy*

Wie *Naji* anführt, stehen im Zentrum der Arbeit von Industrie- und Handelskammern Verwaltungsaufgaben. Die folgen allein den vom Regime ausgegebenen Leitlinien und können in erster Linie dem Komplex der Kontrolle des privaten Sektors zugerechnet werden. Die aktive Unterstützung der Mitgliedsunternehmen ist im Aufgabenkanon von nachrangiger Bedeutung. Wie alle Bereiche der syrischen Administration, weisen auch die Kammern eine überbordende Bürokratie in Verbindung mit einem schier undurchschaubaren Kompetenzgeflecht auf. Selbst unbedeutende Entscheidungen werden häufig erst in der Vorstandsetage getroffen. Die Führungsspitze der jeweiligen Kammer verfolgt überdies nicht selten in erster Linie individuelle Ziele, wie der Auszug aus dem Expertengespräch mit *D.* illustriert, und versucht, die eigene Position wirtschaftlich und politisch abzusichern. Häufig werden auch Kompetenz- und Ausstattungsdefizite als Ursachen einer schlechten Performance angeführt.

> „Oft ist da halt der Präsident, der macht das halt aus Prestige, nicht weil er sagt, er hat eine Vision, sondern weil er denkt, so mach ich das, und führt dann die Kammer so wie die eigene Firma und die ist eine Familieninstitution. Und da gibt es, also es gibt hier keine anständigen Datenbanken … Aber wenn ich keine anständigen Datenbanken habe, dann kann ich auch nichts machen! Die fühlen sich auch selber nicht gezwungen, Geld zu erwirtschaften. Wir haben das Monopol, jeder muss in einer Kammer sitzen, Industrieller oder Sonstiges, die haben ihre Gehälter, ihre Einnahmen, das ist sehr niedrig, 200 oder 300 Dollar, hat niemand auch richtig Interesse, da was zu ändern. Umgekehrt, man hat eher das Interesse, dass alles so bleibt wie es ist, weil man dort 'ne Nische gefunden hat, wo man abzwacken kann, hier ein bisschen, dort ein bisschen. Also es ist schon problematisch." (D.)
>
> *Expertengespräch Ex11dt*

Persönliche Beziehungen haben auch im Umgang mit Industrie- und Handelskammern, wie stets beim Umgang mit Administration und Bürokratie, einen sehr hohen Stellenwert. Wer über gute persönliche Beziehungen in die Spitzen ‚seiner' Kammer verfügt, kann auch mit einem größeren Service rechnen, wie *Maher* erläutert.

> „Mainly they depend on personal relations. Because through the Chamber of Industry, when … when they expect a contract in the Chamber of … of Industry, there are some people who get this offer before anyone else! So they don't tell all the companies here in Aleppo. 'Come and see this opportunity. Who wants to take this contract?' If there is someone who has very good contract to them they give it directly to him, you can say." (Maher)
>
> *Interview G2-6sy*

Diese Charakteristika machen Insiderkenntnisse über die internen Strukturen der Organisation notwendig, was aufseiten der Unternehmen Ressourcen bindet. Nicht selten verfolgen die Kammern als politische Entitäten auch ein Eigenleben. Dann überschneidet sich ihre Arbeit unter Umständen nur in wenigen Fällen mit den tatsächlichen Bedürfnissen der Mehrheit ihrer Mitgliedsunternehmen, sondern dient vor allem den individuellen wirtschaftlichen Zielen der Führungskader oder kleiner einflussreicher Gruppen.

> „So your strength becomes knowing how that institution works, knowing the people, knowing all the ins and outs, the pitfalls of the institution which is ruled sometimes like a country by itself *(lacht kurz auf)*. Yeah, that's a Syrian speciality." (Naji)
>
> *Interview A2-2sy*

In jüngster Vergangenheit scheint die syrische Regierung das Problem erkannt zu haben und hat eine Reihe von Verbesserungsmaßnahmen, in erster Linie die Ausstattung der Kammern betreffend, initiiert. Auch in den Führungsgremien hat sich einiges getan; die Aktivität hat zugenommen. Mehr und mehr jüngere Geschäftsleute, die sehr aktiv und mit großem Einsatz für die Kammermitglieder arbeiten, rücken in die Vorstandsebene auf und ersetzen dort die alten Kontrolleure und Verwalter. Doch trotz dieser Entwicklung ist gegenwärtig das Vertrauen bei einem Großteil der befragten syrischen Unternehmen in die Arbeit ‚ihrer' Kammer nur gering ausgeprägt. Stellvertretend für viele syrische Interviewpartner nochmals *Naji*:

> JMA: "Well, someone told me, they [die Handelskammer Damaskus; Anm. d. Verf.] are improving more and more in the last years, step by step they try to be more active."
>
> "They try a little bit, but they are not really successful *(lacht)*. Yeah, they did not much – I mean – they started a web-site, there is not a kind of trust relationship with them. You don't feel, it's your chamber of commerce. It is not, it's an outside agency and most of the work they do for themselves. It is not like really your chamber of commerce." (Naji)
>
> *Interview A2-2sy*

3.2.2.2 Informationsbeschaffung – Sisyphos lässt grüßen!

Unternehmerische Entscheidungen, seien es Überlegungen das wirtschaftliche Engagement in einem Land oder die Suche nach Handelspartnern betreffend, bedürfen adäquater Informationen. Ein strukturelles Defizit Syriens hat exakt diesen Problemkreis zum Kern: Die wirtschaftlichen Rahmenbedingungen sind – ebenso, wie die Investitionssituation im Allgemeinen oder spezielle Aspekte erfolgversprechender Branchen – aufgrund des Mangels an Informationen nur schwer abschätzbar. Überraschenderweise betrifft diese Schwierigkeit nicht allein deutsche Unternehmen, sondern wurde ebenfalls von einer großen Zahl syrischer Unternehmer als Problemkreis genannt. Der Informationsmangel in Syrien umfasst nach Auskunft der befragten deutschen und syrischen Unternehmer u. a. [siehe hierzu auch KHADOUR 1998, S. 55 f.; bfai 1995, S. 7]:

- verlässliches statistisches Datenmaterial über die syrische Binnenproduktion und makroökonomische Kennziffern

- verlässliche Marktstudien beziehungsweise Marketing-Daten für Güter und Dienstleistungen

- Erläuterungen zu Auslegung und Anwendung bestehender Gesetze sowie aktuelle Publikationen über Gesetzesnovellen und -revisionen

- Verzeichnisse über geplante und realisierte Investitionsprojekte

- verlässliche umfassende Branchenverzeichnisse syrischer Unternehmen

- vollständige Händler- und Herstellerverzeichnisse

Das vom *Central Bureau of Statistics* (CBS) jährlich herausgegebene statistische Jahrbuch der Arabischen Republik Syrien (‚Statistical Abstracts') stellt eine Möglichkeit zur Gewinnung notwendiger statistischer Informationen dar. Verschiedene weitere politische Institutionen, zum Beispiel statistische Ämter, das Industrieministerium oder die Industrie- und Handelskammern, verfügen ebenfalls über Daten und statistisches Material zu wirtschaftlichen Rahmendaten und verarbeitendem Gewerbe. Jedoch reichen Art, Umfang und Qualität der verfügbaren Daten bei weitem nicht aus.

> „There is a lack of information […] sometimes you are making an industrial investment and you need to make some research at the market about competitive ability and … you need to have some ideas, some figures … that you cannot reach. About the volumes of expected sales or … how many competitors you have in the market." (Sami)
>
> *Interview H1-6sy*

Die verbindende Gemeinsamkeit aller offiziellen Daten aus den genannten Quellen ist die weithin bekannte Unzuverlässigkeit sowie ihre häufig geringe Aussagekraft. So kommen beispielsweise für das verarbeitende Gewerbe verschiedene Klassifikationssysteme zur Gliederung der unterschiedlichen Wirtschaftszweige zum Einsatz, wobei die am häufigsten anzutreffende aggregierte Statistik nur äußerst bescheidene Aussagekraft und keinerlei internationale Vergleichbarkeit besitzt. Sie unterscheidet lediglich chemische Industrie, Ernährungsgewerbe, Textil- und Bekleidungsgewerbe sowie ‚technische Industrie', eine Residualkategorie, die vor allem das metallverarbeitende Gewerbe umfasst [vgl. hierzu auch BOECKLER 2004, S. 194]. Derartige Informationen sind selbstverständlich in der Praxis nur bedingt verwertbar. Darüber hinaus ist das offizielle Datenmaterial im Bereich privatwirtschaftlicher Aktivitäten mit Vorsicht zu genießen, da es kaum die tatsächlichen Verhältnisse wiedergibt: Aufgrund einer Vielzahl verschiedener Faktoren, zum Beispiel dem Versuch, die Steuerlast zu senken, machen private Unternehmen in aller Regel keine korrekten Angaben zu Betriebsgröße, Beschäftigtenverhältnissen, Kapazität und investiertem Kapital etc. [vgl. BOECKLER 1998, S. 184f.; 2004, S. 194]. Daten über den informellen Sektor, über schattenwirtschaftliche Aktivitäten sowie sämtliche Angaben, den Militärapparat des Landes betreffend, finden in offiziellen Statistiken keine Berücksichtigung.

> Auch die entsprechenden Fachpublikationen kämpfen mit dem herrschenden Mangel an verlässlichen statistischen Daten zur syrischen Volkswirtschaft, wie der folgende Auszug aus dem OBG des Jahres 2005 illustriert:
>
> „[…] accurate macroeconomic data can be hard to obtain in Syria. Statistical methods are in need of improvement – indeed they are the focus of several bi- and multi-lateral assistance projects. On the other hand, much economic activity within Syria escapes official notice, not least because of the private sector's propensity to avoid full disclosure. To put it simply, the presence of a sizeable informal sector means that official figures only capture part of the overall picture."
>
> [OBG 2005, S. 39]

Auf betriebswirtschaftlicher Ebene schlägt der Mangel an verlässlichen Marktstudien, die als Basis betriebswirtschaftlicher Entscheidungen in vielen Funktionsbereichen, wie zum Beispiel Produktion, Marketing etc., dienen, schwer zu Buche. In Einzelfällen bringt der Informations- und Datenmangel durchaus negative wirtschaftliche Konsequenzen mit sich, wie die Aussage von *Rami* belegt:

> „The Syrian market was … the demand has been overrated. We thought that, o. k. 17 millions, it's like the 17 millions of Holland and you can sell hundred of millions of bottles and cans or whatever … we could only sell hundreds of thousands – not hundreds of millions! So, that was the problem: The idea came based on a study that said o. k., you can make it just by selling on the Syrian market, and then you can export and then by the time it will be an extra business. Reality proved wrong … it turned out to be wrong." (Rami)
>
> Ramis Unternehmen ist mittlerweile bankrott und hat die operative Tätigkeit eingestellt (Stand Oktober 2005).
>
> *Interview C2-2sy*

Private syrische Forschungsinstitute[29] versuchen seit einiger Zeit, die bestehenden Informationslücken zu schließen, wobei unklar ist, inwieweit deren Untersuchungen tatsächlich die erforderliche Qualität aufweisen, um als Grundlage effizienter unternehmerischer

---

29 Zwei Beispiele für derartige private Forschungsinstitute, die auch im Rahmen eines Interviews beziehungsweise eines Expertengesprächs in die Untersuchung eingeflossen sind, bilden das Syrian Economic Centre (SEC) sowie die MERMB International Research & Consultancy Group. Beide führen im Auftrag privater Unternehmer Marktuntersuchungen durch, die z. B. als Basis von Feasibility Studies für Projekte im verarbeitenden Gewerbe dienen können.

Entscheidungen dienen zu können – zumindest im Fall eines untersuchten Meinungsforschungsinstituts bestehen aus Sicht des Autors, aufgrund der engen Vernetzung zu offiziellen syrischen Stellen, berechtigte Zweifel an der Unabhängigkeit des Instituts.

Als Folge der schwierigen Beschaffung von Information entstehen nicht nur erhöhte Informationskosten, sondern es steigt auch die Gefahr von Fehlallokationen, gerade für unerfahrene ausländische Investoren, wie das folgende Beispiel illustriert [siehe auch KHADOUR 1998, S. 56]: In den Jahren 1993 bis 1998 erhalten 23 Unternehmer die Genehmigung vom *Higher Council of Investment*, Fabriken zur Herstellung von Nudeln und Teigwaren zu errichten. Der genehmigten Kapazität von insgesamt 82.000 Tonnen steht zu diesem Zeitpunkt eine – von Raslan KHADOUR geschätzte – Marktnachfrage von bestenfalls rund 20.000 Tonnen gegenüber [1998, S. 56 ff.]. Hinzu kommt, dass in diesem Teil des Ernährungsgewerbes 1998 bereits mehrere staatliche Unternehmen und eine ganze Reihe privater Kleinbetriebe tätig sind, die bereits einen Großteil des Binnenbedarfs befriedigen. Auch wenn BOECKLER richtigerweise einwendet, dass nur wenige der geplanten Projekte tatsächlich realisiert worden sind und die „Nudel-Kritik" lediglich als „etatistische Legitimation für die Existenz eines strategisch wichtigen öffentlichen Sektors" betrachtet [2004, S. 197 f.], so illustriert dieses Beispiel dennoch die erst sehr spät erfolgende Reaktion der betreffenden Investoren auf die Marktsituation. Diese lässt sich wohl nicht zuletzt auf die unzureichende Informationslage zurückführen. Auch wenn die Realisierung vieler Projekte letztlich ausgesetzt wurde, waren zum besagten Zeitpunkt durch die individuell mehr oder weniger weit fortgeschrittenen Planungen bereits unternehmerische Ressourcen in nicht unerheblichem Umfang verbraucht worden. Es kann wohl davon ausgegangen werden, dass bei rechtzeitiger Verfügbarkeit exakter Informationen und Marktdaten die bis dato erfolgte Ressourcenfehlallokation bereits *ex ante* unterblieben wäre.

Von deutscher Seite aus gestaltet sich die Beschaffung der zur Intensivierung der Wirtschaftsbeziehungen beziehungsweise Neuknüpfung von Kontakten zu potentiellen syrischen Partnern notwendigen Informationen äußerst zeit- und arbeitsintensiv. Angesichts der zu erwartenden niedrigen Umsätze scheuen deutsche Unternehmen den großen Aufwand. Das gesamte Ausmaß des Dilemmas schildert **Karem**:

> „I think there are many opportunities, but you have to be selective and careful, because you never know which … the lack of data is the problem again. Because you are dealing with a country you don't' have the latest inflation rate or something like that. And I need it … […] for the consumer products […] The regional manager of our partner he comes to me and says. 'What's the consumer consumption power for this year?' And I must say: 'I don't know.'" (Karem)
>
> *Interview N2-3sy*

Syrische Unternehmer beklagen in zahlreichen Gesprächen umgekehrt immer wieder die Schwierigkeit der Datenbeschaffung über potentielle deutsche Partnerunternehmen. In diesem Zusammenhang wird dabei häufig das Fehlen einer permanenten Dependance der deutsch-arabischen Handelskammer im Land moniert[30], die bei entsprechenden Fragen aktive Unterstützung leisten könnte. Neben den direkten Auswirkungen für die bilaterale Zusammenarbeit, der Zugang zu Informationen über deutsche Märkte und Unternehmen wird unnötig erschwert, stellt die Abwesenheit einer Vertretung in den Augen vieler syrischer Unternehmer auch ein negatives politisches Signal dar. Anerkennende Worte fanden diesbezüglich die beiden Syrian-European Business Centres in Damaskus und Aleppo, die sich aber nicht auf die Vermittlung von Partnerunternehmen allein aus Deutschland konzentrieren können, sowie in einigen Fällen die Arbeit der Deutschen Botschaft in Damaskus, die sich jedoch aufgrund der Vielschichtigkeit ihres Aufgabenspektrums selbstverständlich nicht in erforderlichem Umfang dem Informationsbedarf syrischer Unternehmen widmen kann.

3.2.2.3 Struktur der syrischen Wirtschaft – ‚Pluralismus': Staatlich festgelegter Euphemismus für strukturelle Defizite?

Die Struktur der syrischen Wirtschaft ist Resultat der Beeinflussung unternehmerischen Handels durch die institutionellen Rahmenbedingungen. Sowohl die Makroebene der syrischen Volkswirtschaft, sektoraler Aufbau und Branchenstruktur, als auch die Mikroebene, defizitäre Staatsbetriebe und nicht selten nach westlichen Maßstäben vordergründig ineffizient organisierte Privatunternehmen, sind direktes Ergebnis des institutionellen Rahmens und wirken in vielfacher Weise restriktiv auf die Chancen einer verstärkten Integration Syriens in die Weltwirtschaft.

Gegenwärtige makroökonomische Schwächen

Bei der gegenwärtigen Auseinandersetzung mit der syrischen Wirtschaftsstruktur dominieren – trotz aller positiven Entwicklungen der jüngsten Vergangenheit – die negativen Aspekte: Bislang hat eine breite Modernisierung der syrischen Wirtschaft nicht wirklich stattgefunden, was sich in einer Reihe von strukturellen Defiziten äußert: Zunächst in (1) der starken Abhängigkeit des Wirtschaftswachstums von schwer zu beeinflussenden externen Faktoren, wie der Höhe von Hilfszahlungen aus dem Ausland, dem Ölpreis und klimatischen Einflussfaktoren auf die einheimische Landwirtschaft. Wie Abbildung 19 zeigt, tragen Ackerbau und Viehzucht rund 25 % zur Entstehung des syrischen BIP bei [bfai 2004a, S. 2]. Damit gehört Syrien zu den wenigen Ländern, in denen die Bedeutung

---

30 Das Liaisonbüro der deutsch-arabischen Handelskammer in Beirut unterhält ein kleines Büro im Queens Shopping Centre in Damaskus, welches stundenweise besetzt ist. Viele der befragten syrischen Unternehmer wussten jedoch nichts über diese Dependance beziehungsweise deren Kontaktdetails.

der Landwirtschaft in den letzten 30 Jahren zugenommen hat (1982: 20 %) [OBG 2005, S. 40]. Darüber hinaus stellen *(2)* die strukturbedingten Defizite des verarbeitenden Gewerbes ein sektorübergreifendes Problem dar. Ein nach wie vor niedriger Technisierungsgrad und folglich nur geringe Produktivität, verbunden mit der Protektion einheimischer Unternehmen durch hohe Einfuhrzölle (siehe hierzu auch den Abschnitt ‚Protektion' in Kapitel 3.2.3.1), unterstützen nicht nur die hohe Abhängigkeit Syriens von der seit 1999 stetig rückläufigen Erdölproduktion (weit mehr als die Hälfte der Staatseinnahmen sind direkt oder indirekt mit dem Erdölsektor verbunden), sondern stehen auch der effizienten Bekämpfung der hohen Arbeitslosigkeit im Weg. Im Bereich der Industrie ist derzeit noch unklar, wie stark sich der Wegfall des Irak als wichtigster Exportmarkt für syrische Industriegüter mittelfristig auswirkt [siehe OGB 2005, S. 40]. Hinzu kommt *(3)* ein institutionelles und ordnungspolitisches Umfeld, welches mit den beschriebenen Charakteristika keinen ausreichenden Rahmen für die syrische Wirtschaft bietet und in seinen institutionellen Defiziten nicht zuletzt deutliche Erblasten der zentralistisch-planwirtschaftlichen Vergangenheit aufweist [SUKKAR 2001].[31]

Die syrische Wirtschaft sieht sich ungeachtet aller sektoralen Besonderheiten gegenwärtig und in naher Zukunft enormen Herausforderungen ausgesetzt: Intern stellt sicherlich die hohe Arbeitslosigkeit zusammen mit einem niedrigen Pro-Kopf-Einkommen das dringlichste Problempaket dar [siehe hierzu auch PERTHES 2002, S. 199 ff.]. Dabei ist die enorme Arbeitslosigkeit – offizielle Statistiken des CBS führen eine Quote von 11 % an, Schätzungen von Experten reichen derweil bis in eine Größenordnung von 25 % [vgl. OBG 2003, S. 33] – vor allem ein Problem junger Bevölkerungsschichten. Die avisierte Intensivierung der intraregionalen Zusammenarbeit mit den arabischen Nachbarländern und den Mittelmeeranrainerstaaten (Barcelona-Prozess) und der damit verbundene Abbau von Zöllen und anderen tarifären Handelsschranken stellen Syrien vor extern bedingte Herausforderungen. Grundlage für die Überwindung dieser Herausforderungen kann einzig ein nachhaltiges stabiles Wirtschaftswachstum sein, welches ein gewisses Maß an Unabhängigkeit von externen Faktoren, wie der Niederschlags- und Ölpreisentwicklung, aufweisen sollte. Notwendige Voraussetzungen wären zum einen sektorübergreifende Produktivitätssteigerungen sowie zum anderen eine verbesserte internationale Konkurrenzfähigkeit syrischer Waren und Dienstleistungen. Gegenwärtig ist ein großer Teil der Produkte ausschließlich auf dem Binnenmarkt, protegiert durch hohe Einfuhrzölle, absetzbar

---

31 Ein gutes Beispiel bietet die Anordnung zu Lohnerhöhungen an die Unternehmen des privaten Sektors im Jahr 2002: Wenige Monate, nachdem in den Betrieben des staatlichen Sektors per Gesetz die Löhne und Gehälter um 20 % angehoben worden waren, erfolgte ein Aufruf an die Unternehmen des privaten Sektors, diesem Beispiel zu folgen und ebenfalls 20-prozentige Lohnerhöhungen vorzunehmen. Ganz abgesehen davon, dass generelle Lohnerhöhungen ohne eine Steigerung der Produktivität letztlich die Preisniveaustabilität gefährden, zeugt die Einmischung des Staates in ureigene betriebswirtschaftliche Belange ohne Rücksichtnahme auf individuelle Kostenstrukturen tatsächlich von einem rückwärtsgewandten Verständnis wirtschaftlicher Zusammenhänge. Konsequenterweise setzten viele Unternehmer diese Direktive gar nicht oder nur zögerlich um.

[vgl. OGB 2003, S. 117].[32] Um dies zu erreichen, ist die umfangreiche Reorganisation und Modernisierung der syrischen Industrie unabdingbar [u. a. PERTHES 2002, S. 200]. Vielversprechende Ansätze gibt es im Tourismussektor, auf dem große Hoffnungen für die Zukunft ruhen. Doch verglichen mit anderen Ländern der Region (Ägypten, Tunesien) steckt dieser noch in den „Kinderschuhen" [ZOROB 2005, S. 104]. Zudem reagiert die Reisebranche äußerst sensibel auf die häufigen politischen Krisen und Erschütterungen in der Region [siehe HOPFINGER 2004, S. 358]. Auch wenn makroökonomische Indikatoren derzeit keine wirtschaftliche Krise andeuten [OBG 2005, S. 44], das BIP wächst seit 2000 kontinuierlich an, bedarf es keiner hellseherischen Fähigkeiten, um zu erkennen, dass der syrischen Wirtschaft für die Zukunft aufgrund der oben geschilderten Herausforderungen ein steiniger und schmerzhafter Restrukturierungsprozess bevorsteht. Gleichzeitig muss ernsthaft bezweifelt werden, ob der bisherige Ansatz vorsichtigen und graduellen institutionellen Wandels ausreicht, die notwendigen Voraussetzungen hierfür zu schaffen. SUKKAR [2001, 2003], PERTHES [2002c] und andere Syrienexperten fordern deshalb bereits seit geraumer Zeit ein Konzept umfassender Strukturreformen in allen Bereichen, verbunden mit einem weitgehenden Rückzug des Staates aus der Wirtschaft und weitreichenden Privatisierungen [OBG 2003, S. 47].

Abb. 19: Sektorale Entstehung des syrischen BIP zu Marktpreisen (2002)

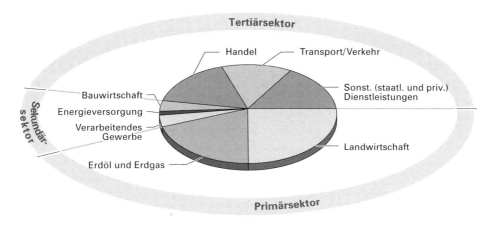

Quelle: Entwurf Jürgen Amann nach Zahlen der bfai [2004a, S. 2]/ Graphische Darstellung Alexandra Kaiser.

---

32 Ein Beispiel für eine Produktgruppe liefert die Endfertigung von ‚Weißer Ware' in Syrien. Herde, Kühl- und Gefrierschränke werden im Land weitgehend aus ausländischen Komponenten endgefertigt. Die Verkaufspreise in Syrien liegen dann nicht selten über jenen der Originalprodukte in den Nachbarländern [OBG 2003, S. 127 f.]. Mit dem Abbau der Handelsschranken und Zölle werden die ‚syrischen Produkte' einer Konkurrenzsituation ausgeliefert, in der ihr Bestehen zum derzeitigen Stand der Dinge zumindest zweifelhaft erscheint.

Strukturproblem I: Public Sector Problem

Ende der 1990er Jahre sind Ineffizienz, eklatante personelle Überbesetzung und Kapitalvernichtung gängige Kriterien zur Charakterisierung staatlicher Betriebe. HERMANN beziffert unter Berufung auf eine große syrische Tageszeitung die tägliche Arbeitszeit eines Angestellten im öffentlichen Sektor auf durchschnittlich 38 Minuten pro Tag [1998, S. 93]. Ökonomisch erfolgreiche rationelle Produktion scheint unter den gegebenen Rahmenbedingungen und dem bisherigen staatlichen Interventionismus kaum realisierbar. Die Gehälter der Angestellten, selbst jener in verantwortlichen Positionen, reichen kaum aus, um den Lebensunterhalt zu bestreiten. Zum anderen üben die geringen Löhne keinen Rationalisierungsdruck aus. Investitionen in Maschinen und Ausrüstungen zur Substitution menschlicher Arbeitskraft werden so fälschlicherweise nicht durchgeführt.

Das größte und ein beinahe unüberwindbares Hindernis stellt für die Unternehmen des staatlichen Sektors das undurchdringbare Bürokratiegeflecht dar. Unter dem Joch sozialer und politischer Instrumentalisierung, degradiert zu einem Instrument der Patronagefinanzierung und zum „Auffangbecken" [BOECKLER 2004, S. 210] für eine stetig zunehmende Zahl von Erwerbstätigen, geraten wirtschaftliche Ziele schnell in den Hintergrund. Die Unternehmensführungen vor Ort – viele Manager von Staatsbetrieben stehen ohnehin im Ruch eher durch Kontakte denn durch Qualifikation in das Management aufgerückt zu sein [vgl. z. B. PERTHES 1990, S. 131] – haben nur geringe Spielräume in betriebswirtschaftlichen Fragen von Planung, Produktion und Absatz. Entscheidungen sind weitestgehend zentralisiert und finden fernab von Markt und wirtschaftlicher Realität in Ministerien und Planungsbehörden statt. Mehr und mehr staatliche Unternehmen geraten sukzessive in einen *Circulus vitiosus*, aus dem es scheinbar kein Entrinnen gibt: Staatlich verordnete Überkapazitäten im Personalbereich und niedrige Löhne äußern sich in einer geringen Produktivität. Das geringe Einkommen und eine verfehlte Lohnpolitik, die Leistung nicht honoriert, schlagen sich wiederum in einer niedrigen Motivation der Arbeitnehmer und der Scheu vor Entscheidungen in niedrigen und mittleren Hierarchieebenen nieder. Staatlich fixierte Preise, die in Extremfällen gerade die Produktionskosten decken, machen zudem wirtschaftlich effizientes Arbeiten unmöglich, ganz zu schweigen von Lohnerhöhungen, die ein Durchbrechen des Teufelskreises ermöglichen würden. In diesem demotivierenden und leistungsfeindlichen Umfeld stimmen die Arbeitskräfte häufig kurzerhand mit ‚ihren Füßen' ab: Wer qualifiziert und fähig ist, verlässt die Staatsunternehmen und sucht sich einen besser bezahlten Job im privaten Sektor [siehe auch HINNEBUSCH 2001, S. 126].

Die schlechte ökonomische Performance der Staatsbetriebe ist ein offensichtliches Problem und zwingt den neuen Präsidenten zum Handeln. Bashar al-Asad verabschiedet unmittelbar nach seinem Amtsantritt ein Reformprogramm zur Effizienzsteigerung der staatseigenen Unternehmen. Auf der Makroebene des staatlichen Sektors besteht ein erster Schritt in der 20-prozentigen Anhebung der Löhne für die Beschäftigten auf durchschnittlich 6.000 SYP. Mit dieser Maßnahme werden zwei konkrete Ziele verfolgt: Zum

Deutsch-syrische Unternehmenskooperationen – Institutionelle Problemfelder 205

einen soll die niedrige Motivation der Beschäftigten in den Staatsunternehmen gesteigert werden, zum anderen zielt die Maßnahme auf eine Kaufkraftsteigerung und damit indirekt auf die Ausweitung des privaten Konsums ab, da man die schwache Binnennachfrage als eine Ursache des niedrigen Wachstums identifiziert hat. Gleichzeitig werden einige defizitäre Staatsunternehmen mit anderen fusioniert beziehungsweise ein externes Sanierungsmanagement installiert. Auch das Problem des *over-staffing*[33], zurückzuführen auf die jahrzehntelange Praxis einer Einbindung der Betriebe in das klientelistische Patronagenetzwerk, hat der Präsident erkannt. Überzählige Beschäftigte sollen abgebaut werden. Doch, ähnlich wie bei der diskutierten Schließung unrentabler Betriebe[34], scheut man scheinbar auch hier die negativen Konsequenzen derartiger Schritte: Anstelle harter Reformen ist von einer Übertragung überzähliger Arbeitskräfte auf andere Staatsbetriebe die Rede, was die Maßnahme selbstverständlich weitgehend *ad absurdum* führt, da das Problem nicht auf einzelne Betriebe beschränkt ist, sondern vielmehr als Kennzeichen des gesamten öffentlichen Sektors gilt.

Bislang scheint der Maßnahmenkatalog nicht wie geplant zu greifen: Laut einer jüngst 2004 von der *United Nations Industrial Development Organization* (UNIDO) durchgeführten Studie gehört Syrien zu den Ländern mit der niedrigsten Arbeits- und Unternehmensproduktivität. Der Bericht nennt auch die gravierendsten Defizite: „obsolete technology, poor technical competence, inefficient factory layouts, insufficient training and weak marketing and management skills in many manufacturing firms, notably in the public sector" [UNIDO zit. nach OBG 2005, S. 45]. Staatsunternehmen verfügen, der UNIDO zufolge, weder über ausreichende Autonomie im Management, noch ausreichend finanzielle Mittel, um die Produktivität in ausreichendem Maß zu steigern oder Investitionen, zum Beispiel in Qualitätsverbesserungen, Produktinnovationen oder die Erschließung von Auslandsmärkten, zu tätigen.

Als Reaktion auf die identifizierten Schwachstellen setzt die Regierung infolge auf eine (noch) stärkere Berücksichtigung der Marktprinzipien: Das Management der Staatsbetriebe wird restrukturiert. Ein Abbau des herrschenden Zentralismus und eine Stärkung der Autonomie der Staatsbetriebe sollen deren wirtschaftliche Effizienz steigern. Zu diesem Zweck erhalten die Manager großer Staatsunternehmen in den Bereichen der strategischen Planung und Ausbildung deutlich mehr Entscheidungsfreiheit. Die Orientierung an modernen Technologien soll ausgeweitet werden. Gleichzeitig soll künftig die Finanzplanung entsprechend moderner betriebswirtschaftlicher Techniken ablaufen. Nachvollziehbare,

---

33 Ein Beispiel für die teilweise dramatische Personalüberbesetzung ist der nationale syrische Carrier *Syrian Arab Airlines*. *Syrianair* beschäftigt offiziell 6.000 Arbeiter und 200 Piloten für eine Flotte von gerade einmal zwölf Maschinen [vgl. OBG 2005, S. 46].

34 Völlig unrentabel produzierende Staatsunternehmen sollen, entsprechend der Pläne des Präsidenten, geschlossen werden [siehe hierzu OBG 2003, S. 41]. Sieht man von der Liquidierung der Staatsfarm in Meskene ab, gelang es dem Autor trotz intensiver Recherchen nicht, ein Beispiel aus dem Industriebereich zu finden. Allem Anschein nach steht der Realisierung dieser Maßnahme der Widerstand der beteiligten Interessensgruppen erfolgreich entgegen.

einzuhaltende Budgets sollen zu einer größeren Transparenz finanzieller Planungen führen und auf diese Weise nicht zuletzt individuellen Missbrauch erschweren. Kleinere Unternehmen sollen weitreichende Entscheidungsfreiheit in einigen betrieblichen Teilbereichen (Finanzplanung, Ausbildung, etc.) erhalten. Ermöglicht wird das Reformprogramm durch massive staatliche Investitionen. Im Zeitraum von 2000 bis 2003 wachsen diese von rund 2,6 Mrd. US-Dollar auf über 4,2 Mrd. US-Dollar an [OBG 2003, S. 29], was einer Steigerung von rund 60 % entspricht. Schließlich werden 2004 die Löhne im staatlichen Sektor noch einmal um 20 % angehoben und belaufen sich gegenwärtig auf im Schnitt rund 7.500 SYP.

Das derzeit scheinbar vonseiten der syrischen Regierung favorisierte Sanierungskonzept ist das ‚*Public Ownership – Private Management Model'*. Private Unternehmen übernehmen dabei die Leitung maroder Staatsunternehmen. Musterbeispiel ist die staatliche Papierfabrik in Deir ez-Zor, die seit 2004 von der österreichischen Firma Vimpex geleitet wird. Doch auch hier gab es anfänglich eine Reihe von Schwierigkeiten, abgesehen von der mehr als zehnjährigen Vorlaufzeit. So befürchtete man Proteste der Gewerkschaften gegen Stellenabbau. Und tatsächlich wurde die Belegschaft bis dato nicht reduziert. Aber immerhin erfolgte die Reorganisation der Arbeitsabläufe. So wurde unter anderem der Vierschichtbetrieb an 365 Tagen im Jahr eingeführt. Es bleibt abzuwarten, wie sich das Modell in der Praxis bewährt.

Für den aufmerksamen Leser wenig überraschend bleibt bei allen Diskussionen über die Reform des öffentlichen Sektors ein Vorschlag stets außen vor: Die Privatisierung staatlicher Betriebe. Sie ist trotz der sicherlich damit erzielbaren Effizienzgewinne und Produktivitätssteigerungen derzeit nicht angedacht [OBG 2005, S. 45]. Der Widerstand gegen diese Maßnahme rekrutiert sich in erster Linie aus den Reihen von Regierung und Sicherheitsapparat; vielfach herrscht die Angst vor den sozialen Folgen eines derartigen Schritts, dem durchaus machterschütterndes Potential zugeschrieben wird. Zusätzlich existieren jedoch auch handfeste politische beziehungsweise individuelle Ziele, die einer volkswirtschaftlichen Effizienzsteigerung übergeordnet zu sein scheinen: Es darf nicht vergessen werden, dass der staatliche Sektor trotz aller Reformen nach wie vor als Element des Patronagesystems dient und Möglichkeiten zu persönlicher Bereicherung eröffnet [BANK/BECKER 2004, S. 7]. Darüber hinaus ist fraglich, inwieweit die Regierung auf den öffentlichen Sektor als Instrument aktiver Beschäftigungspolitik verzichten kann. Schätzungen ausländischer Experten gehen von einer syrischen Arbeitslosenrate in Höhe von über 20 %, bei Universitätsabsolventen sogar von 30 % aus [bfai 2003, S. 7]. Somit ist rund jeder vierte potentielle Erwerbstätige ohne Job [OBG 2003, S. 33]. Darüber hinaus drängen jährlich über 200.000 junge Syrer auf den Arbeitsmarkt und verschärfen die Situation zusätzlich [vgl. u. a. PERTHES 2002, S. 200].

Zweifellos sind Maßnahmen, wie die Ausweitung der finanziellen und administrativen Handlungsspielräume und eine stärkere Marktorientierung, zu begrüßen und stellen einen Schritt in die richtige Richtung dar. Ob sie jedoch zusammen mit den angesprochenen *privat-public-partnerships* ausreichen werden, um für eine spürbare Effizienzsteigerung zu sorgen, muss angesichts der problematischen Situation ernsthaft bezweifelt werden [vgl. ZOROB 2005, S. 101 f.]. Zu groß ist die Gefahr, dass Staatsbetriebe im Bedarfsfall auch weiterhin, ungeachtet ökonomischer Beschränkungen, zu politischen und persönlichen Zwecken instrumentalisiert werden.

Strukturproblem II: Private Unternehmen

Die wechselnde Intensität der Wirtschaftsbeziehungen zwischen syrischen Unternehmen sowohl des staatlichen als auch des privaten Sektors und Partnern im Ausland spiegelt sich, wie oben beschrieben, auch in den untersuchten deutsch-syrischen Unternehmenskooperationen wider. So reichen nicht wenige der Kooperationen in die 1970er Jahre zurück und wurden während der ersten *infitah* begründet (siehe Kapitel 2.2.1). Eine zweite Welle der Initiierung deutsch-syrischer Kooperationen kann für die erste Hälfte der 1980er Jahre und die in dieser Zeit verlaufende zweite Liberalisierungsphase konstatiert werden. Die institutionellen Reformabschnitte lassen sich also durchaus im Verlauf der deutsch-syrischen Wirtschaftsbeziehungen nachvollziehen.

1991, zum Zeitpunkt der Verabschiedung von Gesetz Nr. 10, beläuft sich der Anteil des privaten Sektors an der industriellen Wertschöpfung auf rund 40%. Heute beträgt er, Schätzungen des OBG zufolge, rund 80% [2005, S. 40]. Einschränkend muss jedoch angefügt werden, dass die Angaben in der Literatur, wohl aufgrund unzureichenden statistischen Materials, starke Abweichungen aufweisen. Trotz aller Differenzen und unterschiedlicher Zahlenangaben [vgl. z. B. bfai 2004a und OBG 2005] kann zumindest ein quellenübergreifender Trend herausgelesen werden: Der private Sektor hat (wohl endgültig) die führende Rolle im verarbeitenden Gewerbe übernommen. Doch trotz der Dynamik der letzten Jahre stoßen die Privatunternehmen zunehmend auch an ihre Grenzen. Güter werden in erster Linie für den Binnenmarkt produziert und sind dort vielfach nach wie vor durch hohe Zölle vor ausländischer Konkurrenz geschützt. Parallel zur Ausweitung des privaten Anteils am BIP sinkt auch der Exportanteil syrischer Industriegüter. Dies kann als Indiz dafür dienen, dass die Betriebe des privaten Sektors vielfach nicht in der Lage sind, mit ihren Produkten ausländische Märkte zu erschließen. Hinzu gesellen sich, wie auch im öffentlichen Sektor, strukturelle Probleme: Syrische Privatunternehmen sind vielfach relativ kleine, unterkapitalisierte Familienbetriebe. Der OBG spricht von lediglich rund 600 Unternehmen des privaten Sektors mit mehr als 300 Beschäftigten. Die Zahl der KMUs beläuft sich hingegen auf über 25.000, hinzu kommen noch weitere 75.000 Mikro-Unternehmen [2003, S. 117]. Einer der Hauptproblempunkte für private Unternehmen ist der schwierige Zugang zu Fremdkapital. Es mangelt an Kreditmöglichkeiten. Der Anteil privater Kredite am BIP beläuft sich gegenwärtig auf gerade einmal 7%, verglichen mit einem durchschnittlichen Anteil von 35% in den Nachbarländern der Region – ein Negativrekord und mitverantwortlich für die häufig anzutreffende Unterkapitalisierung vieler privater Unternehmen [OBG 2005, S. 40].

Auf der Mikroebene privater Unternehmen macht sich in erster Linie die anachronistische Unternehmerorganisation mit oftmals überholten Führungsprinzipien in Verbindung mit dem häufigen Fehlen institutionalisierter betriebswirtschaftlicher Handlungsroutinen nach westlichem Vorbild in der Zusammenarbeit negativ bemerkbar. Unter anderem gefördert durch die langjährige, politisch motivierte Diskreditierung privatwirtschaftlicher Unternehmer und unternehmerischen Engagements können syrische Unternehmer heute wissenschaftlich normierte Konzeptionen betrieblicher Organisation nicht so umsetzen, wie es vielleicht wünschenswert wäre und von westlichen Kooperationspartnern häufig gefordert wird. Vielfach entsenden syrische Unternehmerfamilien ein oder mehrere Familienmitglieder nach Europa oder die USA, um dort im Rahmen eines Studiums der Wirtschaftswissenschaften die notwendigen Kenntnisse zu erwerben; bei der Umsetzung dieser organisatorischen Prinzipien in Syrien, im heimischen Betrieb, stoßen jedoch nicht wenige der Unternehmer und Manager aufgrund der herrschenden Rahmenbedingungen rasch an ihre Grenzen. Nicht selten wird das Abweichen der Handlungsweisen syrischer Unternehmer vom gewohnten Spektrum durch die deutschen Kooperationspartner kulturalisiert und zum Beispiel als Indiz für mangelnde Kompetenz fehlinterpretiert.

Darüber hinaus scheint die Vertrauenskapazität in familienfremde Personen, nicht zuletzt aufgrund vielfach betriebener, sich am Rande der Legalität bewegender Geschäftspraktiken und Handlungsstrategien (z. B. syrische ‚Steuersparmodelle'), in aller Regel eher gering. Dies kann dazu führen, dass Führungskräfte weniger nach Qualifikation, sondern aufgrund familiärer Gesichtspunkte ausgewählt werden: Einer der Söhne übernimmt nach Rücktritt des Vaters üblicherweise die Unternehmensleitung, nahe Verwandte besetzen weitere Führungspositionen. Diese Verfahrensweise kann im Extremfall auch entwicklungshemmend wirken, zumal dort, wo sie in Verbindung mit einer „paternalistische(n) Führung [...] welche möglicherweise zum autoritären neigt" [Wils 1997, S. 88], eine kritische Reflexion betriebswirtschaftlicher Entscheidungen beziehungsweise die Optimierung von Entscheidungsprozessen erschwert. Indirekt sind davon auch die deutsch-syrischen Unternehmenskooperationen betroffen: Privatwirtschaftliche Investitionen haben längst nicht die theoretisch mögliche ökonomische Effizienz. Die Verbreitung der Absatzbasis für deutsche Investitionsgüter wird dadurch behindert.[35] Es sollte jedoch nicht völlig aus dem Blick geraten, dass sich allem Anschein nach gerade beim Themenkomplex ‚Organisation' und ‚Handlungskonzepte' aufseiten deutscher Interviewpartner immer wieder Relikte traditioneller Bilder über orientalische Unternehmer und deren vermeintlich ‚typischen' Stil finden, die die diesbezüglichen Urteile negativ beeinflussen.

---

35 Die Probleme der anachronistischen Leitungshierarchie und mangelnder innerbetrieblicher Kontrollinstanzen in syrischen Privatunternehmen erläutert der Experte Rogerson, damaliger Leiter des Damaszener Syrian-European Business Centre (SEBC), während eines Gesprächs im Rahmen einer Vorläuferstudie. Zur allgemeinen Problematik der Unternehmensführung siehe u. a. Hahn 1994[2], S. 417 – 423, und Wöhe (2002[21]), S. 116 – 121.

3.2.3 Mangelhafte Märkte

Ein in der Praxis sehr schwerwiegendes institutionelles Problem, welches nicht nur die Arbeit syrischer Unternehmer erschwert, sondern auch als Problemkreis in den deutsch-syrischen Unternehmenskooperationen auftritt, ist die mangelhafte Gestaltung syrischer Märkte. Eine holistische volkswirtschaftliche Analyse aller Defizite wäre sehr umfangreich und würde den Rahmen der vorliegenden Arbeit bei weitem sprengen. Deshalb sollen sich die folgenden Ausführungen auf jene Marktdefizite beschränken, die speziell bei der Zusammenarbeit zwischen deutschen und syrischen Unternehmen wirksam werden und von den befragten Unternehmern beider Seiten explizit als Kooperationshemmnis genannt wurden.

3.2.3.1 Defizite syrischer Gütermärkte

Konsumgütermarkt – Niedrige durchschnittliche Kaufkraft aber wohlhabende Eliten

Mit rund 18,2 Mio. Einwohnern ist Syrien einer der einwohnerreichsten Staaten der Arabischen Halbinsel [bfai 2005a, S. 1]. Die Größe und Bedeutung eines Marktes jedoch allein an der Zahl der Wirtschaftssubjekte festzumachen, würde bei weitem zu kurz greifen. Wesentlich wichtiger sind in diesem Zusammenhang die Höhe des Volkseinkommens sowie dessen Entwicklungsdynamik und die Verteilung innerhalb der Bevölkerung. Das syrische Bruttoinlandsprodukt weist seit Beginn des neuen Jahrtausends eine durchaus positive Entwicklung auf: Es wächst von 19,2 Mrd. USD im Jahr 2000 auf 25,8 Mrd. USD (prognostiziert für 2005), was einem Anstieg von rund 26 % in fünf Jahren entspricht [bfai 2004b, S. 1; 2005a, S. 1]. Diese positive Entwicklung wird jedoch relativiert, betrachtet man die Entwicklung des BIP pro Kopf der syrischen Bevölkerung: Hier ist für denselben Zeitraum ein Anstieg von 1.175 USD auf 1.385 USD zu konstatieren, was einem Zuwachs von gerade 18 % entspricht. Syrien hat es zwar geschafft, in den letzten Jahren den Bevölkerungszuwachs zu verlangsamen, in den Jahren 1985 bis 95 war die syrische Bevölkerung pro Jahr durchschnittlich noch um 3,5 % gewachsen, weist aber mit einem durchschnittlichen Zuwachs von 2,4 % in den Jahren 1997 bis 2003 per anno im internationalen Vergleich immer noch eine sehr hohe Wachstumsrate auf.

Das Gehaltsniveau syrischer Arbeitnehmer ist außerordentlich niedrig. Nach den jüngsten Gehaltserhöhungen verdienen Angestellte in Verwaltung und staatlichen Unternehmen 7.500 SYP (2005), was rund 150 USD entspricht. Die Arbeitnehmer des privaten Sektors verdienen im Schnitt nur unwesentlich mehr. Angesichts der niedrigen Einkommen wird sehr rasch klar, dass viele Arbeitnehmer nahezu ihr gesamtes Einkommen für Güter des täglichen Lebens aufwenden müssen. Für Konsumgüter im eigentlichen Sinn bleiben schlichtweg nur geringe Reserven. Dies wiederum impliziert eine hohe Nachfrageelastizität bei Preissteigerungen eines Produkts. Gesichtspunkte wie Qualität müssen dementsprechend fast zwangsläufig in den Hintergrund treten.

„Lebanon right now is more ... for our business, it is a better market than Syria. You will be surprised, but three million inhabitants and they do buy more products than the Syrians. In our category, which is in a way a more ... a basic sophisticated product. If your income is at – let's say for the sake of discussion – 100 SYP, and to feed your family needs 90 SYP, and you only have 10 SYP left ... unfortunately if your income is 100, your spending is 500. Well, even ways behind the mind of people ... to my personal opinion, my personal judgment, people who buy our products do not constitute more than ... in terms of the general figure ... not more than ten percent of the population. Who have the ability to buy our product. O. k. the ones wanna buy our products are let's say seventy percent, I don't know, but people who have the ability ... not more than ten percent!" (Rami)

Interview C2-2sy

Das niedrige Durchschnittseinkommen stellt eine häufig genannte Problematik Syriens als Absatzmarkt für deutsche Unternehmen dar: Einkommen und Wohlstand sind auf eine zahlenmäßig kleine Oberschicht konzentriert. Die breite Masse syrischer Konsumenten ist indes von einer außerordentlich hohen Preissensitivität gekennzeichnet. Qualitativ hochwertige und dementsprechend hochpreisige deutsche Konsumgüter stellen für viele aus den angeführten Gründen schlichtweg keine Angebotsalternative dar. Die niedrige Massenkaufkraft führt bei vielen deutschen Konsumgüterproduzenten dazu, die potentiellen Chancen des syrischen Marktes pauschal negativ einzuschätzen; Arbeits- und Kostenaufwendungen, etwa für Informationsbeschaffung oder gar die Installierung eines eigenen Vertriebsnetzes oder eigener *points-of-sale* etc., lohnen nach Einschätzung der Befragten nicht.

Die Interviews zeichnen bei genauerer Betrachtung jedoch ein ambivalentes Bild: Auf dem syrischen Konsumgütermarkt bestehen für deutsche Konsumgüterhersteller trotz der Einkommenssituation durchaus Chancen, die sich vor allem in zwei Marktsegmenten bündeln: Zunächst im Segment der Prestigegüter und Luxusartikel. Hier ist eine schmale syrische Oberschicht durchaus in der Lage, hohe Preise für Prestigeobjekte zu bezahlen. Als Beispiele können qualitativ hochwertige Haushaltwaren, wie zum Beispiel Geschirr und Bestecke, Dekorartikel und insbesondere Kraftfahrzeuge (siehe Abbildung 20) angeführt werden. Viele Straßenzüge Damaszener und Aleppiner Oberschichtviertel weisen eine höhere Dichte an Luxusautomobilen deutscher Herkunft auf als manche deutsche Großstadt.

Zum anderen bieten sich auch Chancen in relativ niedrigpreisigen Marktsegmenten, wie einige der Interviews gezeigt haben. Hier könnten beispielhaft Erzeugnisse der Papierindustrie oder modische Accessoires genannt werden.

Ka. ist der Geschäftsführer eines produzierenden Unternehmens der Papierindustrie. Die von seinem Unternehmen exklusiv für den syrischen Markt hergestellten Tapeten treffen den Geschmack des Marktes:

Deutsch-syrische Unternehmenskooperationen – Institutionelle Problemfelder 211

> „Nun, wir haben vor zirka fünf Jahren begonnen, Waren nach Syrien zu verkaufen. Unser Partner ist Libanese. Der wohnt in Beirut. Jedes Jahr auf der Heimtextilmesse in Frankfurt kommt der zu uns an unseren Stand und macht seine Bestellung. Wir machen ja extra Tapeten für den arabischen Raum, für den syrischen Markt. Da sind dann Blumengärten drauf und Wasserfälle oder Wälder. So röhrender Hirsch eben. Das trifft eben den syrischen Geschmack und kommt bei den Leuten super an. Die Nachfrage ist sehr groß." (Ka.)
>
> *Interview aB17dt*

Abb. 20: Die Marke mit dem Stern: Straßenszenen in Damaskus

Fotos: Jürgen Amann

Dabei muss ein Engagement auf dem syrischen Konsumgütermarkt vor allem mit Blick auf die Zukunft angegangen werden. Hierzu scheint neben der Wahl einer geeigneten Markteintrittsstrategie auch eine mittel- beziehungsweise langfristige Strategie für den syrischen Markt notwendig. Absatzvorstellungen müssen individuell auf Basis professionell erstellter intensiver Marktstudien in Zusammenarbeit mit einem syrischen Partner entwickelt werden. Syrien ist ein Markt, der nicht am Ende seiner Entwicklung angekommen ist, wie ein Blick auf die Zukunft des Landes als Mitglied der MENA-Zone Glauben macht. Mittel- beziehungsweise langfristig scheinen akzeptable Umsätze in Syrien für ausgewählte deutsche Konsumgüter bei geeigneter Vorgehensweise durchaus realistisch, zumal der syrische Markt längst nicht so hart umkämpft ist, wie die vergleichbaren Märkte der Nachbarländer Libanon und Jordanien. Es besteht in Syrien die Möglichkeit, mit einem relativ geringen Einsatz von Kapital und Arbeit innerhalb eines überschaubaren Zeitraums durchaus beträchtliche Marktanteile zu gewinnen. Hierzu noch einmal *Ka.* und *Naji*. Letzterer beschreibt diesen Sachverhalt aus syrischer Sicht.

> „Wir haben schon große Hoffnungen für den syrischen Markt. Und wir haben dort schon so etwas wie eine Monopolstellung für Phototapeten." (Ka.)
>
> *Interview aB17dt*

Im obigen Interviewauszug hatte Ka. erzählt, erst vor fünf Jahren mit dem Export seiner Produkte nach Syrien begonnen zu haben. Innerhalb kürzester Zeit ist es seinem Unternehmen also gelungen, eine sehr starke Marktposition zu erobern. Dies ist zum einen der Qualität des Produkts zu verdanken, welches exakt den Geschmack der syrischen Nachfrager zu treffen scheint, und zum anderen dem Engagement und Geschick des libanesischen Partners, der den syrischen Markt mitbetreut.

Naji analysiert die Wettbewerbssituation auf dem syrischen Konsumgütermarkt ähnlich:

„… the good thing here also is that not everybody can compete here. That's why you work out in the Wild West here *(lacht)*, not everybody has a stomach for it and stuff, so you can take advantage out of this way, if you have the right partner, you can get a big advantage, because the competition is much less compared to Germany or the United States where I worked. […] So here both sides are committed and if they are willing to do what it takes, you get the rewards, because you can immediately shoot for it, you know, some fifty percent of the market shares, cause there aren't many competitors." (Naji)

Interview A2-2sy

Einen weiteren Problemkreis des syrischen Konsumgütermarktes stellt der mangelhafte Schutz von Verfügungsrechten an geistigem Eigentum dar, den SCHNEIDER/SICKERT und JEFFREYS folgendermaßen charakterisieren [1995, S. 58]:

„In principle, Syria recognises the right to intellectual property and possesses basic legislation to enforce infringements. In practice, enforcement is not always feasible and occasional violations occur […]."

[SCHNEIDER-SICKERT/JEFFREYS 1995, S. 58]

Der nicht ausreichende Schutz von Lizenzen, Produktnamen und Warenzeichen etc. ist keineswegs eine syrienspezifische Besonderheit, sondern gilt in vielen Schwellen- und Entwicklungsländern als ernsthaftes Problem für Unternehmen aus Industrieländern. Auch in Syrien werden Lizenzen und Warenzeichen durch heimische Produzenten unautorisiert kopiert und für eigene Zwecke verwendet. Als problematisch gestaltet sich hier neben den entgangenen Lizenzgebühren und der zurückgehenden Nachfrage oft auch die mangelhafte Qualität der Produkte, die letztlich dem Markennamen und damit dem eigentlichen Markeninhaber beträchtlichen Schaden zufügen, wie das nachfolgende Beispiel belegt:

Übersicht 8: Markenpiraterie in Syrien und die Auswirkungen auf einen fränkischen Saitenhersteller

Zum Zeitpunkt des Interviews beliefert das fränkische Traditionsunternehmen bereits seit vielen Jahren den syrischen Markt mit Saiten für diverse Musikinstrumente. Das Unternehmen ist mit seinen 34 Mitarbeitern bei Saiten für die al-Oud, ein in der Region beliebtes, gitarrenähnliches Musikinstrument, Marktführer in Syrien. Seit einigen Jahren ist der Ab-

> satz nicht nur in Syrien, sondern auch im Nachbarland Türkei stark rückläufig. Parallel zum Geschäftseinbruch der Mittelfranken verzeichnet ein syrisches Konkurrenzunternehmen fulminante Zuwächse. Das Erfolgsgeheimnis der Syrer ist ebenso einfach wie – nach deutschem Recht – illegal: Sie vertreiben ihre Produkte unter dem Namen und Markenzeichen der Franken. Auch die bewusst gleiche Aufmachung und Verpackung der Ware macht auf den ersten Blick eine Unterscheidung zwischen Original und Fälschung unmöglich. Der syrische Pirat erkämpft sich mit dieser unlauteren Methode und aufgrund seiner niedrigeren Preise innerhalb relativ kurzer Zeit große Marktanteile in Syrien und begann dann, den türkischen Markt zu beliefern. Dieser wird mit Hilfe des syrischen Partners der Franken über Syrien mit den deutschen Originalprodukten beliefert. Doch es gingen nicht allein Marktanteile verloren. Die Qualität der gefälschten Produkte reicht offenbar nicht an das Niveau des deutschen Pendants heran so dass man in Franken nicht nur die Umsatzeinbussen beklagt, sondern auch eine mittelfristige Beschädigung des guten Rufes von Produkt und Firma befürchtet. Man hat zwar bereits versucht, von Deutschland aus gegen den Missbrauch von Marke und Markenzeichen vorzugehen War jedoch mit allen Versuchen – zumindest bis zum Zeitpunkt des Interviews – gescheitert.
>
> *vgl. Interview aB79dt*

So finden sich Plagiate von Boss-Shirts, Gucci-Gürteln, aber auch der neuesten Springsteen-CD sowie illegal reproduzierte Microsoft-Programme in vielen syrischen Geschäften. Unautorisierte Kopien verschiedenster Produkte werden vielerorts in Syrien nahezu ohne Einschränkungen verkauft [siehe auch AMANN 2003]. Von offizieller Seite geht man zwar auf internationalen Druck *pro forma* gegen Lizenzverstöße vor, so wurde beispielsweise vor geraumer Zeit ein neues Copyright-Gesetz verabschiedet [ZOROB 2005, S. 94], doch nach wie vor ist der ubiquitäre Handel mit illegalen Kopien europäischer und nordamerikanischer Markenprodukte häufig anzutreffen (siehe Abbildung 21).

Abb. 21: Boss-Shirts, Puma-Sweater und DFB-Trikots – made and sold in Syria

Fotos: Jürgen Amann

In einigen Fällen entwickelt der unautorisierte Handel mit nachgemachten Markenprodukten jedoch auch äußerst interessante Phänomene, wie die nachfolgende Übersicht 9 verdeutlicht.

> **Übersicht 9: Vom Plagiat zur ‚Parallelmarke'**
>
> In vielen Geschäften von Damaskus, aber auch in den Straßen auf und um den Suk Hammidye, werden Sweat-Shirts und Baseball-Kappen mit dem Logo des amerikanischen Sportswear- und Lifestyle-Unternehmens *Nike* angeboten. Offiziell werden *Nike*-Artikel nicht nach Syrien exportiert. Es gibt auch keine Lizenzproduktion in Syrien selbst beziehungsweise in einem der Nachbarländer, von wo aus die Produkte auf dem syrischen Markt vertrieben werden. Bei den verkauften Produkten handelt sich allein um unautorisierte Kopien. Ungeachtet der rechtlichen Situation erfreuen sich diese Plagiate jedoch großer Beliebtheit bei den syrischen Kunden. Obwohl preislich im oberen Segment syrischer Bekleidungsstücke angesiedelt, greifen die Kunden gerne zu. Vermutungen, syrische Konsumenten würden schlicht getäuscht und würden im Glauben handeln, ein Originalprodukt zu erstehen, haben sich bei Nachforschungen des Autors als falsch herausgestellt. Die syrischen Käufer wissen, dass es sich nicht um amerikanische Originalprodukte, sondern um die Ware eines syrischen Produzenten handelt. Als Gründe für den Kauf führten die befragten Käufer unisono das attraktive und modische Design, die gute Qualität und ein als entsprechend gut empfundenes Preis-Leistungs-Verhältnis an. Ähnliche Argumente hätten wohl auch die Käufer von original *Nike*-Produkten für ihre Kaufentscheidung genannt. Dem syrischen Hersteller ist es gelungen, ein eigenständiges, mittlerweile vom amerikanischen Original unabhängiges Produkt- und Markenimage aufzubauen, das bei einer jungen und avantgardistischen syrischen Käuferschicht als *‚Syrian-Nike'* fast Kultstatus besitzt.

Investitionsgütermarkt

Aus Sicht der befragten deutschen Unternehmen muss auf dem syrischen Investitionsgütermarkt unterschieden werden zwischen Geschäften mit Betrieben des öffentlichen und des privaten beziehungsweise gemischten Sektors. Diese Zweiteilung spiegelt sich auch in den Einschätzungen syrischer Unternehmer und Manager wider. Übereinstimmend charakterisierten die Befragten auf deutscher Seite die Kontakte zu Privatunternehmen als einfacher und weniger problematisch als jene zu einem der vielen Staatsbetriebe.

Problematische Nachfrager – Staatsbetriebe. Wie oben bereits ausführlich dargestellt, konnte sich in den Staatsbetrieben unter der schützenden Hand der Regierung jahrzehntelang ungehindert Vetternwirtschaft, Korruption und ein System von Patronagebeziehungen etablieren. Anfangs gedacht zur Stabilisierung des Regimes, entwickelt sich die Aufblähung der betrieblichen Verwaltungsebenen und die häufige Auswahl des Führungspersonals nach politischer Linientreue und persönlichen Verbindungen zunehmend zum

Bumerang: Die vermehrte Abwanderung gut ausgebildeter und motivierter Mitarbeiter in die Privatwirtschaft („internal brain drain" [BOECKLER/HOPFINGER 1996, S. 304] war und ist das Resultat mangelnder beruflicher und finanzieller Perspektiven im öffentlichen Sektor. Nicht zuletzt um diesen steten Abfluss an Humankapital zu beenden, wurden auch die Managementreformen in den Staatsunternehmen seitens der Regierung forciert. Bislang jedoch nicht in allen Fällen mit der letzten Konsequenz und durchschlagendem Erfolg – wenngleich es auch für ein abschließendes Fazit derzeit noch zu früh ist. So berichten deutsche Unternehmen aus ihrer Praxis bei Verhandlungen mit syrischen Staatsunternehmen nach wie vor von einem aus ihrer Sicht häufiger zu beobachtenden Mangel an Fachkenntnissen bei wichtigen Entscheidungsträgern. Bei den sehr bedeutenden deutschen Exportwarengruppen Maschinen und Anlagen, chemische und elektrotechnische Erzeugnisse, ist ein hohes Maß an Sachverstand jedoch unabdingbar, um Qualität, und damit die relativ hohen Preise deutscher Hersteller richtig einzuschätzen und am Ende die optimale Wahl zu treffen. Bei fehlendem Expertenwissen wird der höhere Preis in den meisten Fällen, beinahe automatisch, zum negativen Entscheidungskriterium für deutsche Investitionsgüter.

In allen Bereichen der syrischen Wirtschaft erschwert der aufgeblähte Bürokratieapparat, in Verbindung mit der auf allen Ebenen anzutreffenden Korruption, unternehmerische Tätigkeit und wirtschaftliche Kooperation. Ein häufig genanntes Beispiel für diese unheilige Allianz betrifft den Markt für Investitionsgüter in Form der Ausschreibungsverfahren des öffentlichen Sektors [siehe auch BUTTER 1993, S. 3]. SCHNEIDER-SICKERT/JEFFREYS charakterisieren staatliche Ausschreibungen folgendermaßen:

> „Tendering procedures by state sector establishments, government ministries, municipalities and other public bodies are long-winded, complicated and sometimes confusing for firms without previous experience in the marketplace. Based on the time-honoured local tradition of **wheeling and dealing**, negotiations often take unexpected turns and occasionally face bidders with situations and criteria they might not have come across in the Western world."
>
> [SCHNEIDER-SICKERT/JEFFREYS 1995, S. 53, Hervorhebung im Original]

Das ist verwirrend für Unternehmen, die keine Erfahrung auf dem syrischen Markt besitzen und ärgerlich für Unternehmen, die über eben gerade diese Erfahrungen verfügen – muss mit Blick auf die Ergebnisse der empirischen Arbeit angefügt werden. Obwohl das obige Zitat die herrschende Meinung befragter deutscher Unternehmen widerspiegelt ist zu ergänzen, dass der Verweis auf Traditionen zur Erklärung des umständlichen bürokratischen Ausschreibungsprozederes sicherlich zu kurz greift. Der Verwaltungsapparat sowie die teils widersprüchlichen, mit Grauzonen durchzogenen institutionellen Rahmenbedingungen, die bestimmten einzelnen Personen in Schlüsselpositionen ein hohes Maß an Entscheidungsmöglichkeiten einräumen, sind nicht Ergebnis einer von wirtschaftlichen Akteuren und unternehmerischen Handlungen getragenen Entwicklung, sondern Resultat eines von den herrschenden politischen Kräften in Jahrzehnten bewusst geschaffenen

Systems. Als solches können und dürfen keineswegs vermeintlich unternehmerische oder gesellschaftliche Traditionen als Begründung herangezogen werden, wie es fälschlicherweise auch einige der interviewten deutschen Unternehmen tun.

Das Basisverfahren ähnelt durchaus einer auch international üblichen Ausschreibung: Die Abgabe des Gebots erfolgt in drei versiegelten Umschlägen. Zusätzlich muss das bietende Unternehmen eine Bescheinigung über einen bei der *Commercial Bank of Syria (CBoS)* hinterlegten *bid-bond* als Beleg für die Verbindlichkeit des Angebots in Höhe von üblicherweise rund 5 % des Auftragswerts beifügen. Öffnung und Prüfung aller abgegebenen Gebote ist Aufgabe des jeweiligen Ausschreibungsgremiums, welches – zumindest theoretisch – der niedrigsten Offerte den Zuschlag erteilen muss. Nach Erhalt des Auftrags hat das erfolgreiche Unternehmen nun 15 Tage Zeit einen *performance-bond* in Höhe von 10 % der Auftragssumme wiederum bei der *CBoS* zu hinterlegen. Die *bonds* sind entsprechend bis zum Ende des Ausschreibungsverfahrens (*bid-bond*) beziehungsweise bis zur endgültigen Abnahme der vertragsgemäßen Leistung (*performance-bond*) aufrecht zu halten.

Soweit die gesetzlichen Bestimmungen zur Teilnahme an Ausschreibungen der öffentlichen Hand. Den tatsächlichen Ablauf in der Praxis beschreibt der Interviewpartner eines deutschen Großkonzerns:

W. ist verantwortlich für das Nahostgeschäft der mittelfränkischen Zweigniederlassung eines großen deutschen Unternehmens. Durch seine Arbeit kennt W. nicht nur den syrischen Markt und verfügt dort über hochrangige Kontakte, sondern hat auch reichlich Erfahrung mit Ausschreibungen der öffentlichen Hand in Syrien.

Im Rahmen der Ausschreibungen müssen eine Vielzahl von offiziellen Stellen kontaktiert werden. Die Besuche werden vor allem dazu genutzt, sich die Gunst derer zu sichern, die auf den späteren Entscheidungsprozess Einfluss nehmen können. Die abgegebenen Gebote werden in einem ersten Schritt geprüft. Nach Auswahl der sechs Bewerber mit den günstigsten Angeboten, werden diese aufgefordert, ihre Gebote nochmals zu überarbeiten. Nach neuerlicher Vorlage werden nun drei Unternehmen aufgefordert, sich persönlich bei dem betreffenden Staatsbetrieb einzufinden. Vor Ort ergeht nun eine weitere Aufforderung, Konditionen und Preise zum zweiten Mal zu überarbeiten. Die jeweiligen Bewerbungen werden dabei im Regelfall begleitet von neuerlichen Zuwendungen an verantwortliche Stellen/Personen. Das ganze Verfahren gleicht mehr einem Glücksspiel als einem Auswahlprozess nach ökonomischen Faktoren, da alle Bewerber streng darauf achten, nicht gleich schon zu Beginn die Karten offen zulegen und die günstigste Offerte abzugeben, später werden ja ohnehin weitere Nachbesserungen nötig. Wichtig ist es, sich unter den ausgewählten Bewerbern zu befinden. Diese Auswahl wird entscheidend beeinflusst von der jeweiligen Lobby, deren Unterstützung man sich vorher gesichert hat. (W.)

Interview aB49dt

Was W. in der Schilderung seiner Erfahrungen nicht erwähnt, ist der Umstand, dass die Verträge auch nach ‚Gewinn' der Ausschreibung größerer Projekte erst vom zuständigen Minister genehmigt werden müssen. Dieser kann die Vereinbarungen zwischen dem deutschen Verhandlungsführer und der syrischen Delegation ohne weitere Begründung wieder zurücknehmen. Und selbst wenn die ministeriale Hürde überwunden ist, kann erst der HCI unter Leitung des syrischen Premierministers endgültiges ‚grünes Licht' für die Realisierung des Vorhabens erteilen. Zudem werden Ausschreibungen häufig ein- oder zweimal wiederholt. Die Ursachen hierfür liegen zum einen in handwerklichen Fehlern, wenn beispielsweise ein Formfehler beim Ausschreibungsverfahren vorliegt, zum anderen im Versuch der ausschreibenden Stelle zu eruieren, wie groß der Kapitalbedarf zum Erwerb eines bestimmten Produkts beziehungsweise zur Realisierung eines Projekts ist. Neben den bereits angeführten *bid-* und *performance-bonds*, die zusammen die Bindung von mindestens 15 % des Auftragsvolumens bedeuten, werden häufig noch Vertragsstrafen bis zu 20 % des Vertragswertes von syrischer Seite angestrebt. Ungeachtet einer Schuldfrage kann die syrische Seite im Falle von Verzögerungen gegebenenfalls Schadensersatz einklagen.

Bei den Verträgen gelten üblicherweise syrisches Recht und der Gerichtsstand Damaskus. Dabei werden die Vertragsbedingungen häufig als extrem „verkäuferunfreundlich" charakterisiert [bfai 1995, S. 10 ff.]. Die Lastenhefte legen häufig nahezu ausschließlich die Pflichten des ausländischen Unternehmens fest und reduzieren gleichzeitig die Mitwirkungspflichten der syrischen Seite auf ein Minimum. Eine realistische Möglichkeit für deutsche Unternehmen, im Bedarfsfall erfolgreich den syrischen Rechtsweg zu beschreiten, gibt es selbst bei Unterstützung durch syrische Rechtsexperten kaum (siehe hierzu auch Kapitel 3.2.1.1, Abschnitt ‚Problem Rechtssicherheit'). Bei näherer Betrachtung weiterer Auflagen und Vorschriften in Verbindung mit den bereits beschriebenen strukturellen Defiziten, die sich dann auch für den deutschen Partner negativ auswirken können, wird schnell klar, dass verhältnismäßig hohe Kosten und Risiken für die teilnehmenden deutschen Unternehmen entstehen.

Darüber hinaus steht zu befürchten, dass die Entscheidung über die Erteilung des Zuschlags letzten Endes nicht auf Basis von ökonomischen Kriterien gefällt wird, sondern dass persönliche Beziehungsgeflechte und erkaufte Verpflichtung, zum Nachteil der syrischen Volkswirtschaft, (mit-)ausschlaggebend sind. Der Oxford Business Guide sieht in einer früheren Ausgabe eine deutliche Verbindung zwischen „the extent to which a bidder can ensure that his offer is well-received by the decision making committees" [SCHNEIDER-SICKERT/JEFFREYS 1995, S. 54] und dem Erfolg eines Angebots. Daran scheint sich bis heute, glaubt man den Aussagen der Interviewpartner, wenig geändert zu haben. Weitere, in den Interviews häufiger genannte Ärgernisse in Zusammenhang mit Ausschreibungsverfahren sind: nachträgliche Abänderung der im Lastenheft festgelegten Vertragsbedingungen, lange Laufzeiten – nach monatelangem Verfahren vergeht nicht selten mehr als ein Jahr bis zur Realisierung des Projekts – sowie die kurzfristige Absage von Projekten ohne Gründe. Letzteres scheint jedoch in jüngster Vergangenheit nur mehr selten aufzutreten.

„Ja, wenn Sie mich nach den häufigsten Schwierigkeiten und Problemen fragen, dann muss ich sofort auf diese *bonds* verweisen. Die sind wirklich ein konstantes Ärgernis. Es sind auch momentan wieder einige Fälle in Bearbeitung, um die wir uns zurzeit kümmern. Die *bonds* sind schon seit Jahren immer wieder Ursache von Ärger." (R.)

Expertengespräch Ex22dt

Eine Konstante im Bündel der Ärgernisse sind seit langer Zeit die bereits angesprochenen *bid-* und *performance-bonds*. Immer wieder kommt es vor, dass diese aufrecht gehalten werden müssen beziehungsweise sich die Rückzahlung verzögert, obwohl von syrischer Seite keinerlei Anstalten zur Realisierung des Vertrags unternommen werden oder das Projekt bereits abgewickelt ist (vgl. Expertengespräch Ex22dt). Die Ursachen für diese Verfahrenspraxis sind offiziell nicht zu ergründen, doch es scheint, als wurde und wird dieser Weg als eine Methode zur vorübergehenden Beschaffung von Devisen beziehungsweise als Mittel zur teilweisen Projektzwischenfinanzierung angesehen. Deutsche Unternehmen reagieren auf diese Praxis im Allgemeinen mit Unverständnis, der deutschen Botschaft in Damaskus liegen nach eigener Aussage auch einige diesbezügliche Beschwerden vor. Einige der interviewten Unternehmen lehnen es ab, sich nach entsprechenden negativen Erfahrungen nochmals an Ausschreibungen des staatlichen Sektors zu beteiligen (siehe Interviewauszüge unten). Andere kalkulieren derartige Kosten und entstehende finanzielle Aufwendungen bereits in die Angebotspreise mit ein. Diese Vorgehensweise führt jedoch zu einem Anstieg der im internationalen Vergleich häufig ohnehin bereits hohen Preise und wirken sich unter Umständen negativ auf die Konkurrenzfähigkeit des Angebots aus.

„Früher haben wir öfter an Ausschreibungen von syrischen Staatsbetrieben teilgenommen. Doch, da musst du Garantieleistungen erbringen, die nicht mehr akzeptiert werden hier bei uns. Für jeden Auftrag wird ein *bid-bond* und dann, wenn du ihn kriegst, auch noch ein *performance-bond* fällig …"

JMA: „Ich bin da kein Experte, könnten sie mir erklären, was *bid-* und *performance-bonds* sind und wo die Problematik liegt?"

„Ja, na klar. Kein Problem. *Bid-bonds* sind Bankgarantien für die Verbindlichkeit des Angebots. Das heißt, Sie müssen eine bestimmte Summe bei einer Bank hinterlegen, damit Sie später, wenn Sie den Auftrag kriegen, nicht abspringen. Das wird dann von der deutschen Bank bestätigt. Dann muss das noch von der syrischen Bank gegenbestätigt werden. Dann sind Sie auch bei der Ausschreibung dabei. Wenn Sie dann den Zuschlag bekommen, dann müssen Sie noch mal einen Teil des Auftragsvolumens bei einer Bank hinterlegen. Das ist, nicht bei allen, aber bei vielen internationalen Geschäften durchaus üblich. Das Problem ist bei Syriengeschäften nur, dass Sie die Zugriffsmöglichkeiten auf ihr Geld mit der Gegenbestätigung durch die syrische Bank verlieren. Wir hatten schon den Fall, da haben wir den Auftrag nicht bekommen und es hat dann Monate gedauert, bis wir unser Geld wiedergekriegt haben. Das ist nicht nur für uns ein Problem, sondern für viele deutsche Firmen. Wir beteiligen uns nach dem letzten Mal, wo wir echt, ich glaube ein Jahr oder so, gewartet haben, nicht mehr an irgendwelchen Ausschreibungen in Syrien." (H.)

Interview aB57dt

„Der bürokratische Aufwand mit Syriengeschäften ist wirklich enorm. Insbesondere die Bietungs- und Leistungsgarantien, die die immer wieder haben wollen, die sind einfach inakzeptabel! Die sind ein echtes Hindernis für eine Intensivierung der Handelsbeziehungen zu Syrien." (J.)

Interview aB43dt

Privatbetriebe – Weniger problematisch, aber längst nicht problemlos. Noch vor zehn Jahren beschrieb die damalige Bundesstelle für Außenhandelsinformation (heute: Bundesagentur für Außenwirtschaft) die Situation in Syrien mit diesen Worten.

„Syrien ist trotz zaghafter Liberalisierungsschritte nach wie vor kein einfacher Markt. […] Die Chancen gerade für deutsche Unternehmen stehen […] nicht schlecht. […] Deutsche Produkte genießen in Syrien den Ruf hoher Qualität. Verfügt ein syrischer Konsument über genügend Geld, so erwirbt er im Zweifelsfall deutsche Waren."

[bfai 1995, S. 5]

Bereits damals bereitete es Experten und Beteiligten einige Mühe, dieser pauschalen Aussage zuzustimmen. Sieht man davon ab, dass das qualitativ hochwertigste (und preislich demzufolge auch häufig teuerste) Investitionsgut nicht in jedem Fall die optimale betriebswirtschaftliche Investitionsentscheidung darstellt, sind die zur Verfügung stehenden finanziellen Mittel bei Betrieben des privaten Sektors häufig, bei jenen des öffentlichen Sektors je nach staatlicher Kassenlage, begrenzt. Dennoch sind Betriebe des privaten Sektors in ihren Investitionsentscheidungen zumindest unabhängig von staatlichem Dirigismus – sieht man von den restriktiven Importvorschriften ab. Neben individuell unterschiedlichen betriebswirtschaftlichen und technischen Kriterien (Produktqualität, Zielgruppen, wirtschaftlicher Lebenszyklus, Reparaturmöglichkeiten etc.) stellen bei Privatunternehmen vor allem Kapitalverfügbarkeit und avisierter Absatzmarkt die entscheidenden Aspekte bei Investitionsentscheidungen dar. Der Preis des Investitionsgutes wird so unter Umständen zu einem wichtigeren Entscheidungskriterium als die Qualität: Wird beispielsweise ausschließlich für den syrischen Binnenmarkt produziert, ist die Refinanzierung hochpreisiger deutscher Maschinen und Anlagen in vielen Fällen kaum realistisch.

„If I have let's say a big factory now and I think, sometimes we should buy a German machine, it lasts a little bit more, it is much more reliable, or should I go to a Taiwanese or a Chinese. I tell you, in our days, many of my friends, o. k. they have been so biased towards German equipment, that I was really amazed, he's been to China now! He said: The machine is ten years old, all right […] after ten years, because of the new development in machin-

> ery and computer equipment. After ten years, today you have to replace the machine. Why should I pay for a machine, spend much more money for a machine which lasts for 30 years if I only need it for ten years!? Why should I pay a higher investment?" (Amr)
>
> *Interview B1-2sy*

Maschinen und Rohstoffe aus Südost- und Ostasien haben heute in vielen Bereichen ein vergleichbares Qualitätsniveau bei deutlich niedrigeren Preisen. Zudem drängen auch chinesische Anbieter immer massiver auf den syrischen Markt.

Abb. 22:   Chinesische Textilmaschinen – nicht zu unterschätzende Konkurrenz

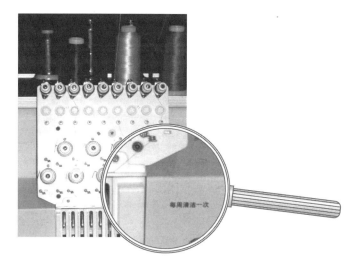

Foto: Jürgen Amann/Graphische Darstellung Alexandra Kaiser.

Die häufig in den deutschen Interviews anzutreffende Assoziation, preiswerte Produkte aus Fernost wären automatisch von geringerer Qualität, mag in einigen Fällen zutreffen, trifft jedoch längst nicht in jedem Fall zu. Für Überheblichkeit und übertrieben selbstbewusstes Auftreten besteht kein Grund angesichts der derzeitigen Entwicklungen auf dem syrischen Investitionsgütermarkt. Vereinzelt führen deutsche Interviewpartner, im Beispiel unten Z., ihren abnehmenden Erfolg in Syrien – wohl in Unkenntnis der restriktiven Spezifika des privaten Sektors – auf das vermeintlich mangelnde Qualitätsbewusstsein syrischer Kunden zurück.

> „Das Problem in Syrien ist doch, dass die gar kein Qualitätsbewusstsein haben! Unsere Produkte haben zwar einen höheren Preis, aber die können sie doch gar nicht mit dem Zeug aus Fernost vergleichen, von der Qualität her! Aber die Syrer entscheiden sich halt für die billigeren Anlagen und nicht für die besseren." (Z.)
>
> *Interview aB24dt*

Syrische Unternehmer verfügen sehr wohl über Qualitätsbewusstsein. Darüber hinaus agieren sie ökonomisch sehr rational, wie die Aussage von *Mamdouh* zeigt. Diese Rationalität beinhaltet neben Preis und Produktqualität eben auch Aspekte wie Wartungs- und Reparaturmöglichkeiten.

> „Ich weiß genau, dass Mercedes besser ist als viele andere Autos. […] Der neue Mercedes zurzeit, der ist hochmodern. So dass hier in Syrien sich keiner genau damit auskennt. Wenn irgendwas kaputt geht, kann es nicht repariert werden. Sehen Sie, das ist zurzeit die neue Entwicklung bei Maschinen. Die Maschinen sogar in Deutschland, in Europa werden fernrepariert. Wissen Sie, wie eine Fernreparatur aussieht? Zum Beispiel: Ich habe eine Maschine hier und wir haben Internet. Die neuen Autos werden in der Reparaturwerkstatt an einen kleinen Computer angehängt, der den Fehler anzeigt. Das Gleiche wird auch mit Maschinen gemacht. Zum Beispiel: Ich habe eine topmoderne Maschine. Sollte nun ein Defekt auftreten, können sie die Maschine über Internet mit der Herstellerfirma verbinden und die Leute dort können selbst sehen, was los ist. Auf diese Weise können sie die Maschine fernbedienen. Von Deutschland aus fernbedienen und unserem Techniker Anweisungen erteilen. Verstehen sie? Wenn ich mir aber jetzt die beste Maschine jetzt aus Deutschland importiere, bekomme ich hier kein Ersatzteil. Wenn jemand die Maschine reparieren soll, dauert es erst zwei Tage, einen Fachmann zu beschaffen. Dann muss dieser erst das Ersatzteil bestellen. Bis das Ersatzteil dann geschickt wird, kann es passieren, dass die Maschine einen Monat steht. Deshalb entscheiden wir uns für Maschinen, die wir bedienen und hier reparieren können. Verstehen Sie?" (Mamdouh)
>
> *Interview M2-2sy*

Doch obwohl der Wettbewerb zugenommen hat, bestehen nach wie vor Chancen für deutsche Produzenten. Bei ausgewählten Produktgruppen, wie zum Beispiel Prestigeobjekten, Automobilen der Luxusklasse, aber auch bei Investitionsgütern für Unternehmen, die für den Export produzieren, bieten sich Möglichkeiten zur Zusammenarbeit. Die bestehende Struktur der syrischen Wirtschaft bewirkt, dass syrische Unternehmen, private und auch staatliche, in den nächsten Jahren weiterhin zu einem großen Teil von importierten Maschinen und Anlagen, aber auch Rohstoffen und Vorprodukten aus dem Ausland abhängen werden. Der Ruf von ‚Made in Germany' genießt dabei einen hohen Stellenwert, der ökonomisch in Wert gesetzt werden kann, wie das Interview mit *Maan* andeutet. Nur für Arroganz und Chauvinismus, wie er in einigen Aussagen deutscher Befragter (z. B. des oben zitierten Z.) zu Tage tritt, liefert er eben keinen Anlass.

> „If you have money, then the first choice will be Germany. […] If you have some knowledge about this industry, you know, there are companies like X or XY. They are the best in the world! You look to the machines. It's wonderful! But it is necessary to compare the price! With other, with Korean as an example: The Korean machines are working well! But not like Germans. Another technique, another level! But when you compare the price … you can take the same machine … same capacity, you receive also a reasonable quality. But not like the German X." (Maan)
>
> *Interview H2-7sy*

Abb. 23:   Maschinen ‚Made in Germany' – nach wie vor hoch geschätzt

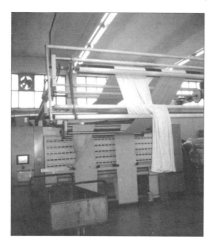

Foto: Jürgen Amann

Mit Blick auf die Zukunft hat Hermann, der Verfasser der eingangs zitierten bfai-Broschüre, bereits vor zehn Jahren den richtigen Schluss gezogen: „Marketing ist geboten!" [vgl. bfai 1995, S. 5] Daran hat sich bis heute nichts geändert, wenngleich ein großer Teil deutscher Unternehmen dies mit Blick auf Syrien zu ignorieren scheint, wie nicht zuletzt die fehlenden Strategien und Entwicklungskonzepte der interviewten Akteure zu belegen scheinen. Als Beispiel kann die finanzielle Ausgestaltung von Kaufverträgen über Maschinen und Anlagen angeführt werden: So sind viele interviewte deutsche Unternehmen auch nach langen Jahren der Zusammenarbeit mit syrischen Partnern nicht bereit, Zahlungsfazilitäten zu gewähren. In diese Bresche springen jedoch vielfach Unternehmen aus anderen Ländern. Sie leisten, nach Auskunft syrischer Unternehmer und Manager, häufiger Unterstützung bei der Finanzierung größerer Anschaffungen in Form von Zahlungsaufschüben und Gewährung von Zahlungszielen. Derartige Angebote stellen angesichts der Beschränkungen, denen syrische Unternehmen im Bereich der Kapitalbeschaffung unterliegen, durchaus nicht zu unterschätzende Instrumente der Verkaufsförderung dar.

Besonderheiten des Wettbewerbs

Ein Problempunkt, der sowohl den syrischen Konsumgütermarkt, als auch den Investitionsgütermarkt betrifft, sind die staatlichen Beeinträchtigungen des Wettbewerbs. Auf dem Konsumgütermarkt wirken in erster Linie staatliche Preisfestsetzungen als Kooperationshemmnis. Wie früher in vielen osteuropäischen Ländern, unterliegen auch in Syrien eine Reihe von Gütern, zum Beispiel ausgewählte Grundnahrungsmittel und Arzneimittel, staatlichen Preisfestsetzungen. Dieses Relikt des Sozialismus hat heute ausschließlich soziale Funktion, verhindert aber gleichzeitig die Impulssetzung durch höhere Preise und Gewinne über den Markt. Als Beispiel kann der syrische Pharmasektor dienen: Syrische

Unternehmen der Pharmabranche müssen ihre Produktionskosten für einzelne Medikamente darlegen. Auf diese wird dann entsprechend staatlicher Vorgabe ein bestimmter Prozentsatz als Gewinn aufgeschlagen. Das gleiche Verfahren regelt wiederum die Gewinnspannen von Großhandel und Apotheken. Diese Verfahrensweise hat zum einen direkte Auswirkungen auf die Kooperation mit deutschen Unternehmen, da eine Einfuhr beziehungsweise die Lizenzproduktion im Land selbst für eine Vielzahl gerade komplexerer und auf spezielle Krankheitsbilder zugeschnittener Medikamente schlicht als zu wenig rentabel eingestuft wird. Zum anderen fördert diese Vorgehensweise die Entwicklung von Ausweichstrategien, die in der Praxis beispielsweise zu Knappheitssituationen und zum Aufbau von Schattenmärkten führen, auf denen Medikamente mit einem Aufschlag, unter Umständen zu einem Vielfachen des offiziellen Preises, gehandelt werden.

Mit Blick auf den privaten Sektor erfolgt zudem ein direkter Eingriff in den Wettbewerb über die Vergabe der Produktionslizenzen. Da die Errichtung einer Produktionsstätte ausschließlich mit einer entsprechenden Lizenz möglich ist, kann der syrische Staat nach eigenem Gutdünken die Konkurrenzsituation in bestimmten Bereichen der Wirtschaft bestimmen. Dabei fangen selbstverständlich wieder die bekannten Mechanismen an zu wirken: Die Beeinflussung der Konkurrenzsituation kann gegebenenfalls als Druckmittel eingesetzt werden beziehungsweise gut vernetzte syrische Unternehmer werden in der Praxis einer anderen Konkurrenzsituation ausgesetzt sein als weniger gut vernetzte. Zum anderen bietet auch dieses Verfahren wieder die Möglichkeit zur Einbindung von Personen und Personengruppen in das staatliche Patronagesystem.

Eine im Vergleich zu westlichen Industrienationen stärker ausgeprägte Tendenz, erfolgreiche Trends und Geschäftsstrategien zu kopieren (häufig mit dem arabischen Begriff ‚taqlid' bezeichnet), stellt wohl eine weitere syrische Marktbesonderheit dar.

> „We have more than fifty pharmaceutical companies or pharmaceutical manufacturers in Syria and this is too much for the local consumption. Therefore most of the factories including me, I didn't start the export yet but I will start it soon, we are looking for the export now. Because the local production is much more than the consumption. So we have to look for the export." (Hicham)
>
> *Interview O1-2sy*

WIRTH glaubt, den „Drang zur Nachahmung" und das resultierende „Gesetz zur Serie" bereits 1971 als konstituierendes Merkmal des orientalischen Wirtschaftsgeistes zu erkennen. Die oben beschriebene Folge, die Überforderung des Binnenmarktes und die notwendige Suche nach alternativen Absatzmärkten, ist seiner Ansicht nach eine zwingende Konsequenz [1971, S. 316 ff.]. Wesentlich weiter als Wirth geht Rüdiger KLEIN. Unter Verweis auf ältere Quellen spricht er sogar von einem „Herdentrieb": Sobald sich einer in Bewegung setzt, folgen ihm die anderen Marktakteure [1998, S. 113 zit. nach BOECKLER 2004, S. 251].

BOECKLER quantifiziert das Phänomen anhand ausgewählter Aleppiner Beispiele: So hat sich die Zahl der Keksfabriken im Zeitraum von 1985 bis 1995 um mehr als das Zehnfache, die der Schokoladenfabriken immerhin um das Fünffache erhöht. Im selben Zeitraum entstehen allein in der nordsyrischen Industriemetropole mehr als 250 Betriebe zur Herstellung von Metallmöbeln. Am augenfälligsten ist jedoch die Steigerung im Bekleidungssektor. Aus 230 Nähereien 1995 sind zehn Jahre später knapp 3.700 geworden [2004, S. 250].

„For instance here in Syria, Five years ago, we were only five, six importers."

JMA: „In stationery?"

"Yes ... and today ... twenty! More than twenty!" (Amr)

Interview B1-2sy

Kulturalistische Erklärungsansätze, die zudem deutliche Züge des orientalistischen Diskurses aufweisen und auf das vermeintlich ökonomisch irrationale Handeln ‚des orientalischen Unternehmers' rekurrieren, sind jedoch bestenfalls von begrenzter Aussagekraft. Die beobachtbare Tendenz zur Nachahmung liegt schlicht in strukturellen Merkmalen von Markt und Wirtschaft in Syrien begründet. So erzwingen beispielsweise niedrige Einkommen und wiederkehrende Wirtschaftskrisen die Erschließung zusätzlicher Einnahmequellen. In Verbindung mit relativ niedrigem Kapitalbedarf und ebensolchen Markteintrittsbarrieren, zum Beispiel in der Bekleidungsindustrie, wird das vermeintlich kulturell bedingte Verhalten rasch ökonomisch plausibel.

Aus einem institutionalistischen Blickwinkel könnte man *taqlid* auch als Folge der bestehenden Defizite des institutionellen Rahmenwerks deuten. Diese erhöhen die Unsicherheit unternehmerischen Handelns und führen so zur Kopie erfolgreicher Handlungsstrategien. Verstärkt deutlich wird die institutionelle Dimension des Phänomens auch durch den häufig beobachtbaren Verlauf von *taqlid* entlang bestehender Beziehungs- beziehungsweise Kommunikationsnetze, zum Beispiel innerhalb von Familienstrukturen und/oder Freundes- und Bekanntenkreisen. Erstaunlich ist dabei nicht selten die aktive gegenseitige Unterstützung, obwohl alle Beteiligten auf dem Markt als wirtschaftliche Konkurrenten aufeinander treffen. Dies ist wohl letztlich mit der Repressivität der Rahmenbedingungen zu erklären, die innerhalb der Gruppe syrischer Unternehmer, eben entlang ausgewählter Verbindungslinien, einen stärkeren Zusammenhalt erzeugt. Ein häufig zu beobachtendes Phänomen ist jedoch, dass allein die erfolgreiche ‚Handlung' analysiert und kopiert wird, nicht aber die dahinter stehende ‚Strategie' des Innovators. Auf diese Weise erklärt sich die für die Nachahmer scheinbar plötzlich und überraschend auftretende Überforderung des Marktes, die eine Suche nach alternativen Absatzmärkten notwendig macht. Dies war nicht nur zu keinem Zeitpunkt Bestandteil der Handlungsstrategie des Innovators, es stellt sich dann an dieser Stelle nicht selten heraus, dass das Produkt für Exportmärkte nur wenig geeignet ist (z. B. Backwaren der Keksfabriken) beziehungsweise die notwendigen

Exportkanäle und -möglichkeiten fehlen (z. B. Bekleidungsindustrie). Für den Innovator bedeutet *taqlid* in der Konsequenz eine Verkürzung des Produktlebenszyklus', die Investitions- und Finanzplanungen nicht selten über den Haufen wirft.

Protektion

Wie im Verlauf der Arbeit bereits angesprochen, war Protektion jahrzehntelang ein wichtiges wirtschafts- und machtpolitisches Instrument. Seinen Ursprung hat der Protektionismus in der seit den 1970er Jahren verfolgten Strategie der Importsubstituierung, die schwerpunktmäßig die Förderung von Industriebetrieben vorsah, welche Güter produzierten, die bis dato aus dem Ausland eingeführt werden mussten [OBG 2005, S. 45 f.]. Im Zentrum der protektionistischen Vorgehensweise stand dabei wohl tatsächlich zunächst der Gedanke des Schutzes einheimischer Produzenten durch hohe Zölle und Einfuhrverbote vor ausländischer Konkurrenz. Eine weitere Wurzel hat der Protektionismus auch in der Logik der führenden Stellung des öffentlichen Sektors. Staatsbetriebe wurden per Gesetz vor dem Wettbewerb mit den weitaus effektiveren syrischen Privatunternehmen geschützt. In der Folgezeit konnten jedoch auch private Produzenten – vor allem, wenn sie über einen ‚guten Draht' zum Regime verfügten – Schutz vor einheimischer und ausländischer Konkurrenz erwirken, die zunächst noch zu unterstellende positive Intention des Protektionismus wurde dadurch konterkariert.

Im Ergebnis sind die Preise für protegierte Güter künstlich hoch, in einigen Fällen (z. B. Baumwollgarne) bewegen sie sich sogar über dem Weltmarktpreis. Gleichzeitig besteht für die Produzenten kein Anreiz zu Qualitätsverbesserungen; der Druck, sich auf dem Markt gegen Konkurrenzprodukte behaupten zu müssen, fehlt. Zusätzlich mangelt es an Impulsen für eine Modernisierung und Restrukturierung der Unternehmen, wie sie üblicherweise vom Markt induziert werden. Der fehlende Modernisierungsdruck wiederum ist in seiner Konsequenz mitverantwortlich für die strukturellen Defizite der Gegenwart.

> „If the duties are five percent everybody will work hard to produce a high quality at a low price! You see? Will work so hard in developing his system, his facilities ... everything, you know, his services, you know! But when you give them such a big protection, nothing can be improved. Never! Never, never!" (Aladdin)
>
> *Interview C5-5sy*

Selbstverständlich darf nicht übersehen werden, dass sich in einigen Bereichen der Wirtschaft (z. B. Unterhaltungselektronik, ‚Weiße Ware' etc.) eine einheimische Industrie ursprünglich wohl tatsächlich nur deshalb entwickeln konnte, weil sie vor ausländischer Konkurrenz abgeschirmt wurde. Für eine Reihe von privaten Betrieben und Staatsunternehmen hatte ein abgeschotteter Binnenmarkt also durchaus seine Vorteile. Für weiterverarbeitende Betriebe, zum Beispiel in der Textilindustrie, stellt die protektionistische Verfahrensweise gegenwärtig jedoch ein Problem dar. Vorprodukte beziehungsweise Rohstoffe werden verteuert und schwächen so die (internationale) Konkurrenzfähigkeit syrischer Verarbeiter – die Protektion wird zu einem Bumerang:

> „I am buying my yarn, you see, locally produced, most of it, but the cost of it is so high because of the duties made on it … you see, because of the duty made on such raw material, you see! The local producers, they are benefiting from this issue, you see? So that's a real obstacle, you know. […] You know, just to give you a small example: If you … a certain yarn. It costs locally around six dollars, for me! It costs me around six dollars. If you go to Turkey, you know, a good manufacturer of this yarn at Turkey, I can buy it at five dollars – a better quality! Just imagine! You see? In China, you see, the cost of this particular yarn is between two to four dollars! You see? I am giving you just an example. In Italy it costs between five to six dollars. Imagine, you know, with a big difference in quality, you know, I am paying the highest cost!" (Aladdin)
>
> *Interview C5-5sy*

Die Kooperation von deutschen und syrischen Unternehmen wird durch protektionistische Maßnahmen in zweifacher Hinsicht beeinträchtigt: Zum einen sind eben Güter, die in Syrien selbst hergestellt werden, zu einem großen Teil nach wie vor von der Einfuhr ausgeschlossen beziehungsweise durch hohe Zölle geschützt. Zum anderen ist die Qualität in Syrien produzierter Waren und Dienstleistungen vielfach für den deutschen Markt nicht ausreichend. Die niedrige Qualität und die damit verbundene mangelnde Konkurrenzfähigkeit auf europäischen Märkten induzieren jedoch keineswegs automatische Verbesserungsprozesse. Vielfach bestehen auf dem abgeschirmten Binnenmarkt ausreichend große Profitchancen, so dass eine Restrukturierung von Produktionsprozessen beziehungsweise Produktinnovationen zur Erschließung neuer Märkte aus betriebswirtschaftlicher Sicht schlichtweg nicht notwendig sind.

3.2.3.2   Defizite syrischer Faktormärkte

Ausbildung und Arbeitsmarkt

Syrien blickt auf eine lange handwerkliche und unternehmerische Tradition zurück. Auch das syrische Humankapital genoss in diesem Zusammenhang über Generationen hinweg einen ausgezeichneten Ruf. Noch zu Beginn der 1980er Jahre verfügte das Land über einen der größten Pools an Facharbeitern, aber auch Ingenieuren und Wissenschaftlern in der Region. Doch allein traditionelle handwerkliche Fähigkeiten reichen für die heutigen Anforderungen einer zunehmend vernetzten, modernen Produktion nicht mehr aus. Zudem werden technische Studiengänge in ihrer Beliebtheit sukzessive von geistes- und sprachwissenschaftlichen Fächern abgelöst [OBG 2005, S. 130]. Erschwerend kommt die sinkende Qualität der universitären Ausbildung in den staatlichen Hochschulen des Landes hinzu. Ein betriebsübergreifendes System beruflicher Bildung – sieht man von Trainingskursen der örtlichen Industriekammern ab –, mit dessen Hilfe Ausbildungsdefizite ausgeglichen werden könnte, existiert nicht.

Die berufliche und universitäre Ausbildung sowie der syrische Arbeitsmarkt stellen zwei engmaschig miteinander verwobene Problemkreise dar. Wie auch bei anderen institutionellen Defiziten zeigen sich die Wirkungen auf zwei unterschiedlichen Ebenen: In erster Linie sind syrische Unternehmen, insbesondere jene des privaten Sektors, betroffen. Erst in zweiter Linie wirken sich die Defizite auch auf die Unternehmenskooperation zwischen deutschen und syrischen Partnern aus. Viele grundlegende Kennzeichen des syrischen Arbeitsmarktes (hohe Arbeitslosigkeit trotz relativ niedriger offizieller Zahlen, das Problem der versteckten Arbeitslosigkeit ('over-staffing'), die große Zahl jährlich auf den Markt drängender Arbeitskräfte etc.) waren bereits Gegenstand der Ausführungen weiter oben und sollen an dieser Stelle nicht noch einmal dargelegt werden. Stattdessen erfolgt eine Konzentration auf jene Charakteristika, die direkt und indirekt kooperationsrelevante Auswirkungen entfalten.

Ungeachtet der strukturellen Differenzierung der Nachfrage nach Arbeit durch öffentliche und private Unternehmen und die hieraus entstehenden Probleme ist der Arbeitsmarkt selbst gekennzeichnet von einer relativ starken Rigidität und Inflexibilität: Zur strikten Regulierung durch Gesetze und Verordnungen gesellen sich zusätzlich starke Arbeitnehmerrechte (z. B. Kündigungsschutz) und eine unverhältnismäßig große Macht von der Baath-Partei nahe stehenden Gewerkschaften und Berufsverbänden – Relikte der (*pro forma*) sozialistischen Vergangenheit des Landes. Gerade die unzähligen kleinen und mittleren syrischen Betriebe leiden unter der Überregulierung des Arbeitsmarktes. Flexible Reaktionen auf Marktimpulse sind praktisch kaum möglich, da die Kündigung von Arbeitnehmern ein großes Problem darstellt. So ist beispielsweise die Auflösung unbefristeter Arbeitsverträge nur in gesetzlich klar definierten Ausnahmefällen, wie zum Beispiel dem Bankrott der Firma, Diebstahl oder fortdauernder Krankheit, möglich [OBG 2002, S. 156]. Vielfach können Abfindungszahlungen zu einer einvernehmlichen Lösung beitragen, stellen für das betriebliche Budget jedoch vorab kaum kalkulierbare Belastungen dar. Aufgrund der undurchsichtigen Vielzahl der Regelungen, die unternehmerisches Handeln erschweren, tritt auch beim Produktionsfaktor Arbeit wieder das Problem auf, dass entwickelte Ausweichstrategien syrischer Unternehmer (zeitlich befristete Verträge oder eben Abfindungszahlungen) nicht selten das Agieren in rechtlichen Grauzonen erfordern.

Noch stärker als die Arbeitsgesetzgebung und der strikt reglementierte Arbeitsmarkt limitiert jedoch das sehr begrenzte Angebot an qualifizierten Arbeitskräften den Handlungsspielraum syrischer Unternehmer. Das syrische Bildungssystem bereitet die Absolventen nur in unzureichendem Maße auf die Anforderungen der Wirtschaft vor, wie die Passage aus dem Interview mit *Camilio* belegt:

> „Es sind mehrere Sachen, aber entschuldigen Sie, ich bin kein Ökonom, ich habe nur gewisse Vorstellungen. Vor allem lege ich sehr viel Wert auf die Ausbildung, nicht einfach

Zeugnis. Die Ausbildung selbst. Wir haben viele Absolventen hier von der Universität. Aber ich engagiere die nicht. Ich habe fünf Jahre an der Uni gearbeitet, ich weiß, was das bedeutet. Von 100 Ingenieuren, die exmatrikuliert werden, sind nicht einmal fünf oder sechs oder sieben wirklich Ingenieure alle anderen sind keine Ingenieure." (Camilio)

Interview C1-2sy

Häufig geäußerte Kritik an der universitären Ausbildung betrifft zum einen die (zu) stark theoretische Ausrichtung der Fächer – vor allem ingenieurwissenschaftlicher und technischer Studiengänge –, zum anderen der teils gravierende Ausstattungsmangel, der die staatlichen syrischen Universitäten kennzeichnet. Hinzu kommen veraltete Studienordnungen, die keineswegs den Anforderungen einer offenen, interagierenden globalisierten Wirtschaft entsprechen. Die Reproduktion auswendig gelernten Wissens genießt in Syrien nach wie vor einen unangemessenen hohen Stellenwert. Kreativität, Entschlussfreudigkeit, betriebswirtschaftliche Aspekte und die Fähigkeit zu problemlösendem Denken bleiben hingegen auf der Strecke und werden kaum gefördert [vgl. PERTHES 1998, S. 14 f.]. Erschwerend wirkt auch die Hochschulpolitik, die lange Zeit quantitativen Zielen, einer möglichst großen Zahl von Hochschulabsolventen, den Vorrang vor der qualitativen Verbesserung der Ausbildung einräumte [KHEDER 1998, S. 80].[36] In den Augen der verantwortlichen Entscheider rangierten lange Zeit politische Ziele klar vor wirtschaftsorientierten oder humanistischen Bildungsidealen. Letztlich ist der gegenwärtige schlechte Zustand der Universitäten für die Eliten des Landes auch eine weitere Möglichkeit, sich Status und Wissensvorsprung zu erhalten. Für die syrische Oberschicht stellt es kein Problem dar, Söhnen und Töchtern ein Studium im Ausland zu finanzieren. Ein Umdenken in der Bildungspolitik scheint sich auch durch die Zulassung privater Hochschulen nicht wirklich anzudeuten. Die Aufgabe des staatlichen Bildungsmonopols kann zwar als überfälliger Tribut an die weltwirtschaftliche Entwicklung interpretiert werden. Ob jedoch die Bildung von zahlenmäßig kleinen Wissenseliten allein ausreicht, muss dennoch bezweifelt werden: Eine Anhebung des Ausbildungsniveaus auf breiter Front, die allein durch weitere tiefgreifende Reformen des staatlichen Hochschulsektors erreicht werden kann, ist nach wie vor nicht erkennbar.

„Der Staat sorgt nicht für eine ausreichende Ausbildung. Folglich kann in der Industrie zwar etwas groß werden, meinetwegen ein Betrieb mit 400 Mann, aber ein Betrieb, der gut arbeitet, genau arbeitet und sich vergrößert und sämtliche Bereiche seines Faches abdeckt, der kann nicht mit Handwerkern arbeiten, der braucht geeignete Hochschulabsolventen und Facharbeiter und die gibt es nicht. […] Jetzt endlich, wurde in Homs ein Textilinstitut gegründet, vor zwei Jahren. Die ersten Studenten haben sich immatrikuliert. O. K., obwohl ich nicht zufrieden bin, wer soll dort unterrichten? Die Ingenieure, die dort unterrichten,

---

36 Hasan SAMIR weist in einer vor dem Präsidentschaftswechsel entstandenen Studie überzeugend nach, dass Qualitätsmessungen im Bildungsbereich ausschließlich auf quantitativen Kriterien (z. B. das durchschnittliche Lehrer-Schüler-Verhältnis) beruhen. Zudem zeigt er die Interdependenzen zwischen politischen und gesellschaftlichen Faktoren auf, die zum bestehenden Bildungssystem geführt haben auf [1998, S. 81 – 83].

sind selbst nicht so gut ausgebildet. Ich kenne einen und deshalb sage ich mir: Nein, es wird nichts daraus! Aber o. k. Irgendwann muss man anfangen." (Camilio)

Interview C1-2sy

Bis heute suchen syrische Privatunternehmen bevorzugt Ingenieure, Kaufleute und Ökonomen, die, wenn schon nicht an einer ausländischen Universität studiert, so doch zumindest Teile ihrer akademischen Meriten im Ausland erworben haben.

JMA: "What kind of education do your employees usually have?"

"Usually … university or a higher degree."

JMA: "From a university abroad?"

"I have three, four with from abroad. Terribly most of them, I think just all of them, have their first university degree from here and then they went to the post-graduate work either in England or the States or Germany …" (Naji)

Interview A2-2sy

Zusätzlich werden auch ausgewählte talentierte Mitarbeiter auf Fort- und Weiterbildungskurse nach Europa, nicht selten zu europäischen Geschäftspartnern, geschickt. Diese für syrische Verhältnisse sehr gut ausgebildeten Arbeitnehmer, sind auf dem syrischen Arbeitsmarkt anschließend hochbegehrt und erkennen in aller Regel auch rasch ihren eigenen Marktwert. Um den auftretenden Abwerbeversuchen durch andere potentielle Arbeitgeber entgegenzutreten, sehen sich die Unternehmen deshalb gezwungen, diesen *high potentials* ein überdurchschnittlich hohes Gehalt zu bezahlen.

Im Verlauf diverser ero-epischer Gespräche kamen deutsche Manager häufig auf die vermeintlich mangelnde Kompetenz von syrischen Führungskräften und Entscheidern zu sprechen. Dabei muss der angeführte Kompetenzmangel differenziert betrachtet werden: Zum einen scheint in so manchem Fall durchaus eine gewisse Enttäuschung über Misserfolge beim Verkauf eigener Produkte die negative Einschätzung zu beeinflussen. Da jedoch davon auszugehen ist, dass nicht in jedem Fall das Produkt des deutschen Herstellers auch tatsächlich die optimale Entscheidung repräsentiert, kann eine negative Kaufentscheidung seitens des syrischen Entscheiders auch nicht pauschal mit einem Mangel an Wissen und Kompetenz gleichgesetzt werden. Zum anderen tritt das Kompetenzproblem, Personalauswahl und Entscheidungsstrukturen wurden oben bereits als Teil des *public sector problems* dargelegt, wohl häufiger bei Geschäften mit staatseigenen Betrieben zutage und dürfte sich aufgrund der initiierten Reformmaßnahmen im öffentlichen Sektor, die letztlich auch die Vergabe von Führungspersonen nach qualifikatorischen Kriterien stärken, in Zukunft zunehmend abschwächen. In nicht wenigen Fällen stellt diese Geringschätzung auf deutscher Seite eine unheilige Allianz aus bestehenden Vorurteilen und fehlendem Wissen über syrische Unternehmen dar, was sich nicht zuletzt darin widerspiegelt, dass zum Teil kritiklos Aussagen und Wertungen Dritter durch interviewte deutsche Manager und Unternehmer übernommen und reproduziert wurden.

Auch bei guten Facharbeitern stellt sich leicht der beschriebene Abwerbungsdruck ein. In Ermangelung eines staatlichen Berufsbildungssystems muss jeder Betrieb selbst die erforderlichen Arbeitskräfte ausbilden.

> „When we need for instance 50 employees for the sewing hall … so all these people don't have experience … We take some people coming from school, coming from anywhere, we send them to our own school here, to teach them everything: How to fix … How to switch on the machine, the knowledge about the mechanism of the machine. And then they start to learn our way in business … this will take three months. After three months working for us, maybe six months or one year, somebody from outside comes and asks them: 'How much is your salary?' They say: '100 Euro per month.' 'Come and work for me, I will give you 150.' So he leaves us and goes to another company. So we start the story again. We bring some other people to teach them … and they carry on here or they leave to another company … This is the problem: Because the government doesn't have a school to teach these people … no, I have to teach these people." (Assil)
>
> *Interview A11-3sy*

Die Ausbildung stellt zunächst einen Kostenfaktor dar, den der Betrieb alleine trägt. Die Arbeitskräfte können während dieser Ausbildungszeit nicht in vollem Umfang in den Produktionsprozess integriert werden. Darüber hinaus trägt der Betrieb auch das Risiko der Falschauswahl. Einige syrische Unternehmen versuchen eben diese Kosten und Risiken zu minimieren, indem sie nicht selbst ausbilden, sondern Arbeiter von anderen Betrieben der Branche abwerben.

Trotz der Bemühungen seitens syrischer Unternehmen ist in den allermeisten Fällen die Ausbildung der Arbeitskräfte qualitativ nicht vergleichbar mit jener ihrer deutschen Pendants. Mangelnde Fachausbildung der Arbeitskräfte, die bei Bedienung, Handhabung und Wartung installierter Maschinen und Anlagen zu Schwierigkeiten auf syrischer Seite führen, werden als Kooperationshemmnis immer wieder genannt. Verstärkt auftretende Störungen, verursacht durch unsachgemäßen Umgang, stellen für einige der deutschen Interviewpartner ein ernsthaftes Problem dar, da durch fällige Garantiereparaturen zusätzliche Aufwendungen entstehen, die den oft geringen Profit aus Geschäften mit syrischen Partnern sehr schnell dahinschmelzen lassen.

> „Wir liefern also *Overhead-Cleaner* an den syrischen Kunden. Klar, wir installieren die auch, alles läuft. Dann hören wir eine ganze Zeit nichts mehr von denen. Keine Klagen, keine Beanstandungen, alles funktioniert gut. Dann, kurz vor dem Ablauf unserer Garantie, kommen die an: ‚Ja, der *Cleaner* funktioniert nicht mehr richtig. Garantie!' Wir schicken dann jemand hin, das kostet uns ja einen Haufen Geld. Der sieht sich das an. Die haben das Ding ja überhaupt nicht gewartet! Und wenn, dann auch noch falsch! Wir haben das denen zwar

erklärt, aber das ist nicht so wie bei uns, wo sie mit jemanden reden, der eine Ahnung davon hat. Die haben ja oft überhaupt keine Ausbildung. Die werden nur angelernt vom Betrieb. Wir zeigen denen dann, wie sie mit unseren Maschinen umgehen sollen, aber oft reicht das nicht. Und nach kurzer Zeit ist wieder was kaputt. Wieder wegen mangelnder Wartung und Pflege. Wir haben uns echt schon überlegt, ob wir das mit Syrien nicht lieber gleich bleiben lassen sollten." (G.)

Interview aB33dt

In eine ähnliche Richtung zielen die Ausführungen von S.:

„Ja, die Syrer sind schon sehr kritisch. Da muss bei der Endabnahme der gelieferten Maschinen schon alles passen. Man muss schon sehr gute Arbeit leisten, um auf dem syrischen Markt bestehen zu können. Ein Problem ist aber schon, dass viele der von uns gelieferten Öfen und Anlagen oft sehr schnell schon wieder reparaturbedürftig sind. Wenn das blöd läuft, geht das auch noch zu unseren Lasten, weil die Garantiezeit noch läuft. Das Personal in den syrischen Unternehmen entspricht einfach nicht dem westlichen Standard. Die wissen oft ja gar nicht, wie sie mit dem Zeug umgehen sollen. Deshalb haben die auch ganz anderen Verschleiß und die Anlagen sind viel reparaturanfälliger." (S.)

Interview aB38dt

Nicht selten wird auch von deutschen Partnern erwartet, dass sie einen Beitrag zur Ausbildung der Arbeiter in Form von Schulungen leisten. Da aufgrund der unterschiedlichen Vorbildung auf syrischer Seite dabei in den wenigsten Fällen die bereits vorhandenen und bewährten Schulungskonzepte zum Einsatz kommen können, stellt dies unter Umständen einen weiteren Kostenfaktor dar, der nur bei entsprechend großen Auftragsvolumina ökonomisch rentabel ist. Auf der anderen Seite könnten gerade derartige Serviceleistungen den Ausschlag für eine Investitionsentscheidung auf syrischer Seite geben. Deutsche Unternehmen sollten also im Einzelfall intensiv Vor- und Nachteile abwägen und den Einsatz derartiger Angebote als potentielles Verkaufsargument prüfen.

Hohe Fluktuation stellt für die meisten syrischen Unternehmen ein großes Problem dar. Wie oben geschildert, verursacht die Abwanderung selbstausgebildeter Arbeitskräfte vor dem Hintergrund des fehlenden überbetrieblichen Ausbildungssystems in erster Linie Kosten und im Fall überdurchschnittlicher Mitarbeiter gegebenenfalls Effizienzverluste. Besondere Aufmerksamkeit verdienen zwei Fluktuationsphänomene, die volkswirtschaftlich wirksam werden und auch in der entsprechenden Literatur zu Syrien häufige Erwähnung finden. Im Zusammenhang mit Mobilität und Qualifikationsniveau von Arbeitskräften können in Syrien zwei Fluktuationsphänomene beobachtet werden: Zum einen die Abwanderung einer großen Zahl syrischer Arbeitskräfte ins Ausland (*brain drain*) sowie zum anderen die Arbeitskräftefluktuation zwischen den Sektoren der syrischen Wirtschaft (*internal brain drain*). Die Abwanderung von Arbeitskräften in benachbarte, wirtschaftlich prosperierende Regionen ist zunächst kein außergewöhnliches Phänomen, zumal diese Tendenz in vielen Entwicklungsländern zu beobachten ist. Im Unterschied zu den meisten anderen Ländern der Dritten Welt verlassen im Fall Syriens jedoch nicht gering qualifizierte Arbeitssuchende das Land, um im Empfängerland gering qualifizierten Jobs im Niedriglohnsektor – häufig identisch mit dem Dienstleistungssektor – nachzugehen. Bei syrischen Gastarbeitern im Ausland handelt es sich überproportional häufig um hoch qualifizierte Fachkräfte, die eine durchaus spürbare Lücke in ihrem Heimatland selbst hinterlassen [vgl. u. a. SEIF 1998, S. 67 ff.].

> „The main problem has been any Syrian with any kind of education or chances of success have been leaving the country in the past forced by the fact of the policies here. So the most important talent is outside of Syria, the main human resource is in Germany for example *(lacht)* – a lot of Syrian doctors are in Germany. And there is nothing to attract them to come back here in fact." (Naji)
>
> *Interview A2-2sy*

Dieses Phänomen wird in aller Regel mit dem Begriff „brain drain" [OBG 2005, S. 10] bezeichnet und stellt einen Teufelskreis dar: Für eine erfolgreiche Integration in die Weltwirtschaft sind niedrige Löhne und die Verfügbarkeit von gut qualifizierten Arbeitskräften unabdingbar, niedrige Einkommen – und auch die politische Situation, wie *Naji* oben ergänzt – führen hingegen zu einem Abfluss der kreativsten und fähigsten Arbeitskräfte auf ausländische Arbeitsmärkte, was wiederum für die syrische Volkswirtschaft einen schweren Verlust an Humankapital bedeutet [vgl. OBG 2005, S. 130]. In einer abgewandelten Variante als „internal brain drain" [BOECKLER/HOPFINGER 1996, S. 304] und mit tendenziell positiven Auswirkungen behaftet, ist die Abwanderung von Spitzenkräften ein schwerwiegendes Problem staatlicher Unternehmen, ein Teil des *public sector problems*: Motivierte und talentierte Arbeitskräfte geben ihre Jobs bei Staatsunternehmen auf und werden aufgrund der besseren Karriere- und Einkommenschancen für Unternehmen des privaten Sektors tätig. Da sie dort in aller Regel jedoch produktiver arbeiten als in Betrieben des öffentlichen Sektors, ist diese Entwicklung aus gesamtwirtschaftlicher Perspektive eher positiv einzuschätzen.

Bankensektor und Zahlungsverkehr

Im Rahmen einer hoch entwickelten Volkswirtschaft spielen Geld- und Kreditwirtschaft, und damit das Bankensystem, eine zentrale Rolle. Als Kapitalsammelstellen und Finanzierungsinstitute erfüllen die Banken wichtige gesamtwirtschaftliche Aufgaben. Das syrische Banken- und Finanzsystem entspricht bis heute in weiten Teilen dem einer Zentralverwaltungswirtschaft. Seit Ende der 1960er Jahre befand es sich mehr als drei Jahrzehnte lang ausschließlich in staatlicher Hand und erfuhr bis zur Aufgabe des staatlichen Monopols im Juni 2000 (vgl. Tabelle 12) und der schrittweisen Zulassung privater Geschäftsbanken nur wenige Modifikationen.

Die syrische Zentralbank, 1953 geschaffen, ist anders als Zentral- und Notenbanken in den meisten westlichen Industrieländern nicht unabhängig. Sie untersteht dem syrischen

Wirtschaftsministerium und beschränkt sich im Wesentlichen auf vier Aufgabenbereiche: Sie gibt die Banknoten aus, fungiert als oberste Refinanzierungsmöglichkeit für den Staat und die Betriebe des öffentlichen Sektors. Zudem unterhält und verwaltet sie die syrischen Devisenreserven und emittiert öffentliche Schuldverschreibungen. Einen geldpolitischen Akteur im klassischen Sinne stellt die Notenbank jedoch nicht dar, eine Flankierung fiskalpolitischer Maßnahmen findet nur sporadisch statt, zum Beispiel bei der Vergabe von staatlich angeordneten Krediten an Unternehmen des öffentlichen Sektors, und entspricht in keiner Weise wirtschaftstheoretischen Vorgaben. Anders als beispielsweise die Europäische Zentralbank ist sie keinem dem Allgemeininteresse entsprechenden übergeordneten volkswirtschaftlichen Ziel, zum Beispiel der Wahrung der Geldwertstabilität und/oder der Förderung des Wirtschaftswachstums, verpflichtet.

Gerade durch die fehlende Verpflichtung auf ein übergeordnetes volkswirtschaftliches Ziel ist es für das Regime leicht, die Staatsbanken für (macht)politische Ziele zu instrumentalisieren. In Verbindung mit der strikten Reglementierung des gesamten Finanzsystems dienten sie in der Vergangenheit in erster Linie als staatliches Kontrollinstrument und wurden so auch von weiten Teilen der syrischen Unternehmerschaft wahrgenommen. Als Ergebnis besteht bis heute kein Vertrauensverhältnis zwischen (privaten) Unternehmern und Bankensystem.

Aus makroökonomischer Sicht müssten die aktive Unterstützung staatlicher Unternehmen sowie der Ausgleich negativer staatlicher Bilanzen durch die Notenpresse der Zentralbank schnellstmöglich ein Ende finden. Dabei gilt es, die künftige Rolle der Zentralbank als Akteur der Geldpolitik festzulegen und gleichzeitig den Zielkorridor, gegebenenfalls mit Blick auf den möglichen Beitrag zur Bekämpfung der Arbeitslosigkeit, neu zu definieren. Eine umfangreiche Restrukturierung aller staatseigenen Banken scheint vor dem Hintergrund dringend notwendiger Effizienzsteigerungen dringend geboten.

> „The Syrian government banks which we have here at the moment they need to be restructured, to be rebuilt and to be more effective than they are now. This is in my opinion the most important thing to do." (Roy)
>
> *Interview A10-3sy*

Neben der Zentralbank gibt es eine Reihe sektoraler Spezialbanken, so zum Beispiel die *Commercial Bank of Syria*, die *Agricultural Co-operative Bank*, die *Popular Credit Bank*, die *Real Estate Bank* und die *Industrial Bank*. Im Rahmen des Außenhandels kommen Unternehmen beider Länder allein mit der *Commercial Bank* in Kontakt, da diese mit der Abwicklung diesbezüglicher Aufgaben betraut ist. Sie finanziert Außenhandelstransaktionen, stellt Akkreditive aus, verwaltet ausländische Kredite und vergibt eigene Darlehen. Die Darlehensvergabe erfolgt jedoch nur in Ausnahmefällen an private Unternehmen. In den allermeisten Fällen fungieren Betriebe des öffentlichen Sektors als Kreditnehmer. Zum Zeitpunkt der Interviewserien war sie, trotz der privaten Kreditinstitute, nach wie vor die einzige syrische Bank, über die Devisengeschäfte abgewickelt und Devisenkonten eröffnet werden konnten. Für ausländische Investoren, die unter dem Gesetz Nr. 10/1991 die Erlaubnis zur Repatriierung von Kapital und Gewinnexporten besitzen, stellte die *Commercial Bank* zu diesem Zeitpunkt den einzig möglichen Weg dar [siehe auch bfai 1995, S. 28 – 30; SCHNEIDER-SICKERT/JEFFREYS 1995, S. 19 – 21].

Durch seine veralteten Strukturen ist das syrische Bankenwesen gegenwärtig nicht in der Lage, den Anforderungen der Wirtschaft gerecht zu werden. Für eine anhaltende Entwicklung privater Unternehmen und die Förderung internationaler Wirtschaftsbeziehungen sind funktionierende Banken jedoch ein wichtiger Bestandteil des makroökonomischen Umfelds. So ist es nicht verwunderlich, dass das Bankensystem, allen voran die für Auslandstransaktionen zuständige *CBoS*, neben den ausufernden Außenhandelsvorschriften im Zentrum der Kritik steht. Hauptkritikpunkte sind dabei die geringe Servicequalität und das eingeschränkte Dienstleistungsportfolio sowie die überbordende Bürokratie [siehe hierzu auch OBG 2003, S. 121]. Die Zusammenarbeit zwischen privater Wirtschaft und staatlichen Banken gestaltet sich nicht zuletzt aufgrund eines mangelhaften Vertrauensverhältnisses und der strikten Reglementierung aller Finanztransaktionen als sehr problematisch. Alle Finanzdienstleistungen, sogar einfache Überweisungen, sind gekennzeichnet von Schwerfälligkeit, Unzuverlässigkeit und langer Dauer. Zum Zeitpunkt der Interviews nahmen beispielsweise Geldtransfers von Syrien nach Deutschland nicht selten mehrere Wochen in Anspruch. Kunden wurden nicht als Kunden, sondern als Bittsteller behandelt und hatten, in Ermangelung privater Alternativen, lange Zeit keine Möglichkeit, auf die geringe Serviceorientierung zu reagieren. Erschwerend wirkt hier, wie auch beim Umgang mit anderen Einheiten der staatlichen Administration, die bestehende Machtkonzentration in den Händen einzelner Verantwortlicher als Ergebnis von bewusst und unbewusst geschaffenen Regulierungsgrauzonen. Ermessenentscheidungen einzelner Individuen können somit auch im Bankensektor den Weg für unternehmerische Handlungen ebnen – oder dementsprechend verstellen –, wie *Sami* erläutert:

> „It's … a common feature of public sector organizations. The officials … the official in the public sector organisation would not care so much if you withdraw your documents from the bank. But in a private sector bank, it would be different. The bank will do its best to keep you as a customer! So that you don't go to another bank. But for a Syrian bank … the official would not care! If he likes to help, he can. But if he does not like to help, he can cause you some troubles. You may not be able to withdraw documents while your goods are staying at the port. Which means … big losses …" (Sami)
>
> *Interview H1-6sy*

Als Beispiel für die kooperationsbehindernde Ineffizienz des Bankensektors wurde häufig die umständliche Eröffnung eines Akkreditivs angeführt. Akkreditive konnten bis zum Ende der empirischen Arbeiten ausschließlich bei der *Commercial Bank* eröffnet werden. Neben Service und langer Wartezeit standen gerade die hohen Gebühren immer wieder im Zentrum der Kritik und machten diese Art der Zahlungsabwicklung für syrische Unternehmer äußerst unattraktiv: Plante ein syrisches Unternehmen, eine Ware aus Deutschland zu importieren, so musste der gesamte Rechnungsbetrag, zuzüglich eines Gebührenaufschlages in Höhe von 5 %, noch vor dem Erhalt der notwendigen Importlizenz bei der *CBoS* hinterlegt werden. Unter Umständen war auf diese Weise bereits Monate vor der Lieferung die gesamte Investitionssumme gebunden. Sofern der Importeur aus früheren Geschäften über Devisen verfügte, konnte er 75 % davon für eigene Einfuhren verwenden. Die restlichen 25 % musste er der *Commercial Bank* zur Verfügung stellen – zu einem Kurs der gut 10 % unter dem Marktpreis lag [OBG 2003, S. 121]. Durch diesen ungünstigen Wechselkurs fielen also weitere Transaktionskosten an, die das Geschäft zusätzlich verteuerten. Im Verlauf der mehrjährigen Forschungsarbeiten wird dann zunächst der Wechselkurs geändert. Ab diesem Zeitpunkt kommt ein Wechselkurs zum Einsatz („nicht-kommerziellen Nachbarstaatenkurs", siehe weiter unten im Text), der sich an den Devisenmärkten von Amman und Beirut orientiert. Erst im Herbst 2002 erfolgt eine Reduktion des ‚Pflichtumtausches' auf 10 %, bevor im Sommer 2003 dessen vollständige Abschaffung beschlossen wird und der aktuelle *Status quo* in Kraft tritt [ZOROB 2005, S 92 ff.].

Die Beeinträchtigungen des Zahlungsverkehrs führten in der Vergangenheit zur Entwicklung entsprechender Ausweichstrategien zur Abschwächung der Problematik, die bis heute vielfach Bestand haben. Die am häufigsten genannten Strategien waren die Bezahlung importierter Waren im Voraus sowie die Abwicklung des Zahlungsverkehrs über Geschäftsbanken in Nachbarländern [vgl. HERMANN 1998, S. 89].

> JMA: "And how did you solve this banking problem in the past? Did you use private banks from other countries? I know a lot of entrepreneurs they go to Lebanon. And they use Lebanese banks …"
>
> "Yes, I think you have already got an idea about the way how companies here are governing. Make financial coverage for orders and how they are transferring their money. A lot of … most of the companies, local companies here have their own accounts with foreign banks. Some of them have branches in Lebanon. And they arrange for the transfers to these banks. There are some kind of facilities offered by Syrian banks when you want to establish a letter of credit or something. But most companies prefer to do it the easier way. Now, I can tell you that 90 %, 99 % […] orders are covered by transfers in advance. We pay the value of the goods to the exporting company by direct transfer, traffic transfer in advance."
>
> JMA: "It's risky, isn't it?"
>
> "Yes, sometimes it is risky …" (Sami)
>
> *Interview H1-6sy*

Obwohl ebenfalls mit hohen Kosten (Zinskosten beziehungsweise Abwicklungsgebühren) und Risiken verbunden, funktionierten diese Wege dafür aber wenigstens in den meisten Fällen zuverlässig. Wie *Sami* freimütig einräumt, kamen dabei häufig individuelle Devisenreserven zum Einsatz, die unter Umgehung staatlicher Vorschriften aufgebaut wurden. Dieses Verfahren barg lange Zeit gewisse Gefahren, da bis zu seiner Aufhebung im Juli

2003 Dekret 24/1986 den privaten Besitz von Devisen unter Strafe stellte. Die Einhaltung der Vorschrift wurde zwar im Regelfall nicht mehr überwacht, Verstöße nicht mehr geahndet, eine plötzliche Reaktivierung war jedoch zu keinem Zeitpunkt ausgeschlossen.

Mit Blick auf die Kooperation zwischen deutschen und syrischen Partnern werden zwei Forderungen häufig genannt: Die Erleichterung des Zahlungsverkehrs sowie die Vereinfachung der Kreditaufnahme für Betriebe des privaten Sektors. Neben den syrischen Unternehmen, die von den bestehenden Schwierigkeiten direkt betroffen sind, wirken sich die Defizite in der Finanzinfrastruktur auf der deutschen Seite der Kooperation indirekt aus, häufig in Form eines negativen Images syrischer Geschäftspartner. Gerade bei mangelnder Kenntnis über die langsame, inflexible und von den hohen Ansprüchen deutscher Partner abweichende Arbeitsweise syrischer Banken, werden die Folgen in Form von Zahlungsverzögerungen nicht selten dem syrischen Gegenüber und dessen vermeintlich schlechter Zahlungsmoral zugeschrieben. In einigen Fällen veranlassten wiederholte, durch die defizitären Rahmenbedingungen begründete, Zahlungsverzögerungen deutsche Unternehmen dazu, über den Abbruch der Kooperationsbeziehungen nachzudenken. Sie hatten die Schuld für die Verzögerungen und Unregelmäßigkeiten in Unkenntnis der genauen Umstände allein dem syrischen Partner zugeschrieben, wie die folgenden drei Interviewauszüge zeigen:

> „Geschäfte mit Syrien sind wesentlich schwieriger als mit Jordanien oder Libanon. Viel schwieriger! Das fängt schon mal damit an, dass die immer die Zahlungsfrist überziehen. Innerhalb von 360 Tagen muss normalerweise das Geld hier sein. Jüngst hatten wir einen Fall, da hat's eineinhalb Jahre gedauert! Aber wir haben auch schon zwei Jahre auf unser Geld gewartet! Und dann kommt das Geld oft auch nicht in einer Summe, sondern in lauter kleinen Raten. Und die auch noch aus irgendwelchen Drittländern. [...] Das letzte Mal wollten wir zunächst gleich die Zusammenarbeit beenden, so hat uns das geärgert. Aber wir kennen uns schon so lange, da haben wir's dann doch nicht gemacht." (Ku.)
>
> *Interview aB61dt*

> „Die Geschäfte mit Syrien laufen eigentlich wieder ganz gut ... Wenn ich mir die ganze Politik der letzten Jahre so ansehe, glaube ich, Syrien könnte in Zukunft noch interessanter werden. Ich würde fast sagen, Syrien ist ein kommender Markt. [...] Das Problem sind aber die Zahlungsverzögerungen. Bislang sind unsere syrischen Partner zwar immer zu ihrem Wort gestanden, die haben uns eigentlich noch nie enttäuscht, aber es gibt halt immer Verzögerungen bei der Zahlung. Deshalb machen wir in Zukunft bloß noch Vorauskasse ..." (G.)
>
> *Interview aB78dt*

Völlig über das Ziel hinaus schießt S., der sich, befragt zu den Schwierigkeiten bei Syriengeschäften, zu folgender Aussage ‚versteigt':

> „Syrien ist eigentlich ein ganz interessanter Markt. Der Umsatz derzeit ist eigentlich ganz zufrieden stellend. Aber die Zahlungsmoral unseres Geschäftspartners ist echt ein Problem.

Der hat eigentlich immer 45 Tage Zeit, die Rechnung zu zahlen. Aber, ich weiß auch nicht ... Das letzte Mal hat er wieder erst nach 90 Tagen gezahlt! Das ist doch immer das Gleiche ... Das mit der schlechten Zahlungsmoral der Syrer ... das ist irgendwie eine Mentalitätssache: Ein Araber, der pünktlich bezahlt, muss erst gefunden werden!" (S.)

Interview aB12dt

Die nach der Machtübernahme von Bashar al-Asad initiierten Reformen im Bankensektor (siehe Tabelle 12) reichen längst nicht aus. Die Installierung privater Geschäftsbanken und die Verabschiedung eines Gesetzes zur Garantie des Bankgeheimnisses (Nr. 29/2001) stellen wichtige Schritte dar, sind allein jedoch nicht genug. Es gilt, die Stellung der Zentralbank zu definieren und ihr das notwendige Instrumentarium zum Betreiben einer unabhängigen Geldpolitik an die Hand zu geben [vgl. SUKKAR 2001, S. 4]. So werden beispielsweise die syrischen Leitzinsen 2003 erstmals nach 22 Jahren gesenkt und auf diese Weise ein geldpolitischer Investitionsimpuls gesetzt. Zudem ist die Schaffung eines institutionellen Regelwerks (inklusive einer funktionierenden Bankenaufsicht) für die erfolgreiche Arbeit der 2004 eröffneten privaten Geschäftsbanken unerlässlich. So bezeichnen die Verantwortlichen das gegenwärtige Geschäft zwar euphemistisch als „überraschend gut" [vgl. OBG 2005, S. 63], gleichzeitig bieten alle neu eröffneten Kreditinstitute, verglichen mit Konkurrenten in den Nachbarländern, nur ein stark abgespecktes Dienstleistungsportfolio an, was zu einem großen Teil mit den bestehenden inadäquaten Regulierungen zu tun hat. Mit der alleinigen Möglichkeit zur Eröffnung von Devisenkonten und der Konzentration auf relativ risikoarme Importkredite konnten sie deshalb bislang nur einen bescheidenen Beitrag zur Entschärfung der Problematik leisten.[37] Ein weiteres Problem: Das Vertrauen der Unternehmer in das (neu gestaltete) syrische Bankensystem scheint nach wie vor sehr schwach ausgeprägt, wie das folgende Zitat zeigt:

Abdul entstammt einer alteingesessenen Aleppiner Unternehmerfamilie. Nach den Enteignungen der 1960er Jahre stand die Familie vor dem Nichts, heute besitzen sie dank ihres unternehmerischen Geschicks wieder eine Reihe von Betrieben der unterschiedlichsten Branchen. Angesprochen auf die Neuzulassung privater Geschäftsbanken drückt er aus, was viele syrische Unternehmer denken:

„They are speaking about private banks since two years. But I think within two month they are going to establish new banks in Syria. Within two months."

JMA: „Is it good for your business?"

---

37 Die privaten Geschäftsbanken sind den bestehenden Kapital- und Devisenregulierungen unterworfen. Dies führt dazu, dass zwar Einlagen in Form von Devisen angenommen, gleichzeitig aber weder Kredite in Fremdwährungen ausgezahlt, noch die Devisen im Ausland angelegt werden dürfen. Auf diese Weise können die Kreditinstitute zum einen keinen Beitrag zur Deckung des Devisenbedarfs syrischer Unternehmen leisten, zum anderen widerspricht diese Restriktion dem üblichen Geschäftsverfahren privater Kreditinstitute, deren Kerngeschäft ja gerade im Verleih von Geldreserven beziehungsweise deren Investition besteht [vgl. OBG 2005, S. 66].

„Of course. But we do not trust them yet. [...] Not yet! Not yet. I tell you something: My bank whom I am dealing with now in Lebanon, its name is BEMO, it's ... Bank European Moyen or something [Banque Européenne pour le Moyen Orient; Anm. d. Verf.] - You know, they make it as a BEMO. B, E, M, ... Now they have a branch in Damascus. Now. It is already working now. And now they invite us one week ago. There will be a big conference in Damascus. It's going to be held within one week. They invite us. There is a big conference for four new private banks whom they are going to establish in Syria. Two of them are going to be established in Aleppo! And one of these I am dealing with - now I am already dealing with it in Beirut. If they open in Aleppo, I could continue with them. [...] But I don't know if they [the government] keep their guarantees. If the government is going to put its hand ... – you know? You understand what I mean?" (Abdul)

Interview C4-5sy

Tab. 12: Ausgewählte Reformen im Bankensektor seit 2000

06/2000	Erlaubnis zur Eröffnung ausländischer Privatbanken in den syrischen Freizonen
04/2001	Gesetz Nr. 28/2001: Erlaubnis zur Gründung privater Banken in Syrien
04/2001	Gesetz Nr. 29/2001: Garantie des Bankgeheimnisses
09/2001	Beschluss Nr. 2060: Durchführungsbestimmungen für das Gesetz Nr. 28/2001
03/2002	Gesetz Nr. 23/2002: Gründung des Credit and Monetary Council (CMC)
05/2003	Beschluss des CMC: Senkung der Kredit- und Depositenzinsen
09/2003	legislatives Dekret Nr. 59/2003: Anti-Geldwäsche-Gesetz

Quelle: ZOROB [2005, S. 94].

In der Vergangenheit veranlasste die latente staatliche Zugriffsmöglichkeit auf alle bestehende Konten nicht wenige Privatpersonen zum Transfer von Guthaben ins Ausland. Doch auch gegenwärtig, so gibt eine Reihe syrischer Gesprächspartner an, werden nach wie vor die bewährten und bereits bestehenden Bankverbindungen in den Nachbarländern genutzt. Mit Blick auf die zukünftige wirtschaftliche Entwicklung muss der Zahlungsverkehr modernisiert und internationalen Standards angepasst werden. Hierzu gehört auch die Verfügbarmachung aller notwendigen Fazilitäten für syrische Unternehmen. Weiten Teilen der syrischen Unternehmerschaft ist dabei klar, dass dies nicht von heute auf morgen geschehen wird. Dennoch fordern sie massiv eine forcierte Fortsetzung des Reformkurs' in diesem Bereich.

Finanz- und Kapitalmarkt

Die Aufgaben des Bankenwesens in einer hoch entwickelten modernen Volkswirtschaft erschöpfen sich nicht allein in der reibungslosen, zuverlässigen und für die Unternehmen billigen Abwicklung nationaler und internationaler Finanztransaktionen, sondern umfassen auch und gerade weitere wichtige Blöcke. So stellen die Versorgung von Unternehmen mit Fremdkapital sowie deren aktive Beratung bei Investitionsentscheidungen äußerst wichtige Aufgaben dar, die letztlich für die wirtschaftliche Entwicklung eines Landes große Bedeutung besitzen. Alle genannten Aufgaben übersteigen die gegenwärtige Leistungsfähigkeit staatlicher syrischer Banken bei weitem. Die Kreditvergabe beispielsweise konzentriert sich, wie bereits erwähnt, auf die Unternehmen des staatlichen Sektors, wobei das Vergabeverfahren zu keinem Zeitpunkt nach wirtschaftlichen Gesichtspunkten abläuft. Für Privatunternehmen sind Kredite nicht in ausreichendem Maß erhältlich [HOPFINGER 1998, S. 130 f.]. Nicht zuletzt deshalb wurde die Zulassung und Eröffnung privater Banken mit großer Spannung seitens des privaten Sektors erwartet. Indes muss festgestellt werden, dass sich bis jetzt aus den oben genannten Gründen kaum Verbesserungen ergeben haben. Die wenigen privaten Geschäftsbanken, die sich in Damaskus und Aleppo niedergelassen haben, bieten nur ein abgespecktes Dienstleistungsportfolio und agieren in der Vergabe von Krediten bislang sehr restriktiv beziehungsweise konzentrieren sich auf relativ risikoarme Importkredite [vgl. OBG 2005, S. 63 ff.]. Trotz intensiver Recherche konnte bis dato kein Investitionsvorhaben identifiziert werden, welches in Zusammenarbeit mit einem der neueröffneten Kreditinstitute realisiert wurde. Es scheint, als bliebe das Problem, mit Hilfe von Fremdkapital Investitionsprojekte zu realisieren, auch weiterhin in erster Linie eine Frage persönlicher Kontakte und Möglichkeiten.

Der staatliche Bankensektor ist nicht in der Lage, in benötigtem Umfang Kapital bereitzustellen. Zum einen kann die Bevölkerung durch die staatliche Zinsfestsetzung nicht in ausreichendem Maß zur Bildung von Sparguthaben motiviert werden, die in Form langfristiger Kredite ihren Weg zurück in die Wirtschaft finden könnten, zum anderen ist der Finanzbedarf der staatlichen Unternehmen vorrangig. Die ohnehin äußerst dünne Kapitaldecke syrischer Banken reicht gerade aus, um die Nachfrage des staatlichen Sektors zu befriedigen [vgl. OBG 2005, S. 65 ff.; BOECKLER 1998b, S. 207]. Angesichts beschränkter Anlagealternativen, die Bankzinsen bewegten sich in der Vergangenheit auch schon einmal unterhalb der Inflationsrate, erfreute sich nicht nur der gute alte Sparstrumpf des syrischen *Homo oeconomicus* lange Zeit großer Beliebtheit: Teile des Sparkapitals flossen lange Zeit eben ins Ausland (und fanden von dort nur selten wieder zurück) oder in vergleichsweise wenig produktive, aber inflationssichere Investments, wie zum Beispiel Immobilien [vgl. HERMANN 1998, S. 90]. Der Immobilienmarkt von Damaskus und Aleppo wies über Jahre hinweg einen Boom auf, wie kaum ein anderer Bereich der syrischen Wirtschaft. Privatwirtschaftliche Unternehmen haben im bestehenden Finanzwesen bis heute *de facto* keinen formalen Zugang zu Bankkrediten, was eines ihrer größten Probleme darstellt. Sylvie POELLING führt sogar die hohe Zahl gescheiterter Gesetz-Nr. 10/1991-Investitionsprojekte auf das Fehlen von mittel- und langfristige Finanzierungsmöglichkeiten zurück [1998b, S. 17].

Trotz dieser Einschränkungen haben es syrische Unternehmen in der Vergangenheit immer wieder geschafft, erfolgreich tätig zu sein und zu expandieren. Dabei griffen und greifen sie bis heute in vielen Fällen in allererster Linie auf selbst erwirtschaftete Mittel zurück.

Darüber hinaus stellen informelle Netzwerke, bestehend aus Freunden, Verwandten und Geschäftspartnern, die auf einer persönlichen Ebene Darlehen und Kredite bereitstellen, einen weiteren Lösungsweg dar. Zusätzlich existieren in Syrien auch Vermittler, die gegen eine prozentuale Beteiligung Kontakte zu potentiellen Kapitalgebern herstellen. Die Nachteile dieser Art der Finanzierung liegen auf der Hand: hohes Risiko, Abhängigkeit von einzelnen Personen, kurze Laufzeiten, Intransparenz sowie gegebenenfalls hohe Kosten. Gerade bei einem größeren Kreditbedarf bleibt bis heute oft nur der Weg nach Jordanien oder den benachbarten Libanon. *Karem* beschreibt die Problematik der fehlenden Bankkredite und die resultierenden Folgen aus seiner Sicht:

> „The other [problem] is raising funds [...]. Now, we don't have these [financial] facilities. At least you have it [the capital; Anm. d. Verf.] or you can get it, you do it on personal basis not corporate basis, which means that you take the risk yourself and you when you get it from the neighbouring countries like Lebanon, they take advantages and charge high interest rates. That means you have really to find some kind of very attractive investment that can pay off, for you in order to get the loan to raise the fund." (Karem)
>
> *Interview N2-3sy*

Ähnlich problematisch, wie die Versorgung mit Fremdkapital, gestaltet sich die Beschaffung von Eigenkapital. Dieses Problem wird wesentlich begründet durch das Fehlen eines offiziellen Kapitalmarktes. Gerade hoch entwickelte Finanzmärkte spielen jedoch eine Schlüsselrolle für die Investitionstätigkeit in einem Land. Vorhandene Liquiditätsreserven können mit ihrer Hilfe mobilisiert und einer effizienten Nutzung zugeführt werden. Funktionierende Kapitalmärkte bieten Investoren die Möglichkeit, sich relativ leicht entweder mit Kapital zum Marktzinssatz zu versorgen oder durch die Ausgabe von Anteilsscheinen das Investitionsrisiko zu minimieren. Gleichzeitig entstehen für die Haushalte attraktive, rentable Anlagemöglichkeiten, die zu einer Expansion der Spartätigkeit führen können. Somit sind sie ein Stein im Mosaik langfristigen Wirtschaftswachstums [vgl. KHADOUR 1998, S. 207].

Dem Kapitalmangel aufseiten der Unternehmen stehen in Syrien große Reserven ungenutzter Liquidität bei Privatpersonen gegenüber. So konnte in dem diffusen Umfeld aus widersprüchlichen Vorschriften, anfänglicher Toleranz durch die Behörden und Korruption ein informeller Kapitalmarkt entstehen, der Angebot und Nachfrage – teilweise hoch effizient – zusammenführt. Ein gutes Beispiel für die erfolgreiche Etablierung von informellen Lösungen institutioneller Defizite bot der zu Anfang der 1990er Jahre als Antwort auf das Fehlen eines formal geregelten Kapitalmarktes stattfindende Gründungsboom informeller Investmentfonds. Die Gesamtsumme, die diese Gesellschaften mobilisieren konnten ist enorm: BOECKLER schätzt sie auf knapp 1 Mrd. USD, bei einem BIP 1993 von ca. 13 Mrd. USD [1998b, S. 208]. Der wohl am häufigsten in diesem Zusammenhang angeführte Fonds ist sicherlich jener des Aleppiner Lehrers *Muhammad Kallas*, der bis Mitte der 1990er Jahre mit jährlichen Traumrenditen zwischen 30 % und 40 % im großen Stil Anleger angeworben hatte. Bis zum staatlich herbeigeführten Zusammenbruch hatte *Kallas* allein in Aleppo insgesamt rund 20 Mio. USD in bestehende Unternehmen und gleichzeitig auch neun eigene Projekte im verarbeitenden Gewerbe investiert. Nachdem die Fonds einige Jahre stillschweigend von Regierungsseite toleriert wurden und teilweise auch öffentlich auftraten – BOECKLER berichtet von eigenen ‚Filialen' an zentralen Orten Aleppos [vgl. 2004, S. 286] – wurde 1994 ein Gesetz verabschiedet (Nr. 8/1994), welches diese Investitionspraxis verbot und rückwirkend als rechtliche Grundlage zur Inhaftierung der Fondsbetreiber Nutzung fand. Offiziell begründet wurde diese Maßnahme damit, dass einige der Fonds in betrügerischer Absicht ihrer Betreiber eine pyramidenartige Struktur aufwiesen. Die mit hohen Gewinnversprechungen angelockten Einlagen der Investoren also nicht reinvestiert, sondern zur Ausbezahlung älterer Anteilseigner genutzt wurden – ein System, dessen Funktionsfähigkeit logischerweise zeitlich limitiert ist und das letztlich allein der Bereicherung der Betreiber dient. Tatsächlich war jedoch nur ein kleiner Teil der Gesellschaften in krimineller Absicht gegründet worden. Die Mehrzahl der Fonds, allen voran der oben angeführte *Kallas-Fonds*, fungierte als Teil eines informellen Kapitalmarktes und war in seiner Aktionsweise durchaus mit westlichen Venture-Capital-Gesellschaften vergleichbar. Inoffiziell scheint es, als wäre *Kallas* zum einen durch seine ambitioniert vorangetriebenen Industrieprojekte zum ungeliebten Konkurrenten alteingesessener Aleppiner Unternehmer avanciert, zum anderen lässt die Form der Beeinflussung des legislativen Prozesses durch eine aus lokalen Geschäftsleuten zusammengesetzte Kommission, die negativ über den Fortbestand des *Kallas*-Unternehmens entschieden hatte, darauf schließen, dass durch Verbot und Auflösung des Fonds die Aleppiner Unternehmen zur Verfügung gestellten Darlehen kurzerhand in Eigenkapital umgewandelt werden sollten [siehe hierzu u. a. BOECKLER 2004, S. 286 ff.]. Die Nomenklatura der Aleppiner Unternehmerschaft hatte schlicht den Faden des Damoklesschwerts der ‚geduldeten Illegalität' über Kallas' Kopf abtrennen lassen und war nicht wirklich daran interessiert, Kredite zurückzubezahlen.

Eine weitere informelle Problemlösung stellt die Emission von Anteilsscheinen durch große syrische Unternehmen dar. Ein häufig zitiertes Beispiel ist hier die Kette der *Cham Palace Hotels*. Während der ersten *infitah* als Teil eines staatlich-privaten Firmenkonzerns im Tourismussektor gegründet, verfügt es heute über mehrere tausend Anteilseigner und sogar über die archaische Urform einer Börse, einen eigenen informellen Treffpunkt, an dem sich Eigentümer und Interessenten persönlich begegnen und Unternehmensanteile den Besitzer von Angesicht zu Angesicht wechseln. In jüngster Vergangenheit emittierte unter anderem der private syrische Mobilfunkbetreiber *Syriatel* Anteilsscheine. Die Hybridkonstruktion, die als Mischung von Aktie und Anleihe charakterisiert werden kann, weist dabei mit einer Garantierendite von rund 14 % per anno eine recht ordentliche Verzinsung auf. Das islamische Zinsverbot bleibt dabei durch die Ausgestaltung des Anteilsscheins – garantierte jährliche ‚Gewinnausschüttungen' treten an die Stelle von Zinsleistungen – unberührt. Laufzeitlos stellt allerdings die Liquidierung des Investments in Ermangelung eines institutionalisierten Wertpapiermarktes ein gewisses Problem dar. So ist einzig der Rückkauf der Anteilsscheine durch das Unternehmen selbst vorgesehen. Mangelhafte Möglichkeiten zur Kontrolle der Unternehmensleitung sowie die Unklarheiten in Bezug auf die Preisfindung bei der (vorzeitigen) Rücknahme der Anteilsscheine durch *Syriatel* stellen weitere potentielle Problemkreise dar, die im Fehlen eines geeigneten institutionellen Regelwerks begründet liegen. Trotz aller Risikofreude der syrischen Oberschicht dürften derartige Wertpapiere nur für einen kleinen Teil potentieller syrischer Investoren eine geeignete Anlagealternative darstellen.

Alle beschriebenen Möglichkeiten der informellen Kapitalbeschaffung weisen eine Reihe gemeinsamer Kennzeichen auf: So spielen neben Geschäftsidee und wirtschaftlichen Faktoren auch stets persönliche Beziehungen und der Bekanntheitsgrad des Unternehmers beziehungsweise seiner Familie eine überproportional wichtige Rolle. Vor dem Hintergrund rechtlichen Schattendaseins dienen diese Faktoren als informelle Institutionen zur Reduktion der durch formalinstitutionelle Mängel erzeugten Unsicherheit. Durch das Fehlen jeglicher rechtlichen Handhabe gegen Schuldner avanciert der ‚gute Name' eines Debitors zu einer Art Leistungsgarantie. Die Nachteile eines dergestalt organisierten Kapitalmarktes liegen auf der Hand: Während gut situierte lokale Persönlichkeiten des Wirtschaftslebens, die im syrischen Regelfall ohnehin über ausreichend Kapital verfügen, bei der Inanspruchnahme dieser informellen Märkte kaum auf Probleme stoßen dürften, stehen die Chancen für junge, innovative Newcomer ohne entsprechenden Ruf deutlich schlechter.

Die obigen Ausführungen machen vier Dinge deutlich: *(1)* Syrien leidet nicht etwa unter einem grundsätzlichen Mangel an Kapital. Es gelingt vielmehr nur nicht, das vorhandene Kapital in ausreichendem Umfang zu mobilisieren und für die heimische Wirtschaft in Wert zu setzen. Als Beleg dieser Aussage kann auch das immense Auslandsguthaben von syrischen Staatsbürgern, das je nach Quelle auf 80 bis 100 Mrd. USD beziffert wird [OBG 2005, S. 71] angeführt werden. *(2)* Risikobereitschaft ist bei den Akteuren (Unternehmen und Haushalte) durchaus vorhanden, wie die teils hohen individuellen Anlagesummen zeigen, die zum Beispiel durch *Kallas* den Weg zu ausgewählten Unternehmen fanden. Was fehlt, das sind einzig und allein *(3)* attraktive Anlageprodukte, die durch die Installierung einer Wertpapierbörse geschaffen werden könnten, sowie *(4)* ein entsprechender formalinstitutioneller Rahmen, der Transparenz und Sicherheit erhöht sowie den problemlosen An- und Verkauf von Anteilsscheinen ermöglicht. Eine Wertpapierbörse wäre in Kombination mit einer geeigneten Wertpapiergesetzgebung durchaus in der Lage, die schwerwiegendsten Probleme abzustellen. Zudem könnte sie durch die erhöhte Transparenz und den erleichterten Investmenteinstieg beziehungsweise -ausstieg unter Umständen auch dazu beitragen, im Ausland investierte beziehungsweise ‚geparkte' Reserven wieder ins Land zurückzuholen und so den syrischen Kapitalstock weiter zu erhöhen. Dies wäre für die syrische Volkswirtschaft gerade vor dem Hintergrund der notwendigen Stärkung des privaten Sektors dringend notwendig. Nur durch die Ausweitung des Engagements privater Firmengründer kann eine Lösung für das syrische Arbeitsmarktproblem realisiert werden. Ein wachsender Privatsektor ist auch zwingende Voraussetzung, um die sozialen Folgen der dringend notwendigen Umgestaltung des staatlichen Sektors abzufedern. Mit Blick auf die Bevölkerungsentwicklung gilt es keine Zeit zu verlieren, um eine weitere Zuspitzung der Arbeitsmarktlage zu verhindern.

Aus deutscher Sicht würde eine Wertpapierbörse eine relativ problemlose Möglichkeit zu Direktinvestitionen bieten. Bei entsprechender Transparenz und in gesetzlichem Rahmen wäre es deutschen Unternehmen möglich, bei überschaubarem Risiko und auch ohne umfangreiche persönliche Netzwerke Investitionen in Syrien zu tätigen und Anteile an bisherigen Partnerunternehmen zu erwerben. Dies würde ein völlig neues Spektrum an Kooperationsformen eröffnen. Die Defizite des institutionellen Umfelds und das resultierende unzureichende Investitionsklima, beide derzeit aus der Sicht deutscher Unternehmen vielfach unüberwindbare Hürden für Direktinvestitionen, würden deutlich abgeschwächt.

Diejenigen deutschen Interviewpartner, die sich in ihrer täglichen Praxis größeres Wissen über die syrische Wirtschaft angeeignet haben, sehen gerade im nicht existenten Kapitalmarkt und den fehlenden Finanzierungsmöglichkeiten syrischer Privatunternehmen ein großes Problem für die mögliche Intensivierung der Kooperationsbeziehungen.

> „Wenn du mit Staatsunternehmen zu tun hast, dann gibt's immer Probleme mit den ganzen Garantieleistungen und *bonds*. Mit privaten Unternehmen ist es einfach besser, Geschäfte zu machen. Die schauen auch mal auf die Qualität und nicht nur auf den Preis. Aber da hast du halt dann das Problem, dass viele von denen keine Finanzkraft haben." (H.)
>
> *Interview aB 57dt*

> „Für die Textilindustrie ist Syrien sehr wichtig. Ich verfolge auch die aktuellen Entwicklungen, wenn was drin steht in den Broschüren von der IHK oder anderen, dann halte ich mich auf dem Laufenden. […] Momentan ist der syrische Markt einfach unterkapitalisiert. Die Unternehmer dort wollen schon deutsche Maschinen kaufen, aber denen fehlt oft einfach das Geld. Mit Finanzierungsmöglichkeiten könnte man schon was machen. Die Kapitalschwäche ausgleichen … aber viele deutsche Hersteller scheuen das Risiko. Die wollen gleich das Geld. Ich weiß auch nicht, ob wir da anders wären." (T.)
>
> *Interview aB52dt*

Für deutsche Geschäftspartner zeigt sich der fehlende Kapitalmarkt in einem chronischen Kapitalmangel vieler syrischer Counterparts, was aus ihrer Sicht wiederum zu Investitionszurückhaltung führt. Nur wenige der befragten deutschen Unternehmen gewähren syrischen Kunden Zahlungsziele beziehungsweise erarbeiten Finanzierungsmodelle und leisten auf diese Weise einen Beitrag zur Finanzierung der Investition. Die überwiegende Mehrzahl lehnt – wie im Zitat oben von *T.* beschrieben – die Übernahme der damit verbundenen Ausfallrisiken ab. Syrische Unternehmen sehen dies als kritischen Punkt, da sie dahinter zurecht nicht selten mangelndes Vertrauen erkennen (siehe auch Kapitel 3.3.3) beziehungsweise deutschen Herstellern geringes Interesse am syrischen Markt unterstellen.

Aus den oben angeführten Zitaten kristallisieren sich zwei Positionen heraus: Deutsche Unternehmen verzichten vielfach lieber auf das Geschäft, wenn die Gewährung von Zahlungsfazilitäten aus ihrer Sicht ein zu großes Risiko darstellt; sie sind in diesem Fall sehr auf Sicherheit bedacht. Syrische Unternehmer, die im Laufe der Zeit gelernt haben, mit dem Fehlen eines Kapitalmarktes umzugehen und täglich mit den Folgen in ihrem unternehmerischen Handeln konfrontiert werden, sind häufig gezwungen, eine erhöhte Unsicherheit bei wirtschaftlichen Transaktionen zu akzeptieren. Sie interpretieren das aus ihrer Sicht übertriebene Sicherheitsbewusstsein deutscher Unternehmen häufig als fehlendes Interesse am Verkauf und in einem weiteren Schritt als mangelndes Interesse am syrischen Markt und an syrischen Kunden. Nicht selten scheinen sie mit dieser Vermutung auch richtig zu liegen.

Dualer Devisenmarkt und wirre Wechselkurssystematik

Im Devisenbereich genoss die Generierung staatlicher Reserven stets große Priorität, was sich lange Zeit zum Beispiel in einem staatlich verordneten Zwangsumtausch wechselnder Anteile von Exporterlösen privater Unternehmen niederschlug. So durften private Exporteure in der zweiten Hälfte der 1980er Jahre nur 50 %, später 75 %, ihrer Devisenerlöse für eigene Importe verwenden. Der Rest musste der *Commercial Bank* zu festgelegten Kursen, die teilweise weit schlechter als der Marktpreis waren, zur Verfügung gestellt werden. Die freie Konvertierbarkeit büßt das syrische Pfund bereits in den frühen 1980er Jahren ein. Seit dieser Zeit existiert in Syrien ein System multipler Wechselkurse, die parallel nebeneinander bestehen und die Landeswährung an den USD binden. Zeitweise existieren gleichzeitig 14(!) verschiedene Kurse, die je nach Person, Zweck und zugrunde liegender Transaktion wechselweise zum Einsatz kommen.

In den frühen 1980er Jahren zum Beispiel, beläuft sich das offizielle Austauschverhältnis von syrischem Pfund auf 3,93 je USD, 1988 abgewertet auf 11,23. 1990 wird die *neighbouring countries rate*[38] (42,25, später 46 SYP/USD) eingeführt [vgl. BOECKLER/ HOPFINGER 1996, S. 304]. Allen Kursen gemein ist die teils massive Überbewertung des Pfunds, was sich in einem Schwarzmarktkurs zwischen 50 und 52 SYP/USD manifestiert. Durch das multiple Wechselkurssystem können einerseits ausgewählte Produkte zu stark subventionierten Preisen importiert werden, zugleich werden andere Waren wiederum unerschwinglich [vgl. OBG 2005, S. 74]. Durch das auch hier herrschende bürokratische Dickicht ist es selbst für Experten kaum möglich, genau vorherzusagen, welcher Kurs für welchen ökonomischen Vorgang zu Anwendung kommt. Vielfach liegt die Entscheidung über ökonomischen Erfolg und Misserfolg einer Transaktion im Ermessensspielraum der zuständigen Beamten.

Private Unternehmen sind dazu angehalten, benötigte Devisen mittels eigener Exporte zu generieren und über das System des Pflichtumtauschs über die *Commercial Bank* zu einem der künstlichen Wechselkurse in den Wirtschaftskreislauf einzuspeisen. Die staatliche Ma-

---

38 Für diesen Kurs finden sich in der Literatur verschiedene Bezeichnungen. So spricht z. B. HERMANN von der *neighbouring states rate* [1998, S. 92]. BOECKLER/HOPFINGER bezeichnen ihn als *rate prevailing in neighbouring countries* [1998, S. 304]. An dieser Stelle soll der am häufigsten verwendete Begriff zur Anwendung kommen.

xime lautet lange Zeit: „The investment project should earn the hard currency it needs" [HERMANN 1998, S. 86]. Das System diskriminiert in erster Linie Betriebe, die importsubsituierende Produkte herstellen. Doch auch für die restliche Privatwirtschaft stellt die Devisenversorgung ein ernsthaftes Problem dar. Die notwendigen Fremdwährungen zum Import von Rohstoffen, Vorprodukten oder Anlagegütern sind offiziell nur in begrenztem Umfang über die *Commercial Bank* zu beziehen. In der Praxis weichen viele Unternehmer auf den Schwarzmarkt aus und erwerben dort Devisen von privaten Exporteuren oder unterhalten entsprechend Devisenguthaben bei ausländischen Banken, über die dann auch alle Transaktionen abgewickelt werden, um den Pflichtumtausch zu sparen.

Die Nonchalance, mit der sich die syrische Unternehmerschaft in diesen Tagen des Devisen-Schwarzmarktes bedient, illustrieren die Zitate von *Nabil* und *Walid*. Letzterer zeigt auch die Verfahrensweise des Staates und die immense Leistungsfähigkeit derartiger informeller Lösungswege auf:

„Changing money, for instance. How? How do I change money? I go to black markets!" (Nabil)

Interview C3-2sy

"If you want to analyse our situation ... I tell you frankly, now if you want to transfer ten million dollars, you can transfer it in one hour. From the black market. So that means, they are closing their eyes for the black market and it will not be difficult." (Walid)

Interview M4-2sy

Selbstverständlich befinden sich diese unternehmerischen Handlungsstrategien nach syrischem Recht allesamt jenseits der Grenze zur Legalität.

Bereits in den 1990er Jahren beginnt ein Reformprozess, in dessen Verlauf die Zahl der Wechselkurse reduziert wird. Doch zeigt sich auch im Fall der Devisen rasch wieder das Phänomen widersprüchlicher Regelungen: So können syrische Staatsbürger ab 1996 zwar Devisenkonten bei der *Commercial Bank* eröffnen, der unautorisierte Besitz von Devisen beziehungsweise der Handel mit ihnen bewegt sich aber streng genommen bis Juli 2003 (Dekret 33/2003) in einer rechtlichen Grauzone. In der Folgezeit nach 2001 beginnt die *Commercial Bank* mit dem An- und Verkauf von Devisen zum so genannten „nicht-kommerziellen Nachbarstaatenkurs" [ZOROB 2005, S. 95] (siehe Tabelle 13). Der neue Wechselkurs wird täglich neu festgelegt und orientiert sich am Kurs der Lira auf den Märkten in Jordanien und Libanon. Zunächst beschränkt sich der Verkauf von Devisen zu diesem Kurs jedoch auf ausgewählte Zwecke, wie Pilgerfahrten oder Reisen zu medizinischen Behandlungen im Ausland. In der Folgezeit wird die Spannbreite der Anwendbarkeit des „nicht-kommerziellen Nachbarstaatenkurses" sukzessive ausgeweitet. Schließlich bildet dieser Kurs bei alle nicht-kommerziellen Transaktionen die Basis zur Umrechnung. Einen wichtigen Schritt stellt 2002 in den Augen vieler Beobachter die Vereinheitlichung dreier Wechselkurse (11,25SYP, 23 SYP und 46,5 SYP) dar, die bis dato zur Berechnung des Zollaufschlags Verwendung finden. Sie werden durch die *neighbouring countries rate* ersetzt. Gleichzeitig wird der Pflichtanteil der Exporterlöse, die umgetauscht werden müssen, zuerst von 25 % auf 10 % reduziert, um rund zehn Monate später ganz abgeschafft zu werden [OBG 2005, S. 74]. Diese Maßnahme soll syrische Exporteure dazu bewegen, ihre Finanztransaktionen wieder über die *Commercial Bank* abzuwickeln und bestehende Devisenreserven im Ausland ins Land zu holen.

Tab. 13: Ausgewählte Reformen im Devisen- und Wechselkurbereich seit 2000

03/2000	Dekret Nr. 6/2000: Anpassung des Dekrets Nr. 24/1986, Legalisierung des Devisenbesitzes, Reduzierung der Strafen für unerlaubten Devisenhandel
01/2001	Beginn des An-/Verkaufs von Devisen durch die syrische Handelsbank zum „nicht-kommerziellen" Nachbarstaatenkurs (orientiert sich am täglichen Kurs des SYP in Amman und Beirut); Verkauf beschränkt auf bestimmte Transaktionen, wie z. B. medizinische Behandlung im Ausland
08/2002	Einräumung der vollständigen Freiheit in der Führung von Devisenkonten bei der Commercial Bank of Syria einschließlich Retransfer von Einlagen ins Ausland
09/2002	Ausweitung des Verkaufs von Devisen zum „nicht-kommerziellen Nachbarstaatenkurs" (500 USD pro Jahr/Person für Auslandsreisen)
09/2002	Zusammenführung der drei unterschiedlichen Wechselkurse für die Kalkulation der Zollaufschläge auf den „nicht-kommerziellen Nachbarstaatenkurs"
09/2002	Anteil des Pflichtumtauschs von Exportdevisenerlösen wird von 25 % auf 10 % abgesenkt
10/2002	Anhebung der Höchstgrenzen für Verkauf von Devisen zum „nicht-kommerziellen Nachbarstaatenkurs" (2.000 USD für Auslandsreisen – abweichende Regelungen für Reisen nach Libanon und Jordanien; 20.000 USD für medizinische Behandlungen im Ausland)
03/2003	Anwendung des „nicht-kommerziellen Nachbarstaatenkurs" auf alle nicht-kommerziellen Transaktionen
07/2003	Abschaffung der Umtauschpflicht für 10 % der Exportdevisenerlöse
07/2003	Dekret Nr. 33/2003: Abschaffung der Dekrete Nr. 24/1986 und Nr. 6/2000; Abschaffung der Gefängnisstrafen für Devisenvergehen

Quelle: ZOROB [2005, S. 93].

Gegenwärtig ist ‚der' syrische Devisenmarkt aufgeteilt in zwei völlig von einander getrennte Segmente [OBG 2005, S. 74]: *(1)* Auf dem staatlichen Markt werden die durch Ölexporte und Ausfuhren von Agrarprodukten und der Erzeugnisse staatlicher Unternehmen erzielten Devisen über die *Commercial Bank* wiederum zur Finanzierung staatlicher Importe verwendet. *(2)* Auf dem Markt des privaten Sektors hingegen stellen Einkünfte aus inoffiziellen Exporten, im Ausland erzielte Einkünfte, Dividenden und Gewinne sowie Rücküberweisungen von im Ausland tätigen syrischen Staatsbürgern ein Angebot dar, das entweder als Bargeld, so zu sagen ‚im Aktenkoffer', in das Land eingeführt beziehungsweise nach wie vor auf ausländischen Banken in Form von Devisenguthaben gehalten wird.

Vor dem Hintergrund des dualen Marktes existieren gegenwärtig vier verschiedene Wechselkurse:

- *Offizieller Kurs* (11,20 SYP – 11,25 SYP). Dieser Kurs kommt heute bei Transaktionen praktisch nicht mehr zum Einsatz. Der einzige Grund für seine Existenz liegt in den hohen Auslandsschulden Syriens, die in syrischen Pfund zu begleichen sind. Eine Begleichung der ausstehenden Schulden auf Grundlage des offiziellen Kurses würde für den syrischen Staat eine große Ersparnis bedeuten.

- *Neighbouring countries rate* (46 SYP – 46,5 SYP). Die NCR kommt bei den meisten staatlichen Transaktionen, so beispielsweise bei Exportgeschäften, zum Einsatz.

- *Nicht-kommerzieller Nachbarstaatenkurs* (51,7 SYP – 52,05 SYP). Erst nach dem Präsidentschaftswechsel 2001 eingeführt, stellt dieser nahe am Markt befindliche Kurs den Versuch dar, die wichtige Rolle des Devisenschwarzmarktes abschwächen und der *Commercial Bank* zu ermöglichen, wieder Devisenreserven zu bilden. Der Testcharakter dieser Maßnahme, nicht zuletzt wollte das Regime die Reaktionen der Marktteilnehmer prüfen, spiegelt sich auch im zunächst definierten Transaktionsspektrum wider, innerhalb der Kurs zum Einsatz kommt. So wird allein der Devisenbedarf für nicht-kommerzielle Zwecke, wie zum Beispiel Pilgerreisen und medizinische Behandlungen im Ausland, entsprechend dieses Umtauschverhältnisses bedient.

- *Marktkurs* (49 SYP – 53 SYP). Der Marktkurs ist das Resultat von Devisenangebot und -nachfrage durch private Akteure und findet zu einem großen Teil auf den Devisenmärkten in Beirut und Amman, aber auch an den Grenzen des Landes, zum Beispiel im libanesischen Shtoura, statt. In den vergangenen Jahren zeigte sich der Marktpreis der Lira mit einer Volatilität von rund 10% erstaunlich stabil. Da viele Unternehmer nach wie vor gezwungen sind, ihren Devisenbedarf im Ausland zu stillen, kommt diesem Kurs für den privaten Sektor die höchste Bedeutung zu.

Neben dem Marktkurs, aber eng an diesen gebunden, entsteht in der täglichen unternehmerischen Praxis häufiger ein weiterer Kurs. Zwischen den Angehörigen des privaten Sektors findet ein reger Handel mit Devisen statt. Exporteure verkaufen – mittlerweile legal – Überschüsse an private Nachfrager. Dieser *Exporterlöshandel* entspricht noch am ehesten den westlichen Vorstellungen eines Devisenmarktes. Nicht selten weicht die Umtauschrelation hier aufgrund nachfrageinduzierter Schwankungen auch vom Marktkurs ab, ein Problem, das wiederum syrische Importeure trifft, wie *Salem* nachfolgend schildert, und die Kooperation mit ausländischen Partnern erschwert:

> *Salem*, leitender Angestellter eines Damaszener Handelshauses, erläutert die Praxis der Devisenbeschaffung. Das Interview findet im Jahr 2003 noch vor der Abschaffung des Pflichtumtausches in Höhe von 10% der Exporterlöse statt. Doch die beschriebene Problematik der Beschaffung von Devisen in Syrien zur Finanzierung von Einfuhren besteht – wenngleich auch in leicht abgeschwächter Form, das Angebot dürfte sich infolge der Maßnahme leicht erhöht haben – nach wie vor:

„Then I have to buy export gained currency. […] From where do we buy these export currency? We have Syrian exporters, for Syrian products, they export outside and they get paid by dollars. Now we can buy it from them, this is allowed. […] So still it is expensive and the system is complicated, we have to find the export currency … of course, this is because the market was closed and now it is open for cars, every dealer would like to trade cars, so everybody is going to buy the export currency. We used to buy it [the export-dollar; Anm. d. Verf.] for 55 SYP and now it is 70! This is a 25 % increase! Also the parts, the spare parts, also we have to buy export currency … […] Very complicated!" (Salem)

Interview K2-2sy

Trotz anders lautender Ankündigungen scheint die Vereinheitlichung der Wechselkurse und die Etablierung eines einheitlichen Devisenmarktes kurzfristig wenig realistisch. Zu groß scheint derzeit die Furcht vor möglichen negativen fiskalischen Effekten und Inflationswirkungen einer derartigen Maßnahme. Nicht außer Acht gelassen werden darf auch die Schuldenproblematik Syriens. Notiert in syrischen Pfund würde jeder Kurs nahe des Marktpreises verglichen mit dem offiziellen Kurs fast einer Verfünffachung der realen Staatsschuldenlast entsprechen. Schon wahrscheinlicher scheint vor diesem Hintergrund die Aufgabe der Dollarbindung der Lira und die Wiedereinführung ihrer Konvertierbarkeit in Verbindung mit umfangreicheren mittelfristigen Strukturreformen.

3.3 Interkulturelle Phänomene und Konstrukte

Nachdem im vorangegangenen Kapitel detailliert die institutionellen Defizite in Syrien und deren Auswirkungen auf das bilaterale Kooperationsgeschehen untersucht wurden, ist es die Aufgabe der folgenden Ausführungen darzulegen, inwieweit kulturelle Aspekte zur Kooperationsproblematik beitragen. Inwiefern sind derartige Störungen der Zusammenarbeit mit institutionellen Defiziten verwoben beziehungsweise in welchen Fällen besteht ein Kausalzusammenhang zwischen institutionellen und interkulturellen Problematiken? Wie werden institutionelle und interkulturelle Problemkreise von den Befragten in ihrer Bedeutung gewichtet? Wird Interkulturalität vorgeschoben, wenn sich keine andere plausible Erklärung für Reibungspunkte aufdrängt? Oder anders formuliert: Hat der kulturelle Background der Akteure tatsächlich entscheidenden Einfluss auf den Erfolg einer Kooperation?

> **Übersicht 10: Orientalismus, die Konstruktion des ‚Orients' und imaginative Geographien**
>
> „Therefore as much as the West itself, the Orient is an idea that has a history and a tradition of thought, imagery, and vocabulary that have given it reality and presence in and for the West. The two geographical entities [Orient and Occident; Anm. d. Verf.] thus support and to an extent reflect each other."
>
> [SAID 1995, S. 5]

Lange Zeit ging man aufseiten der Wissenschaft von der irrigen Annahme aus, Darstellungen fremder Kulturen seien neutrale Repräsentationen einer objektiven Realität. In der Gegenwart ist man dabei, sich mehr und mehr von dieser Vorstellung zu lösen und spricht stattdessen von der „Situiertheit von Wissen" und der „Personalität des Autors und Forschers" [BERNDT/BOECKLER 2002, S. 16.]. Zwar wird der Blick des Betrachters von seinen methodisch und theoretisch abgesicherten Intentionen und Forschungsinteressen geleitet, trotzdem ist sein Blick stets auch beeinflusst von eigenen Ängsten, Wünschen und Fantasien.

Ewald BANSE, einer der ersten deutschen (Orient-)Geographen, bereist zu Beginn des 20. Jahrhunderts einige Male die Türkei, den Vorderen Orient und Nordafrika [z. B. 1926]. Er verfasst eine erste systematische Gegenüberstellung von Morgenland und Abendland:

Morgenland	Abendland
… das Morgenland ist eintönig, landschaftlich flach und uninteressant	… das Abendland ist abwechslungsreich, landschaftlich tief und interessant
… das Morgenland ist unkreativ, empfangend, nachahmend, unproduktiv	… das Abendland ist kreativ, schaffend, schöpfend, produktiv
… das Morgenland ist trocken, klar und drückend heiß	… das Abendland ist feucht, wolkig und kühl
… im Morgenland lebt am längsten, wer am meisten faulenzt	… im Abendland muss arbeiten, wer das Klima überwinden will
… im Morgenland weilt man mehr auf Straße und Marktplatz	… im Abendland mehr im Hause, dem Heim

[vgl. BANSE 1926, S. 7 – 19]

Diese Liste ließe sich noch lange weiterführen. Bei Banses Schriften handelt es sich um tendenziöse Abhandlungen, die zu einem Gutteil die herrschende Geisteshaltungen seiner Zeit widerspiegeln. Banse wurde von nicht wenigen Geographen, an dieser Stelle seien nur Rühl und Hettner angeführt, zurecht und teils sehr heftig kritisiert. Nichtsdestotrotz darf seine Wirksamkeit keinesfalls unterschätzt werden, wie BOECKLER belegt [2005, S. 106 ff.].

Rund fünfzig Jahre später gelingt es Said auf eindrucksvolle Weise zu zeigen, dass das westliche Bild des Orients letztlich Ergebnis der komplexen Wechselwirkungen romantisierender Projektionen, machtpolitischer Interessen und Prozesse der Identitätsbildung ist. Dabei subsumiert der Begriff des Orients im Wesentlichen all jene Wesensmerkmale, die als Antipoden zu jenen des Abendlandes gelten können. Der Orient ist damit nur ‚die andere Seite derselben Medaille', das ‚Andere' des Abendlands *aus abendländischer Perspektive*. Als wissenschaftliche Disziplin, als Konzentration westlichen Wissens, entfaltet der Orientalismus eine dreifache ‚Rückwirkung': auf den Orient, den Orientalisten selbst und auf den „(westlichen) Konsumenten des Orientalismus" [BERNDT/BOECKLER 2002, S. 17]. Alle sind gezwungen, die orientalistischen Kodifizierungen bewusst oder unbewusst anzuerkennen und den Orient durch diese Brille zu betrachten [vgl. SAID 1995, S. 66 ff.; BOECKLER 2005, S. 106 ff.].

> Wiederum einige Jahre später, zeigt Derek GREGORY unter Bezugnahme auf Said, dass bis in die Gegenwart eine eurozentristische Position mittels unbewusst vorhandener Systeme (so genannte „Geo-Graphs") [1995, 1998] einen Großteil geographischer Repräsentationen beeinflusst. Darstellungen anderer Orte sind für ihn deshalb stets „Imaginative Geographien" [GREGORY 1995, 1998]. Imaginativ bedeutet dabei zwar gemacht im Sinne von ‚man-made', dennoch sind imaginative Geographien keineswegs rein kognitive Produkte: Vorstellungen, Erwartungen, Einstellungen etc. und Fakten verschmelzen. Sie sind *(1)* in Reiseberichten, Ausstellungen und Bildern materialisiert und nehmen *(2)* im Laufe der Zeit die Form eines sich selbst verstärkenden Archivs an, „dessen interne Struktur nicht nur die Form der Repräsentation, sondern auch die Erwartungen, Neigungen, Vorlieben und Einschätzungen eines kollektiven Auditoriums prägt – womit wiederum die Spielräume für die Produktion neuer imaginativer Geographien vorstrukturiert werden" [BERNDT/BOECKLER 2002, S. 17]. Ein Sachverhalt, der auch im Beispiel der untersuchten Unternehmenskooperationen eine nicht unwesentliche Rolle zu spielen scheint, wie die nachfolgenden Ausführungen zeigen werden.

3.3.1 Kulturalisierte Bilder von Unternehmern und Produkten

Die in unzähligen Interviewprotokollen, Notizen zu ero-epischen Gesprächen und Beobachtungen festgehaltenen Repräsentationen der Kooperationspartner scheinen die einleitenden Worte zu bestätigen. Sie reproduzieren Bilder und Einschätzungen, die bekannt scheinen und kaum überraschende Elemente aufweisen: Hier der pflichtbewusste deutsche Unternehmer beziehungsweise Manager, dessen Produkt zwar ein tolles Image aufweist und qualitativ sehr hochwertig, aber gleichzeitig auch äußerst teuer und damit in gewisser Weise elitär ist. Dort der unorganisierte, wenig vertrauenswürdige orientalische Unternehmer, der kaum über Geld und Qualitätsbewusstsein verfügt und in aller Regel so gar nicht dem westlich normierten Schumpeter-Ideal zu entsprechen scheint:

> „Decisions are made over endless cups of Arabic coffee, and Western notions of time constraints not always appreciated on a local level. Where others might do with a single meeting, a series of these is likely to be required in Syria."
> [SCHNEIDER-SICKERT/JEFFREYS 1995, S. 1]

Der Diskussionsprozess, der diese – zugegebenermaßen überspitzten Bilder – hervorbringt, präsentiert sich kulturell stark aufgeladen. Schnell ist mit Verweis auf das in orientalischen Ländern ‚ohnehin ubiquitäre' Bakschisch von der vermeintlich kulturell bedingten Korruption ‚der' Syrer die Rede. ‚Der' Deutsche zeichnet sich zwar durch Verlässigkeit aus, in seiner Mentalität liegt aus syrischer Sicht jedoch eine gewisse spröde Zurückhaltung begründet, die die persönliche Kommunikation mit ihm erschwert. Sowohl das Bild deutscher Partner, als auch das Bild der syrischen Partner weist, gezeichnet vom jeweiligen

Gegenüber, eine Reihe sich wiederholender Facetten auf, die nachfolgend herausgearbeitet werden sollen.

Vor diesem Hintergrund stellen sich einige Fragen: Wie konstruiert ein syrischer Unternehmer sein deutsches Pendant und umgekehrt? Wie erfolgt die Zuweisung von Eigenschaften und Merkmalen an unternehmerische Handlungen und Persönlichkeiten? Mit Hilfe welcher Aspekte werden deutsche respektive syrische Manager und Unternehmer kulturalisiert?

Zunächst erfolgt die Zuschreibung eines Katalogs allgemeiner Persönlichkeitsmerkmale. Dabei beinhaltet das syrische Album vermeintlich ‚typischer' Charakteristika deutscher Kooperationspartner überwiegend positive Eigenschaften: An erster Stelle stehen Korrektheit und Zuverlässigkeit, Ehrlichkeit, Seriosität, Ordnung, Perfektionismus, Zielorientierung, Genauigkeit und harte Arbeit. Als negative Eigenschaften werden Wissensdefizite über den syrischen Markt, mangelnde Flexibilität und Arroganz angeführt. Die positiven Charakteristika decken sich – wenig überraschend – weitgehend mit dem Selbstbild deutscher Unternehmer, welches in den zahlreichen Interviews und Gesprächen zwischen den Zeilen immer wieder zutage tritt. Das Bild, das deutsche Manager und Unternehmer von syrischen Geschäftsleuten haben, gestaltet sich wesentlich heterogener: chaotisch, mangelhaft organisiert, unzuverlässig, undurchschaubar, zu wenig westlich orientiert; aber auch korrekt und aufrichtig. Zwei Dinge sind es, die in diesem Zusammenhang auffallen: Zunächst die Dominanz negativer Einschätzungen, die auf deutscher Seite hervortritt und in völligem Gegensatz zum vorherrschend positiven ‚Deutschenbild' syrischer Unternehmer steht. Es scheint müßig, darauf hinzuweisen, dass diese negativen Einschätzungen kaum Überschneidungen mit dem Selbstbild syrischer Führungskräfte aufweisen, die sich selbst dieselben (positiven) Charaktereigenschaften zuschreiben, wie ihren deutschen Partnern. Zum anderen machen gerade jene deutschen Unternehmer, die bereits seit längerer Zeit mit dem gleichen Partner kooperieren, auffallende Unterschiede zwischen dem eigenen Partner, der sehr positiv charakterisiert wird, und allen anderen syrischen Geschäftsleuten, die so überhaupt nicht ‚deutschen Anforderungen' entsprechen:

> „Wir wickeln unsere Syriengeschäfte alle über unseren Importeur in Damaskus ab. Das funktioniert alles problemlos, der ist ein echter Gentleman. Wir kennen uns schon sehr lange. Angefangen hat das mal auf einer Messe. Da wurde er uns von einem gemeinsamen Geschäftspartner vorgestellt. […] Und er macht auch gute Arbeit. Seit damals nehmen die Abschlüsse eigentlich stetig an Wert zu. Man könnte sagen, in der Zwischenzeit haben wir wirklich eine sehr gute, fast freundschaftliche Beziehung zu ihm. Wir behandeln den eigentlich wie einen Bekannten, nicht wie einen Kunden […] Ich sehe nur ein geringes Potential für die Ausweitung unseres Absatzes, für die Ausweitung des Absatzes deutscher Firmen in Syrien generell. Von der Errichtung von Produktionsstätten möchte ich gar nicht reden … das ist viel zu kompliziert! […] Es gibt einfach eine tiefe Kluft zwischen der westlichen und der arabischen Mentalität, die ist auch nicht einfach zu überbrücken. Geschäfte nach ihren

[deutschen; Anm. d. Verf.] Vorstellungen können sie eigentlich nur mit Arabern machen, die eine westliche Ausbildung haben." (R.)

Interview aB51dt

Eine ganze Reihe deutscher Manager und Unternehmer erkennt zwar die defizitären institutionellen Rahmenbedingungen als konstitutiv für das unternehmerische Handeln in Syrien an, dies hindert sie jedoch vielfach nicht daran, die Kombination von individuellen Persönlichkeitsmerkmalen und Handlungsweisen auf einen vermeintlich spezifischen kulturellen Kontext zurückzuführen – häufig kommt eben genau an dieser Stelle der Begriff der ‚Mentalität' zum Einsatz. Im Zuge dieser kulturalisierenden Argumentation wird eine spezifische ‚Kultur' zum handlungsleitenden Element und ist für die Ausprägung wirtschaftlichen Handelns deterministisch verantwortlich. Kultur wird so zu einem Faktor für wirtschaftlichen Erfolg von Kooperationen. In den Aussagen deutscher Gesprächspartner entsteht ‚der' syrische Manager, ‚der' syrische Unternehmer, häufig sogar noch verallgemeinert als ‚der' arabische Manager respektive Unternehmer, in bewusster Abgrenzung zum eigenen Selbstbild. Überraschenderweise stützen auch und gerade die Aussagen syrischer Unternehmer mit westlicher Ausbildung das Syrienbild deutscher Unternehmer, so dass zum einen die Vermutung begründet ist, dass es sich um Bilder beziehungsweise Vorstellungen handelt, die generell in westlichen Industrieländern tradiert und reproduziert werden. Zum anderen drängt sich vor diesem Hintergrund der Verdacht auf, dass diese Syrer in Repräsentationsmodi verfallen, die BOECKLER in Bezug auf Said und Gregory unter dem Überbegriff des „Oriental orientalizing the Oriental" subsumiert [1999, S. 191].

Sa., geboren und aufgewachsen in Syrien, hat in Deutschland studiert und arbeitet für ein oberfränkisches Unternehmen der Holzindustrie. Er gibt die Sichtweise und Einschätzung deutscher Unternehmer durch ihre syrischen Geschäftspartner wieder. Dabei offenbart er sich ein Stück weit auch als Opfer seiner deutschen Sozialisation, indem er hierzulande gängige Stereotypen reproduziert, deren Allgemeingültigkeit – nicht zuletzt aufgrund der empirischen Arbeit mit mehr als sechzig syrischen Unternehmen – stark bezweifelt werden muss:

„Bei Tee redet man nicht übers Geschäft, sondern über Gott und die Welt. Übers Geschäft redet man erst die letzten zwei Stunden. Wenn man von vornherein versucht, gleich das Geschäft abzuwickeln, dann geht es daneben. […] Sie können hundertmal ein Fax schicken und werden keine Antwort bekommen! Araber legen sehr großen Wert auf persönliche Beziehungen." (Sa.)

Interview aB76dt

Beide Seiten konstruieren den eigenen Stil, Geschäfte abzuwickeln, letztlich in Abgrenzung zum vermeintlichen Stil des Gegenübers. Um die zugeschriebenen Besonderheiten plausibler zu gestalten, werden sie mit der Kultur des Gegenübers in Verbindung gebracht. Als Quintessenz der Ausführungen entsteht eine tief verwurzelte Vorstellung über den jeweiligen vermeintlich kulturell bedingten *way of doing business* des Partners, der sich in wechselnder Gestalt im Kooperationsprozess bemerkbar macht, aber auf jeden Fall deutlich hervortritt und in der Kooperation ‚greifbar' wird, glaubt man *Saids* Worten:

> „I'm very happy that you are here, to ask … because, first, I respect, *do* respect very much the German way of doing business, which is very famous worldwide. It's a very honest way, and very clear and straight way in doing business." (Said)
>
> *Interview A12-4sy*

Für Vertreter beider Seiten sind es zunächst gerade die Produkte und Unternehmen selbst, die, Artefakten gleich, den Schlüssel zur Kultur des jeweiligen Gegenübers bilden.

Deutsche Unternehmen und Unternehmer im Spiegel syrischer Gesprächspartner

Die kulturelle Skizze von Deutschland und Deutschen in Syrien hat viele Facetten und scheint interdependent mit der Einschätzung deutscher Produkte und Unternehmen sowie der Beurteilung der Leistungsqualität verwoben. Deutsche Produkte haben in Syrien einen sehr guten Ruf. Sie gelten als qualitativ hochwertig, in einigen Bereichen sogar als standardsetzend.

> „And, why is my choice this way, because it's German, the best machine!" (Said)
>
> *Interview A12-4sy*

Dieser Ruf bewirkt im Einzelfall zum einen, dass selbst die hohen Preise, die häufigste negative Assoziation mit deutschen Produkten, im Vergleich zur Konkurrenz aus anderen Ländern akzeptiert werden, zum anderen, dass der Griff einiger Unternehmer mit ausreichendem finanziellen *background* trotz vorhandener Alternativen fast schon automatisch zum Siegel ‚Made in Germany' geht, wie *Rami* kopfschüttelnd feststellt:

> „There are some areas, where you can buy Italian or French products that are even better than the Germans and they are certainly better in many areas at a cheaper price. But again: Sometimes people just buy German for the sake of being German …" (Rami)
>
> *Interview C2-2sy*

Neben der hohen Reputation und der zweifellos vorhandenen Qualität deutscher Maschinen ist auch die unternehmerische Entscheidung über die Zielmärkte der hergestellten Produkte auf syrischer Seite ausschlaggebend für die Anschaffung von Produkten ‚Made in Germany'. Denn, nur wenn für die qualitativ anspruchsvolleren Exportmärkte in Europa oder Nordamerika produziert wird, ist in aller Regel auch die Refinanzierung der teuren Fertigungsanlagen und Maschinen, aber auch teurer deutscher Rohstoffe, über höhere Preise möglich. Für den syrischen Konsumgütermarkt ist, wie bereits oben ausgeführt, in erster Linie der Preis das wichtigste Absatzinstrument. Die Qualität muss häufig dahinter zurücktreten, so dass aus betriebswirtschaftlicher Sicht die Anschaffung teurer europäischer Produktionsmittel nicht immer die optimale Wahlalternative darstellt. In jüngster Vergangenheit verzeichnen bei syrischen Produzenten mit Fokus auf den Binnenmarkt chinesische Maschinen starke Zuwachsraten, da diese, selbst verglichen mit Anlagen koreanischer und osteuropäischer Provenienz, weitaus günstiger anzuschaffen sind.

Zusätzlich zu Reputation und Qualität wird auch die starke Marktperformance deutscher Unternehmen hoch geschätzt. Deutsche Hersteller der entsprechenden Branchen sind in Syrien wohlbekannt, Kontakte sind rasch hergestellt. Ist erst eine Kooperationsentscheidung zugunsten eines deutschen Partners gefallen, wird der große Erfahrungsschatz häufig positiv hervorgehoben. Basierend auf diesem gelingt es, viele institutionell bedingten Schwierigkeiten in Syrien, wie die zahlreichen bürokratischen Hürden, zu überwinden und dadurch die Sicherheit der Kooperation zu erhöhen.

Neben dem hohen Preis, der sich stets am oberen Limit und in den allermeisten Fällen weit über dem Preis der Konkurrenz aus anderen Ländern bewegt, kritisieren syrische Unternehmer in einigen Fällen auch das vermeintliche *over-engineering* deutscher Produkte. So sind computergesteuerte Anlagen vor dem Hintergrund der spezifischen Bedingungen in Syrien, wie zum Beispiel dem mangelnden beziehungsweise rückständigen Ausbildungssystem, von dortigen Fachkräften kaum zu warten, geschweige denn zu reparieren. Internationale Standards der Investitionsrechnung kommen auch in Syrien immer stärker zur Anwendung, so dass sich die größere Langlebigkeit nicht mehr in jedem Fall als Kaufargument anführen lässt. Nicht selten liegt die wirtschaftlich rentable Nutzungsdauer, bedingt durch die technische Entwicklung, weit unterhalb der physischen Lebensdauer einer Maschine, so dass auch vor diesem Hintergrund eine Entscheidung zugunsten der teureren deutschen Anlage nicht in jedem Fall gerechtfertigt werden kann.

„I tell you, in ourdays, many of my friends, o. k. they have been so biased towards German equipment, that I was really amazed, he's been to China now! He said: The machine is ten years old, it's light […] after ten years, because of the new development in machinery and computer equipment. After ten years today you have to replace the machine. Why should I pay for a machine, spend much more money for a machine which lasts for thirty years if I only need it for ten years!? Why should I pay a higher investment?" (Amr)

Interview B1-2sy

Syrische Unternehmen und Unternehmer im Spiegel deutscher Gesprächspartner

Einig sind sich die deutschen Interviewpartner in der pauschalen Charakterisierung Syriens als „schwieriger Markt" und darauf basierend der Beurteilung der Kooperationen mit syrischen Unternehmen als „generell problematisch". Die sektorale Gliederung der syrischen Wirtschaft ist den meisten deutschen Gesprächspartnern bekannt und fester Bestandteil ihres Syrienbildes. In aller Regel wird sehr strikt unterschieden zwischen staatlichen Unternehmen und jenen des privaten Sektors. Wenngleich beide als defizitär und

Deutsch-syrische Unternehmenskooperationen – Interkulturelle Phänomene   255

unterentwickelt betrachtet werden, herrscht dennoch eine interne Abgrenzung: Staatsunternehmen sind in den Augen deutscher Befragter noch rückständiger als Privatbetriebe. Doch auch das Bild von Unternehmen des privaten Sektors kennzeichnen überwiegend negative Assoziationen: Geringe Kapitalausstattung und vermeintlich niedriger Technisierungsgrad sind dabei die gängigsten Merkmalszuschreibungen durch die Befragten. Das überrascht nicht, entspricht es doch der gängigen Einschätzung syrischer Privatbetriebe in den häufig von deutschen Führungskräften gelesenen Fachpublikationen [OBG, bfai etc.].

Dass die alleinige Unterscheidung entsprechend der Eigentumsverhältnisse zur Charakterisierung der Unternehmensstruktur in Syrien zu kurz greift, zeigt die Aussage von *Adib*. Er setzt sich über die standardisierte Zweiteilung syrischer Unternehmen hinweg. Dabei sprengt er den Dualismus zwischen staatlichen und privaten Unternehmen und konzentriert sich in seinen Erläuterungen allein auf letztere. Er integriert eine weitere Unterscheidungsdeterminante in seine Betrachtung, die auf deutscher Seite nur sporadisch bei jenen Gesprächspartnern auftaucht, die bereits über ein etwas tieferes Syrienwissen verfügen: Die Nähe zum Regime und den Machthabern mancher Unternehmer, die sich nach Adibs Ansicht auch in der Betriebsgröße widerspiegelt, und es ermöglicht, sich über bestehende Handlungsbeschränkungen hinwegzusetzen.

> „So, the main risks are we have small capital investment in Syria which means that people are going to […] in Syria. mostly there are either very big or very small –in the scale in Syrian economy I'm talking about, I'm not talking about German economy. Either ways if you go for the small companies you will loose time and invest a lot of time because they have their traditional type of work, there is small skill, personal skill even, which you can not run any job or work with. And when we are talking about the big scale companies in Syria, mostly they are not straight in the business, not lawful, not trustful. Because … because they can do whatever they want her in Syria, they have all the sources of power in their hands. So, this is the risk that you have to take, and you have to choose the right company to cooperate with. Either a small or a big or medium. This is the risk." (Adib)
>
> *Interview A10-3sy*

Der syrische Manager spricht dieser Gruppe von Unternehmen jegliche Vertrauenswürdigkeit ab. Ausgebildet in England offenbart sich seine Idealvorstellung im Bild des ehrlichen, kreativ-schöpferischen Unternehmers, in dem er sich wohl auch selbst verortet. Eine Zusammenarbeit mit den beschriebenen Partnern schließt er kategorisch aus. Auf einer persönlichen Ebene kann Adib dabei durchaus zugestimmt werden. Aus ökonomischer Sicht jedoch könnte gerade deren – durch die Nähe zum Regime für entsprechende Unternehmen deutlich erhöhte – Kompetenz zur Reduktion von Problemen für deutsche Partner einen entscheidenden Vorteil und Kooperationsanreiz bieten. Darüber hinaus offenbart sich bei Adib ein alternativer Dualismus, jener zwischen großen und kleinen syrischen Unternehmen: Geringe Mitarbeiterzahlen werden bei ihm zu einem stellvertretenden Indiz für veraltete, antiquierte Arbeitsweisen, die er allein in kleinen Unternehmen anzutreffen glaubt, respektive modernen Ansätzen, die er ausschließlich Großbetrieben zubilligt. Auch auf deutscher Seite besteht die Gefahr vor dem Hintergrund der beiden Dichotomien ‚staatlich – privat' und ‚klein – groß' vorschnelle Rückschlüsse auf Arbeitsweisen und Organisation zu treffen und auf diese Weise sich möglicherweise bietende Kooperationspotentiale zu übersehen. Als Beispiel kann der Auszug aus einem Gespräch mit *R.*, der Geschäftsführerin eines Lobbyvereins, dienen:

> „Ich sage Ihnen, die ganzen Klein- und Mittelständler hier, die können sie doch vergessen! Was wollen Sie denn mit denen? Der Chef spricht kein Englisch und wenn Sie die Produktion anschauen, dann sehen Sie ein größeres Zimmer mit ein paar Nähmaschinen drin. Was wollen Sie denn da machen? Wie wollen Sie mit denen zusammenarbeiten? Bis auf die paar Großen, die es hier gibt, können Sie das doch vergessen!" (R.)
>
> *Expertengespräch Ex6dt*

Ein folgenschwerer Trugschluss, möchte man einwenden. Wie die empirischen Feldarbeiten zeigten muss die Existenz eines pauschalen Zusammenhangs zwischen Betriebsgröße und Produktionsstandards zumindest bezweifelt werden. Völlig außer Acht gelassen wird die Tatsache, dass KMUs, ähnlich wie in Deutschland, das Rückgrat der syrischen Wirtschaft darstellen [vgl. z. B. HOPFINGER 1998] und nicht selten ein Höchstmaß an Innovativität und Risikobereitschaft an den Tag legen (müssen), um wirtschaftlich zu überleben [vgl. z. B. WIRTH 1995]. Hinzu kommt, dass kleine und mittlere Betriebe unter Umständen einen Teil eines informellen ‚Familienkonzerns' darstellen und somit die Zahl der Mitarbeiter eines Betriebs als einziges Analysekriterium nur begrenzte Aussagekraft besitzt.

Syrische Produkte verfügen im Kreis deutscher Befragter häufig über ein tendenziell negatives Image. In den wenigen Fällen, in denen syrische Produkte importiert wurden, wurde stets auf die Problematik vermeintlicher Qualitätsschwankungen verwiesen, der allein durch umfangreiche Produktkontrollen beizukommen ist. Das Gros der syrischen Produktpalette eignet sich nach Ansicht einer großen Zahl deutscher Befragter nicht oder nur bedingt für den Export nach Deutschland. Stellvertretend kommt *D.* zu Wort, ein in Damaskus befragter Experte:

> „Also gerade wenn es darum geht, Produkte nach Deutschland zu bringen, zu exportieren, da muss sehr viel gearbeitet werden, um die Qualitätsstandards so hoch zu bringen, dass sie auch in Deutschland ankommen. Weil, es produziert hier jemand für den syrischen Markt, denkt, er produziert hier billiger, als, was weiß ich, und wundert sich, warum kaufen die deutschen Firmen nicht? Das hat halt damit zu tun, dass die nicht pünktlich sind, Qualität passt nicht, da bekommt man 10.000 Polo-Shirts wo die Farbe um 1 % schwankt, dann ist die ganze Lieferung im Eimer. Das können die hier nicht verstehen." (D.)
>
> *Expertengespräch Ex11dt*

Ein Blick auf den Binnenmarkt und das Kaufverhalten syrischer Konsumenten macht schnell klar, dass zwei unterschiedliche ‚Produktionsregime' parallel zu existieren scheinen: Die Produktion für den Binnenmarkt und eine spezielle Produktion für Exportmärkte, letztere mit deutlich höherer Qualität. *Aladdin* macht für die Qualitätsmängel syrischer Produkte auch die aus seiner Sicht mangelhafte strategische Zielsetzung vieler syrischer Unternehmer mitverantwortlich. Hohe Stückzahlen sollen im Sinne von *economies of scale* über niedrige Kosten ebenso niedrige Preise gewährleisten. Doch diese Strategie kann nach seiner Ansicht – wenn überhaupt – nur kurzfristig erfolgreich sein. Er verweist in diesem Zusammenhang auf die zahlreichen Konkurrenten weltweit – er hat dabei fast selbstverständlich in erster Linie China vor Augen – und stellt sicherlich richtig fest, dass eine Kostenführerschaft auf Dauer angesichts dieser übermächtigen Konkurrenz wohl nicht möglich sein wird. Der Fokus syrischer Produzenten solle vielmehr auf der flexiblen Produktion qualitativ hochwertiger Erzeugnisse liegen, einer Geschäftsstrategie, die im Sinne von *economies of scope* in Verbindung mit einem verbesserten, die Vorteile der Produktion in Syrien hervorhebenden Marketing, zum (mittel-/langfristigen) Erfolg führt.

> „Many producers, they look, their ... I can tell you, look: Their goal is so short. They don't have a strategy. Their strategy is ... just a short-term strategy. Very short-term! They want to sell huge amounts! Just for today, they don't care about the future! They don't think much about. [...] I think, I think they are wrong! When you don't produce high quality, o. k.? You can sell today. All right? But what happens, you know, when other competitors especially from, you know, countries like China ... because most of our producers here, they are depending on export. I can tell you, 10 % of what is produced in textile is more than enough for our local market! 10 %! Imagine! So 90 % actually go for exports. [...] But to produce only the high quality and to provide a good service you have to work hard. Hard! [...] But by doing that really, you can really be in the market as stable, you know, not only going up and down. These people, one day, you see, they go up, up, up ... And other day it is just down in the bottom. [...] I don't have this problem. [...] I don't mind! I am selling 70 % of my fabric outside of Syria! So I don't mind! [...] What reason, why they are buying from me? They are buying not only quality! Quality, they are buying because of the service, they are buying because of the flexibility. They are buying for these things, you know! I can supply small quantities, I can give ... my fabric hand it over in three, four days! If they want to buy from China, it takes them, you know, month! That costs time! If he wants to buy from China he has to buy minimum a container or containers! From here he can buy a few rolls! You know! Think in the marketing way!" (Aladdin)
>
> *Interview C5-5sy*

Zusätzlich werden westliche Trends und Modeerscheinungen von syrischen Produzenten vielfach – gerade in der eigentlich starken Textil- und Bekleidungsindustrie – relativ spät erkannt. Die Interviewpartner führen dies überwiegend auf eine nicht ausreichende Präsenz syrischer Unternehmen im Ausland, zum Beispiel auf Messen oder Ausstellungen, zurück.

3.3.2 Kulturalisierung von Handlungsstilen: *German Way* vs. *Syrian Way*

> „I'm very happy that you are here, to ask … because, first, I respect, *do* respect very much the German way of doing business, which is very famous worldwide. It's a very honest way, and very clear and straight way in doing business." (Said)
>
> *Interview A12-4sy*

In den Köpfen der Akteure herrschen teilweise ganz konkrete Vorstellungen über Unternehmen, Produkte und Handlungsstil des aus ihrer Sicht anderskulturellen Gegenübers. Befragte skizzieren dabei immer wieder vermeintlich typische *ways of doing business*, um die Differenzen in den Arbeitsweisen der jeweiligen Gruppe syrischer beziehungsweise deutscher Unternehmen zu beschreiben. An dieser Stelle sei noch einmal auf **Said** verwiesen: Er spricht im obigen Interviewauszug nicht nur ganz explizit vom *German way of doing business (German way)*, sondern bewertet ihn mit den Attributen ‚ehrlich', ‚klar' und ‚aufrichtig' mehr als positiv.

Die Konstruktion eines deutlich erkennbaren *German ways* wird ebenfalls im Interviewauszug mit **Husam** deutlich. Er benutzt zur Abgrenzung und Illustration den in den Interviews von syrischen Gesprächspartnern immer wieder genutzten Vergleich mit anderen, im Beispiel italienischen, Unternehmen:

> „I go to a search engine like Yahoo, or Google, or somebody like this, it's very funny because I put the keyword and I make the top level domain, and I put ".de", so only show me German companies. […] I like to focus on German companies, cause German companies they offer better quality. The Italians in Syria now, they have the reputation of being just like Syrians *(lacht)*. You know they just lie, don't keep up their promises. I'm sure it's a stereotype, I'm sure there are good and bad everywhere. But Germans, no way! Germans are strict, are accurate, are precise." (Husam)
>
> *Interview S1-2sy*

Deutschen Unternehmen, ihren Produkten, aber vor allem der von ihnen erbrachten Leistungsqualität haftet in vielen Fällen ein sehr positiver Ruf an. Sami greift ebenfalls die Ursachen des positiven Images deutscher Unternehmen auf und gibt ein Beispiel aus seinem Arbeitsalltag für dessen mögliche Wirkung:

> „German companies … It is something, it has to do – maybe with tradition of Germany. And the nature of German people! It's excellent! In respect of reliability and … some extent the knowledge of … procedures followed by the importing countries. And … first of all – the reliability! We will transfer … we would not hesitate to transfer any big amount to a German company. Maybe … from the very beginning. Maybe from the first deal." (Sami)
>
> *Interview H1-6sy*

Ein weiteres Merkmal der Konstruktion unterschiedlicher Handlungsstile ist auch die Abgrenzung über den Vergleich mit Unternehmen aus anderen Ländern. Vor allem Kooperationspartner aus Italien oder Frankreich werden (siehe **Husam** oder **Walid T.**) häufig als Vergleichsmaßstab herangezogen um den *German way* aus syrischer Sicht zu konstituieren und abzugrenzen:

> „Yes. There is a difference between the Germans and the Italians or French."
>
> JMA: "Can you describe it a little bit closer?"
>
> "First of all the Germans give you two, three points ... finished, you discuss about it. Italians give you ten points to discuss and it takes long discussions. With Germans, it doesn't take a long discussion. It takes a few hours, not a few days. This is the difference."
>
> JMA: "So, you think they have stricter ideas about what to do?"
>
> "The Germans know ... we must respect both of them. Everyone has his way. I dealt with Italians for 30 years, they are very correct, but the negotiations take more time." (Walid T.)
>
> *Interview M4-2sy*

Der *German way* selbst zeichnet sich aus syrischer Sicht in erster Linie durch seine strikte Zielorientierung aus (vgl. die Aussage von **Walid T.**). Zusätzliche Charakteristika sind hoher Organisationsgrad, Exaktheit und ein großes Maß an Verlässlichkeit. Wenig überraschend bildet gerade die hohe Leistungsqualität ein Kernmerkmal des *German way*.

Auf den ersten Blick ein wenig verwunderlich, bei näherer Betrachtung aber durchaus verständlich, genießt die Leistungsqualität deutscher Unternehmen eine der Produktqualität tendenziell mindestens ebenbürtige Bedeutung. Vor dem Hintergrund der im vorangegangenen Teil der Arbeit geschilderten institutionellen Problemfelder erringen Attribute wie hohe Servicequalität, gutes Prozessmanagement und Genauigkeit beziehungsweise Verlässlichkeit beim Management der Kooperation einen überaus hohen Stellenwert.

Aus syrischer Sicht manifestiert sich eine gleich bleibend hohe Leistungsqualität grundsätzlich in einer großen Verlässlichkeit mit der zum einen kooperationsspezifische Vereinbarungen eingehalten, zum andern Sachfragen und erforderliche Arbeitsschritte abgewickelt werden. In dieselbe Richtung zielt auch der häufig genannte Aspekt ‚Genauigkeit', der bei der Überwindung der zahlreichen bürokratischen Hürden eine große Rolle spielt. Begründet liegt die hohe Leistungsqualität deutscher Unternehmen nach Ansicht syrischer Interviewpartner in der effizienten Organisationsstruktur deutscher Unternehmen und der strukturimmanenten Delegation von Aufgaben und Kompetenzen an gut ausgebildete Fachkräfte, die eine schnelle Entscheidungsfindung in Kooperationsfragen und die rasche Reaktion und Bearbeitung von Anfragen ebenso erlaubt, wie das effiziente Management von Konflikten und die kreative Entwicklung von Problemlösungen.

> „Es geht um die Qualität. Die Qualität … es sind alles Fachleute. Für gute Qualität brauchen Sie Fachleute. Gute Qualität braucht qualifizierte Arbeit. Genau wie Service! Wenn Sie ein Problem haben und Sie rufen in Deutschland an, und ich weiß, unsere Betreuer, die haben verschiedene Länder, die haben 15, 16 Länder und ich brauche gerade jetzt eine Antwort, der Kunde wartet. Was soll ich sagen? In einer halben Stunde ruft der zurück. Oder vielleicht in einer Stunde ruft der zurück. Aber er lässt mich nicht tagelang warten. Das ist wichtig. Dass ich schnell Informationen bekomme, guter Informationsaustausch." (Walid)
>
> *Interview B2-2sy*

Ibrahim bringt es aus seiner Sicht ganz einfach auf den Punkt:

> „They solve every problem!" (Ibrahim)
>
> *Interview D1-1sy*

Noch ein Wort zur in Deutschland häufig diskutierten Problematik der Servicequalität deutscher Unternehmen, die von Zeit zu Zeit unter wechselnden Schlagworten immer wieder ins Zentrum des öffentlichen Interesses gerät: Ausgezeichneter Service wurde von einem Großteil der syrischen Gesprächspartner explizit als positives Merkmal deutscher Leistungsqualität genannt. Dies wirft nicht zuletzt ein diffuses Licht auf die gängige Praxis der Reproduktion von Trend-Klischees im öffentlichen Diskurs: Im relativ wasserarmen Syrien jedenfalls stellt die vermeintliche ‚Servicewüste Deutschland' ein weitgehend unbekanntes Terrain dar.

> „Aber deutsche Unternehmen, die geben ein Jahr Garantie, ein Jahr Garantie. Schauen Sie, wenn Sie ein Jahr Garantie kriegen, dann gilt die bis zur letzten Sekunde. Besonders wenn Sie einen Vertreter vor Ort haben, der hingeht und sagt: Tatsächlich, wir haben eine Fehlkonstruktion oder Fehlproduktion oder irgendwas ist falsch. Sie kriegen innerhalb 24 Stunden das Teil! Wenn Sie Schwierigkeiten mit der Technik haben, dann kriegen Sie innerhalb von sieben Tagen – bis der sein Visum bekommt – einen Experten. Hierher. Innerhalb dieses Jahres. […] Wenn die ein Jahr Garantie versprechen oder zwei Jahre oder zehn Jahre … die halten das, die halten das tatsächlich! Aber danach wird der Mann, die hier letztes Jahr kostenlos war, ein paar hundert Euro pro Tag kosten." (Walid)
>
> *Interview B2-2sy*

Neben den allgemeinen Merkmalen hoher Leistungsqualität wurden auch eine Reihe syrienspezifischer Kriterien angeführt: So ist vor dem Hintergrund der vielfältigen institutionellen Defizite und Schwachstellen ein besonderes Verständnis des syrischen Marktes notwendig, das die Gesprächspartner in Syrien bei vielen ihrer deutschen Kooperationspartner erkennen. Die kooperationsrelevanten Notwendigkeiten – vor allem in Bezug auf Administration und Bürokratie – werden weitgehend anerkannt und entsprechend befolgt. Viele der Befragten attestierten ihren deutschen Partnern eine durchweg hohe Kenntnis syrischer Spezifika und den adäquaten Umgang damit, wie das an dieser Stelle noch einmal angeführte Beispiel von *Sami* belegt:

> „But this company, X, they manage to do it! And at the same time they have good knowledge of the German regulations and they know sometimes how to offer us documents that other companies cannot! It's not a secret if I tell you that we usually ask our suppliers to supply a reduced-price invoice! I buy this product for 10 USD but you send me an invoice at 5 USD. Not to that extent. Maybe 7, 8."
>
> JMA: "For tax reasons?"
>
> "Yes, tax reasons. And customs! We pay much less to the customs! So, at the same time we will request you to have this invoice certified by your Chamber of Commerce! Some other companies, let's say XY, they would not do that! They say: 'We must declare this invoice before the authorities. And we are getting a certain amount by return which must be equivalent to the amount mentioned in the invoice. And … *(hustet)* very difficult! But for a company like X, no problem, they would manage!" (Sami)
>
> *Interview H1-6sy*

Trotz der überwiegend positiven Konnotationen, die dem *German way* in den Schilderungen der Interviewpartner zuteil werden, muss der Vollständigkeit halber darauf hingewiesen werden, dass durchaus auch kritische Einschätzungen seitens syrischer Befragter zu verzeichnen sind. Kritik ist in nahezu allen Fällen in einen zeitlichen Vergleich eingebettet, der die Korrektheit des *German way* vergangener Tage mit Defiziten der Gegenwart kontrastiert:

> „The advantage is, that they are very serious and very active. Like most of the German … all German people, but not the new generation … *(schaut JMA an)* I'm sorry …"
>
> JMA: *(lacht)* "I have to stand it."
>
> "The disadvantage is that sometimes their prices are higher than the international market so we stop for a while and we come back to them. But if they are equal or a little bit higher we go to the Germans." (Walid T.)
>
> *Interview M4-2sy*

Nur wenige Wermutstropfen trüben also das positive Bild syrischer Unternehmen von der hohen Leistungsqualität deutscher Partner. Zumeist zielt die Kritik dabei auf spezielle Details ab. Übergreifend wurden lediglich zwei Aspekte häufiger genannt: Eine übersteigerte Erwartungshaltung von deutscher Seite, die dazu führt, aufgrund der Erfahrungen mit Kunden in Industrieländern ein zu großes Maß an vermeintlichem Experten-Wissen vorauszusetzen, und der Mangel an syrienspezifischen Marketingstrategien.

> „So, when you go now to a German company, for example, go to an Italian company, they show to you their machine directly on a CD with three dimensions working and so you got a better approach, you understand the machine much more. The German expect from you,

that you *do* already know what you are buying, and you are very expert and you don't care a lot about the economic way. So they are only plain catalogue and you should understand yourself." (Said)

Interview A12-4sy

Konkret können sich übersteigerte Erwartungen an das Wissen des Geschäftspartners auch in der nicht ausreichend transparenten Gestaltung von Angeboten äußern – nicht selten zum eigenen Nachteil, wenn Kaufargumente, wie allein in Deutschland selbstverständliche Gewährleistungen und Garantien, nicht explizit betont werden. An dieser Stelle erfolgt auch der Brückenschlag zum zweiten Kritikpunkt, einem in mancher Hinsicht unterentwickelten Marketing. Nach **Walid**s Ansicht, werden die Besonderheiten der Leistung, in seinem Beispiel Gewährleistungen und Garantien, nicht stark genug betont:

„Deutschland hat die beste Qualität, aber man muss dieses Wort analysieren und diese Vorteile dem Anderen rüberbringen und genau das Gleiche ihm sagen. Dabei muss man auch auf den Service und die Leistung verweisen, nicht nur auf das Produkt. [...] Man sagt ein Jahr Garantie, da können Sie sich zwölf Monate darauf verlassen. Zum Beispiel: wir hatten Schwierigkeiten mit einer Lieferung von Pneumatikteilen, von X-Pneumatikteilen, da haben drei große Teile gefehlt. Aber die gesamte Abteilung hat bestätigt, dokumentiert, dass die mitgeschickt wurden. Aber ich war selber dort, am Zoll, bei den Zollbehörden und habe gekuckt, tatsächlich waren die Teile nicht dabei. Ob die geklaut wurden oder nicht, weiß ich nicht, aber sie sind nicht dabei. Da habe ich den Herrn Kluge angerufen heute Morgen am Handy und das reicht halt. Ich weiß nicht, ob sie das mitgeschickt haben oder ob es geklaut worden ist. Ich war dabei, wie der Kunde es aufgemacht hat. Nach einer halben Stunde hat er mich zurückgerufen und gesagt, bei uns sind die ausgeliefert worden. Aber da der Kunde ja glaubwürdig ist, sie kriegen die Teile kostenlos. Das kriegen Sie nirgendswo! Der Kunde ist König bei einem Deutschen!" (Walid)

Interview B2-2sy

Für Walid zeigt die obige Anekdote ein Merkmal deutscher Leistungsqualität und nicht nur für ihn sind die positiven Charakteristika, die deutschen Unternehmen und ihren Produkten zugeschrieben werden, untrennbar mit der als positiv betrachteten ‚deutschen Kultur' verwoben, die sich in einem abgrenzbaren und vom eigenen syrischen Weg deutlich unterscheidenden *German way of doing business* manifestiert. Zwei Dinge sind in diesem Zusammenhang äußerst bemerkenswert: Zum einen ist sich ein großer Teil der befragten syrischen Unternehmer durchaus der Verbindung von institutionellem Umfeld und unternehmerischem Handeln bewusst, wie die Aussage von **Ahmad** stellvertretend verdeutlicht, zum anderen wird der *German way* – Ahmad benutzt das Wort ‚mentality' – bewusst in Abgrenzung zum vermeintlich eigenen *Syrian way* konstruiert, auch und gerade durch jene Befragten, die ihre Ausbildung im Ausland absolviert haben und sich in ihrer Selbstwahrnehmung als ‚*un*syrische', eher westlich-orientierte Unternehmer empfinden.

„The ideas always come from the law of the countries they deal with. Germans, [...] have a different mentality, Germans, [...] for example, they know these laws, these conditions,

> they respect it, it comes with it and everybody is understanding each other and there is no problem. But here in Syria it is something different. […] the differences come from the law, from the policy, from the political people, from the kind of business system. For example, when I say: ‚Our president says: The crossing of this road is prohibited!' In Europe it is o. k. No one will cross it. Here I have to try to go around this road to find a hole to reach the area behind. This is what I could say … negative point in the mentality of the people, because they are looking to their interests first. They don't consider the law, they don't consider the interests of other people. Everybody follows his own interests. […] In Europe they organize it to create an effective judicial surrounding for the economy. If you hurt it, you go to jail or you have to pay a fine. But here nothing happens. From this point I believe, our people is not like this but it is forced to act like this! This is the point from which on an European business man needs experiences to know how to handle with our problematic situation." (Ahmad)
>
> *Interview M3-2sy*

Wie sieht dieser von internationalen Gepflogenheiten abweichende *Syrian way of doing business* aus, den sich syrische Unternehmen selbst zuschreiben?

> "I met also many Syrian businessmen outside Syria who were really really willing to do business with other people without caring about religion because they want to do business They don't care about anything except their businesses. So, this might have some negative aspects but in the end, we all just want to do business. Don't care about religion, about, and so on. ***So, I think, Syrians have a special way to do business.***" (Kanaan)
>
> *Interview A7-3sy*

Eine Vorreiterrolle in Sachen Kritik nehmen, wie angesprochen, jene syrischen Unternehmer ein, die längere Zeit im Ausland gelebt und studiert haben, wie zum Beispiel der schon des Öfteren zitierte *Naji*. Sie kennen nicht zuletzt aufgrund ihrer Ausbildung unterschiedliche *business styles* und gehen mit dem vermeintlich altmodischen und rückständigen *Syrian way* hart ins Gericht.

> „There is a difference in the business culture between the typical ***Syrian business culture, which is really old fashioned, outdated now and what's expected abroad.*** Sometimes you get different reaction, that's probably why we (Najis Unternehmen; Anm. d. Verf.) are successful where others aren't. So our relationship is successful because I do come from an European-American background, you know, I grew up in Europe and in England, then I went to the States. So we understand each other, we have the same expectations as far as business behavior and dealings from each other." (Naji)
>
> *Interview A2-2sy*

Naji geht jedoch noch einen Schritt weiter. Er grenzt nicht nur die verschiedenen *business ways* – oder *business cultures*, wie er es nennt – voneinander ab, sondern sieht auch seinen eigenen unternehmerischen Erfolg in der europäisch-amerikanischen Vorgehensweise, die ihn von anderen, ‚typisch' syrischen Unternehmern unterscheidet, begründet. Nur deshalb sieht er sich in der Lage, die Erwartungen ausländischer Kooperationspartner zu erfüllen, der typische syrische Unternehmer hat hier, seiner Ansicht nach, entscheidende Defizite.

Andere Befragte teilen Najis Ansicht von der Rückständigkeit syrischer Geschäftsgepflogenheiten. Sie sehen vor allem in den Unzulänglichkeiten der institutionellen Rahmenbedingungen und den selektiven Möglichkeiten, gegen diese zu verstoßen, die ihrer Ansicht nach grundlegenden Ursachen für die Rückständigkeit des syrischen Wegs. Der deutsche Weg, eine Abwandlung des internationalen, westlich-modernen Wegs, wird hingegen als zukunftsträchtig und als Beispielmöglichkeit zur Überwindung der Probleme der syrischen Wirtschaft eingestuft:

> „In Europe they organize it to create an effective judicial surrounding for the economy. If you hurt it, you go to jail or you have to pay a fine. But here nothing happens. From this point I believe, our people is not like this but it is forced to act like this! This is the point from which on an European business man needs experiences to know how to handle with our problematic situation." (Ahmad)
>
> *Interview M3-2sy*

Auffällig sind bei der holistischen Auseinandersetzung mit den Selbst- beziehungsweise Fremdperzeptionen der Befragten vor allem vier Aspekte: *(1)* Alle Befragten arbeiten mit Abgrenzungen unter Bezugnahme auf sich wiederholende Teilaspekte. *(2)* Interviewpartner beider Nationalitäten stellen in nahezu allen Fällen eine Verbindung zwischen der vermeintlich anderen ‚Kultur' des Gegenübers und dessen Arbeitsweise her. Auf deutscher Seite kommt hierfür sehr häufig der Metabegriff ‚Mentalität' in einer Funktion als *catch-all-category* zum Einsatz: Verspätete Zahlungen werden auf diese Weise ebenso zu einer ‚Mentalitätssache', wie ausbleibende Antworten auf schriftliche Anfragen oder sogar geschmackliche Präferenzen. *(3)* Deutsche Unternehmen werden als einzigartig eingeschätzt. Alle Befragten treffen in nahezu allen Fällen eine dezidierte Unterscheidung zwischen deutschen Unternehmen und jenen aus anderen europäischen oder nordamerikanischen Industrieländern. Demgegenüber werden syrischen Unternehmen von deutscher Seite aus in vielen Fällen generalisierend vermeintlich ‚typisch arabische Kulturmerkmale' zugeschrieben. *(4)* Vor allem jene Syrer, die längere Zeit im Ausland verbracht haben, erweisen sich als (übertrieben) harte Kritiker des *Syrian way* und Fürsprecher einer aus ihrer Sicht notwendigen Weiterentwicklung verbunden mit der Adaption vermeintlicher internationaler Standards.

Im Folgenden soll der Versuch unternommen werden, die stark heterogenen Beschreibungen des vermeintlich ‚typischen' *German way* beziehungsweise *Syrian way* anhand der am häufigsten angesprochenen Charakteristika in Form von sich teilweise überlappenden Dichotomien zu konkretisieren.

3.3.2.1 Organisation vs. Chaos

Die erste Dichotomie greift den Unterschied zwischen deutschen und syrischen Unternehmen und Leistungsprozessen im Hinblick auf den jeweils zugeschriebenen Organisationsgrad auf. Der *German way*, ein ehrlicher, aufrichtiger und klarer Weg, Geschäfte abzuwickeln, ist von großer Zielorientierung geprägt:

> „Well, they are basically very well organized, they are being really direct to their point. We are impressed by them, especially in exhibition business, because they are the leaders. You talk about exhibitions in the world, you say Germany. Maybe recently US, but the exhibition country that is responsible for … so for Syria I think it's Germany. We always try to learn as much as we can from them." (Karem)
>
> *Interview N2-3sy*

Dem hohen Organisationsgrad deutscher Unternehmen steht gleichzeitig ein vermeintlich geringer Organisationsgrad auf syrischer Seite entgegen. Wenn keine konkreten Belege zur Untermauerung dieser These aus dem eigentlichen Kooperationsgeschehen zu entnehmen sind, dann wird auf deutscher Seite auch schon einmal mit dem Verweis auf allgemein chaotische Zustände Syriens und des syrischen Marktes argumentiert:

> „Die [Syrer] haben ja noch gar nichts von Organisation und Ordnung gehört. Sehen Sie sich doch Damaskus an: Der Verkehr ist doch chaotisch! Es gibt zu viele Autos und keine Garagen. Waren Sie schon einmal in Damaskus? Da funktioniert ja gar nichts, da ist alles chaotisch!" (B.)
>
> *Interview aB73dt*

> „Syrien ist ein einziges Durcheinander. Es ist ungeheuer schwer, dort Fuß zu fassen und einen kompetenten Vertreter zu finden, da jeder Kunde seinen persönlichen Lieblingsvertreter hat." (M.)
>
> *Interview aB86dt*

Einen Schritt weiter geht *R.*: Für ihn sind im Falle Syriens Chaos und Korruption untrennbar miteinander verbunden. Was R. verkennt, ist, dass Syrien – auch und gerade mit Blick auf das von ihm angeführte Beispiel – an einer Überregulierung leidet, nicht, wie er meint, an *fehlender* staatlicher Reglementierung. Sein Hinweis auf den Verkauf über Exklusivvertreter, offiziell war bis in das Jahr 2002 die Teilnahme an Ausschreibungen des staatlichen Sektors nur über lizenzierte Importagenten vor Ort möglich, wäre ein eindeutiges Indiz hierfür, welches R., erst einmal in Rage, jedoch nicht mehr weiter beachtet.

> „Syrien ist doch ein absolut korruptes Land! Da muss man dauernd aufpassen, damit man nicht über den Tisch gezogen wird. Ich sage Ihnen, ich könnte ein Buch schreiben über diesen chaotischen, unregulierten Markt: […] In Arabien können Sie nur über Exklusivvertreter Sachen verkaufen. […] Wir haben da nur öffentliche Auftraggeber und obwohl ein

riesiger Bedarf besteht, liefern wir vielleicht 100 Hörgeräte im Jahr. Da ist ein riesiger grauer und schwarzer Markt, auf dem Sie Schrottgeräte aus Russland etc. für Spottpreise kriegen. Mittelständische Unternehmen tun sich da ganz schwer!" (R.)

Interview aB70dt

Doch nicht nur private Unternehmen und der Markt, auch die staatliche Verwaltung zeichnet sich durch den beschriebenen Mangel an Organisationskultur aus, wie **G.** anhand eines Beispiels darlegt:

„Es kann durchaus sein, dass man per Schiff liefert, dann aber nur eine Einfuhrgenehmigung für den Landweg bekommt. " (G.)

Interview aB78dt

Betrachtet man die Dichotomie Organisation vs. Chaos auf der Ebene der Managementstrukturen innerhalb syrischer Unternehmen, so ist auffällig, dass viele deutsche Befragte eine mangelnde Kompetenz bei ihrem Gegenüber zu erkennen glauben. Die Erklärungsansätze gliedern sich entsprechend der Eigentumsstruktur des syrischen Unternehmens: Handelt es sich um ein privates Unternehmen, ist der Verhandlungspartner mit an Sicherheit grenzender Wahrscheinlichkeit allein aufgrund seiner familiären Beziehung zum Eigentümer an die Managementposition gelangt; handelt es sich um ein staatliches Unternehmen, spielt Korruption in verschiedensten Ausprägungen die entscheidende Rolle.

„Dann erklären sie die Maschine und erläutern die Details. Sie glauben: Jetzt hat er das aber gefressen. Und dann kommt wieder so eine Frage, wo ihnen mit einem Schlag klar wird: Der hat gar nichts verstanden. Da könnten sie dann echt die Wand hochgehen! Aber die Leute in den Unternehmen entsprechen einfach nicht dem westlichen Standard. Entweder der ist der Schwager von einem oder sein Vater ist irgendwie ein hohes Tier in der Regierung oder so was. Sie wissen ja, wie das da läuft …"

Aussage in einer Gesprächsrunde im Verlauf der Unternehmerdelegationsreise (Oktober 2002)

Auch wenn syrische Unternehmen nach Ansicht vieler Experten organisatorische Defizite aufweisen und hinsichtlich ihrer Organisationsprinzipien nicht dem neuesten betriebswirtschaftlichen Stand entsprechen, so erscheint die pauschale Absprache fachlicher Kompetenz unter Ausklammerung der institutionellen Rahmenbedingungen in den vermeintlichen Erklärungsansätzen doch vielfach unzulässig und auch unzureichend belegt. Viel wichtiger aber als die empirisch überprüfbare Realitätsadäquanz der Aussagen ist nach Ansicht des Autors jedoch die scheinbar unbewusste Bezugnahme auf ein weit verbreitetes Bild: die Familienbezogenheit orientalischer Unternehmer. Diese manifestiert sich in den deutschen Beschreibungen in der angeblich weit verbreiteten, wenig rationalen Vergabe von Führungspositionen an Familienmitglieder respektive regimenahe Personen anhand ökonomisch-rational nicht fassbarer Kriterien. Folgen dieser ‚orientalischen' Verfahrenspraxis sind dann eben die häufig beschriebenen Kompetenzprobleme von Führungskräften und die Defizite in der funktionalen Strukturierung syrischer Unternehmen, die wiederum, entsprechend der deutschen Einschätzung, verantwortlich sind für suboptimalen Unternehmens- und Kooperationserfolg. Anstelle dieser kulturalisierenden Erklärung könnten die differierenden Handlungsweisen und Betriebsabläufe deutscher und syrischer Unternehmer im Sinne Norths auch völlig anders interpretiert werden, nämlich als Ergebnis unterschiedlicher institutioneller Entwicklungsprozesse. Sie wären dann eben kein Ergebnis eines kulturell bedingten – ‚typisch arabischen' – Mangels an Organisation, sondern – ganz im Gegenteil – optimales organisatorisches Ergebnis unter den gegebenen institutionellen Bedingungen.

Dieser Argumentation auf Prozessebene folgend, ist die hoch organisierte Handlungsweise deutscher Unternehmen Resultat des strikt reglementierten Umfelds in Deutschland. Stark strukturierte, institutionalisierte Handlungsabläufe sind im gegebenen institutionellen Rahmen Deutschlands ökonomisch erfolgreich. Dies äußert sich im konkreten Kooperationsgeschehen u. a. in der im Vorfeld stattfindenden Identifikation potentieller Problemkreise und der Fixierung entsprechender Verfahrensweisen. Der syrische Partner hat die Notwendigkeit der Erstellung eines Vorgabenkatalogs einzusehen und die einzelnen Vorgaben umzusetzen. Abweichungen werden kaum/nicht toleriert. Aus deutscher Sicht machen standardisierte Vorgehensweisen eine rasche Reaktion auf entstehende Konflikte ohne große Behinderung der Kooperation möglich. Das friktionslose Kooperationsmanagement wiederum ist aus syrischer Sicht das Kernelement der hohen Leistungsqualität, die vom deutschen Partner erwartet wird. Was dabei leicht übersehen wird, ist die Tatsache, dass syrische Unternehmen eben unter anderen Bedingungen agieren, agieren müssen. So verursacht die Arbeitsweise deutscher Unternehmen in einigen Fällen zunächst Schwierigkeiten, wie **Mario**, der Produktionsleiter eines deutsch-syrischen Joint Ventures, darlegt:

JMA: "You said that it is very difficult for you to cooperate with Germans. Why?"

"What mean … It is, possibly, let's say, I meant it is a lot of extra work."

JMA: "A lot of extra work?"

"Due to the huge amount of people to … of information, of going by the book, of technology and all the procedures which we have to understand, learn, obey by and conform. So we need to do all the bad consistency, all the bad every day and with deadlines and with follow up … We have to be at the same standard than all the international companies, same class."

JMA: "O. K. Do you find it difficult to meet their requirements? Is it unusual for a company in Syria to meet such requirements?"

"Typical questions! Yes … ah yes! It is unusual for a company in Syria to meet these requirements! And … it is not difficult as a difficulty of … of cannot be done. It is difficult as … it is time-consuming, you need special people to do it … trained people. You need to understand it. But the thing itself, it is not difficult in a sense that you need more brains or more … work up to more. It is figures, follow up, standards and its very concepts [...]. You cannot say it's difficult to [...] to do … that." (Mario)

Interview S4-7sy

Mario bringt es auf den Punkt: Die deutsche Arbeitsweise ist schlichtweg anders, gekennzeichnet von abweichenden Handlungsabläufen. Mit Unterstützung seitens des deutschen Partners, mit Hilfe von Erklärungen und Einweisungen, könnten die Anforderungen innerhalb kurzer Zeit erfüllt werden. Doch auf deutscher Seite fehlt diese Einsicht vielfach, nicht zuletzt auch aufgrund unzureichender Kenntnisse über die Rahmenbedingungen vor Ort. Auch im Beispielfall kam die Unterstützung erst nach und nach, wie Mario im Anschluss an das Interview einräumt. Ausgehend von eigenen, gewohnten Standards und einer tendenziell negativen (Vorab-)Einschätzung syrischer Unternehmen schreiben deutsche Interviewpartner Schwierigkeiten häufig der mangelnden Motivation oder eben Kompetenz des Partners zu, wie eine Reihe von Aussagen belegt, anstatt die Vorteile der eigenen Verfahrensweisen für beide Seiten in ausreichendem Maß zu kommunizieren. Aus deutscher Sicht gilt es, die fehlende Motivation durch das strikte Diktieren von Bedingungen zu überwinden und deutsche Standards – ungeachtet möglicher Verständnisprobleme oder Adäquanzzweifel – auch beim syrischen Partner zu installieren.

„Also, ich habe auch kein Patentrezept, was die Verbesserung der Zusammenarbeit mit syrischen Partnern betrifft. Meiner Ansicht gibt's das auch gar nicht. Die Mentalitätsunterschiede sind einfach zu groß. Aber eine Sache würde ich dringend empfehlen: Sie müssen immer bestimmt auftreten und sagen, was Sache ist. Punkt für Punkt jeden Arbeitsschritt festlegen. Sonst nimmt Sie da doch keiner ernst! Absolut tödlich ist es, wenn Sie an irgendeinem Punkt ihre Unsicherheit durchblicken lassen. Dann haben Sie schon verloren." (S.)

Interview aB53dt

Die aus deutscher Sicht bestehende Notwendigkeit zur Adaption der deutschen Vorgaben erkennt nicht jeder syrische Unternehmer gleichermaßen an. Die Kluft zwischen westlicher Organisation und syrischer ,Chaos-Mentalität', die häufig wieder gleichgesetzt wird mit einer imaginären arabischen Mentalität – siehe *R*. – präsentiert sich als zu groß. Eine Zusammenarbeit ist vor diesem Hintergrund erschwert, es sei denn, der syrische Counterpart hat eine westliche Ausbildung durchlaufen und verfügt deshalb bereits *ex ante* über die notwendige Einsicht in die Notwendigkeit der vorgegebenen organisatorischen Struktur:

„Eine generelle Einschätzung zu Syrien als Handelspartner möchte ich gar nicht abgeben. Mit jedem Land sind gewisse Schwierigkeiten verbunden. Ich denke aber, Länder wie Syrien werden überschätzt. Ich sehe nur ein geringes Potential für die Ausweitung unseres Absatzes, für die Ausweitung des Absatzes deutscher Firmen in Syrien generell. Von der Errichtung von Produktionsstätten möchte ich gar nicht reden … das ist viel zu kompliziert! [...] Es gibt einfach eine tiefe Kluft zwischen der westlichen und der arabischen Mentalität, die ist auch nicht einfach zu überbrücken. Geschäfte nach ihren [deutschen; Anm. d. Verf.] Vorstellungen können sie eigentlich nur mit Arabern machen, die eine westliche Ausbildung haben. Die Mentalitätsprobleme müssen sie einfach akzeptieren." (R.)

Interview aB51dt

Schlagwort ,Flexibilität'

Häufig als vermeintlicher Beleg für mangelhafte Organisation und damit ursächlich für chaotische Zustände verantwortlich, ist aus Sicht deutscher Befragter die rasche Änderung von Plänen auf syrischer Seite. Als vermeintliches Indiz werden dabei unter anderem häufige Anfragen mit wechselnden Inhalten angeführt:

> „Und dann gibt es noch ein echtes Mentalitätsproblem mit syrischen Interessenten: Es passiert uns immer wieder, dass Anfragen aus Syrien reinkommen. In der ersten ist von zehn Maschinen oder noch mehr die Rede. Dann setzen sich unsere Leute hier hin, und arbeiten ein entsprechendes Angebot aus. Die legen dann auch die Konditionen fest. Doch wenn's dann konkret wird, dann ist auf einmal was dazwischen gekommen: ,Ja, wir können nur noch zwei Maschinen kaufen, weil, blah, blah, blah …'. Dann fangen die hier noch mal an und arbeiten noch ein Angebot aus. […] Ich habe so das ,Gefühl, dass die Syrer entweder nicht wissen, was sie wollen oder auf diese Weise einfach nur versuchen, günstigere Preise herauszuschinden! Das macht man einfach nicht!" (B.)

Interview aB58dt

Die mit dem Import von Maschinen verbundene Problematik, die von der notwendigen Importlizenz bis hin zur Finanzierung und der Abwicklung der Zahlungsmodalitäten reicht, ist *B.* nicht bekannt. Es scheint aber tatsächlich so, dass unternehmerische Pläne in Syrien häufiger überarbeitet und revidiert werden, glaubt man der von syrischen Unternehmern in unzähligen Interviewsequenzen an den Tag gelegten Charakterisierung der eigenen unternehmerischen Vorgehensweise. Eine Sache erst einmal ,ins Rollen zu bringen' scheint eine gängige Vorgehensweise zu sein. Details können auch später noch, im Verlauf des Kooperationsprozesses, geklärt werden. Unternehmerisches Handeln ist aus syrischer Sicht eng mit planerischer und konzeptioneller Flexibilität verbunden.

Flexibilität ist auf syrischer Seite zunächst fast ausschließlich positiv besetzt. Flexibilität bedeutet für viele syrische Unternehmer auf unvorhersehbare Ereignisse adäquat zu reagieren, also den Aktionsraum bei Bedarf rasch zu erweitern. Dies steht der Vorgehensweise, wie sie von syrischer Seite deutschen Unternehmen zugeschrieben wird, scheinbar entgegen. Deutsche Unternehmen werden als bemüht wahrgenommen, bereits im Vorfeld eine möglichst große Zahl von potentiell problemgenerierenden Aspekten auszuschalten. Dabei kommen vorab entwickelte und erprobte Handlungsstrategien zum Einsatz. Flexibilität in deutsch-syrischen Kooperationen bedeutet für deutsche Firmen zunächst das Abweichen von bekannten und bewährten Routinen, und das soll, nicht zuletzt aus Kostengründen, verhindert werden.

„Wir liefern schon seit mehr als zehn Jahren an einen Syrer in München, der dann selbst die Waren nach Syrien exportiert. Der bestellt pro Jahr in einer Größenordnung von ein paar 10.000 Euro. [...] Seit eineinhalb Jahren beliefern wir auch direkt Kunden in Damaskus und Aleppo. Aber diese Geschäfte sind ein einziges Ärgernis. Ständig werden irgendwelche Vorschriften geändert, die Prozedur zur Erstellung der benötigten Papiere und Zertifikate wird dauernd umfangreicher. Laufend kommt einer zu uns und will, dass wir das und jenes wieder überarbeiten. Ein Beispiel: Für die Minen unserer Kosmetikstifte [Kajaalstifte, Eyeliner etc.; Anm. d. Verf.] müssen wir ein Zertifikat mitliefern, das die Inhaltsstoffe deklariert. Wir verkaufen die schon seit Jahren unverändert, aber jedes Mal will unser Kunde ein überarbeitetes Zertifikat. [...] Da denkst Du, Du hättest die Anlaufschwierigkeiten überwunden und den ganzen Papierkram zusammen, dann kannst Du wieder von vorn anfangen und hast wieder die gleichen Probleme. Wir haben uns schon überlegt, es einfach sein zu lassen ..." (K.)

Interview aB56dt

K.s Aussage zeigt: Eine Abweichung vom üblichen Verfahrensweg verursacht Probleme. Auf plötzliche Wünsche oder Erfordernisse von syrischer Seite einzugehen wird häufig als Störung der Zusammenarbeit empfunden und ist nicht wirklich vorgesehen. Dasselbe Beispiel, die kurzfristig notwendig werdende Adaption von Dokumenten, nutzt auch **Majid**, um die aus seiner Sicht geringe Flexibilität seines deutschen Kooperationspartners darzulegen. Er benutzt hierzu den beliebten Vergleich mit italienischen Unternehmen:

„You say: you need this document, o. k. I will send it to you tomorrow because still it did not arrive to my office. Then, if he's a German he will say: 'No. We can not send it till I get this ...' While the Italian might say: 'O. K.' 'Are you sure I will get it tomorrow?' 'Yes!' So he's more flexible." (Majid)

Interview N3-3sy

Für syrische Unternehmer ist die flexible Reaktion auf unvorhergesehene Ereignisse wichtiger Teil des unternehmerischen Handelns und deshalb auch impliziter Bestandteil der Erwartungshaltung an einen Kooperationspartner, wie **Walid** andeutet:

„... der Markt hat momentan eine Flaute, also ... da müssen wir was unternehmen, um ein bisschen was abzusetzen. Wir müssen ja nicht 100 % absetzen, aber lassen sie uns 70 % absetzen. Aber gar nichts zu tun, das ist auch falsch. Also hören Sie mal zu, so denken die Leute. So ist ihre Kultur, so sind sie erzogen: Lassen Sie es uns mal probieren. Weniger Gewinn machen ... aber ein bisschen absetzen, immer noch auf dem Markt bleiben." (Walid)

Interview B2-2sy

Der Appell Walids verhallte ungehört, sein deutscher Partner kam ihm bei der Preisgestaltung nicht entgegen. Im Ergebnis brach der Umsatz fast völlig ein – zum Schaden aller Beteiligten. Als weiteres Beispiel kann an dieser Stelle auf das Verfahren der Importlizenzierung verwiesen werden: Nach wie vor liegt der Einfuhr von Waren aus Deutschland eine entsprechende Importlizenz zugrunde. Diese muss bei den entsprechenden Stellen beantragt werden. Wenngleich sich auch die Prozedur in den letzten Jahren verändert hat und eine Genehmigung nur noch Formsache zu sein scheint, birgt das Antragsverfahren nach wie vor das Risiko einer Ablehnung. Zur immanenten Unsicherheit der betrieblichen Investitionsentscheidung kommt also die Unsicherheit über die staatliche Erlaubnis zum Import der ausgewählten Investitionsgüter sowie die Unwägbarkeit des Finanzsektors hinzu. Dies impliziert die Vorbereitung von Alternativstrategien, also eine gewisse Flexibilität seitens des syrischen Unternehmers, die dieser dementsprechend auch bei seinen Partnern als elementares Charakteristikum der Arbeit mit voraussetzt.

> „… the system in Syria, the economic system, the way we import, the way we can manage our transactions, especially the monetary ones, would be a lot different. We are very optimistic about that. It will happen – I mean – there are degrees, there are laws and the circumstance, that would make things become much easier. Now, that is our main risk, our main problems. It is not with the German companies. No! It's the issue of inaugurating the laws that are applied in Germany and the ones that are applied here. The foreign company might have a problem in understanding our system, now, if they are smart enough they will say o. k., if we gonna do business in Syria, we have to respect the laws of Syria even the unwritten ones. If they take that mentality they will be o. k. Unfortunately not all the companies do that. Sometimes they say: No, this is not the way we do business. That's not the way we do business, we don't do it. They show no flexibility! O. K., it's not in my hands, not at all! I think that's the main risk, that they may have anyhow. That's German, anytime." (Rami)
>
> *Interview C2-2sy*

Geht man in der Betrachtung über das Kooperationsmanagement hinaus, kann man erkennen, dass innerhalb der syrischen Unternehmerschaft der Tenor ‚Vieles ist verhandelbar!' herrscht. Diese Einstellung könnte als ein Ergebnis der institutionellen Entwicklung interpretiert werden. An dieser Stelle sei nur auf die Ausführungen über individuelle Grenzüberschreitungsrechte als potentielle Basis wirtschaftlichen Erfolgs (siehe Kapitel 2.1.1, Abschnitt ‚Resümee: Ergebnis der institutionellen Entwicklung') verwiesen. Unternehmerische Tätigkeit ist für viele syrische Investoren eben durch ein hohes Maß an Unsicherheit gekennzeichnet: Heute erteilte Genehmigungen könnten morgen zurückgenommen werden. Der Ausgang bürokratischer Prozesse ist kaum vorhersehbar. Dies heißt, die Konzentration auf das Ziel wird durch die notwendige Konzentration auf jeden einzelnen Schritt erschwert. Gleichzeitig besteht die Möglichkeit, durch die Nutzung bestehender institutioneller Lücken beziehungsweise die gezielte (straffreie) Übertretung der Rahmenbedingungen, aber auch durch die rasche Nutzung von kurzfristig sich ergebenden Chancen innerhalb des Systems, individuelle ökonomische Vorteile zu realisieren. Voraussetzungen hierfür sind neben einer Reihe weiterer Faktoren, wie beispielsweise der Möglichkeit zur Sanktionsvermeidung, eben und gerade eine gehörige Portion Flexibilität.

Den Stein ins Rollen bringen, dann ist alles möglich. Die Geschichte von *Salaheddin*, heute u. a. ökonomisch erfolgreicher syrischer Lizenzproduzent eines bekannten Bekleidungslabels, ist ein Beispiel für die mancherorts in Syrien anzutreffende hohe Flexibilität in unternehmerischen Grundsatzentscheidungen. Eine Flexibilität, die im ‚hoch-institutionalisierten' Deutschland kaum mehr als ungläubiges Erstaunen hervorrufen dürfte:

> JMA: "Can you give me a brief description of your company's history? How did everything start? You said you were working in the field of packaging fruits and vegetables."
>
> "Still co-existing." (Razan, Assistentin der Geschäftsleitung)
>
> JMA: "Yeah, still existing. And now you are producing high-quality textiles. How comes?"
>
> "How comes? *(lacht)* It's all by accident." (Salaheddin)
>
> JMA: "By accident?" *(lacht)*
>
> "All by accident. Because I have a brother in Mossul ... in retail ... [...] He was the first one who cooperated with X. And he has a good relation to X. One time the president of X came to my brother and asked me there: 'We are looking for someone taking X to Syria. Do you want?' My brother asked me: 'Do we go?' 'Of course.' And we took the opportunity. We thought, we do it the same way in Syria than Iraq. We take the job, open stores, storage and subcontracting. Without the cotton thing. But when we looked for ateliers, factories here in Syria, either they were too expensive or they had no time or they were not able to produce the quality we are looking for. [...] So we decided to produce the clothes by ourselves. My partner is engineer and I am architect. We visited some factories. Not only in Syria, but in Turkey, in Cyprus, in Marocco. How they look like. [...] Now you can see our factory here ... raw material goes up to the cutting tool *(zeigt aus dem Fenster auf Teile des Gebäudes gegenüber)* after that, it goes to the line. After that to the ironing room and after that controlling and packaging. [...] We like our factory and we find it is a good solution. To do it ourselves. [...] it was by accident. We had no idea about clothes, no atelier or something in Damascus before. **We didn't study economics, we do economy.** But now if I read an economical study, I ... *(lacht)*" (Salaheddin)
>
> *Interview J1-3sy*

3.3.2.2 Ziel- vs. Prozessorientierung

> „You can say that the German business partner is much more oriented in his business and very close on his aim. If he wants to sell you machinery or he wants to sell you raw material ... or he wants to buy from you a certain product ... he's then 100 % oriented to this aim ... to this objective ..." (Adib)
>
> *Interview A10-3sy*

Die gegenseitige Zuschreibung von kulturellen Eigenschaften hat für die Kooperation eine erste Konsequenz in der als unterschiedlich empfundenen Herangehensweise an die

Zusammenarbeit. Während deutsche Unternehmen in den Augen ihrer syrischen Counterparts eben eine ausgeprägte – nicht immer unumschränkt positiv bewertete – Zielorientierung an den Tag legen, erscheint die übliche Vorgehensweise syrischer Unternehmen in deutschen Augen im Gegenteil dazu als wenig strukturiert und im Grunde eher prozessorientiert. Ziel- respektive Prozessorientierung stellen nach Ansicht vieler Befragter ein wesentliches Merkmal des *German way* beziehungsweise *Syrian way* dar, welches sich in verschiedenen Teilprozessen der Kooperation, so zum Beispiel bei Vertragsverhandlungen, deutlich zeigt.

Schlagwort ‚Verhandlungsführung'

In den Augen syrischer Manager und Unternehmer ist eine ‚typisch' deutsche Verhandlungsführung gekennzeichnet durch eine hohe Zielorientierung, die sich u. a. in der Vermeidung jeglicher als überflüssig empfundenen und vom eigentlichen Thema abweichenden Kommunikation in einer überbordenden Genauigkeit sowie der schriftlichen Fixierung aller Kooperationsdetails (‚Detailversessenheit') äußert:

> „They are interested in a small very very small detail, very small details, they discuss with you the invoice how you will write it, in which name how you will send it, the packing list how you will do it, they are … they interfere in every small things."
>
> JMA: „Is it easier for you if they interfere in every little issue?"
>
> "Well, for me I am glad because when anybody interferes in your business like this you will learn a lot, you will learn something maybe you don't know it. Maybe you think that's very common but in fact it is not very common, there is something behind it." (Riad)
>
> *Interview A11-3sy*

Dabei scheinen die Positionen in einzelnen Verhandlungsaspekten bereits im Vorfeld im Wesentlichen kaum revidierbar, was in Verbindung mit einem sehr zielorientierten Kommunikationsstil manchmal aus syrischer Sicht als latentes Desinteresse beziehungsweise Arroganz interpretiert wird:

> „They are correct, they follow the instructions exactly, you can trust them, if they promise something, they will fulfill it. This is something I appreciate! And they are, what I can say, reliable and very well organized. They follow … I have dealt with other companies, but you see, for me, it is more convenient dealing with Germany. But the disadvantage of them: The prices are higher than the others and the discussion with them is not easy. […] They are not always willing to co-operate. […] Maybe from their own strategy they will say, it is not interesting for us." (Hicham)
>
> *Interview O1-2sy*

Die große Detailgenauigkeit stößt durchaus auf unterschiedliche Reaktionen: Einige Befragte, so zum Beispiel der oben angeführte Riad, begreifen die Festlegung aller Details als Chance, von der Erfahrung des Partners zu profitieren, da auf diese Weise die Aufmerksamkeit auf potentielle Problembereiche gelenkt wird. Andere empfinden diese Art der Verhandlungsführung aber auch als Gängelung.

Einigkeit herrscht im Bezug auf die Einschätzung der Prozessqualität deutscher Unternehmen. Diese wird einvernehmlich gelobt und als große Stärke deutsch-syrischer Partnerschaften herausgehoben. *Kanaan*, der nicht nur Teile seines Studiums im Ausland absolviert hat, sondern regelmäßig längere Zeitabschnitte beruflich in Deutschland, genauer in München, verbringt, stellt nicht nur eine Beziehung zwischen Detailgenauigkeit und Prozessqualität her, sondern versucht auch, die Unterschiede zu Verfahrensweisen syrischer Unternehmer herauszuarbeiten.

> „When you negotiate with a German, there's a difficulty to negotiate something. But when you have negotiated, when you have negotiated everything in detail, you know everything, you have to decide. And that's it. Then everything is certain. When you, in many cases, have to negotiate with a Syrian, of course this is a long story, this has to do with identity. In many cases, just keep things not clear, just say, O. K., maybe this, maybe that. In many cases. When you start something eventually depending on that case, you negotiated, there are so many issues, you have not really negotiated about. I mean, there are differences, but I prefer the German way, because you negotiate and have a result. This does not mean, that Syrians don't commit to their partners. It has nothing to do with this. It has to do with the persons. This is not their structure. They don't do much in detail, you know that the Germans, they take it further in detail than the other do. The Germans have more structure, more detail, they want to talk about everything. So this is the general difference." (Kanaan)
>
> *Interview K7-3sy*

Trotz vieler positiver Einschätzungen scheint die herrschende Meinung syrischer Gesprächspartner eher dazu zu tendieren, diese ungewohnte Detailgenauigkeit als übertrieben zu bewerten. Nicht beachtet wird dabei der aus deutscher Sicht existierende Zusammenhang zwischen Vorabfixierung potentieller Problemkreise und Problemprävention als Grundpfeiler von Leistungsqualität. *George* bringt die Meinung vieler syrischer Interviewpartner mit seiner Aussage auf den Punkt:

> „Germans usually follow the letter … more than the spirit." (George)
>
> *Interview K4-5sy*

Der *spirit*, von dem George spricht, ist vor dem Hintergrund der institutionellen Rahmenbedingungen unternehmerischen Handelns in Syrien ein maßgebliches Erfolgskriterium. Die schriftliche Fixierung von Details im Kooperationsvertrag ist vor dem Hintergrund fehlender Rechtssicherheit und mangelnder Möglichkeiten, auf die Erfüllung des Vertragsinhalts zu pochen, aus syrischer Sicht von zweifelhaftem Wert. Alternative Methoden zur Erhöhung der Kooperationssicherheit und zur Sicherstellung des Kooperationserfolgs, zum Beispiel der Aufbau einer persönlichen Beziehung zwischen den Geschäftspartnern, sind aus ihrer Sicht eher dazu geeignet, Sicherheit herzustellen und kommen dementsprechend bei intra-syrischen Kooperationen regelmäßig zum Einsatz.

Die ambivalente Einschätzung deutscher Partner, Detailversessenheit und geringe Flexibilität in der Verhandlungsführung bei gleichzeitig hoher Zielorientierung und Prozessqualität, wird noch einmal deutlich in den folgenden Interviewauszügen, in denen – einmal mehr – der Vergleich mit südeuropäischen, in allen Fällen italienischen, Unternehmen zum Einsatz kommt.

> „… the advantages to deal with Germans … that they are very straight, very organized. They know their job. With others, let's say Mediterranean countries or Middle East countries, you can call him, he's not in his office, you ask him something, he will cause a delay … The same time, the Mediterraneans are more flexible, so you see, if you have something which is not … You say: 'I need this urgently, o. k.?' And you want them to send it to you tomorrow. Then, if he's a German he will say: 'No, we can not send this shipment till I get this document.' When it arrives, he will send it immediately. While the Italian might say: 'O. K. I will send it. Make sure I will get the document tomorrow?' Yes, so he's more flexible. […] more flexible are the Italians, more than the Germans … the advantage of the Germans that they are more organized." (Mounzer)
>
> *Interview N3-3sy*

Verhandlungen mit deutschen Partnern gestalten sich nach Ansicht vieler syrischer Befragter, für die hier stellvertretend *Nizer* und *Walid T.* zu Wort kommen sollen, häufig einseitig, was auf syrischer Seite nicht selten das Gefühl einer ungleichen Partnerschaft erzeugt. Anders Verhandlungen mit Partnern aus Südeuropa: Bei Gesprächen mit diesen erhält der Begriff ‚verhandeln' tatsächlich eine prozessuale Bedeutung:

> „Zum Beispiel, mit einem Italiener können Sie ein bisschen verhandeln. Und Sie kriegen immer, was Sie sich vorstellen, so, in Anführungszeichen. Aber in Deutschland ist nicht der Fall. Vielleicht hat es sich ein bisschen jetzt in der letzten Zeit geändert, aber in Deutschland, wenn man sagt: ‚Was kostet das?', wirklich sagt, was kostet das, da gibt es kein drum herumreden. Sie verstehen, was ich meine?" (Nizer)
>
> *Interview K4-4sy*

> „Yes. There is a difference between the Germans and the Italians …"
>
> JMA: "Can you describe it a little bit closer?"
>
> "First of all the Germans give you two, three points … finished, you discuss about it. Italians give you ten points to discuss and it takes long discussions. With Germans, it doesn't take a long discussion. It takes a few hours, not a few days. This is the difference."

JMA: "So, you think they have stricter ideas about what to do?"

"The Germans know ... we must respect both of them. Everyone has his way. I dealt with Italians for thirty years, they are very correct, but the negotiations take more time." (Walid T.)

Interview M4-2sy

Interessanterweise attestieren auch die interviewten deutschen Manager ihren syrischen Partnern ein ausgeprägtes Verhandlungsgeschick. Doch besteht auch aus deutscher Sicht Anlass zu Kritik: Syrische Verhandlungsführung wird im Regelfall in Abgrenzung zur eigenen Verhandlungsführung, die als Ideal interpretiert wird, als unstrukturiert und wenig zielgerichtet empfunden. Strategische Kooperationsziele sind kaum Gegenstand der Diskussion – obwohl diese auf syrischer Seite häufiger vorhanden sind als auf deutscher Seite –, vielmehr stehen in den meisten Fällen pekuniäre Aspekte im Vordergrund. Eine Vorgehensweise, die aus deutscher Sicht tendenziell negativ interpretiert wird und im Einzelfall dazu führt, syrischen Unternehmern eine ‚typisch arabische Basarmentalität' zu unterstellen, wie die Aussage von S. zeigt.

„Syrien ist ein schwieriger Geschäftspartner, das kann ich Ihnen sagen. Das liegt doch vor allem an der Mentalität der Araber. Die versuchen doch bei jeder Gelegenheit die Preise zu drücken. Ich glaube manchmal, der Preis ist das einzige was zählt ..." (S.)

Interview aB20dt

3.3.2.3 Institutionalisierung vs. Personalisierung

Die dritte Dichotomie (‚Institutionalisierung vs. Personalisierung'), die sich in den Beschreibungen von Unterschieden zwischen deutschem und syrischem *way* wiederfindet, äußert sich zumeist in der deutlichen Wahrnehmung von Bedeutungsunterschieden persönlicher Kontakte für die Zusammenarbeit. Deutsche wie syrische Interviewpartner nehmen übereinstimmend eine stärkere Betonung der personalen Ebene auf syrischer Seite wahr. Die Kooperation selbst, wie auch alle immanenten Arbeiten und Teilaspekte, werden dieser Meinung entsprechend auf syrischer Seite stets an Personen festgemacht.

„Then in the end, in my experience, it depends heavily on persons ..." (Mounzer)

Interview N3-3sy

Schlagwort ‚persönliche Beziehungen'

„Ab und zu ergeben sich Meinungsunterschiede, und das ist normal, sehr. Aber ein persönliches Gespräch löst alles, auch große Probleme ..." (Nizer)

Interview K4-4sy

Im Verlauf dieser Arbeit wurde bereits mehrfach angedeutet, dass es sich bei der erhöhten Bedeutung persönlicher Beziehungen für unternehmerisches Handeln in Syrien um eine Folge der defizitären Rahmenbedingungen handeln könnte. In den Gesprächen mit Unternehmern beider Seiten wurde die unterschiedliche Bedeutung regelmäßiger persönlicher Kontakte immer wieder als wesentlicher Unterschied zwischen deutschem *way* und syrischem *way* genannt:

> „To be honest and to be realist, of course, economy is first! But also keeping good relationships with them is also an aim of me, because you see, it is interfering each other. A good relation will bring sometimes a good economy."
>
> JMA: "So you see a close connection between personal relations and successful economic relations? A good, economically successful co-operation is always based on good personal contacts between the partners?"
>
> "Of course, of course. Personal contact is a main factor for the business success!" (Hicham)
>
> *Interview O1-2sy*

Deutsche Unternehmen erkennen in der Mehrzahl den Versuch potentieller syrischer Kooperationspartner, als Ausgangsbasis für eine Zusammenarbeit zunächst eine persönliche Basis herzustellen. Der Zusammenhang zwischen der Qualität der persönlichen Beziehung zum syrischen Partner und Kooperationserfolg wird von der Mehrheit der befragten deutschen Manager und Unternehmer auch nicht in Frage gestellt und scheint sich bei der Durchsicht der Interviewprotokolle und den enthaltenen Erfolgsbeurteilungen zu bestätigen:

> „Wir wickeln unsere Syriengeschäfte alle über unseren Importeur in Damaskus ab. Das funktioniert alles problemlos, der ist ein echter Gentleman. Wir kennen uns schon sehr lange. Angefangen hat das mal auf einer Messe. Da wurde er uns von einem gemeinsamen Geschäftspartner vorgestellt. [...] Das wir überhaupt auf dem syrischen Markt präsent sind, liegt an zwei Dingen: Der hohen Qualität unserer Produkte und dem guten, fast schon freundschaftlichen Verhältnis zu unserem Partner. [...] Wir behandeln den eigentlich wie einen Bekannten, nicht wie einen Kunden." (R.)
>
> *Interview aB51dt*

Viele der befragten Interviewpartner geben an, die Bedeutung der Installierung einer persönlichen Beziehung als Ausgangspunkt für die Kooperation zu berücksichtigen und entsprechend zu agieren:

> „Bei syrischen Geschäftspartnern reicht es nicht aus, alle Monate mal anzurufen. Wir laden die öfter mal zum Geschäftsessen ins Hofbräuhaus oder auch schon mal zu anderen Vergnügungen ein. Rotlichtviertel kommen bei arabischen Gästen eigentlich immer ganz gut an.

> [...] Wir haben eine langjährige, sehr gute Beziehung zu unserem syrischen Kunden. Nein, an größere Probleme kann ich mich wirklich nicht erinnern." (S.)
>
> *Interview aB53dt*

Dennoch stellt *S.* im Kreis der befragten deutschen Manager eine Ausnahme dar: Ein Lippenbekenntnis angesichts der Tatsache, dass viele Kooperationen von deutscher Seite weitgehend ohne großes persönliches Engagement betrieben werden? Einmal initiiert, soll die Zusammenarbeit, ähnlich einem gestarteten Produktionsprozess weitestgehend von alleine laufen. Zur Ehrenrettung deutscher Unternehmen muss jedoch angefügt werden, dass nicht selten wirtschaftliche Zwänge, niedrige Umsätze aus dem Syriengeschäft und die wenig vielversprechende Einschätzung der künftigen Entwicklung einem stärkeren persönlichem Engagement der mit dem Kooperationsmanagement betrauten Person entgegenstehen. S. stellt diesbezüglich eine Ausnahme dar, da sich in seinem Fall der Beitrag von Syriengeschäften zum Auslandsumsatz in guten Jahren auf rund 5 % summiert und somit alles andere als eine *quantité négligeable* für das Unternehmen des Papiergewerbes darstellt. Die meisten anderen befragten deutschen Unternehmen befinden sich jedoch diesbezüglich in einer Zwickmühle: Auf der einen Seite rechtfertigen wirtschaftliche Aspekte einen Mehraufwand vielfach nicht, auf der anderen Seite kostet der Aufbau persönlicher Kontakte und Netzwerke Zeit und Ressourcen und schlägt sich – wenn überhaupt – erst mittel- beziehungsweise langfristig in höheren Geschäftsabschlüssen nieder. Die vor diesem Hintergrund verständliche Zurückhaltung vieler deutscher Befragten, die in Syrien einfach keinen interessanten Markt sehen und deshalb ihr Engagement auf niedrigem Niveau betreiben, wird aus Sicht syrischer Gesprächspartner wiederum als übertriebene Zurückhaltung und Verschlossenheit, zuweilen auch als Arroganz fehlinterpretiert und wirkt sich wiederum unter Umständen negativ auf bereits bestehende Geschäftsverbindungen und die Zukunftsaussichten aus – in gewisser Weise ein *Circulus vitiosus*.

> „Die Deutschen gelten als unflexibel, aber zuverlässig; man kann mit ihnen aber nicht verhandeln. Die Araber versuchen, dem Partner entgegenzukommen. Die Deutschen sind als Mensch unzugänglich und beharren stur auf ihren Standpunkten!" (Sa.)
>
> *Interview aB76dt*

Interessant, dass diese Beschreibung von *Sa.* in Deutschland zustande kam. Sa., syrischer Staatsbürger, arbeitet wie oben bereits einmal angesprochen, seit einigen Jahren für ein oberfränkisches Unternehmen aus dem Bereich der Holzverarbeitung. Schonungslos gibt er ein in Syrien allem Anschein nach weit verbreitetes Bild von deutschen Unternehmern wieder.

Einen Nebenaspekt, der unter Umständen auch einen Beitrag zum diesbezüglichen Negativbild liefert, stellen sicherlich auch Missverständnisse auf Basis der verwendeten Fremdsprache dar. In aller Regel handelt es sich hierbei um die *Lingua franca* des internationalen Geschäftslebens: ‚Englisch'. Englische Geschäftsbriefe weisen in aller Regel wesentlich mehr Floskeln der Höflichkeit auf als deutsche Briefe. Eine Reihe der befragten syrischen

Manager und Unternehmer hat nicht zuletzt aufgrund ihres Studiums im Ausland, aber auch aufgrund von Kooperationen mit britischen und amerikanischen Partnern, Erfahrungen mit englischen Geschäftsbriefen. Ein auf Englisch verfasster aber in deutschem Tenor gehaltener Brief kann vor diesem Hintergrund durchaus ungewollt für Irritationen sorgen, wie *George* anführt:

> "Like, I mean, sometimes the language, I don't know, whether it's translation from German into English, and conveying, sometimes the messages are very *(zögern)* rude ... messages, or tough. And there is no flexibility, I mean, the sentence itself, sometimes it's very ... tough, and ... it *hurts*. [...] That makes me, personally, angry. Why, why did the guys talking to me like this? First of all, he doesn't have any right, because I haven't shown him any kind of disrespect, so there should be respect, even in, in ... either verbal or non-verbal communication between us." (George)
>
> *Interview K5-4sy*

Die beschriebenen unterschiedlichen Wahrnehmungen finden ihren Niederschlag im Kooperationsprozess, wie bereits anhand einiger Beispiele ausgeführt wurde. Das folgende Kapitel illustriert die Auswirkungen vorhandener kulturalisierter Bilder anhand des wichtigen Kooperationsaspekts der Vertrauensbildung in deutsch-syrischen Partnerschaften. Gerade im Bereich der Vertrauensbildung haben sich im Verlauf der empirischen Arbeiten, vor allem auf deutscher Seite, teilweise massive Störungen angedeutet. Abschließend zu diesem Baustein wird versucht, der Frage nachzugehen, inwieweit die Persistenz traditioneller ‚orientalistischer' Bilder und Eigenschaftszuschreibungen die beschriebenen Kulturalisierungen und somit mittelbar die Kooperationen beeinflussen. Es scheint, als unterstützen sie die Hochstilisierung der vom institutionellen Umfeld ‚erzwungenen' Unterschiede in den Handlungsstilen zu ‚Kulturunterschieden'. Dabei wirken traditionelle Vorstellungen auf beiden Seiten – wenngleich auch mit unterschiedlichen Konnotationen und Resultaten, wie noch zu zeigen sein wird.

3.3.3 Die interkulturelle Problematik deutsch-syrischer Unternehmenskooperationen – Am Ende einfach Orient vs. Okzident?

> „Therefore as much as the West itself, the Orient is an idea that has a history and a tradition of thought, imagery, and vocabulary that have given it reality and presence in and for the West. The two geographical entities thus support and to an extent reflect each other."
>
> [SAID 1995, S. 5]

Unverkennbar sind die Parallelen der Konstruktion des orientalischen Unternehmers im Kontrast zu den konstituierenden Aspekten seines abendländischen Pendants. Es scheint, als seien am Beispiel deutscher und syrischer Unternehmer jene „imaginativen Geographien" zu erkennen, von denen GREGORY [1995, 1998] unter Bezugnahme auf Said spricht. Letzterer hatte bereits Mitte der 1970er Jahre u. a. auf die Machtungleichgewichte zwischen zwei Räumen – Orient und Europa/Amerika – und die sich hieraus ergebenden Konsequenzen für Diskurse und Konstruktionen eben dieser Räume hingewiesen [SAID 1995, S. 72 ff.].

In seiner Arbeit über Aleppiner Industrieunternehmer greift BOECKLER die bestehenden imaginativen Geographien orientalischer Unternehmer auf. Dabei arbeitet er einen ganzen Katalog von konstitutiven Aspekten des orientalischen Unternehmers heraus, die, tief im orientalistischen Diskurs verwurzelt, seiner Ansicht nach auch die Wahrnehmung syrischer Industrieinvestoren entscheidend beeinflussen und in bewusster Abgrenzung zu seinem westlichen Pendant entstanden sind [2004, S. 109 ff.]: Irrationalität und fehlende Weitsicht, Ausbeutung und unproduktive Nachahmung, Familiengebundenheit und fehlende funktionale Differenzierung; nicht wenige dieser Aspekte scheinen sich auch in den Aussagen der interviewten deutschen Unternehmen über syrische Partner abzuzeichnen.

Ein vielfach anzutreffendes Bild der dominierenden Organisationsprinzipien des Sozialen im Orient ist jenes der Segmentierung. ‚Segmentiert' bedeutet dabei die Priorität genealogischer, religiöser oder sprachlich-ethnischer Verbindungen vor jeder hierarchischen Differenz. Prototypisch kommt sie in der Institution ‚Familie' zum Ausdruck. Wenn in wirtschaftsgeographischen Arbeiten über den Orient von Familienunternehmen die Rede ist, dann impliziert dies in den meisten Fällen, dass auch ökonomisches Handeln von dieser Institution wesentlich beeinflusst wird. LINDNER muss zugestimmt werden, wenn er auf die vermeintliche Plausibilität dieser Betrachtungsweise hinweist, „weil sich die Handlungsstrategien privater Unternehmer so bruchlos in den Kanon akkumulierten Wissens über den Orient einreihen lassen" [1999b, S. 195], es also schlichtweg so einfach ist. Aus diesem Blickwinkel könnte die wertende Wahrnehmung der beobachteten Bedeutungsunterschiede persönlicher Beziehungen und ihre Interpretation als Ausdruck einer stärkeren ‚Familienbezogenheit' ökonomischen Handelns syrischer Unternehmer als Indiz für den Einfluss persistenter Orientbilder dienen. So könnte die Rolle persönlicher (*face-to-face-*)Kontakte auf syrischer Seite aus Sicht der befragten Unternehmer durchaus auf einer angenommenen größeren Familienorientierung begründen, die wirtschaftlichem Handeln im Orient vielfach häufig per se zugeschrieben wird. *Hicham* beschreibt jedoch den wechselseitigen Zusammenhang von persönlichen Beziehungen und Geschäft als eine hierarchische Angelegenheit, in der der ökonomische Erfolg trotz aller Interdependenzen mit sozialen Aspekten eine wesentlich bedeutendere Rolle einnimmt als der ‚Selbstzweck' einer guten Beziehung:

> „*To be honest* and to be realist, of course, *economy is first*! But also keeping good relationships with them is also an aim of me, because you see, it is interfering each other. A good relation will bring sometimes a good economy." (Hicham)
>
> *Interview O1-2sy*

So scheint aus einer mehr institutionenorientierten Position heraus, wie sie die vorliegende Arbeit einnimmt, eine andere Begründung für die erhöhte Bedeutung persönlicher

Kontakte wahrscheinlicher, die bereits mehrfach angeklungen ist: Vor dem Hintergrund der beschriebenen Defizite Syriens, der Unsicherheiten im politischen Bereich, der fehlenden Rechtsstaatlichkeit sowie der lange Jahre eingeschränkten Aktivitäten der Finanzinstitutionen sind persönliche Beziehungen letztlich ein Mittel, um die Sicherheit für ökonomisches Handeln zu erhöhen und Transaktionskosten zu senken. Sie nehmen die Rolle eines Sicherungsmechanismus ein, der die durch das defizitäre formalinstitutionelle Umfeld erhöhten Risiken einer Nichterfüllung – oder opportunistischen Handelns – abschwächen soll. Ökonomische Rationalität ließe sich dieser Vorgehensweise nun tatsächlich nicht mehr absprechen. Dergestalt kann auch *Samis* Aussage interpretiert werden, der die Bedeutung guter persönlicher Kontakte am Beispiel der syrischen Wirtschaftsadministration darlegt:

> „The administration of economics. The methods being followed in these establishments are somehow old-fashioned. They [...] apply [modern trajectory] to ... a satisfying extent. And this results in some difficulties that businessmen usually face when they do their business. On the other hand *you can rely on your personal contacts and relations with officials to make smooth business*. If the officials are co-operating and you have good business and you have a good relationship, personal relationship, with him, he can give you more facilities than others." (Sami)
>
> *Interview H1-6sy*

Irrational, wie deutsche Interviewpartner die beobachtete Familienorientierung und Betonung persönlicher Beziehungen empfinden und einschätzen, wären sie dann in Wirklichkeit nicht. In einem Umfeld, in dem Vertragsklauseln aufgrund institutioneller Defizite keine Sicherheit für Transaktionen generieren können, stellt die Installierung alternativer Absicherungsmechanismen eine ökonomisch weitaus rationalere Vorgehensweise dar.

Vielmehr scheinen sich in den Einschätzungen deutscher Gesprächspartner nicht selten eher altbekannte Orientbilder (man erinnere sich an die oben ausgeführte Dichotomie zwischen Chaos und Ordnung) widerzuspiegeln. So treten zum Beispiel ‚Irrationalität' und ‚fehlende Weitsicht' in vielen Beschreibungen als vermeintliche Kennzeichen des Orients hervor. Als Beleg für die lange Tradition dieser Orientbilder kann in diesem Fall ein Blick in die abendländische (Reise-)Literatur über den Orient dienen:

> „Damaskus [...] ist die größte Stadt Syriens, dessen Eigentümlichkeit man hier am besten beobachten kann. Mehr als die Altertümer und Bauten fesselt das bunte Treiben auf der Straße, die mannigfaltigen Trachten [...] Zu all diesem Straßenlärm kommt endlich noch der laute Gesang der Bettler, sowie die hohen Stimmen der Gebetsrufer, die sich von Minarett zu Minarett das Glaubensbekenntnis zurufen. [...] Besonders nachmittags ist hier ein großes Gedränge von Weibern, die in ihre weißen Leintücher eingehüllt, den dünnen, beblümten Schleier vor dem Gesicht, von Laden zu Laden watscheln, hundertmal probieren und lebhaft mit dem Kaufmann um ein paar Piaster handeln. [...]

> In Aleppo hingegen, wo „die europäische Kolonie viel größer als in Damaskus [ist]", man „daher auch äußerlich mehr europäisches Wesen" trifft, da sind die „Straßen […] sauberer als in anderen Städten Syriens, z.T. mit großen Steinplatten gepflastert und haben meist Trottoirs. […] Die *Basare* (PL. D4), wo europäische Waren überwiegen, bestehen aus einer Anzahl schöner, reinlicher, größtenteils gepflasterter Straßen unter meist steingewölbter, bisweilen auch hölzerner Bedachung."
>
> [BAEDEKER 1910[7], S. 277 ff. und 349 f.; Hervorhebungen im Original]

Buntes unorganisiertes Treiben und lärmendes Durcheinander, so zeichnet bereits Karl BAEDEKER sein Orientbild am Beispiel Damaskus, welches er in dieser Hinsicht mit dem europäisch angehauchten Aleppo kontrastiert [1910[7]]. Um wirtschaftliche Gesichtspunkte erweitert, könnte man noch fehlende unternehmerische Strategien und mangelhafte Organisation ergänzen. Auch heute finden sich nach wie vor Teile dieses Orientbildes, wie *B.* und *M.* mit ihren Aussagen belegen:

> „Die [Syrer] haben ja noch gar nichts von Organisation und Ordnung gehört. Sehen Sie sich doch Damaskus an: Der Verkehr ist doch chaotisch! Es gibt zu viele Autos und keine Garagen. Waren Sie schon einmal in Damaskus? Ja? Da funktioniert ja gar nichts, da ist alles chaotisch!" (B.)
>
> *Interview aB73dt*

> „Syrien ist ein einziges Durcheinander. Es ist ungeheuer schwer, dort Fuß zu fassen und einen kompetenten Vertreter zu finden, da jeder Kunde seinen persönlichen Lieblingsvertreter hat." (M.)
>
> *Interview aB86dt*

Es soll nicht verschwiegen werden, dass jene syrischen Interviewpartner, die einen Abschluss an einer europäischen oder nordamerikanischen Universität erworben haben, ebenfalls auf differierende Organisationsgrade innerhalb des Spektrums syrischer Unternehmen verweisen. Auffallend bei ihnen ist die strikte Abgrenzung zwischen sich selbst und ‚den anderen', ‚orientalisch' arbeitenden Unternehmen, die auch ihre tägliche Arbeit erschweren. Es fehlt ihrer Meinung nach an einer entsprechenden westlich modernen Unternehmenskultur, die für eine effiziente Tätigkeit eine zwingende Voraussetzung darstellt.

> „So one small example: If we have to issue an order with any company we will have to follow that our selves from the beginning from the every start to the end we can't rely very much on the people in following up." (Karem)
>
> *Interview N2-3sy*

Unklar bleibt jedoch, ob der Erfolg ihrer ökonomischen Kooperationsaktivitäten tatsächlich auf einer abweichenden Arbeitsweise ihres Unternehmens beruht oder ob sie von ihren deutschen Pendants in Kenntnis ihres individuellen Werdegangs nicht schlicht anders wahrgenommen werden. Die stark pauschalisierende Aussage von *R.* ließe jedenfalls beide Schlüsse zu:

„Ich sehe nur ein geringes Potential für die Ausweitung unseres Absatzes, für die Ausweitung des Absatzes deutscher Firmen in Syrien generell. Von der Errichtung von Produktionsstätten möchte ich gar nicht reden … das ist viel zu kompliziert! […] Es gibt einfach eine tiefe Kluft zwischen der westlichen und der arabischen Mentalität, die ist auch nicht einfach zu überbrücken. Geschäfte nach ihren [deutschen; Anm. d. Verf.] Vorstellungen können sie eigentlich nur mit Arabern machen, die eine westliche Ausbildung haben." (R.)

Interview aB51dt

Besonders die Verhandlungsführung steht immer wieder im Mittelpunkt der Kritik: Langwierig, wenig zielgerichtet, sich zumeist um das zentrale Thema ‚Preis' drehend, so lautet der gängige Tenor. Vor der Langatmigkeit von (Preis-)Verhandlungen warnte zu Beginn des 20. Jahrhunderts bereits Karl Baedeker seine geneigte Leserschaft:

„Da die Zeit dem Orientalen nichts gilt, so ziehen sich alle geschäftlichen Verhandlungen unendlich in die Länge. Wer nicht unverhältnismäßige Preise zahlen will, wappne sich mit dem denkbar höchsten Grad von Geduld. Um alles muß weidlich gefeilscht werden. Das gilt am meisten bei etwaigen Einkäufen in den Basaren (vgl. S. XXII)."

[BAEDEKER 1910[7], S. XXVI]

Auch jüngere Beispiele von praxisorientierten Ratgebern, nachfolgend eine von deutschen Unternehmern häufig zurate gezogene Publikation der bfai, reproduzieren das Bild einer Basarökonomie. Ohne auf die zweifellos vorhandenen Unterschiede zwischen Unternehmen des privaten und staatlichen Sektors hinzuweisen und ohne auf die stark divergierenden unternehmerischen Lebensläufe syrischer Führungskräfte einzugehen, führt der Autor die unterschiedlichen Verhandlungsweisen stark homogenisierend und verallgemeinernd auf geschichtliche Traditionen zurück und schlägt auf diese Weise einen Bogen zu alten Orientklischees:

„Hat ein Unternehmen den Zuschlag erhalten, beginnen für deutsche Verhältnisse recht ungewöhnliche Vertragsverhandlungen. Bereits der äußere Rahmen bedarf der Gewöhnung. Abgeleitet aus der geschichtlichen Tradition, dass Untertanen bei ihren Stammesfürsten jederzeit vorsprechen dürfen, kann noch heute jeder Mitarbeiter seinen Vorgesetzten ständig und ohne anzuklopfen stören, selbst wenn er nur eine Lappalie vorzutragen hat. Ferner gilt bei Verhandlungen: der Rangniedrigste kommt zuerst. Bis nach etwa einer Stunde der einheimische Verhandlungsführer eintrifft, werden untergeordnete Details erörtert. Erst mit dem Kommen des Chefs werden die Akten geholt, und er wird über den Vorgang und das bisher Besprochene unterrichtet. Im Folgenden kann über einzelne Begriffe – etwa ‚turnkey' oder die Forderung, im Vertrag alle Verschleißteile genau zu spezifizieren – stundenlang gerungen werden."

[bfai 1995, S. 12]

Amr bringt die aus seiner syrischen Sicht wahrnehmbare Grundhaltung deutscher Unternehmen einfach und knapp auf den Punkt:

> „I mean, still most of the German companies, they think that Syria is still the Suq, the Bazar. And doing business in Syria is looking like ... the Syrians are tough negotiators ... We are tough negotiators. And they think, we are difficult. Those stereotypes, they still exist. No need to change until today in their eyes. Let's call it change. With the new generation coming, the new blood coming, it's time to change! All right?" (Amr)
>
> *Interview B1-2sy*

Ein im Wortsinn erhellendes Licht wirft die Diskussion über den Aspekt der Flexibilität auf die Konstruktion von Selbst- und Fremdbild. ‚Orientalische Unternehmer' sind nach Yusif SAYIGH „passiv", „unflexibel" und handeln stets „kurzfristig" [1972], auch zulasten langfristiger Entwicklungsmöglichkeiten. Wie die bisherigen Ausführungen gezeigt haben, kann keine dieser Eigenschaften auf Basis der empirischen Materialien der vorliegenden Studie tatsächlich als *konstitutives* Merkmal der syrischen Unternehmerschaft nachgewiesen werden. Ironischerweise lassen sich vielfältige Hinweise darauf finden, dass es die syrischen Unternehmer sind, die eine vergleichsweise größere Flexibilität an den Tag legen als ihre deutschen Partner, ja diese sogar relativ unflexibel sind, wie *Majid* feststellt:

> „You say: you need this document, o. k. I will send it to you tomorrow because still it did not arrive to my office. Then, if he's a German he will say: 'No. We can not send it till I get this ...' While the Italian might say: 'O. K.' 'Are you sure I will get it tomorrow?' 'Yes!' So he's more flexible." (Majid)
>
> *Interview N3-3sy*

Auch beim Schlagwort ‚Flexibilität' als Kennzeichen einer syrischen Unternehmern zugeschriebenen Prozessorientierung stößt also der Versuch einer kulturalisierenden Begründung schnell an seine Grenzen. Stattdessen könnte wiederum aus institutionellem Blickwinkel argumentiert werden: Deutsche Unternehmen agieren in einem Umfeld weitgehend verlässlicher Institutionen, was zur Ausbildung von Handlungsstrategien geführt hat, die vor dem Hintergrund der bestehenden Sicherheit ermöglichen, zielorientiert zu arbeiten. Demgegenüber ist die Konzentration auf einzelne Teilaspekte der Kooperation aufgrund der institutionellen Defizite in Syrien notwendig. So ist es zum Beispiel angesichts der Unsicherheit, ob der Erteilung einer Importlizenz, für den syrischen Unternehmer ökonomisch wenig rational, bereits zu Beginn des Antragsprozesses die Eröffnung eines entsprechenden Akkreditivs zu beantragen. Dies wiederum müsste er unter Umständen jedoch angesichts der langen Warte- und Bearbeitungszeiten bei der syrische *Commercial Bank* tun, um alle Zahlungstermine fristgerecht einhalten zu können. Improvisationstalent und die Fähigkeit, sich bietende Chancen zu erkennen und zu nutzen, werden auf diese Weise neben vielen weiteren Faktoren zu wesentlichen Erfolgskriterien syrischer Unternehmer. In Konsequenz, so könnte man begründen, nimmt Flexibilität einen wesentlich höheren

Stellenwert für unternehmerisches Handeln in Syrien ein als zum Beispiel in Deutschland, wo derartige Prozesse eine gewissen Berechenbar- und Vorhersehbarkeit besitzen.

> „Vertraulichkeit ist nirgends am Platze. Echte Freundschaft ist im Orient selten, Uneigennützigkeit gibt es kaum. Dem Europäer gegenüber halten die Leute alle zusammen. [...] Man lasse sich durch die unendlichen Freundschaftsbezeigungen, mit denen man überschüttet wird, nicht täuschen; hinter allem lauert die Erwartung eines um so höheren Trinkgelds. Man bezahle Gefälligkeiten möglichst bar, und stelle die Preise für zu leistende Dienste, für Mieten usw. zum voraus fest. Überforderungen wird man nie entgehen ... ."
>
> [BAEDEKER 1910[7], S. XXVI, Hervorhebungen im Original]

Der Aufbau von Vertrauen scheint bereits zu Beginn des letzten Jahrhunderts ein schwieriges Terrain darzustellen – weit schwieriger noch als syrische Steppe und die bereits für damalige Verhältnisse großen syrischen Städte Damaskus und Aleppo, glaubt man der Darstellung BAEDEKERS [1910[7], S. XXVI ff.]. Jedoch auch heute, nach fast einhundert Jahren, scheinen nach wie vor Relikte derartiger Vorstellungen in den Schilderungen deutscher Unternehmer präsent.

> „Unsere Beziehungen zu unserem syrischen Abnehmer verlaufen eigentlich sehr nett. Aber wenn Sie mich fragen, ich würde syrische Geschäftsleute als undurchschaubar und von Profitdenken getrieben beschreiben ..." (K.)
>
> *Interview aB80dt*

Auf die Nachfrage, worin sich das von ihm postulierte „undurchschaubare" und „von Profitdenken getriebene" Verhalten genau manifestiert, flüchtet *K.* in Allgemeinplätze. Eine Begründung für das negative Bild von syrischen Geschäftsleuten bleibt er schuldig und muss sie wohl auch schuldig bleiben, da zu vermuten ist, dass er selbst sich wohl kaum über die Bestimmungsgründe seiner negative Sichtweise im Klaren sein dürfte. Es ist zu vermuten, dass K., wie rund hundert Jahre vor ihm auch Baedeker, schlicht von gängigen Repräsentationsmustern beeinflusst wird und diese sehen nun einmal vor, ‚dem Orientalen' eine mangelnde Vertrauenswürdigkeit zuzusprechen. Er scheint geradezu in einer „Mißtrauensfalle" [KRYSTEK 1997, S. 543] gefangen.

Die Ausführungen der Interviewpartner über die Thematik der Vertrauensbildung lassen zunächst drei Schlüsse zu:

- Die überwiegend positiven Bilder syrischer Unternehmer bezüglich ihrer deutschen Partner und deren *way of doing business* scheinen dem Aufbau einer Vertrauensbeziehung förderlich zu sein. Gerade die große Zahl offensichtlicher Vertrauensvorleistungen, die sich in Form von Vorauszahlungen, aber auch in Form einer losen rechtlichen Kooperationsbindung zeigen, können als Belege für diese Interpretation dienen. Gleichzeitig scheinen die negativ konnotierten Kulturalisierungen, die deutsche Unternehmer ihren syrischen Counterparts zuschreiben, zum einen den Prozess der Vertrauensbildung zu behindern, zum anderen könnte in Anlehnung an die obigen Ausführungen im Hinblick auf manche der Befragten fast schon von einer ‚Kultur des Misstrauens', nicht allein gegenüber syrischen Partnern, sondern in einigen Fällen gegenüber Partnern aus arabischen Ländern generell, gesprochen werden.

- Vertrauen scheint auf syrischer und deutscher Seite an unterschiedliche Bezugspunkte gebunden zu sein, wobei scheinbar auch hier wieder die Unterschiede der institutionellen Rahmenbedingungen eine wichtige Rolle spielen. Bei deutschen Unternehmern herrscht großes Vertrauen in formale Institutionen (z. B. Verträge), die dementsprechend gestaltet werden. Bei syrischen Unternehmern ist Vertrauen häufig nicht zuletzt an die Person des Gegenübers gebunden, mit der Konsequenz, dass mündlichen Aussagen und Zusicherungen eine ebenfalls sehr große Bedeutung zuteil wird. Ursächlich verantwortlich scheint dabei die häufig angesprochene Tatsache, dass der Rechtsweg als *Ultima Ratio* des Konfliktmanagements letztlich zumeist ausscheidet.

> JMA: „Was denken Sie, sind Druck oder Gerichtsverfahren adäquate Mittel um ein Problem beizulegen?"
>
> „Nein, nein, nein, das ist die letzte …"
>
> JMA: „Der letzte Schritt?"
>
> „Ja. Der letzte Schritt. Würde ich aber nicht mal tun, wenn ich Recht habe."
>
> JMA: „Würden Sie nicht tun, auch wenn Sie Recht haben?"
>
> „Sehen Sie. Das dauert lange und kostet zu viel."
>
> JMA: „Sie vertrauen also auf die Ehre, die Geschäftsehre Ihres Gegenübers?"
>
> „Ja, wissen Sie, das ist so. […] Wenn Sie in Deutschland Schwierigkeiten haben, gehen Sie zum Gericht. Und dort wird das Problem schnell gelöst. Bei uns dauert es zehn Jahre, bis das gelöst ist, oder gar zwanzig Jahre. Deshalb hat auch Vertrauen eine so große Bedeutung. *(lacht)* Verstehen Sie? Eine Mentalitätsfrage! Und außerdem, es kostet viel Geld. Der Rechtsanwalt ist ja auch noch am Gewinn beteiligt …" *(lacht)* (Mamdouh)
>
> *Interview M2-2sy*

- Vertrauen scheint als Basis für deutsch-syrische Unternehmenskooperationen eine asymmetrische Bedeutung aufzuweisen. Bedingt durch asymmetrische Machtverhältnisse, die die häufigsten Formen der untersuchten Kooperationen (Handelsbeziehungen, Export von Waren aus Deutschland nach Syrien; Lizenzgeber vs. Lizenznehmer) kennzeichnen, und unterschiedliche Möglichkeiten zur formalinstitutionellen Absicherung der Zusammenarbeit dient Vertrauen auf syrischer Seite dazu, internationale Zusammenarbeit durch die Reduktion möglicher Handlungsalternativen zu ermöglichen. Dies rechtfertigt auch den erhöhten Einsatz der geldwerten Ressource ‚Arbeitszeit' auf syrischer Seite, sei es zum Einholen von Informationen über den potentiellen Partner oder auch für den Versuch, sich ein umfassendes Bild von der Vertrauenswürdigkeit des Gegenübers im Rahmen langwieriger Verhandlungen zu verschaffen.

Dies wird auf deutscher Seite nicht selten falsch interpretiert: Auf deutscher Seite genießt Vertrauensbildung aufgrund der oben beschriebenen Spezifika deutsch-syrischer Kooperationen hinsichtlich Art und wirtschaftlicher Bedeutung für das Unternehmen nur untergeordnete Wichtigkeit. An die Stelle von Vertrauen als Sicherungsmechanismus treten in den meisten Fällen eben formalinstitutionelle Sicherungsmechanismen (Verträge, Vorauskasse etc.). In den Hinterköpfen deutscher Akteure ist der Rechtsweg als *Ultima Ratio* verankert, wohingegen diese Form der Konfliktlösung auf Basis formaler Institutionen in Syrien – siehe oben – praktisch nicht nutzbar ist. Gegenseitiges ‚Abklopfen' auf Vertrauenswürdigkeit im Rahmen persönlicher Kommunikation wird vor diesem Hintergrund eben leicht als vermeintlich kulturell bedingte ‚orientalische Geschwätzigkeit' missverstanden, wie das nachfolgende Beispiel zeigt:

De. ist Geschäftsführer und Eigentümer eines Großhandelsbetriebs für Tierdärme. Ein nicht unwesentlicher Teil der Nachfrage am deutschen Markt wird von ihm und seinem Unternehmen bedient. Im Rahmen einer Unternehmensdelegationsreise versucht De. neue Lieferquellen für Schafsdärme in Syrien beziehungsweise Libanon zu erschließen. Am Rande eines Sondierungsgesprächs, bei dem der Autor als Übersetzer fungiert und dadurch die Rolle eines aktiv teilnehmenden Beobachters einnehmen kann, erläutert De. während der stichprobenartigen Qualitätsprüfung, worauf es aus seiner Sicht ankommt:

„Amann, ich sage Ihnen Eines: Sie müssen immer die Qualität der Ware prüfen. Gerade hier im Nahen Osten, da stoßen Sie immer wieder auf Leute, die versprechen Ihnen das Blaue vom Himmel. Es gibt da richtige Märchenerzähler … Dabei muss ich die Ware nur sehen. Ich schau mir die an und das war's … Wenn sie gut ist, nehme ich sie. Wenn die Kalibrierung nicht passt, dann taugen die Därme nicht zur maschinellen Verarbeitung, dann können Sie die vergessen. Oder wenn die beim Reinigen beschädigt wurden … Das ganze Tee trinken, der ganze Palaver … ich sage ja, wie beim Märchenerzähler … das ganze Drumherum interessiert mich eigentlich nicht. Mir reicht's völlig, die Ware zu sehen." (De.)

EeG2dt

Es scheint also tatsächlich so, als würden sich die alten, im Orientalismus fixierten Gegensätze zwischen Orient und Okzident in den Bildern und gegenseitigen Wahrnehmungen der Akteure zumindest in Ansätzen widerspiegeln und auf diese Weise kooperationsrelevante Wirkung ausüben.

4 Fazit – Ergebnisse und Antworten

4.1 Interkulturelle Kommunikation – ein Erfolgsfaktor?

Kultur spielt für den Erfolg deutsch-syrischer Unternehmenskooperationen eine wichtige Rolle. Auf diesen Nenner lässt sich das Ergebnis der vorliegenden Arbeit bringen. Interkulturelle Kompetenz stellt einen Erfolgsfaktor im untersuchten unternehmerischen Handeln dar. Was auf den ersten Blick einfach erscheint, wird bei näherer Betrachtung zunehmend komplexer: Deutsche und syrische Befragte neigen dazu, institutionell bedingte Unterschiede im Handlungsstil des Gegenübers als kulturelle Unterschiede beziehungsweise als Resultat differierender Mentalitäten zu sehen; diese wiederum werten sie auf Basis bereits bestehender Bilder und Vorstellungen. So erhalten in den Augen der Akteure Unterschiede in den *ways of doing business* den Status von Kulturdifferenzen; Kultur wird zu einem mitbestimmenden Einflussfaktor für Erfolg und Misserfolg einer Kooperation.

Die auf diese Weise konstruierten kulturellen Unterschiede können in zwei gegensätzliche Richtungen wirken: So ist zum Beispiel auf syrischer Seite häufig eine positive Konnotation der vermeintlich ‚typisch deutschen' Kultur – des *German way of doing business* – festzustellen. Stark ausgeprägt kann das sogar ein Potential für die Kooperation darstellen. Gleichzeitig ist auf deutscher Seite das Gegenteil zu konstatieren: In einem sich selbst verstärkenden Prozess, einer Art *self fulfilling prophecy*, verstärken Ereignisse und Probleme, die im Verlauf des Kooperationsgeschehens auftreten, die bereits bestehenden Vorurteile.

Zöge man eine Parallele zwischen der Theorie hermeneutischer Forschung und der Praxis deutsch-syrischer Unternehmenskooperationen, könnte man darauf verweisen, dass das jeweilige Vorverständnis in hohem Maße beeinflusst, wie auftretende Ereignisse interpretiert werden. Kritisch ist dabei zum einen, dass sich die Akteure dieser Tatsache nicht immer in vollem Umfang bewusst sind. Deshalb findet weder eine kritische Reflexion noch gegebenenfalls eine Modifikation der Vorannahmen statt. Zum anderen führt das Vorverständnis auf deutscher Seite in vielen Fällen zu einer negativen Interpretationstendenz. Weniger kritisch präsentiert sich die Problematik aufseiten syrischer Unternehmen. Hier trägt das bereits oben angesprochene Positivbild – das hohe Ansehen deutscher Unternehmen und Produkte – vielfach zu einer wohlwollenden Interpretation der Kooperationsereignisse bei.

Um die Ergebnisse der vorliegenden Forschungsarbeit abschließend überblicksartig zusammenzustellen, soll noch einmal auf die eingangs der Arbeit aufgeworfenen zentralen Fragestellungen rekurriert werden. Dabei zeigt sich eines deutlich: Viele Antworten auf zentrale Forschungsfragen werfen neue Fragen auf, die einer Untersuchung bedürfen. So präsentiert sich dieses Fazit ambivalent. Auf der einen Seite stellt die vorliegende Arbeit den Schlusspunkt eines DFG-Projekts und Dissertationsvorhabens dar. Gleichzeitig könnte sie den Auftakt für weitere Forschungen bilden, da sich im Verlauf der Arbeit immer neue, berücksichtigenswerte – zumindest hochinteressante – Fragenkreise auftaten, die es verdienen, im Mittelpunkt eigener Projekte zu stehen. Doch wie die meisten

Forschungsarbeiten unterliegt auch die vorliegende Rahmenbedingungen, die zu einer Konzentration auf einige wenige Aspekte zwingen. So muss sich der Autor an dieser Stelle damit begnügen, Antworten auf die zentralen Forschungsfragen zu liefern – so schwierig und vielleicht auch unbefriedigend dies im Einzelfall bleiben muss – und weitere, eigentlich untersuchenswerte Aspekte und Anknüpfungspunkte, lediglich anzudeuten.

4.2 Resümee zu Untersuchungsmodul 1: Institutionelles Umfeld und unternehmerische Tätigkeit

Das Bekenntnis von Präsident Bashar al-Asad zur Sozialen Marktwirtschaft auf dem im Juni 2005 veranstalteten Parteitag der Baath-Partei bedeutet nicht nur einen überraschenden Meilenstein für den ökonomischen Liberalisierungskurs des Landes, sondern für die gesamte politische und wirtschaftliche Zukunft Syriens. Bashar wendet sich damit offiziell von einem pro-forma-sozialistischen Kurs ab, den das Land lange Zeit verfolgt hat und beendet damit die herrschende Unklarheit über die Ausprägung des Transformationsziels. Nachdem auf offizieller Ebene allen Beteiligten klar ist, wohin der Weg führt, gilt es, der übergeordneten Programmatik die entsprechenden operativen Schritte folgen zu lassen.

Lange Jahre wurde die Entwicklung des formalinstitutionellen Umfelds primär unter den Gesichtspunkten der Sicherung bestehender Machtverhältnisse betrieben. Bewusst geschaffene, aber auch durch handwerkliche Fehler entstandene Grauzonen widersprüchlicher Regelungen waren ebenso die Folge, wie ein übermächtiger Bürokratieapparat. Syrische Unternehmer wurden, wenn überhaupt, nur marginal in die institutionelle Entwicklung einbezogen. Resultat für syrische Unternehmen ist eine hohe Unsicherheit unternehmerischer Entscheidungen, die bis in die Gegenwart durch die Nähe zu Entscheidungsträgern in Administration und Bürokratie reduziert werden kann.

Zusätzlich existiert die latente Möglichkeit, Gewinne durch die Nutzung institutioneller Lücken zu erzielen, was fast zwangsläufig zu volkswirtschaftlich suboptimalen Ergebnissen führt. Ressourcen fließen nach wie vor in die Installation beziehungsweise den Ausbau privater Netzwerke zu verschiedensten Entscheidungsträgern; Planungshorizonte unternehmerischer Aktivitäten erscheinen vielfach verkürzt und präventive Vermeidungspraktiken zur Umgehung der negativen Folgen institutioneller Defizite, die in der Vergangenheit entwickelt und im Laufe der Zeit perfektioniert wurden, kommen nach wie vor zum Einsatz. Im Ergebnis besitzen informelle Institutionen für das unternehmerische Handeln in Syrien eine weitaus größere Bedeutung als in Deutschland. Stellvertretend kann dies an der angesprochenen hohen Bedeutung persönlicher Beziehungen im Wirtschaftsleben festgemacht werden.

Viele der in den letzten Monaten auf den Weg gebrachten Reformen beginnen langsam, Wirkung zu zeigen. Vor diesem Hintergrund sind auch jene institutionellen Faktoren, die heute noch ein Problem der Kooperation darstellen, hinsichtlich ihrer Bedeutung für die mittlere und langfristige Zukunft zu hinterfragen. Wie lange werden syrische Unternehmen gezwungen sein, auf ausländische Kreditinstitute beziehungsweise informelle Kapitalquellen zurückzugreifen? Wie lange noch müssen syrische Unternehmer nach Shtoura oder Beirut fahren, um ihre Bankgeschäften abzuwickeln? Wie lange wird es aus ihrer Sicht noch notwendig sein, individuelle Devisenreserven im Ausland zu bilden?

Eine weitere Frage, deren Untersuchung ein lohnendes Forschungsfeld darstellen würde, ist sicherlich, in welchem Umfang die Baath-Partei bereit ist, zugunsten einer Effizienzsteigerung des institutionellen Rahmens politische Interessen unterzuordnen und einen zumindest partiellen Machtverlust hinzunehmen. Viele Experten fordern eine administrative Reform: eine Verschlankung von Verwaltung und Bürokratie. An einer weitergehenden Reform des staatlichen Wirtschaftssektors verbunden mit der Schließung unprofitabler Staatsunternehmen beziehungsweise weitreichenden Privatisierungen von Betrieben wird kein Weg vorbeigehen. Doch dies birgt angesichts der hohen Arbeitslosigkeit sozialen Sprengstoff: Viele Syrer, gerade unterer und mittlerer sozialer Schichten, sind auf die geringen Einnahmen aus der Tätigkeit im öffentlichen Sektor angewiesen; nicht zuletzt sind sie wirtschaftlich abhängig von den mit einer Position in der Verwaltung verbundenen Möglichkeiten, kleinere private ‚Nebeneinkünfte' zu erzielen. Kann der Präsident, dem in Artikeln und Diskussionen immer wieder weitreichende *reform instincts* [MERIA 2005, ZOROB 2005 u. a.] zugeschrieben werden, derartig tiefgreifende Schritte im Alleingang durchführen? Hat er dafür den notwendigen Rückhalt innerhalb der Partei? Beides kann nach dem derzeitigen Stand der Dinge zumindest angezweifelt werden [KOELBL 2005; KLARE 2005].

Aus institutionenökonomischer Perspektive stellt sich mit NORTH [1992, 1988] darüber hinaus die Frage, inwieweit die zweifellos positiven Veränderungen der formalinstitutionellen Rahmenbedingungen auch tatsächlich in der Lage sind, die in Jahrzehnten entwickelten und perfektionierten informell-institutionalisierten Handlungsweisen syrischer Unternehmer zu beeinflussen. Lange Zeit war es vor dem Hintergrund eines maroden Steuersystems, mit einer theoretischen Gewinnbesteuerung von mehr als 90 % [vgl. HERMANN 1998, S. 83 ff.; PERTHES 1994, S. 60] ökonomisch geradezu überlebenswichtig, alternative Strategien zur Senkung der individuellen Steuerlast anzuwenden. Es wurde zwar eine Steuerreform mit teils drastischen Senkungen der Steuersätze durchgeführt, doch auch diese Reform muss nicht zwangsläufig zu mehr Steuerehrlichkeit führen: Ist die Steuerlast – dank der in der Vergangenheit entwickelten und perfektionierten Vermeidungspraktiken – niedriger als die nach der Reform zu entrichtende Steuer, so ist kaum mit einer Aufgabe der funktionierenden Hinterziehungspraktiken zu rechnen.

4.3 Resümee zu Untersuchungsmodul 2: Kooperationen und institutionelle Problemfelder

Das defizitäre institutionelle Umfeld wirkt sich nicht nur auf die unternehmerische Tätigkeit in Syrien selbst, sondern auch auf die Kooperationen zwischen syrischen und deutschen Partnern aus. Dabei können die institutionellen Problemkreise in drei Kategorien unterteilt werden:

- Die erste Kategorie umfasst all jene institutionellen Defizite, die das unternehmerische Handeln in Syrien behindern und auf diese Weise den Kooperationserfolg beeinträchtigen. Hierzu zählen sowohl das defizitäre Investitionsklima (Gesetzgebung, Steuerrecht, mangelnde Rechtssicherheit), als auch die zahlreichen formalen und informellen Handelsbarrieren, die nach wie vor – trotz aller Initiativen und Reformschritte – den bilateralen Warenverkehr empfindlich beeinträchtigen.

- Die bestehenden strukturellen Defizite der syrischen Wirtschaft bilden die zweite Kategorie institutioneller Probleme. Sowohl die Wirtschaftsverwaltung, die anachronistische Administration und die überbordende Bürokratie als auch die teilweise daraus resultierenden Schwierigkeiten bei der Beschaffung exakter und umfassender Informationen wirken als Belastung für die bilaterale Zusammenarbeit. Zusätzlich werden die Mängel der syrischen Wirtschaftsstruktur, wie der sektorale Aufbau – hier insbesondere das *public sector problem* –, die weit verbreitete Praxis staatlicher Protektion sowie die strukturellen Probleme auf der Mikroebene einzelner Unternehmen wirksam.

- Die dritte Kategorie institutioneller Kooperationsprobleme bilden die defizitären Märkte Syriens. Sowohl die Gütermärkte als auch die Faktormärkte weisen Beeinträchtigungen in ihren Funktionsweisen auf, die nicht spur- und einflusslos an den deutsch-syrischen Unternehmenskooperationen vorübergehen.

Die Auswirkungen dieser Problemkreise sind vielschichtig. Sie beeinflussen die Kooperation direkt, indem sie bestehenden Kooperationen beziehungsweise deren Implementierung – als Beispiel sei hier noch einmal auf die mannigfaltigen Handelsbarrieren verwiesen – im Wege stehen. Sie wirken jedoch auch indirekt negativ, indem sie die Chancen für potentielle Kooperationen beeinträchtigen. So würde beispielsweise eine niedrigere Steuern- und Abgabenlast zu entsprechend niedrigeren Preisen für deutsche Produkte führen. Mehr syrischen Käufern böte sich dann die Möglichkeit, zu deutschen Produkten zu greifen, als gegenwärtig der Fall.

4.4 Resümee zu Untersuchungsmodul 3: Kulturelle Implikationen der Kooperationen

Im dritten Komplex der Arbeit werden die interkulturellen Aspekte der untersuchten Kooperationen behandelt; es wird gefragt, inwieweit interkulturelle Schwierigkeiten bestehende Kooperationen belasten beziehungsweise ihrer Intensivierung entgegenstehen. Dabei sind zunächst die kulturalisierten Bilder von Unternehmen und Produkten von Interesse: Während deutsche Unternehmen und Produkte bei syrischen Befragten ein überaus hohes Ansehen genießen, trifft dies im umgekehrten Fall nur sehr vereinzelt zu. Syrische Befragte assoziieren deutsche Unternehmen am häufigsten mit den Positivattributen hoher Produkt- und Leistungsqualität. Häufig erleichtert zudem die starke Marktpräsenz deutscher Unternehmen eine Kontaktaufnahme. Hier bietet sich mit Blick auf eine mögliche Intensivierung der bilateralen Zusammenarbeit ein idealer Ansatzpunkt.

Die meistgenannte Negativassoziation ist der hohe Preis deutscher Produkte, der durch den starken Wechselkurs des Euro in der jüngeren Vergangenheit eine zusätzliche Steigerung erfahren hat. An zweiter Stelle der Nennungen rangiert das – nach Ansicht syrischer Befragter – bei deutschen Unternehmen zu beobachtende Desinteresse am syrischen Markt. Das ist nicht völlig von der Hand zu weisen: Von deutscher Seite wird unter Bezugnahme auf die syrischen Argumentationsgrundlagen (hohe Preise, fehlende Finanzierungsfazilitäten, mangelnde Marketingaktivitäten) auf eine unausgeglichene Kosten-Nutzen-Relation verwiesen. Man erwartet, dass die mit einem verstärkten Engagement auf dem syrischen Markt verbundenen Kosten nicht zu adäquaten Ertragszuwächsen führen.

Syrien weist bei der Mehrheit der befragten Unternehmer und Manager auf deutscher Seite ein problematisches Image als Handels- und Wirtschaftspartner auf. Schwerwiegend ist in diesem Zusammenhang, dass fehlende Informationen und der negative Leumund, der syrischen Märkten, aber auch syrischen Unternehmen und Unternehmern, aus deutscher Sicht anhaftet, die Tendenz verstärken, formalinstitutionell bedingte Kooperationsprobleme zu kulturalisieren. Auf diese Weise wird aus einer Zahlungsverzögerung durch die defizitär arbeitende syrische *Commercial Bank* in einem ersten Schritt der fehlende Glaube an den Zahlungswillen des eigenen Geschäftspartners (,unser Geschäftspartner will nicht zahlen') und in einem weiteren Schritt nicht selten die verallgemeinernde Unterstellung einer mangelhaften Zahlungsmoral (,Syrer haben eine mangelhafte Zahlungsmoral').

> „Aber die Zahlungsmoral unseres Geschäftspartners ist echt ein Problem. Der hat eigentlich immer 45 Tage Zeit, die Rechnung zu zahlen. Aber, ich weiß auch nicht … Das letzte Mal hat er wieder erst nach 90 Tagen gezahlt! Das ist doch immer das Gleiche […] Das mit der schlechten Zahlungsmoral der Syrer … Das ist irgendwie eine Mentalitätssache: Ein Araber, der pünktlich bezahlt, muss erst gefunden werden!" (S.)
>
> *Interview aB12dt*

Dabei verfügt nicht jeder deutsche Befragte, der ein negatives Syrienbild aufweist, tatsächlich auch über entsprechend negative persönliche Erfahrungen, die als Argumentationsgrundlage für das entsprechende Urteil dienen. Mangelnde Information, ein bereits bestehendes Negativbild sowie ein nur unzureichend fundiertes Wissen tragen im Fall der untersuchten Unternehmen häufig eine Mitverantwortung.

> „Viele würden unsere Produkte schon brauchen. Aber die Leute sind ja nicht versichert. [...] Wissen Sie, im Islam gibt es keine Versicherungsgesellschaft wegen der Almosen. Arme und Bedürftige müssen von der Gesellschaft versorgt werden, deshalb gibt es keine Versicherungen." (R.)
>
> *Interview aB70dt*

Am Beispiel von *R.* zeigt sich, wie bei mangelnder Hintergrundinformation schnell mit vermeintlich kulturell – in diesem Fall religiös – bedingten Ursachen institutionelle Defizite erklärt werden. In Syrien gibt es durchaus ein System staatlicher Sicherung, welches, ähnlich wie in Deutschland, gemeinsam von Arbeitnehmern und Arbeitgebern getragen wird [vgl. OBG 2002, S. 155 f.]. Seit 1964 ist jeder Arbeitnehmer pflichtversichert – mit Ausnahme von Familienmitgliedern des jeweiligen Unternehmenseigentümers sowie Hauspersonal. Es gibt jedoch keine privaten Versicherungsgesellschaften. Nach der Machtübernahme durch die Baath-Partei wurden die bestehenden Versicherungen in staatliches Eigentum überführt. An dieser Struktur hat sich bis heute nichts geändert. Es gibt also ein Versicherungssystem. Dessen Erscheinungsbild beruht maßgeblich auf staatlicher Politik, nicht jedoch auf islamischen Einflüssen.

Auffallend ist, dass sowohl syrische Befragte als auch deutsche Befragte ihrem jeweiligen Gegenüber einen ausgeprägten, vom eigenen abweichenden Handlungsstil (*way of doing business*) attestieren. Auch hier wiederholen sich negative beziehungsweise positive Einschätzungen: Auf der einen Seite ist der *Syrian way* nach Ansicht deutscher Gesprächspartner gekennzeichnet von defizitärer Organisation, von Prozessorientierung und Personalisierung; auf der anderen Seite gilt der *German way* als charakterisiert durch hohen Organisationsgrad, Zielorientierung und Institutionalisierung. Bemerkenswert ist, dass aufseiten der syrischen Befragten Leistungs- und Produktqualität eine gleichermaßen hohe Bedeutung in der Beurteilung des Kooperationserfolgs aufweisen.

Einen weiteren interkulturellen Problemkreis stellt der erschwerte Aufbau von Vertrauen dar. Anhand verschiedener Beispiele lassen sich im Wesentlichen zwei Unterschiede herausarbeiten:

1. Die Bereitschaft, einen Vertrauensvorschuss zu leisten, ist bei den syrischen Interviewpartnern ungleich stärker ausgeprägt als bei den deutschen. Dies äußert sich zum einen beispielsweise in der Akzeptanz einer eher losen Bindungsintensität, zum anderen aber auch ganz konkret, beispielsweise in der Bereitschaft zu monetären Vorausleistungen (Vorkasse). Während syrische Partner häufig zu Vorleistungen bereit sind, tendieren

die deutschen – nicht zuletzt forciert durch die herrschenden Negativbilder – zu einer Strategie des Misstrauens, die einem Vertrauensvorschuss entgegensteht.

2. Vertrauen spielt auf syrischer Seite im alltäglichen unternehmerischen Handeln eine große Rolle, da formalinstitutionalisierte Rechtssicherheit weitgehend fehlt. Dementsprechend kommen andere Sicherungsmechanismen zum Einsatz. Darunter nehmen das Image, die Reputation des Geschäftspartners und der Aufbau persönlicher Beziehungen als Basis geschäftlicher Transaktionen den höchsten Stellenwert ein.

Gerade mit Blick auf den Komplex des Vertrauens besteht weiterer Forschungsbedarf: Wie sind die informell-institutionalisierten Alternativstrategien im Detail beschaffen, mit denen syrische Unternehmer vorhandenen formal-institutionellen Defiziten begegnen? Die Antworten auf die forschungsleitenden Fragen der vorliegenden Arbeit werfen auch hier weitere Fragen auf.

Liest man aus dem dargelegten Blickwinkel die Aussagen einiger Interviewpartner, scheint sich an manchen Stellen ein traditionell verwurzelter Gegensatz zwischen Orient und Okzident, das heißt zwischen orientalischem Traditionalismus und westlicher Moderne, durchzupausen. Nicht selten fördern diese orientalistisch geprägten Voreinstellungen die (unbewusste) Stilisierung von institutionell bedingten Schwierigkeiten zu interkulturell bedingten Problemen. Drei Aspekte lassen die Repräsentationen vor dem Hintergrund der Kooperation besonders interessant erscheinen:

1. Die von den interviewten Unternehmen gezeichneten deutschen und syrischen Geschäftsstile (*ways of doing business*) unterscheiden sich deutlich voneinander und entstehen unter Zuhilfenahme klassischer, allgemeiner und unbewusster Repräsentationsmuster, die zum Teil auch auf Bildern des traditionellen Orientalismus beruhen können.

2. Das Selbstbild syrischer Befragter unterscheidet sich deutlich von der Perzeption durch ihre deutschen Pendants. Das Selbstbild deutscher Unternehmer erweist sich hingegen in weiten Teilen als deckungsgleich mit dem Fremdbild, welches syrische Manager und Unternehmer in den Interviews zeichnen. Interessanterweise spiegeln sich die deutschen (westlichen) Bilder syrischer Unternehmen auch in den Aussagen syrischer Interviewpartner wider, die bereits längere Zeit im westlichen Ausland, sei es zu Studienzwecken oder als Erwerbstätige, verbracht haben. Sie ziehen eine strikte Trennlinie zwischen sich selbst und anderen, traditionellen und damit typisch syrischen Unternehmern. Mit Armin NASSEHI könnte man diese mit leicht zynischem Unterton zur Gruppe „westlich-kontaminierte Angehörige nicht-westlicher Kultur" zählen [1998, S. 158].

„There is a difference in the business culture between the typical Syrian business culture, which is really old fashioned, outdated now and what's expected abroad. Sometimes you get different reaction, that's probably why we are successful where others aren't. So our relationship is successful because I do come from an European-American background, you know, I grew up in Europe and in England, then I went to the States. So we understand each other, we have the same expectations as far as business behavior and dealings from each other." (Naji)

Interview A2-2sy

3. Während die Kulturalisierungen auf syrischer Seite zu einem guten Teil positiv konnotiert sind und auf diese Weise sogar kooperationsfördernde Kraft entwickeln können, beinhalten die Kulturalisierungen auf deutscher Seite in nahezu allen Fällen negative Aspekte. Sie behindern zweifellos die Intensivierung der Zusammenarbeit mit syrischen Partnern.

Es soll an dieser Stelle keine Unterscheidung getroffen werden, inwieweit es sich bei den „Bildern in den Köpfen" [ROTH 1999] um Stereotypen oder gar Vorurteile handelt. Eine derartige Zuordnung könnte Gegenstand einer weiteren sozialwissenschaftlichen Forschungsarbeit sein. Der Begriff der ‚bewerteten Bilder' scheint den Sachverhalt für die Zwecke der vorliegenden Arbeit am besten zu beschreiben. Auch der Vergleich mit einem Mosaik wäre durchaus geeignet: Viele bunte Steine ergeben zu guter Letzt ein großes, kulturalisiertes Gesamtmosaik, in das dann – ungeachtet der zahlreichen individuellen Differenzen – der Verhandlungspartner eingeordnet wird. Der im Verlauf der Arbeit bereits mehrere Male zitierte Naji, in England geboren und zur Schule gegangen, in den USA universitär ausgebildet, wird auf diese Weise in der Wahrnehmung durch seine deutschen Partner Mitglied der Gruppe syrischer Unternehmer und damit auch in das entsprechende ‚Bilderalbum' eingeordnet. Die Tatsache, dass er – nach eigener Auskunft – wesentlich besser Englisch als Arabisch spricht und sich in seiner Selbsteinschätzung in bewusster Abgrenzung zu ‚den anderen' syrischen Unternehmern positioniert und bei den dargestellten Konstruktionsdichotomien eher deutschen als syrisch-arabischen Bildern entspricht, geht bei dieser Einordnung verloren.

Wollte man die auftretenden Problemkreise deutsch-syrischer Unternehmenskooperationen kategorisieren, so könnte man in einem betriebswirtschaftlichen Jargon von *core factors* und *soft factors* sprechen. Die auf den beschriebenen institutionellen Defiziten basierenden Kooperationsprobleme stellen dabei sicherlich die *core factors*. Zum in seiner negativen Wirkmächtigkeit für den Erfolg der Kooperation bedeutenderen Problemkreis zählen vor allem: fehlende Informationen, *performance*- und *bid-bonds*, undurchsichtiger Zahlungsverkehr, Marktdefizite (Kaufkraft, fehlender Patentschutz), Ausschreibungsprozeduren staatlicher Unternehmen, überbordende Bürokratie, Korruption und fehlende Rechtssicherheit (Vertragssicherheit, Gerichte fallen als *Ultima Ratio* der Konfliktlösung aus). Die *soft factors* dagegegen umfassen all die bestehenden und konstruierten Probleme, die im weitesten Sinn der Interkulturalität zuzurechnen sind: bestehende Negativbilder, problematische Kulturalisierungen, Differenzen beim Prozess des Vertrauensaufbaus, Besonderheiten des Konfliktmanagements.

Fazit – Ergebnisse und Antworten

Vor dem Hintergrund der gemachten Ausführungen wird deutlich, dass ein Zusammenhang zwischen interkultureller Kompetenz und Kooperationserfolg besteht. Interkulturelle Kompetenz stellt einen wichtigen Erfolgsfaktor bei den untersuchten deutsch-syrischen Unternehmenskooperationen dar. Von Bedeutung ist vor allem das Wissen um die institutionelle Entwicklung Syriens in den letzten Jahren und die bestehenden Defizite in den Rahmenbedingungen sowie darum, wie dies das Handeln syrischer Unternehmer beeinflusst. Von geringerer Bedeutung ist hingegen die Kenntnis vermeintlicher *essentials* einer homogenen Kultur arabischer Geschäftspartner und ihrer immanenten *do's and don'ts* – häufig in klassischem Sinn mit dem Begriff ‚Interkultureller Kompetenz' assoziiert.

Dieses Wissen kann dazu beitragen, auftretende Kooperationsprobleme gleichsam zu entschlüsseln, versteckte Zusammenhänge zu erkennen und auf diese Weise falschen Kulturalisierungen entgegen zu wirken. Auf beiden Seiten sind also gerade die mit dem Kooperationsmanagement direkt betrauten Personen gefordert. Es gilt, vor dem Hintergrund eines angeeigneten Informationsschatzes über die bestehenden Rahmenbedingungen in einen konstruktiven Dialog zu treten, auftretende Probleme zu diskutieren und gemeinsame Lösungsstrategien zu entwickeln. Eine Schlüsselkompetenz stellen dabei die individuelle Fähigkeit und der individuelle Willen dar, sich auf die Person des Gegenübers einzulassen und sich von eventuell bestehenden (Negativ-)Images zu lösen. Gelänge dies, so wäre ein guter Teil der deutsch-syrischen Kooperationsprobleme überwunden.

„In the end, in my experience, it depends heavily on persons!" (Mounzer)

Interview N3-3sy

Literaturverzeichnis

ALBROW, Martin (1998): Auf dem Weg zu einer globalen Gesellschaft? – In: BECK, Ulrich (Hrsg.) (1998): a.a.O. S. 411–434.

ALCHIAN, Armen Albert (1977): Economic Forces at Work: Selected Works. Indianapolis.

ALCHIAN, Armen Albert und William Richard ALLEN (1969): Exchange and Production. Theory in Use. Belmont (Cal.).

ALLAN, John A. (1987) (Hrsg.): Politics and the Economy in Syria. Proceedings of a Conference held at the School of Oriental and African Studies. London.

ALSHEIMER, Rainer, MOOSMÜLLER Alois und Klaus ROTH (Hrsg.) (2000): Lokale Kulturen in einer globalisierenden Welt. Perspektiven auf interkulturelle Spannungsfelder. Münster u. a. (Münchner Beiträge zur Interkulturellen Kommunikation, Band 9).

AMANN, Jürgen M. (1998): Die Entwicklung der (privaten und öffentlichen) Wirtschaftsbeziehungen zwischen der Arabischen Republik Syrien und der Bundesrepublik Deutschland. (Unveröffentlichte Zulassungsarbeit zur Ersten Staatsprüfung). Erlangen.

AMANN, Jürgen M. (2000): Syrer auf dem Weg ins Internet. Die Politik der kleinen Schritte eröffnet dem Land überfällige Reformen. In: Donaukurier Nr. 289 vom 15. Dezember 2000, S. 3.

AMANN, Jürgen M. (2003): In Zeiten der Wirtschaftsflaute haben fliegende Händler in Syrien Hochkultur. In: Donaukurier Nr. 278 vom 11. Dezember 2003, Panorama, S. 3.

AMIN, Ash und Nigel THRIFT (Hrsg.) (1994): Globalization, Institutions and Regional Development in Europe. Oxford.

AMIN, Ash und Nigel THRIFT (1997): Globalization, Socio-Economics, Territoriality. In: LEE, Roger und Jane WILLS (Hrsg.) (1997): a.a.O. S. 147–157.

ANDERSON, James (Hrsg.) (1989): Communication Yearbook 12. Newbury Park/Ca., London, New Delhi.

AL-ATASI, M. Ali (2001): Syriens Intellektuelle und die Zivilgesellschaft. In: Inamo – Informationsprojekt Naher und Mittlerer Osten, Jahrgang 10, Heft 40. S. 30–34.

BAEDEKER, Karl (Hrsg.) (1910^7): Palästina und Syrien. Die Hauptrouten Mesopotamiens und Babyloniens und die Insel Cypern. Leipzig.

BAHOUT, Joseph (1994): The Syrian Business Community: its politics and prospects. In: KIENLE, Eberhard (Hrsg.) (1994a): a.a.O. S. 72–80.

BANK, André und Carmen BECKER (2004): Syrien unter Bashar al-Asad. Strukturen und Herausforderungen. In: Inamo – Informationsprojekt Naher und Mittlerer Osten, Jahrgang 10, Heft 40. S. 4–9.

BANSE, Ewald (1926): Abendland und Morgenland. Landschaft/ Rasse/ Kultur zweier Welten. Braunschweig, Hamburg.

BARBER, Benjamin (1996): Coca-Cola und Heiliger Krieg. Wie Kapitalismus und Fundamentalismus Demokratie und Freiheit abschaffen. Bern/München/Wien.

BARKEY, Henri J. (Hrsg.) (1992): The Politics of Economic Reform in the Middle East. New York.

BEBLAWI, Hazem und Giacomo LUCIANI (1987): The Rentier State: Nation, State and Integration in the Arab World. London u. a.

BECK, Ulrich (Hrsg.) (1998): Perspektiven der Weltgesellschaft. Frankfurt.

BECKER, Carmen (2004): Auf den Frühling folgt der Winter. Die syrische Zivilgesellschaft. In: Inamo – Informationsprojekt Naher und Mittlerer Osten, Jahrgang 10, Heft 40. S. 10–11.

BERNDT, Christian (1995): Regeneration altindustrieller Regionen in Deutschland und Großbritannien. In: Geographische Rundschau. 47. Jahrgang (1995), Heft 10. S. 579–584.

BERNDT, Christian (1996): Arbeitsteilung, institutionelle Distanz und Ortsgebundenheit: Strategische Anpassung an veränderte Rahmenbedingungen am Beispiel mittelständischer Unternehmen im Ruhrgebiet. In: Geographische Zeitschrift. 84. Jahrgang (1996). S. 220–237.

BERNDT, Christian (2002): Ergebnistransfer – Ausgewählte Empfehlungen für die bayerische Wirtschaft: Kulturelle Interaktion in der ausländischen Unternehmung: Fallstudien zur Aushandlung von Macht, Raum und Kultur in Mexiko. In: ForArea (Hrsg.) (2002): a.a.O. S. 185.

BERNDT, Christian u. a. (2002): Deutsche Unternehmer und Firmenmitarbeiter im Ausland: Arbeits- und Lebenswelten im Spannungsfeld der Kulturen (Gemeinsamer Abschlußbericht). In: ForArea (Hrsg.) (2002): a.a.O. S. 5–11.

BERNDT, Christian (2004): Globalisierungs-Grenzen: Modernisierungsträume und Lebenswirklichkeiten in Nordmexiko. Bielefeld.

BERNDT, Christian und Marc BOECKLER (2002): Die ‚Kulturen' der Kulturgeographie. Eichstätt (unveröffentlichtes Skript).

BLOTEVOGEL, Hans-Heinrich (2003): „Neue Kulturgeographie" – Entwicklung, Dimensionen, Potenziale und Risiken einer kulturalistischen Humangeographie. In: Berichte zur deutschen Landeskunde Band 77(1). S. 7–34.

BOBEK, Hans (1974): Zum Konzept des Rentenkapitalismus. In: Tijdschrift voor economische en sociale Geografie 65. S. 73–78.

BOECKLER, Marc (1996): Ökonomische Liberalisierung in Syrien. Auswirkungen des Investitionsgesetzes Nr.10 von 1991: Unternehmerisches Handeln, industrielle und räumliche Entwicklung am Beispiel Aleppo. Erlangen (unveröffentlichte Magisterarbeit).

BOECKLER, Marc (1998a): Ökonomische Liberalisierung in Syrien. Auswirkungen des Investitionsgesetzes Nr.10 von 1991: Unternehmerisches Handels, industrielle und räumliche Entwicklung am Beispiel Aleppo. Erlangen (Magisterarbeit unveröffentlicht).

BOECKLER, Marc (1998b): Ökonomische Liberalisierung und privatwirtschaftliches Unternehmertum in Syrien. Auswirkungen des Investitionsgesetzes Nr.10 von 1991 auf das Verarbeitende Gewerbe am Beispiel von Aleppo. In: HOPFINGER, Hans und Raslan KHADOUR (1998b): a.a.O. S. 165–269.

BOECKLER, Marc (1999): Entterritorialisierung, „orientalische" Unternehmer und die diakritische Praxis der Kultur. In: Geographische Zeitschrift. 87. Jahrgang (1999). S. 178–193.

BOECKLER, Marc (2004): Kulturgeographische Forschungen mit syrischen Industrieunternehmern. Eichstätt (Dissertation).

BOECKLER, Marc (2005): Geographien kultureller Praxis. Syrische Unternehmer und die globale Moderne. Bielefeld.

BOECKLER, Marc und Hans HOPFINGER (1996): „Kontrollierter Gradualismus" beim Übergang vom Plan zum Markt? Syriens Bemühungen um wirtschaftliche Liberalisierung. In: Orient – Deutsche Zeitschrift für Politik und Wirtschaft des Orients. 37. Jahrgang. S. 297–314.

BÖHN, Dieter, BOSCH, Aida und Hans-Dieter HAAS u. a. (Hrsg.) (2003): Deutsche Unternehmen in China. Märkte, Partner, Strategien. Wiesbaden.

BOESCH, Ernst E. (1980): Kultur und Handlung. Eine Einführung in die Kulturpsychologie. Bern.

BOSCH, Aida, REICHENBACH, Thomas und Gert SCHMIDT (2003): Globalisierung und Kultur – Neue Herausforderungen an Unternehmen am Beginn des 21. Jahrhunderts. In: BÖHN, Dieter, BOSCH, Aida und Hans-Dieter HAAS u. a. (Hrsg.) (2003): a.a.O. S. 1–13.

BOYD, Robert und Peter J. RICHERSON (1985): Culture and the evolutionary process. Chicago.

BRAUN, Rudolf u. a. (Hrsg.) (1972): Industrielle Revolution: Wirtschaftliche Aspekte. Köln, Berlin.

BREUNINGER, Helga und Rolf Peter SIEFERLE (Hrsg.) (1995): Markt und Macht in der Geschichte. Stuttgart.

BRUCK, Peter A. (1994): Interkulturelle Entwicklung und Konfliktlösung. Begründung und Kontextualisierung eines Schwerpunktthemas für universitäre Forschung. In: LUGER, Kurt und Rudi RENGER (Hrsg.) (1994): a.a.O. S. 343–357.

BRUHN, Manfred und Hartwig STEFFENHAGEN (Hrsg.) (1998^2): Marktorientierte Unternehmensführung: Reflexionen – Denkanstöße – Perspektiven. Wiesbaden.

Bundesstelle für Außenhandelsinformation (bfai) (1995): Verkaufen in Syrien. Köln.

Bundesstelle für Außenhandelsinformation (bfai) (1997): Wirtschaftsdaten aktuell: Syrien. Köln.

Bundesagentur für Außenwirtschaft (bfai) (2003): Syrien – Wirtschaftsentwicklung 2002. Köln.

Bundesagentur für Außenwirtschaft (bfai) (2004a): Wirtschaftsdaten aktuell: Syrien. Köln.

Bundesagentur für Außenwirtschaft (bfai) (2004b): Syrien – Wirtschaftsentwicklung 2003. Köln.

Bundesagentur für Außenwirtschaft (bfai) (2005a): Wirtschaftsdaten aktuell: Syrien. Köln.

Bundesagentur für Außenwirtschaft (bfai) (2005b): Syrien – Wirtschaftsentwicklung 2004. Köln.

BUTTER, David (1993): The public-sector problem in Syria. In: Middle East Economic Digest, Volume 37, No. 22. S. 2–4.

CAHEN, Judith (2002): Hinter jedem Geschäftsmann ein General. Syriens alte Garde behält die Oberhand. In: Le Monde diplomatique Nr. 6905 vom 15. November 2002.

CASMIR, Fred L. und Nobleza C. ASUNCION-LANDE (1989): Intercultural Communication Revisited: Conceptualization, Paradigm Building, and Methodological Approaches. In: ANDERSON, James (1989) (Hrsg.): a.a.O. S. 278–314.

COASE, Ronald H. (1995): The Firm, the Market, and the Law. Chicago u. a.

CORNAND, Jocelyn (1994): L'entrepreneur et l'état en Syrie: Le secteur privé du textile à Alep. Lyon.

Cox, Kevin R. (Hrsg.) (1997): Spaces of Globalization. New York.

Crang, Philip (1997): Cultural turns and the (re)constitutions of economic geography. In: Lee, Roger und Jane Wills (Hrsg.) (1997): a.a.O. S. 3–15.

Crang, Mike (Hrsg.) (1998): Cultural Geography. London.

Deutsche Bundesbank (2005a): Zahlungsbilanzstatistik. Statistisches Beiheft zum Monatsbericht 3. Frankfurt a. Main.

Deutsche Bundesbank (2005b): Kapitalverflechtungen mit dem Ausland. Statistische Sonderveröffentlichungen 10. Frankfurt a. Main.

Deutsche Entwicklungsgesellschaft (DEG) (1997): Syrien Kurzinformation. Köln.

Dreitzel, Hans Peter (Hrsg.) (1972^2): Sozialer Wandel. Zivilisation und Fortschritt als Kategorien der soziologischen Theorie. Neuwied, Berlin.

Dülfer, Eberhard (1992^2): Internationales Management in unterschiedlichen Kulturbereichen. München.

Eckert, Andreas und Gesine Krüger (Hrsg.) (1998): Lesarten eines globalen Prozesses: Quellen und Interpretationen zur Geschichte der europäischen Expansion. Münster (Periplus Parerga, Band 5).

Eden, Haro (1997): Kleine und mittlere Unternehmen im Prozeß der Internationalisierung. In: Krystek, Ulrich und Eberhard Zur (Hrsg.) (1997): a.a.O. S. 43–75.

Flick, Uwe (2000^5): Qualitative Forschung. Theorie, Methoden, Anwendung in Psychologie und Sozialwissenschaften. Reinbek b. Hamburg.

Flick, Uwe (2002^6): Qualitative Sozialforschung. Eine Einführung. Reinbek b. Hamburg.

Flick, Uwe (2003): Design und Prozess qualitativer Forschung. In: Flick, Uwe, von Kardorff, Ernst und Ines Steinke (Hrsg.) (2003^2): a.a.O. S. 252–265.

Flick, Uwe, von Kardorff, Ernst und Ines Steinke (Hrsg.) (2003^2): Qualitative Forschung. Ein Handbuch. Reinbek b. Hamburg.

Flottau, Heiko (2000): „Die syrische Regierung ist eine der glücklichsten der Welt". Der Sohn des verstorbenen Herrschers will nicht nur die Korruption bekämpfen, sondern das Land modernisieren, aber dafür muss die Region erst befriedet werden. In: Süddeutsche Zeitung Nr. 157 vom 11. Juli 2000, S. 26.

ForArea (Hrsg.) (2002): Abschlußbericht über die dritte Förderphase 2000–2002. Erlangen (Bayerischer Forschungsverbund Area Studies Arbeitspapiere Heft 18).

Frankfurter Allgemeine Zeitung (1997): Syrien treibt seine private Wirtschaft in eine tiefe Krise. Durch das Ausbleiben wirklicher Reformen läuft das Land Gefahr, den Anschluß an die Nachbarstaaten zu verlieren. Ausgabe Nr.98 vom 28. April 1997, S. 14.

Fürtig, Henner (1994): Syrien am Scheideweg – ökonomische Liberalisierung ohne Systemveränderung? In: Orient – Deutsche Zeitschrift für Politik und Wirtschaft des Orients. 35. Jahrgang. S. 217–245.

Fukuyama, Francis (1995): Social Capital and the global economy. In: Foreign Affairs. 74. Jahrgang (1995). S. 89–103.

GAUBE, Heinz und Eugen WIRTH (1984): Aleppo. Historische und geographische Beiträge zur baulichen Gestaltung, zur sozialen Organisation und zur wirtschaftlichen Dynamik einer vorderasiatischen Fernhandelsmetropole. Wiesbaden (Beihefte zum Tübinger Atlas des Vorderen Orients).

GEERTZ, Clifford (Hrsg.) (1973): The Interpretation of Cultures. New York.

GEERTZ, Clifford (1979): Suq: The Bazar Economy in Sefrou. In: GEERTZ, Clifford, GEERTZ, Hildred und Lawrence ROSEN (Hrsg.) (1979): a.a.O. S. 123–313.

GEERTZ, Clifford (1987): Dichte Beschreibung. Beiträge zum Verstehen kultureller Systeme. Frankfurt a. Main.

GEERTZ, Clifford, GEERTZ, Hildred und Lawrence ROSEN (Hrsg.) (1979): Meaning and Order in Moroccan Society: Three Essays in Cultural Analysis. Cambridge.

GEHLEN, Arnold (1972): Über die Entstehung von Institutionen. In: DREITZEL, Hans Peter (Hrsg.) (1972^2): a.a.O. S. 207–212.

GEHLEN, Arnold (1975) [1956]: Urmensch und Spätkultur. Frankfurt a. Main.

GERLACH, Julia (2003): Der moderne Schurkenfreund. Syriens Präsident Bashar al-Assad verwirrt den Westen: Er macht Geschäfte mit Saddam – und buhlt zugleich um die Gunst der Amerikaner. In: Die Zeit 02/2003 (http://zeus.zeit.de/text/ 2003/02/Assad am 11. August 2004).

GERNDT, Helge (1981): Kultur als Forschungsfeld. Über volkskundliches Denken und Arbeiten. München.

GERNDT, Helge (2002): Kulturwissenschaft im Zeitalter der Globalisierung: Volkskundliche Markierungen. Münster/New York/München.

GERTLER, Meric S. (1997a): The invention of regional culture. In: LEE, Roger und Jane WILLS (Hrsg.) (1997): a.a.O. S. 47–58.

GERTLER, Meric S. (1997b): Between the Global and the Local. The spatial limits to Productive Capital. In: COX, Kevin R. (Hrsg.) (1997): a.a.O. S. 45–63.

GIDDENS, Anthony (1995^2): Konsequenzen der Moderne. Frankfurt a. Main.

GIORDANO, Christian (1996): Die Rolle von Mißverständnissen bei Prozessen der interkulturellen Kommunikation. In: ROTH, Klaus (Hrsg.) (1996a): a.a.O. S. 31–42.

GIRTLER, Roland (2001^4): Methoden der Feldforschung. Wien, Köln, Weimar.

GLASER, Barney und Anselm STRAUSS (1967): The Discovery of Grounded Theory. Chicago.

GRANOVETTER, Mark (1985): Economic Action and Social Structure: The Problem of Embeddedness. In: American Journal of Sociology 91 (1985). S. 481–510.

GRANOVETTER, Mark (1992): Economic Institutions as Social Constructions: A Framework for Analysis. In: Acta Sociologica 355. S. 3–11.

GREGORY, Derek (1995): Imaginative Geographies. In: Progress in Human Geography. 19. Jahrgang (1995). S. 447–485.

GREGORY, Derek (1998): Power, Knowledge and Geography. In: Geographische Zeitschrift. 86. Jahrgang (1998). S. 70–93.

Gresh, Alain (2001): Der Aufstieg des „Doktor Bashar". Syriens junger Präsident sichert seine Macht. In: Le Monde diplomatique vom 14. Juli 2001 (Internet Ausgabe vom 30.März 2001 unter http://www.monde-diplomatique.de).

Haddad, Bassam (2005): Syria's Curious Dilemma. In: Middle East Report Online im Internet (http://www.merip.org/mer/mer236/haddad.html) am 21. November 2005.

Hahn, Dietger und Bernard Taylor (Hrsg.) (1999^8): Strategische Unternehmensplanung – Strategische Unternehmensführung: Stand und Entwicklungstendenzen. Heidelberg.

Hahn, Oswald (1994^2): Allgemeine Betriebswirtschaftslehre. München u. a.

Helberg, Kristin und Susanne Koelbl (2005): Ein bisschen Freiheit. Staatspräsident Bashar al-Assad versucht Unmögliches: Er will Reformen und gleichzeitig die Profiteure des alten Systems shonen. In: Der Spiegel 24/2005. S.110.

Hemm, Hans und Peter Diesch (1992): Internationale Kooperationen und strategische Allianzen: Ziele, Probleme und praktische Gestaltung unternehmerischer Partnerschaft. In: Kumar, Brij Nino und Helmut Haussmann (Hrsg.) (1992): a.a.O. S. 531–547.

Hermann, Rainer (1998): Deficiencies in Syria's Investment Climate. In: Hopfinger, Hans und Raslan Khadour (1998b): a.a.O. S. 83–97.

Heuberger, Valeria, Suppan, Arnold und Elisabeth Vyslonzil (Hrsg.) (1999): Das Bild vom Anderen. Identitäten, Mentalitäten, Mythen und Stereotypen in multiethnischen europäischen Regionen. Frankfurt a. Main u. a.

Heydemann, Steven (1992): The Political Logic of Economic Rationality: Selective Stabilization in Syria. In: Barkey, Henri J. (Hrsg.) (1992): a.a.O. S. 11–39.

Hinnebusch, Raymond (1990): Authoritarian Power and State Formation in Ba'thist Syria. Boulder.

Hinnebusch, Raymond (1993): Syria. In: Niblock, Tim und Emma Murphy (Hrsg.) (1993): a.a.O. S. 177–202.

Hinnebusch, Raymond (1995): The political economy of economic liberalization in Syria. In: International Journal of Middle Eastern Studies 27. S. 305–320.

Hinnebusch, Raymond (1997): Syria: the politics of economic liberalisation. In: Third World Quarterly 18, Heft 2. S. 249–265.

Hinnebusch, Raymond (2001): Syria: revolution from above. London.

Hinnenkamp, Volker (1994): Interkulturelle Kommunikation. Heidelberg (Studienbibliographien Sprachwissenschaft, Band 11).

Hissou, Ahmad (2004): Ein verkanntes Problem. Die Ereignisse von Qamishli. In: Inamo – Informationsprojekt Naher und Mittlerer Osten, Jahrgang 10, Heft 40. S. 20–22.

Hofstede, Geert (1980): Culture's Consequences. International Differences in Work-Related Values. Beverly Hills, London.

Hofstede, Geert (1993): Interkulturelle Zusammenarbeit: Kulturen – Organisationen – Management. Wiesbaden.

Hopfinger, Hans (1991): Öffentliche und private Landwirtschaft in Syrien. Eine wirtschafts- und sozialgeographische Untersuchung im Nordwesten und Nordosten des Landes. Erlangen (Erlanger Geographische Arbeiten, Sonderband 19).

Hopfinger, Hans (Hrsg.) (1996): Economic Liberalization and Privatization in Socialist Arab Countries. Algeria, Egypt, Syria and Yemen as Examples. Gotha (Nahost und Nordafrika. Studien zu Politik und Wirtschaft, Neuerer Geschichte, Geographie und Gesellschaft, Band 1).

Hopfinger, Hans (1998): German Investment Opportunities and the Economic Development in Syria with Special Concern to Law No 10/1991. In: Hopfinger, Hans und Raslan Khadour (Hrsg.) (1998b): a.a.O. S. 117–131.

Hopfinger, Hans (2002): Frontstaat Syrien nach dem Präsidentenwechsel. Kontinuität und Wandel in einem zentralen Staat der Levante. In: Geographische Rundschau. 54. Jahrgang (2002), Heft 2. S. 4–10.

Hopfinger, Hans (2004): Ein touristisches Potenzial wie aus Tausendundeiner Nacht – doch als Reiseland ist Syrien im Westen weitgehend unbekannt. In: Meyer, Günter (Hrsg.) (2004): a.a.O. S. 354–362.

Hopfinger, Hans und Raslan Khadour (1998a): Development of the transportation sector in Syria and the actual investment policies. In: Middle Eastern Studies, 35 Jahrgang (1998), Heft 3. S. 64–71.

Hopfinger, Hans und Raslan Khadour (Hrsg.) (1998b): Economic Development and Investment Policies in Syria. Eichstätt (Eichstätter Geographische Arbeiten, Band 10).

Houben, Vincent J. H., Henkel, Steffen und Claudia Ruppert (2003): Economic Culture and Business Co-operation in Southeast Asia, Exemplified by Indonesia and Singapore. In: Kopp, Horst (Hrsg.) (2003a): a.a.O. S. 383–396.

Huntington, Samuel P. (1993): The Clash of civilizations? In: Foreign Affairs. 72. Jahrgang (1993). S. 22–49.

Huntington, Samuel P. (2002): Kampf der Kulturen. Die Neugestaltung der Weltpolitik im 21. Jahrhundert. München, Wien.

al-Imady, Mohammed (1997): The Economic and Investment Policies of Syria. Presented to the Economic Forum March 1997. Damaskus (Unveröffentlichtes Skript zum Vortrag auf dem ersten deutsch-syrischen Symposiums ‚Investment Policies in Syria' am 23./24. März 1997 in Damaskus).

Jammal, Elias (2003): Kulturelle Befangenheit und Anpassung. Deutsche Auslandsentsandte in arabisch-islamischen Ländern. Wiesbaden.

Jäckel, Bernd (1998): The Development of Economic Relations between Syria and Germany/Europe. In: Hopfinger, Hans und Raslan Khadour (Hrsg.) (1998b): a.a.O. S. 35–44.

Johnston, Ronald John, Gregory, Derek und David Marshall (Hrsg.) (1996[3]): The dictionary of Human Geography. Oxford u. a.

Jüttemann, Gerd (Hrsg.) (1985): Qualitative Forschung in der Psychologie. Grundfragen, Verfahrensweisen, Anwendungsfelder. Weinheim, Basel.

KANOVSKY, Eliayahu (1986): What's behind Syria's current economic problems? In: Middle East Contemporary Survey 8. S. 280–345.

KELLE, Udo und Susann KLUGE (1999): Vom Typus zum Einzelfall. Opladen.

KHADOUR, Raslan (1998): The Macroeconomic Fundamentals Underlying the Investment Climate in Syrie. In: HOPFINGER, Hans und Raslan KHADOUR (Hrsg.) (1998b): a.a.O. S. 45–60.

KHEDER, Zakaria (1998): Labour Force, Job Opportunities, and Social Development in Syria. In: PERTHES, Volker (Hrsg.) (1998): a.a.O. S. 71–80.

KIENLE, Eberhard (Hrsg.) (1994): Contemporary Syria. Liberalization between Cold War and Cold Peace. London.

KIRCHGÄSSNER, Gebhard (1998): Globalisierung: Herausforderung für das 21. Jahrhundert. In: Außenwirtschaft – Schweizerische Zeitschrift für internationale Wirtschaftsbeziehungen. 53. Jahrgang (1998), Heft 1. S. 29–50.

KLARE, Jörn (2005): Die Angst der Demokraten. Syriens Regierung ist in Not. Doch die Opposition kann daraus keinen Vorteil ziehen. In: Die Zeit 44/2005 (http://zeus.zeit.de/text/2005/44/ Syrien am 4. November 2005).

KLEIN, Rüdiger (1998): "Schnürsenkel und Systeme" – Gedanken zur inneren Ordnung von Quellenkorpora für eine "dichte Beschreibung" von Unternehmerverhalten im Nahen Osten (1780 – 1920). In: ECKERT, Andreas und Gesine KRÜGER (Hrsg.) (1998): a.a.O. S. 104–114.

KÖHLER, Richard (1998): Internationale Kooperationsstrategien kleinerer Unternehmen. In: Bruhn, Manfred und Hartwig Steffenhagen (Hrsg.) (1998²): a.a.O. S. 181–204.

KOELBL, Susanne (2005): Syrien. Das Einmaleins der Diktatur. In: Der Spiegel 8/2005. S. 112.

KOPP, Horst (Hrsg.) (2003a): Area Studies, Business and Culture. Results of the Bavarian Research Network ForArea. Münster, Hamburg, London.

KOPP, Horst (2003b): Geleitwort. In: BÖHN, Dieter, BOSCH, Aida und Hans-Dieter HAAS u.a. (Hrsg.) (2003): a.a.O. S. V–VI.

KOSZINOWSKI, Thomas (1987): Syrien. In: STEINBACH, Udo und Rüdiger ROBERT (Hrsg.) (1987b): a.a.O. S. 385–404.

KRÄTKE, Stefan (1995): Globalisierung und Regionalisierung. In: Geographische Zeitschrift. 83. Jahrgang (1995). S. 207–221.

KRÄTKE, Stefan (2002): Produktionscluster in der Filmwirtschaft. Beispiel Potsdam/Babelsberg. In: Zeitschrift für Wirtschaftsgeographie. 46. Jahrgang (2002). S. 107–123.

KRAMER, Dieter (1999): Anderssein, ein Menschenrecht. Zur Diskussion um kulturelle Vielfalt in Zeiten der Globalisierung. In: Studium Generale (Hrsg.) (1999): a.a.O. S. 7–26.

KRATOCHWIL, Gabi (2005): Interkulturelle Kommunikation (Arabische Welt). Materialien. Frechen (unveröffentlicht).

KROEBER, Alfred und Clyde KLUCKHOHN (1967) [1952]: Culture: A Critical Review of Concepts and Definitions. Cambridge/Ma.

KRYSTEK, Ulrich (1997): Vertrauen als vernachlässigter Erfolgsfaktor der Internationalisierung. In: KRYSTEK, Ulrich und Eberhard ZUR (Hrsg.) (1997): a.a.O. S. 543–562.

Krystek, Ulrich (1999): Vertrauen als Basis erfolgreicher strategischer Unternehmensführung. In: Hahn, Dietger und Bernard Taylor (Hrsg.) (1999[8]): a.a.O. S. 266–288.

Krystek, Ulrich (2002): Vertrauen als vernachlässigter Erfolgsfaktor der Internationalisierung. In: Krystek, Ulrich und Eberhard Zur (Hrsg.) (2002a[2]): a.a.O. S. 819–837.

Krystek, Ulrich und Stefanie Zumbrock (1993): Planung und Vertrauen: Die Bedeutung von Vertrauen und Misstrauen für die Qualität von Planungs- und Kontrollsystemen. Stuttgart.

Krystek, Ulrich und Eberhard Zur (Hrsg.) (1997): Internationalisierung. Eine Herausforderung für die Unternehmensführung. Berlin, Heidelberg.

Krystek, Ulrich und Eberhard Zur (Hrsg.) (2002a[2]): Handbuch Internationalisierung: Globalisierung – eine Herausforderung für die Unternehmensführung. Berlin, Heidelberg, New York.

Küblböck, Stefan (2005): Urlaub im Club. Zugänge zum Verständnis künstlicher Ferienwelten. München, Wien (Eichstätter Tourismuswissenschaftliche Beiträge, Band 5).

Kumar, Brij Nino und Helmut Haussmann (Hrsg.) (1992): Handbuch der Internationalen Unternehmenstätigkeit: Erfolgs- und Risikofaktoren, Märkte, Export-, Kooperations- und Niederlassungsmanagement. München.

Kutschker, Michael (Hrsg.) (1999a): Perspektiven der internationalen Wirtschaft. Wiesbaden.

Kutschker, Michael (1999b): Internationalisierung der Wirtschaft. In: Kutschker, M. (Hrsg.) (1999a): a.a.O. S. 1–25.

Lackner, Michael und Michael Werner (1998): Der cultural turn in den Humanwissenschaften. Area Studies im Auf- oder Abwind des Kulturalismus?. Bad Homburg.

Lamnek, Siegfried (1993a[2]): Qualitative Sozialforschung. Band 1: Methodologie. Weinheim.

Lamnek, Siegfried (1993b[2]): Qualitative Sozialforschung. Band 2: Methoden und Techniken. Weinheim.

Lee, Roger und Jane Wills (Hrsg.) (1997): Geographies of Economies. London.

Lindner, Peter (1999a): Räume und Regeln unternehmerischen Handelns. Industrieentwicklung in Palästina aus institutionenorientierter Perspektive (= Erdkundliches Wissen; Heft 129). Stuttgart.

Lindner, Peter (1999b): „Orientalismus", imaginative Geographie und der familiäre Handlungsraum palästinensischer Industrieunternehmer. In: Geographische Zeitschrift. 87. Jahrgang (1999). S. 194–210.

Lobmeyer, Hans Günter (1995): Opposition und Widerstand in Syrien. Hamburg.

Lüders, Michael (2004): Im Herzen Arabiens. Stolz und Leidenschaft – Begegnungen mit einer zerrissenen Kultur. Freiburg.

Luger, Kurt und Rudi Renger (Hrsg.) (1994): Dialog der Kulturen. Die multikulturelle Gesellschaft und die Medien. Wien, St. Johann (Pongau).

Macharzina, Klaus und Michael-Jörg Oesterle (Hrsg.) (2002[2]): Handbuch Internationales Management: Grundlagen – Instrumente – Perspektiven. Wiesbaden.

Maletzke, Gerhard (1996): Interkulturelle Kommunikation. Zur Interaktion zwischen Menschen verschiedener Kulturen. Opladen.

Malinowski, Bronislaw (1975) [1949]: Eine wissenschaftliche Theorie der Kultur: Und andere Aufsätze. Frankfurt a. Main.

Mall, Ram Adhar und Notker Schneider (Hrsg.) (1996): Ethik und Politik aus interkultureller Sicht. Amsterdam.

Menzel, Ulrich (1998): Globalisierung versus Fragmentierung. Frankfurt a. Main.

Meria – The Middle East Review of International Affairs (2005): Roundtable Discussion: Bashar's Syria; Post Syrian Withdrawal Lebanon; Lebanon after Syrian Withdrawal. In: Meria Journal, Vol.9, No.2.

Meyer, Frank (2000): Methodologische Überlegungen zu einer kulturvergleichenden Geographie oder: „Auf der Suche nach dem Orient". In: Geographische Zeitschrift. 88. Jahrgang (2000). S. 148–164.

Meyer, Günter (1987): Economic Development in Syria since 1970. In: Allan, John A. (1987) (Hrsg.): a.a.O. S. 39–62.

Meyer, Günter (Hrsg.) (2004): Die Arabische Welt im Spiegel der Kulturgeographie. Flörsheim-Dalsheim (Veröffentlichungen des Zentrums für Forschung zur Arabischen Welt, Band 1).

Mitchell, Don (2000): Cultural Geography: A critical Introduction. Oxford.

Mitchell, Wesley Clair (1924): Quantitative Analysis in Economic Theory. In: Mitchell, Wesley Clair (1937): a.a.O. S. 20–37.

Mitchell, Wesley Clair (1937): The Backward Art of Spending Money and other essays. New York, London.

Moosmüller, Alois (1996): Interkulturelle Kompetenz und interkulturelle Kenntnisse. Überlegungen zu Ziel und Inhalt im auslandsvorbereitenden Training. In: Roth, Klaus (Hrsg.) (1996a): a.a.O. S. 271–290.

Moosmüller, Alois (1997): Kulturen in Interaktion. Deutsche und US-amerikanische Firmenentsandte in Japan. Münster u.a. (Münchner Beiträge zur Interkulturellen Kommunikation, Band 4).

Moosmüller, Alois (2000): Die Schwierigkeit mit dem Kulturbegriff in der Interkulturellen Kommunikation. In: Alsheimer, Rainer, Moosmüller Alois und Klaus Roth (Hrsg.) (2000): a.a.O. S. 15–31.

Müller-Mahn, Detlef (2002): Globalisierung: Definitionen und Fragestellungen. In: Geographische Rundschau. 54. Jahrgang (2002), Heft 10. S. 4–5.

Nassehi, Armin (1998): Die „Welt"-Fremdheit der Globalisierungsdebatte. In: Soziale Welt. 49. Jahrgang. S. 151–166.

Neue Zürcher Zeitung (NZZ) (2004): Bashar al-Asad ringt in Syrien um wirtschaftliche Reformen. Unklare Auswirkungen des Drucks aus dem Westen. In: NZZ Online (http://www.nzz.ch/2004/02/21/fw/page-article9F6BA.html) am 21. Februar 2004.

Niblock, Tim und Emma Murphy (Hrsg.) (1993) Economic and Political Liberalization in the Middle East. London.

Nohlen, Dieter und Franz Nuscheler (Hrsg.) (1993[3]): Handbuch der Dritten Welt. Band 6: Nordafrika und Naher Osten. Bonn.

North, Douglass C. (1986): The New Institutional Economics. In: Journal of Institutional and Theoretical Economics 142. S. 230–237.

North, Douglass C. (1988): Theorie des institutionellen Wandels. Eine neue Sicht der Wirtschaftsgeschichte. Tübingen.

North, Douglass C. (1992): Institutionen, institutioneller Wandel und Wirtschaftsleistung. Tübingen (Die Einheit der Gesellschaftswissenschaften, Band 76).

Nyrop, Richard F. (Hrsg.) (1979[3]): Syria – a country Study. Washington (Foreign Area Studies).

Oxford Business Group (OBG) (Hrsg.) (2002): Emerging Syria 2002. The Annual Business, Economic and Political Review. London.

Oxford Business Group (OBG) (Hrsg.) (2003): Emerging Syria 2003. The Annual Business, Economic and Political Review. London.

Oxford Business Group (OBG) (Hrsg.) (2005): Emerging Syria 2005. The Annual Business, Economic and Political Review. London.

Perlitz, Manfred (2002): Spektrum kooperativer Internationalisierungsformen. In: Macharzina, Klaus und Michael-Jörg Oesterle (Hrsg.) (2002[2]): a.a.O. S. 533–549.

Perthes, Volker (1988): Wirtschaftsentwicklung und Krisenpolitik in Syrien. In: Orient - Deutsche Zeitschrift für Politik und Wirtschaft des Orients. 29. Jahrgang. S. 262–281.

Perthes, Volker (1990): Staat und Gesellschaft in Syrien 1970–1989. Hamburg (Schriften des Deutschen Orient Instituts).

Perthes, Volker (1992): The Syrian private industrial and commercial sectors and the state. In: Middle East Studies. Volume 24 (1992). S. 207–230.

Perthes, Volker (1993): Syrien. In: Nohlen Dieter und Franz Nuscheler (Hrsg.) (1993[3]): a.a.O. S. 489–509.

Perthes, Volker (1994): Stages of Economic and Political Liberalization. In: Kienle, Eberhard (Hrsg.) (1994): a.a.O. S. 44–71.

Perthes, Volker (1997): The Political Economy of Syria und Asad. London, New York.

Perthes, Volker (Hrsg.) (1998): Scenarios for Syria: Socio-Economic and Political Choices. Baden Baden (Aktuelle Materialien zur Internationalen Politik, Band 45).

Perthes, Volker (2001): Syrien nach dem Wechsel. Innere und äußere Faktoren der politischen Entwicklung. Berlin

Perthes, Volker (2002a): Geheime Gärten. Die neue arabische Welt. Berlin.

Perthes, Volker (2002b): Syrien. Die Tücken des Erbes. In: Perthes, Volker (2002a): a.a.O. S. 188–216.

Perthes, Volker (2002c): Time for Action. In: Oxford Business Group (OBG) (Hrsg.) (2002): a.a.O. S. 28–29.

Poelling, Sylvie (1994): Investment Law No.10: Which Future for the Private Sector?. In: Kienle, Eberhard (Hrsg.) (1994): a.a.O. S. 14–25.

POELLING, Sylvie (1996): The Role of the Private Sector in the Syrian Economy: Law No. 10 for the Encouragement of Investment as a Further Step Towards Economic Liberalization and Market Deregulation in Syria. In: HOPFINGER, Hans (Hrsg.) (1996): a.a.O. S. 155–164.

POELLING, Sylvie (1998a): Overall Economic Developments and Reform Policies. In: PERTHES, Volker (Hrsg.) (1998): a.a.O. S. 4–58.

POELLING, Sylvie (1998b): Syria's Economy in Recession. Syrien zwischen Sozialismus und Marktwirtschaft. In: German Arab Trade 2/1998. S. 16–19.

PRIDDAT, Birger P. und Gerhard WEGNER (Hrsg.) (1996): Zwischen Evolution und Institution. Neue Ansätze in der ökonomischen Theorie. Marburg.

REUTER, Norbert (1996): Zur Bedeutung von Institutionen für die ökonomische Theorie. Zugleich ein Beitrag zum Verständnis evolutionärer Theorieentwicklung. In: PRIDDAT, Birger P. und Gerhard WEGNER (Hrsg.) (1996): a.a.O. S. 113–144.

RICHTER, Rudolf (1994): Institutionen ökonomisch analysiert. Zur jüngeren Entwicklung auf einem Gebiet der Wirtschaftstheorie. Tübingen.

RICHTER, Rudolf und Eirik G. FURUBOTN (1999^2): Neue Institutionenökonomik. Eine Einführung und kritische Würdigung. Tübingen.

RITZER, George (2004): The McDonaldization of society. An investigation into the changing character of contemporary social life. Thousand Oaks/London/New Dehli.

ROBERTSON, Roland (1998): Glokalisierung: Homogenität und Heterogenität in Raum und Zeit. In: BECK, Ulrich (Hrsg.) (1998): a.a.O. S. 192–220.

ROTH, Juliana (1996): Interkulturelle Kommunikation als universitäres Lehrfach. Zu einem neuen Münchner Studiengang. In: ROTH, Klaus (Hrsg.) (1996a): a.a.O. S. 253–270.

ROTH, Klaus (Hrsg.) (1996a): Mit der Differenz leben. Europäische Ethnologie und Interkulturelle Kommunikation. Münster, München, New York (Münchner Beiträge zur Interkulturellen Kommunikation, Band 1).

ROTH, Klaus (1996b): Europäische Ethnologie und Interkulturelle Kommunikation. In: ROTH, Klaus (Hrsg.) (1996a): a.a.O. S. 9–27.

ROTH, Klaus (1999): „Bilder in den Köpfen". Stereotypen, Mythen und Identitäten aus ethnologischer Sicht. In: HEUBERGER, Valeria, SUPPAN, Arnold und Elisabeth VYSLONZIL (Hrsg.) (1999): a.a.O. S. 21–43.

RÜHL, Alfred (1925): Vom Wirtschaftsgeist im Orient. Leipzig.

SAID, Edward (1995): Orientalism. Western conceptions of the Orient. London.

SAMIR, Hasan (1998): Education an Development in Syria and Scenarios for the Future. In: PERTHES, Volker (Hrsg.) (1998): a.a.O. S. 81–93.

SAYIGH, Yusif A. (1972): Zur Theorie des nahöstlichen Unternehmers. In: BRAUN, Rudolf u.a. (Hrsg.) (1972): a.a.O. S. 108–116.

SCHAMP, Eike W. (1996): Globalisierung von Produktionsnetzen und Standortsystemen. In: Geographische Zeitschrift. 84. Jahrgang (1996). S. 205–219.

SCHAMP, Eike W. (2000): Vernetzte Produktion. Industriegeographie aus institutioneller Perspektive. Darmstadt.

SCHAMP, Eike W., RENTMEISTER, Bernd und Vivien Lo (2003): Dimensionen der Nähe in wissensbasierten Netzwerken. Investment–Banking und Automobil-Entwicklung in der Metropolregion Frankfurt/Rhein-Main. IWSG Working Papers 11–2003, Frankfurt a. Main.

SCHERLE, Nicolai (2000): Gedruckte Urlaubswelten: Kulturdarstellungen in Reiseführern. München, Wien (Eichstätter Tourismuswissenschaftliche Beiträge, Band 1).

SCHERLE, Nicolai (2001): Descriptions of Moroccan Culture in German Travel Guides. EUI Working Papers No. 2001/13. San Domenico.

SCHERLE, Nicolai (2004): Bilaterale Unternehmenskooperationen im Tourismussektor vor dem Hintergrund ausgewählter Erfolgsfaktoren. Eichstätt (unveröffentlichte Dissertation).

SCHLEIERMACHER, Friedrich (1974): Hermeneutik. Heidelberg.

SCHNEIDER–SICKERT, Christian und Andrew J. JEFFREYS (1995): The Oxford Business Guide – Syrian Arab Republic 1995/96. London, Damaskus.

SCHÜLEIN, Johann A. (1987): Theorie der Institutionen: Eine dogmengeschichtliche und konzeptionelle Analyse. Opladen.

SEIF, Riad (1998): Private Sector Development – Scenarios for the Future. In: PERTHES, Volker (Hrsg.) (1998): a.a.O. S. 59–70.

SELL, Alexander (1994): Internationale Unternehmenskooperationen. München/Wien.

SOEFFNER, Hans-Georg (2003): Sozialwissenschaftliche Hermeneutik. In: FLICK, Uwe, VON KARDORFF, Ernst und Ines STEINKE (Hrsg.) (2003^2): a.a.O. S. 164–175.

Spiegel Online (2005): Syrien: Assad ernennt Schwager zum Geheimdienstchef. Spiegel Online vom 18. Februar 2005 (http://www.spiegel.de/politik/ausland/ 0,1518,342471,00.html).

Statistisches Bundesamt Deutschland (Hrsg.) (1996): Länderbericht Syrien. Wiesbaden.

Statistisches Bundesamt Deutschland (Destatis) (2004): Rangfolge der Handelspartner im Außenhandel der Bundesrepublik Deutschland 2003 (vorläufige Ergebnisse). In: Internet (http://www.destatis.de/download/d/aussh/rang2.pdf) am 21. Juli 2004.

Statistisches Bundesamt Deutschland (Destatis) (2005): Rangfolge der Handelspartner im Außenhandel der Bundesrepublik Deutschland 2004 (vorläufige Ergebnisse). In: Internet (http://www.destatis.de/download/d/aussh/rangfolge 04.pdf) am 8. Mai 2005.

STEINBACH, Udo und Rüdiger ROBERT (Hrsg.) (1987a): Der Nahe und Mittlere Osten. Band 1: Grundlagen, Strukturen und Problemfelder. Opladen.

STEINBACH, Udo und Rüdiger ROBERT (Hrsg.) (1987b): Der Nahe und Mittlere Osten. Band 2: Länderanalysen. Opladen.

STEINBACHER, Franz (1976): Kultur. Begriff – Theorie – Funktion. Stuttgart u. a.

STEINMETZ, Horst (2001): Identität, Kultur (Literatur), Globalisierung. In: WIERLACHER, Alois u. a. (Hrsg.) (2001): a.a.O. S. 105–126.

STRAUSS, Anselm und Juliet CORBIN (1996): Grundlagen qualitativer Sozialforschung. Weinheim.

Studium Generale (Hrsg.) (1999): Interkulturalität. Grundprobleme der Kulturbegegnung. Mainz (Mainzer Universitätsgespräche Sommersemester 1998).

Stüdlein, Yvonne (1997): Management von Kulturunterschieden. Phasenkonzept für internationale strategische Allianzen. Wiesbaden.

Sukkar, Nabil (1994): The Crisis of 1986 and Syria`s Plan for Reform. In: Kienle, Eberhard (Hrsg.) (1994): a.a.O. S. 26–43.

Sukkar, Nabil (1996): Economic Liberalization in Syria. In: Hopfinger, Hans (Hrsg.) (1996): a.a.O. S. 147–154.

Sukkar, Nabil (2001): Opportunities in Syria`s Economic Reforms. In: Arab Banker, Summer Issue (http://www.scbdi.com/founder/Opportunities%20in%20Syria.pdf) am 15. Juni 2004.

Sukkar, Nabil (2003): Stay the course. In: Oxford Business Group (Hrsg.) (2003): a.a.O. S. 36–37.

Syria Times (2004): Attracting Investment seen as Main Benefits of Opening Private Banks. In: Syria Times vom 14. Januar 2004.

SAR/CBS (2003): Statistical Abstract 2002 und frühere Jahrgänge. Damaskus.

Thomas, Alexander (1993a) (Hrsg.): Kulturvergleichende Psychologie. Eine Einführung. Göttingen u. a.

Thomas, Alexander (1993b): Psychologie interkulturellen Lernens und Handelns. In: Thomas, Alexander (1993a) (Hrsg.): a.a.O. S. 379–424.

Thomas, Alexander, Kinast, Eva-Ulrike und Sylvia Schroll-Machl (Hrsg.) (2003): Handbuch Interkulturelle Kommunikation und Kooperation. Band 1: Grundlagen und Praxisfelder. Göttingen.

Transparency International (2005): 2005 Corruption Perceptions Index. In: Internet (http://www.transparency.org/cpi/2005/cpi2005_infocus.html) am 20. Oktober 2005.

United Nations Conference on Trade and Development (UNCTAD) (2005a): Trade and Development Report 2005. Genf.

United Nations Conference on Trade and Development (UNCTAD) (2005b): World Economic Situation and Prospects 2005. Genf.

United Nations Conference on Trade and Development (UNCTAD) (2005c): World Investment Report 2005: Country Fact Sheet Syrian Arab Republic. Genf.

Veblen, Thorstein B. (1981): Theorie der feinen Leute. Eine ökonomische Untersuchung der Institutionen (1899). München.

Welsch, Wolfgang (1997): Transkulturalität. Die veränderte Verfassung heutiger Kulturen. In: Texte zur Wirtschaft im Internet (http://www.tzw.biz/www/home/article.ph p?p_id= 409) am 7. Juli 2004.

Welsch, Wolfgang (1999): Transkulturalität. Zwischen Globalisierung und Partikularisierung. In: Studium Generale (Hrsg.) (1999): a.a.O. S. 45–72.

Welsch, Wolfgang (2002): Netzdesign der Kulturen. In: Zeitschrift für Kulturaustausch 1/2002 im Internet (http://www.ifa.de/zfk/themen/02_1_islam/dwelsch.htm) am 7. Juli 2004.

Weltbank (2005): Syrian Arab Republic Data File. World Development Indicators Database Apr. 2005 im Internet (http://devdata.worldbank.org/external/CPProfile.asp? SelectedCountry=SYR& CCODE=SYR&CNAME=Syrian+Arab+Republic&PTYPE=CP) am 4. Mai 2005.

Wieland, Carsten (2004): Syrien nach dem Irak-Krieg – Stagnation oder Umbruch?. In: Orient – Deutsche Zeitschrift für Politik und Wirtschaft des Orients. 45. Jahrgang. S. 91–124.

Wierlacher, Alois u. a. (Hrsg.) (1980): Fremdsprache Deutsch. Grundlagen und Verfahren der Germanistik als Fremdsprachenphilologie. Band 1. München.

Wierlacher, Alois u. a. (Hrsg.) (2001): Jahrbuch Deutsch als Fremdsprache. Vol. 27. München.

Williamson, Oliver E. (1985): The Economic Institutions of Capitalism: Firms, Markets, Relational Contracting. New York.

Williamson, Oliver E. (1991): The Nature of the Firm. Origins, Evolution and Development. New York u. a.

Wils, Oliver (1997): Ökonomische Liberalisierung in Syrien. Die syrischer Debatte über die Reform des öffentlichen Sektors. Berlin.

Wippel, Steffen (2005) (Hrsg.): Wirtschaft im Vorderen Orient. Interdisziplinäre Perspektiven. Berlin.

Wirth, Eugen (1956): Der heutige Irak als Beispiel orientalischen Wirtschaftsgeistes. In: Die Erde 8 (1956). S. 30–50.

Wirth, Eugen (1971): Syrien. Eine geographische Landeskunde. Darmstadt.

Wirth, Eugen (1984): Überlebensstrategien von Handwerk und traditionellem Gewerbe in der Aleppiner Altstadt. In: Gaube, Heinz und Eugen Wirth (1984): a.a.O. S. 311–337.

Wirth, Eugen (1995): Fernhandel und Exportgewerbe im islamischen Orient. Risikobereite Unternehmer zwischen Markt und Macht. Breuninger, Helga und Rolf Peter Sieferle (Hrsg.) (1995): a.a.O. S. 122–153.

Witzel, Andreas (1985): Das problemzentrierte Interview. In: Jüttemann, Gerd (Hrsg.) (1985): a.a.O. S. 227–255.

Wöhe, Günther (2002^{21}): Einführung in die Allgemeine Betriebswirtschaftslehre. München.

Zisser, Eyal (2005): Syria, The United States, and Iraq – Two Years after the Downfall of Saddam Hussein. In: Meria – The Middle East Review of International Affairs Volume 9, No. 3, Article 2.

Zorob, Anja (2005): Entwicklung und Defizite des wirtschaftlichen Reformprozesses in Syrien. In: Wippel, Steffen (2005) (Hrsg.): a.a.O. S. 77–111.

Anhang: Interviewpartner und Interviewcodes

Die folgenden Tabellen umfassen alle Interview- und Gesprächspartner, deren Aussagen die Arbeit direkt beeinflusst haben. Nicht alle Personen, mit denen im Verlauf der Forschungsarbeit gesprochen wurde, sind hier aufgelistet und nicht alle hier gelisteten Personen werden im Text wörtlich zitiert.

Bei den *Gesprächen und Interviews* wurden folgende Abkürzungen zur Codierung verwendet:

aB	aktuelle Beziehungen
dt	Deutsch
eeG	ero-episches Gespräch
Ex	Expertengespräch
JMA	Jürgen Martin Amann
sy	Syrisch

Anmerkungen zur Codierung von Interviews und Gesprächen:

- Die Codes der *deutschen Interviews* bestehen aus der internen Kennung ‚aB' einer fortlaufenden Nummer sowie dem Nationalitätenkürzel ‚dt' am Ende.

- Die Codes der *syrischen Interviews* umfassen den ersten Buchstaben des Firmennamens, die laufende Nummer sowie, nach dem Trennstrich, die Nummer des Feldaufenthalts. Den Abschluss bildet auch hier das Nationalitätenkürzel (Im Fall syrischer Unternehmen ‚sy').

- Die *Expertengespräche* beziehungsweise die *ero-epischen Gespräche* wurden fortlaufend durchnummeriert. Auch sie zeigen anhand des entsprechenden Kürzels die Nationalität des Gesprächspartners.

Deutsche Unternehmen

Code	Beschäftigte	Branche*, **	Produkte	Kooperationsform	Beschreibung
aB1dt	480	Maschinenbau (P)	Pumpen u. a. für Lebensmittelindustrie	- Export	Spezialmaschinenhersteller; weltweit gut im Geschäft
aB2dt	400	Papiergewerbe (P)	Spezialpapier (u. a. für Kaffeefilter, Krepppapier, Schleifpapier etc.)	- Export	Produzent eines stark diversifizierten Sortiments an technischen Spezialpapieren
aB3dt	120	sonstige Branchen (P)	Pinsel	- Export	seit mehr als 30 Jahren im Syriengeschäft tätig; kleine Auftragsvolumina
aB4dt	75	Chem./Pharma/Life Sciences (P)	Kreide	- Export	seit Langem im Syriengeschäft; Syrienumsatz leistet überproportionalen Anteil zum Auslandsumsatz
aB5dt	9	Maschinenbau (P)	Wasserentsalzungsanlagen, Glasbearbeitungsmaschinen	- Export	kleiner Spezialmaschinenbauer mit (theoretisch) sehr guten Geschäftschancen in Syrien; in jüngster Zeit rückläufige Auftragsvolumina
aB6dt	80	Masch.nenbau (P)	Inspektionsmaschinen für pharmazeutische Betriebe	- Export	Unternehmen sollte eigentlich vom Aufbau zahlreicher Pharmaunternehmen in Syrien profitieren; Exporte werden von Handelsagentur durchgeführt
aB7dt	270	Masch.nenbau (P)	Druck-, Kennzeichnungsgeräte für Verpackungsindustrie	- Export	Vertrieb läuft über einen syrischen Agenten, der auch Serviceleistungen durchführt
aB8dt	230	Metallerzeugnisse (P)	Silos zur Aufbereitung/Konservierung von Getreide	- Export	Beziehungen zu Syrien kamen auf Empfehlung eines libanesischen Geschäftspartners zustande; fast ausschließlich mit Staatsunternehmen im Geschäft; relativ erfolgreich
aB9dt	21	sonstige Dienstleistungen	Warentransport	- Dienstleistung für syrische Kunden	deutsche Tochter eines bulgarischen Staatsunternehmens; arbeitet als Subunternehmer für größere deutsche Speditionen
aB10dt	5	medizin-, mess- und regeltechnische Erzeugnisse, Optik (H)	Brut-/Trockenschränke	- Export	Handelsagentur, die Syriengeschäfte über einen österreichischen Exporteur abwickelt; große Unzufriedenheit mit Syriengeschäft
aB11dt	370	Maschinenbau (P)	Zwirnmaschinen	- Export	in Fachkreisen sehr bekannter Maschinenbauer; Syriengeschäfte laufen über Agenten in Damaskus; schwankender Geschäftsverlauf
aB12dt	20	medizin-, mess- und regeltechnische Erzeugnisse, Optik (H)	Reagenzgläser, Messzylinder, Mikroskope	- Export	beliefern über einen Damaszener Agenten das Ministry of Education, welches Schulen/Universitäten mit den Glasutensilien ausstattet
aB13dt	120	sonstige Branchen (P)	Bürsten	- Export	Nischenanbieter für Haushaltsbürsten; Geschäftspartner lebt in Deutschland und beliefert seinen Bruder vor Ort; Geschäft in jüngster Zeit stark rückläufig
aB14dt	4.200	Rundfunk-, Fernseh- und Nachrichtentechnik (P)	Messgeräte, Mobilfunk, Bündelfunk, Rundfunk-/Fernsehgeräte	- Export	großes, bekanntes Unternehmen aus dem Elektronikbereich; Geschäfte laufen über einen privaten Vertreter in Damaskus

Interviewpartner und Interviewcodes

Fortsetzung deutsche Unternehmen

Code	Beschäftigte	Branche*, **	Produkte	Kooperationsform	Beschreibung
aB15dt	80	Maschinenbau (P)	Präzisionsklimaanlagen	- Export	kleines Unternehmen; fungiert als Subunternehmen bei Großprojekten
aB16dt	< 10	Kraftfahrzeuge und -teile (H)	gebrauchte Lkw	- Export	Firmenchef ist Iraker und nutzt private Kontakte nach Syrien zum Verkauf gebrauchter Nutzfahrzeuge
aB17dt	18	Papiergewerbe (P)	Phototapeten	- Export	Syriengeschäft läuft über Partner in Libanon; sehr gute Geschäftsentwicklung
aB18dt	800	Ernährungsgewerbe (P)	Milchzucker u. a.	- Export	Großmolkerei beliefert Vertreter in Aleppo
aB19dt	52	Metallerzeugung und Metallbearbeitung (P)	Armaturen	- Export	Syriengeschäft läuft über privaten Vertreter in Aleppo; interessante Kontaktaufnahme: angeblich über syrische ‚Gelbe Seiten'
aB20dt	260	Kraftfahrzeuge und -teile (H)	Kfz-Ersatzteile	- Export	Direktvertrieb von Kfz-Ersatzteilen an syrische Werkstätten; relativ großer Erfolg; haben in der Vergangenheit als eines der wenigen Unternehmen Marketing in Syrien betrieben
aB21dt	8.000	Maschinenbau (P)	Abfüllmaschinen für Lebensmittelindustrie (Getränke)	- Export	Weltmarktführer; beliefert syrischen Markt über Schweizer Partnerunternehmen mit Mitarbeiter in Libanon
aB22dt	8	Kraftfahrzeuge und -teile (H)	gebrauchte Lkw	- Export	Kleinunternehmen, welches gebrauchte Nutzfahrzeuge in der Region vertreibt; Syrien dient als ‚Hub'
aB23dt	500	Textilgewerbe (P)	Einlagestoffe	- Export	beliefern mehr als 10 staatliche und private Abnehmer in Syrien über einen deutschen Partner, der mit Vertretern vor Ort kooperiert
aB24dt	60	medizin-, mess- und regeltechnische Erzeugnisse, Optik (P)	Operationsleuchten	- Export	erst seit relativ kurzer Zeit im Syriengeschäft; relativ erfolglos; führen negative Performance auf schlechte Arbeit des syrischen Vertreters zurück
aB25dt	1.000	medizin-, mess- und regeltechnische Erzeugnisse, Optik (P)	Brillenfassungen	- Export	seit einem Jahrzehnt bestehen Geschäftsverbindungen nach Syrien; Geschäft verläuft sehr schleppend
aB26dt	130	medizin-, mess- und regeltechnische Erzeugnisse, Optik (P)	Reinigungs-/Desinfektionsanlagen	- Export	Vertrieb in Syrien läuft über drei Abnehmer, die sich bei Ausschreibungen beteiligen
aB27dt	4.000	sonst. Fahrzeugbau (P)	Gabelstapler	- Export	führender deutscher Hersteller von Gabelstaplern; Syriengeschäft wird über die Tochterfirma in Libanon abgewickelt
aB28dt	1.100	Kraftfahrzeuge und -teile (P)	Dieselmotoren	- Export	Unternehmen liefert an einen Abnehmer in Damaskus, der die Ware selbst erwirbt und dann weiterveräußert; sehr negative Entwicklung in den letzten Jahren
aB29dt	160	Chem./Pharma/Life Sciences (P)	ölbeständige Dichtungen	- Export	Direktlieferungen an mehrere Abnehmer in Damaskus und Aleppo; positive Entwicklung in den letzten Jahren

Fortsetzung deutsche Unternehmen

Code	Beschäftigte	Branche*, **	Produkte	Kooperationsform	Beschreibung
aB30dt	300	Metallerzeugnisse (P)	Bohrer	– Export	waren gerade im Begriff, Geschäftsbeziehungen zu syrischen Kunden aufzubauen; Kontaktaufnahme fand auf wichtiger Fachmesse statt
aB31dt	15	Chem., Pharma/Life Sciences (H)	Veterinärarzneimittel, Impfstoffe	– Joint Venture	Arzneimittelvertrieb und Unternehmensberatung; implementierte Joint Venture in Syrien; nach ambitioniertem Beginn gescheitert
aB32dt	800	Maschinenbau (P)	Spinnereimaschinen	– Export	in Fachkreisen sehr bekanntes Unternehmen der Textilmaschinenbranche; Direktkontakt zu mehr als 20 Kunden in Syrien; zusätzlich Kontakt zu Frankfurter Unternehmen, welches mit seiner Damaszener Niederlassung als Agent fungiert
aB33dt	50	Maschinenbau (P)	Overheadcleaner für Textilmaschinen	– Export	vertreibt Produkte direkt in Syrien; Kontakte kommen überwiegend auf Fachmessen zustande; seit langen Jahren im Syriengeschäft aktiv
aB34dt	40	medizin-, mess- und regeltechnische Erzeugnisse, Optik (P)	Analysegeräte	– Export	deutsche Tochter eines amerikanischen Unternehmens; Syriengeschäft in den letzten Jahren nicht zuletzt aufgrund des politischen Kurses der US-Regierung gegenüber Syrien sehr problematisch
aB35dt	250	Metallerzeugnisse (P)	Schmiergeräte, Fettpressen u. a.	– Export	Werkzeugbauer, der Vertreter in Aleppo beliefert; kontinuierliche Kooperation auf durchschnittlichem Level
aB36dt	90	Metallerzeugnisse (P)	Kupplungen, Scheibenfedern	– Export	Kontakt zu syrischen Händler, der alle zwei/drei Jahre eine Bestellung platziert; relativ niedrige Handelsvolumen
aB37dt	200	Metallerzeugnisse (P)	Wuchtmaschinen, Hebebühnen	– Export	Ausrüster von Kfz-Werkstätten; Syriengeschäft hat nur marginale Bedeutung
aB38dt	150	Herstellung und Verarbeitung von Glas (P)	Glasschmelzöfen, Konditionierungssysteme	– Export – Projektrealisierung	beliefert seit rund drei Jahrzehnten zwei syrische Staatsunternehmen mit Glasproduktionsanlagen und entsprechendem Zubehör; Syriengeschäft unterliegt starken Schwankungen; in letzter Zeit relativ gut
aB39dt	100	Maschinenbau (P)	Industrienähmaschinen	– Export	hat sehr guten Kontakt zu syrischen Vertreter; Geschäft in den letzten Jahren expandierend
aB40dt	10	Bekleidungsgewerbe (H)	Socken, Sportswear, Kinderkleidung	– Import – vertragliche Kooperation	importiert Kinderkleidung aus Syrien; Probleme mit Lieferungsverzug und Produktqualität
aB41dt	30	Textilgewerbe (H)	Modestoffe, Gewebe	– Export	Syriengeschäft läuft über privates syrisches Außenhandelsunternehmen; überdurchschnittlich hohes Volumen
aB42dt	3	Rundfunk-, Fernseh- und Nachrichtentechnik (P)	Unterhaltungselektronik	– Export	Kleinstunternehmen, das Syriengeschäfte über einen Vertreter in Libanon abwickelt

Interviewpartner und Interviewcodes

Fortsetzung deutsche Unternehmen

Code	Beschäftigte	Branche*,**	Produkte	Kooperationsform	Beschreibung
aB43dt	100	Chem./Pharma/Life Sciences (P)	Betonzusätze, Dichtungsflüssigkeiten	– Export	frühere Degussa-Tochter; beliefert ein syrisches Architekturbüro, welches die Produkte zunächst auf eigene Rechnung ankauft und dann weitervertreibt
aB44dt	300	Ernährungsgewerbe (P)	Backmittel/Backmischungen	– Export	Vertrieb in Syrien ist über einen Agenten in Damaskus organisiert; positiver Geschäftsverlauf
aB45dt	4	Textilgewerbe (H)	Garne	– Import – vertragl. Kooperation	beziehen Garne aus Syrien und vertreiben diese an Kunden in Italien und Portugal; gute Kontakte zu syrischen Staatsunternehmen
aB46dt	3.800	Metallerzeugung und Metallbearbeitung (P)	Rohre, Bleche, Kupferbänder	– Export	Syriengeschäft unterliegt starken Schwankungen und ist alles in allem unterdurchschnittlich entwickelt
aB47dt	18	Textilgewerbe (H)	Textilprodukte (z. B. Bettwäsche, Handtücher etc.)	– Import – vertragliche Kooperation	Handelsagentur für Textilprodukte; unterhält seit langer Zeit Beziehungen zu Syrien und importieren verschiedene Textilerzeugnisse
aB48dt	2.200	Papiergewerbe (P)	Schreibwaren	– Export	rückläufige Geschäfte über Damaszener Vertreter; auf deutscher Seite ist ein Libanese mit dem Kooperationsmanagement betraut
aB49dt	> 10Tsd	Geräte der Elektrizitätserzeugung und -verteilung (P)	Hochspannungsleitungen; Transformatoren, Schaltkästen, Systemlösungen	– Export – Projektrealisierung	Global Player; realisiert Projekte in Syrien; kooperiert allein mit der öffentlichen Hand
aB50dt	100	Maschinenbau (P)	Industriesauger	– Export	Spezialmaschinenbauer; kooperiert mit einer Reihe von Kontaktleuten in Syrien, die auf Provisionsbasis arbeiten; beliefert hauptsächlich Unternehmen des staatlichen Sektors
aB51dt	50	medizin-, mess- und regeltechnische Erzeugnisse, Optik (H)	Sonnenbrillen/-fassungen	– Export	langjährige Kooperation mit einem Partner in Damaskus; Geschäft entwickelt sich positiv
aB52dt	1.200	Textilgewerbe (P)	Garne für Bekleidungs- und Schuhindustrie	– Export – vertragliche Kooperation	Exporte laufen über Generalvertreter in Damaskus; sieht allgemein gute Entwicklungschancen für Zusammenarbeit mit syrischen Partnern
aB53dt	700	Verlags- und Druckgewerbe (P)	u. a. Flugtickets	– Dienstleistung für syrische Kunden – vertragliche Kooperation	unterhält bereits seit mehreren Jahrzehnten Kontakte zu syrischen Kunden; steht zum Zeitpunkt des Interviews gerade vor dem erfolgreichen Abschluss eines weiteren Vertrags; betreibt aktives Marketing mit potentiellen syrischen Kunden; überproportionaler Anteil von Syriengeschäften am Auslandsumsatz
aB54dt	170	Kraftfahrzeuge und -teile (P)	Motorkomponenten	– Export	Syrien stellt einen unbedeutenden Partner dar; man hat einen syrischen Exklusivvertreter, hat jedoch keinerlei weitere Informationen über diesen und seine Arbeit; Geschäft ist rückläufig

Fortsetzung deutsche Unternehmen

Code	Beschäftigte	Branche*, **	Produkte	Kooperationsform	Beschreibung
aB55dt	120	sonstige Dienstleistungen	Warentransport	- Dienstleistung für syrische Kunden	Spedition; klagt über rückläufiges Geschäft mit syrischen Kunden
aB56dt	15	Chem./Pharma/Life Sciences (H)	Kosmetika	- Export	Vertriebsweg nach Syrien ist zweigeteilt: Belieferung eines in Deutschland ansässigen Syrers, der auf eigene Rechnung exportiert; Direktlieferung an einen Abnehmer in Aleppo; rückläufiger Absatz
aB57dt	560	Metallerzeugnisse (P)	Dampfdruckkessel für Industrie	- Export	Kontakte bestehen bereits seit vielen Jahrzehnten; Geschäfte wurden in erster Linie mit Staatsunternehmen abgeschlossen; Volumen in den letzten Jahren rückläufig
aB58dt	60	Maschinenbau (P)	Rillzurichtungsmaschinen	- Export	Unternehmen generiert mehr als 75 % des Umsatzes mit Exportgeschäften; Syriengeschäfte verlaufen kontinuierlich, aber auf niedrigem Niveau
aB59dt	2.000	Maschinenbau (P)	Schraubspindelpumpen (z. B. für petrochemische Industrie)	- Export	unterhält seit Kurzem eine Generalvertretung in Damaskus; Geschäft hat sich seither positiv entwickelt; Syrien wird als potentieller Markt für die Produkte eingestuft
aB60dt	> 10Tsd	Metallerzeugung und Metallbearbeitung (P)	Messingstangen/-rohre	- Export	deutsches Großunternehmen; Syriengeschäfte spielen nur eine untergeordnete Rolle
aB61dt	160	Chem./Pharma/Life Sciences (P)	Elektrokohle (für Elektromotoren)	- Export	sehr spezielles Produkt; zusätzlich Lieferung von Rohstoffen; relativ akzeptabler Verlauf des Syriengeschäfts
aB62dt	1700	Papiergewerbe (P)	Schreibwaren/Zeichengeräte	- Export	Abwicklung aller Geschäfte über einen Generalvertreter in Damaskus; frühere starke Schwankungen wurden durch die Umstellung des Vertriebsweges ausgeglichen; alles in allem ist Syrien von geringer Bedeutung
aB63dt	> 10Tsd	sonstige Dienstleistungen	Finanzdienstleistungen	- Finanzdienstleistungen für syrische Kunden	global operierender Finanzdienstleister; verglichen mit Libanon ist Syriengeschäft nur schwach ausgeprägt
aB64dt	2	Metallerzeugnisse (H)	Industrienähnadeln, Stricknadeln u. a.	- Export	kleine Handelsagentur; sehr niedrige Umsätze
aB65dt	2.000	medizin-, mess- und regeltechnische Erzeugnisse, Optik (P)	Brems-/Kupplungshydraulikzylinder	- Export	beliefert langjährigen Kontaktmann; leidet unter Plagiaten; Umsätze sind nicht zuletzt deshalb sehr gering
aB66dt	1.800	Metallerzeugnisse (P)	lineare Bewegungselemente	- Export	betreibt nach eigenen Bekundungen kaum aktive Kundenakquise in Syrien; Umsätze sind sehr gering
aB67dt	900	Bekleidungsgewerbe (P)	Oberbekleidung	- Export	großes deutsches Bekleidungsunternehmen; produziert in Deutschland und exportiert einen geringen Anteil der Produktion nach Syrien

Interviewpartner und Interviewcodes

Fortsetzung deutsche Unternehmen

Code	Beschäftigte	Branche*, **	Produkte	Kooperationsform	Beschreibung
aB68dt	k. A.	medizin-, mess- und regeltechnische Erzeugnisse, Optik (H)	Zubehör für Röntgen-/Dunkelkammern	– Export	Handelsunternehmen mit sehr spezialisiertem Produktsortiment; unterhält Kontakt zu drei Abnehmern in Syrien; Umsätze sind sehr gering
aB69dt	4.500	Chem./Pharma/Life Sciences (P)	Bleicherden	– Export	mittelständisches Unternehmen der Chemieindustrie; seit zehn Jahren sehr gut im Syriengeschäft; beliefert Kunden im Mineralöl- und Speiseölbereich
aB70dt	1.200	medizin-, mess- und regeltechnische Erzeugnisse, Optik (P)	Hörgeräte	– Export	Teil eines global players; Syriengeschäft verläuft auf niedrigem Niveau
aB71dt	400	Metallerzeugnisse (P)	Kugellager	– Export	weder dauerhafte Kontakte noch eine Niederlassung/Vertretung in Syrien; Geschäft läuft auf sehr geringem Niveau
aB72dt	9.000	medizin-, mess- und regeltechnische Erzeugnisse, Optik (P)	Leuchtelemente	– Export	Beziehungen bestehen bereits seit mehreren Jahrzehnten; Syriengeschäft läuft über einen Firmenagenten an einen Generalabnehmer in Syrien; durchschnittlicher Beitrag zum Auslandsumsatz des Unternehmens
aB73dt	> 10Tsd	Kraftfahrzeuge und -teile (P)	Lastkraftwagen	– Export	Global Player; Syriengeschäft verläuft auf niedrigem Niveau; Beziehungen nach Syrien bestehen bereits seit mehreren Jahrzehnten; interessanterweise ist auf deutscher Seite noch nicht einmal eine Handelsagentur zwischengeschaltet
aB74dt	75	Maschinenbau (P)	diverse	– Export	sieht Syrien als einen interessanten Markt; zeigt sich zufrieden mit der Geschäftsentwicklung
aB75dt	55	Metallerzeugnisse (P)	feinmechanische Produkte	– Export	Beziehungen bestehen zu zwei staatlichen Unternehmen; Geschäft verläuft zufriedenstellend
aB76dt	180	sonstige Branchen (P)	Furniere	– Export	syrischer Mitarbeiter betreut den syrischen Markt und reist auch selbst mehrmals im Jahr nach Syrien; durchschnittliche Geschäftsvolumina; Möglichkeit zur Intensivierung der Zusammenarbeit wird aufgrund des beschränkten Marktpotentials negativ bewertet
aB77dt	1.500	Metallerzeugnisse (P)	Stahlschränke, Stahlgehäuse	– Export	durchschnittlicher Verlauf der Geschäftsbeziehungen
aB78dt	160	Maschinenbau (P)	Textilmaschinen	– Export	Kontakte bestehen bereits seit fünf Jahrzehnten; Syriengeschäft läuft überdurchschnittlich gut; wird als potentieller Zukunftsmarkt eingeschätzt
aB79dt	34	Metallerzeugnisse (P)	Musikinstrumente und Zubehör	– Export	wirtschaftliche Kontakte zu Syrien bestehen bereits seit dem Zweiten Weltkrieg; kämpfen schwer mit Plagiaten; Geschäftsvolumina rückläufig
aB80dt	150	Maschinenbau (P)	Schmiergeräte (Fettpressen u. a.)	– Export	unterhält seit mehr als zwei Jahrzehnten Kontakte zu einem Vertreter in Aleppo; trotz großer Schwankungen sind die jährlichen Geschäftsvolumina unter dem Strich weit überdurchschnittlich

Fortsetzung deutsche Unternehmen

Code	Beschäftigte	Branche*, **	Produkte	Kooperationsform	Beschreibung
AB81dt	20	Metallerzeugnisse (P)	Spezialwerkzeug	– Export	Spezialwerkzeugbauer mit sehr eingeschränkter Produktpalette; Syriengeschäfte sind relativ bedeutungslos
AB82dt	> 10Tsd	Kraftfahrzeuge und -teile (P)	Pkw	– Export	Global Player; gehört zur ersten Riege deutscher Unternehmen; seit mehr als zwei Jahrzehnten auf dem syrischen Markt präsent; relativ geringer Absatz
AB83dt	120	Maschinenbau (P)	Fixiermaschinen für Bekleidungsindustrie	– Export	unterhält Beziehungen sowohl zu privaten als auch staatlichen Abnehmern; guter Ruf der Firma sorgte in den letzten Jahren für Absatzsteigerung
AB84dt	2.000	medizin-, mess- und regeltechnische Erzeugnisse, Optik (P)	Druck-, Temperaturmessgeräte	– Export	beliefert Vertreter in Jordanien, der wiederum auf eigene Rechnung Syrien betreut; Geschäftsvolumina unterliegen starken Schwankungen
AB85dt	55	Textilgewerbe (H)	Zwirne	– Export	arbeitet mit dem syrischen Verteidigungsministerium zusammen; Geschäft ist eher unbedeutend
AB86dt	500	Chem./Pharma/Life Sciences (P)	Hilfsstoffe für Kunststoffindustrie	– Export	hat keinen Vertreter vor Ort; bearbeitet Anfragen von Kunden aus Syrien; geringe Geschäftsvolumina
AB87dt	50	Maschinenbau (P)	Wasseraufbereitungsanlagen	– Export	rückläufiges Syriengeschäft; interessanterweise negative Einschätzung Syriens als potentiellen Markt; widerspricht den Aussagen des Konkurrenten weiter oben

* Brancheneinteilung in Anlehnung an ISIC3-Klassifizierung.
** Die in Klammern angegebenen Buchstaben geben an, ob es sich um einen produzierenden Betrieb (P) oder einen Handelsbetrieb (H) handelt.

Syrische Unternehmen

Code	Beschäftigte	Branche*,**	Produkte	Kooperationsform	Beschreibung
A1-1sy	35	Metallerzeugnisse (P)	Verpackungsdosen für Lebensmittelindustrie	– Bezug von Maschinen – Bezug von Rohstoffen/Vorprodukten	Unternehmen hat seinen Ursprung im Druckereigewerbe; verfügen über Kontakte zur Regierung
A2-2sy	116	Chem./Pharma/Life Sciences (P)	Veterinärarzneimittel, Impfstoffe	– Agent eines deutschen Unternehmens – Lizenznehmer	äußerst interessanter Gesprächspartner: in England geboren und aufgewachsen, Studium in den USA; remigriert nach dem Tode seines Vaters und übernimmt das Unternehmen
A3-2sy	900	Maschinenbau (P)	‚Weiße Ware'	– Bezug von Rohstoffen/Vorprodukten – Lizenznehmer	Unternehmen gehört zu den größten und bekanntesten in Syrien; Firmengründer hat in Deutschland studiert
A4-3sy	10	Ernährungsgewerbe (P)	Süßigkeiten, Backwerk	– Export von Produkten	Produzent von exquisiten Damaszener Süßigkeiten; Kooperationserfahrungen sind nur gering ausgeprägt
A5-3sy	150	Bekleidungsgewerbe (P)	Oberbekleidung, Haushaltstextilien	– Auftragsproduktion – Export	alteingesessenes Damaszener Bekleidungsunternehmen; 80 % der Produktion werden ins Ausland exportiert, vor allem nach Europa/Deutschland
A6-3sy	60	medizin-, mess- und regeltechnische Erzeugnisse, Optik (H)	Realisierung von Großprojekten (z. B. Krankenhäusern)	– Realisierung von Projekten (Krankenhäusern) mit deutschem Equipment	Ende der 1980er Jahre hervorgegangen aus der Auslandsniederlassung eines großen deutschen Unternehmens; nimmt für dieses an Ausschreibungen für Projekte teil, ist aber kein Agent/offizieller Vertreter des Unternehmens
A7-3sy	< 10	sonstige Dienstleistungen	Rechtsberatung	– Vertretung eines deutschen Partners – im Auftrag deutscher Kunden	Damaszener Anwalt, der mit einer deutschen Kanzlei kooperiert; Beratung in Fragen des syrischen Wirtschaftsrechts
A8-3sy	20	Kraftfahrzeuge und -teile (H)	Lastkraftwagen und Ersatzteile	– Import von Ersatzteilen	Vertrieb gebrauchter Lkw und Ersatzteile; Gesprächspartner hat in Beirut studiert
A9-3sy	k. A.	Kraftfahrzeuge und -teile (H)	Personenkraftwagen	– Import von Personenkraftwagen	vertreibt u. a. deutsche Pkw auf dem syrischen Markt
A10-3sy	150	Textilgewerbe (P)	Garne	– Import von Maschinen und Anlagen	lange industrielle Tradition: Vater produziert bereits seit 1960er Jahren Bekleidung; der neue Betrieb entstand unter Gesetz Nr. 10/1991; Gesprächspartner hat Master of Business Administration (MBA) in England gemacht und in Manchester Textilingenieurswesen studiert
A11-3sy	400	Bekleidungsgewerbe (P)	Wäsche	– Auftragsproduktion – Export	alteingesessene Damaszener Händlerfamilie, die den Fertigungsbetrieb 1991 unter Gesetz Nr. 10/1991 aufgebaut hat; exportieren mehr als die Hälfte der Produktion

Fortsetzung syrische Unternehmen

Code	Beschäftigte	Branche*,**	Produkte	Kooperationsform	Beschreibung
A12-4sy	80	Textilgewerbe (P)	Baumwollstoffe	- Bezug von Maschinen	Geschäftsführer hat Aufbaustudium in England absolviert; versucht innerhalb seines Unternehmens gleichermaßen Frauen und Männer zu beschäftigen
B1-2sy	< 10	Papiergewerbe (H)	Bürobedarf	- Agent eines deutschen Unternehmens - Import	auffallend junges Team; Geschäftsführer hat in den USA studiert; ist mit seinem deutschen Partner äußerst unzufrieden
B2-2sy	< 10	Maschinenbau (H)	Hydraulikkomponenten u. a. für Fertigungsanlagen und Straßenbaumaschinen	- Agent eines deutschen Unternehmens	Geschäftsführer hat den Betrieb von seinem Vater übernommen; zur gezielten Vorbereitung hat er seine Ausbildung zum Ingenieur des Maschinenbaus in Deutschland absolviert
B3-4sy	700	Bekleidungsgewerbe (P)	Bekleidung, Stoffe	- Auftragsproduktion	bekannte Aleppiner Unternehmerfamilie; seit den 1930er Jahren im Textil- und Bekleidungsgewerbe tätig; ist mit großen deutschen Sportswear-Produzenten im Geschäft
B4-7sy	k. A.	Textilgewerbe (P)	Strickwaren (z. B. Decken, Pkw-Sitzbezüge)	- Import von Maschinen und Anlagen	Strickwarenhersteller, der seine aus Deutschland stammenden Maschinen selbst modifiziert und für seine Zwecke weiterentwickelt; hat bereits vergeblich versucht, Modifikationen an Hersteller zu verkaufen
C1-2sy	< 10	Bekleidungsgewerbe (H)	Oberbekleidung, Wäsche	- Export von Produkten	Textilhandelsagentur; Geschäftsführer hat Zweitwohnsitz in Deutschland; relativer Newcomer ohne Verbindungen zur Nomenklatura
C2-2sy	35	Chem./Pharma/Life Sciences (P)	Reinigungsmittel für Haushalt	- Import von Rohstoffen/Vorprodukten	Teil eines größeren Konzerns; produziert unter Lizenz eines amerikanischen Unternehmens Reinigungsmittel; Fertigung ist nur zu 20 % ausgelastet; wurde 2004 wieder geschlossen
C3-2sy	200	Chem./Pharma/Life Sciences (P)	Textilfärberei	- Import von Maschinen und Anlagen - Auftragsproduktion	Betrieb entstand Ende der 1970er Jahre; Eigentümer hatte vorher in Deutschland studiert und war für den öffentlichen Sektor tätig; hat bis heute gute Verbindungen zur Administration (v. a. Industriekammer)
C4-5sy	120	Gummi- und Kunststoffwaren (P)	Polypropylensäcke, Synthetikgarne	- Import von Maschinen und Anlagen	alte, sehr bekannte Aleppiner Industriedynastie; Familie besitzt weitere Unternehmen verschiedenster Branchen
C5-5sy	35	Textilgewerbe (P)	Baumwoll- und Synthetikstoffe z. B. für Vorhänge oder Möbelbezüge	- Import von Maschinen und Anlagen	seit 1950er Jahren im Textilgewerbe tätig; Fabrik selbst ist neu und befindet sich in einem semilegalen Aleppiner Industriegebiet
D1-1sy	< 10	Chem./Pharma/Life Sciences (H)	Tierarzneimittel	- Agent eines deutschen Unternehmens	Firmengründer war lange Zeit im staatlichen Sektor aktiv; hat Kontakte genutzt, um sich selbstständig zu machen; prahlt mit guten Verbindungen zur administrativen Ebene

Fortsetzung syrische Unternehmen

Code	Beschäftigte	Branche*,**	Produkte	Kooperationsform	Beschreibung
D2-2sy	15	Maschinenbau (H)	Wasserpumpen	- Agent eines deutschen Unternehmens	Unternehmen gehört einer Frau; Geschäftsführerin ist Führungsmitglied der HK Damaskus und verfügt über sehr gute Kontakte; alte Damaszener Händlerfamilie, weithin bekannt
E1-2sy	25	Maschinenbau (H)	Baumaschinen	- Agent eines deutschen Unternehmens	gehört zur selben Familie wie Unternehmen D2-2sy; hat sich jedoch auf andere Bereiche (Baumaschinen) spezialisiert; profitiert ebenfalls von bestehenden Kontakten zur administrativen Ebene
G1-3sy	< 10	Metallerzeugnisse (H)	Badarmaturen, Werkzeuge	- Agent eines deutschen Unternehmens	hat bestehende Kontakte und Vertretung von seinem Vater übernommen; verfolgt geschickte räumliche Diversifizierungsstrategie
G2-6sy	160	Bekleidungsgewerbe (P)	Wäsche	- Import von Maschinen und Anlagen - Auftragsproduktion	junger Aufsteiger, der den Betrieb unter Gesetz Nr. 10/1991 gegründet hat; produziert in erster Linie für den Export; nutzt dabei bestehende Kontakte zu Textilagent
H1-6sy	60	Chem./Pharma/Life Sciences (H)	Arzneimittelrohstoffe	- Import von Produkten	größter syrischer Pharmazulieferer; vertreibt eine Reihe von Produkten deutscher Unternehmen; ist jedoch keine Agent/Exklusivvertreter
H2-7sy	350	Bekleidungsgewerbe (P)	Oberbekleidung	- Import von Maschinen und Anlagen - Auftragsproduktion	Hersteller von Oberbekleidung mit integrierter Weberei/Färberei; betreibt derzeit offensive Integrationsstrategie; produziert häufig im Auftrag europäischer Unternehmen
I1-1sy	< 10	Chem./Pharma/Life Sciences (H)	Saatgut, Düngemittel	- Import von Produkten	Erfahrungen aus der Tätigkeit im öffentlichen Sektor wurden genutzt, um eigenes Handelsunternehmen zu gründen; verfolgt derzeit eine Angebotsausweitung
I2-1sy	1.000	Verlags- und Druckgewerbe (P)	Druckerei	- Import von Maschinen und Anlagen, Rohstoffen	eine der größten Druckereien des Landes; befindet sich auf raschem Expansionskurs; Belegschaft hat sich in den zurückliegenden vier Jahren verdreifacht; große Teile der Produktion werden in die Golfstaaten verkauft
J1-3sy	200	Bekleidungsgewerbe (P)	Oberbekleidung	- Import von Maschinen und Anlagen	interessante Vita des Firmengründers: Bruder bekam Angebot, Lizenz eines bekannten Herstellers zu erhalten; das Unternehmen wurde ohne Vorerfahrungen in der Bekleidungsindustrie gegründet
K1-1sy	75	medizin-, mess- und regeltechnische Erzeugnisse, Optik (H)	Medizinische Geräte, Krankenhauszubehör	- Agent eines deutschen Unternehmens	Familienbetrieb; Vater vertritt seit vielen Jahren deutsche Unternehmen; Sohn hat in England studiert und soll das Handelsunternehmen übernehmen
K2-2sy	90	Rundfunk-, Fernseh- und Nachrichtentechnik (H)	Telekommunikationszubehör	- Import von Produkten	alteingesessene Damaszener Händlerfamilie; aktiv in verschiedenen Bereichen
K3-2sy	90	Kraftfahrzeuge und -teile (H)	Personenkraftwagen	- Agent eines deutschen Unternehmens	Importeur deutscher Neuwagen; Teil eines größeren Unternehmensgeflechts, das in verschiedensten Bereichen aktiv ist

Fortsetzung syrische Unternehmen

Code	Beschäftigte	Branche*,**	Produkte	Kooperationsform	Beschreibung
K4-4sy	< 10	Maschinenbau (H)	Textilmaschinen	- Agent eines deutschen Unternehmens	Unternehmensgründer hat in den 1970er Jahren in Deutschland studiert; vertritt mehrere deutsche Textilmaschinenbauer auf dem syrischen Markt
K5-4sy	400	Bekleidungsgewerbe (P)	Oberbekleidung	- Auftragsproduktion	alteingesessenes Aleppiner Bekleidungsunternehmen; gehört nicht zu den ganz großen; produziert seit Jahren für deutschen Auftraggeber
K6-5sy	550	Maschinenbau (P)	Elektrogeräte für Haushalt	- Auftragsproduktion	Geschäftsführer entstammt Aleppiner Industriellenfamilie; Unternehmen stellt Haushaltsgeräte her und ist Teil eines größeren, stark diversifizierten Familienkonzerns
M1-1sy	15	Textilgewerbe (H)	Synthetikgarne	- Import von Produkten	mittelgroßer Händler für Synthetikgarne; Newcomer, der sich innerhalb relativ kurzer Zeit nicht unerhebliche Anteile am Damaszener Markt erobern konnte
M2-2sy	25	Gummi- und Kunststoffwaren (P)	Styroporverpackungen, Isolierplatten	- Import von Rohstoffen/Vorprodukten	Unternehmensgründer hat in Deutschland studiert und promoviert; erworbenes Wissen und Kontakte zu deutschen Unternehmen hat er in den 1970ern genutzt, sich selbstständig zu machen; produktionsimmanent schwierige Konkurrenzsituation
M3-2sy	20	Maschinenbau (H)	Spritzgussmaschinen, Druckereimaschinen, Metallpressen	- Agent eines deutschen Unternehmens	alteingesessene Damaszener Händlerfamilie; Unternehmen wurde in 1960er Jahren gegründet; verfügen über gute Kontakte zu HK/Administration
M4-2sy	300	Textilgewerbe (P)	Synthetikgarne	- Import von Produkten	alte Damaszener Händlerfamilie; seit einigen Jahren auch in der Produktion aktiv; Unternehmensgründer hat zweifelhaften Ruf, wohl aufgrund seiner guten Kontakte zum Machtapparat
M5-3sy	25	sonstige Dienstleistungen	Marktforschung, feasibility studies	- im Auftrag deutscher Kunden	eine der wenigen privaten Forschungsinstitute; arbeitet auch für ausländische Auftraggeber
M6-7sy	< 10	Chem./Pharma/Life Sciences (P)	Kunstharz	- Import von Rohstoffen/Vorprodukten	Newcomer, der in kleinem Stil Kunstharzplatten (z. B. als Küchenarbeitsplatten) herstellt; hat nach dem amerikanischen Syrienembargo zu deutschen Lieferanten gewechselt
N1-2sy	17	Chem./Pharma/Life Sciences (H)	Tierarzneimittel, Impfstoffe	- Agent eines deutschen Unternehmens	Damaszener Händler mit sehr guten Kontakten zu Administration und staatlichem Sektor; wickelt Geschäfte ausschließlich mit Ministerien und Staatsfarmen ab
N2-3sy	35	sonstige Dienstleistungen	Organisation von Messen und Messepräsentationen	- im Auftrag deutscher Kunden	Teil einer stark diversifizierten Unternehmensgruppe; Angebotspalette des Konzerns reicht von Zulieferdienstleistungen im Erdölsektor bis hin zur Organisation von Messen

Interviewpartner und Interviewcodes

Fortsetzung syrische Unternehmen

Code	Beschäftigte	Branche*,**	Produkte	Kooperationsform	Beschreibung
N3-3sy	45	sonstige Dienstleistungen	Paket-/Kurierdienst	- Agent eines deutschen Unternehmens	Brüder arbeiten eng mit deutschem Paketlieferdienst zusammen; haben mit finanzieller Unterstützung aus Deutschland Niederlassung in Damaskus errichtet
O1-2sy	20	Chem./Pharma/Life Sciences (P)	Arzneimittel	- Lizenznehmer	Unternehmensgründer hat früher für Pharmaunternehmen aus der DDR gearbeitet; nach Mauerfall bestehende Kontakte ausgeweitet und schließlich 1997 bestehende Fabrik übernommen
P1-1sy	25	Bekleidungsgewerbe (P)	Oberbekleidung	- Auftragsproduktion - Import von Rohstoffen/Vorprodukten	Unternehmensgründer hat früher für Riad Seif gearbeitet und sich 1992 selbstständig gemacht; Betrieb wurde unter Gesetz Nr. 10/1991 gegründet
P2-1sy	60	Gummi- und Kunststoffwaren (P)	Spielzeug und Haushaltswaren	- Import von Rohstoffen/Vorprodukten	Händler, der Anfang der 1990er Jahre eigene Fertigung von Spielzeug begann; aufgrund der Konkurrenzsituation wurde die Produktpalette bald um Haushaltsprodukte erweitert
P3-1sy	20	Gummi- und Kunststoffwaren (P)	Spielzeug und Haushaltswaren	- Import von Rohstoffen/Vorprodukten	gleiche Gründungsgeschichte wie Unternehmen P2-1sy (obgleich nicht verwandt oder bekannt); leidet schwer unter der Konkurrenzsituation
R1-1sy	160	Bekleidungsgewerbe (P)	Oberbekleidung	- Lizenznehmer - Auftragsproduktion	früherer Partner von Riad Seif; produziert unter der Lizenz eines großen deutschen Sportartikelherstellers; legislative Grundlage des Betriebs ist Gesetz Nr. 10/1991
S1-2sy	15	Maschinenbau (H)	Installierung von Fertigungsanlagen	- Import von Maschinen und Anlagen - Vertretung	Unternehmensgründer hat in den USA studiert; hat damit begonnen, Fertigungsprozesse zu optimieren und neue Anlagen zu installieren; arbeitet vor allem für Betriebe des öffentlichen Sektors; verfügt über gute Kontakte zum staatlichen Sektor
S2-2sy	15	Datenverarbeitungsgeräte (P)	Endfertigung von Personal Computern	- Import von Rohstoffen/Vorprodukten	Betrieb ist Resultat einer Diversifizierungsstrategie eines bereits bestehenden Unternehmens; Komponenten in erster Linie aus China werden zu PC zusammengesetzt
S3-3sy	600	Geräte der Elektrizitätserzeugung und -verteilung (P)	Stromkabel	- Import von Maschinen und Anlagen	einziger kabelproduzierender Betrieb in Syrien; wurde unter Gesetz Nr. 10/1991 gegründet; exportiert Teile der Produktion in die Golfstaaten
S4-5sy	360	Textilgewerbe (P)	Decken, Haushaltstextilien (Leintücher, Handtücher, Tagesdecken)	- Import von Maschinen und Anlagen - Auftragsproduktion	Unternehmensgründer ist Spross einer traditionsreichen Aleppiner Unternehmerfamilie; neu errichteter Betrieb; exportiert große Teile der Produktion bzw. stellt im Auftrag deutscher Warenhäuser und Handelsagenturen her
S5-7sy	70	Chem./Pharma/Life Sciences (P)	Wasch-, Spül- und Putzmittel	- Joint Venture	Unternehmen ist Teil eines deutsch-syrischen Joint Ventures; der Geschäftsführer ist Libanese und hat zuvor lange Zeit in Kanada gearbeitet

Fortsetzung syrische Unternehmen

Code	Beschäftigte	Branche*,**	Produkte	Kooperationsform	Beschreibung
T1-1sy	32	Bekleidungsgewerbe (P)	Oberbekleidung	- Import von Rohstoffen/Vorprodukten	früherer leitender Angestellter von Riad Seif; unter Gesetz Nr. 10/1991 selbstständig gemacht; produziert für lokalen Markt; mäßiger wirtschaftlicher Erfolg
T2-2sy	k. A.	Maschinenbau (H)	Druckereimaschinen	- Agent eines deutschen Unternehmens	langjähriger Vertreter eines deutschen Druckereimaschinenbauers
U1-4sy	k. A.	Ernährungsgewerbe (H)	Schafe	- Import von Produkten	Vorstandsmitglied der Aleppiner HK mit besten Kontakten zur Administration
U2-5sy	120	Chem./Pharma/Life Sciences (P)	Arzneimittel	- Lizenznehmer - Import von Maschinen und Anlagen - Import von Rohstoffen/Vorprodukten	Branchenneuling, der pflanzliche Arzneimittel unter deutscher Lizenz für den syrischen Markt produziert; sehr ambitioniert, aber auch sehr gewagt – Erfolg fraglich
W1-2sy	800	Maschinenbau (P)	‚Weiße Ware'	- Lizenznehmer - Import von Rohstoffen/Vorprodukten	Unternehmen gehört zu den größten und renommiertesten in Syrien; Gründer (Angehöriger einer Industriellenfamilie) hat in Deutschland studiert; Erfolgsgeschichte des Betriebs begann mit der Lizenzproduktion deutscher Produkte
W2-3sy	110	Bekleidungsgewerbe (P)	Oberbekleidung	- Auftragsproduktion	mittelgroßes Unternehmen der Bekleidungsindustrie; im Verlauf der ersten infitah entstanden; produziert in erster Linie für syrischen und für arabische Märkte
Y1-1sy	75	Bekleidungsgewerbe (P)	Oberbekleidung	- Lizenznehmer - Import von Rohstoffen/Vorprodukten	neu gegründeter Betrieb, der in Lizenz Herrenoberbekleidung für den syrischen Markt herstellt; zweifelhafte Erfolgsaussichten, da keine Exportlizenz

* Brancheneinteilung in Anlehnung an ISIC3-Klassifizierung.
** Die in Klammern angegebenen Buchstaben geben an, ob es sich um einen produzierenden Betrieb (P) oder einen Handelsbetrieb (H) handelt.

Interviewpartner und Interviewcodes

Expertinnen und Experten

Code	Organisation/Unternehmen	Name*	Funktion	Nationalität	Gesprächsschwerpunkt
Ex1sy	Gesellschaft für Technische Zusammenarbeit (Gtz)	Dr. Mhd. Suhel Hafez	Projektleiter	syrisch	Zusammenarbeit in einem deutsch-syrischen Team
Ex2sy	Gesellschaft für Technische Zusammenarbeit (Gtz)	Dr. Mhd. Marouf Al-Sibai	stellvertretender Projektleiter	syrisch	Zusammenarbeit in einem deutsch-syrischen Team
Ex3dt	Dt. Botschaft Damaskus	Dr. Ingrid Harff	commercial attaché	deutsch	deutsch-syrische Kooperation; Schwierigkeiten
Ex4dt	Dt. Botschaft Damaskus	Ortrud Sandmann	commercial attaché	deutsch	deutsch-syrische Kooperation; Schwierigkeiten
Ex5dt	Bundesministerium für Wirtschaft und Technologie	Siegfried Schneider	Sachbearbeiter, Referat Nahost	deutsch	Instrumente der Außenwirtschaftsförderung mit Blick auf Syrien
Ex6dt	Nah- und Mittelostverein	Helene Rang	Geschäftsführerin	deutsch	Anliegen/Wünsche im Syriengeschäft aktiver Mitgliedsunternehmen; Chancen für eine Intensivierung der Kooperation
Ex7dt	Bundesverband der deutschen Exportwirtschaft (BdEx)	Hans-Jürgen Müller	Geschäftsführer	deutsch	Anliegen/Wünsche im Syriengeschäft aktiver Mitgliedsunternehmen; Chancen für eine Intensivierung der Kooperation
Ex8sy	Federation of Syrian Chambers of Commerce/Handelskammer Damaskus	Dr. Rhatebh Shallah	Präsident	syrisch	Perspektiven deutsch-syrischer Unternehmenskooperationen
Ex9sy	Handelskammer Aleppo	Dr. Saleh al-Mallah	Präsident	syrisch	Perspektiven deutsch-syrischer Unternehmenskooperationen
Ex10sy	Syrisches Industrieministerium	Barakat Shahin	Abteilungsleiter privater Sektor	syrisch	Perspektiven deutsch-syrischer Unternehmenskooperationen
Ex11dt	Dt.-Arab. Handelskammer	Daniel Neuwirth	Leiter des Liaison-Büros der Dt.-Ara. HK Damaskus	deutsch, libanesisch	Chancen und Risiken für deutsche Unternehmen in Syrien (Schwerpunkt Damaskus)
Ex12dt	DIHT/AHK	Alexis Nassan	Delegate of German Industry and Trade	deutsch	Chancen und Risiken für deutsche Unternehmen in Syrien
Ex13dt	Deutsches Archäologisches Institut	Dr. Markus Gschwind	Leiter der Niederlassung Damaskus	deutsch	Zusammenarbeit in einem deutsch-syrischen Team
Ex14sy	Syrian Economic Centre (SEC)	Dr. Baha al-Jbaie	Geschäftsführer	syrisch	private Unternehmen in Syrien
Ex15sy	Handelskammer Aleppo	Dr. Hassan Ahmed Zeido	Viz-Präsident	syrisch	Perspektiven deutsch-syrischer Unternehmenskooperationen
Ex16sy	Handelskammer Aleppo	Zaher Mahrousseh	Vorstandsmitglied	syrisch	Perspektiven deutsch-syrischer Unternehmenskooperationen
Ex17sy	Handelskammer Aleppo	Khaldoun Azrak	Geschäftsführer	syrisch	Perspektiven deutsch-syrischer Unternehmenskooperationen
Ex18sy	freiberuflich/eigene Kanzlei	Samir Sultan	Anwalt für Wirtschaftsrecht	syrisch	Probleme ausländischer Unternehmen in Syrien
Ex19sy	Central Bank of Syria	Dr. Nedal al-Chaar	ehemaliger Leiter der Niederlassung Aleppo	syrisch	Defizite der Finanzinfrastruktur; Reform des Bankensektors; private Investitionen

Fortsetzung Expertinnen und Experten

Code	Organisation/Unternehmen	Name*	Funktion	Nationalität	Gesprächsschwerpunkt
Ex20dt	Mittelmeer-Projektbüro Lindau der IHK Schwaben	Franz Brackenhofer	Leiter	deutsch	Chancen und Risiken deutsch-syrischer Unternehmenskooperationen
Ex21dt	CIM	Dr. Friedericke Stolleis	Leiterin der Niederlassung Damaskus	deutsch	Zusammenarbeit in einem deutsch-syrischen Team; strukturelle Defizite syrischer Unternehmen
Ex22dt	Dt. Botschaft Damaskus	Roland Seeger	Deputy Head of Mission	deutsch	Schwierigkeiten bei deutsch-syrischen Kooperationen
Ex23dt	Gesellschaft für Technische Zusammenarbeit (Gtz)	Meinolf Spiekermann	Leiter Gtz-Projekt Altstadt Aleppo	deutsch	Zusammenarbeit in einem deutsch-syrischen Team; Probleme im Umgang mit der syrischen Administration
Ex24sy	Industriekammer Aleppo	Ghassan Krayem	Präsident	syrisch	Wirtschaftskontakte Aleppiner Unternehmen zu deutschen Partnern
Ex25dt	Gesellschaft für Technische Zusammenarbeit (Gtz)	Dr. Dirk Willers	Projektkoordinator	deutsch	Zusammenarbeit in einem deutsch-syrischen Team
Ex26dt	Arabisch-Deutsche Vereinigung für Handel und Industrie e.V. (Ghorfa)	Farhan Yabroudi	Referatsleiter Unternehmenskommunikation/Information	syrisch/ deutsch	kulturell bedingte Probleme deutscher Unternehmen im arabischen Wirtschaftsraum
Ex27dt	Cross Cultures	Dr. Gabi Kratochwil	Geschäftsführerin	deutsch	interkulturelle Aspekte deutsch-arabischer Wirtschaftskontakte
Ex28sy	Dt.-Arab. Handelskammer	Wael Sadaoui	designierter Leiter des Liaison-Büros der Dt.-Arab. HK Aleppo	syrisch	Chancen und Risiken für deutsche Unternehmen in Syrien (Schwerpunkt Aleppo)
Ex29sy	Syrian-European Business Centre (SEBC) Damaskus	Alf Monaghan	Direktor des SEBC Damaskus	britisch	wirtschaftliche Zusammenarbeit zwischen syrischen und europäischen Unternehmen mit besonderem Augenmerk auf Damaszener Unternehmen; Akquise von Adressmaterial
Ex30dt	Syrian-European Business Centre (SEBC) Aleppo	Wolfgang Wiegel	Export Development Advisor	deutsch	Potentiale einer Intensivierung der Zusammenarbeit von deutschen und syrischen Unternehmen; Aktivitäten des SEBC
Ex31sy	Syrian-European Business Centre (SEBC) Aleppo	George Catinis	Direktor des SEBC Aleppo	syrisch	wirtschaftliche Zusammenarbeit zwischen syrischen und europäischen Unternehmen mit besonderem Augenmerk auf Aleppiner Unternehmen; Akquise von Adressmaterial
Ex32dt	Technical Assistance Unit to the Delegation of the European Commission	Claudia Nassif	Economist	deutsch	Ansätze zur Förderung der Zusammenarbeit zwischen Syrien und der EU; makroökonomische Problemfelder

Eichstätter Geographische Arbeiten

Bis Band 6 erschienen als „Arbeiten aus dem Fachgebiet Geographie der
Katholischen Universität Eichstätt-Ingolstadt"

Bd. 1:	Josef Steinbach (Hrsg.): Beiträge zur Fremdenverkehrsgeographie. XII + 144 Seiten. 1985
Bd. 2:	Joachim Bierwirth: Kulturgeographischer Wandel in städtischen Siedlungen des Sahel von Mousse/Monastir (Tunesien): Ein Beitrag zur geographischen Akkulturationsforschung. 183 Seiten. 1985
Bd. 3:	Julie Brennecke, Peter Frankenberg, Reinhold Günther: Zum Klima des Raumes Eichstätt/Ingolstadt. X + 146 Seiten. 1986
Bd. 4:	Josef Steinbach: Das räumlich-zeitliche System des Fremdenverkehrs in Österreich. 89 Seiten. 1989
Bd. 5:	Helmut Schrenk: Naturraumpotential und agrare Landnutzung in Darfur, Sudan. Vergleich der agraren Nutzungspotentiale und deren Inwertsetzung im westlichen und östlichen Jebel-Marra-Vorland. XIII + 199 Seiten + Anhang. 1991
Bd. 6:	Josef Steinbach (Hrsg.): Neue Tendenzen im Tourismus. Wandeln sich Urlaubsziele und Urlaubsaktivitäten? 81 Seiten. 1991
Bd. 7:	Karl-Heinz Rochlitz: Bergbauern im Untervinschgau (Südtirol). Der Strukturwandel zwischen 1950 und 1990. IX + 324 Seiten. 1994
Bd. 8:	Dieter Hauck: Trekkingtourismus in Nepal. Kulturgeographische Auswirkungen entlang der Trekkingrouten im vergleichenden Überblick. 181 Seiten + Anhang. 1996
Bd. 9:	Erwin Grötzbach (Hrsg.): Eichstätt und die Altmühlalb. VII + 223 Seiten + Anhang. 1998
Bd. 10:	Hans Hopfinger, Raslan Khadour: Economic Development and Investment Policies in Syria. Wirtschaftsentwicklung und Investitionspolitik in Syrien. 269 Seiten. 2000
Bd. 11:	Friedrich Eigler: Die früh- und hochmittelalterliche Besiedlung des Altmühl-Rezat-Raumes. 488 Seiten. 2000
Bd. 12:	Dominik Faust (Hrsg.): Studien zu wissenschaftlichen und angewandten Arbeitsfeldern der Physischen Geographie. 204 Seiten. 2003
Bd. 13:	Christoph Zielhofer: Schutzfunktion der Grundwasserüberdeckung im Karst der Mittleren Altmühlalb. 238 Seiten + 1 CD. 2004
Bd. 14:	Tobias Heckmann: Untersuchungen zum Sedimenttransport durch Grundlawinen in zwei Einzugsgebieten der Nördlichen Kalkalpen – Quantifizierung, Analyse und Ansätze zur Modellierung der geomorphologischen Aktivität. XVIII + 305 Seiten + Anhang. 2006
Bd. 15:	Volker Wichmann: Modellierung geomorphologischer Prozesse in einem alpinen Einzugsgebiet – Abgrenzung und Klassifizierung der Wirkungsräume von Sturzprozessen und Muren mit einem GIS. XVI + 231 Seiten. 2006
Bd. 16:	Jürgen M. Amann: Mythos Interkulturalität? Die besondere Problematik deutsch-syrischer Unternehmenskooperationen. XVI + 334 Seiten. 2007

Schriftentausch:	Tauschstelle der Zentralbibliothek Katholische Universität Eichstätt-Ingolstadt, 85071 Eichstätt
Bezug über:	PROFIL Verlag, Postfach 210143, 80671 München